赠送PowerPoint 图解模板展示

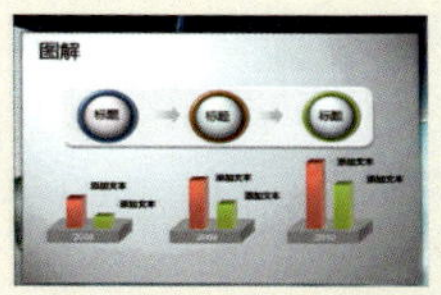
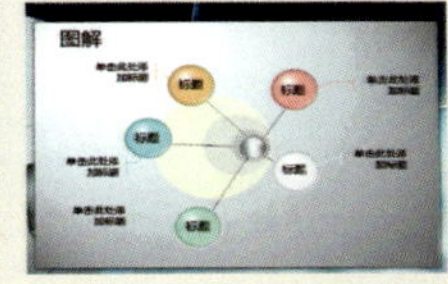
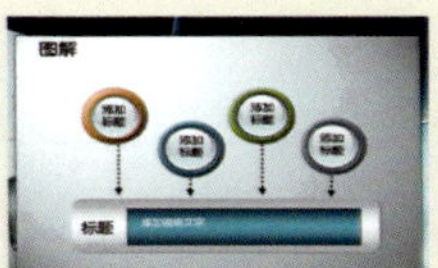
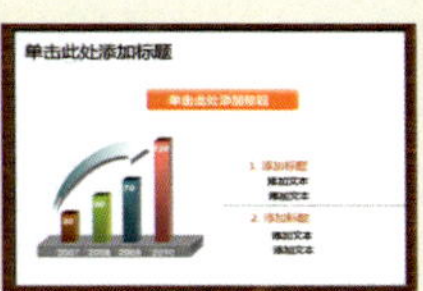
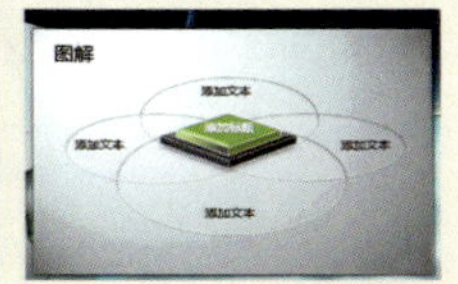
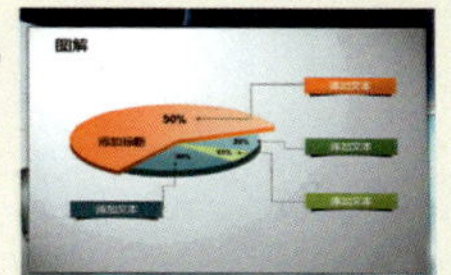
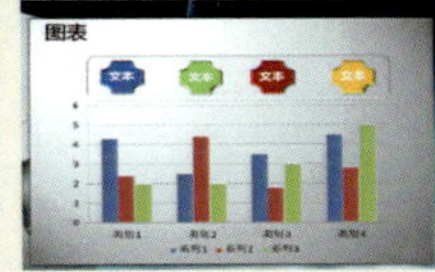

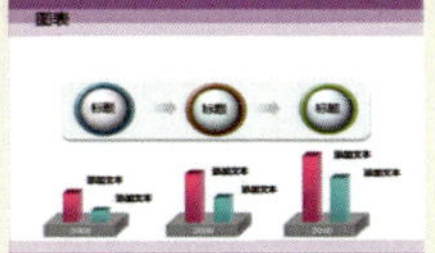

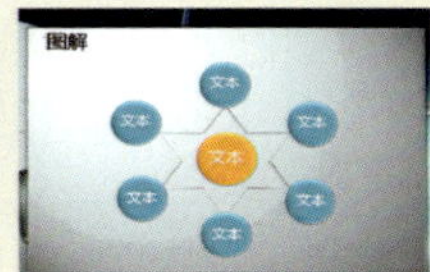
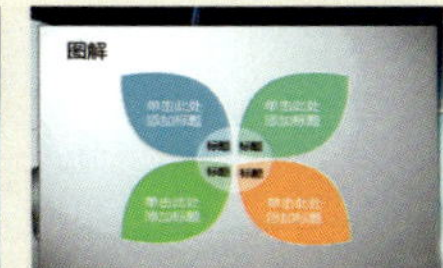
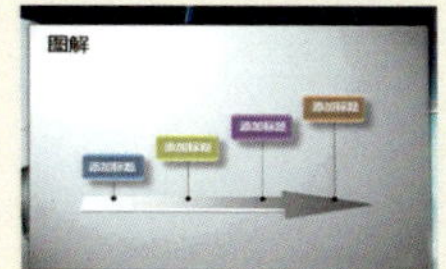
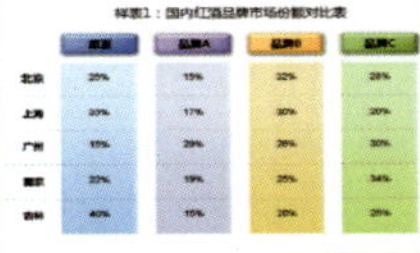
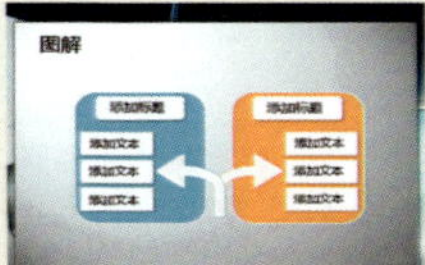
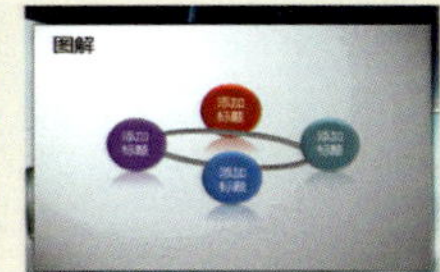

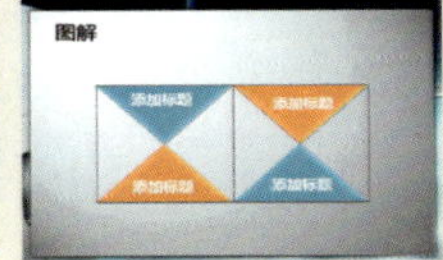
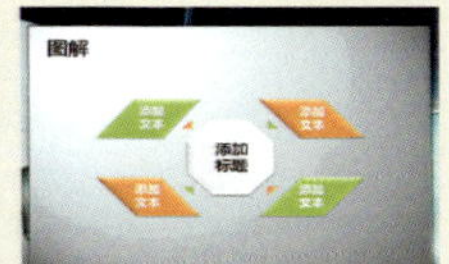
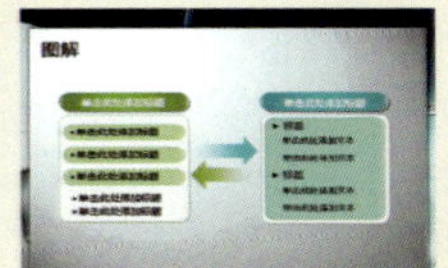

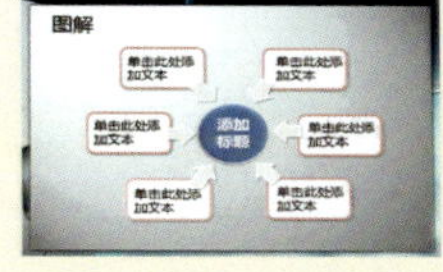
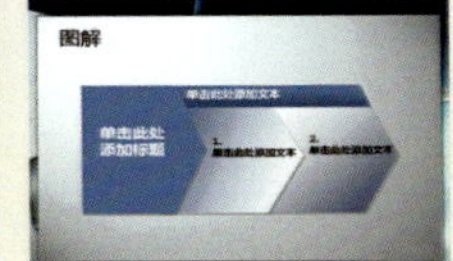
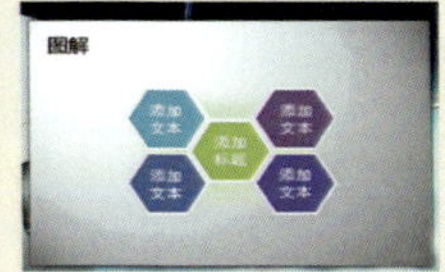
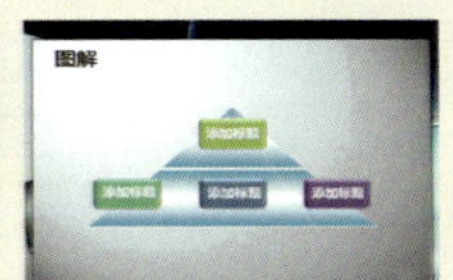
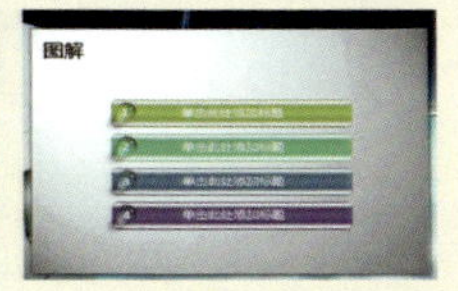
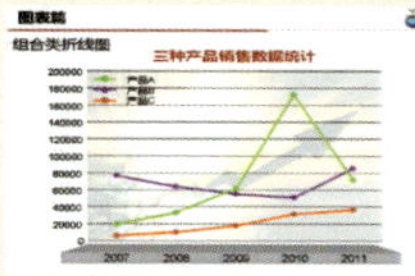
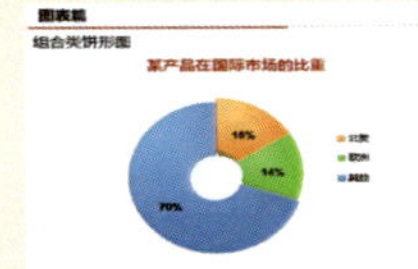
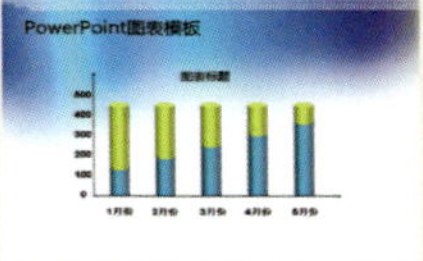
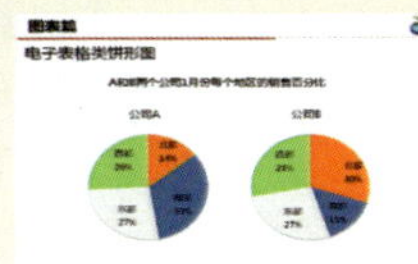
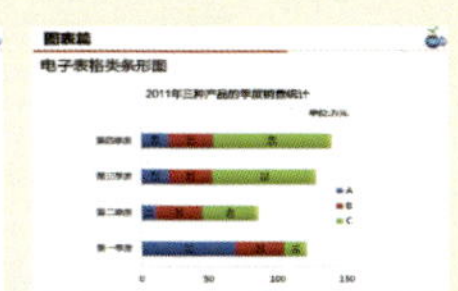
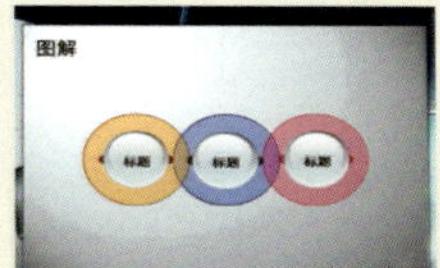
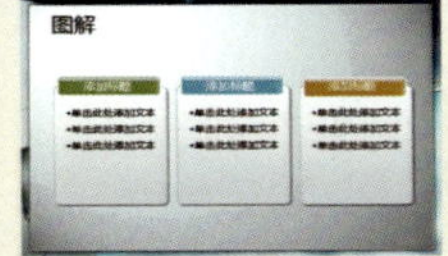
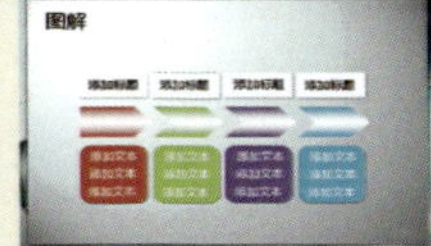
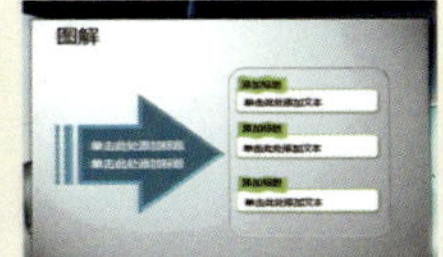
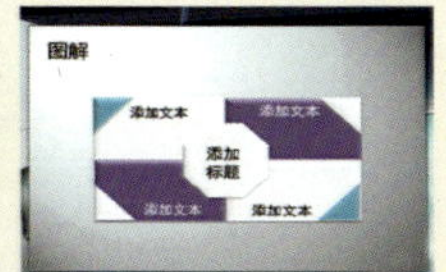
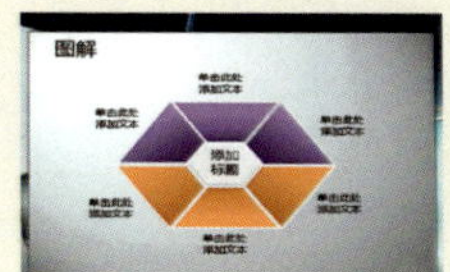
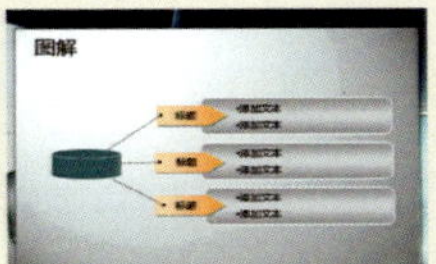
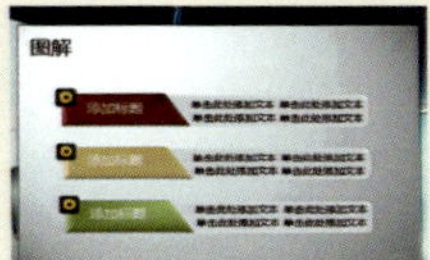
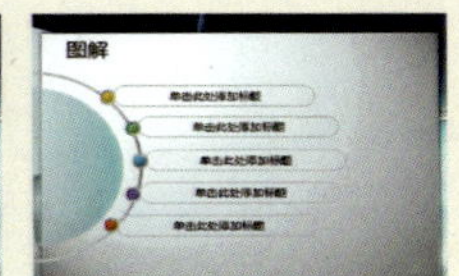
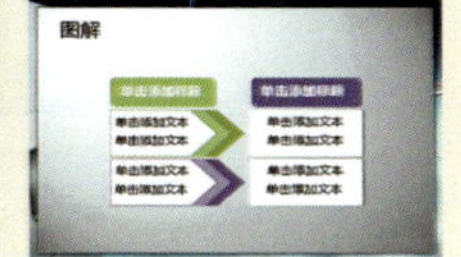

赠送PowerPoint 案例模板展示

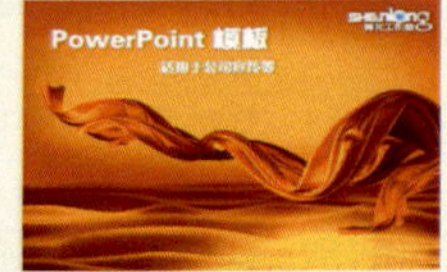

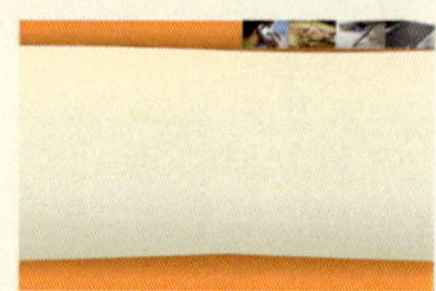

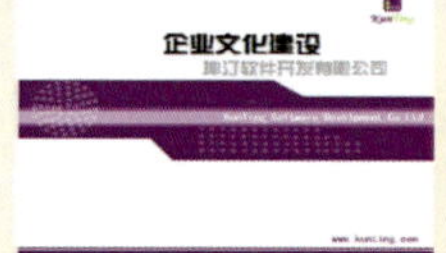

高效办公

Excel 2010

在会计与财务管理日常工作中的应用

神龙工作室　宋正强　编著

人民邮电出版社

北京

图书在版编目（CIP）数据

Excel 2010在会计与财务管理日常工作中的应用 / 宋正强编著. -- 北京 : 人民邮电出版社, 2014.4(2020.8重印)
ISBN 978-7-115-34740-4

Ⅰ. ①E… Ⅱ. ①宋… Ⅲ. ①表处理软件－应用－会计②表处理软件－应用－财务管理 Ⅳ. ①F232 ②F275-39

中国版本图书馆CIP数据核字(2014)第029014号

内容提要

本书是指导初学者学习 Excel 办公应用的入门书籍，本书打破了传统的按部就班讲解知识的模式，以企业办公的工作过程为出发点，通过大量来源于实际工作的精彩实例，全面涵盖了读者在会计与财务管理日常工作中所遇到的问题及其解决方案。全书共分 11 章，分别介绍常见财务单据和统计表、制作会计账务表单、会计记账、进销存管理、往来账务处理、员工工资管理、固定资产管理、月末账务处理、会计报表、财务分析以及打印工作表表单等内容。

本书附带一张专业级的 DVD 格式的多媒体电脑教学光盘，提供长达 10 个小时的与本书内容同步的多媒体教学内容。通过全程语音讲解、情景式教学等方式对书中知识点进行深入讲解，一步一步地引导读者掌握使用 Excel 处理会计与财务管理日常工作的各种操作与应用。此外，光盘中还附有书中所有实例对应的原始文件、素材文件以及最终效果文件，并赠送一个超值大礼包，内含 8 小时的 Windows 7 基础知识和精彩实例讲解、办公设备和常用软件的视频教学、900 套 Word/Excel/PPT 2010 实用模板、包含 1200 个 Office 2010 应用技巧的电子文档、财务/人力资源/行政/文秘等岗位的日常工作手册、电脑日常维护与故障排除常见问题解答等内容。

本书既适合刚刚接触 Excel 的初学者阅读，又可以作为大中专院校或者企业的培训教材，同时对于在会计与财务管理方面有实践经验的用户也有较高的参考价值。

◆ 编　　著　神龙工作室　宋正强
　责任编辑　马雪伶
　责任印制　程彦红

◆ 人民邮电出版社出版发行　　北京市丰台区成寿寺路 11 号
　邮编　100164　　电子邮件　315@ptpress.com.cn
　网址　https://www.ptpress.com.cn
　北京捷迅佳彩印刷有限公司印刷

◆ 开本：787×1092　1/16
　印张：23.25　　彩插：1
　字数：576 千字　　2014 年 4 月第 1 版
　印数：30 801- 31 600 册　　2020 年 8 月北京第 20 次印刷

定价：49.80 元（附光盘）

读者服务热线：(010) 81055410　印装质量热线：(010) 81055316
反盗版热线：(010) 81055315
广告经营许可证：京东市监广登字 20170147 号

前言

为了让读者在学习的过程中有身临其境之感，轻松学会会计与财务管理工作，快速增长实践经验，我们组织了多位 Excel 办公软件应用专家和会计/财务岗位的资深职场人士，按照会计与财务部门的实际工作业务流程，全面介绍了如何使用 Excel 设计与制作会计表单、凭证汇总、处理往来账务、财务分析等内容，本书结构清晰，内容丰富，涵盖了会计和财务部门工作的方方面面，力求使 Excel 功能与会计/财务管理工作实现完美融合。

本书特色

案例设置基于工作过程：本书最大的特点是以会计与财务日常办公应用为依托，以实际办公流程为主线来选取案例。书中案例不仅涉及会计和财务部门日常办公的各个方面，而且这些办公案例之间紧密关联。譬如在本书的第 2 章首先介绍了如何制作“记账凭证”，然后在第 3 章中又介绍了如何填制“记账凭证”，根据“记账凭证”制作“记账凭证汇总表”等，前后关联，使读者既学会了 Excel 功能，又熟悉了会计与财务管理岗位的办公业务。

内容全面，重点突出：本书以 Excel 2010 版本讲解，不仅详细地介绍了 Excel 的基础知识，而且把会计与财务管理日常工作中经常应用的 Excel 功能作为重点内容讲解。

双栏排版，超大容量：本书采用双栏排版的格式，内容紧凑，信息量大，力求在有限的篇幅内为读者奉献更多的理论知识和实战案例。

背景引导，知识点提炼：本书增加了“案例背景”和“关键知识点”两个部分，这是有别于其他同类书籍的一个重要特点。“案例背景”部分引导读者进入本实例的学习内容，“关键知识点”部分对本实例所涉及的知识点进行了提炼，而且图文结合，便于读者高效地了解每个实例的学习内容。

一步一图，以图析文：本书采用图文结合的讲解方式，每一个操作步骤的后面均附有对应的插图，读者在学习的过程中能够更加直观、清晰地看到操作的效果，更易于理解和掌握。在讲解的过程中还穿插了各种提示技巧和注意事项，使讲解更加细致。

光盘特色

时间超长，容量更大：本书配套光盘采用 DVD 格式，讲解时间长达 10 个小时，容量更大，不仅包含视频讲解，书中所有实例涉及的素材文件、原始文件和最终效果文件，还包含一个超值大礼包。

书盘结合，通俗易懂：本书配套光盘全部采用书本中的实例讲解，是书本内容的可视化教程；光盘讲解语言轻松活泼，内容通俗易懂，有利于加深读者对书本内容的理解。

超值奉送，贴心实用：光盘中不仅包含 10 个小时的与书中内容同步的视频讲解，同时还赠送了 8 小时 Windows 7 基础知识和精彩实例讲解、办公设备和常用软件的视频教学；同时赠送多个实用的电子文件，包括财务、人力资源、生产、文秘与行政等岗位日常工作手册，1200 个 Office 2010 实用技巧，900 套 Word/Excel/PPT 2010 实用模板，电脑日常维护与故障排除常见问题解答等实用内容。

光盘使用说明

（1）将光盘印有文字的一面朝上放入光驱中，几秒钟后光盘就会自动运行。

（2）若光盘没有自动运行，在光盘图标上单击鼠标右键，在弹出的快捷菜单中选择【自动播放】菜单项（Windows XP 系统），或者选择【安装或运行程序】菜单项（Windows 7 系统），光盘就会运行。

（3）建议将光盘中的内容安装到硬盘上观看。在光盘主界面中单击【安装光盘】按钮，弹出【选择安装位置】对话框，从中选择合适的安装路径，然后单击 确定 按钮即可安装。

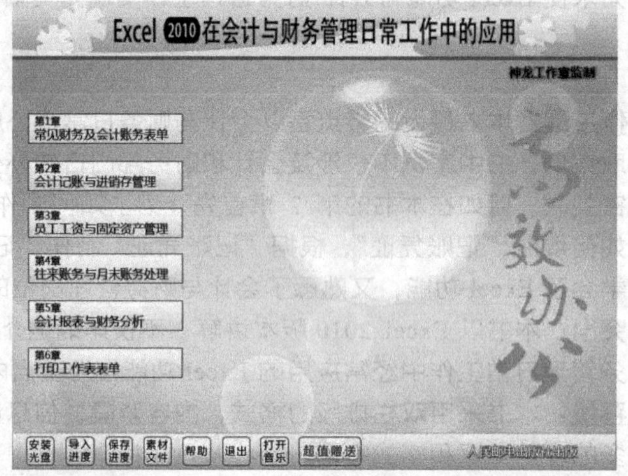

（4）以后观看光盘内容时，只要单击【开始】按钮➢【所有程序】➢【从入门到精通】➢【《Excel 2010 在会计与财务管理日常工作中的应用》】菜单项就可以了。如果光盘演示画面不能正常显示，请双击光盘根目录下的 tscc.exe 文件，然后重新运行光盘即可。

（5）如果想要卸载本光盘，依次单击【开始】➢【所有程序】➢【从入门到精通】➢【卸载《Excel 2010 在会计与财务管理日常工作中的应用》】菜单项即可。

本书由神龙工作室组织编写，宋正强编著，参与资料收集和整理工作的有孙冬梅、姜楠、纪美清、史玲云等。由于时间仓促，书中难免有疏漏和不妥之处，恳请广大读者不吝批评指正。

本书提供教学 PPT 课件，如有需求，请发邮件至 shenlonggxbg7@163.com 索取。

本书责任编辑的联系信箱：maxueling@ptpress.com.cn。

编　者

2014 年 2 月

目录

第 1 章 常见财务单据和统计表

第 2 章 制作会计账务表单

第 3 章 会计记账

第 4 章 进销存管理

第 5 章 往来账务处理

第 6 章 员工工资管理

第 7 章

固定资产管理

第 8 章

月末账务处理

第 9 章 会计报表

第 10 章 财务分析

第 11 章 打印工作表表单

功能索引

基本操作

单元格的操作

工作表的编辑

Excel 图表

数据处理与分析

工作表的打印

第1章 常见财务单据和统计表

企业在销售商品、提供劳务等日常活动中，必然会有一些费用产生，这就需要制作相应的财务单据；对于各个部门的日常消耗，财务部门应制作出费用统计表；为了准确地解决企业的收、付款等涉及企业往来客户的问题，财务部门也应制作出往来客户信息的统计表。

为了更好地开展财务工作，规范财务制度，企业可以根据自身生产经营的特性，设计出适合本企业财务工作的财务单据和统计表。

要点导航

- 银行借款登记卡
- 往来客户一览表
- 收付款单据
- 部门借款单
- 差旅费报销单
- 费用统计表

1.1 银行借款登记卡

案例背景

银行借款是企业资金来源的一个重要途径，在实际工作中，财务部门应该及时做好银行借款的登记工作，按时归还到期的银行借款，以提升企业在银行的信誉度。

最终效果及关键知识点

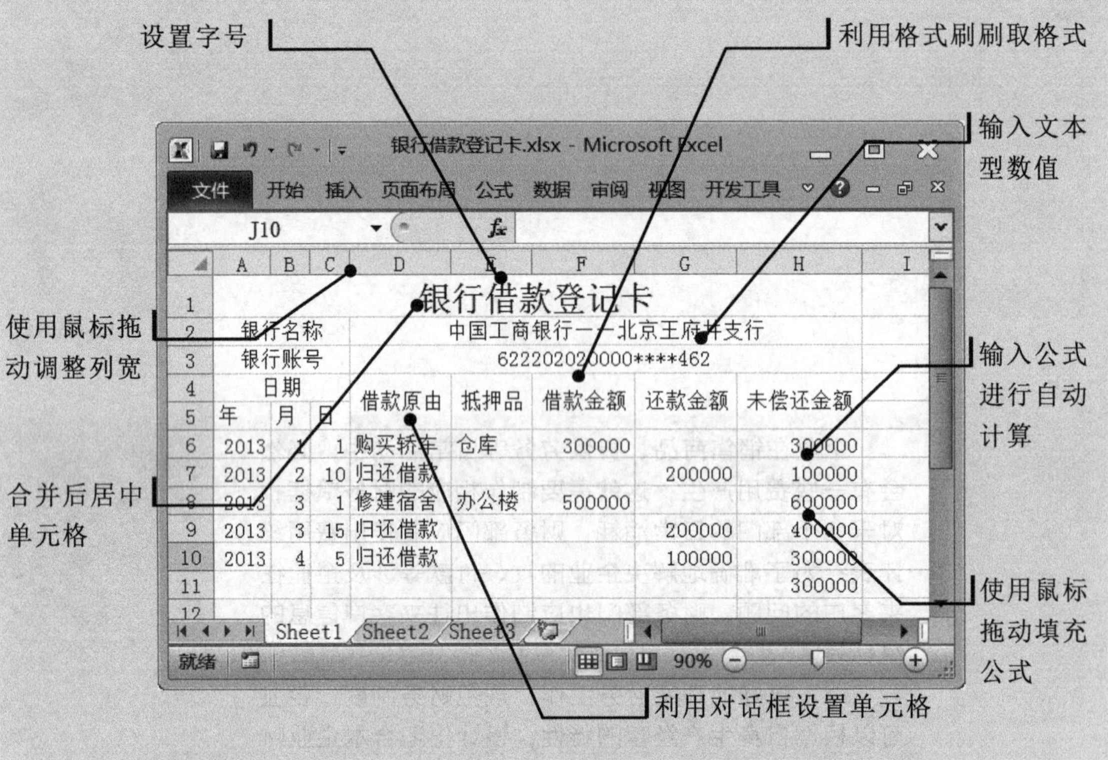

银行借款登记卡应反映银行名称、银行账号、每一笔借款（或还款）发生的日期、借款原由、抵押品、借款金额、还款金额和未偿还金额等内容。制作银行借款登记卡的具体步骤如下。

本实例的原始文件和最终效果所在位置如下。		
	原始文件	无
	最终效果	最终效果\01\银行借款登记卡.xlsx

1. 启动 Excel 2010，创建一个空白工作簿，将其命名为“银行借款登记卡”。

❷在工作表 Sheet1 的适当位置输入银行借款登记卡的表格标题和相关项目，如图所示。

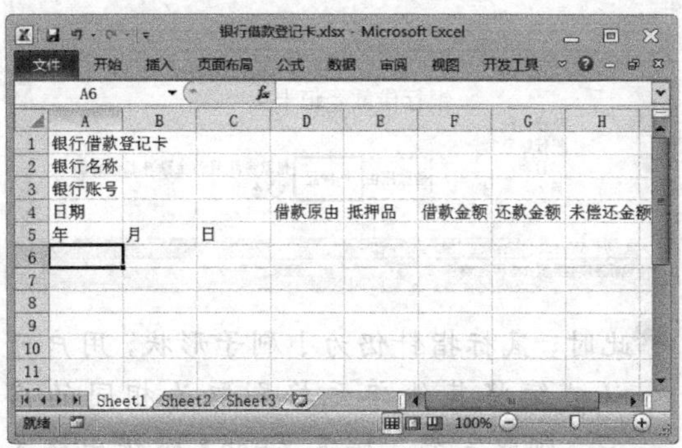

❸设置表格标题的字号。选中表格标题所在的单元格 A1，切换到【开始】选项卡，在【字体】组中的【字号】下拉列表中选择【18】选项。随即单元格 A1 中的内容以字号 18 的大小显示。

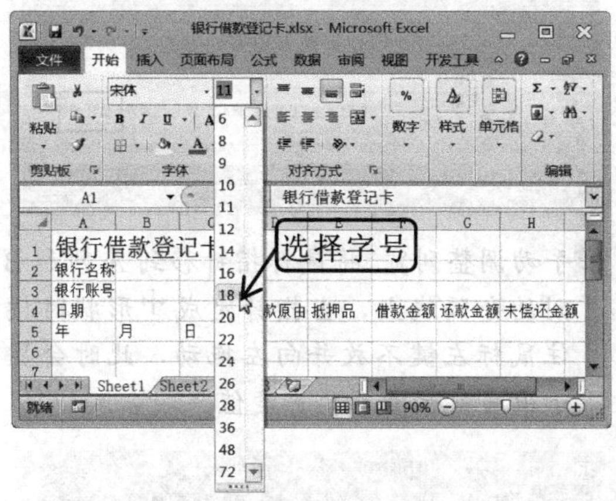

❹合并后居中单元格。选中单元格区域“A1:H1”，切换到【开始】选项卡，在【对齐方式】组中，单击【合并后居中】按钮右侧的下三角按钮，在弹出的下拉列表中选择【合并后居中】选项。

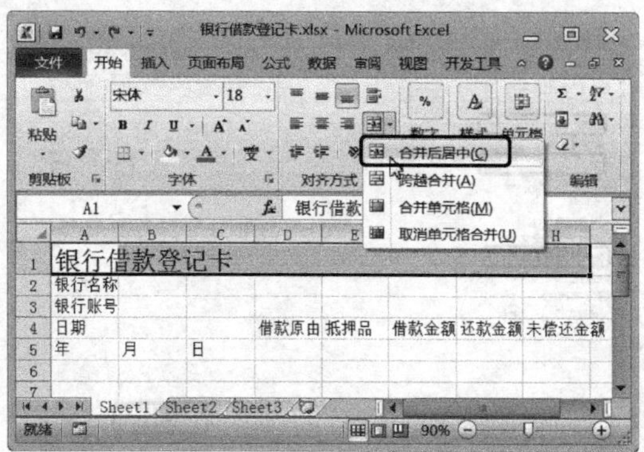

❺按照相同的方法，将单元格区域“A2:C2”、“A3:C3”、“A4:C4”、“D2:H2”、“D3:H3”合并后居中。

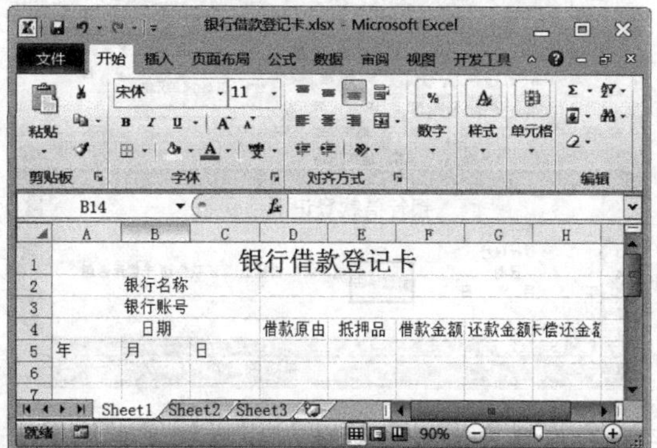

❻利用对话框设置单元格的对齐方式。选中单元格 D4 和 D5，切换到【开始】选项卡，单击【对齐方式】组右下角的【对话框启动器】按钮。

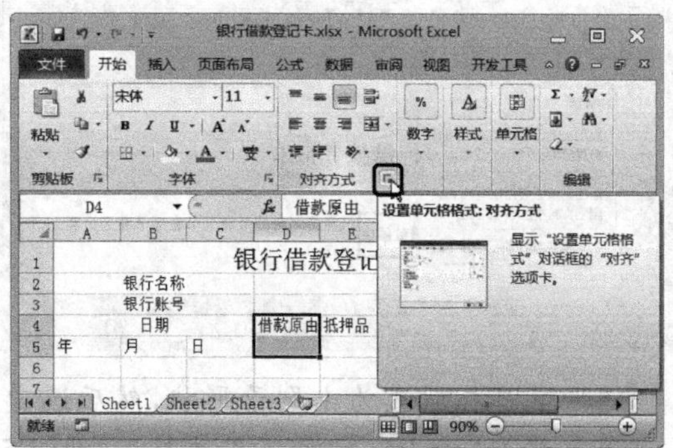

❼弹出【设置单元格格式】对话框，在【水平对齐】下拉列表中选择【居中】选项，在【垂直对齐】下拉列表中选择【居中】选项，然后选中【合并单元格】复选框。

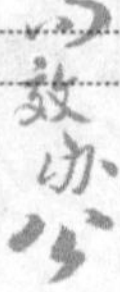

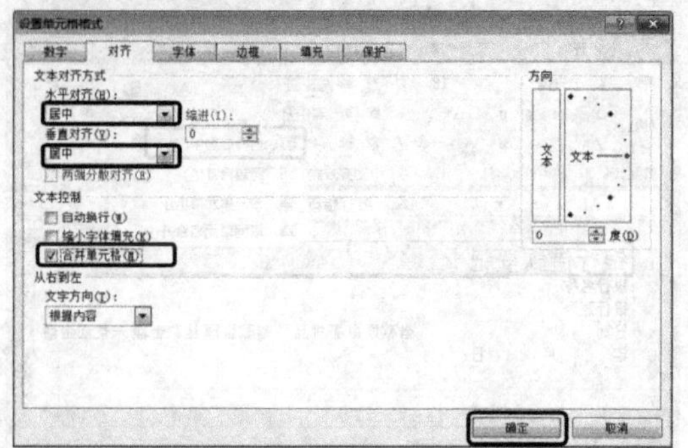

8 单击 确定 按钮，返回工作表，效果如图所示。

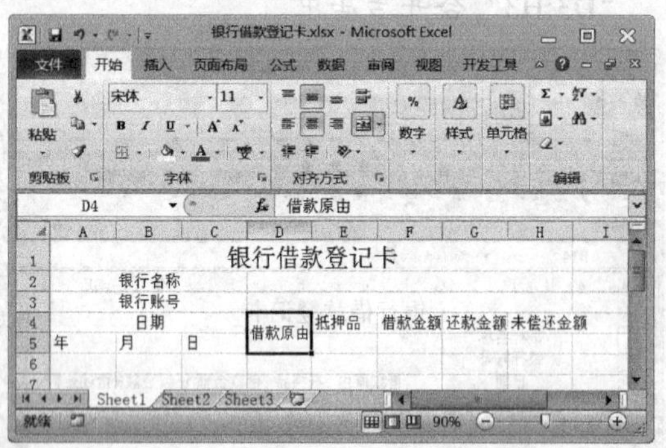

9 利用格式刷刷取格式。切换到【开始】选项卡，在【剪贴板】组中双击【格式刷】按钮。

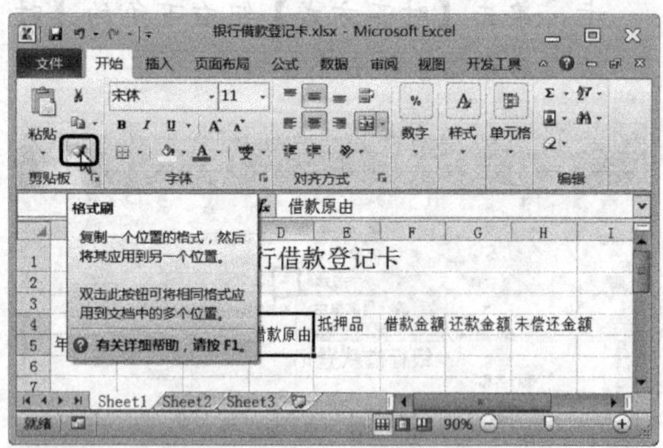

10 随即鼠标指针变为小刷子形状，然后选中单元格 E4 和 E5，即可将单元格 E4 和 E5 合并并居中。

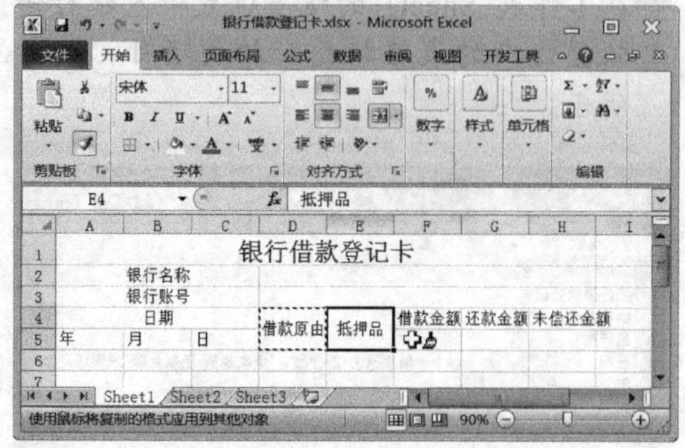

11 此时，鼠标指针仍为小刷子形状，用户可以继续将其他单元格刷取为相同的格式，刷取完毕，按下【Esc】键退出格式刷模式即可。

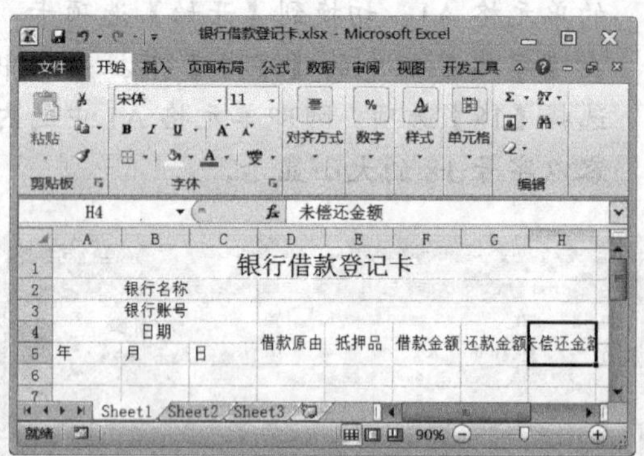

12 手动调整列宽。将鼠标指针移到 A 列和 B 列的分隔线上，当指针变成✢形状时按住鼠标左键不放并向左拖动，此时会显示出当前位置处的宽度值。

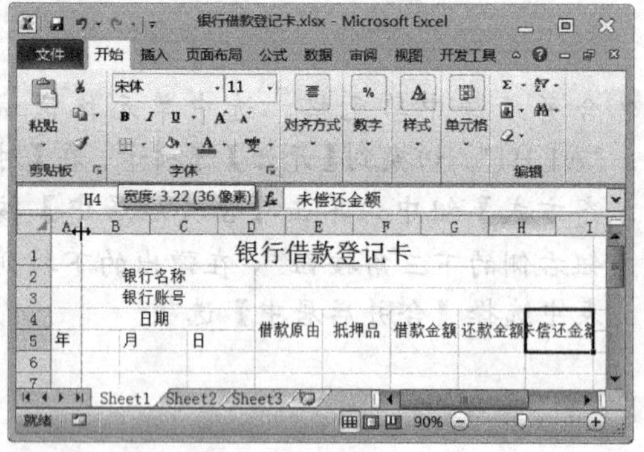

13 同时选中 B 列和 C 列，将鼠标指针移到 B 列和 C 列（或者 C 列和 D 列）的分隔线上，当指针变成╋形状时按住鼠标左键不放，同时向左拖动。

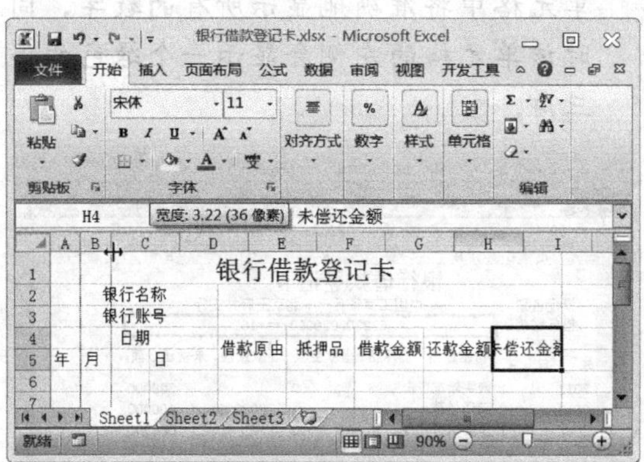

14 拖动到合适的宽度后释放鼠标左键，即可同时将 B 列和 C 列的列宽调整到当前宽度。

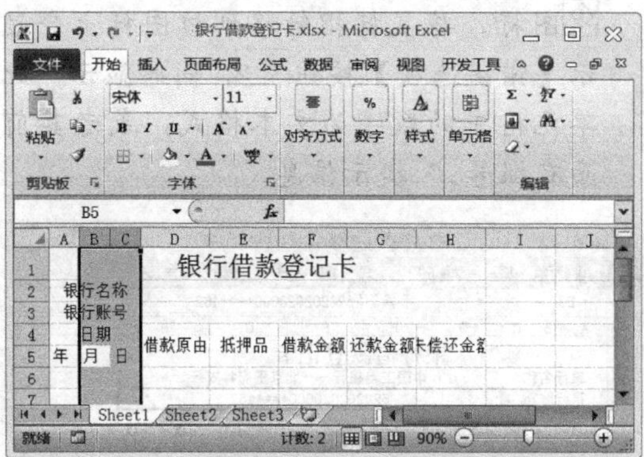

15 用户可以按照相同的方法，调整其他列的列宽。

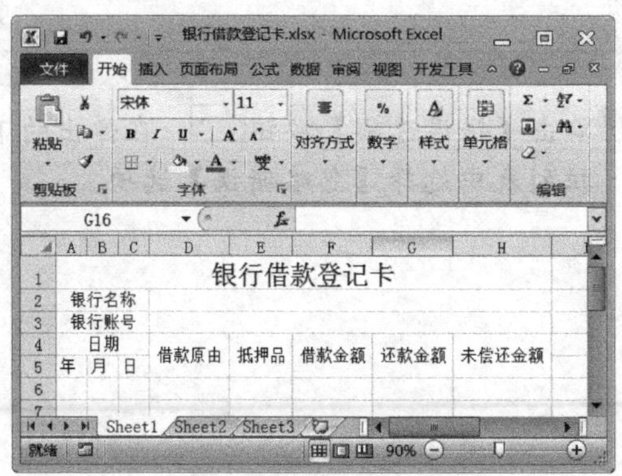

16 输入公式自动计算“未偿还金额”。在单元格 H6 和 H7 中分别输入以下公式。

H6=F6 - G6

H7=H6 + F7 - G7

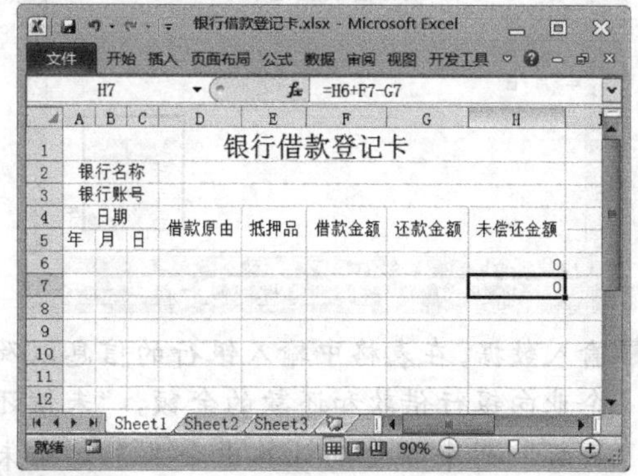

提示

（1）由于单元格 H6 是第一笔借款登记，所以“未偿还金额=借款金额 - 还款金额”。而单元格 H7 应是“累计未偿还金额=上期未偿还金额借款金额 - 还款金额”。

（2）因为表格中尚未登记“借款金额”和“还款金额”，因此单元格 H6 和 H7 中显示的计算结果均为“0”。

17 使用鼠标拖动填充公式。选中单元格 H7，将鼠标指针移到该单元格的右下角，当指针变成╋形状时按住鼠标左键不放，向下拖动至合适的位置后释放鼠标，即可将单元格 H7 的公式填充到其他单元格区域。

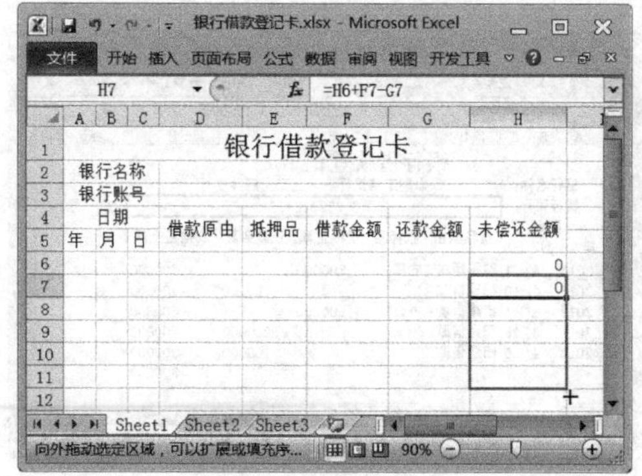

18 填充完毕，释放鼠标即可，效果如图所示。

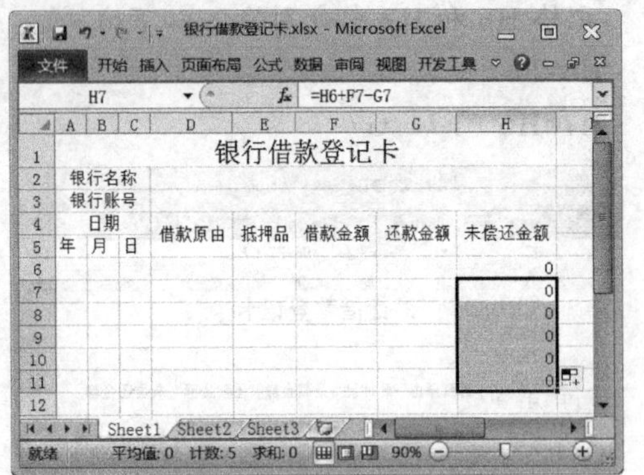

19 输入数据。在表格中输入银行的信息以及企业向银行借款和还款的金额，“未偿还金额”列中将自动计算出企业累计尚未偿还的金额。

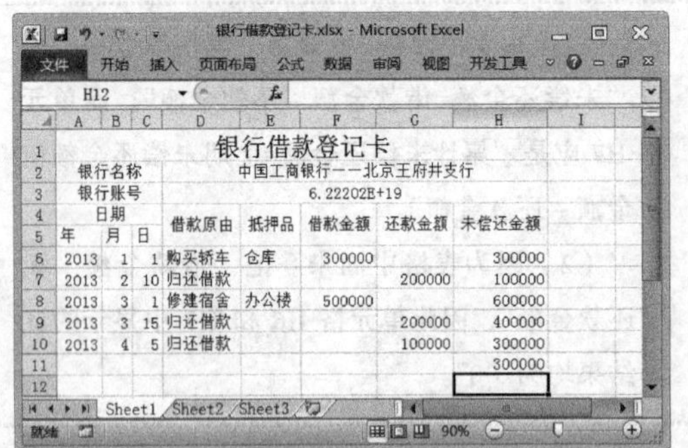

20 此时用户会发现单元格D3中以科学计算法显示“银行账号”，这是因为系统默认将数值保存为数字格式，当数据位数较多（超过11位）时，系统会自动将其用科学计数法显示，并且将超过15位数的最后几位数字变成0。

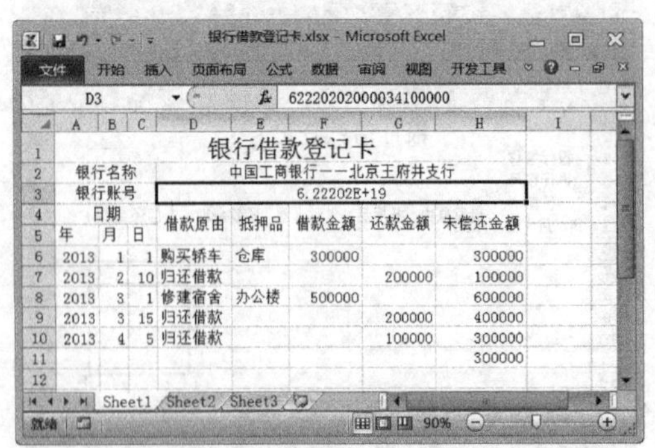

21 为了准确地显示“银行账号”，用户可以输入文本型数值。先在单元格D3中输入英文状态下的单引号（’），然后输入银行账号，按下【Enter】键完成输入，此时单元格中将准确地显示所有的数字，同时该单元格的左侧会显示一个绿色的小三角。

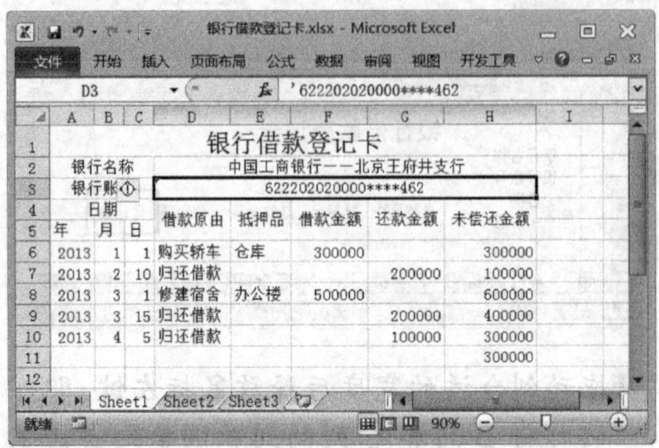

22 选中单元格D3，此时该单元格左侧显示图标，将鼠标指针移到该图标上会显示【错误选项】按钮，同时显示“此单元格中的数字为文本格式，或者其前面有撇号。”提示信息。

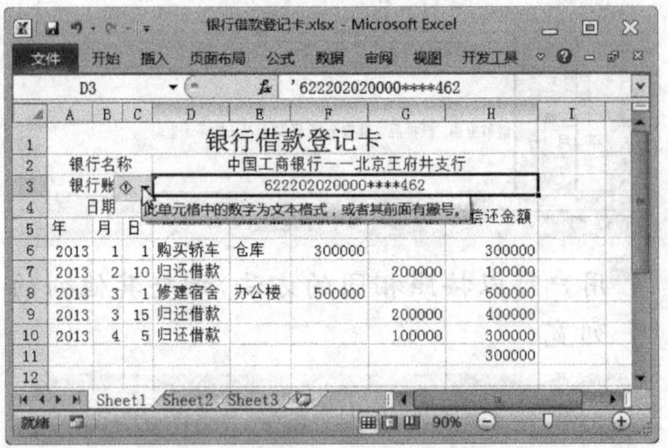

23 单击【错误选项】按钮，在弹出的下拉列表中选择【忽略错误】选项。

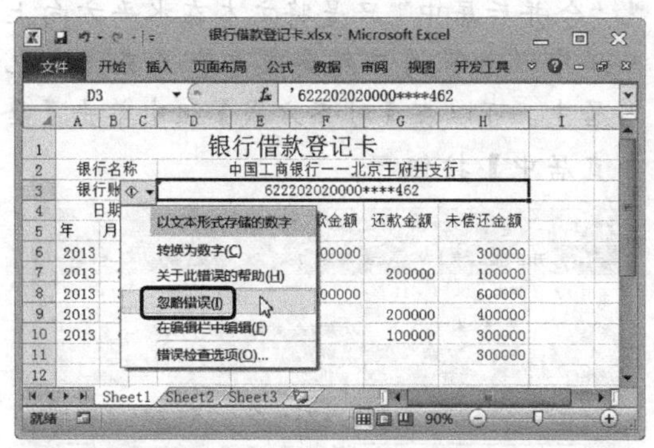

❷❹随即绿色的小三角符号就被隐藏了。

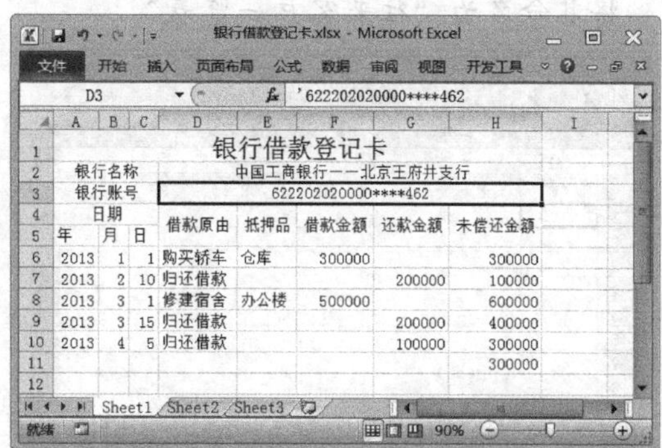

1.2 往来客户一览表

案例背景

为了方便管理与企业有经济业务往来的企业或个人，财务部门应建立往来客户一览表，保存这些企业或个人的相关信息。

最终效果及关键知识点

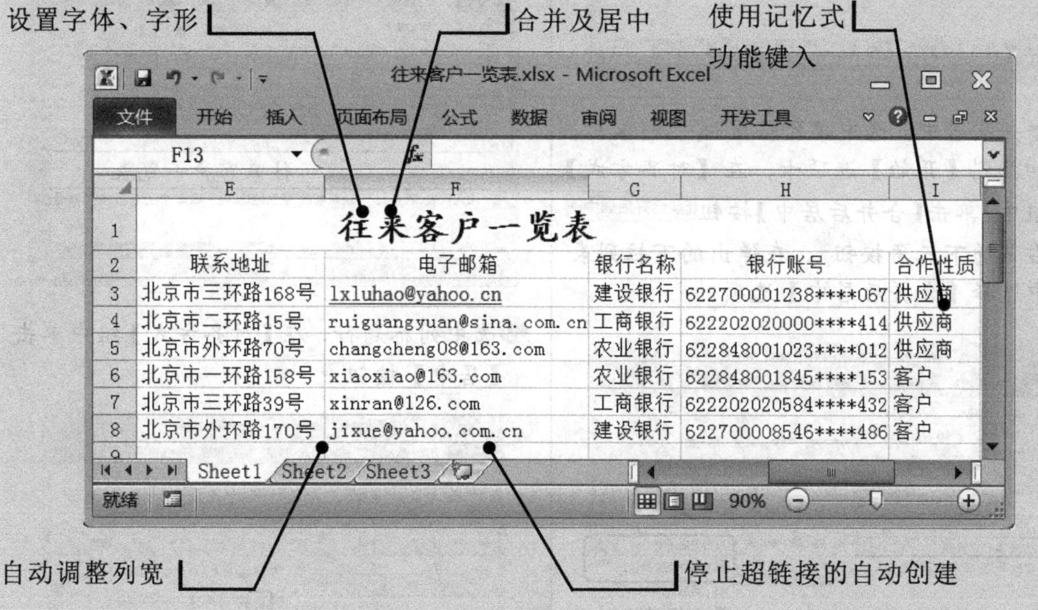

往来客户一览表主要包括企业名称、法人代表、联系人、联系电话、联系地址、邮箱、银行账号等，制作往来客户一览表的具体步骤如下。

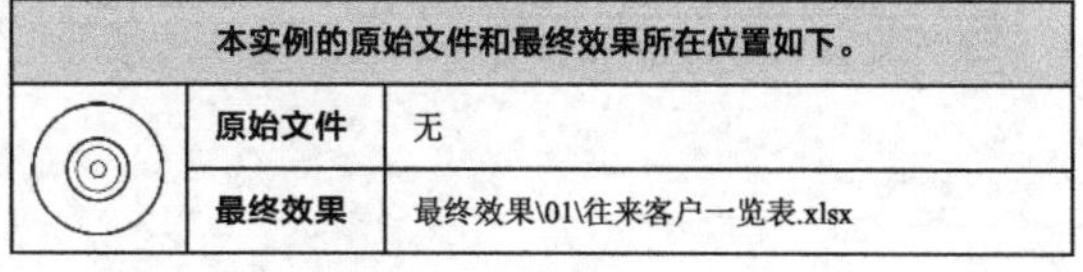

本实例的原始文件和最终效果所在位置如下。	
原始文件	无
最终效果	最终效果\01\往来客户一览表.xlsx

❶启动 Excel 2010，创建一个空白工作簿，将其命名为“往来客户一览表”。

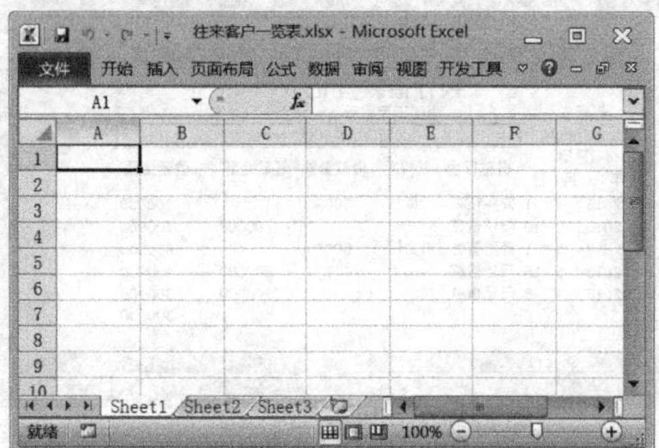

❷在工作表 Sheet1 的适当位置输入表格标题和相应的列标题。

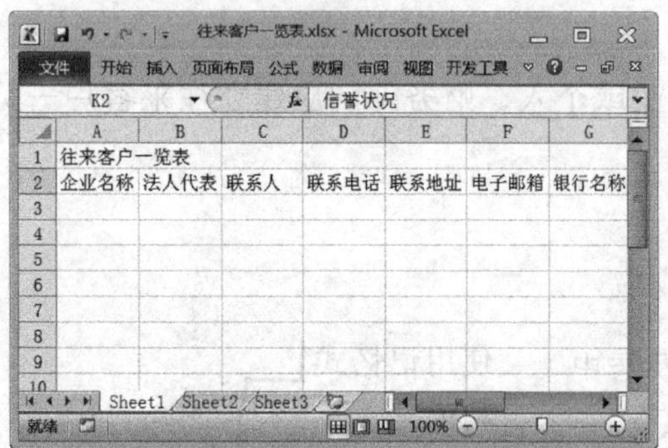

❸合并及居中。选中单元格区域“A1:K1”，切换到【开始】选项卡，在【对齐方式】组中，单击【合并后居中】按钮 合并后居中 右侧的下三角按钮，在弹出的下拉列表中选择【合并后居中】选项。

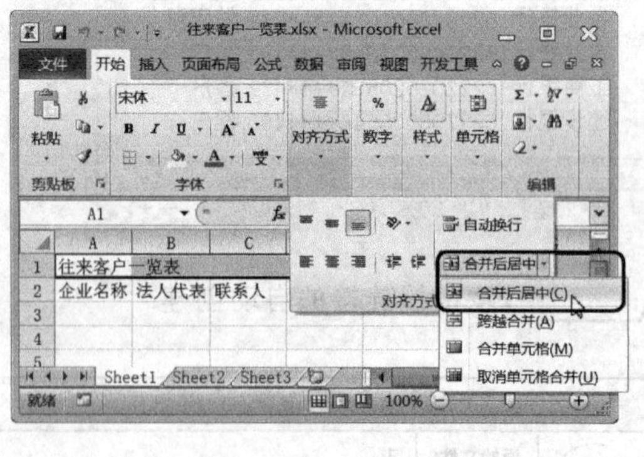

❹“合并后居中”只是将文本在水平方向上居中，如果用户想要文本在垂直方向也居中，可以在【对齐方式】组中单击【垂直居中】按钮。

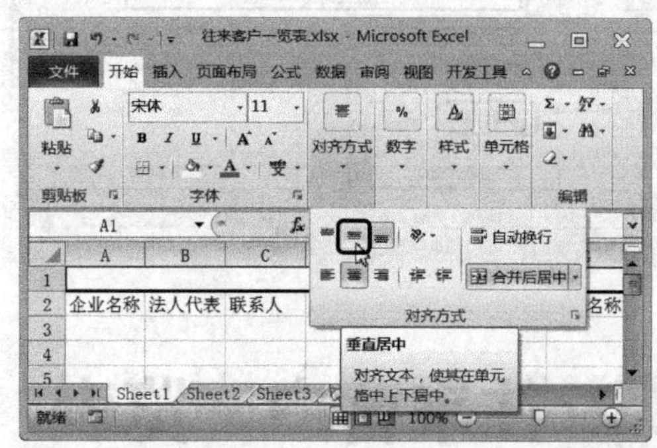

❺设置字体和字号。在【字号】下拉列表中选择【20】选项，在【字体】下拉列表中选择【华文楷体】选项，然后单击【加粗】按钮 B，使【加粗】按钮 B 呈高亮显示。随即单元格中的内容以字号 20 且加粗的华文楷体显示。

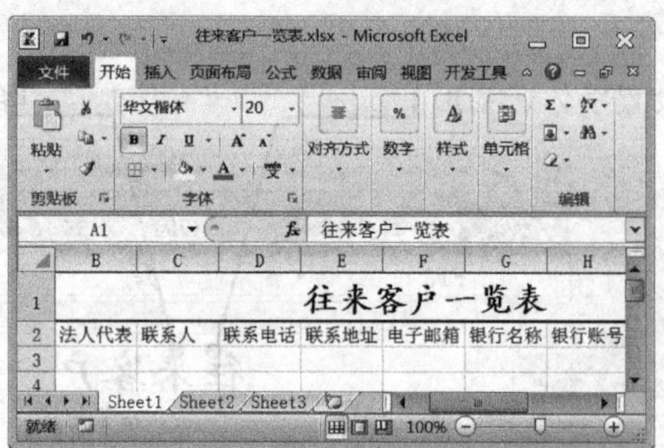

❻选中列标题行，在【对齐方式】组中单击【居中】按钮。

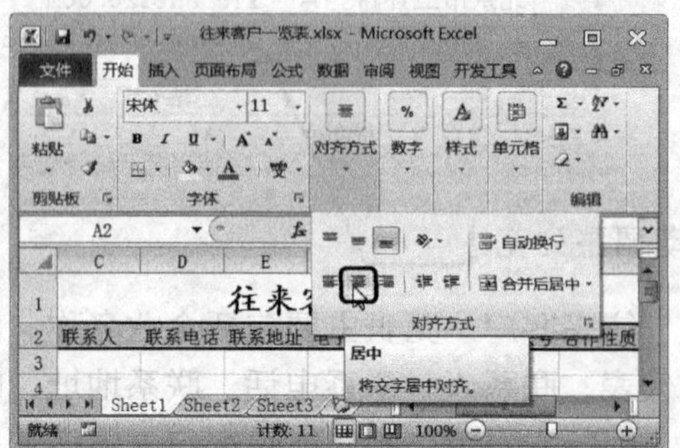

7 在各列标题下输入往来客户的相应信息，其中在“电子邮箱”列标题下输入电子邮箱地址，按【Enter】键后系统会自动将该地址设置为超链接格式，将鼠标指针移到该超链接上时会显示图示的提示信息。

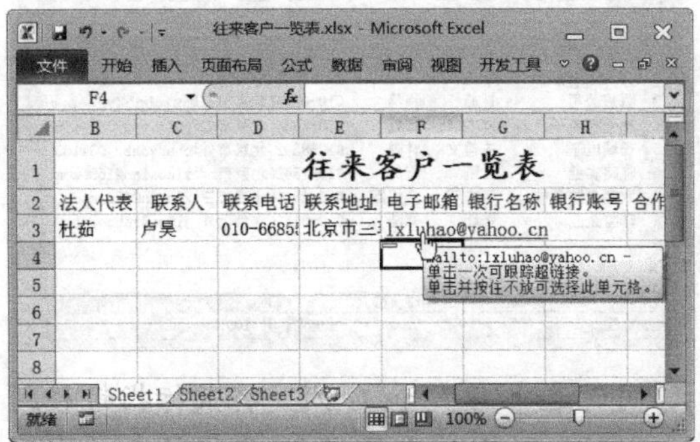

8 将鼠标指针移到超链接左下角的图标上会显示【自动更正选项】按钮，单击该按钮会弹出图示的下拉列表。

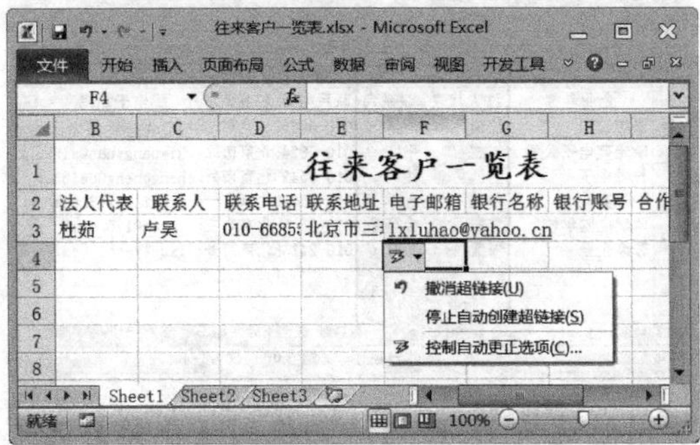

9 在弹出的下拉列表中选择【控制自动更正选项】选项，随即会弹出【自动更正】对话框，切换到【键入时自动套用格式】选项卡，撤选【Internet 及网络路径替换为超链接】复选框，单击 确定 按钮，即可停止超链接的自动创建，但是不取消当前超链接。

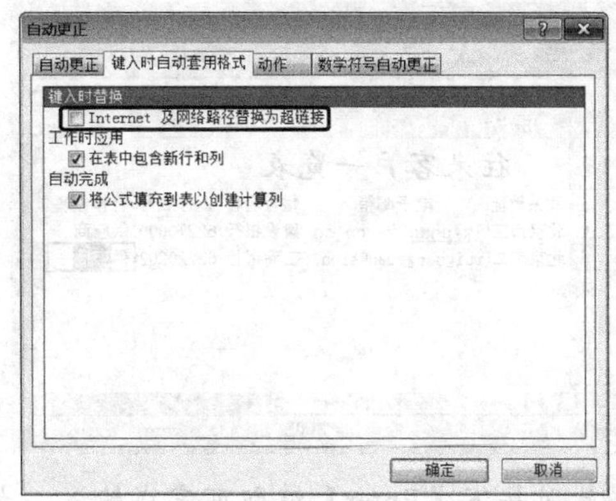

10 用户输入下一个电子邮箱地址时，即可看到电子邮箱地址不再显示为超链接形式。

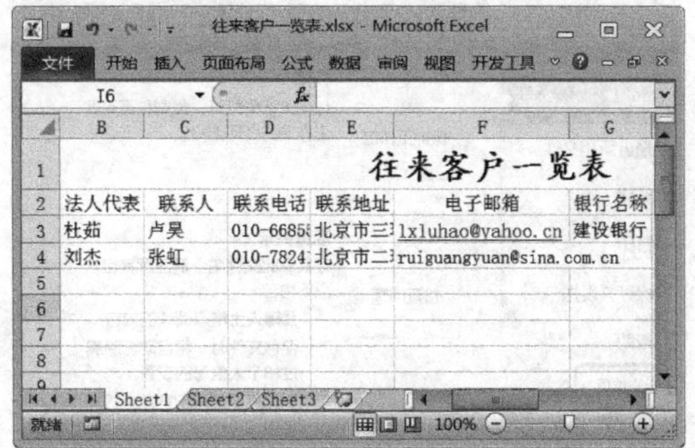

提示

如果选择【撤消超链接】选项，即可取消当前超链接。

如果选择【停止自动创建超链接】选项，那么不仅取消当前超链接，而且停止超链接的自动创建。

11 记忆式键入功能。当需要输入的内容在同列中已有相同内容时，只需输入第 1 个字，单元格会自动完成后面的字的输入，并反色显示，这是由于系统默认为单元格值启用记忆式键入功能。

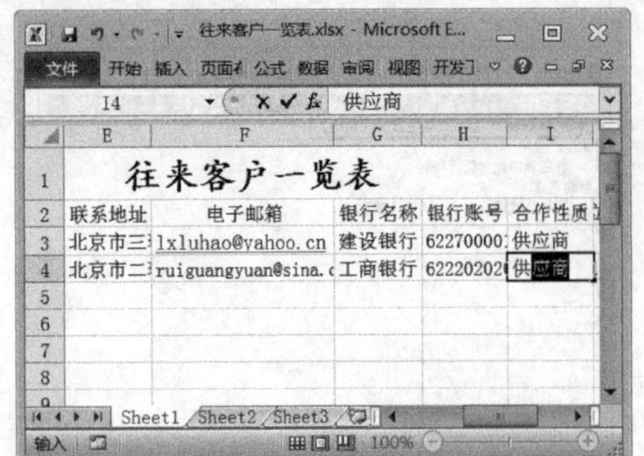

⑫此时按下【Enter】键即可完成输入。如果用户想取消“为单元格值启用记忆式键入”功能，可以单击 文件 按钮，在弹出的下拉菜单中选择【选项】菜单项。

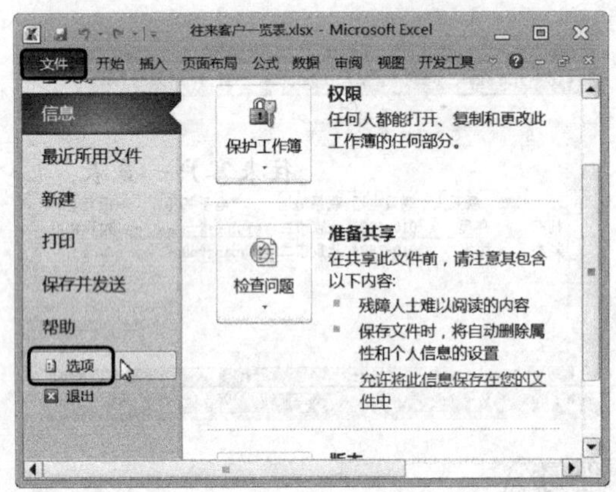

⑬弹出【Excel选项】对话框，切换到【高级】选项卡，在【编辑选项】组合框中撤选【为单元格值启用记忆式键入】复选框，然后单击 确定 按钮即可。

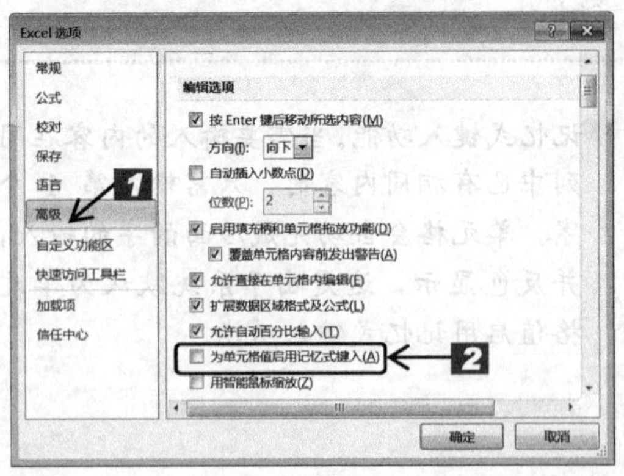

⑭自动调整列宽。输入所有往来客户信息，然后将鼠标指针移到A列和B列的分隔线上，当指针变成✛形状时双击，系统就会自动将A列的列宽调整到合适的宽度。

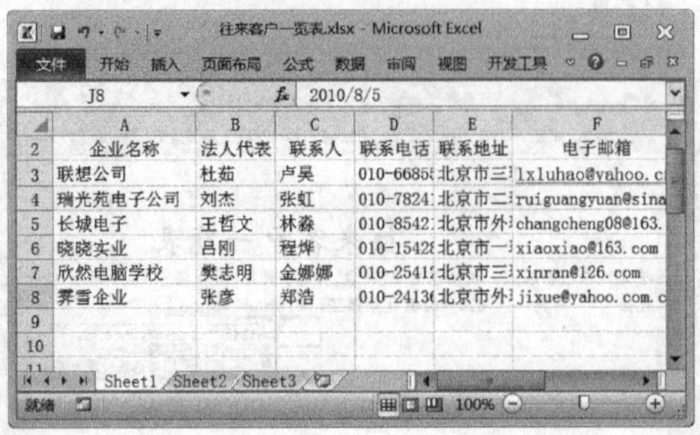

⑮同时选中B列和C列，将鼠标指针移到B列和C列的分隔线上，当指针变成✛形状时双击，系统就会自动将B列和C列的列宽调整到合适的宽度。

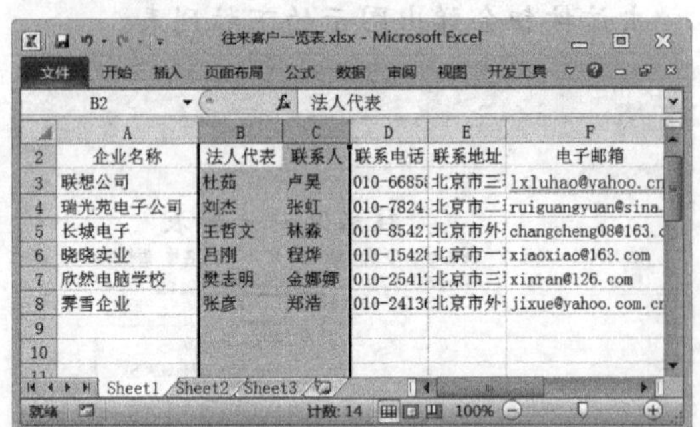

⑯同时选中D~K列，切换到【开始】选项卡，在【单元格】组中单击【格式】按钮。

⑰在弹出的下拉列表中选择【自动调整列宽】选项。

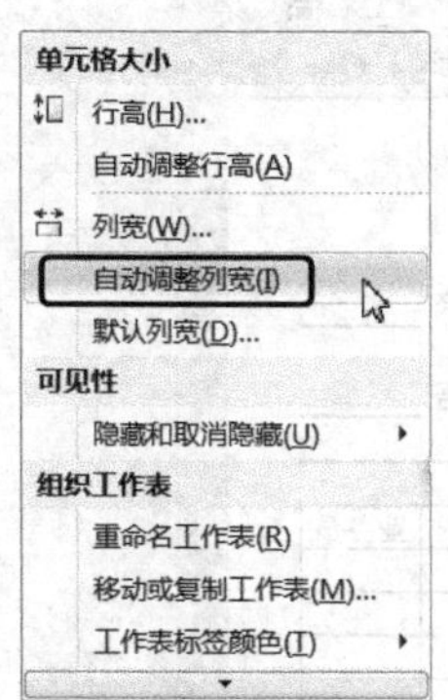

⑱随即系统会自动将D~K列的列宽调整到合适的宽度。

1.3 收付款单据

案例背景

为了便于管理企业在采购和销售过程中的流动资金，财务部门应制定收付款单据作为记账的原始凭证。

最终效果及关键知识点

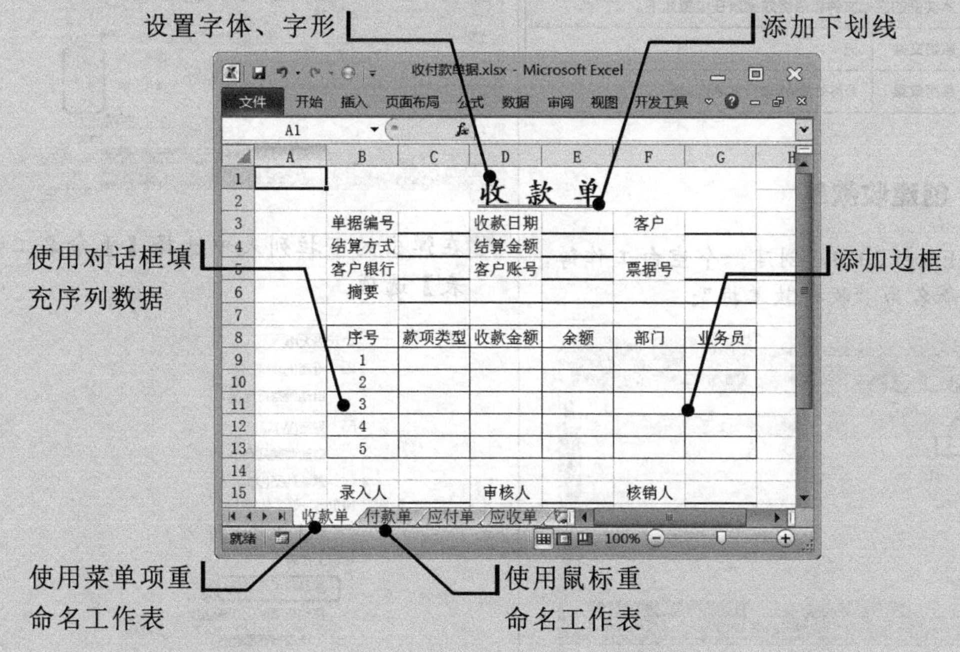

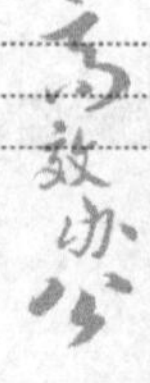

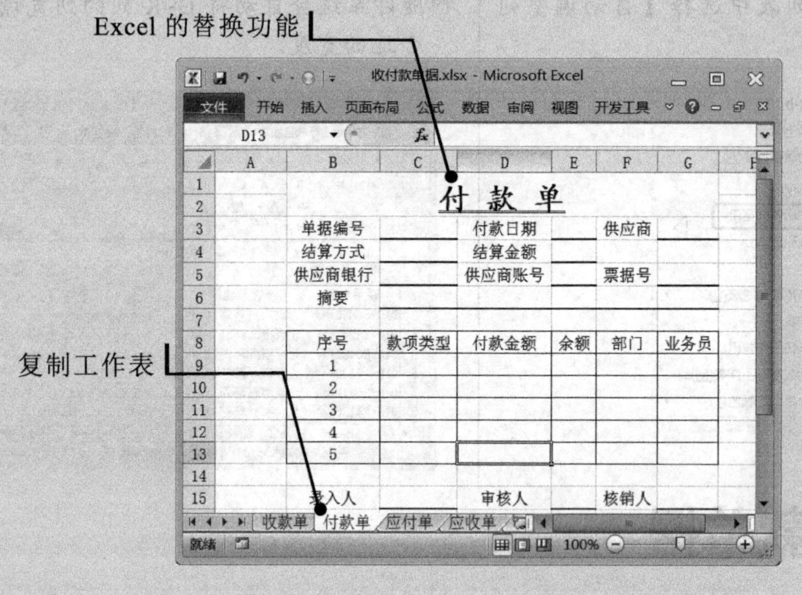

收付款单据包括应收单、应付单、收款单和付款单，其中应收单和应付单的内容基本相同，收款单和付款单的内容也基本相同。下面以收款单为例介绍收付款单据的制作过程，具体的操作步骤如下。

本实例的原始文件和最终效果所在位置如下。		
	原始文件	无
	最终效果	最终效果\01\收付款单据.xlsx

1.3.1 创建收款单

1 启动 Excel 2010，创建一个空白工作簿，将其命名为“收付款单据”。

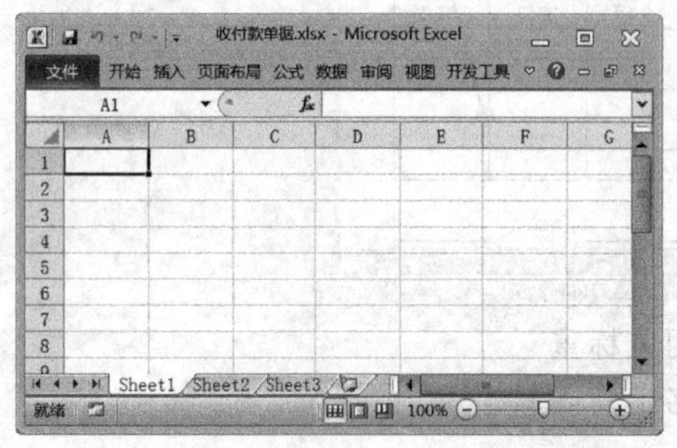

2 使用菜单项重命名工作表。切换到工作表 Sheet1，然后切换到【开始】选项卡，在【单元格】组中单击【格式】按钮。

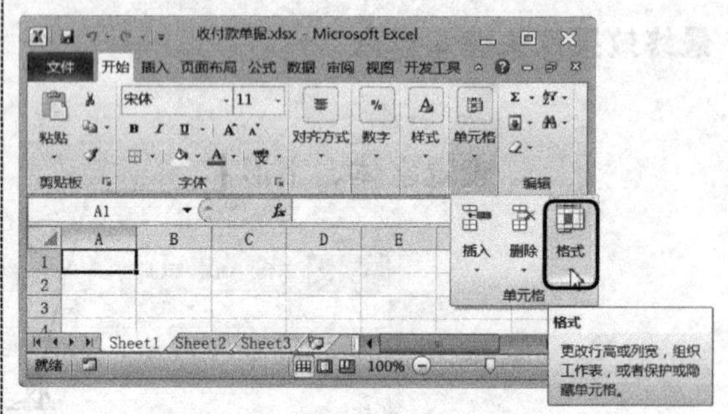

3 在弹出的下拉列表中选择【重命名工作表】选项。

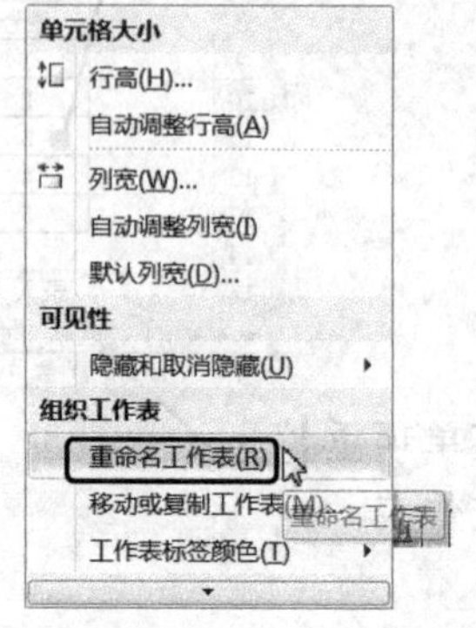

④此时工作表标签Sheet1处于可编辑状态，输入新的工作表名称“收款单”，然后按【Enter】键，即可完成工作表的重命名。

⑤在“收款单”工作表的适当位置输入收款单的内容。

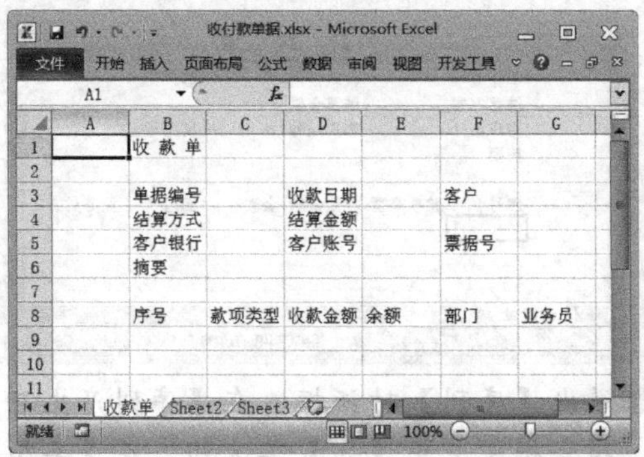

⑥选中单元格区域“B1:G2”，切换到【开始】选项卡，在【对齐方式】组中，单击【合并后居中】按钮合并后居中右侧的下三角按钮，在弹出的下拉列表中选择【合并后居中】选项。

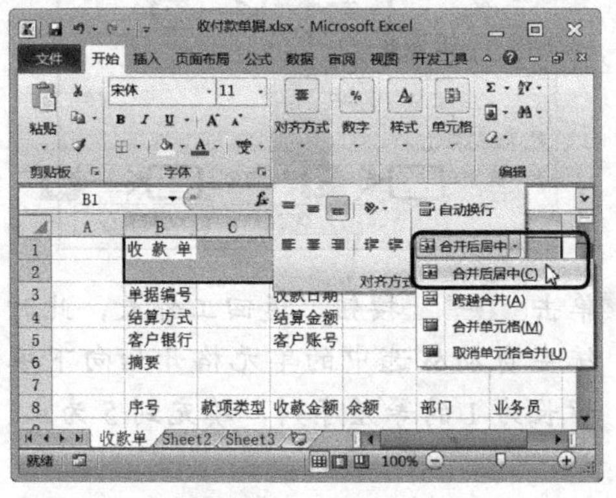

⑦即可将单元格区域合并为一个单元格，在【字体】下拉列表中选择【楷体_GB2312】，在【字号】下拉列表中选择【20】，然后单击【加粗】按钮，使【加粗】按钮呈高亮显示。

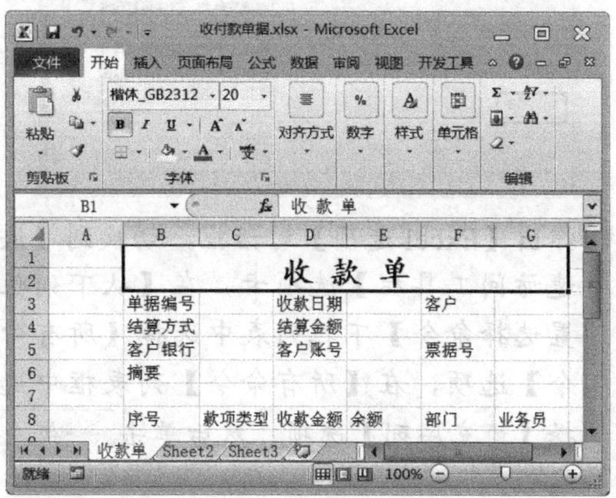

⑧添加下划线。在【字体】组中，单击【下划线】按钮右侧的下三角按钮，在弹出的下拉列表中选择【双下划线】选项。

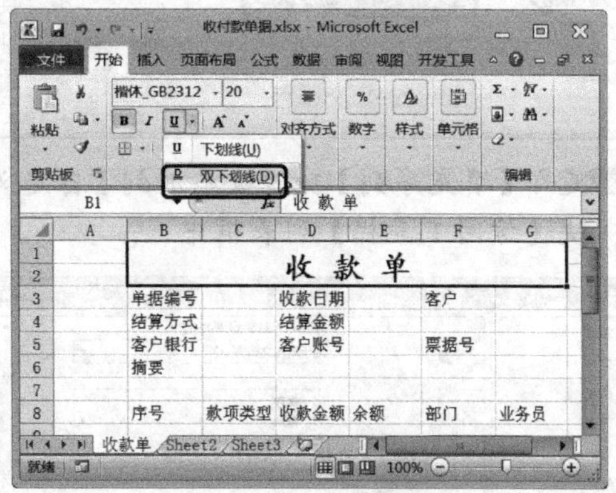

⑨使用对话框填充序列数据。由于Excel 2010中没有在选项卡和自定义快速访问工具栏中直接列出填充序列的功能，所以需要我们自己将它添加到自定义快速访问工具栏中。单击文件按钮，在弹出的下拉菜单中选择【选项】菜单项。

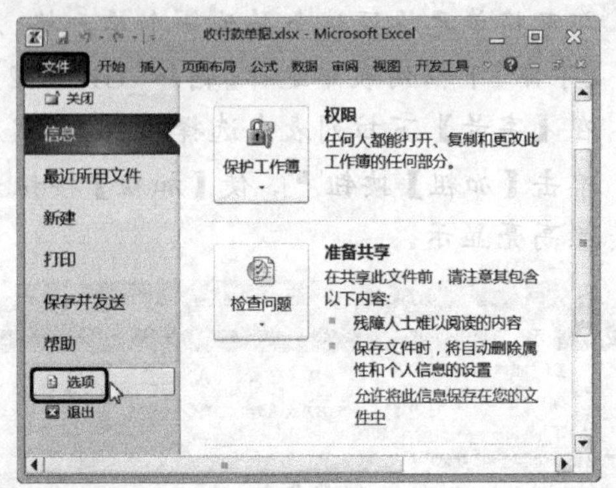

⑩弹出【Excel选项】对话框，切换到【快速访问工具栏】选项卡，在【从下列位置选择命令】下拉列表中选择【所有命令】选项，在【所有命令】列表框中选择【填充序列】选项，然后单击 添加(A) >> 按钮。

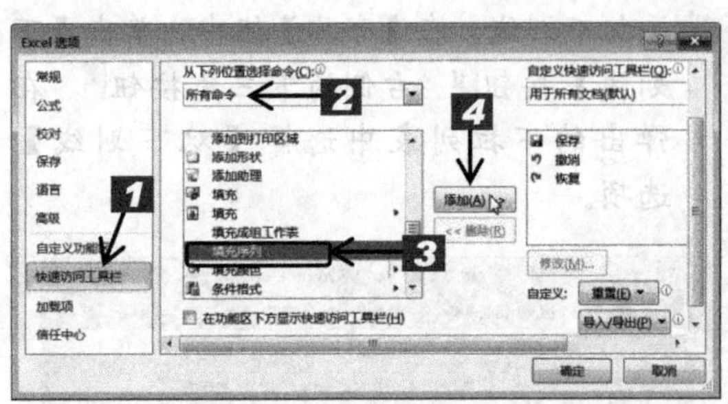

⑪随即【填充序列】功能被添加到【自定义快速访问工具栏】列表框中。

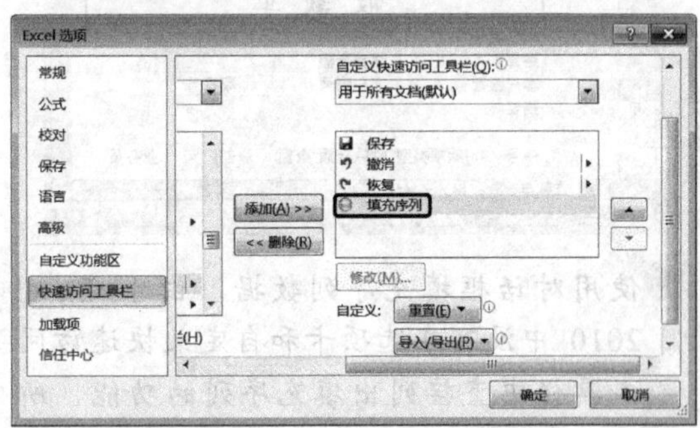

⑫单击 确定 按钮，返回工作表，即可看到【填充序列】按钮已被添加到【快速访问工具栏】中。

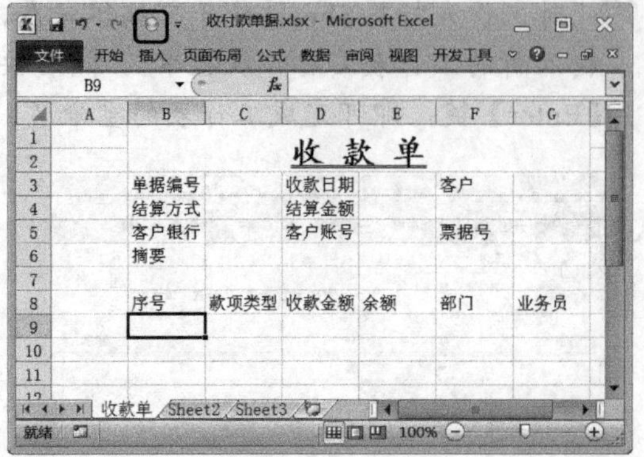

⑬在单元格B9中输入“1”，然后选中该单元格，单击【快速访问工具栏】中的【填充序列】按钮。

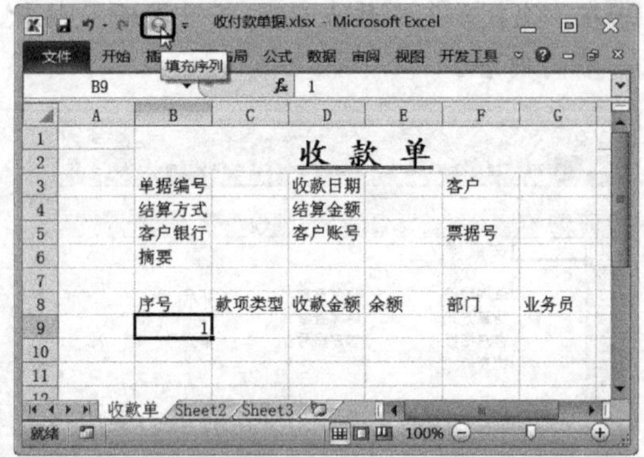

⑭弹出【序列】对话框，在【序列产生在】组合框中选中【列】单选钮，在【类型】组合框中选中【等差序列】单选钮，然后在【步长值】文本框中输入“1”，在【终止值】文本框中输入“5”。

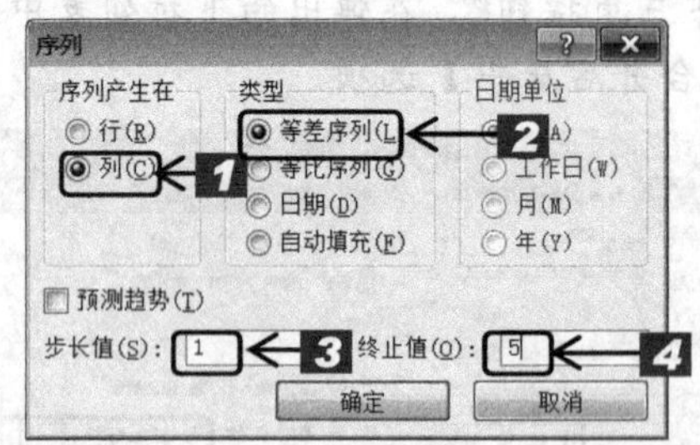

⑮单击 确定 按钮，返回工作表，此时系统会自动从选中的单元格开始向下填充步长为1的等差序列，填充到5为止。

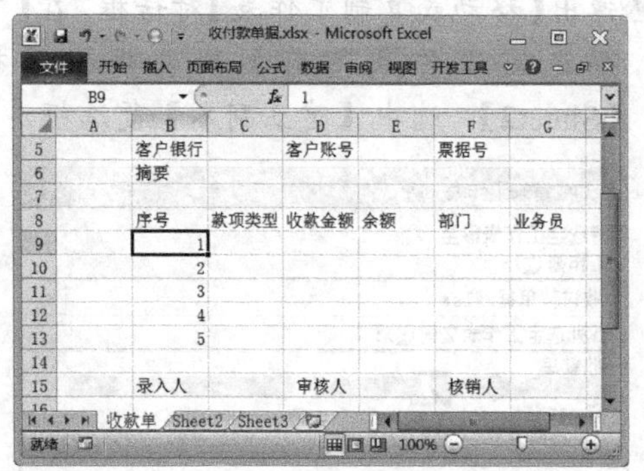

16 添加边框。按住【Ctrl】键不放，依次选中单元格 C3、E3、G3、C4、E4、C5、E5、G5、C15、E15、G15 以及单元格区域“C6:G6”，切换到【开始】选项卡，在【字体】组中，单击【边框】按钮右侧的下三角按钮，在弹出的下拉列表中选择【粗底框线】选项。

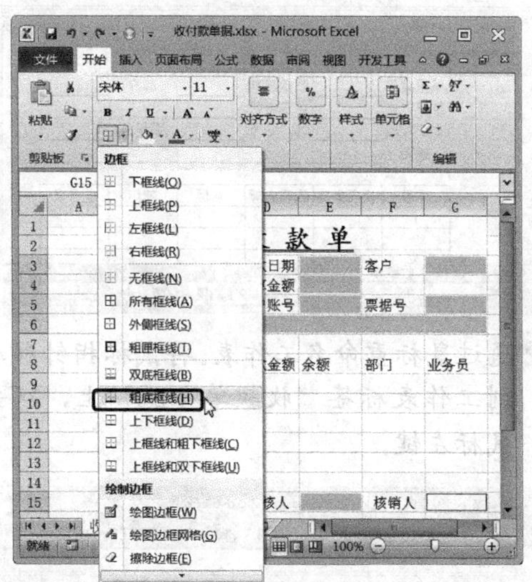

17 随即为选中的单元格添加粗底框线。

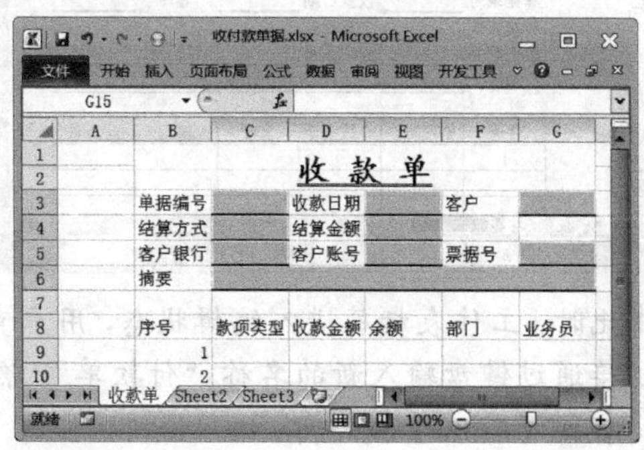

18 选中单元格区域“B8:G13”，切换到【开始】选项卡，在【字体】组中，单击【边框】按钮右侧的下三角按钮，在弹出的下拉列表中选择【所有框线】选项。

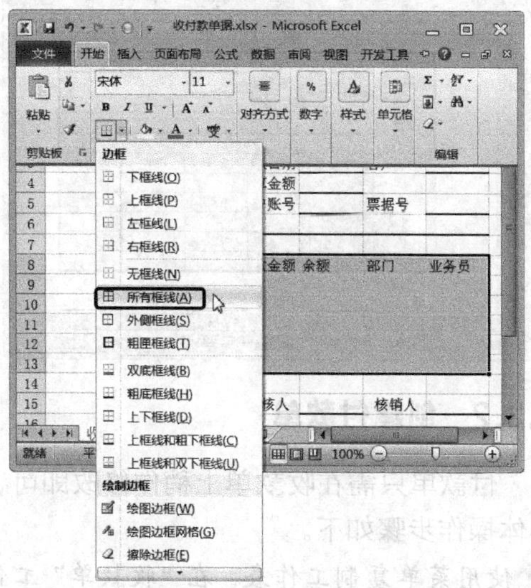

19 随即为选中的单元格区域添加所有框线。

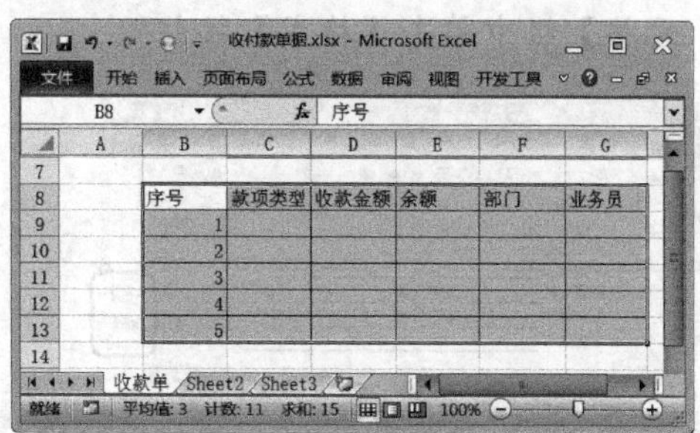

20 选中单元格区域“B3:G15”，切换到【开始】选项卡，在【对齐方式】组中，单击【居中】按钮。

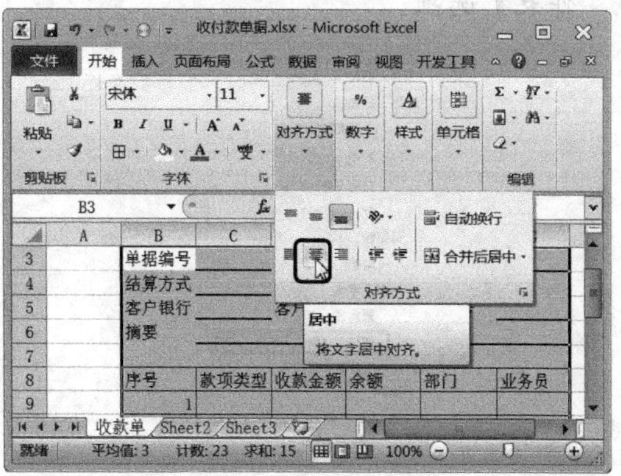

21 即可将单元格区域中的内容居中显示，至此收款单就制作完成了。

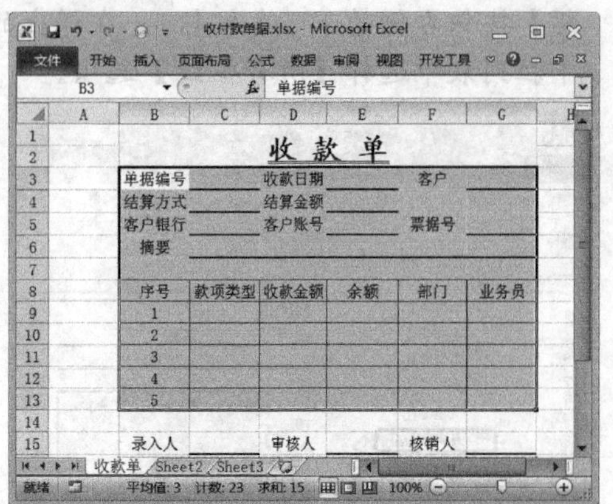

1.3.2 创建付款单

付款单只需在收款单上稍作修改即可，具体操作步骤如下。

1 使用菜单复制工作表。在“收款单”工作表中，切换到【开始】选项卡，在【单元格】组中单击【格式】按钮。

2 在弹出的下拉列表中选择【移动或复制工作表】选项。

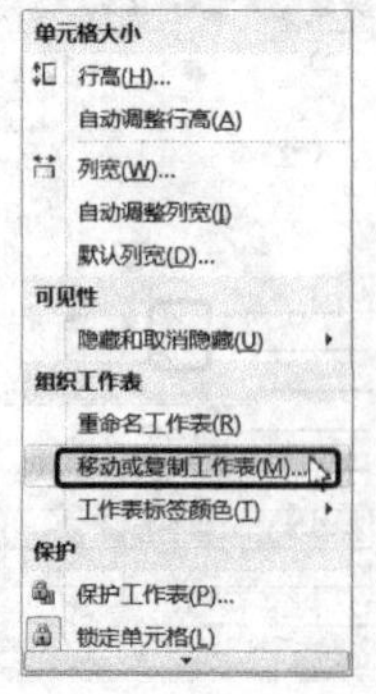

3 弹出【移动或复制工作表】对话框，在【下列选定工作表之前】列表框中选择【Sheet2】，选中【建立副本】复选框。

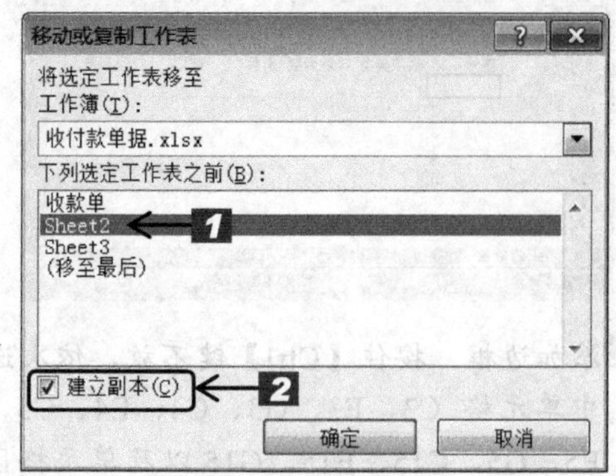

4 随即在工作表“收款单”后面创建了一个副本“收款单（2）”。

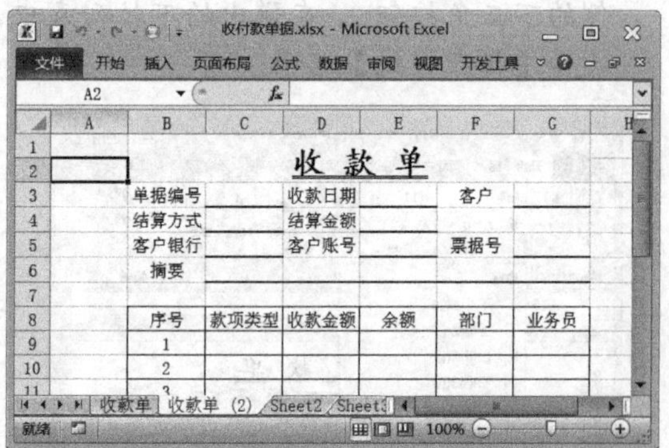

5 通过鼠标重命名工作表。将鼠标指针移动到工作表标签“收款单（2）”上，双击鼠标左键。

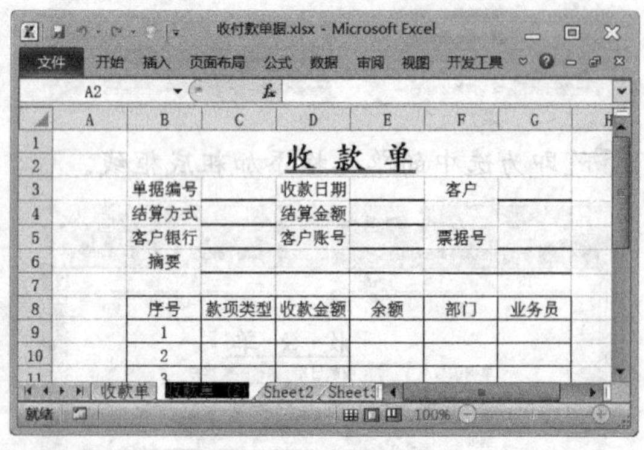

6 此时，工作表标签进入编辑状态，用户直接通过键盘输入新的名称“付款单”，然后按【Enter】键即可。

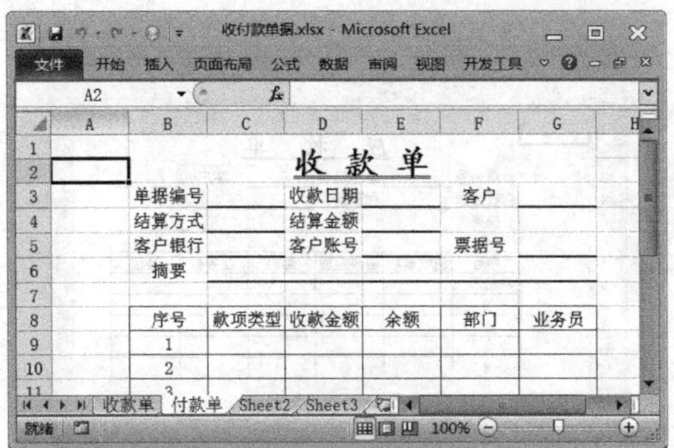

提示

用户只需将“收”替换为“付”，将“客户”替换为“供应商”，即可将收款单更改为付款单。

7 对工作表中的内容进行替换。将光标定位在工作表“付款单”的任意位置，切换到【开始】选项卡，在【编辑】组中单击【查找和选择】按钮，在弹出的下拉列表中选择【替换】选项。

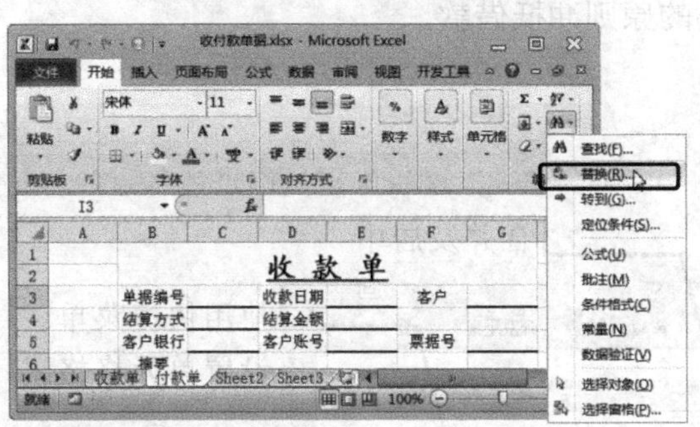

8 弹出【查找和替换】对话框，系统自动切换到【替换】选项卡，在【查找内容】文本框中输入“收”，在【替换为】文本框中输入“付”，然后单击 全部替换(A) 按钮。

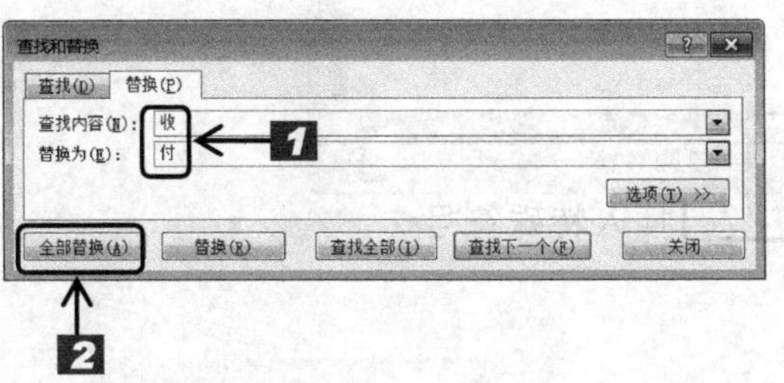

9 弹出【Microsoft Excel】提示框，提示用户“Excel 已经完成搜索并进行了 3 处替换”。

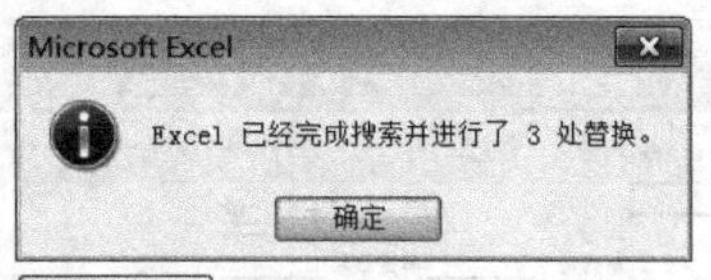

10 单击 确定 按钮，返回【查找和替换】对话框，按照相同的方法，将“客户”替换为“供应商”。

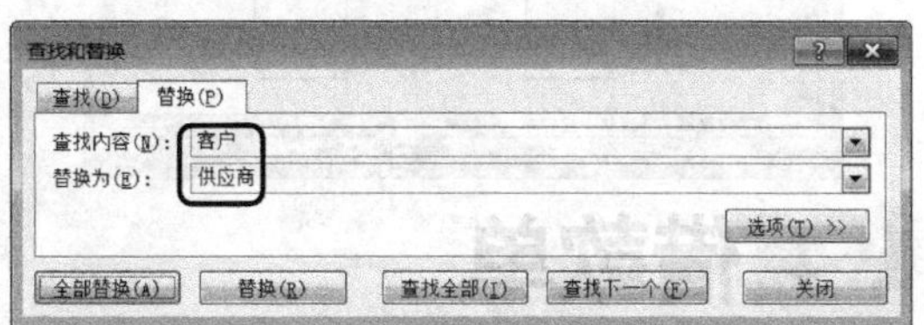

11 替换完毕，单击 关闭 按钮，返回工作表，即可看到“付款单”已经修改完成。

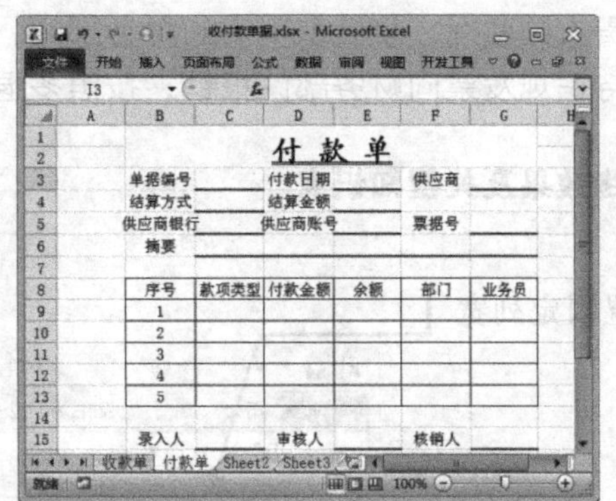

12 用户可以按照前面介绍的方法，适当地调整一下表格的列宽。

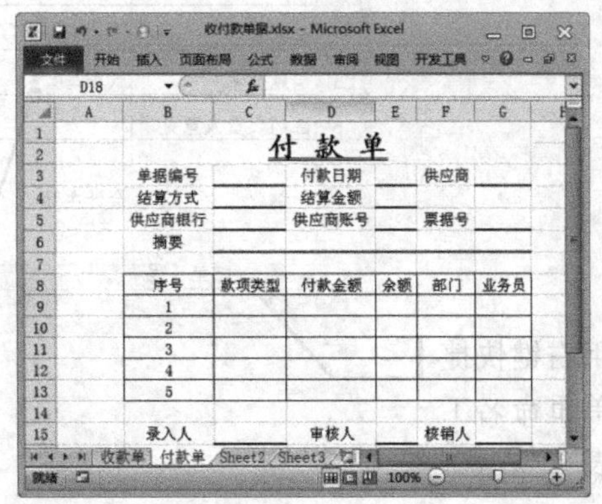

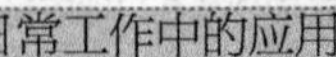

⑬用户可以按照收款单和付款单的制作方法制作应付单和应收单，最终效果如图所示。

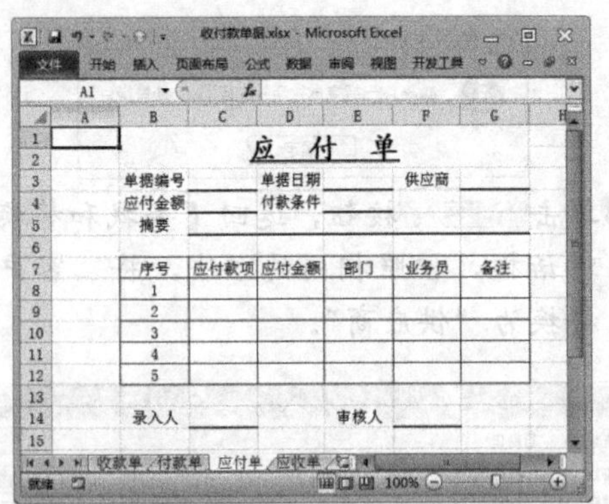

1.4 借款单

案例背景

为了合理地使用和管理企业的流动资金，企业内部人员应先填写部门借款单，经相关负责人同意后，将借款单交到财务部门，由会计主管批准、记账并支付借款，最后借款人需持正规发票向财务部门报销，按照多退少补的原则冲抵借款。

最终效果及关键知识点

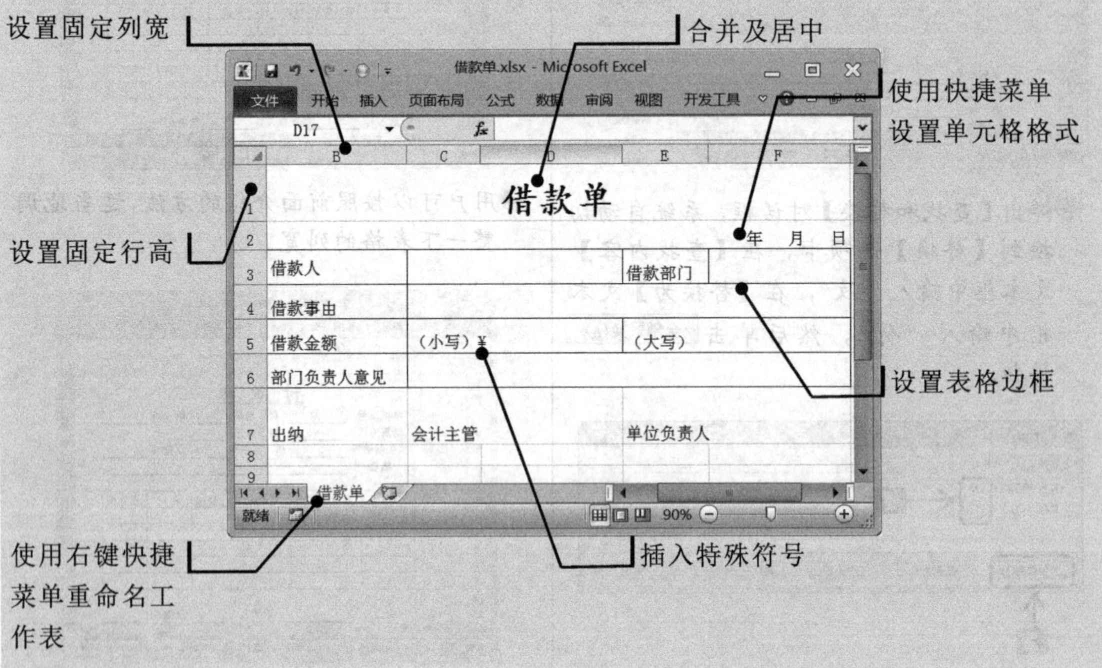

借款单主要包括借款日期、借款人、借款部门、借款事由、借款金额、部门负责人意见、单位负责人、会计主管核批等内容。制作部门借款单的具体步骤如下。

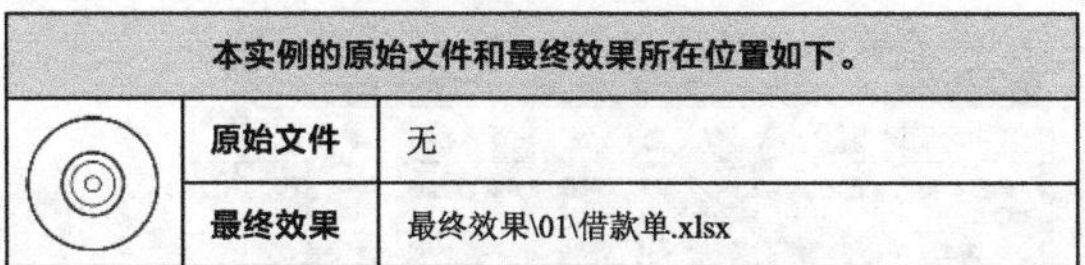

本实例的原始文件和最终效果所在位置如下。		
	原始文件	无
	最终效果	最终效果\01\借款单.xlsx

❶启动 Excel 2010，创建一个空白工作簿，将其命名为“借款单”。

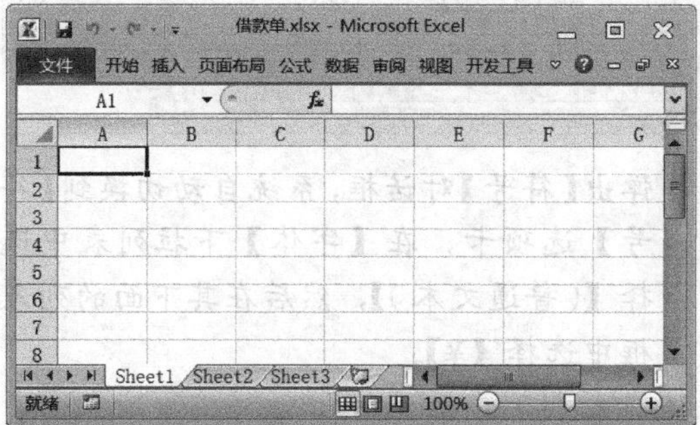

❷使用右键快捷菜单重命名工作表。在工作表标签 Sheet1 上单击鼠标右键，在弹出的快捷菜单中选择【重命名】菜单项。

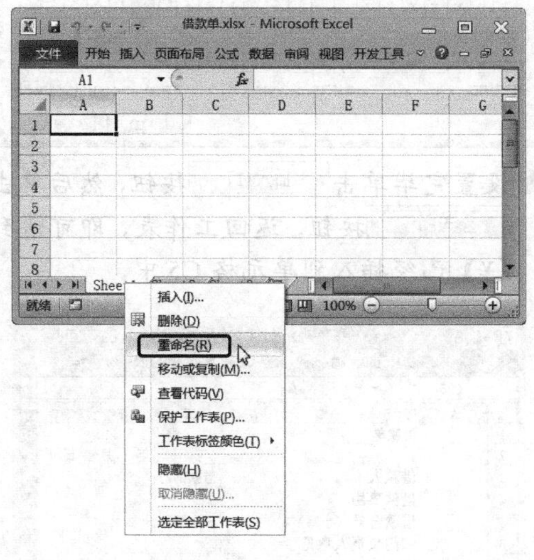

❸此时工作表标签 Sheet1 处于可编辑状态，输入新的工作表名称“借款单”，然后按【Enter】键，即可完成工作表的重命名。

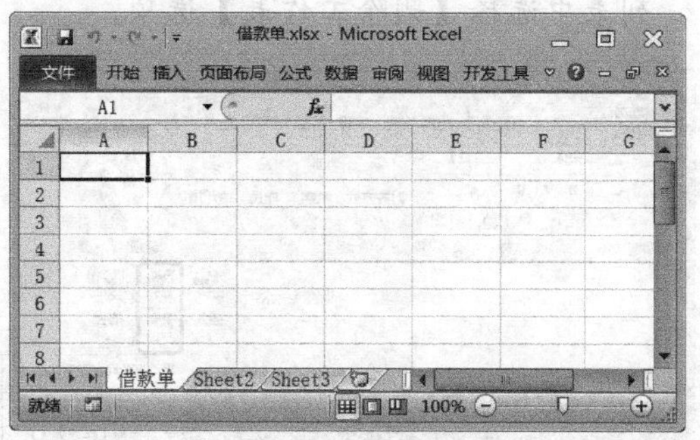

❹删除工作表。切换到工作表 Sheet2，在工作表标签 Sheet2 上单击鼠标右键，在弹出的快捷菜单中选择【删除】菜单项。

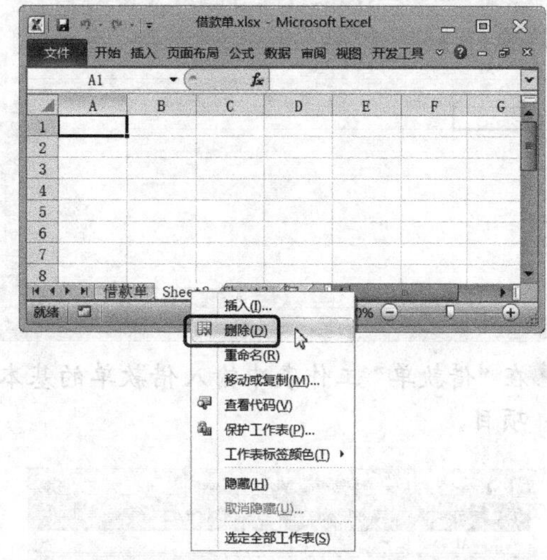

❺随即将工作表 Sheet2 删除。

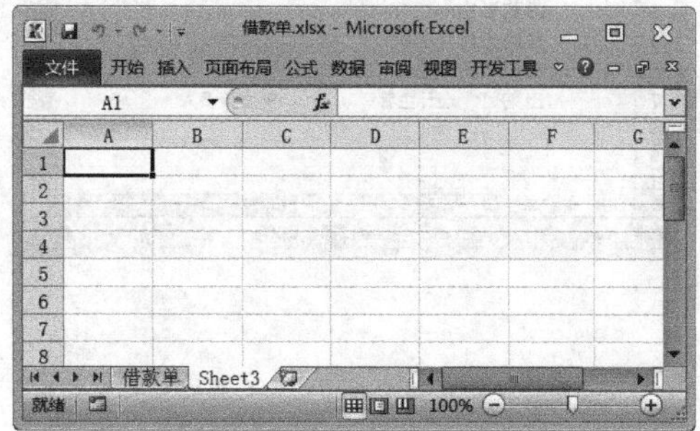

❻选中工作表标签 Sheet3，切换到【开始】选项卡，在【单元格】组中，单击【删除】按钮下方的按钮，在弹出的下拉列表中选择【删除工作表】选项。

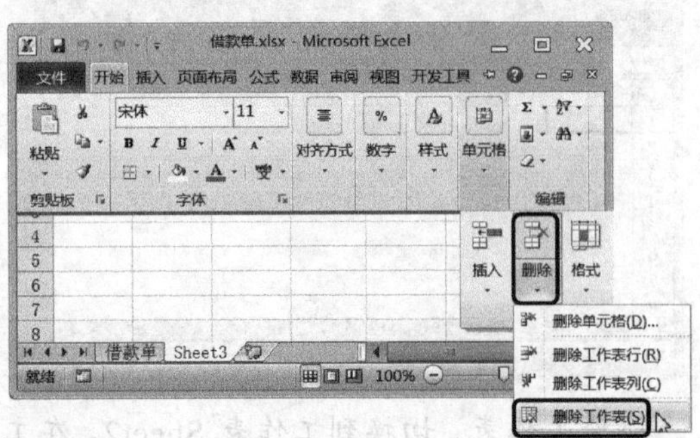

❼随即将工作表 Sheet3 删除，这样该工作簿就只剩下“借款单”工作表了。

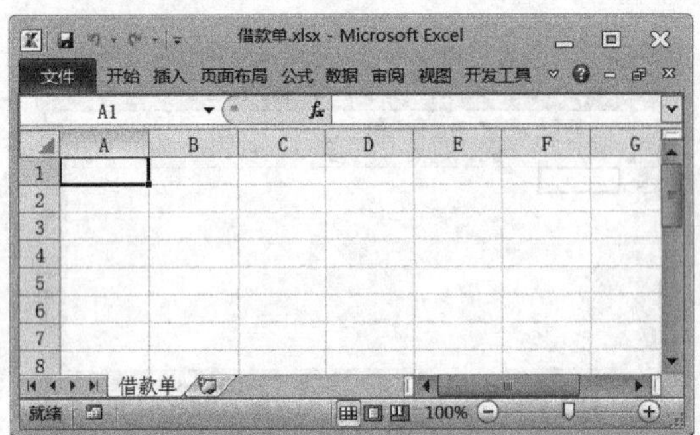

❽在“借款单”工作表中输入借款单的基本项目。

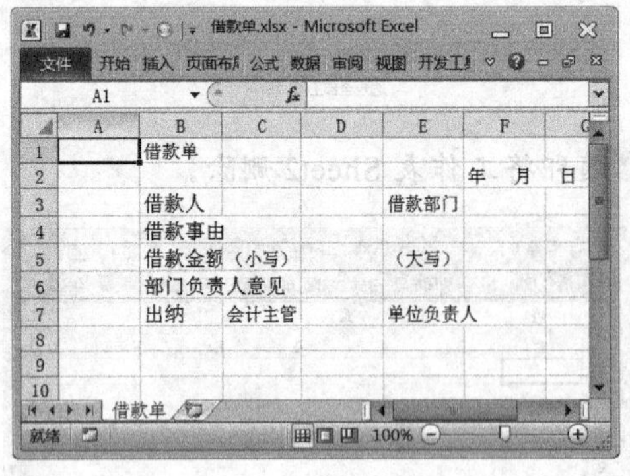

❾插入特殊符号。将光标定位在单元格 C5 文本“(小写)”之后，然后切换到【插入】选项卡，在【符号】组中单击【符号】按钮。

❿弹出【符号】对话框，系统自动切换到【符号】选项卡，在【字体】下拉列表中选择【(普通文本)】，然后在其下面的列表框中选择【¥】。

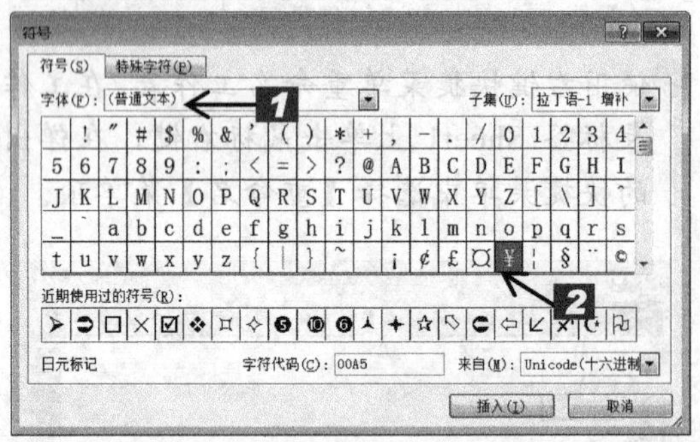

⓫设置完毕单击 插入(I) 按钮，然后单击 关闭 按钮，返回工作表，即可看到【¥】已经插入到单元格 C5 中。

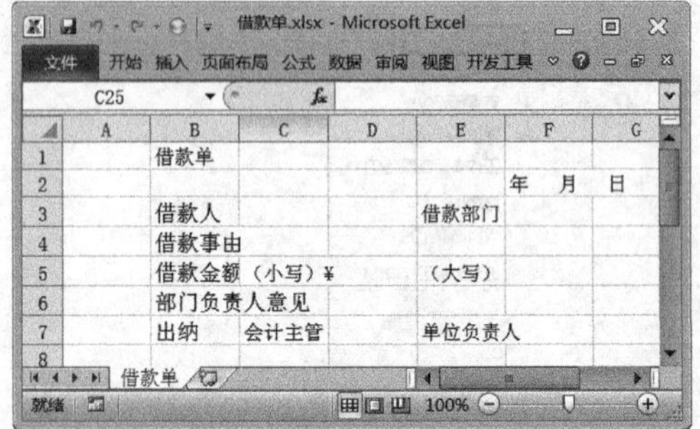

⑫合并及居中。选中单元格区域“B1:F1”，切换到【开始】选项卡，在【对齐方式】组中，单击【合并后居中】按钮 合并后居中 右侧的下三角按钮，在弹出的下拉列表中选择【合并后居中】选项，即可将选中的单元格合并，并使单元格中的内容水平居中显示。

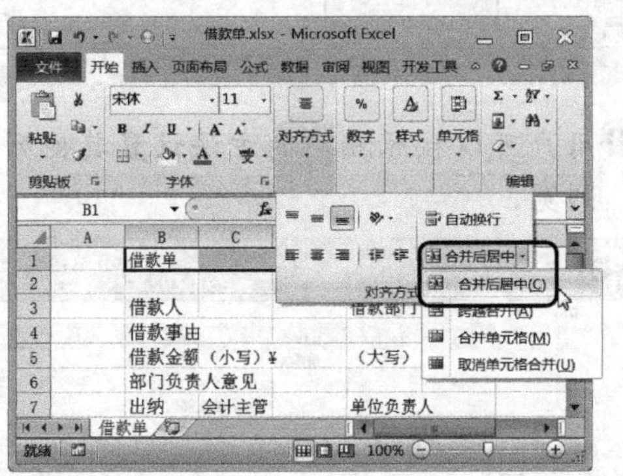

⑬使用快捷菜单设置单元格格式。选中单元格区域“B2:F2”，单击鼠标右键，在弹出的快捷菜单中选择【设置单元格格式】菜单项。

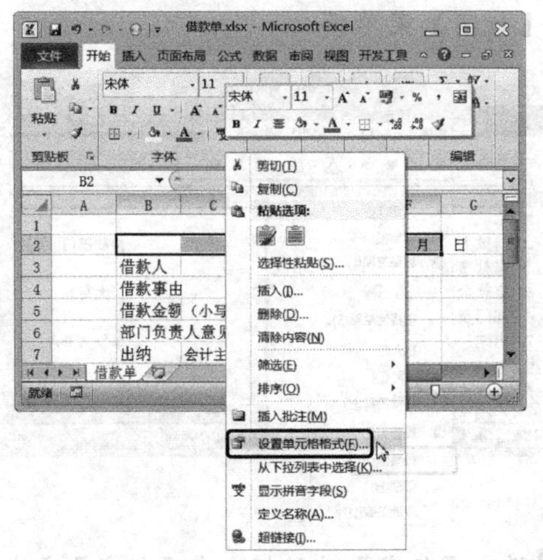

⑭弹出【设置单元格格式】对话框，在【文本对齐方式】组合框中的【水平对齐】下拉列表中选择【靠右（缩进）】选项，在【文本控制】组合框中选中【合并单元格】复选框。

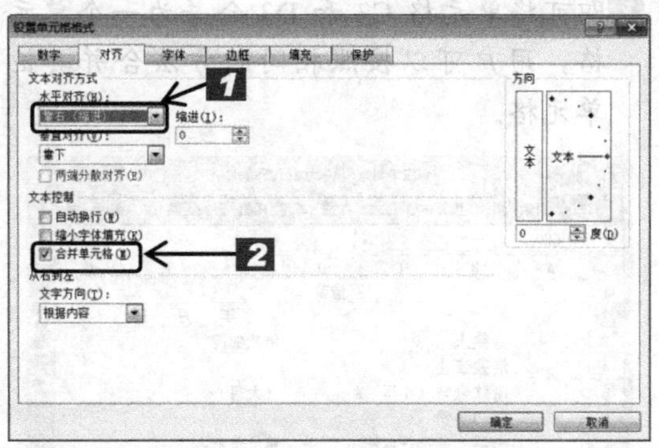

⑮设置完毕，单击 确定 按钮，返回工作表即可。

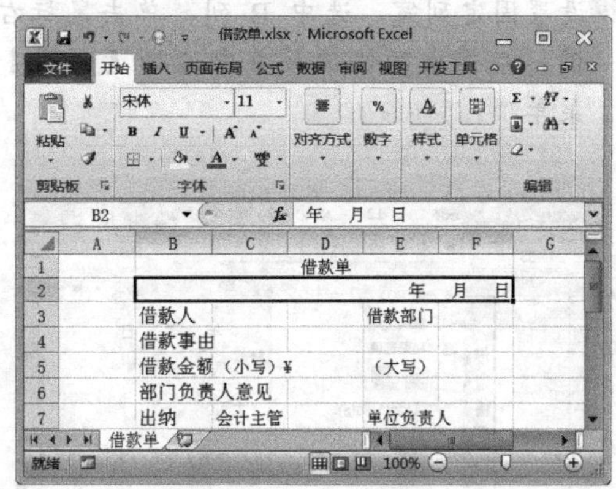

⑯合并单元格。选中单元格C3和D3，在【对齐方式】组中，单击【合并后居中】按钮 合并后居中 右侧的下三角按钮，在弹出的下拉列表中选择【合并单元格】选项。

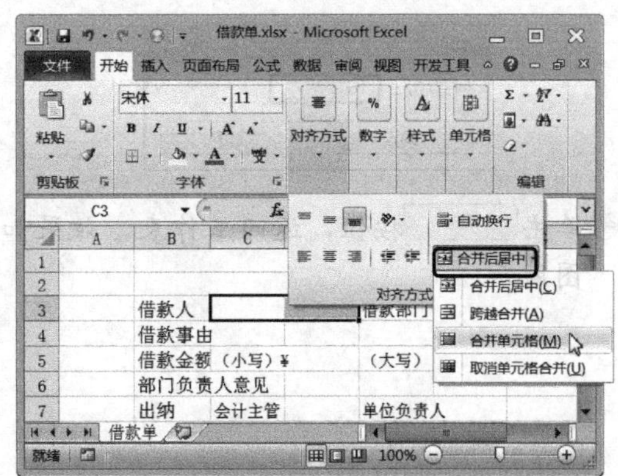

17 即可将单元格 C3 和 D3 合并为一个单元格，用户可以按照相同的方法合并其他单元格。

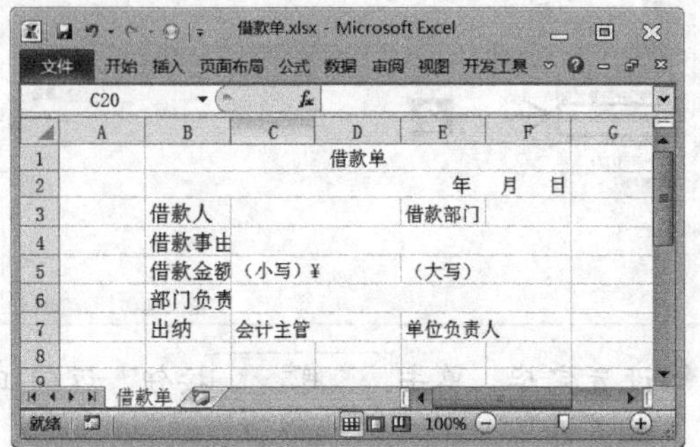

18 设置固定列宽。选中 B 列，单击鼠标右键，在弹出的快捷菜单中选择【列宽】菜单项。

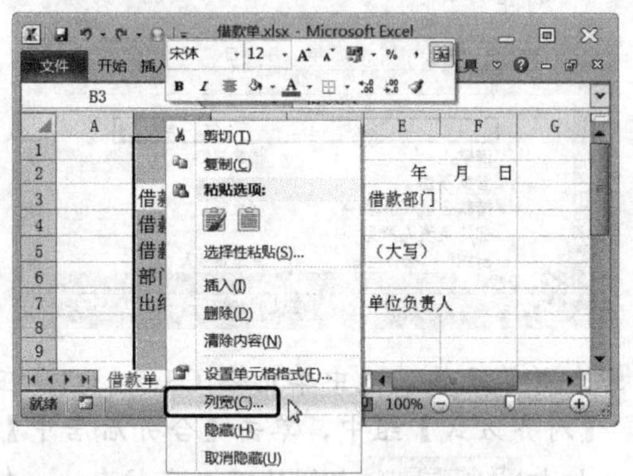

19 弹出【列宽】对话框，在【列宽】文本框中输入【18】。

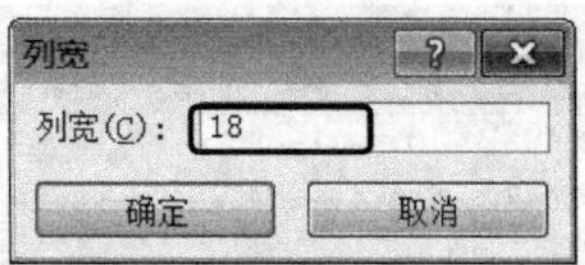

20 单击 确定 按钮，返回工作表，效果如图所示。

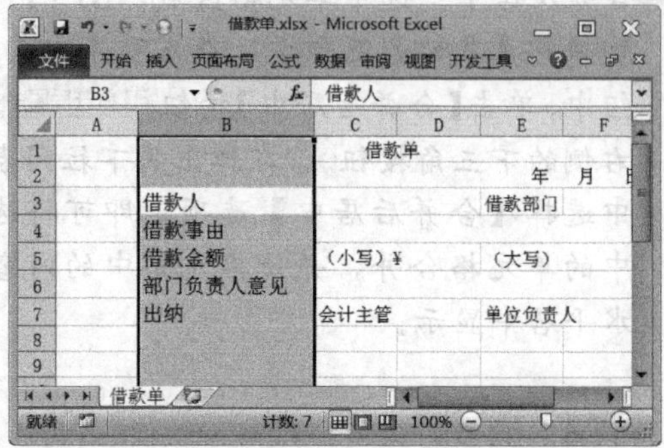

21 用户可以按照相同的方法设置其他列的列宽。

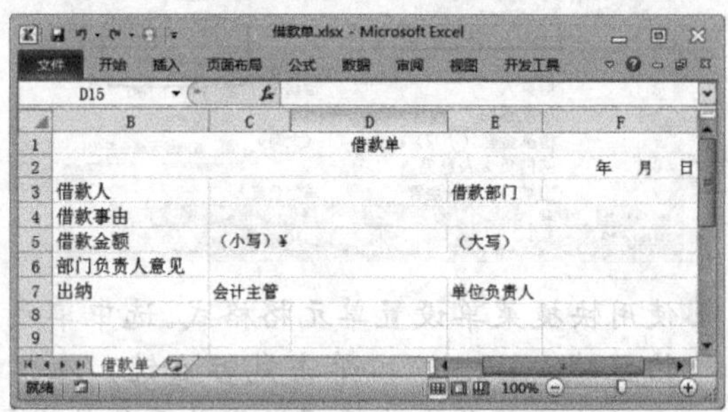

22 设置固定行高。选中工作表的第 1 行，单击鼠标右键，在弹出的快捷菜单中选择【行高】菜单项。

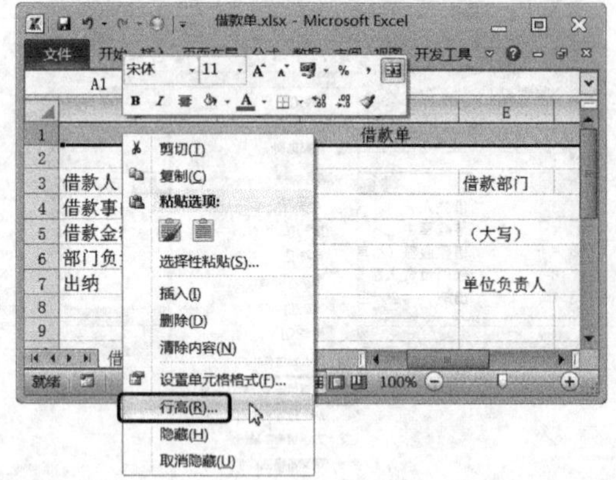

23 弹出【行高】对话框，在【行高】文本框中输入【40】。

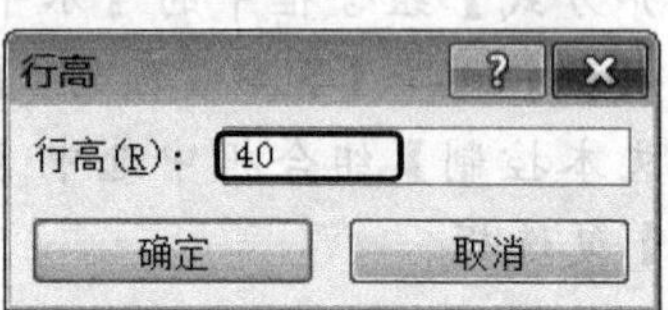

㉔单击 确定 按钮，返回工作表，效果如图所示。

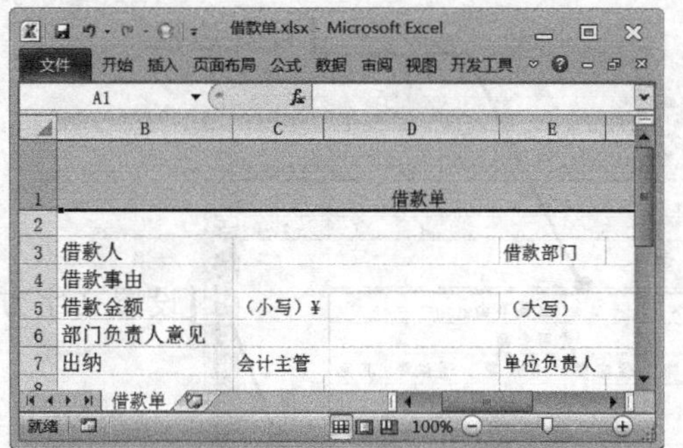

㉕用户可以按照相同的方法调整其他行的行高，然后对借款单中的文本进行字体格式设置。

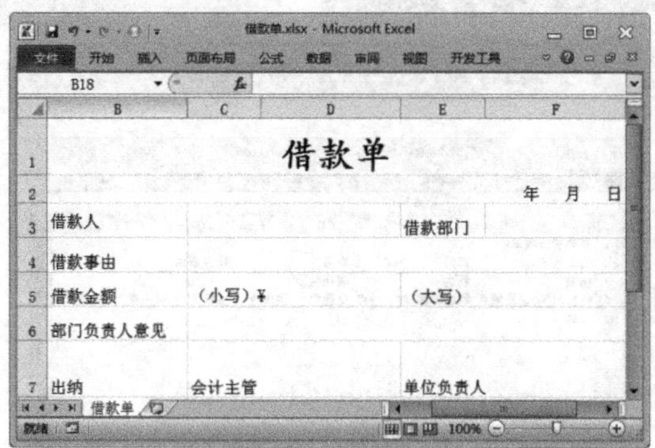

㉖设置表格边框。选中单元格区域“B3:F6”，切换到【开始】选项卡，在【字体】组中，单击【边框】按钮右侧的下三角按钮，在弹出的下拉列表中选择【所有框线】选项。

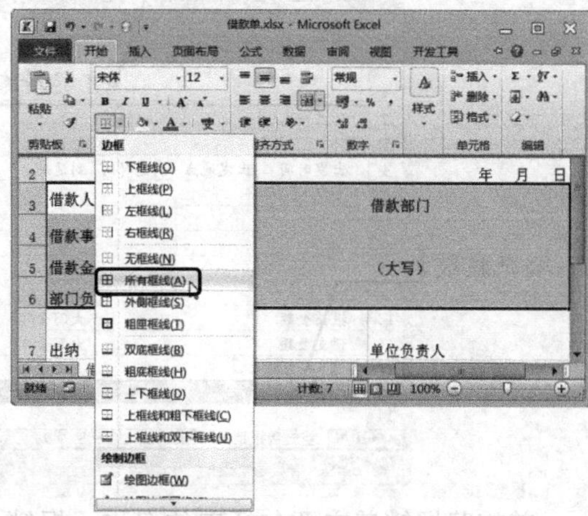

㉗至此，借款单就制作完成了。

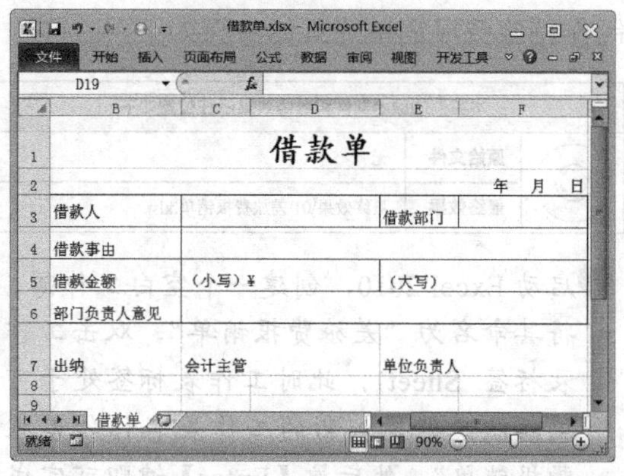

1.5 差旅费报销单

案例背景

根据公司财务部门的规定，公司员工因出差而发生的差旅费用公司应给予报销。一般情况下，员工在出差前会从财务部门预支一定数额的资金，出差结束后，出差人员需完整地填写差旅费报销单，财务部门会根据员工上交的原始凭证上的实用金额，实行多退少补的报销政策。

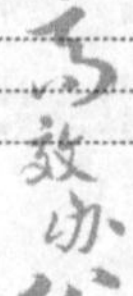

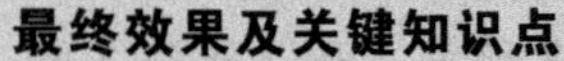

最终效果及关键知识点

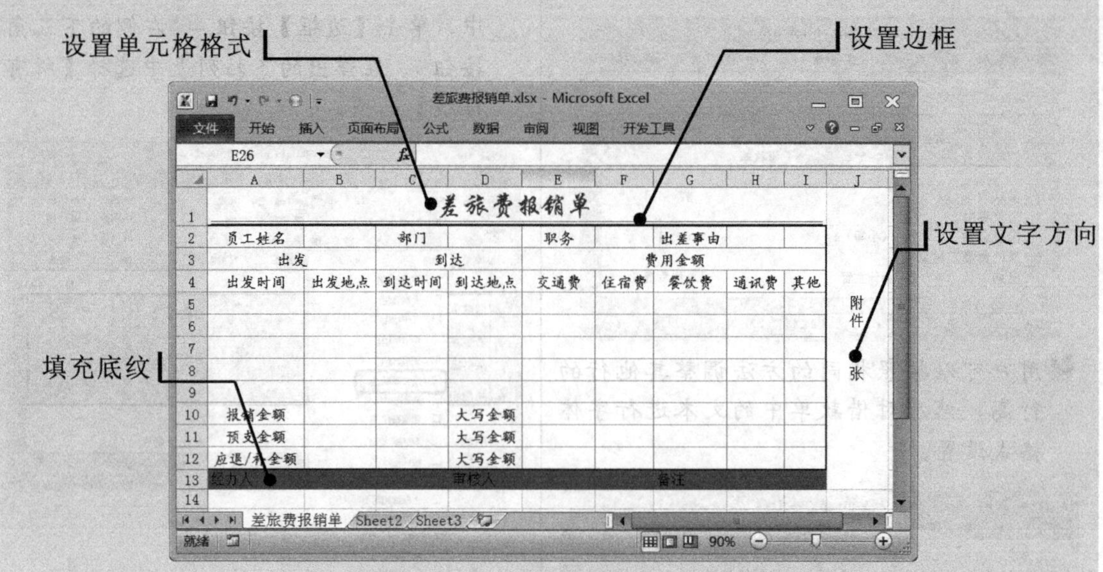

差旅费报销单主要包括单位名称、报销日期、相关费用、出差补贴和报销金额等，制作差旅费报销单的具体步骤如下。

本实例的原始文件和最终效果所在位置如下。		
	原始文件	无
	最终效果	最终效果\01\差旅费报销单.xlsx

1 启动 Excel 2010，创建一个空白工作簿，将其命名为“差旅费报销单”。双击工作表标签 Sheet1，此时工作表标签处于可编辑状态，输入新的工作表名称“差旅费报销单”，然后按【Enter】键即可完成工作表的重命名操作。

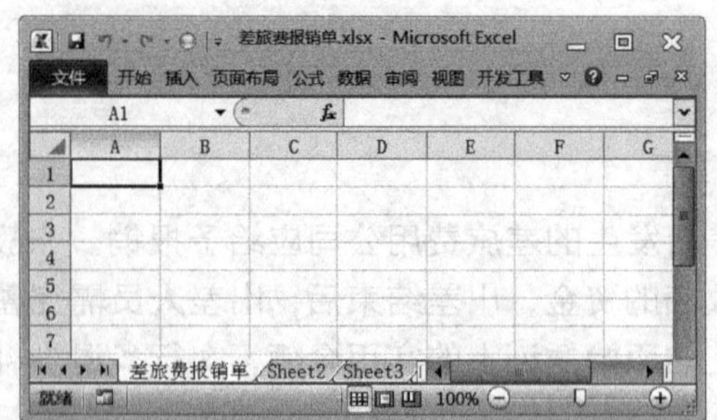

2 在“差旅费报销单”工作表的适当位置输入报销单项目。

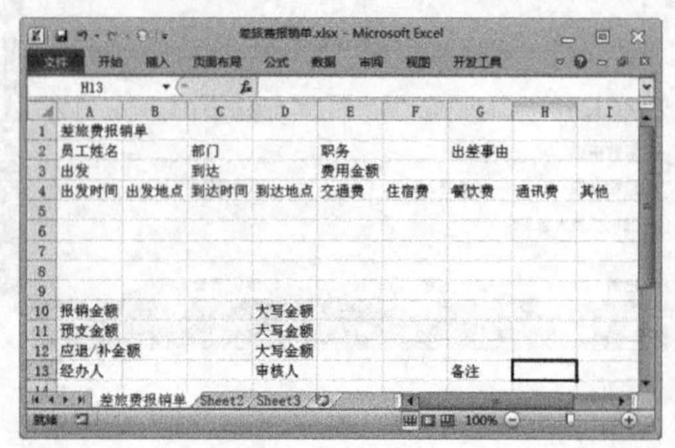

3 设置单元格格式。选中单元格区域“A1:I1”，单击鼠标右键，在弹出的快捷菜单中选择【设置单元格格式】菜单项。

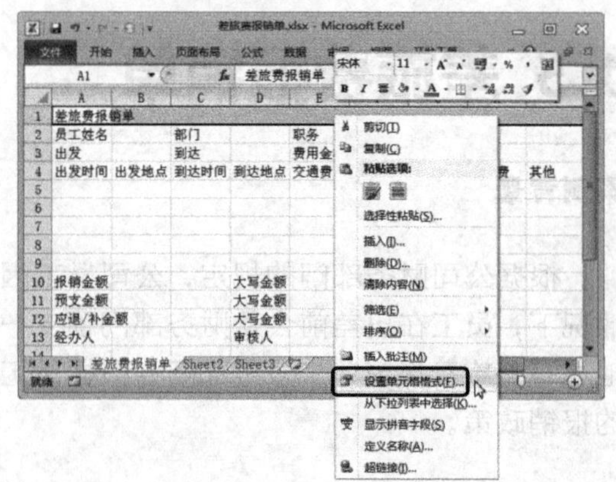

❹弹出【设置单元格格式】对话框，切换到【对齐】选项卡，在【文本对齐方式】组合框的【水平对齐】下拉列表中选择【居中】选项，在【垂直对齐】下拉列表中选择【居中】选项，然后在【文本控制】组合框中选中【合并单元格】复选框。

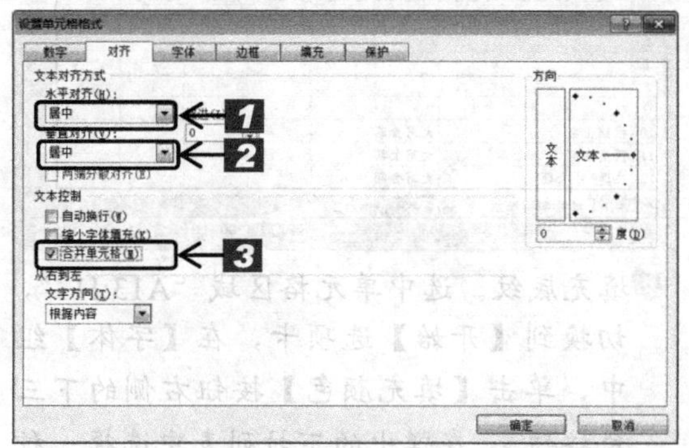

❺切换到【字体】选项卡，在【字体】列表框中选择【华文行楷】选项，在【字号】列表框中选择【20】选项，在【下划线】下拉列表中选择【会计用双下划线】选项，然后在【颜色】下拉列表中选择【蓝色】选项。

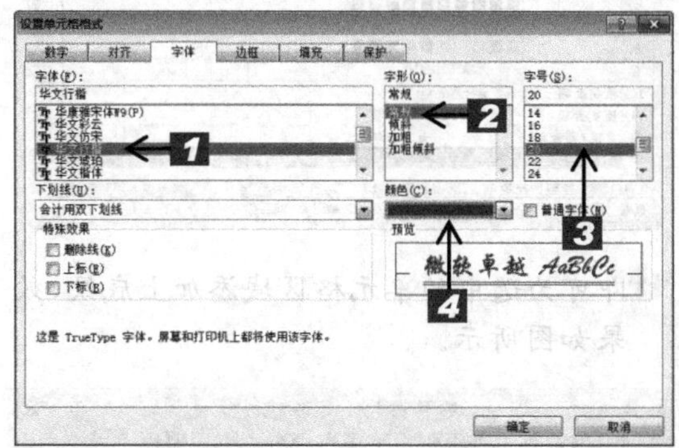

❻单击 确定 按钮，返回工作表，单元格区域“A1:I1”设置的效果如图所示。

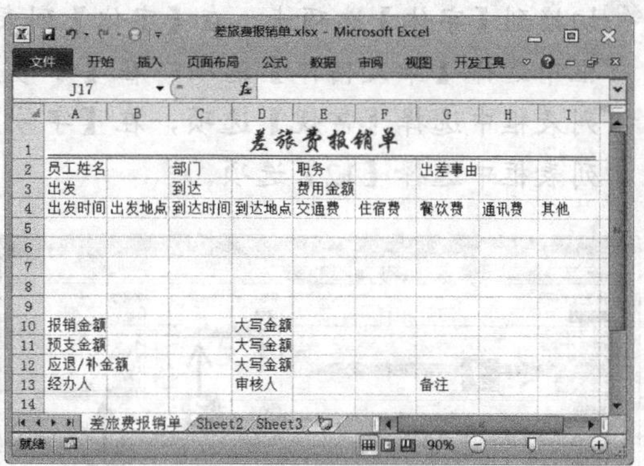

❼选中单元格区域“A2:I12”，然后单击鼠标右键，在弹出的快捷菜单中选择【设置单元格格式】菜单项。

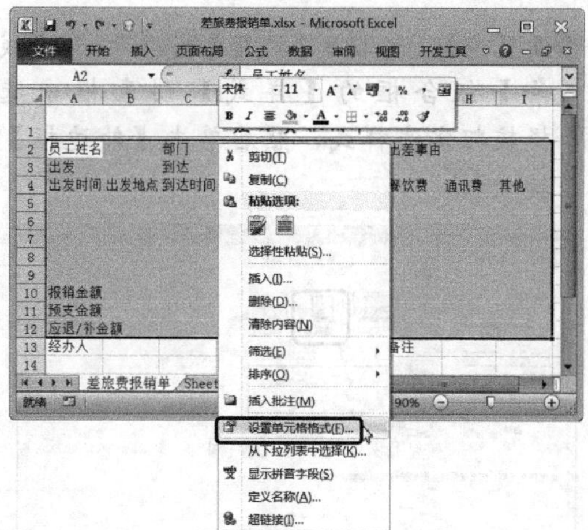

❽弹出【设置单元格格式】对话框，切换到【对齐】选项卡，在【文本对齐方式】组合框的【水平对齐】下拉列表中选择【居中】选项，在【垂直对齐】下拉列表中选择【居中】选项。

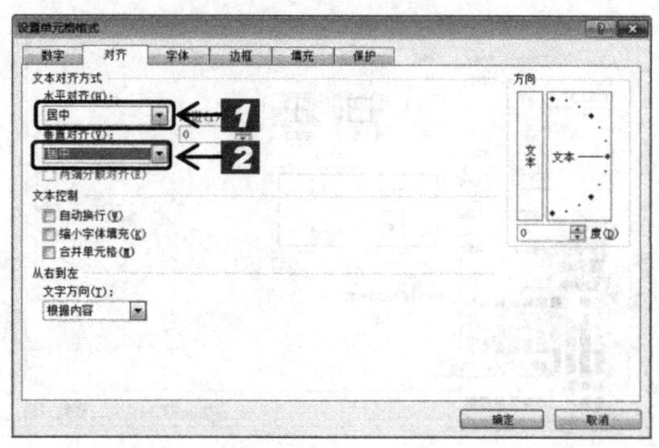

⑨切换到【字体】选项卡，在【字体】列表框中选择【华文楷体】选项，在【字形】列表框中选择【常规】选项，在【字号】列表框中选择【12】选项。

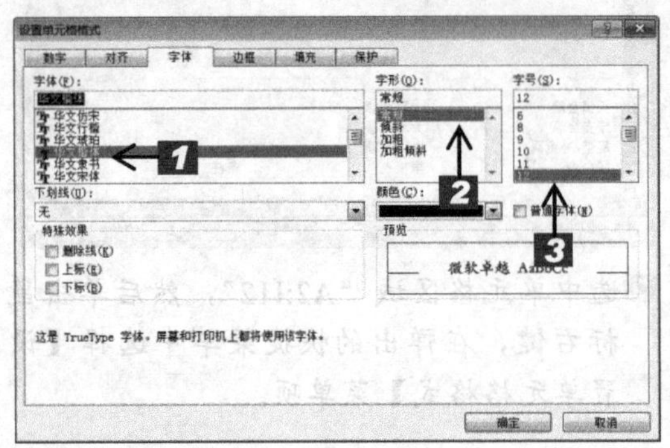

⑩设置边框。切换到【边框】选项卡，在【线条】组合框的【样式】列表框中选择较粗实线样式，然后单击【外边框】按钮。

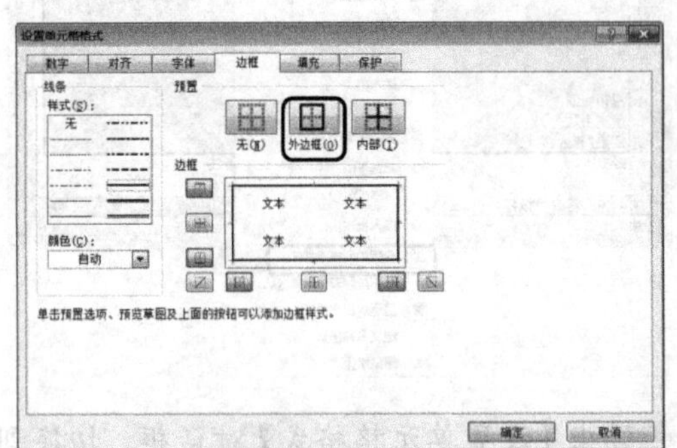

⑪在【线条】组合框的【样式】列表框中选择细实线样式，在【颜色】下拉列表中选择【深蓝，文字2，淡色60%】选项，然后单击【内部】按钮。

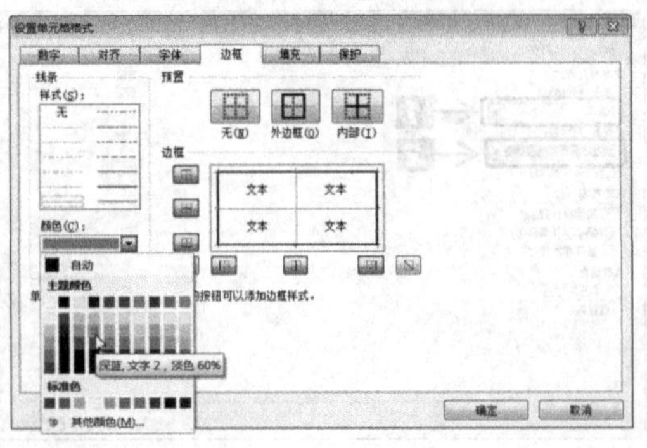

⑫单击 确定 按钮，返回工作表，单元格区域“A2:I12”设置的效果如图所示。

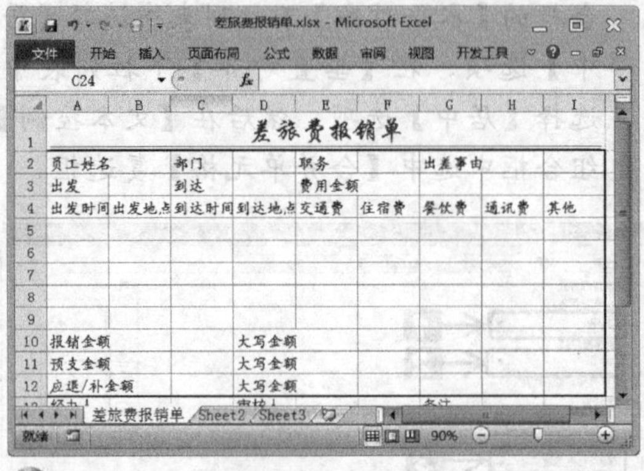

⑬填充底纹。选中单元格区域“A13:I13”，切换到【开始】选项卡，在【字体】组中，单击【填充颜色】按钮右侧的下三角按钮，在弹出的下拉列表中选择一种合适的填充颜色。

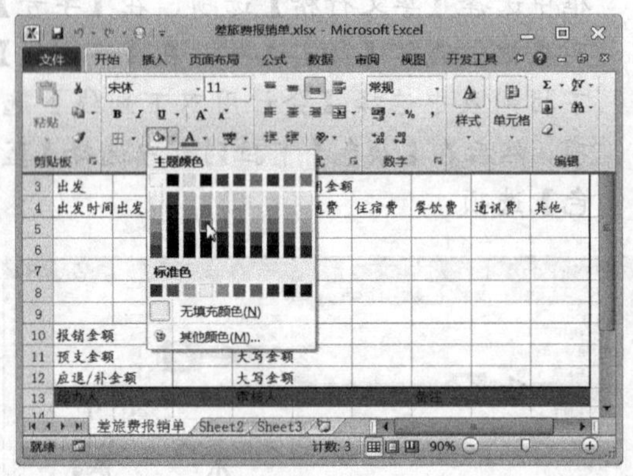

⑭即可为选中的单元格区域添加上底纹，效果如图所示。

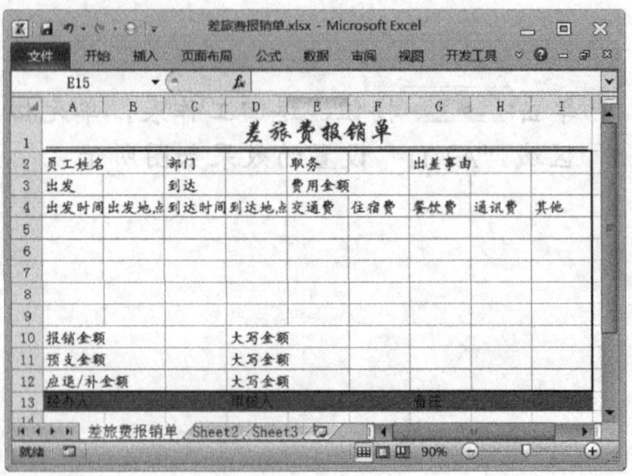

15 设置文字方向。选中单元格区域“J1:J13”，单击鼠标右键，在弹出的快捷菜单中选择【设置单元格格式】菜单项。

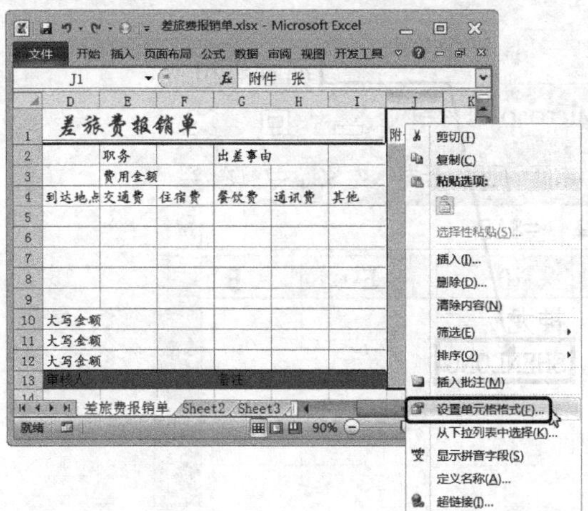

16 弹出【设置单元格格式】对话框，切换到【对齐】选项卡，在【文本控制】组合框中选中【合并单元格】复选框，然后在对话框右侧的【方向】组合框中选择文字竖排显示方向。

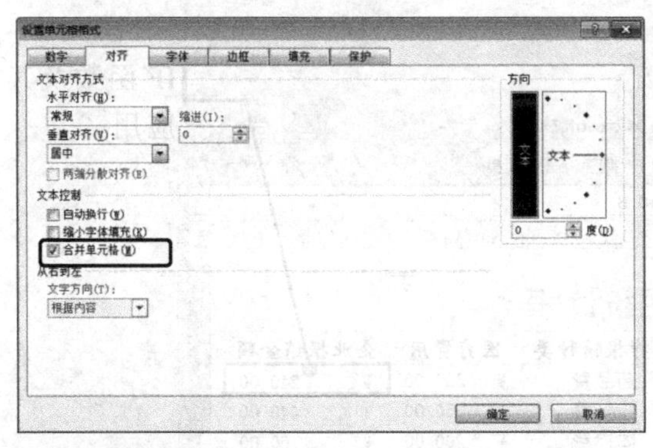

17 单击 确定 按钮，返回工作表，此时单元格区域“J1:J13”合并为一个单元格，同时以竖排方式显示单元格中的文本。

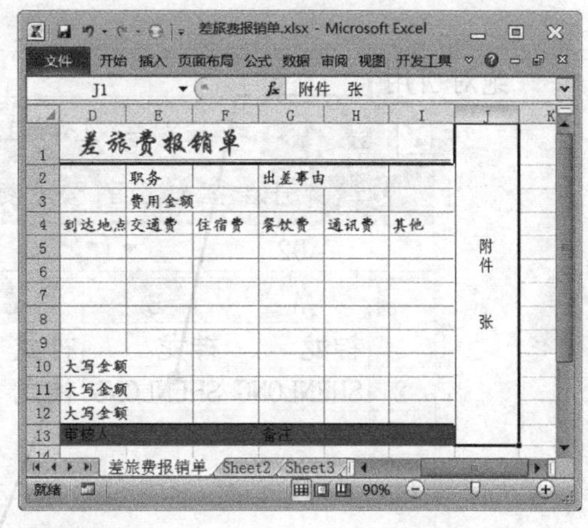

18 最后用户可以对单元格区域“A3:B3”、“C3:D3”、“E3:I3”分别合并并居中，然后适当地调整表格的行高和列宽。

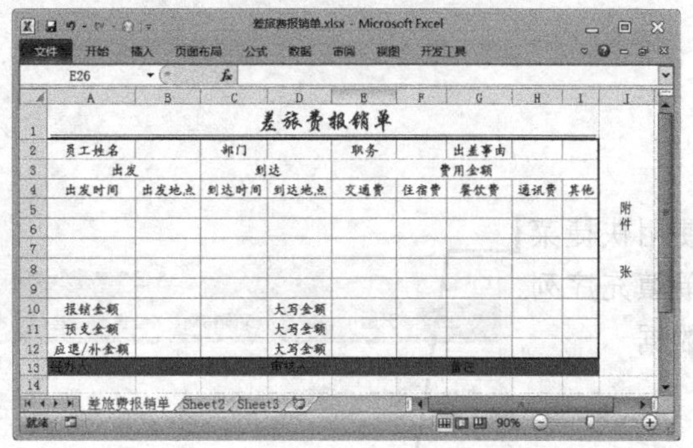

1.6 费用统计表

案例背景

在实际工作中，财务部门应该及时做好费用统计工作，以便将企业的费用支出控制在合理的范围内。常用的费用统计表有医疗费用统计表和日常费用统计表等。

最终效果及关键知识点

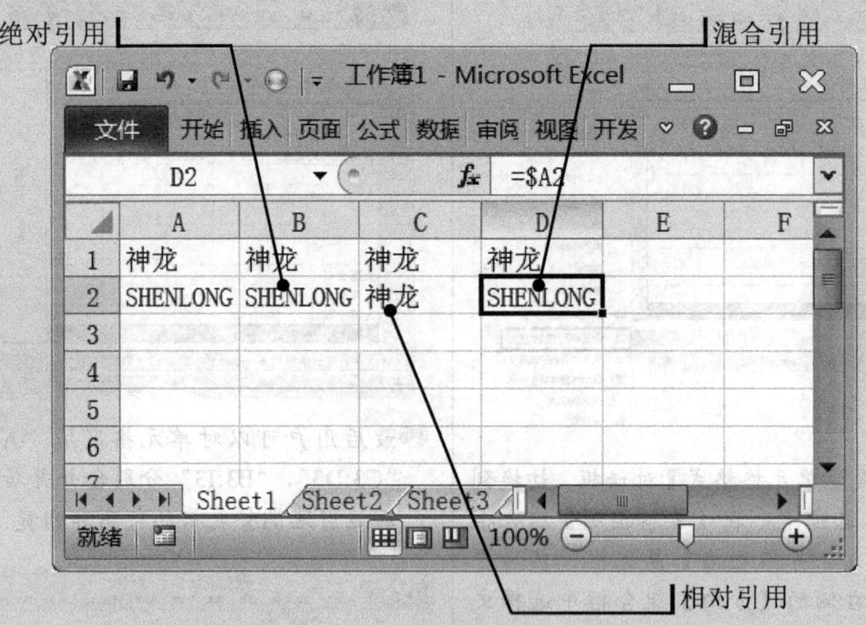

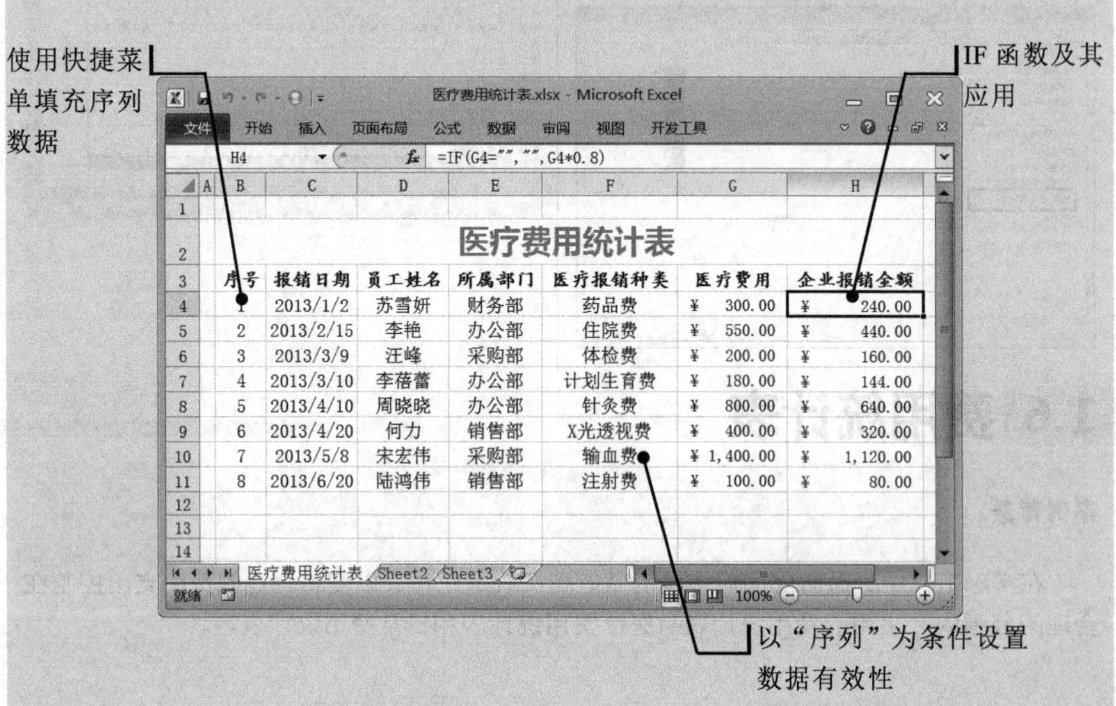

序号	报销日期	员工姓名	所属部门	医疗报销种类	医疗费用	企业报销金额
1	2013/1/2	苏雪妍	财务部	药品费	¥ 300.00	¥ 240.00
2	2013/2/15	李艳	办公部	住院费	¥ 550.00	¥ 440.00
3	2013/3/9	汪峰	采购部	体检费	¥ 200.00	¥ 160.00
4	2013/3/10	李蓓蕾	办公部	计划生育费	¥ 180.00	¥ 144.00
5	2013/4/10	周晓晓	办公部	针灸费	¥ 800.00	¥ 640.00
6	2013/4/20	何力	销售部	X光透视费	¥ 400.00	¥ 320.00
7	2013/5/8	宋宏伟	采购部	输血费	¥ 1,400.00	¥ 1,120.00
8	2013/6/20	陆鸿伟	销售部	注射费	¥ 100.00	¥ 80.00

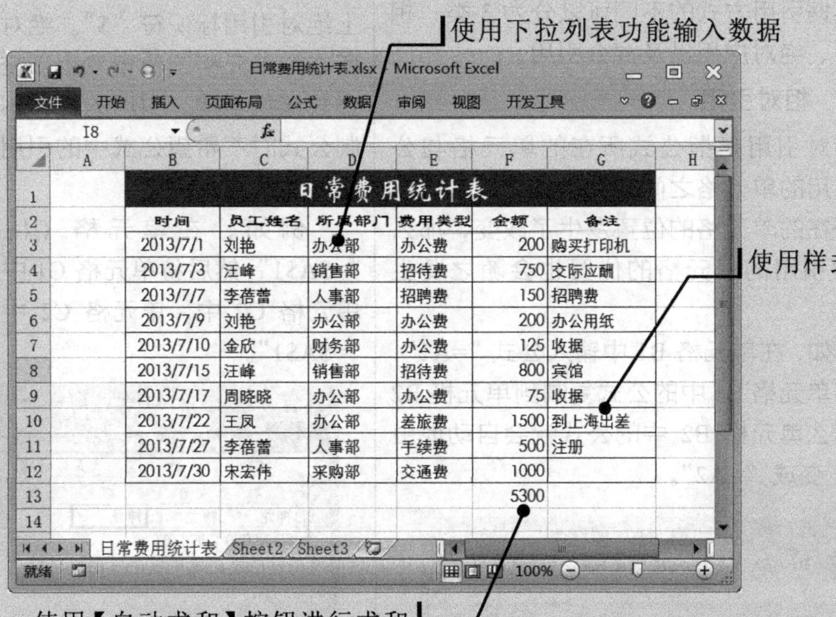

时间	员工姓名	所属部门	费用类型	金额	备注
2013/7/1	刘艳	办公部	办公费	200	购买打印机
2013/7/3	汪峰	销售部	招待费	750	交际应酬
2013/7/7	李蓓蕾	人事部	招聘费	150	招聘费
2013/7/9	刘艳	办公部	办公费	200	办公用纸
2013/7/10	金欣	财务部	办公费	125	收据
2013/7/15	汪峰	销售部	招待费	800	宾馆
2013/7/17	周晓晓	办公部	办公费	75	收据
2013/7/22	王凤	办公部	差旅费	1500	到上海出差
2013/7/27	李蓓蕾	人事部	手续费	500	注册
2013/7/30	宋宏伟	采购部	交通费	1000	
				5300	

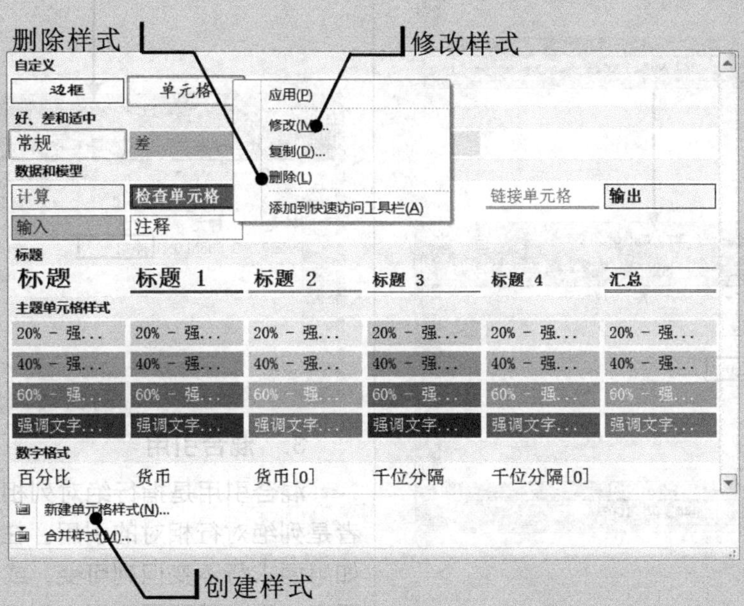

1.6.1 单元格引用

单元格引用在公式应用中是非常重要的，根据引用方式的不同可以分为 3 类：相对引用、绝对应用以及混合引用。

1. 相对引用

相对引用是指公式所在的单元格与公式中引用的单元格之间建立了相对关系，若公式所在的单元格的位置发生了改变，那么公式中引用的单元格的位置也会随之发生变化。

例如，在单元格 B1 中输入公式“=A1”，然后将单元格 B1 中的公式复制到单元格 B2 中，那么单元格 B2 中的公式就会自动地由“=A1”变成“=A2”。

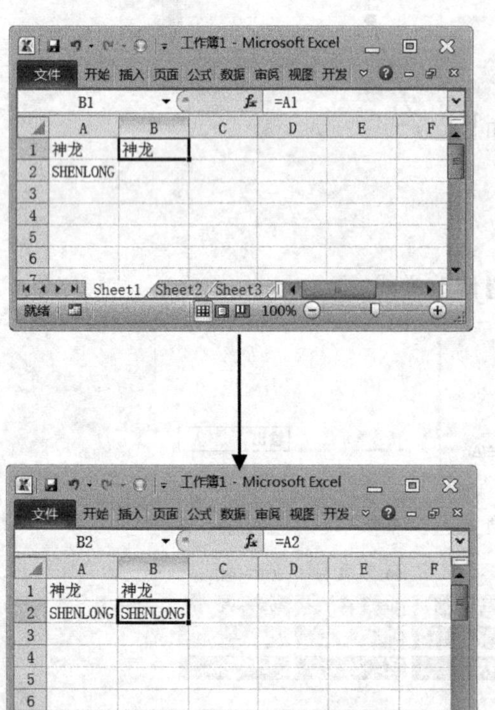

2. 绝对引用

绝对引用是指引用特定位置处的单元格，表示方法是在行列单元格名称的前面加上绝对引用标识符“$”。绝对引用只是公式所在的单元格的位置发生了变化，但引用的公式保持不变，引用的内容不变。如果在复制公式时不希望公式中的引用发生变化，就可以使用绝对引用。

例如，在单元格 C1 中输入公式“=$A$1”，然后将单元格 C1 中的公式复制到单元格 C2 中，单元格 C2 中的公式仍然是“=$A$1”。

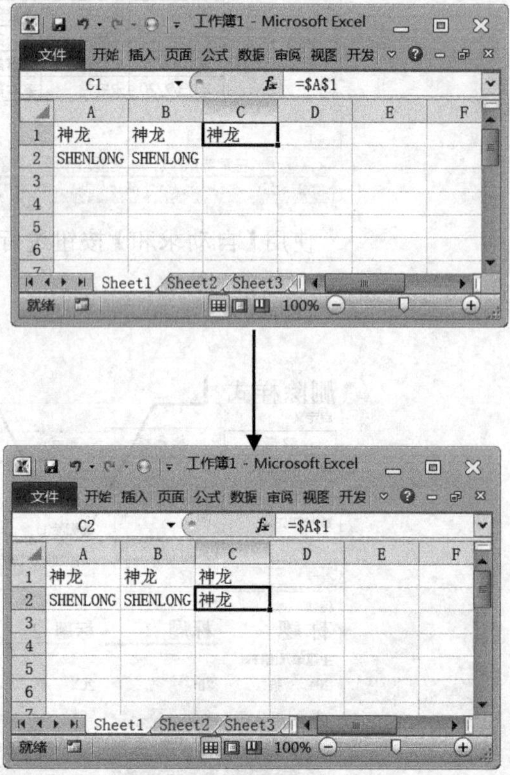

3. 混合引用

混合引用是指行绝对列相对的引用，或者是列绝对行相对的引用。在复制公式时，如果要求行不变但列可变，或者列不变但行可变，那么就要用到混合引用。

例如，在单元格 D1 中输入公式“=$A1”，然后将单元格 D1 中的公式复制到单元格 D2 中，单元格 D2 中的公式就会变成“=$A2”。

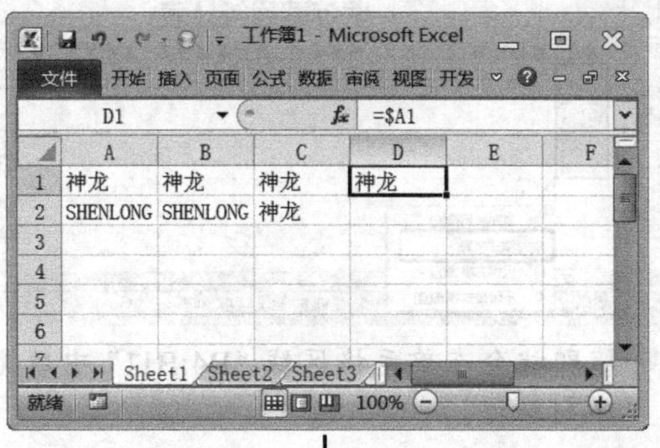

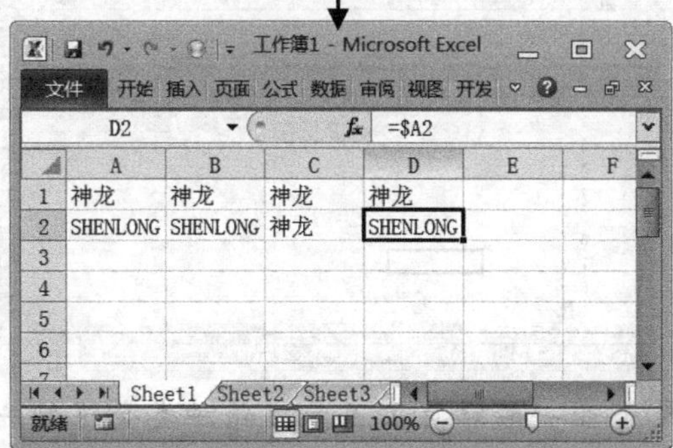

提示

相对引用、绝对引用和混合引用之间的相互转换，除了用户手动在行号或列标前面添加“$”符号之外，还可以在单元格或者编辑栏中选中引用的单元格的名称（例如，在单元格 A2 中输入“=A1”，然后选中“A1”）后按【F4】键，系统会自动在相对引用、绝对引用和混合引用之间进行转换，按一次【F4】键转换一个类型（其中混合引用有两种）。

1.6.2 医疗费用统计表

医疗费用统计表用于系统地统计员工的医疗费用情况，从而对员工医疗费用的报销进行管理。

医疗费用统计表的内容主要包括报销时间、员工姓名、所属部门、医疗报销种类、医疗费用和企业报销金额等。在计算医疗费用报销金额时会涉及 IF 函数，因此下面先介绍一下 IF 函数的语法和功能。

1. IF 函数的语法和功能

函数语法：IF（logical_test,value_if_true, value_if_false）

函数中各参数的含义如下。

logical_test：计算结果为 TRUE 或者 FALSE 的任意值或表达式。

value_if_true：logical_test 为 TRUE 时返回的值。如果 logical_test 为 TRUE 而 value_if_true 为空，本参数则返回 0（零）。value_if_true 也可以是其他公式。

value_if_false：logical_test 为 FALSE 时返回的值。如果 logical_test 为 FALSE 且忽略了 value_if_false（即 value_if_true 之后没有逗号），则会返回逻辑值 FALSE；如果 logical_test 为 FALSE 且 value_if_false 为空（即 value_if_true 之后有逗号，并紧跟着右括号），本参数则返回 0（零）。value_if_false 也可以是其他公式。

函数功能：执行真假值判断，根据逻辑计算的真假值返回不同的结果。另外，还可以使用函数 IF 对数值和公式进行条件检测。

2. 创建医疗费用统计表

创建医疗费用统计表的具体步骤如下。

本实例的原始文件和最终效果所在位置如下。		
	原始文件	无
	最终效果	最终效果\01\医疗费用统计表.xlsx

1 启动 Excel 2010，创建一个名为“医疗费用统计表”的空白工作簿，然后将工作表 Sheet1 重命名为“医疗费用统计表”。

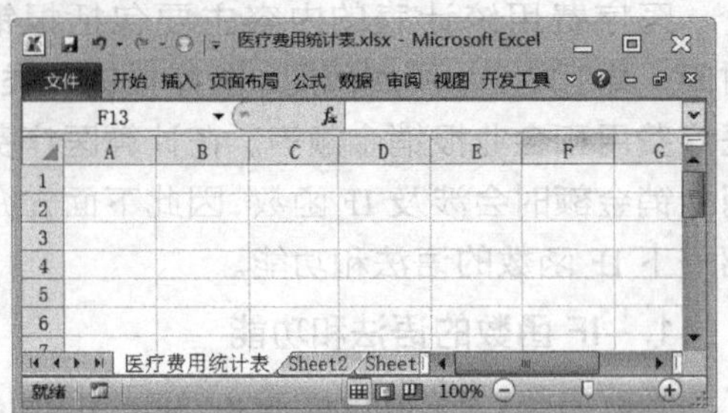

❷在“医疗费用统计表”工作表的适当位置输入表格标题和相应的列标题，然后对其进行单元格格式设置，并适当地调整行高和列宽。

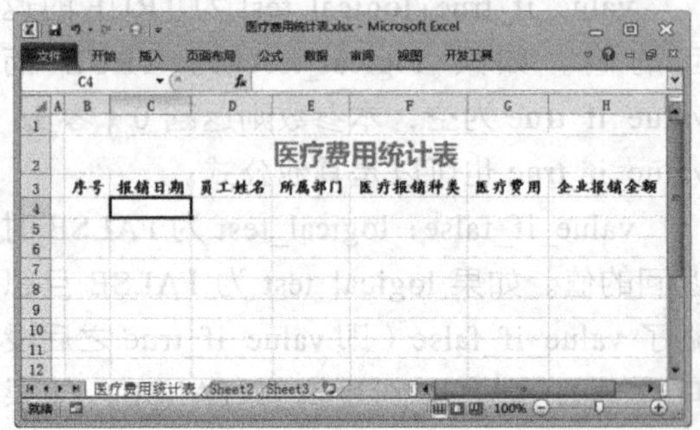

❸使用快捷菜单填充序列数据。在单元格B4中输入“1”，然后选中单元格B4，将鼠标指针移到该单元格的右下角，当指针变成+形状时按住鼠标左键不放向下拖动。

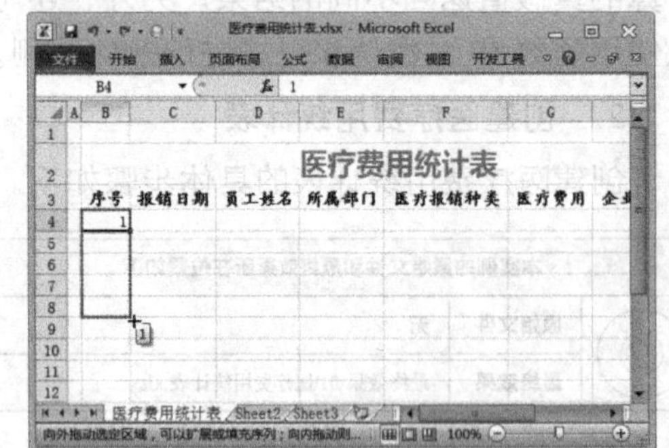

❹拖至单元格B11后释放鼠标，单击单元格右下角的【自动填充选项】按钮，在弹出的快捷菜单中选择【填充序列】菜单项。

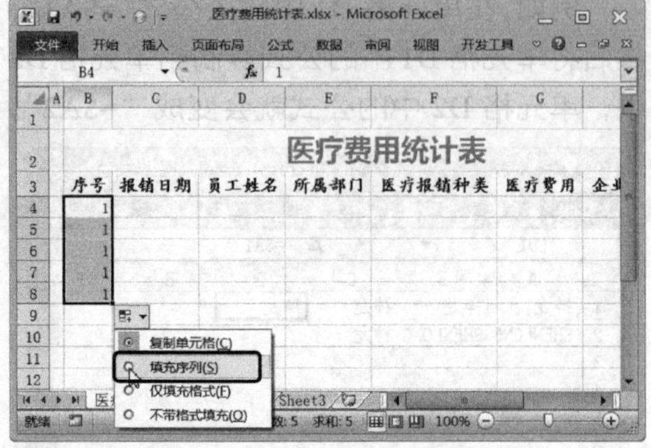

❺随即就会在单元格区域“B4:B11”中填充序列数据。

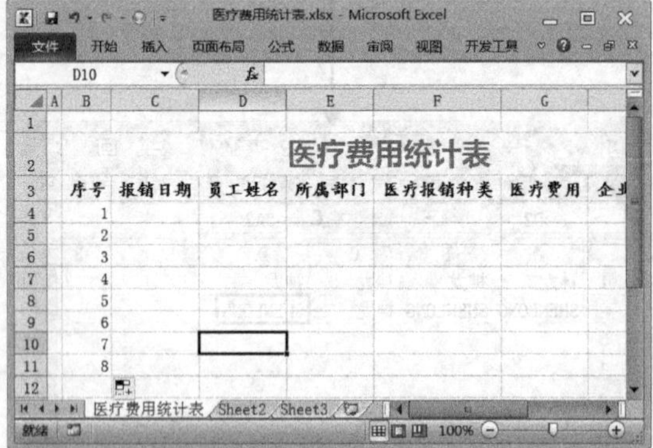

❻企业一般对员工医疗报销种类会限制一定的范围，为此需要设置医疗报销种类的数据有效性（以“序列”为条件）。选中单元格区域“F4:F11”，切换到【数据】选项卡，在【数据工具】组中，单击【数据有效性】按钮的下半部分，在弹出的下拉列表中选择【数据有效性】选项。

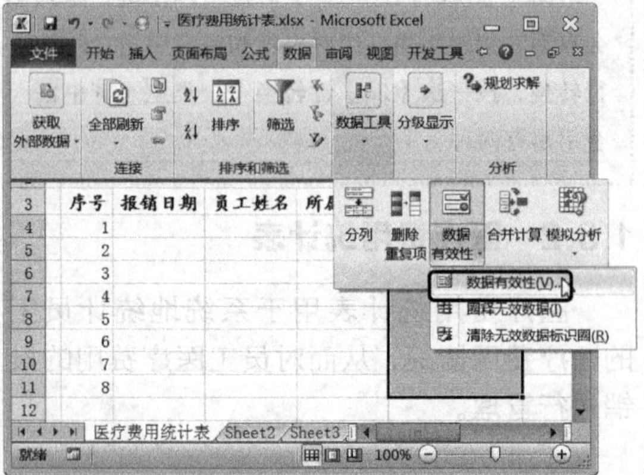

7 随即弹出【数据有效性】对话框，切换到【设置】选项卡，在【允许】下拉列表中选择【序列】选项，然后在【来源】文本框中输入企业可以报销的医疗费用种类，这里输入“药品费,住院费,理疗费,体检费,计划生育费,接生费,注射费,针灸费,X 光透视费,输血费”（其中“,”为英文状态下的逗号）。

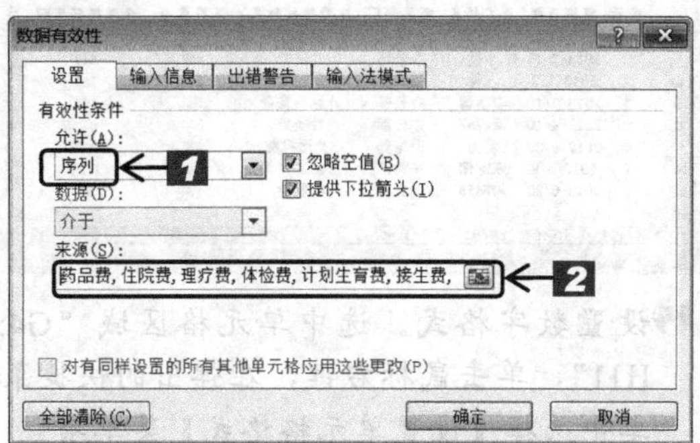

8 切换到【输入信息】选项卡，在【选定单元格时显示下列输入信息】组合框中的【标题】文本框中输入“请输入医疗报销种类!”，在【输入信息】文本框中输入“可以单击下拉箭头按钮从下拉列表中选择!”。

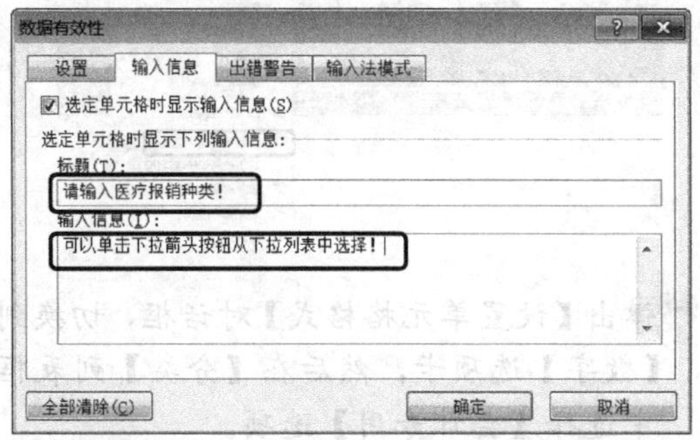

9 切换到【出错警告】选项卡，在【输入无效数据时显示下列出错警告】组合框的【样式】下拉列表中选择【停止】选项，在【标题】文本框中输入“超出企业报销范围!”，在【错误信息】文本框中输入“请单击下拉箭头按钮从下拉列表中选择!”。

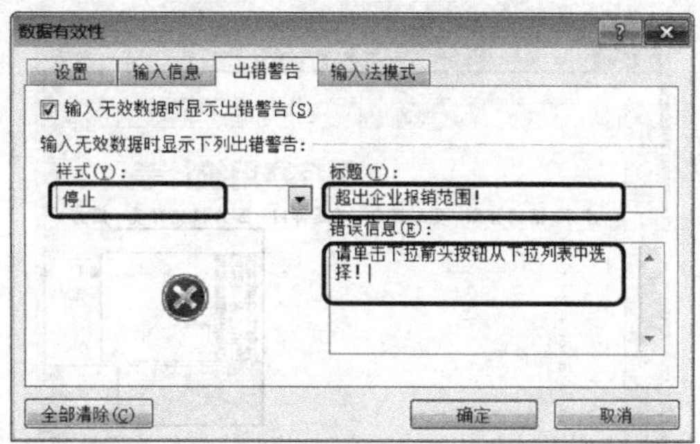

提示

在【出错警告】选项卡的【样式】下拉列表中提供了3种出错警告样式，由重到轻依次是【停止】、【警告】和【信息】。当选择【停止】样式时，无效的数据是绝对不允许出现在单元格中的；当选择【警告】样式时，无效的数据可以出现在单元格中，但是会警告这样的操作可能要出现错误；当选择【信息】样式时，无效的数据只是被当作特殊的形式出现在单元格中，相应地会给出出现这种“特殊形式”数据的处理方案。在使用时，用户可以根据具体的情况选择不同程度的出错警告样式。

10 单击 确定 按钮，返回工作表，此时单元格 F4 右侧会出现一个下箭头按钮，并且在其下方显示设置的输入信息。

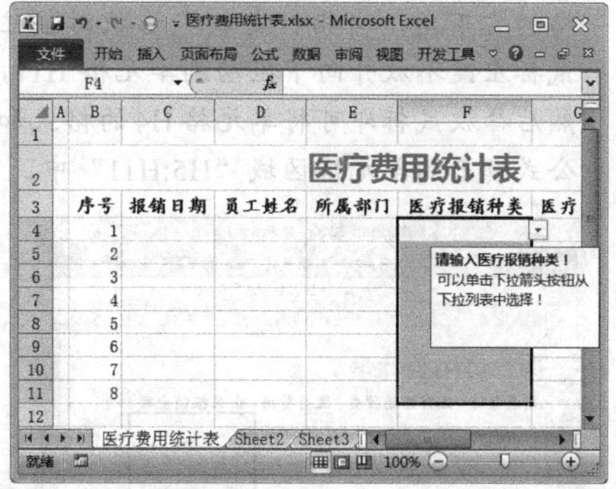

11 选中单元格 F4，然后单击该单元格右侧的下箭头按钮，可以在弹出的下拉列表中选择相对应的医疗报销种类。

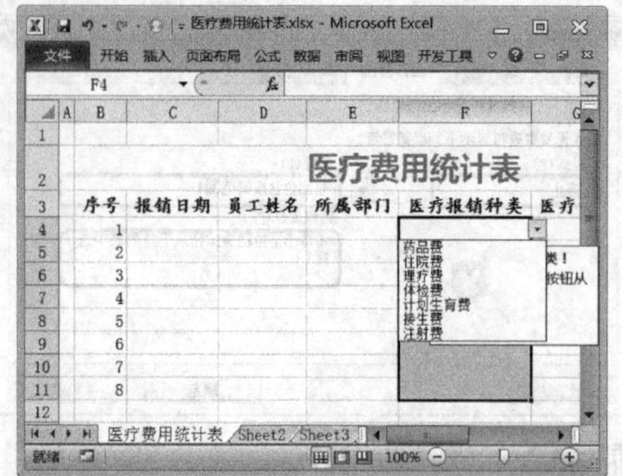

⑫一般情况下，企业只报销医疗费用的一部分，这里按照医疗费用的 80%计算企业报销金额。选中单元格 H4，从中输入以下公式。

=IF(G4="","",G4*0.8)

输入完毕，按下【Enter】键即可。

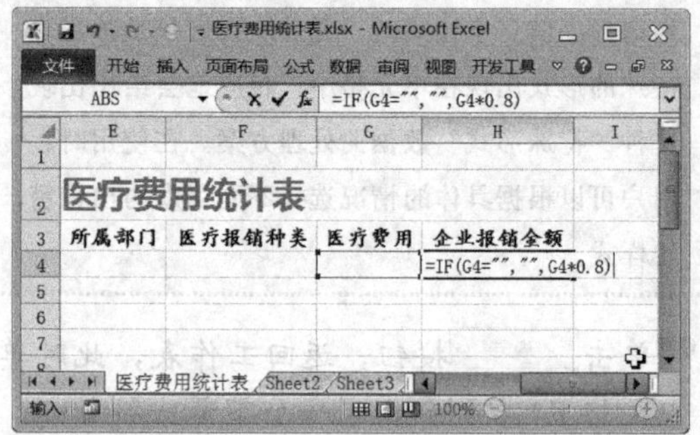

⑬选中单元格 H4，将鼠标指针移到该单元格的右下角，当指针变成+形状时按住鼠标左键不放并向下拖动到单元格 H11，然后释放鼠标即可将单元格H4的格式和公式填充到单元格区域“H5:H11”中。

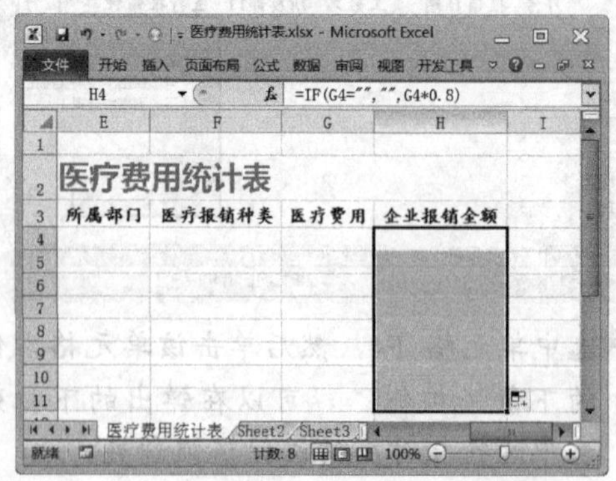

⑭在表格中的相应位置输入企业 2013 年上半年员工报销的医疗费用数据信息（其中“企业报销金额”列的数据无需输入，它将利用公式自动计算），然后将单元格区域“B4:H11”中的内容居中对齐。

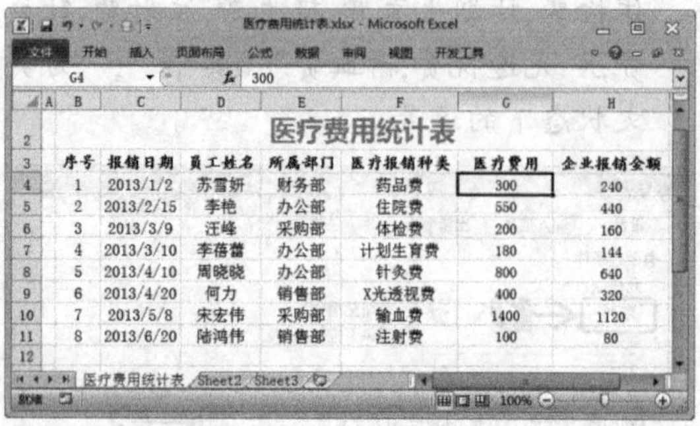

⑮设置数字格式。选中单元格区域“G4:H11”，单击鼠标右键，在弹出的快捷菜单中选择【设置单元格格式】菜单项。

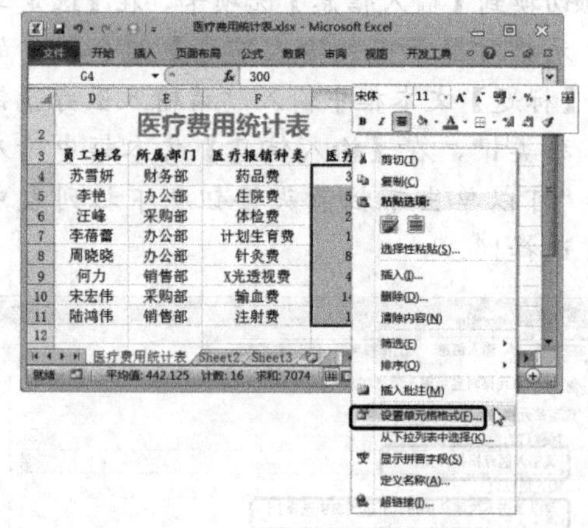

⑯弹出【设置单元格格式】对话框，切换到【数字】选项卡，然后在【分类】列表框中选择【会计专用】选项。

⑰单击 确定 按钮，返回工作表，此时选中的单元格区域中的数值就会以保留两位小数的会计专用格式显示。

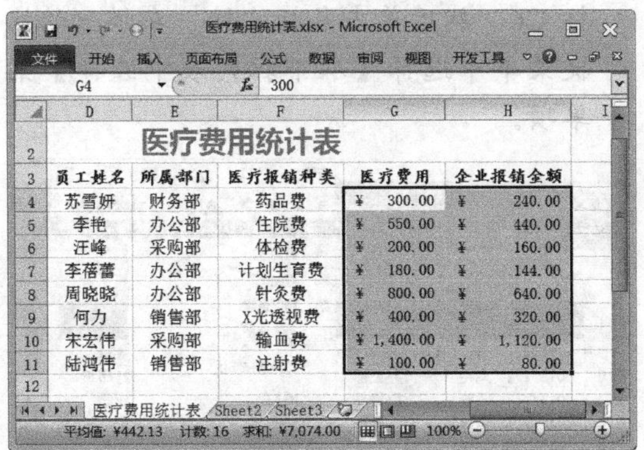

1.6.3 日常费用统计表

日常费用统计表记录了企业中各个部门的日常耗费，它可以更好地反映企业资金的运用情况，统计分析各部门的费用使用情况。

本实例的原始文件和最终效果所在位置如下。		
	原始文件	无
	最终效果	最终效果\01\日常费用统计表.xlsx

1. 创建日常费用统计表

日常费用统计表的内容主要包括时间、员工姓名、所属部门、费用类别、金额及备注等，创建企业日常费用统计表的具体步骤如下。

①启动 Excel 2010，创建一个名为“日常费用统计表”的空白工作簿，将工作表 Sheet1 重命名为“日常费用统计表”，然后输入表格标题和相应的列标题，并进行单元格格式设置。

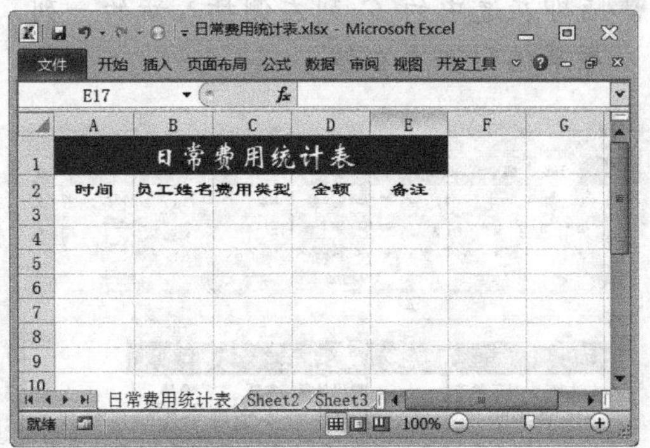

②在该工作表中输入企业本年 7 月份的日常费用数据，并适当地调整行高和列宽。

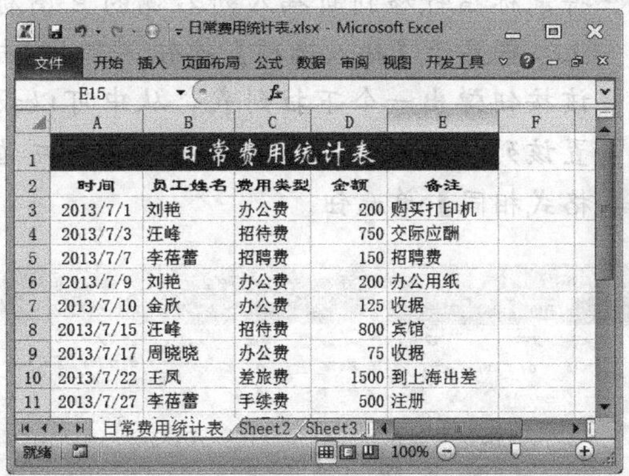

③使用菜单项插入单列。选中 C 列，切换到【开始】选项卡，在【单元格】组中，单击【插入】按钮 插入 右侧的下三角按钮，在弹出的下拉列表中选择【插入工作表列】选项。

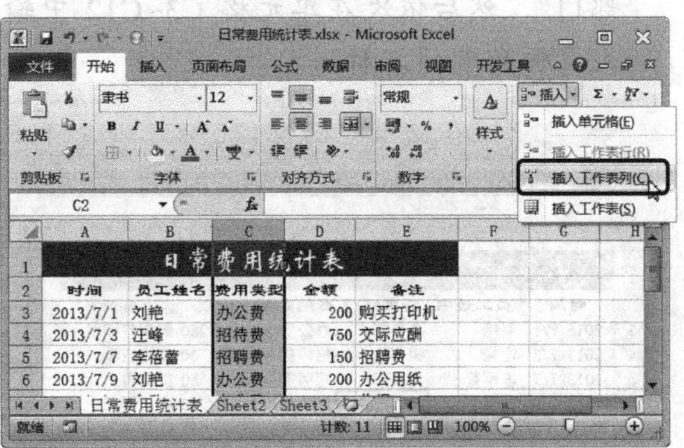

④随即在选中的 C 列左侧插入新的一列，原来的列依次右移。

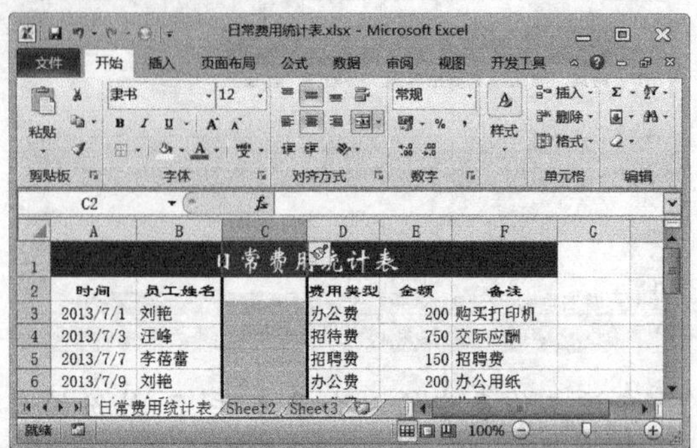

⑤将鼠标指针移到新插入列右侧的图标上，将显示【插入选项】按钮，单击该按钮弹出一个下拉列表，从中可以设置该列的格式，系统默认选中【与左边格式相同】单选钮。

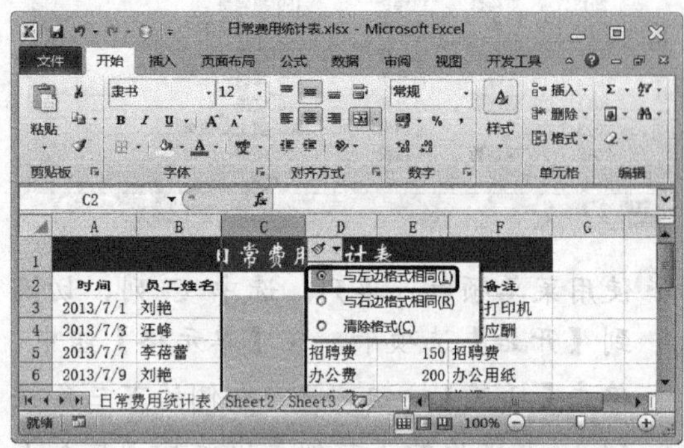

⑥在单元格 C2 中输入 C 列的列标题“所属部门”，然后依次在单元格 C3~C12 中输入具体的部门名称。

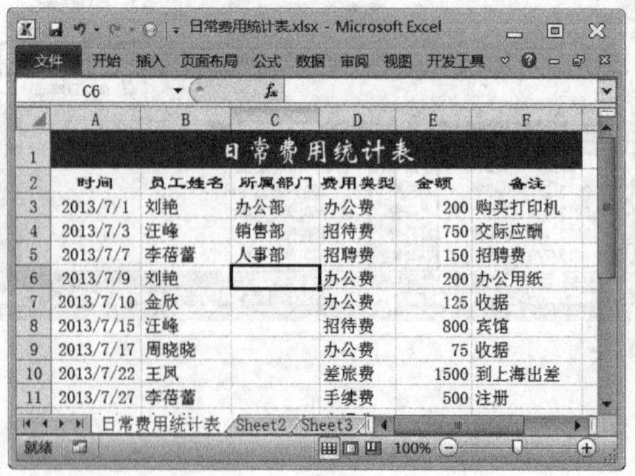

⑦由于单元格 C6 中要输入的部门“办公室”，前面已经输入过了，此时用户可以使用下拉列表功能输入数据。选中单元格 C6，然后单击鼠标右键，在弹出的快捷菜单中选择【从下拉列表中选择】菜单项。

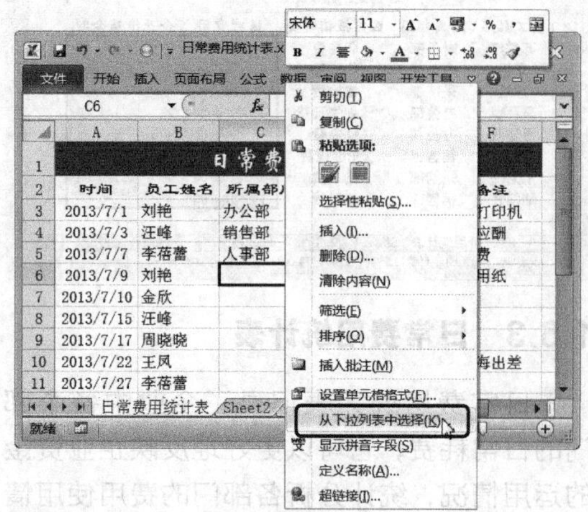

⑧随即在选中的单元格 C6 的下方弹出一个下拉列表，然后在此下拉列表中选择对应员工的所属部门，这里选择【办公部】选项。

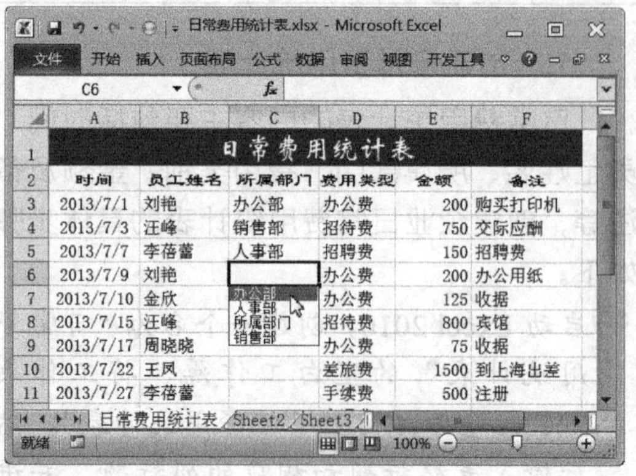

⑨此时即可在单元格 C6 中输入“办公部”。

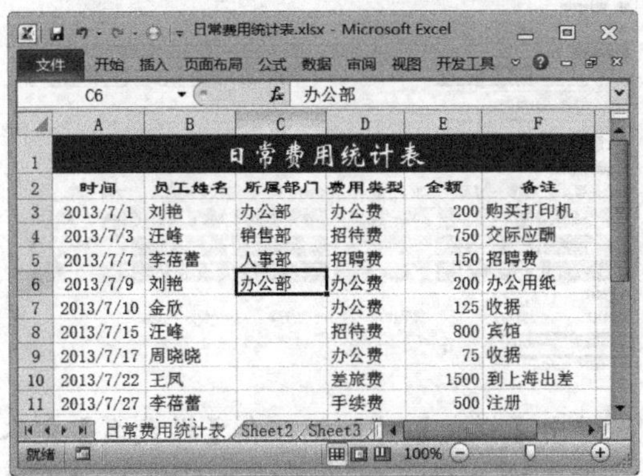

⑩按照同样方法完成其他员工“所属部门”的输入。

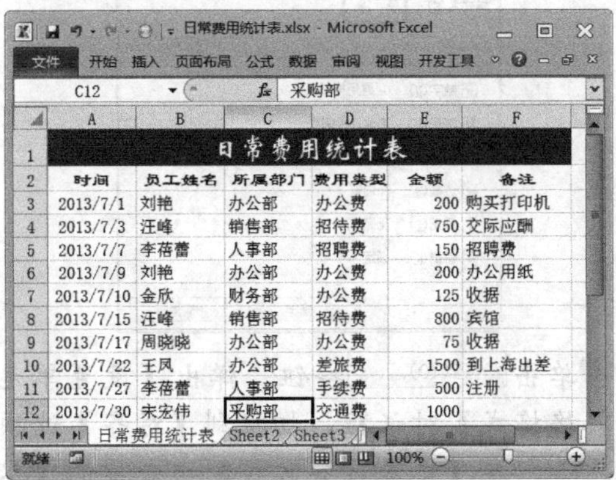

⑪使用右键快捷菜单插入单列。为了使表格看起来更加清晰，用户可以在 A 列前面加一空列。在 A 列列标上单击鼠标右键，在弹出的快捷菜单中选择【插入】菜单项。

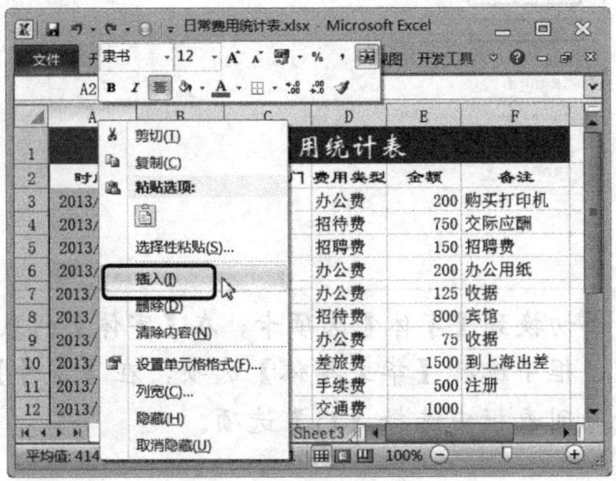

⑫随即在选中的 A 列左侧插入新的一列，原来的列依次右移。

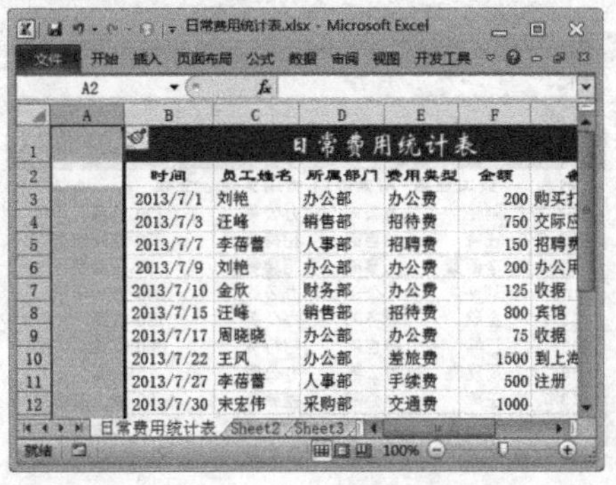

⑬使用【自动求和】按钮进行计算。选中单元格 F13，切换到【开始】选项卡，在【编辑】组中，单击【求和】按钮Σ右侧的下三角按钮，在弹出的下拉列表中选择【求和】选项。

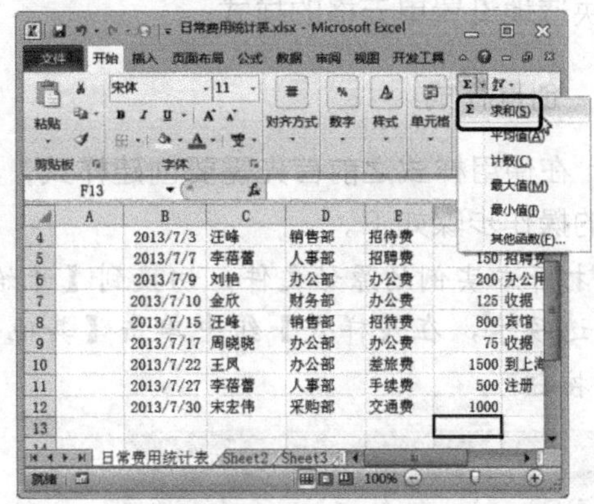

⑭随即系统自动对单元格区域“F3:F12”进行求和计算，并在单元格 F13 中显示计算公式“=SUM(F3:F12)”。

⑮按【Enter】键，单元格 F13 中即可显示计算结果。

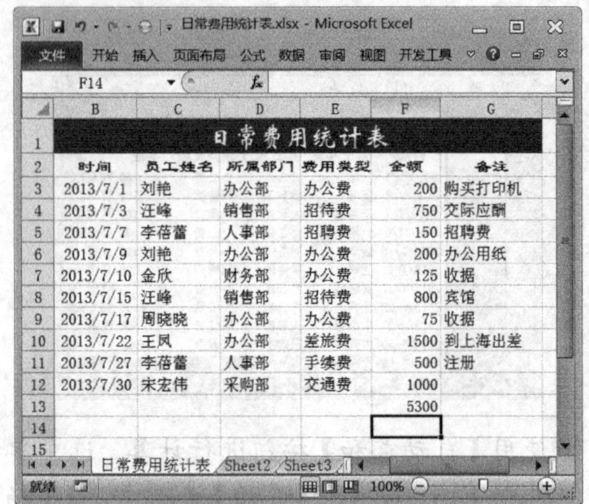

2. 使用样式

当用户需要对单元格或者单元格区域设置相同的格式时，可以通过创建样式的方法快速地设置单元格的样式。

创建样式

在使用样式之前首先需要创建样式，具体的操作步骤如下。

①打开本实例的原始文件，切换到【开始】选项卡，在【样式】组中单击【其他】按钮。

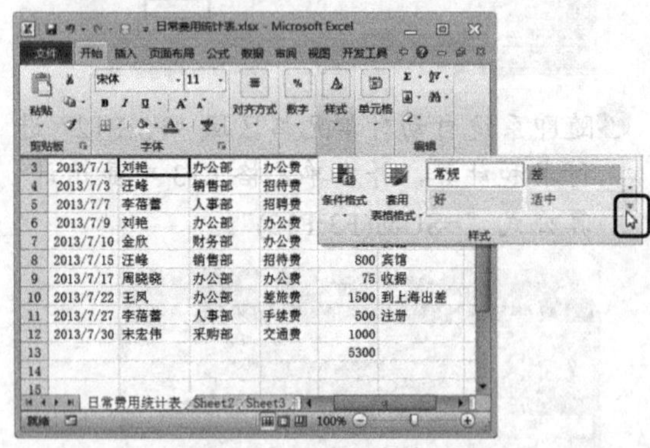

②在弹出的列表框中选择【新建单元格样式】选项。

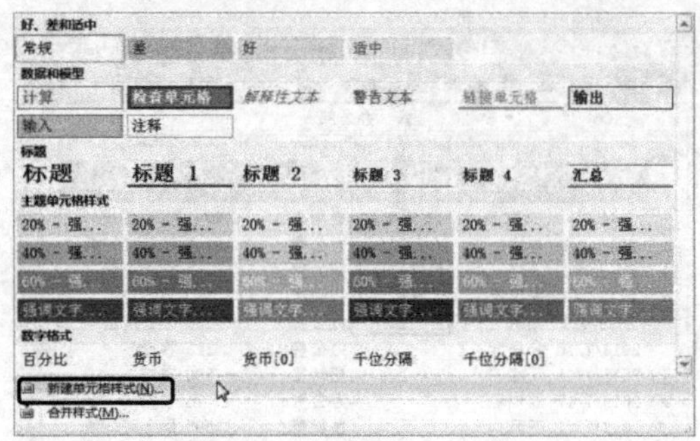

③弹出【样式】对话框，在【样式名】文本框中输入样式的名称，这里输入“单元格”。

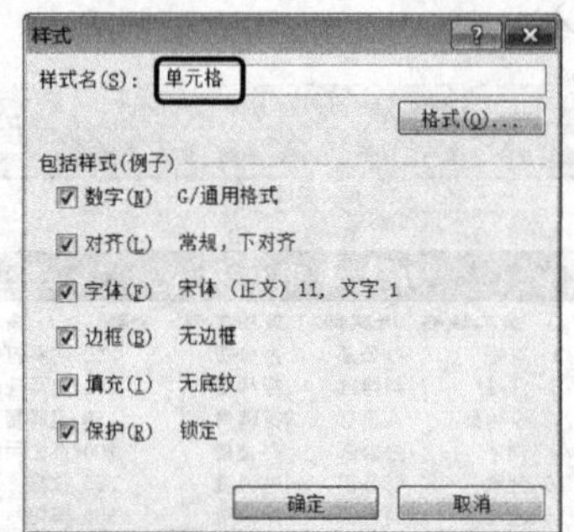

④单击 格式(O)... 按钮，弹出【设置单元格格式】对话框，切换到【对齐】选项卡，在【文本对齐方式】组合框的【水平对齐】下拉列表中选择【居中】选项，在【垂直对齐】下拉列表中选择【居中】选项。

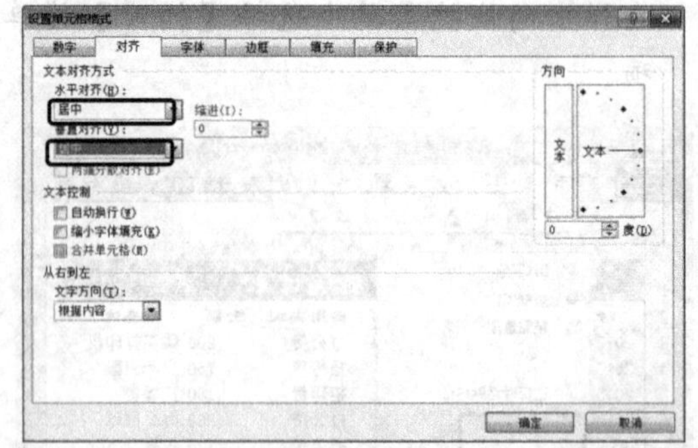

⑤切换到【字体】选项卡，在【字体】列表框中选择【华文楷体】选项，在【字号】列表框中选择【11】选项。

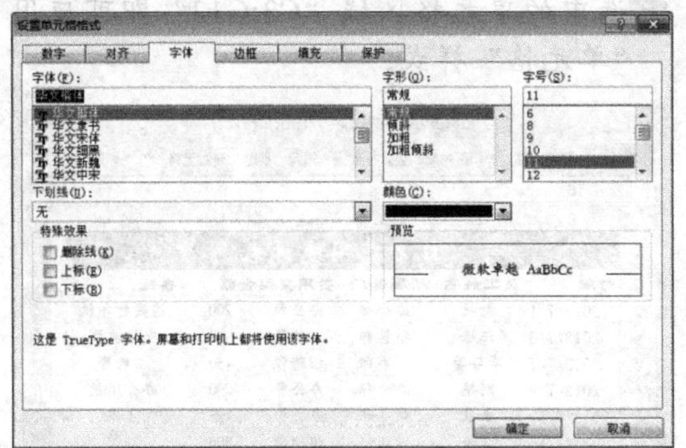

❻设置完毕单击 确定 按钮，返回【样式】对话框，此时在【包括样式（例子）】组合框中就会显示当前设置的样式格式。

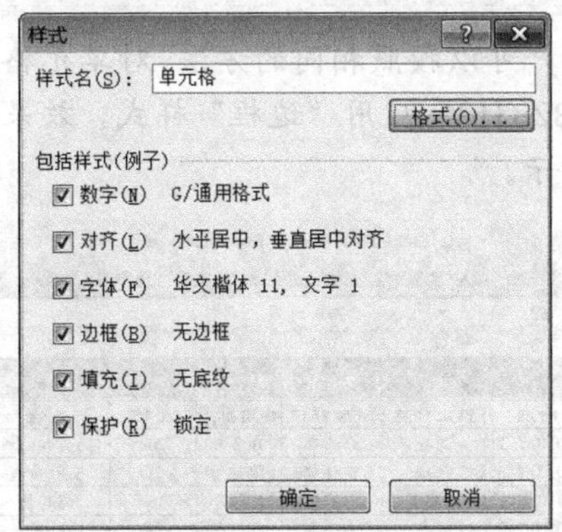

❼单击 确定 按钮，返回工作表，即可在【样式】组中看到新创建的样式【单元格】。

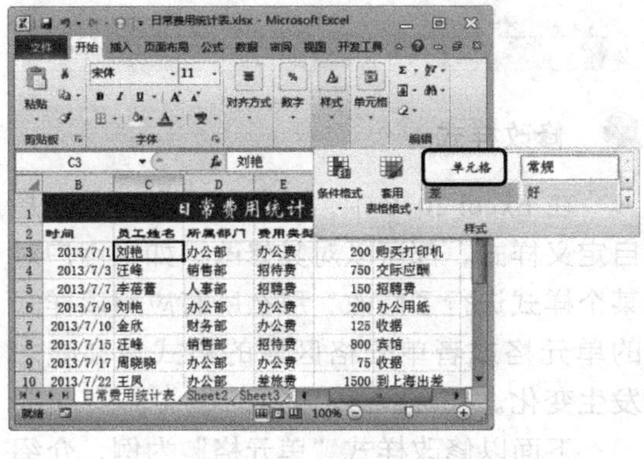

❽按照前面介绍的方法再次打开【样式】对话框，在【样式名】文本框中输入样式的名称“边框”。

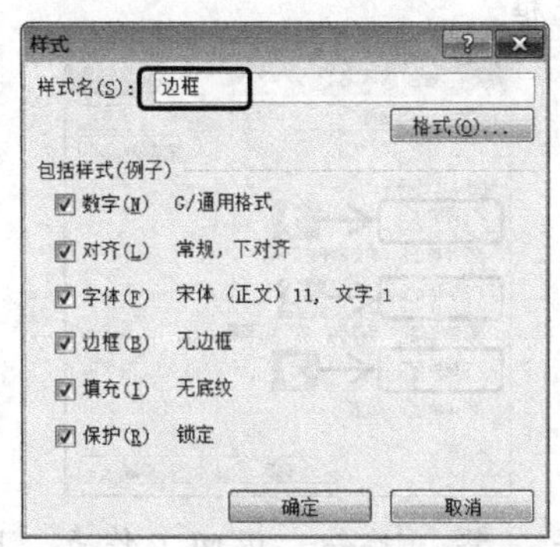

❾单击 格式(O)... 按钮，弹出【设置单元格格式】对话框，切换到【边框】选项卡，在【线条】组合框的【样式】列表框中选择细实线样式，然后单击【外边框】按钮。

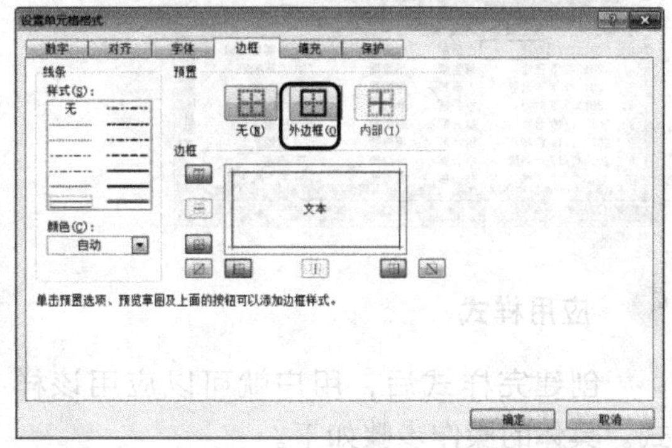

❿切换到【对齐】选项卡，在【文本对齐方式】组合框的【水平对齐】下拉列表中选择【居中】选项。

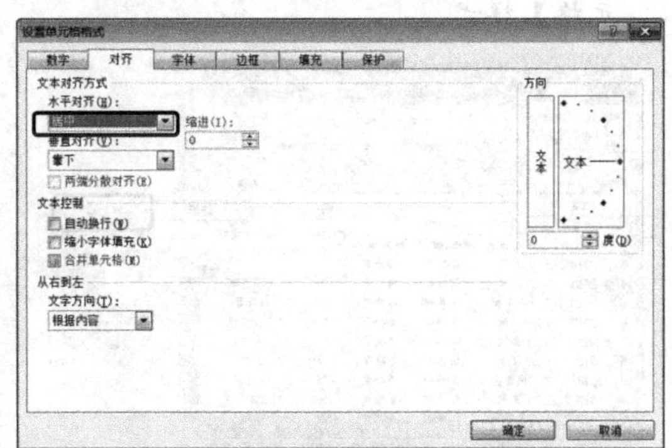

11 设置完毕单击 确定 按钮，返回【样式】对话框，在【包括样式（例子）】组合框中撤选【数字】、【字体】和【填充】3个复选框。

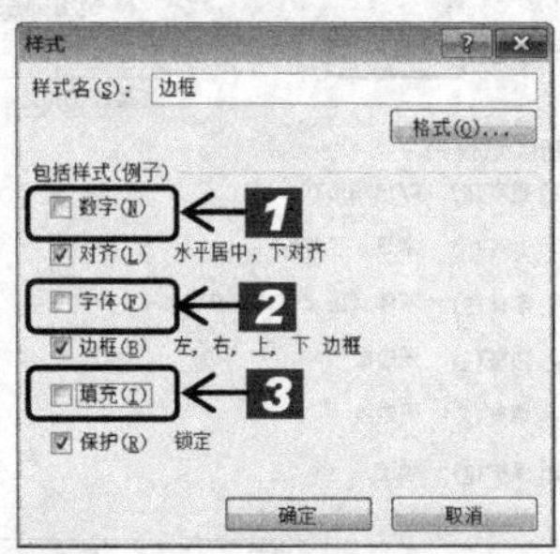

12 单击 确定 按钮，返回工作表，即可在【样式】组中看到新创建的样式【边框】。

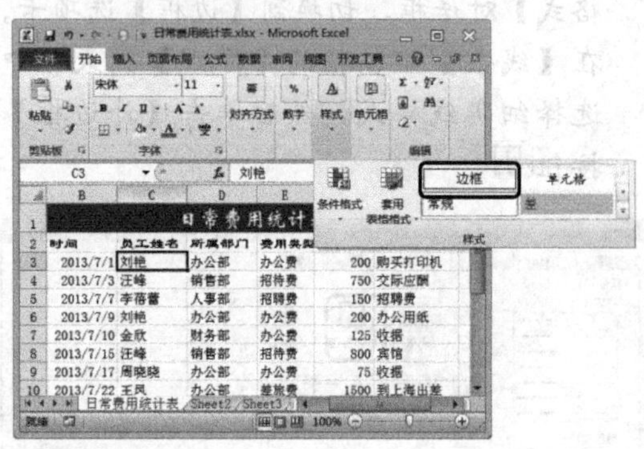

应用样式

创建完样式后，用户就可以应用该样式。具体的操作步骤如下。

1 打开本实例的原始文件，选中单元格区域“C3:G13”，切换到【开始】选项卡，在【样式】组的【样式】列表框中选择【单元格】样式。

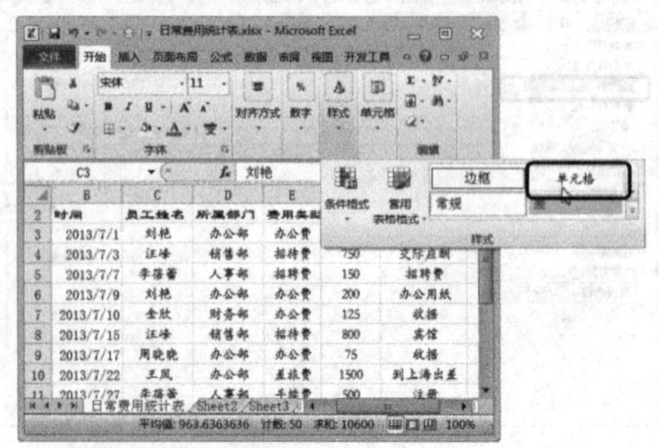

2 选中的单元格区域“C3:G13”即可应用“单元格”样式。

日常费用统计表					
时间	员工姓名	所属部门	费用类型	金额	备注
2013/7/1	刘艳	办公部	办公费	200	购买打印机
2013/7/3	汪峰	销售部	招待费	750	交际应酬
2013/7/7	李蓓蕾	人事部	招聘费	150	招聘费
2013/7/9	刘艳	办公部	办公费	200	办公用纸
2013/7/10	金欣	财务部	办公费	125	收据
2013/7/15	汪峰	销售部	招待费	800	宾馆
2013/7/17	周晓晓	办公部	办公费	75	收据
2013/7/22	王凤	办公部	差旅费	1500	到上海出差
2013/7/27	李蓓蕾	人事部	手续费	500	注册
2013/7/30	宋宏伟	采购部	交通费	1000	
				5300	

3 用户可以按照相同的方法，对单元格区域“B2:G12”应用“边框”样式，效果如图所示。

日常费用统计表					
时间	员工姓名	所属部门	费用类型	金额	备注
2013/7/1	刘艳	办公部	办公费	200	购买打印机
2013/7/3	汪峰	销售部	招待费	750	交际应酬
2013/7/7	李蓓蕾	人事部	招聘费	150	招聘费
2013/7/9	刘艳	办公部	办公费	200	办公用纸
2013/7/10	金欣	财务部	办公费	125	收据
2013/7/15	汪峰	销售部	招待费	800	宾馆
2013/7/17	周晓晓	办公部	办公费	75	收据
2013/7/22	王凤	办公部	差旅费	1500	到上海出差
2013/7/27	李蓓蕾	人事部	手续费	500	注册
2013/7/30	宋宏伟	采购部	交通费	1000	
				5300	

修改样式

在Excel 2010中，无论是内部样式还是自定义样式，都可以对其修改。如果用户对某个样式进行了修改，那么所有应用该样式的单元格或者单元格区域的格式也会随之发生变化。

下面以修改样式“单元格”为例，介绍修改样式的具体操作。

❶切换到【开始】选项卡，在【样式】组中，单击【其他】按钮。

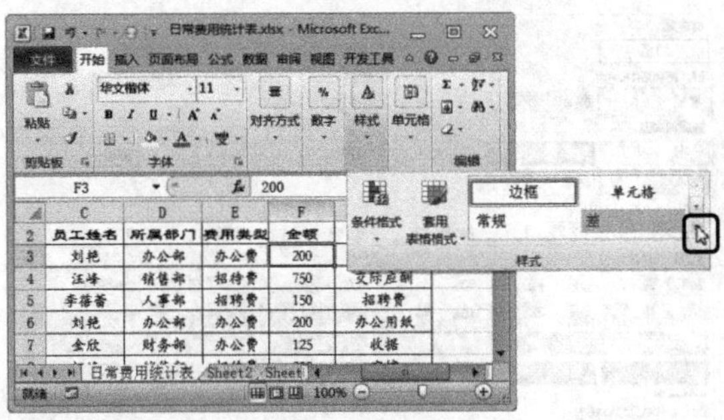

❷弹出【单元格样式】列表框，在【单元格】样式上单击鼠标右键，在弹出的快捷菜单中选择【修改】菜单项。

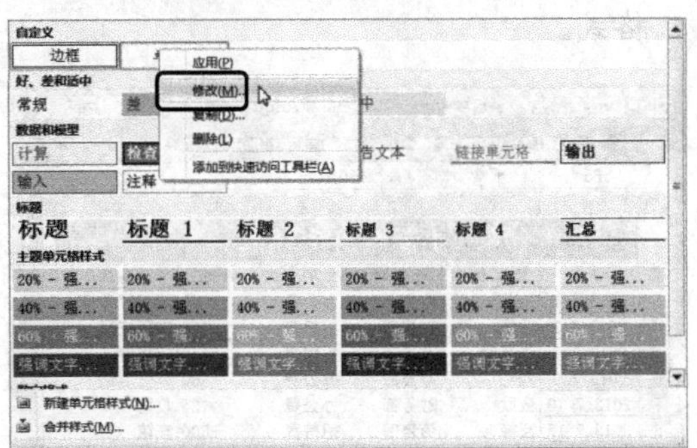

❸弹出【样式】对话框，然后单击 格式(O)... 按钮。

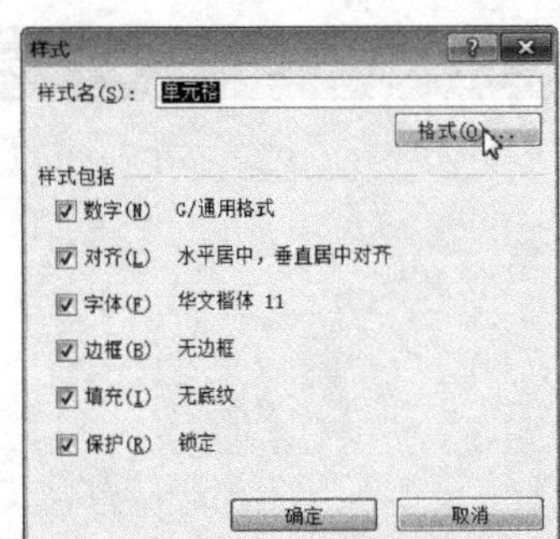

❹弹出【设置单元格格式】对话框，切换到【字体】选项卡，然后在【字体】列表框中选择【华文细黑】选项，在【字号】列表框中选择【10】选项。

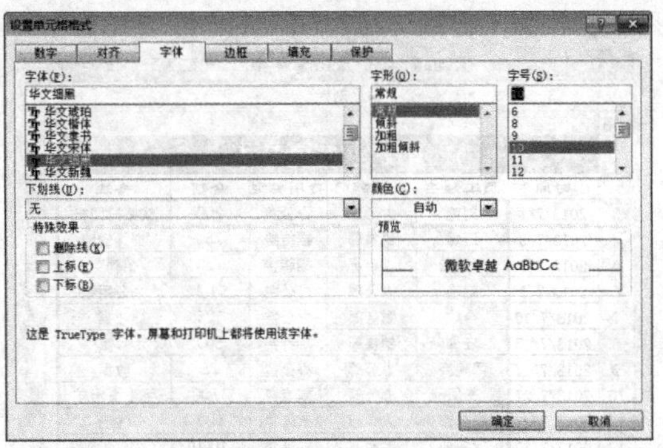

❺切换到【边框】选项卡，在【线条】组合框的【样式】列表框中选择细实线样式，然后单击【外边框】按钮。

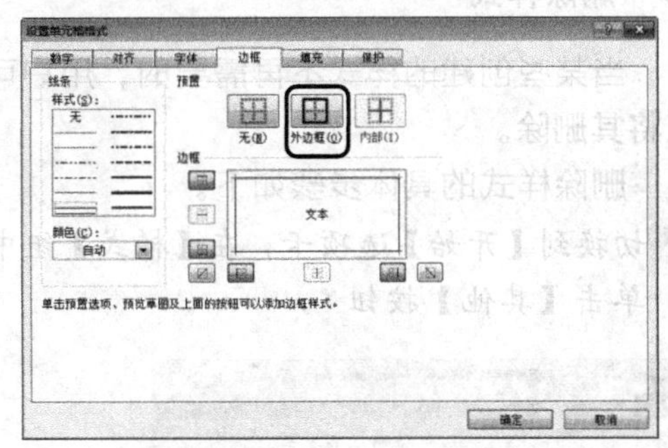

❻单击 确定 按钮，返回【样式】对话框，此时【样式包括】组合框中会显示当前设置的样式格式。

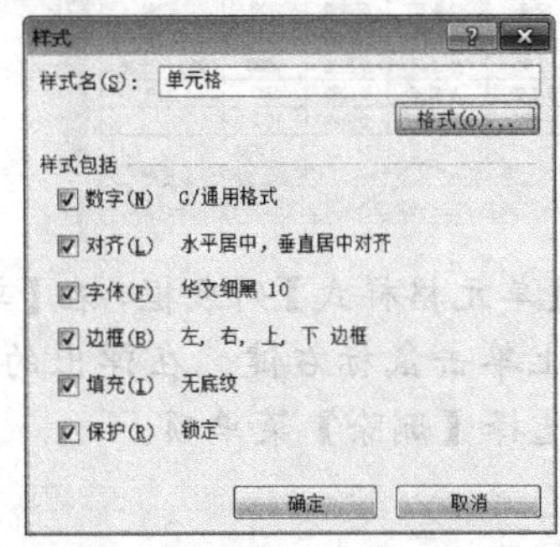

❼单击 确定 按钮，返回工作表，单元格区域“C2:G12”已经应用新的单元格样式。

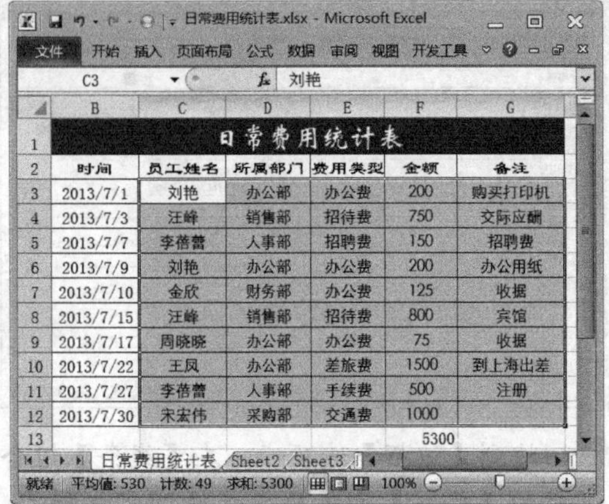

删除样式

当某些创建的样式不再需要时，用户可以将其删除。

删除样式的具体步骤如下。

❶切换到【开始】选项卡，在【样式】组中单击【其他】按钮▾。

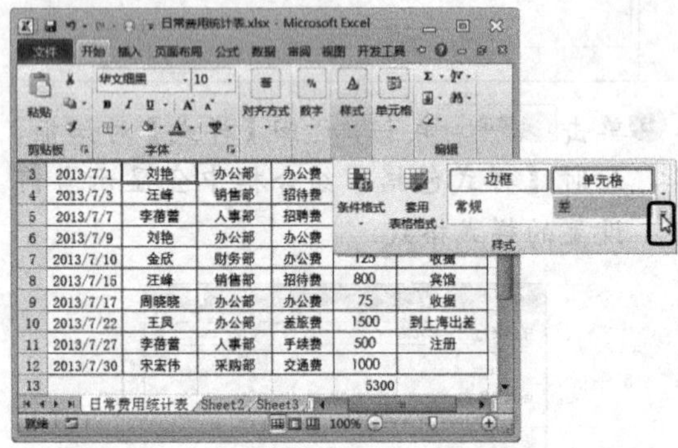

❷弹出【单元格样式】列表框，在【单元格】样式上单击鼠标右键，在弹出的快捷菜单中选择【删除】菜单项。

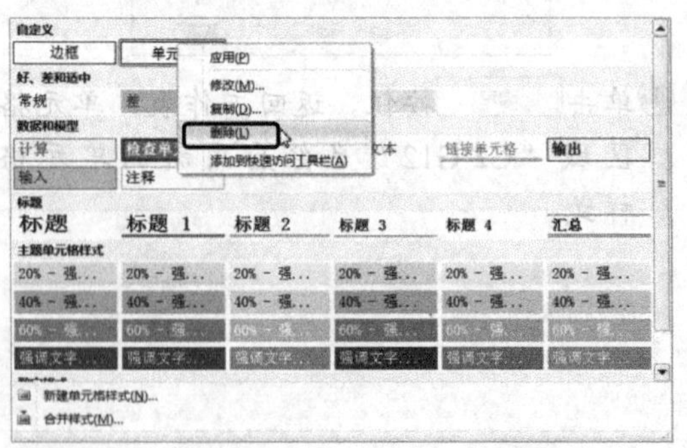

❸即可将样式“单元格”从【单元格样式】列表框中删除。

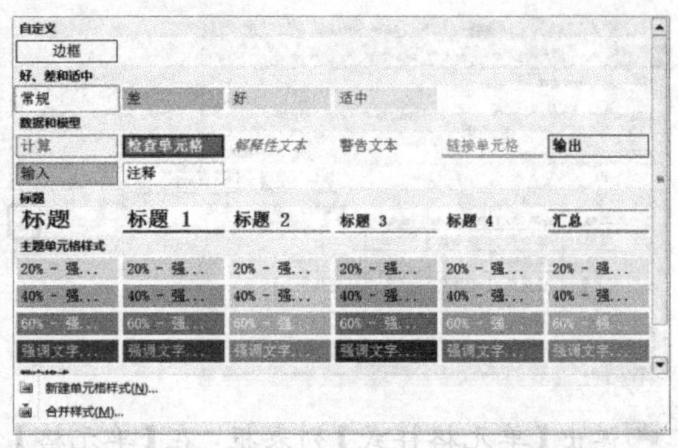

❹此时应用“单元格”样式的单元格或者单元格区域就会恢复到应用该样式前的格式。

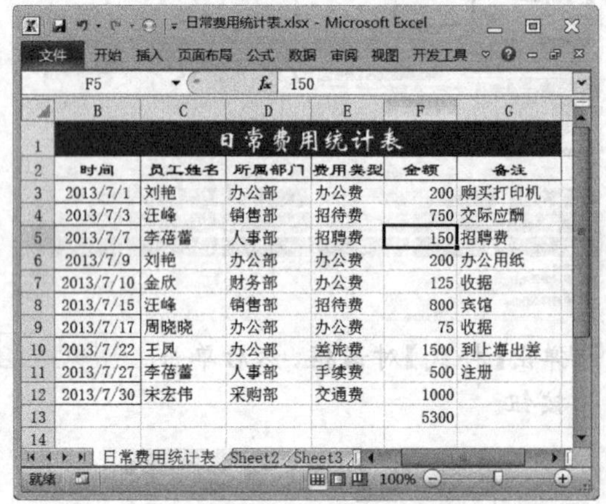

第 2 章
制作会计账务表单

会计账务处理是会计人员每天必做的工作，是财务管理的重要部分。为了提高会计账务处理的有效性和可靠性，同时提高会计人员的工作效率，用户可以利用 Excel 2010 制作会计账务表单。

要 点 导 航

- 制作会计科目表
- 制作记账凭证
- 创建日记账表单

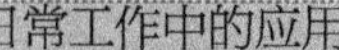
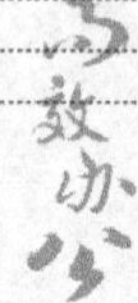

2.1 制作会计科目表

案例背景

会计科目是会计记账的核心，它主要有 3 个方面的功能：一是会计分录的对象；二是记账的标准；三是制表的纲目。

在日常的会计核算中，会计科目一般情况下分为一级科目、二级科目、三级科目乃至四级科目，其中一级科目是国家财政部统一规定的，企业可以根据国家颁布的会计科目制定自身所需要的科目。在账务处理中，为了避免在记账和整理时发生混乱，进而提高工作的效率，通常以“科目代码”取代“科目名称”作为输入会计科目的依据。

最终效果及关键知识点

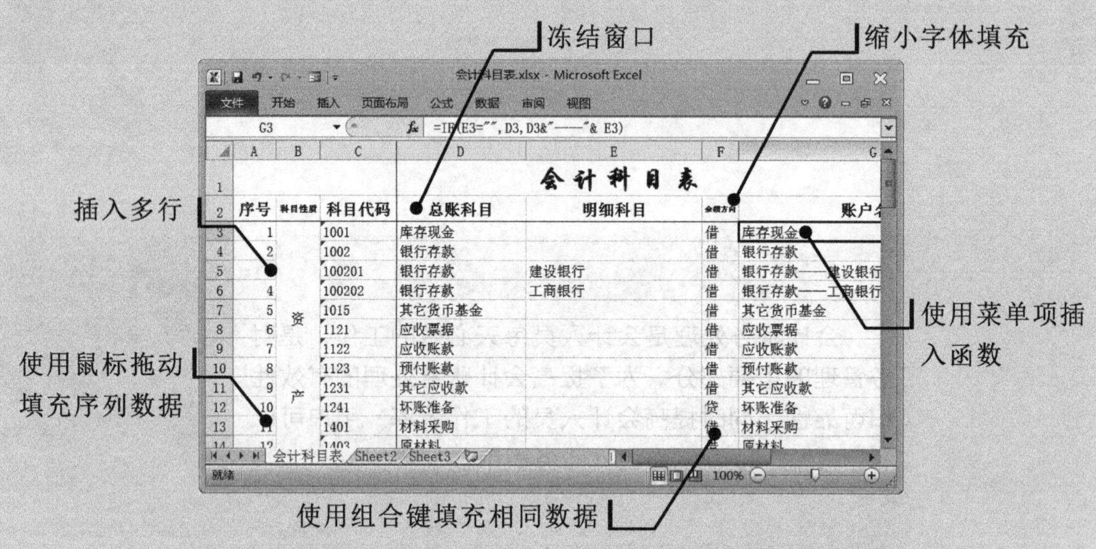

下面以一家执行小企业会计制度的商业企业为例来建立会计科目表，具体的操作步骤如下。

本实例的原始文件和最终效果所在位置如下。		
	原始文件	无
	最终效果	最终效果\02\会计科目表.xlsx

❶启动 Excel 2010，新建一个名为“会计科目表”的空白工作簿。将工作表 Sheet1 重命名为“会计科目表”，然后输入表格标题和相应的列标题，并进行简单的格式设置。

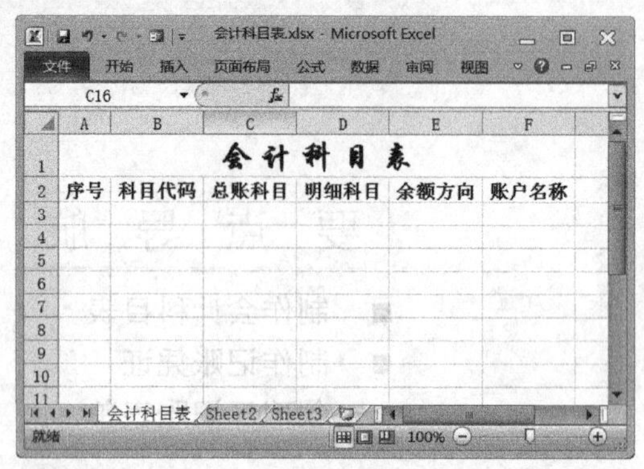

❷选中 B 列，切换到【开始】选项卡，在【数字格式】组中的【数字格式】下拉列表中选择【文本】选项。

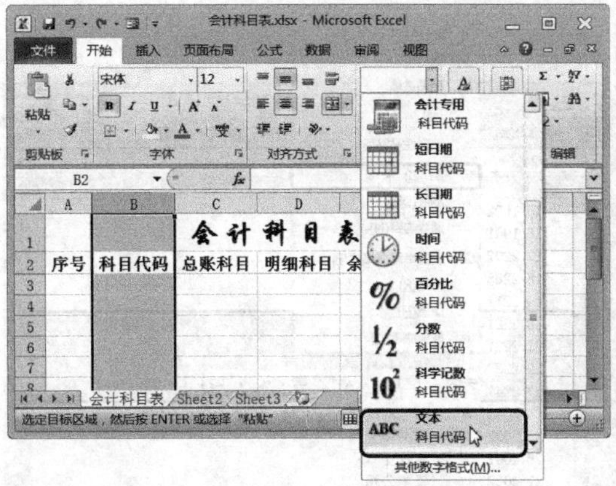

❸在“科目代码”列和“总账科目”列中输入一级会计科目代码及其科目名称。

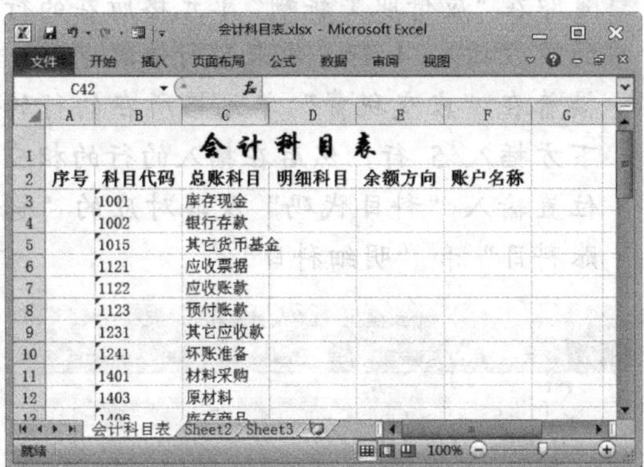

❹使用鼠标拖动填充相同数据。在单元格A3中输入“1”，然后将鼠标指针移到该单元格的右下角，当指针变成+形状时按住鼠标左键不放，向下拖动至单元格A40后释放鼠标，此时单元格区域“A3:A40”中填充的就是相同的数据。

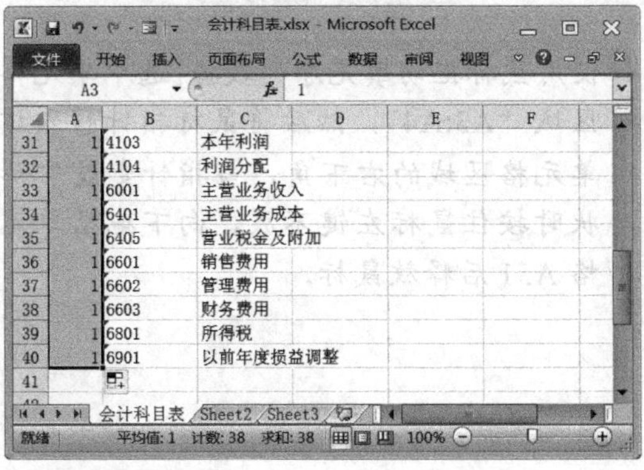

❺将填充的相同数据转换为序列数据。将鼠标指针移到图标上，将显示【自动填充选项】按钮，单击该按钮，在弹出的下拉列表中选中【填充序列】单选钮。

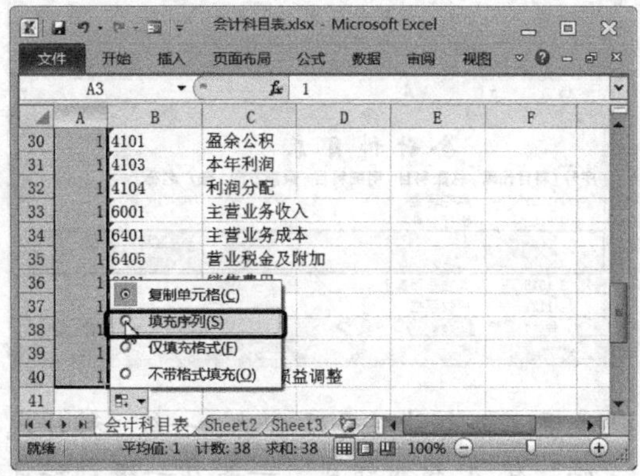

❻随即单元格区域“A3:A40”中填充的数据就会变成序列数据。

❼使用菜单项插入多行。同时选中第5行和第6行，切换到【开始】选项卡，在【单元格】组中单击【插入】按钮右侧的下三角按钮，在弹出的下拉列表中选择【插入工作表行】选项。

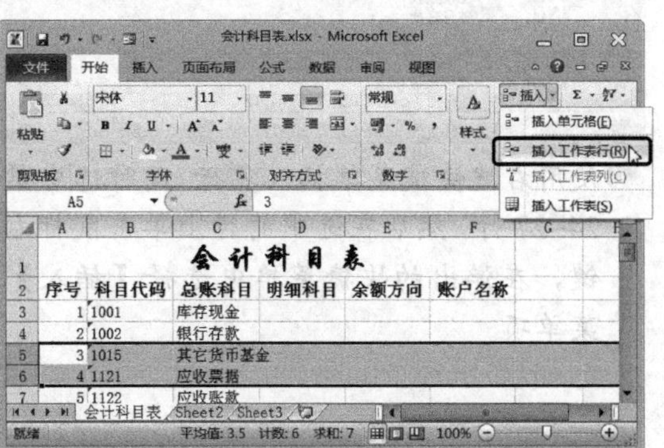

8 随即在选中的行的上方就会插入新的两行，原来的行依次下移。

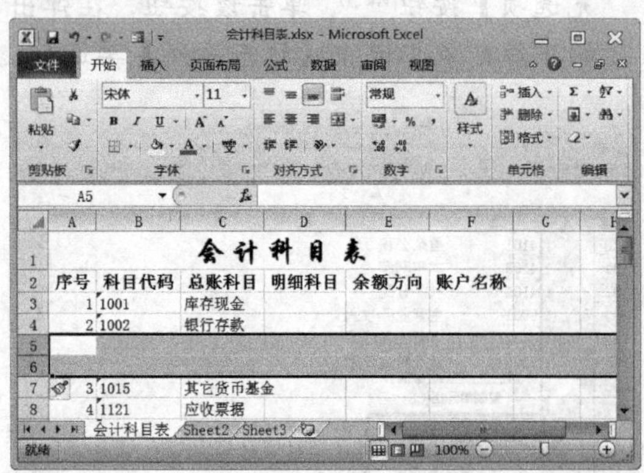

9 设置二级会计科目及名称。一级“科目代码”有 4 位数组成，一般在一级“科目代码”后面添加两位数来确定二级“科目代码”。例如，“1002”代表“银行存款”一级科目，则可设定“100201”代表“银行存款”一级科目下的二级科目“建设银行”，“100202”代表“银行存款”一级科目下的二级科目“工商银行”。这样，在新插入行的“总账科目”列下输入“科目代码”对应的一级科目，在“明细科目”列下输入“科目代码”对应的二级科目。

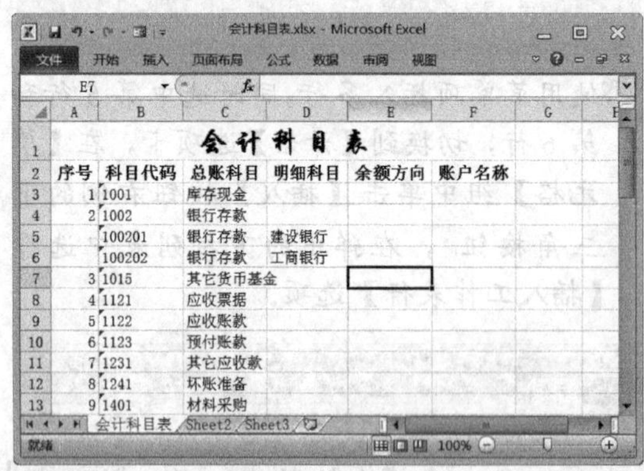

10 使用右键快捷菜单插入多行。同时选中第 24~27 行，然后在选中的行上单击鼠标右键，在弹出的快捷菜单中选择【插入】菜单项。

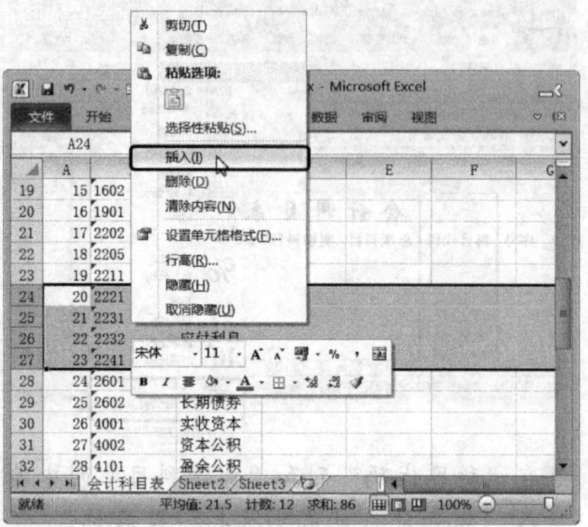

11 随即在“应付职工薪酬”单元格所在的行的下方插入 4 行，原来的行依次下移。接着在“应交税费”单元格所在的行的下方插入 5 行，然后在插入的行的相应位置输入“科目代码”及其对应的“总账科目”和“明细科目”。

12 使用鼠标拖动填充序列数据。选中单元格区域“A3:A4”，然后将鼠标指针移到该单元格区域的右下角，当指针变成＋形状时按住鼠标左键不放，向下拖至单元格 A51 后释放鼠标。

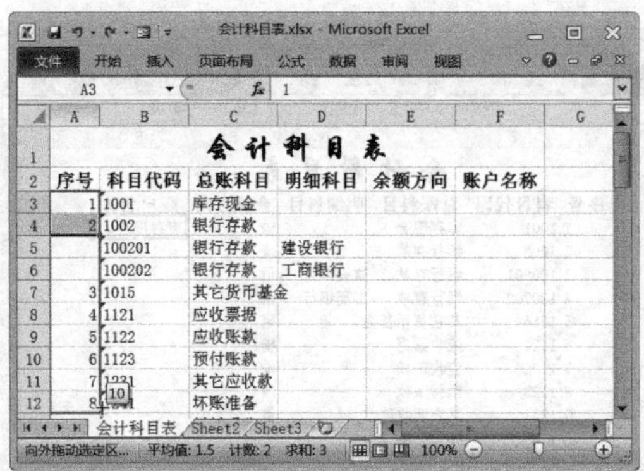

⑬此时单元格区域"A3:A51"中填充的就是序列数据（与选中的单元格区域中的数据具有相同的规律）。

⑭使用组合键填充相同数据。同时选中单元格区域"E3:E11"、"E13:E16"和单元格E18，选中的最后一个单元格E18呈白色，在这个白色单元格中输入会计科目对应的余额方向"借"。

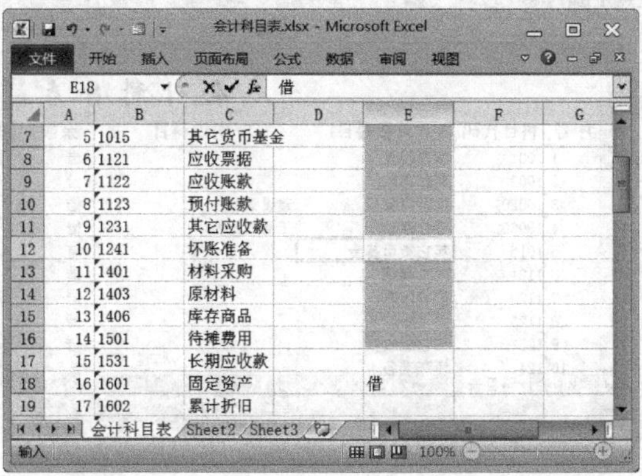

⑮按下【Ctrl】+【Enter】组合键，即可将输入的内容"借"自动地填充到选中的单元格中。

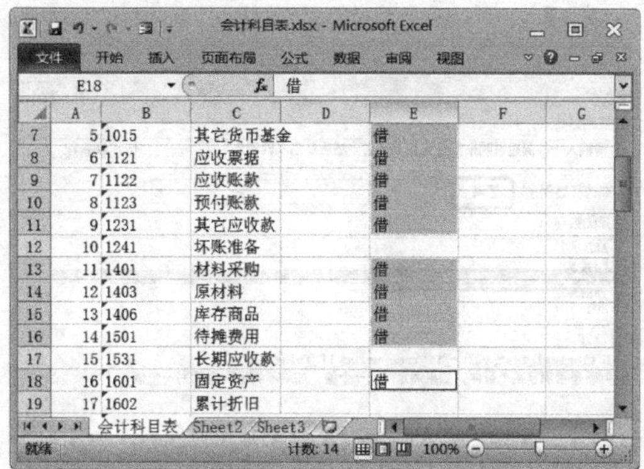

⑯按照同样方法填充其他科目的余额方向（"借"或"贷"）。

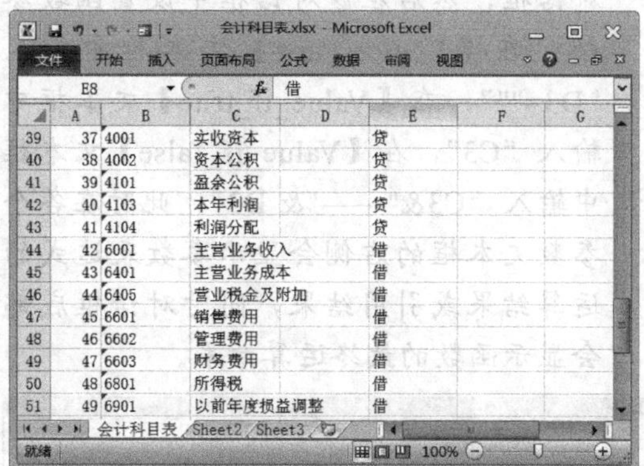

⑰使用菜单项插入函数。选中单元格 F3，切换到【公式】选项卡，在【函数库】组中单击【插入函数】按钮。

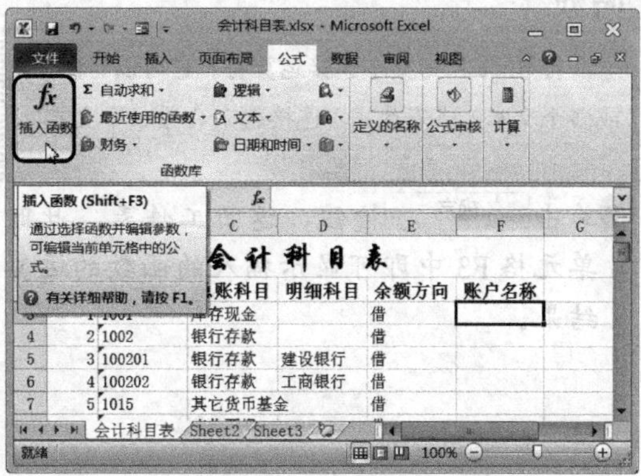

18 弹出【插入函数】对话框，在【或选择类别】下拉列表中选择【逻辑】选项，然后在【选择函数】列表框中选择【IF】选项。

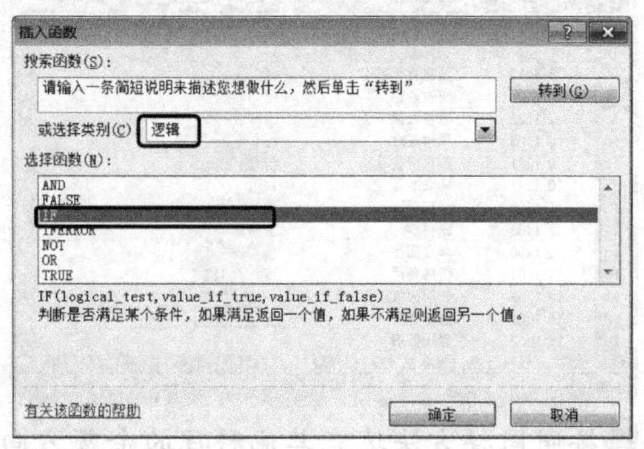

19 单击 确定 按钮，弹出【函数参数】对话框，然后在该对话框中设置函数参数：在【Logical_test】文本框中输入"D3=""",在【Value_if_true】文本框中输入"C3"，在【Value_if_false】文本框中输入"C3&"——"& D3"，此时在各个参数文本框的右侧会显示参数表达式的运算结果或引用结果，同时对话框底部会显示函数的最终运算结果。

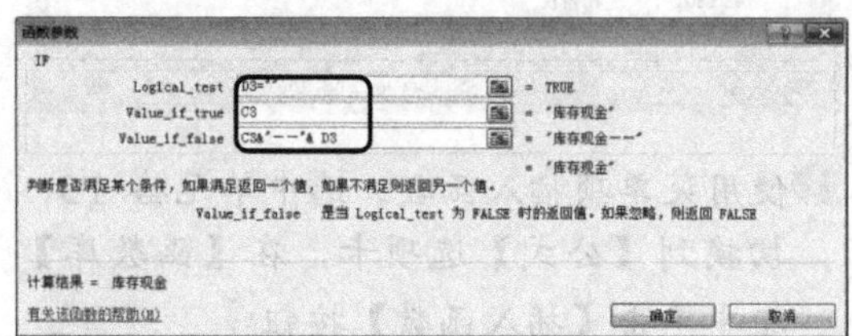

提示

符号"&"为文本连接运算符，它可以将两个或多个文本（或表达式）连接起来合成一个文本。

20 单击 确定 按钮，返回工作表，此时单元格F3中即可显示插入的函数的运算结果。

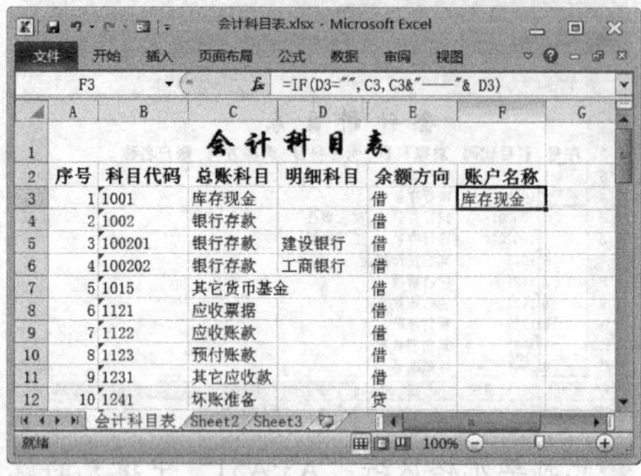

21 选中单元格F3，然后将鼠标指针移到该单元格的右下角，当指针变成**+**形状时按住鼠标左键不放，向下拖至单元格F51后释放鼠标，即可将单元格F3中的公式填充到单元格区域"F4:F51"中。

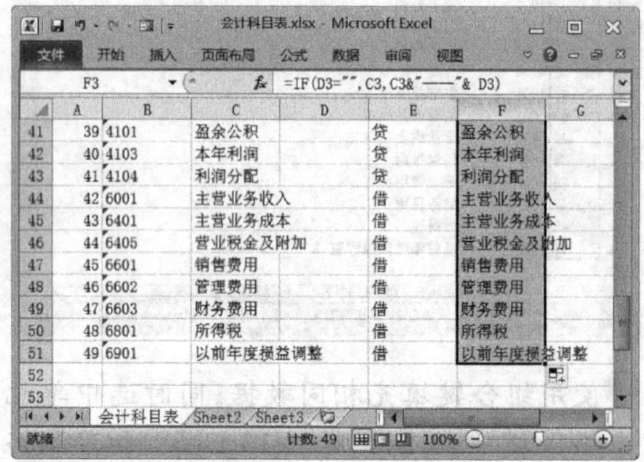

22 对工作表进行单元格设置，并适当地调整行高和列宽。

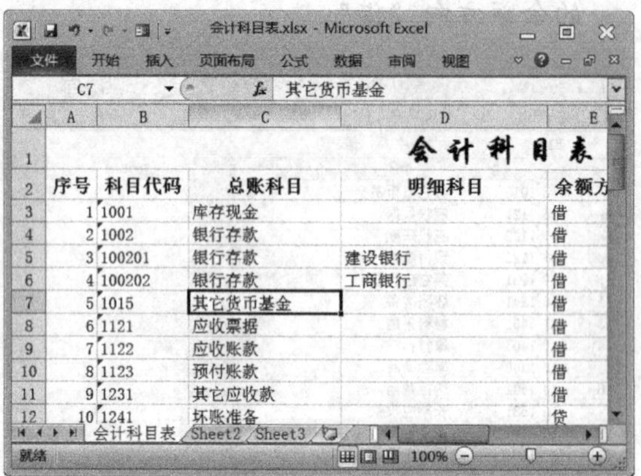

㉓在“序号”列和“科目代码”列之间插入一列，并输入列标题“科目性质”。

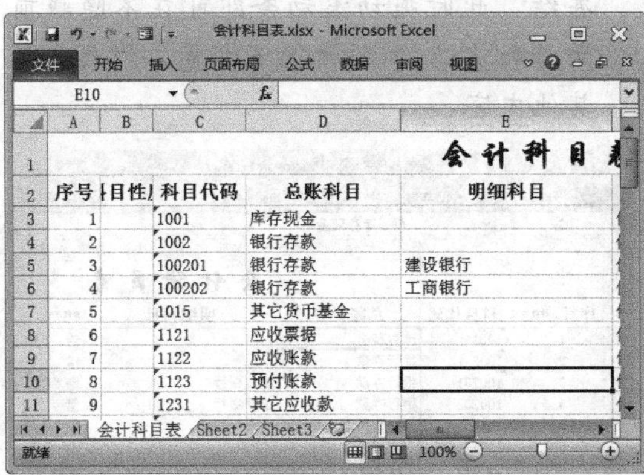

㉔在单元格 B3 中输入“资　　产　　类”，然后选中单元格区域“B3:B20”，单击鼠标右键，在弹出的快捷菜单中选择【设置单元格格式】菜单项。

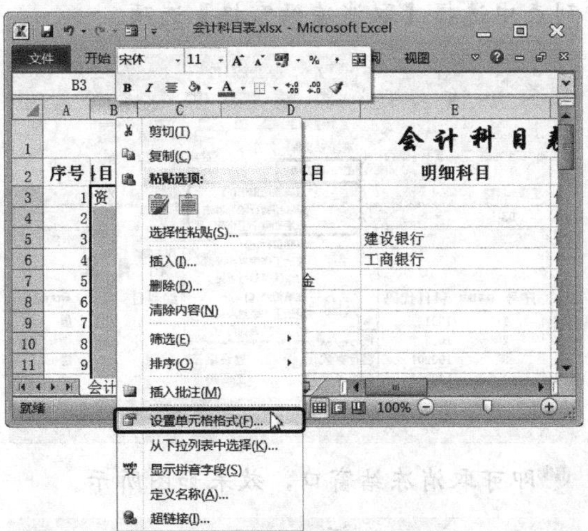

㉕弹出【设置单元格格式】对话框，切换到【对齐】选项卡，在【水平对齐】下拉列表中选择【居中】选项，在【垂直对齐】下拉列表中选择【居中】选项，在【文本控制】组合框中，选中【合并单元格】复选框，在【方向】组合框中选择文字竖排显示方向。

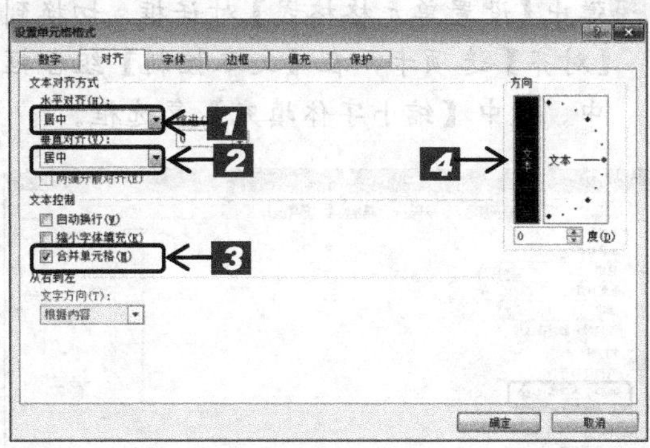

㉖单击 确定 按钮，返回工作表，此时单元格区域“B3:B20”就会以竖排方式显示单元格中的文本，用户可以按照相同的方法填充其他科目性质。

㉗缩小字体填充。选中单元格区域“B2:B51”和单元格 F2，切换到【开始】选项卡，单击【对齐方式】组右下角的【对话框启动器】按钮。

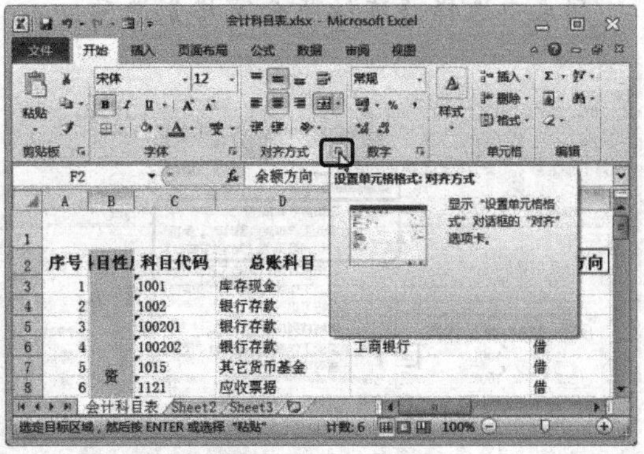

28 弹出【设置单元格格式】对话框，切换到【对齐】选项卡，在【文本控制】组合框中，选中【缩小字体填充】复选框。

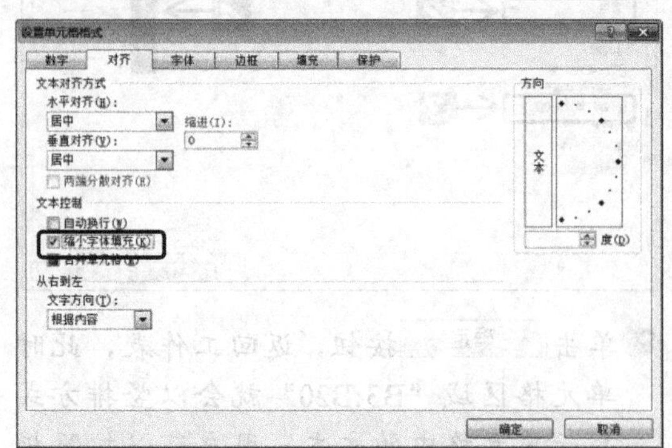

29 单击 确定 按钮，返回工作表，然后调整 B 列和 F 列的列宽，此时选中的单元格中原本无法全部显示出来的文本均会自动缩小字体而全部显示出来。

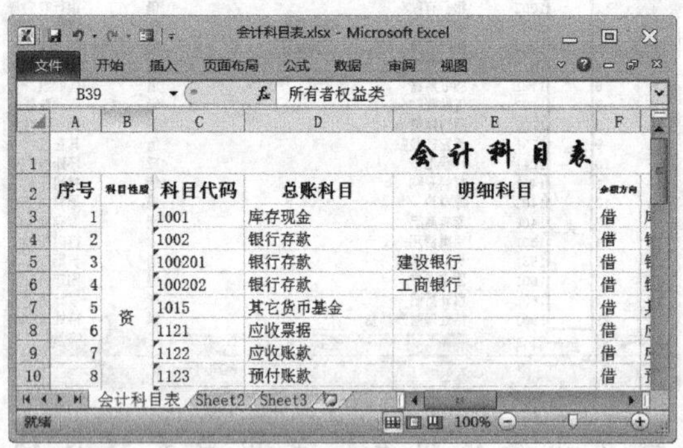

30 冻结窗格。选中单元格 D3，切换到【视图】选项卡，在【窗口】组中单击【冻结窗格】按钮 冻结窗格，在弹出的下拉列表中选择【冻结拆分窗格】选项。

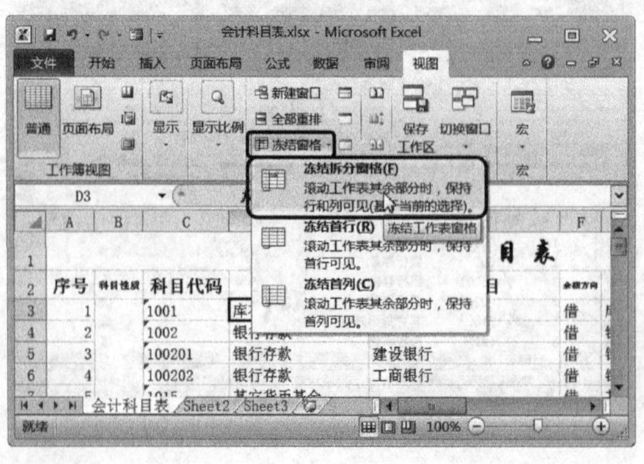

31 随即就会在选中的单元格的上方和左侧各插入一条冻结线，将前两行和前 3 列冻结，此时拖动滚动条即可在不隐藏前两行和前 3 列的情况下浏览工作表中的其他内容。

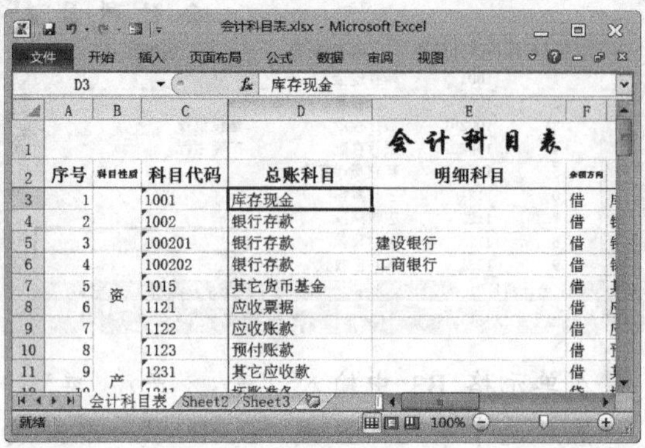

32 若用户想取消冻结窗口，可以再次单击【冻结窗格】按钮 冻结窗格，在弹出的下拉列表中选择【取消冻结窗格】选项。

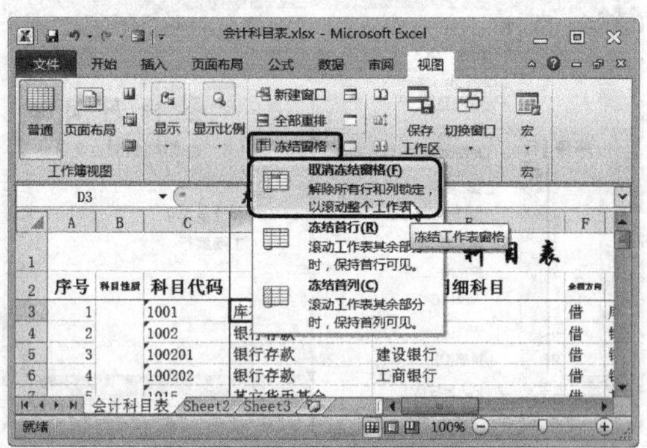

33 即可取消冻结窗口，效果如图所示。

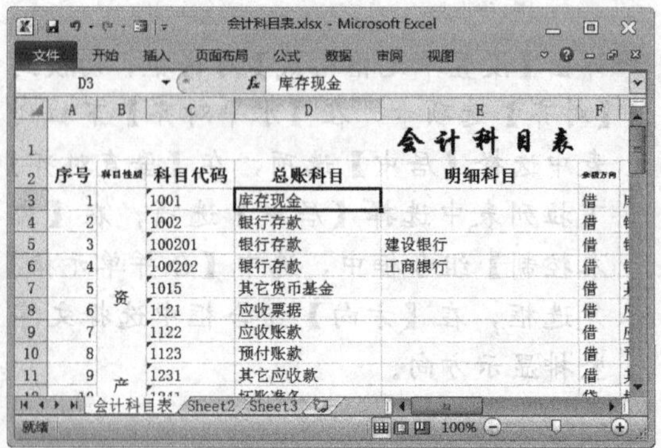

2.2 制作记账凭证

案例背景

记账凭证是会计人员依据审核无误的原始凭证（单据）汇总、整理填制，应用一定的记账方法和会计科目，将经济业务内容加以归类整理编制的，可直接作为记账依据的分录凭证。

最终效果及关键知识点

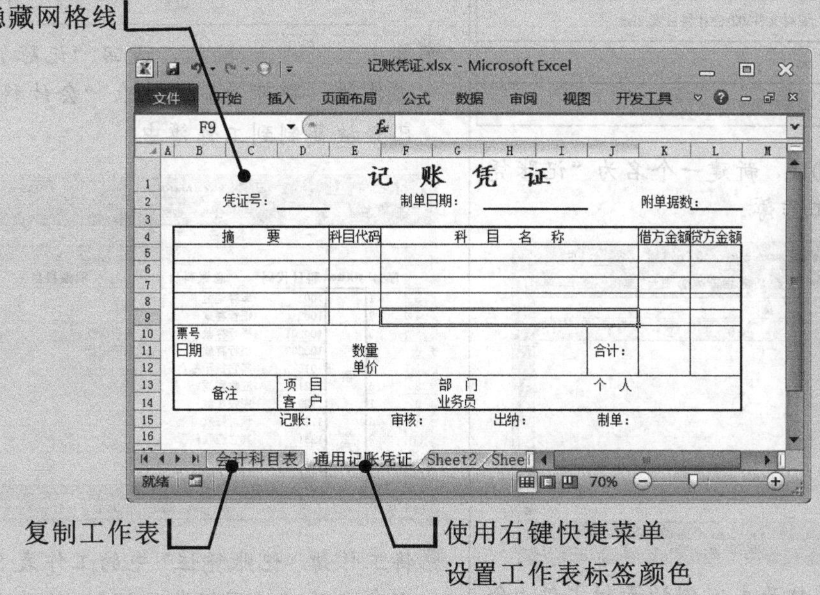

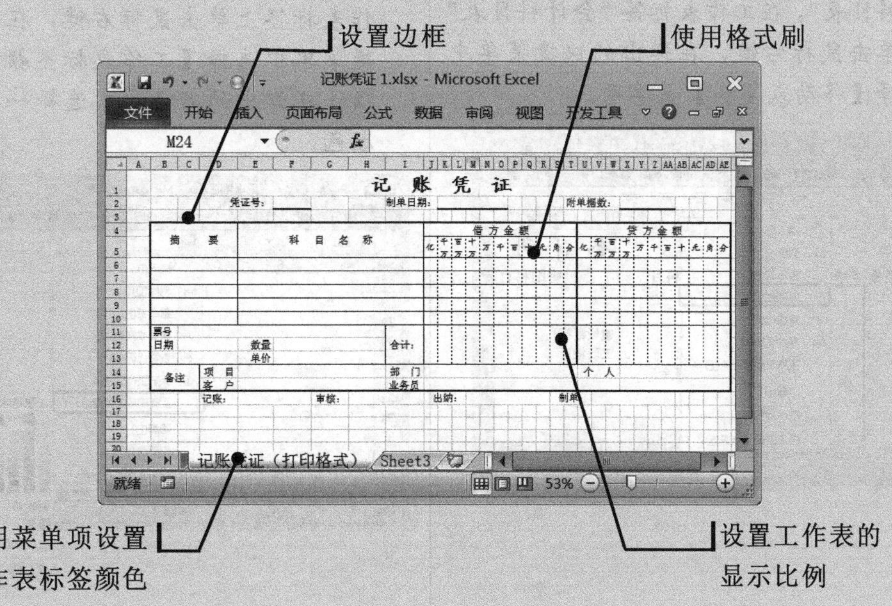

2.2.1 制作通用记账凭证

记账凭证按其反映的经济业务是否与货币有关，可分为收款凭证、付款凭证和转账凭证等几种。但是某些企业为了方便，会采用通用的记账凭证，即不分经济业务性质的记账凭证。

制作通用记账凭证的具体步骤如下。

本实例的素材文件、原始文件和最终效果所在位置如下。		
	素材文件	素材文件\02\会计科目表.xlsx
	原始文件	无
	最终效果	最终效果\02\记账凭证.xlsx

1 启动 Excel 2010，新建一个名为“记账凭证”的空白工作簿。

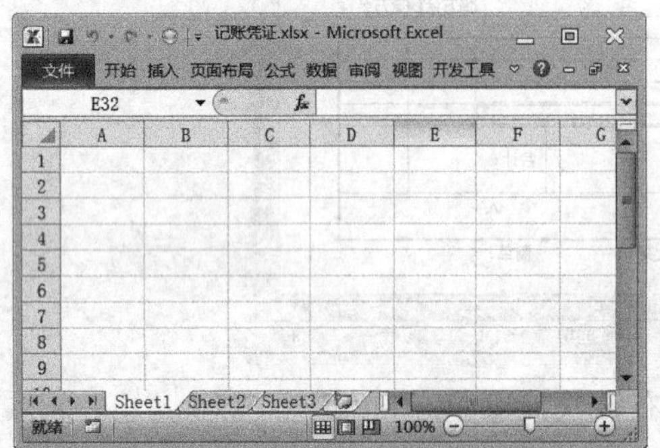

2 复制工作表。打开本实例的素材文件“会计科目表”，在工作表标签“会计科目表”上单击鼠标右键，在弹出的快捷菜单中选择【移动或复制】菜单项。

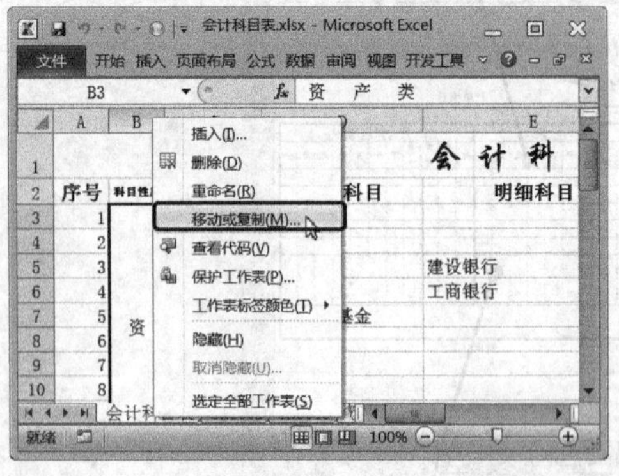

3 弹出【移动或复制工作表】对话框，在【工作簿】下拉列表中选择【记账凭证.xlsx】选项，然后选中【建立副本】复选框。

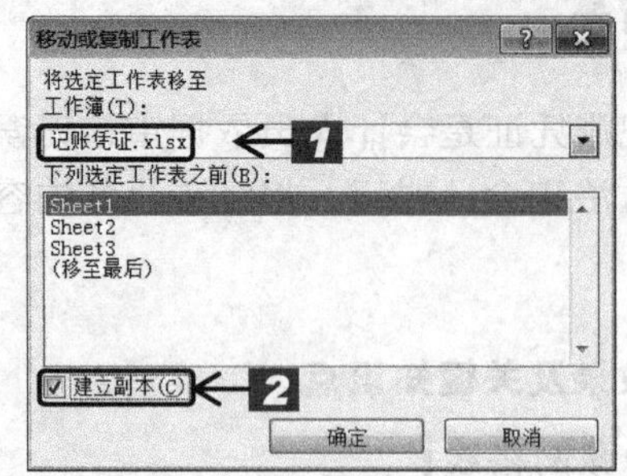

4 单击 确定 按钮，返回“记账凭证”工作簿，即可看到工作表“会计科目表”已经被复制到工作簿中。

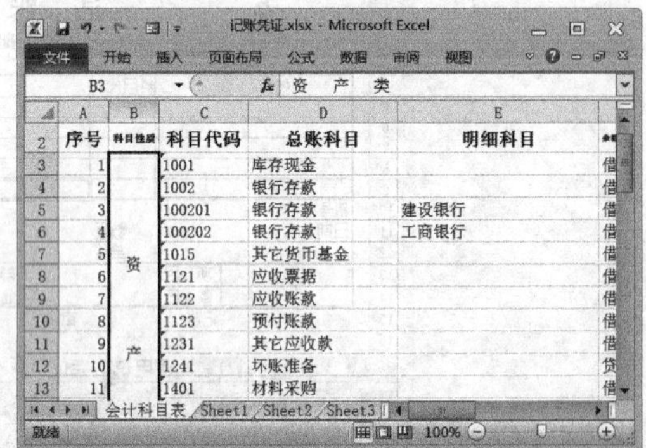

5 将工作簿“记账凭证”中的工作表 Sheet1 重命名为“通用记账凭证”，然后在该工作表标签上单击鼠标右键，在弹出的快捷菜单中选择【工作表标签颜色】菜单项，在弹出的颜色库中选择一种合适的颜色。

6 返回工作表，然后切换到其他工作表，即可明显地显示工作表标签颜色的设置效果。

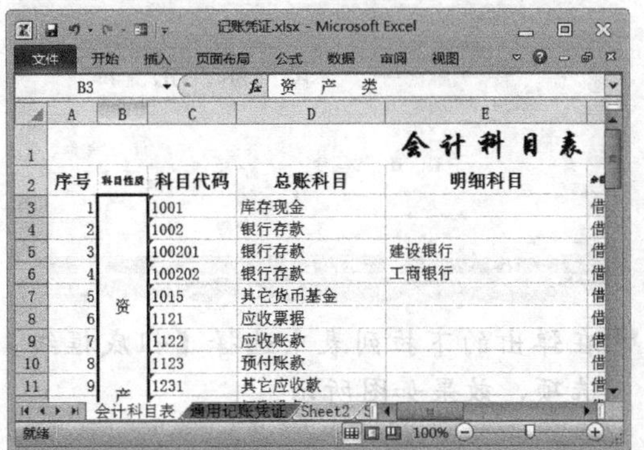

7 切换到“通用记账凭证”工作表，然后按照前面介绍的方法输入记账凭证的表格项目，并进行简单的格式设置。

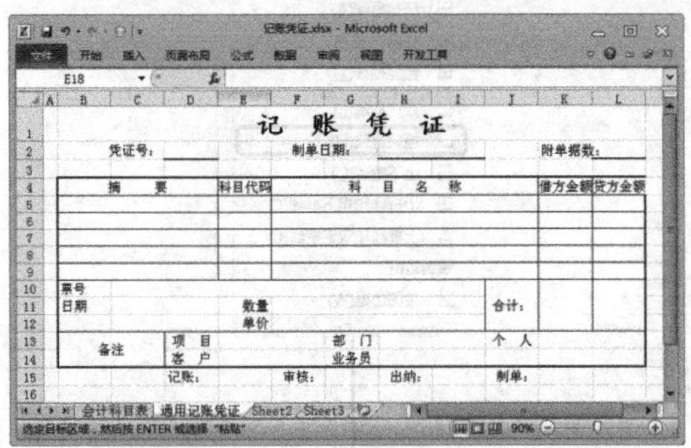

8 隐藏网格线。切换到【页面布局】选项卡，在【工作表选项】组中撤选【查看】复选框。

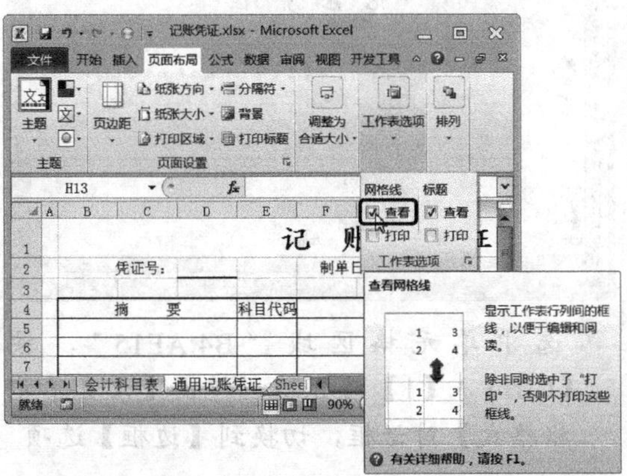

9 返回工作表，随即工作表中的网格线被隐藏。

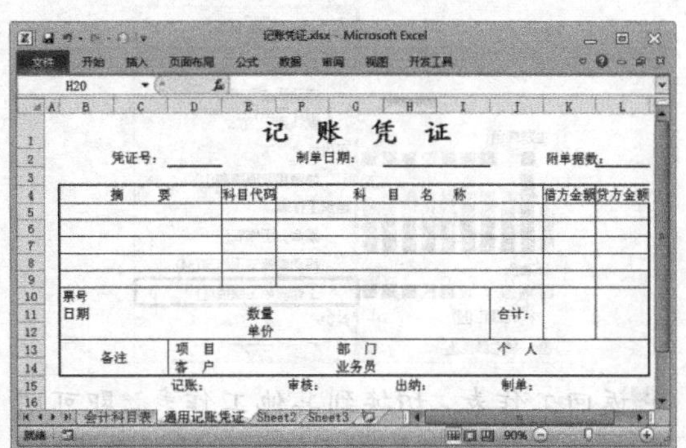

至此记账凭证制作完成。此时的记账凭证只是一张空的表单，填制记账凭证的方法将在第 3 章介绍。

2.2.2 制作打印格式的记账凭证

在实际工作中，记账凭证中的金额都是按位填写的，这样可以确保填写金额的准确性，同时规范会计工作。

制作打印格式的记账凭证的具体步骤如下。

本实例的原始文件和最终效果所在位置如下。		
	原始文件	原始文件\02\记账凭证 1.xlsx
	最终效果	最终效果\02\记账凭证 1.xlsx

1 打开本实例的原始文件将工作表 Sheet2 重命名为“记账凭证（打印格式）”，然后切换到【开始】选项卡，在【单元格】组中单击【格式】按钮。

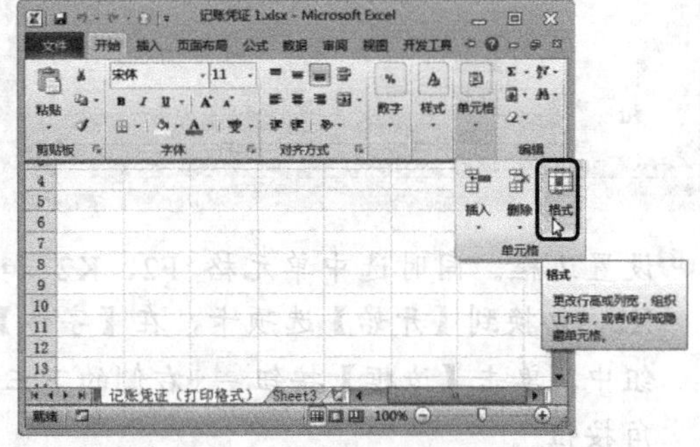

2 在弹出的下拉列表中选择【工作表标签颜色】选项，然后在弹出的颜色库中选择一种合适的颜色。

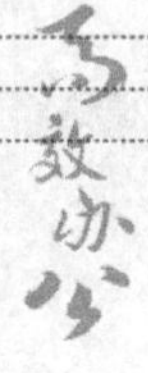

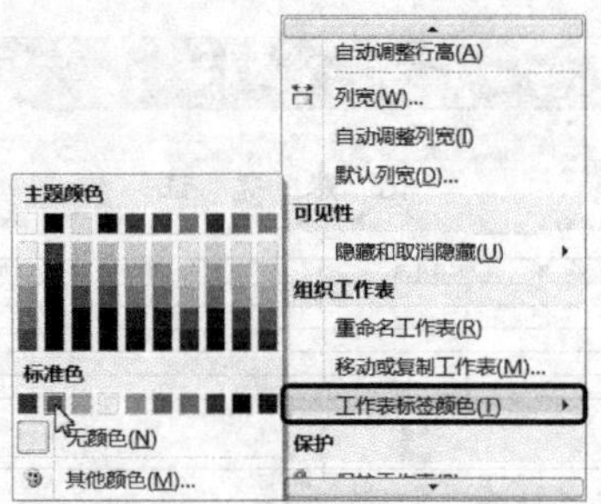

❸返回工作表，切换到其他工作表，即可明显地显示工作表标签颜色的设置效果。

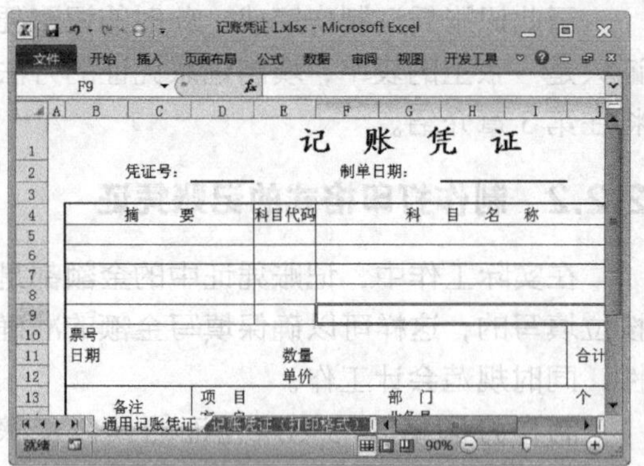

❹切换到“记账凭证（打印格式）”工作表，在其中输入打印格式的记账凭证的表格项目，并进行简单的字体、字形设置。

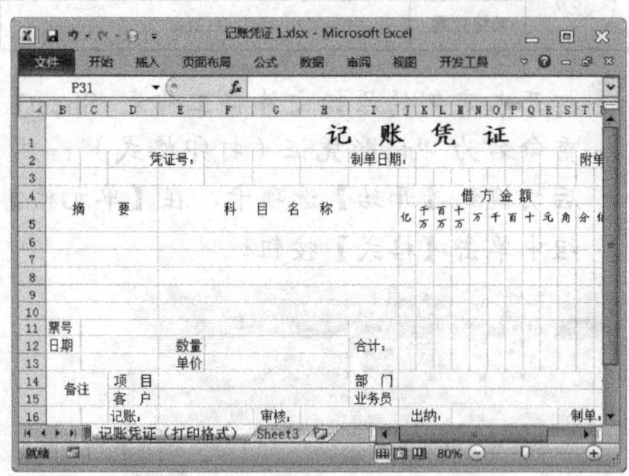

❺设置边框。同时选中单元格 F2、K2 和 X2，切换到【开始】选项卡，在【字体】组中，单击【边框】按钮右侧的下三角按钮。

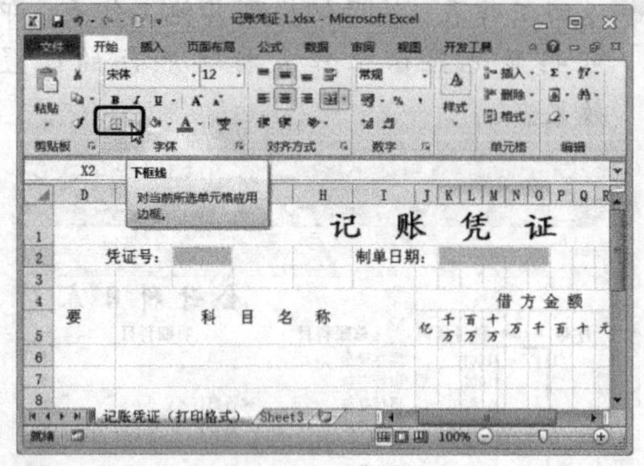

❻在弹出的下拉列表中选择【粗底框线】选项，效果如图所示。

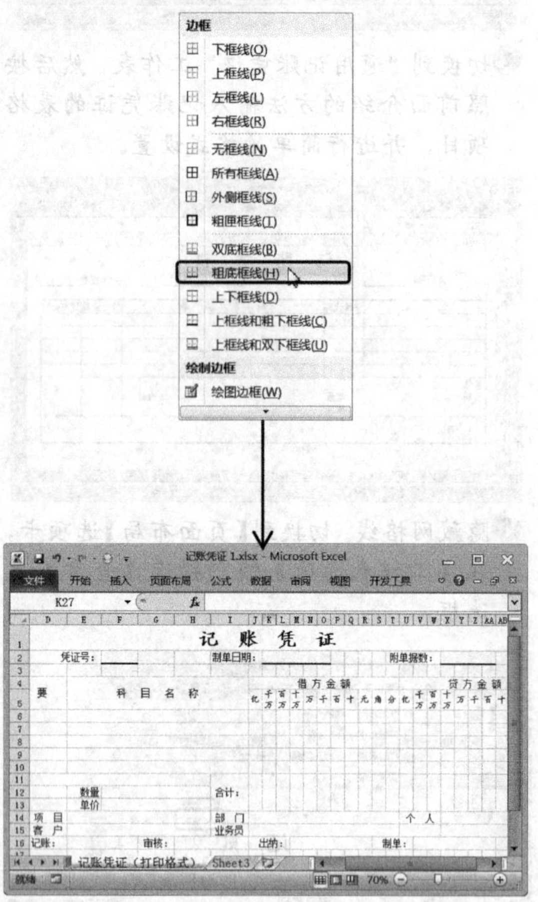

❼选中单元格区域“B4:AE15”，按【Ctrl】+【1】组合键，弹出【设置单元格格式】对话框，切换到【边框】选项

卡，在【线条】组合框的【样式】列表框中选择较粗实线样式，然后在【预置】组合框中单击【外边框】按钮。

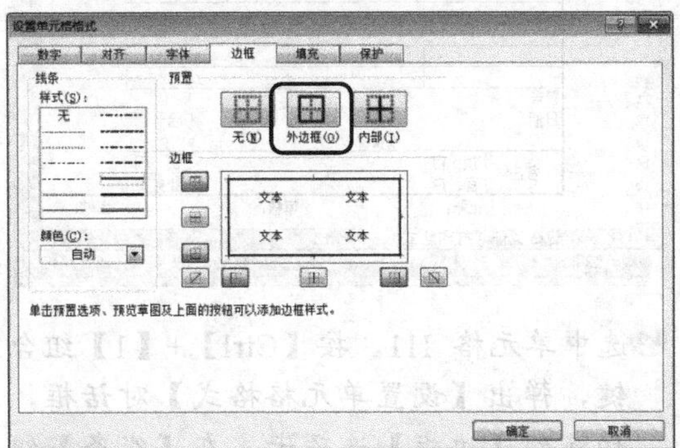

提示

【Ctrl】+【1】组合键是调用【设置单元格格式】对话框的快捷方式。

但需要注意的是：此处的【1】键是主键盘区中的【1】键，不是数字键区中的数字【1】键。

8 单击 确定 按钮，返回工作表，此时选中的单元格区域就添加了外边框。

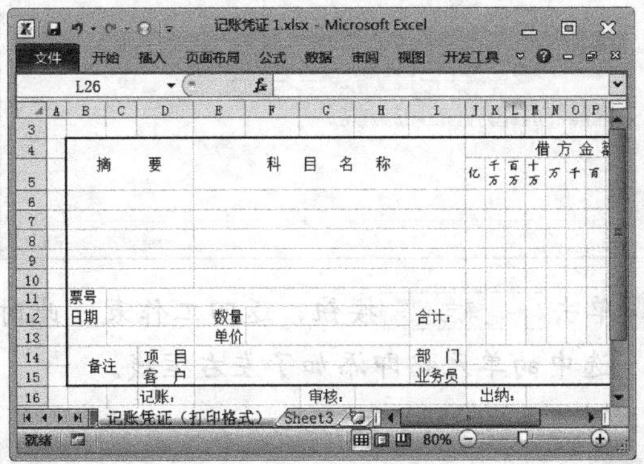

9 选中单元格区域“B4:I10”，然后按【Ctrl】+【1】组合键，弹出【设置单元格格式】对话框，切换到【边框】选项卡，在【线条】组合框的【样式】列表框中选择细实线样式，然后在【预置】组合框中单击【内部】按钮，即可添加内部框线。

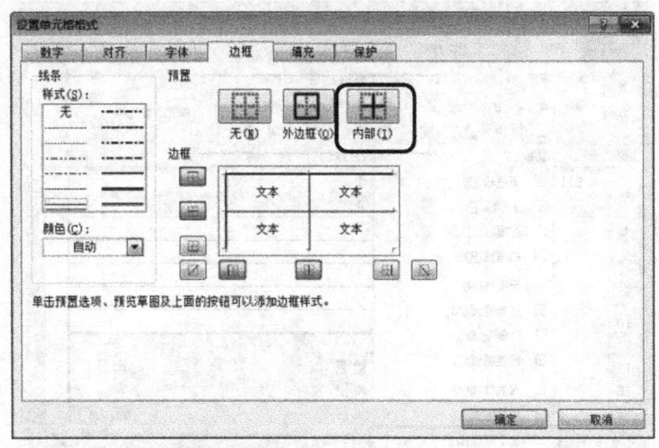

10 在【边框】组合框中依次单击按钮和按钮，即可添加下框线和右框线。

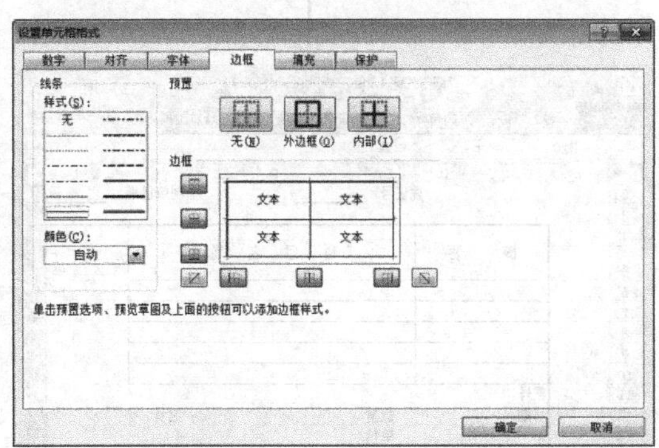

11 单击 确定 按钮，返回工作表，选中的单元格区域设置的边框效果如图所示。

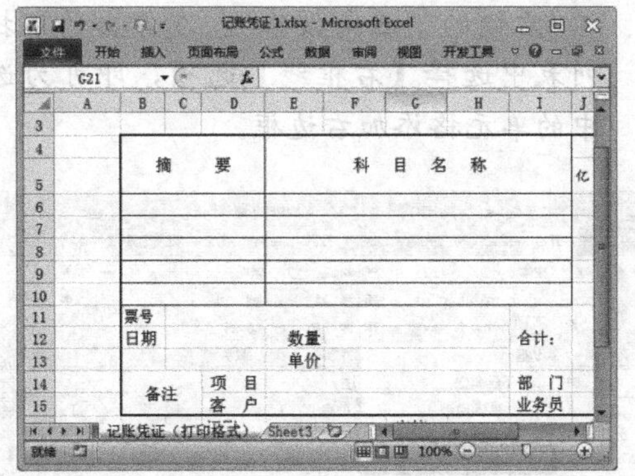

12 选中单元格区域“B11:I13”，切换到【开始】选项卡，在【字体】组中，单击【边框】按钮右侧的下三角按钮，在弹出的下拉列表中选择【上下框线】选项，即可为选中的单元格区域添加上下框线。

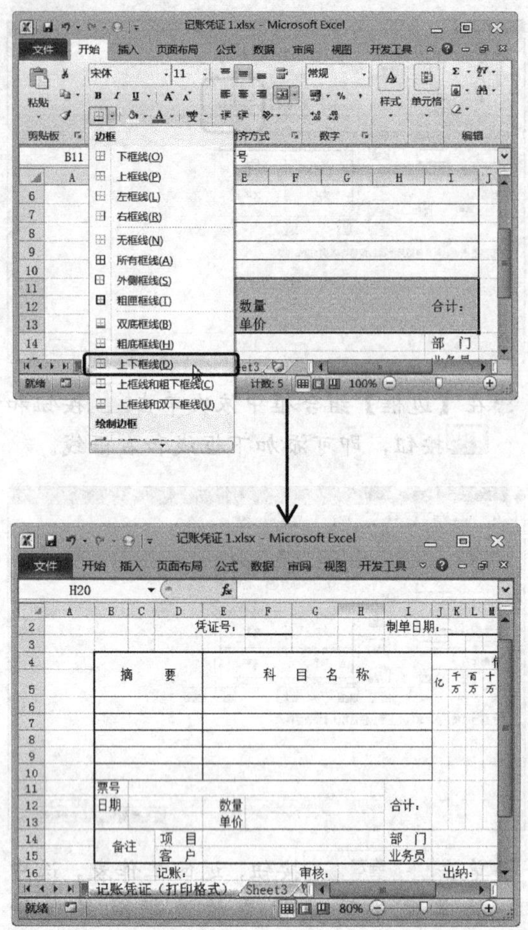

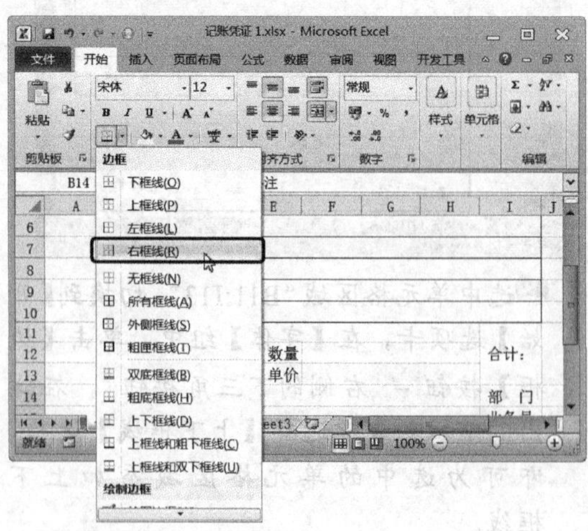

13 选中单元格B14，然后单击【边框】按钮右侧的下三角按钮，在弹出的下拉列表中选择【右框线】选项，即可为选中的单元格添加右边框。

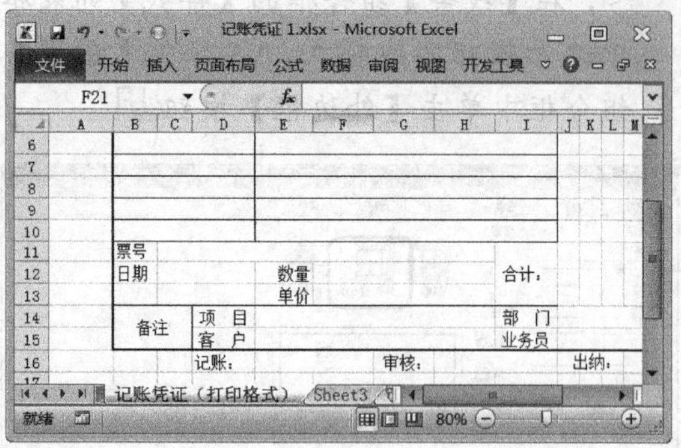

14 选中单元格I11，按【Ctrl】+【1】组合键，弹出【设置单元格格式】对话框，切换到【边框】选项卡，在【线条】组合框的【样式】列表框中选择细实线样式，然后在【边框】组合框的预览草图中分别单击左框线和右框线所在的位置，即可添加左右框线。

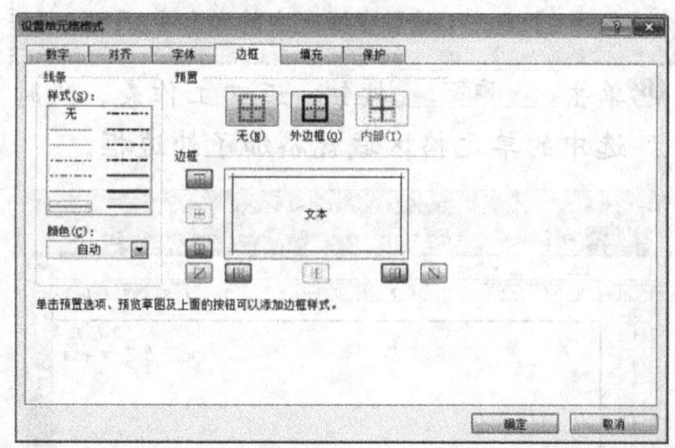

15 单击 确定 按钮，返回工作表，此时选中的单元格即添加了左右框线。

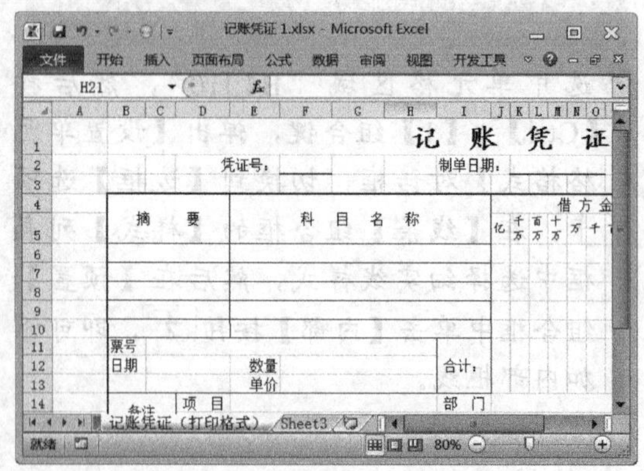

16 选中单元格区域“U4:AE13”，按【Ctrl】+【1】组合键，弹出【设置单元格格式】对话框，切换到【边框】选项卡，在【线条】组合框的【样式】列表框中选择细实线样式，然后在【边框】组合框的预览草图中分别单击左框线、下框线和内部水平框线所在的位置，即可添加左框线、下框线和内部水平框线。

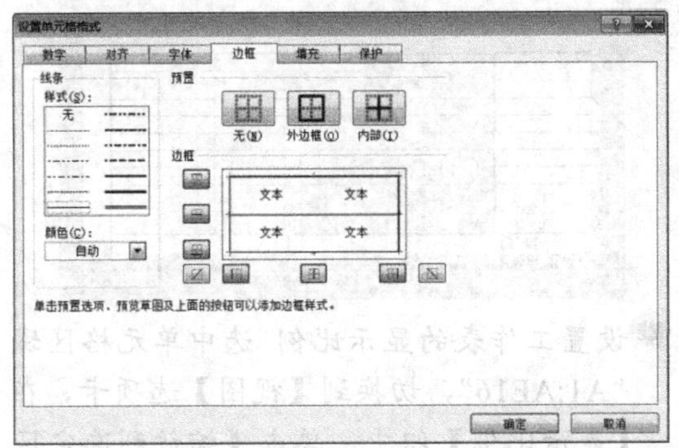

17 在【线条】组合框的【样式】列表框中选择一种虚线样式，然后在【边框】组合框的预览草图中单击内部垂直框线所在的位置，即可添加内部垂直框线。

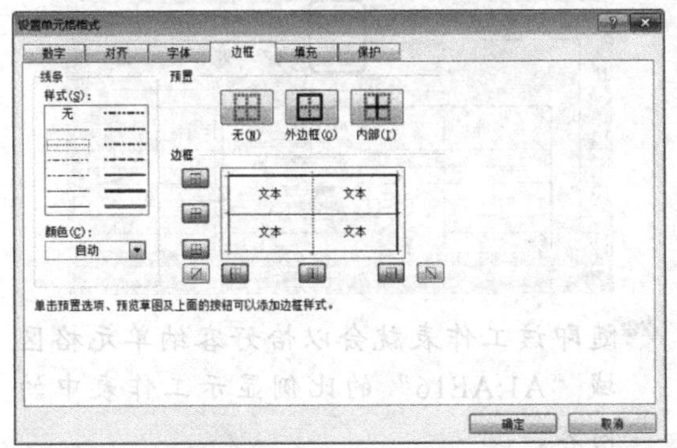

18 单击 确定 按钮，返回工作表，选中的单元格区域设置的边框效果如图所示。

19 切换到【开始】选项卡，在【字体】组中，单击【边框】按钮右侧的下三角按钮，在弹出的下拉列表中选择【线条颜色】选项，然后在弹出的颜色库中选择一种合适的颜色，这里选择【红色】选项。

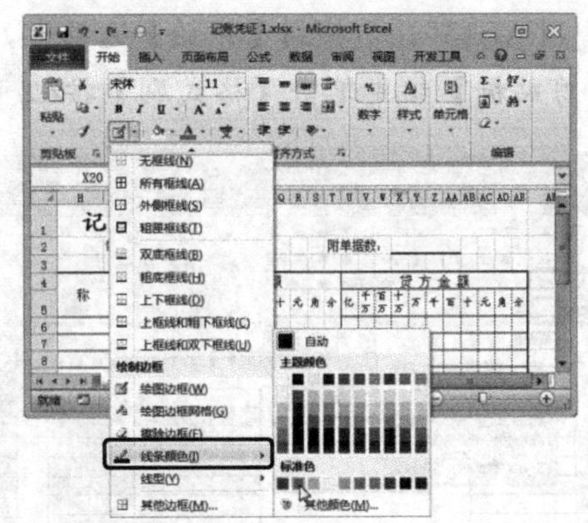

20 再次单击【边框】按钮右侧的下三角按钮，在弹出的下拉列表中选择【线型】选项，在弹出的线型列表中选择一种合适的线型，这里选择【虚线】。

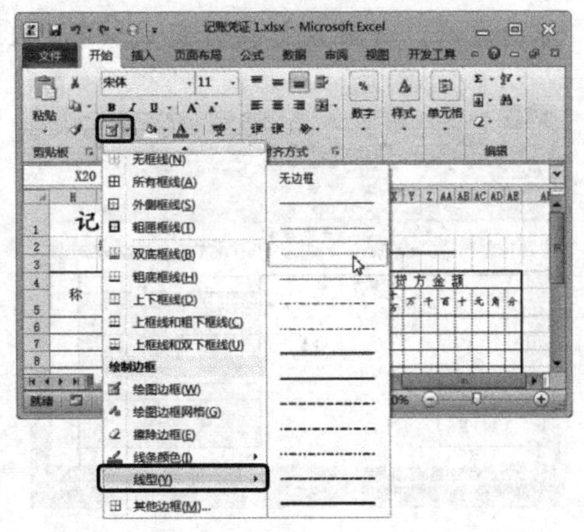

21 返回工作表，此时鼠标指针呈✎形状，拖动鼠标在AC列和AD列之间绘制红色虚线边框。

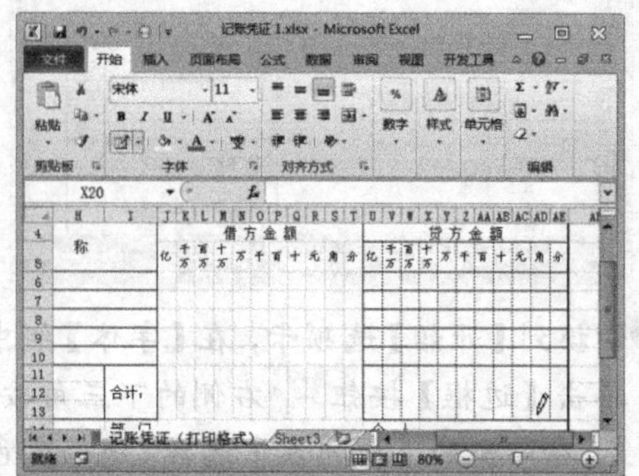

22 绘制完毕按下【Esc】键，退出边框绘制状态即可。然后选中单元格区域"U4:AE13"，切换到【开始】选项卡，在【剪贴板】组中单击【格式刷】按钮。

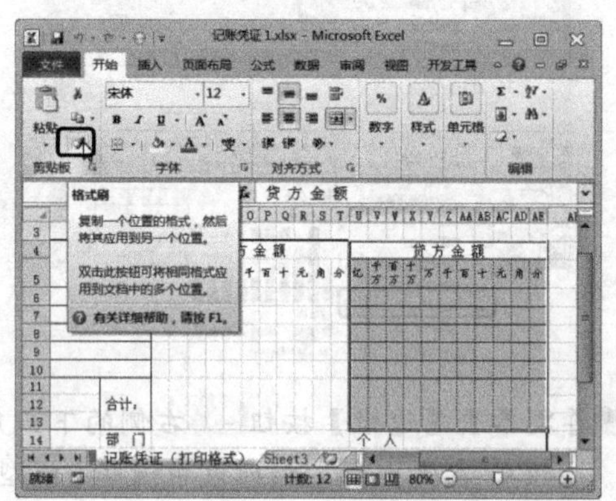

23 随即【格式刷】按钮处于选中状态，单元格区域"U4:AE13"的周围会出现闪烁的虚线，并且鼠标指针变成✚形状。

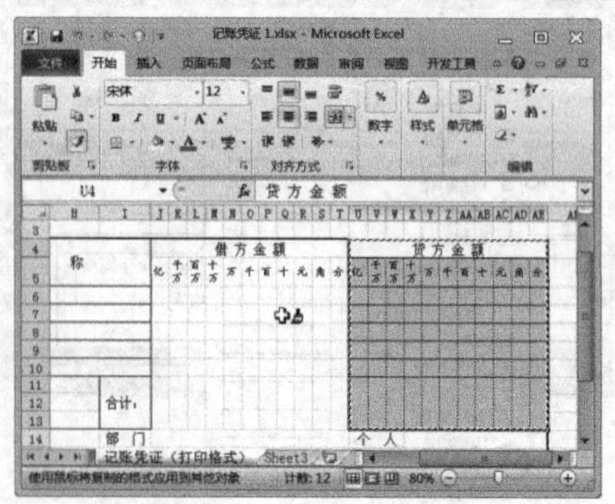

24 选中单元格区域"J4:T13"，即可将该区域中的格式设置成单元格区域"U4:AE13"中的格式，随即【格式刷】按钮退出选中状态，同时鼠标指针恢复为原来的状态。

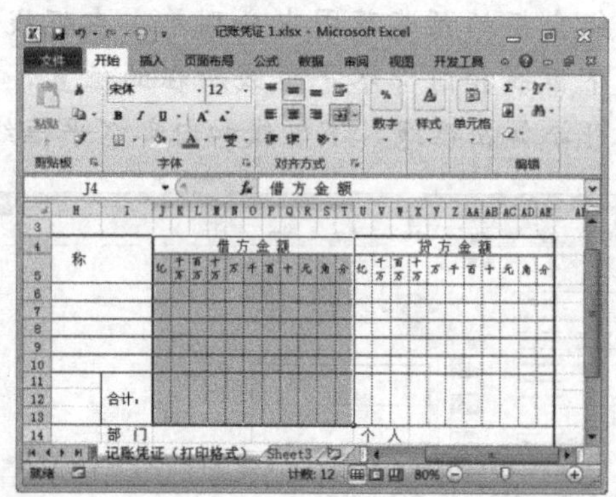

25 设置工作表的显示比例。选中单元格区域"A1:AE16"，切换到【视图】选项卡，在【显示比例】组中，单击【缩放到选定区域】按钮。

26 随即该工作表就会以恰好容纳单元格区域"A1:AE16"的比例显示工作表中的内容。

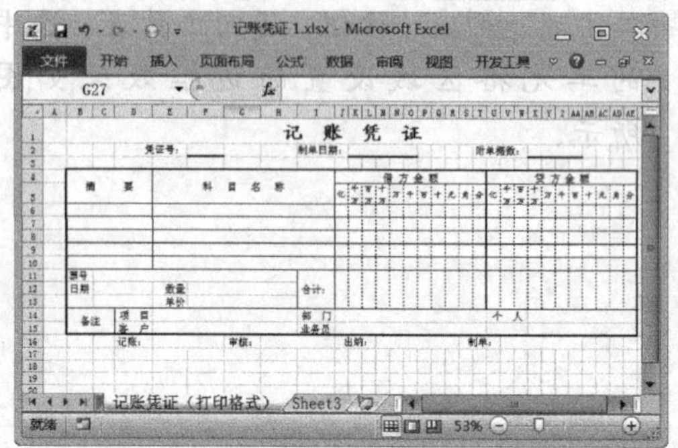

2.3 创建日记账表单

案例背景

日记账又叫序时账，它的主要作用是按照时间的先后顺序记录经济业务，以保持会计资料的完整性和连续性。

最终效果及关键知识点

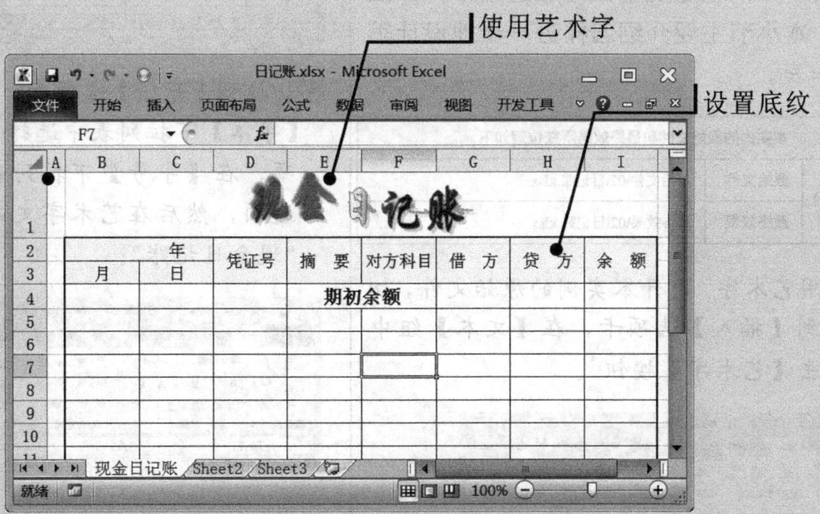

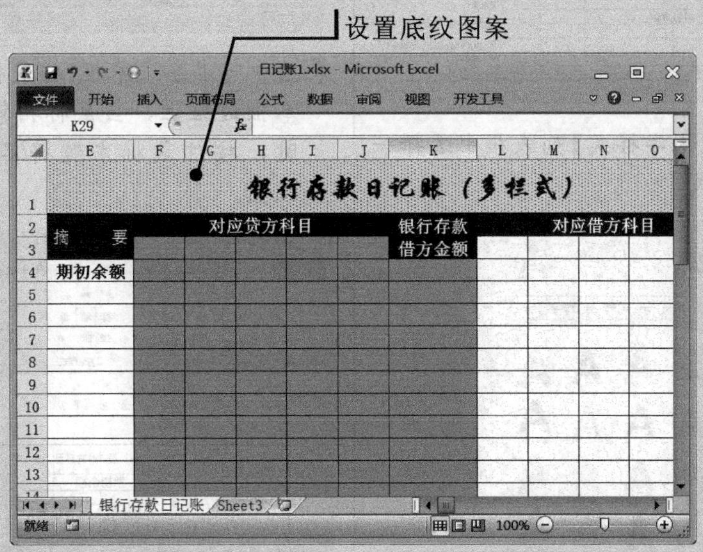

2.3.1 美化现金日记账

现金日记账是专门记录现金收付业务的特种日记账，它反映了现金的增减变化及其结果。

现金日记账多采用三栏式，设有“借方（或收入）”、“贷方（或付出）”和“余额”等3栏，一般由出纳人员负责填写。

由于前面已经介绍过工作表的创建方法，关于如何创建现金日记账这里不再详细介绍，本小节主要介绍怎样进一步地设计美化工作表。

本实例的原始文件和最终效果所在位置如下。		
	原始文件	原始文件\02\日记账.xlsx
	最终效果	最终效果\02\日记账.xlsx

1 使用艺术字。打开本实例的原始文件，切换到【插入】选项卡，在【文本】组中单击【艺术字】按钮。

2 在弹出的【艺术字样式】列表框中选择一种合适的样式。

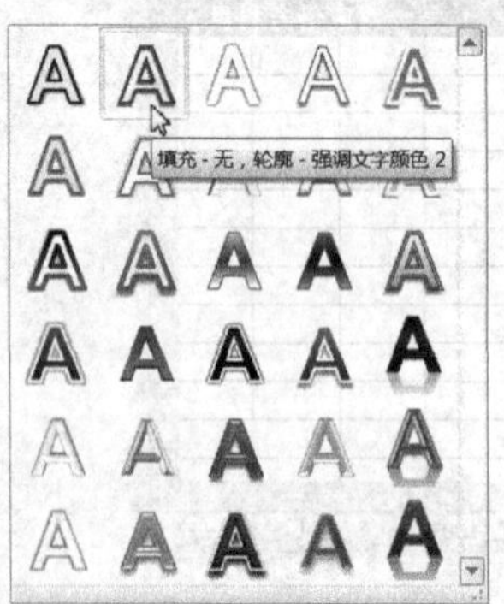

3 返回工作表，即可看到在工作表中插入了一个艺术字文本框。

4 切换到【开始】选项卡，在【字体】组的【字体】下拉列表中选择【华文行楷】选项，在【字号】下拉列表中选择【24】选项，然后在艺术字文本框中输入文本“现金日记账”。

5 选中艺术字文本框，将鼠标指针移动到文本框边框上，当鼠标指针变为移动状态时，按住鼠标左键将其拖动到合适的位置。

6 切换到【绘图工具】栏的【格式】选项卡，单击【艺术字样式】组右下角的【对话框启动器】按钮。

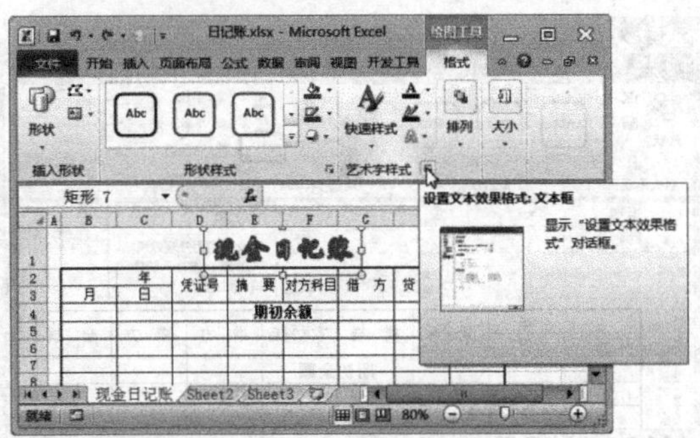

7 弹出【设置文本效果格式】对话框，切换到【文本填充】选项卡，选中【渐变填充】单选钮，在【预设颜色】下拉列表中选择【彩虹出岫】选项。

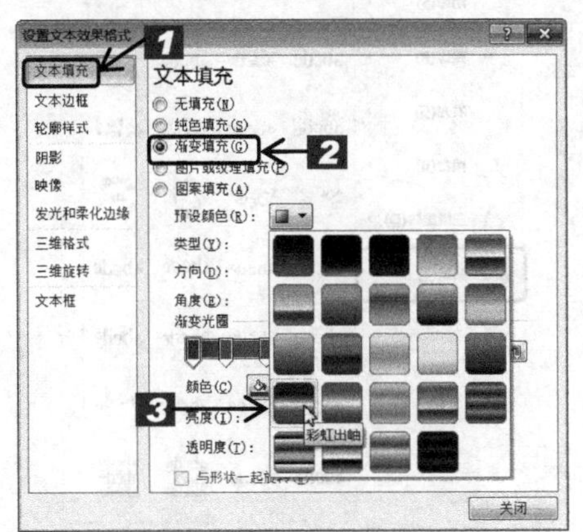

8 切换到【文本边框】选项卡，选中【实线】单选钮，在【颜色】下拉列表中选择【其他颜色】选项。

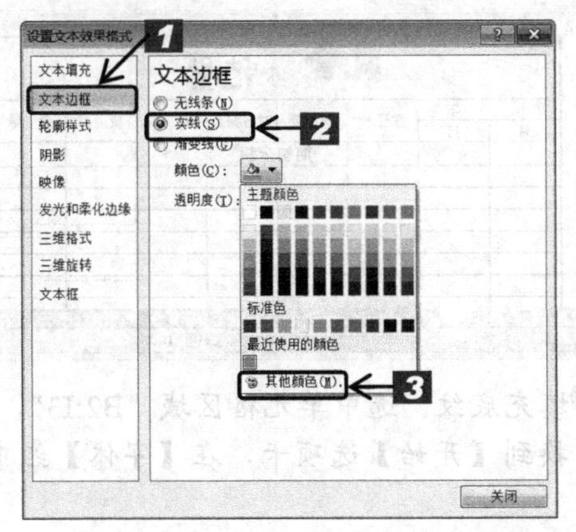

9 弹出【颜色】对话框，切换到【标准】选项卡，在颜色库中选择一种合适的颜色。

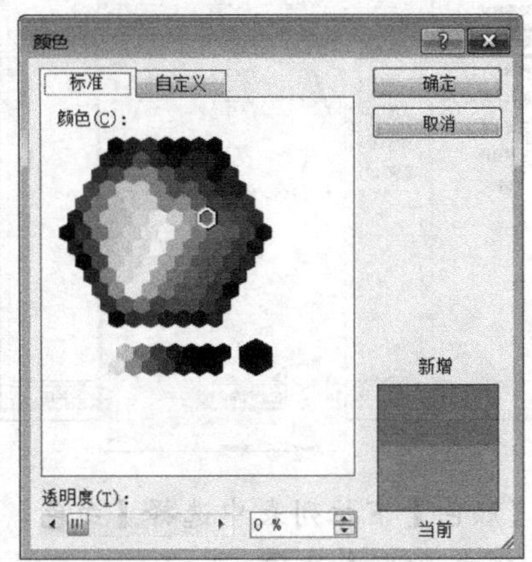

10 单击 确定 按钮，返回【设置文本效果格式】对话框，切换到【轮廓样式】选项卡，在【宽度】微调框中输入【0.25磅】，在【符合类型】下拉列表中选择【单线】选项，在【短划线类型】下拉列表中选择【实线】选项，在【线端类型】下拉列表中选择【平面】选项，在【联接类型】下拉列表中选择【圆形】选项。

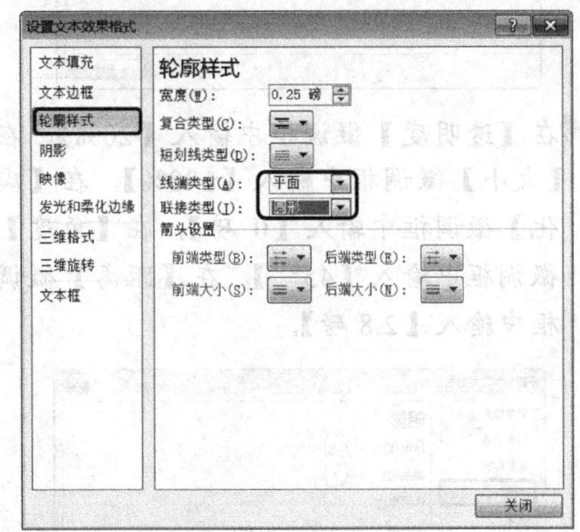

11 切换到【阴影】选项卡，在【预设】下拉列表中选择【左上对角透视】选项。

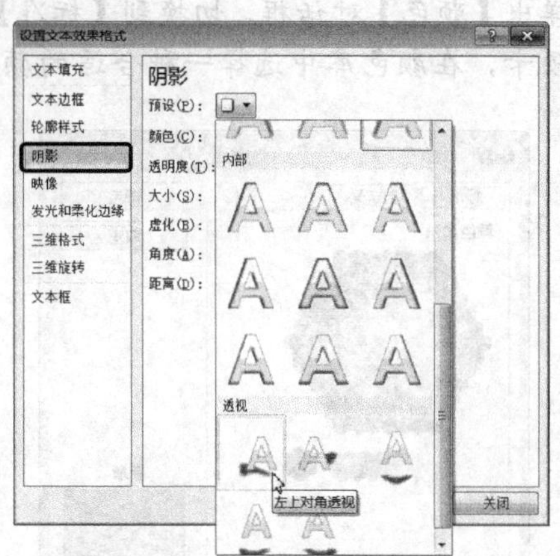

⑫在【颜色】下拉列表中选择【白色，背景1，深色 25%】选项。

⑬在【透明度】微调框中输入【20%】，在【大小】微调框中输入【100%】，在【虚化】微调框中输入【0 磅】，在【角度】微调框中输入【45°】，在【距离】微调框中输入【2.8 磅】。

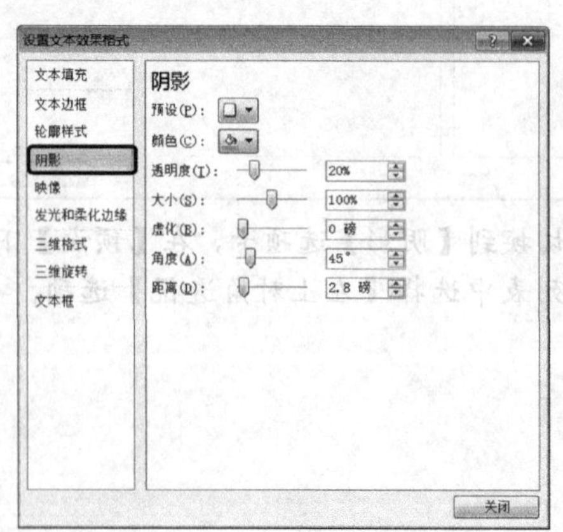

⑭设置完毕单击 关闭 按钮，返回工作表，在【艺术字样式】组中单击【文字效果】按钮。

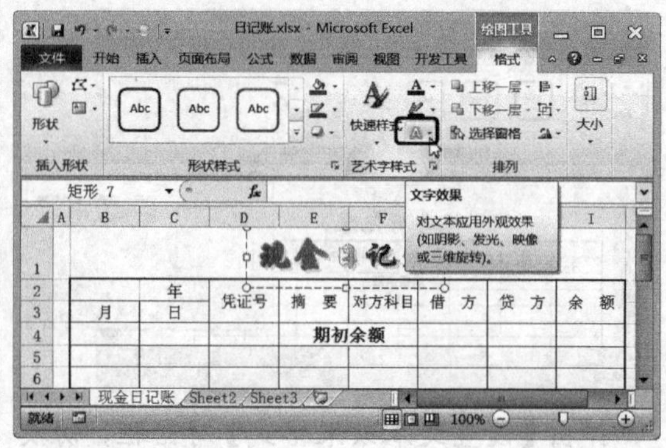

⑮在弹出的下拉列表中选择【转换】➢【波形 1】选项。

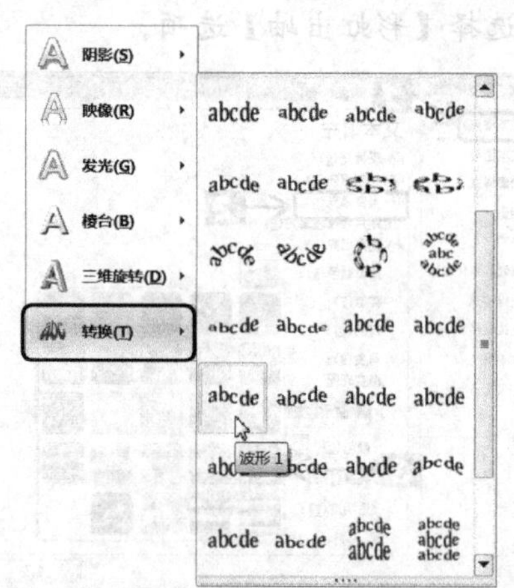

⑯返回工作表，效果如图所示。

⑰填充底纹。选中单元格区域“B2:I3”，切换到【开始】选项卡，在【字体】组中，

单击【填充颜色】按钮右侧的下三角按钮，在弹出的下拉列表中选择【其他颜色】选项。

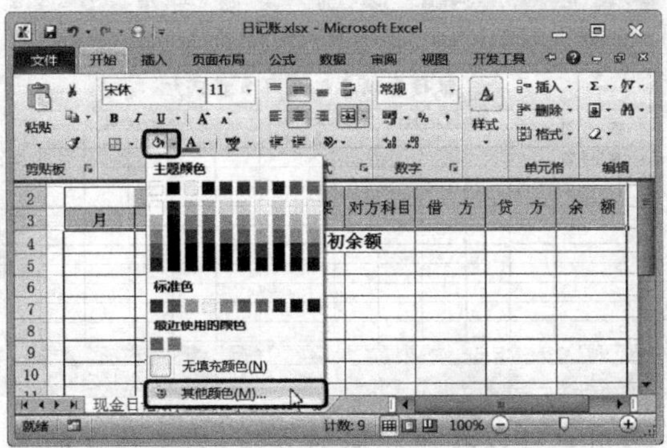

18 弹出【颜色】对话框，切换到【标准】选项卡，在颜色库中选择一种合适的颜色。

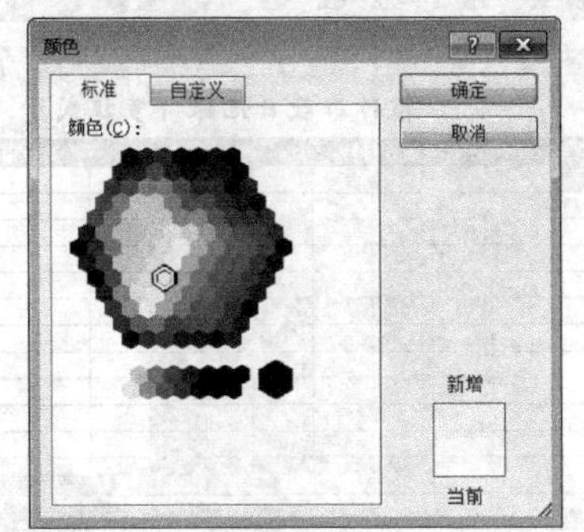

19 设置完毕单击 确定 按钮，返回工作表即可。

2.3.2　设计银行存款日记账

银行存款日记账是用来记录银行存款收付业务的特种日记账，它反映了银行存款的增减变化及其结果。

银行存款日记账可以采用三栏式（与 2.3.1 小节中介绍的现金日记账类似），也可以采用多栏式。多栏式日记账的特点是在三栏式的基础上，按借方、贷方的对应账户设置专栏，这样便于汇集重复发生的同类经济业务。

本小节以设计银行存款日记账为例，介绍如何设置底纹图案。

本实例的原始文件和最终效果所在位置如下。		
	原始文件	原始文件\02\日记账 1.xlsx
	最终效果	最终效果\02\日记账 1.xlsx

1 打开本实例的原始文件，将工作表 Sheet2 重命名为“银行存款日记账”，在其中输入银行存款日记账的表格项目，并进行简单的格式设置。

2 设置底纹图案。选中合并后的单元格 B1，然后按【Ctrl】+【1】组合键，弹出【设置单元格格式】对话框，切换到【填充】选项卡，在【背景色】列表框中选择一种合适的颜色，如果没有合适的颜色，用户可以单击 其他颜色(M)... 按钮。

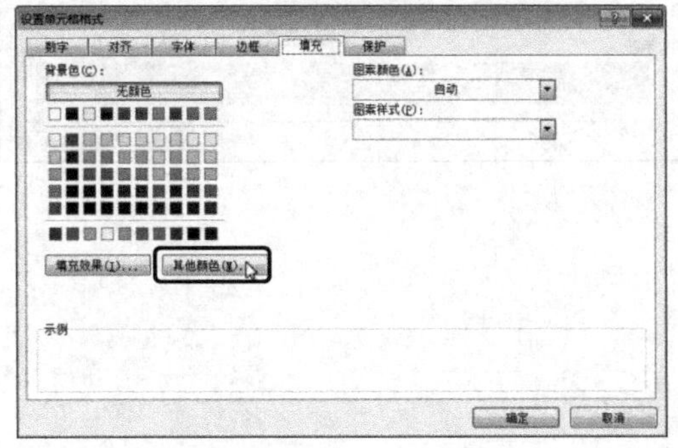

❸弹出【颜色】对话框，切换到【标准】选项卡，在颜色库中选择一种合适的颜色。

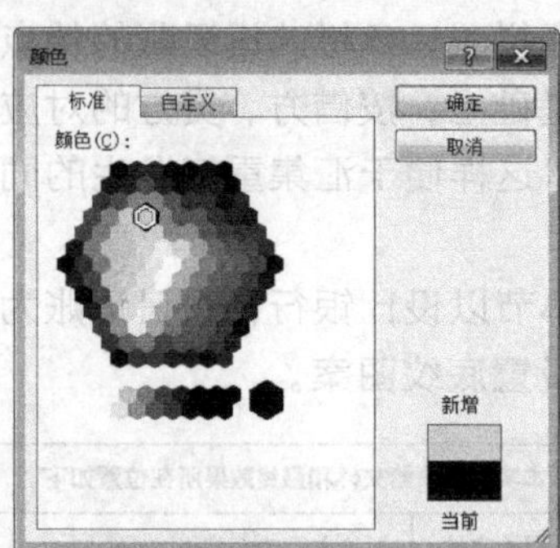

❹单击 确定 按钮，返回【设置单元格格式】对话框，在【图案样式】下拉列表中选择一种合适的样式，此处选择【6.25% 灰色】选项。

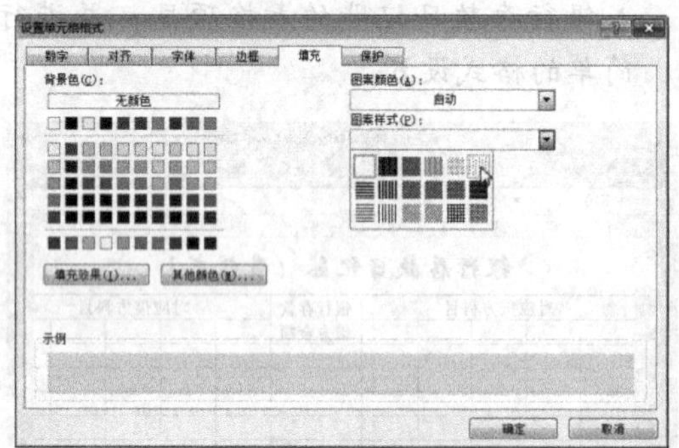

❺此外，用户还可以通过【图案颜色】下拉列表来调整图案样式的颜色。

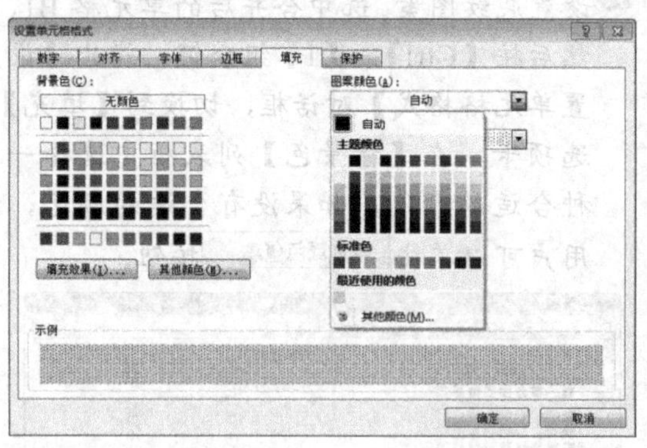

❻单击 确定 按钮，返回工作表，即可看到选中的单元格已填充底纹图案。

❼用户可以按照相同的方法，为工作表的其他单元格填充底纹图案或颜色。

第 3 章
会计记账

会计记账是会计人员最主要的工作，它是依次发生、周而复始的记录工作。会计记账必须符合“有借必有贷，借贷必相等”的记账规则。

记账时首先要根据具体的经济业务填制会计凭证（包括原始凭证和记账凭证），然后根据审核无误的会计凭证登记相关账簿。

要 点 导 航

- 填制原始凭证
- 填制记账凭证
- 记账凭证汇总
- 登记日记账

3.1 填制原始凭证

案例背景

原始凭证又称单据，是在经济业务发生时，由业务经办人员直接取得或者填制，用以表明某项业务已经发生或完成情况，并明确有关经济责任的一种凭证。

最终效果及关键知识点

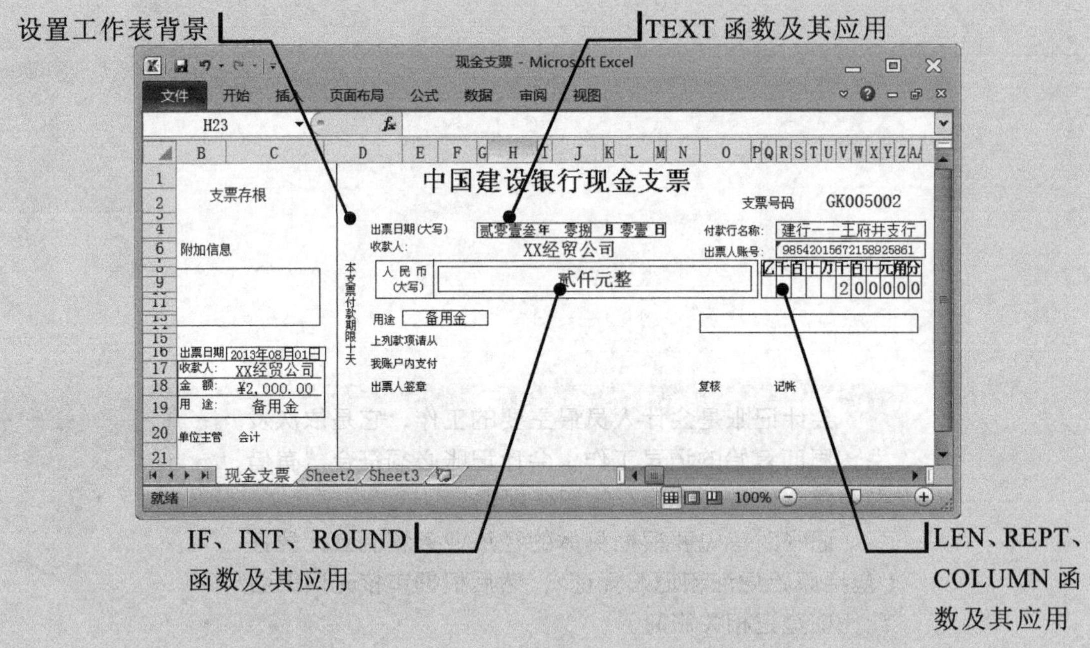

3.1.1 相关函数介绍

在填制原始凭证时，会涉及以下几个函数的应用，下面简单介绍这几个函数的语法和功能。

1. TEXT 函数的语法和功能

函数语法：TEXT(value,format_text)

函数中各参数的含义如下。

value：数值、计算结果为数字值的公式，或对包含数字值的单元格的引用。

format_text：【设置单元格格式】对话框【数字】选项卡的【分类】列表框中的文本形式的数字格式。

函数功能：将数值转换为按指定数字格式表示的文本。

注意事项：

①format_text 不能包含星号(*)；

②在【设置单元格格式】对话框中设置单元格的数字格式，只更改单元格的格式而不影响其中的数值。使用函数 TEXT 可以将数值转换为带格式的文本，而其结果将不再作为数字参与计算。

2. ROUND函数的语法和功能

函数语法：ROUND(number,num_digits)

函数中各参数的含义如下。

number：需要进行四舍五入的数字。

num_digits：指定的位数，按此位数进行四舍五入。

函数功能：返回某个数字按指定位数取整后的数字。

注意事项：

①如果 num_digits 大于 0，则四舍五入到指定的小数位；

②如果 num_digits 等于 0，则四舍五入到最接近的整数；

③如果 num_digits 小于 0，则在小数点左侧进行四舍五入。

3. INT函数的语法和功能

函数语法：INT(number)

参数 number 表示需要进行向下舍入取整的实数。

函数功能：将数字向下舍入到最接近的整数。

4. REPT函数的语法和功能

函数语法：REPT(text,number_times)

函数中各参数的含义如下。

text：需要重复显示的文本。

number_times：指定文本重复次数的正数。

函数功能：按照给定的次数重复显示文本。

注意事项：

①如果 number_times 为 0，REPT 则返回空文本("")；

②如果 number_times 不是整数，将被截尾取整；

③REPT 函数的结果不能大于 32767 个字符，否则 REPT 将返回错误值#VALUE!。

5. LEN函数的语法和功能

函数语法：LEN(text)

参数 text 表示要查找其长度的文本。空格将作为字符进行计数。

函数功能：返回文本字符串中的字符数。

6. MID函数的语法和功能

函数语法：MID(text,start_num,num_chars)

函数中各参数的含义如下。

text：包含要提取字符在内的文本字符串。

start_num：文本中要提取的第 1 个字符的位置。文本中第 1 个字符的 start_num 为 1，依次类推。

num_chars：指定希望 MID 从文本中返回字符的个数。

函数功能：返回文本字符串中从指定位置开始的特定数目的字符，该数目由用户指定。

注意事项：

①如果 start_num 大于文本长度，MID 则返回空文本("")；

②如果 start_num 小于文本长度，但 start_num 加上 num_chars 超过了文本的长度，MID 则只返回至多直到文本末尾的字符；

③如果 start_num 小于 1，MID 则返回错误值#VALUE!；

④如果 num_chars 是负数，MID 则返回错误值#VALUE!。

7. COLUMN 函数的语法和功能

函数语法：COLUMN(reference)

参数 reference 为需要得到其列标的单元格或单元格区域。

函数功能：返回给定引用的列标。

注意事项：

①如果省略 reference，则假定是对函数 COLUMN 所在单元格的引用；

②如果 reference 为一个单元格区域，并且函数 COLUMN 作为水平数组输入，函数 COLUMN 则将 reference 中的列标以水平数组的形式返回；

③reference 不能引用多个区域。

3.1.2 填制原始凭证——现金支票

原始凭证的种类很多，有的手工填写容易出错（如支票），这时可以利用 Excel 制作一个支票套打系统来解决这个问题。

例如，2013 年 8 月 1 日，企业要从建设银行提取备用金 2000 元，为此需要签发一张现金支票，填制这张原始凭证的具体步骤如下。

本实例的原始文件和最终效果所在位置如下。		
	原始文	无
	最终效果	最终效果\03\现金支票.xlsx

❶启动 Excel 2010，创建一个名为“现金支票”的工作簿，然后将工作表 Sheet1 重命名为“现金支票”。

❷设置工作表背景。切换到【页面布局】选项卡，在【页面设置】组中单击【背景】按钮 背景 。

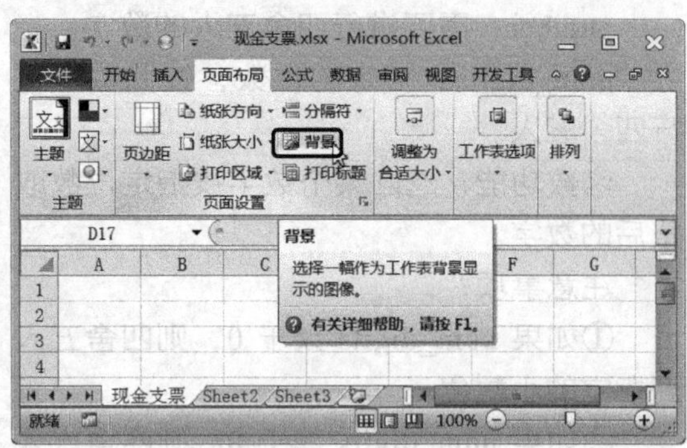

❸弹出【工作表背景】对话框，从中选择要插入的背景图片【现金支票.jpg】选项。

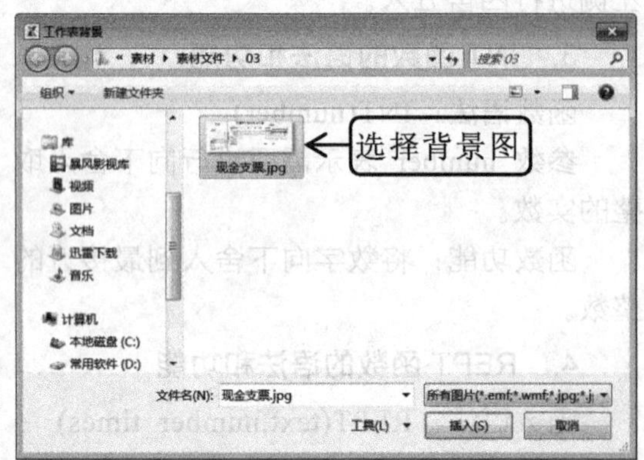

❹单击 插入(S) 按钮，即可将现金支票扫描图片添加为工作表的背景。

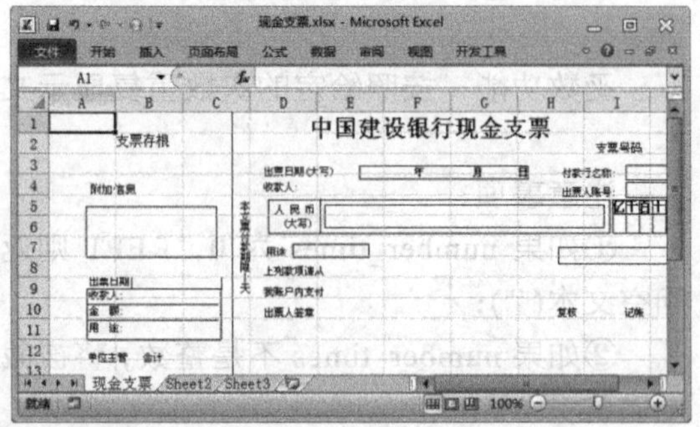

提示

在默认情况下，背景图片会平铺在整个工作表中，且无法打印出来。而此处不需要背景图片在整个工作表中平铺显示，此时，用户可以通过下列操作，使背景图片只在特定的单元格区域中显示。

5 根据一张支票背景调整行高和列宽，然后合并部分单元格并设置各个单元格的格式。

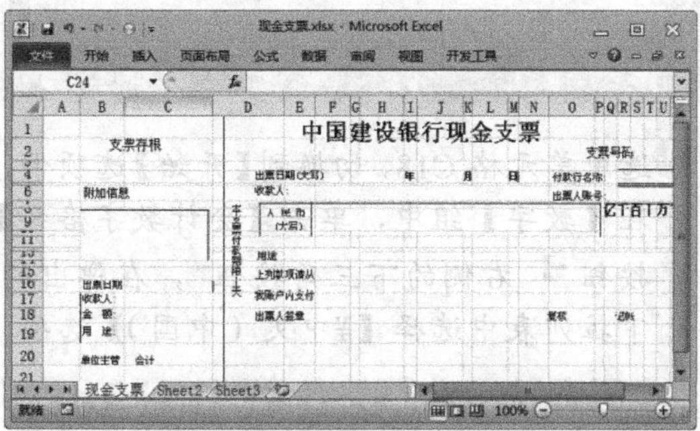

6 隐藏多余的支票背景。选中整个工作表，切换到【开始】选项卡，在【字体】组中，单击【填充颜色】按钮右侧的下三角按钮，在弹出的下拉列表中选择【白色，背景 1】选项，将整个工作表的底纹填充为白色。

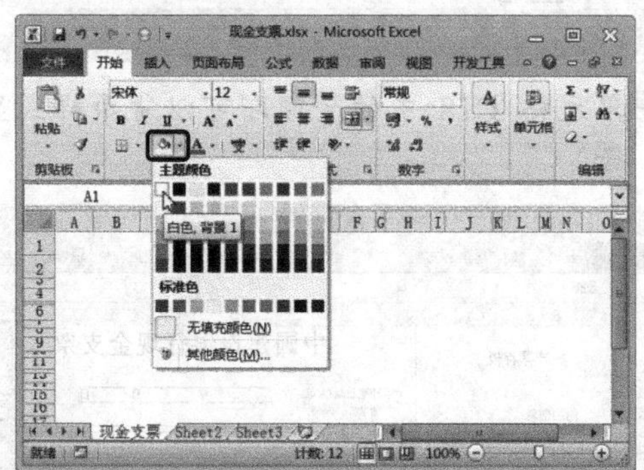

7 选中左上角一张支票大小的单元格区域A1:AB21，在【字体】组中，单击【填充颜色】按钮右侧的下三角按钮，在弹出的下拉列表中选择【无填充颜色】选项。

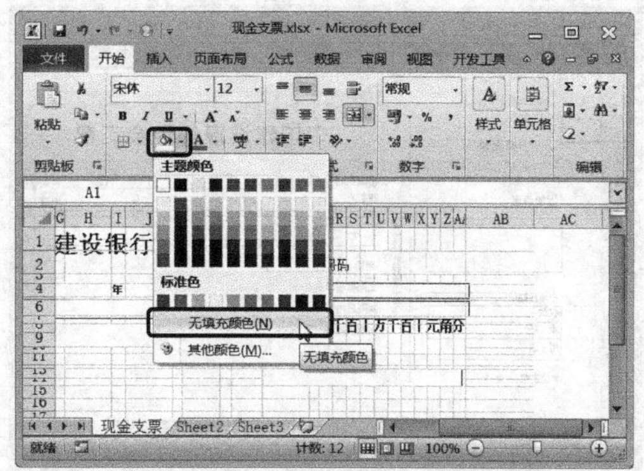

8 此时工作表中只显示一张支票背景。

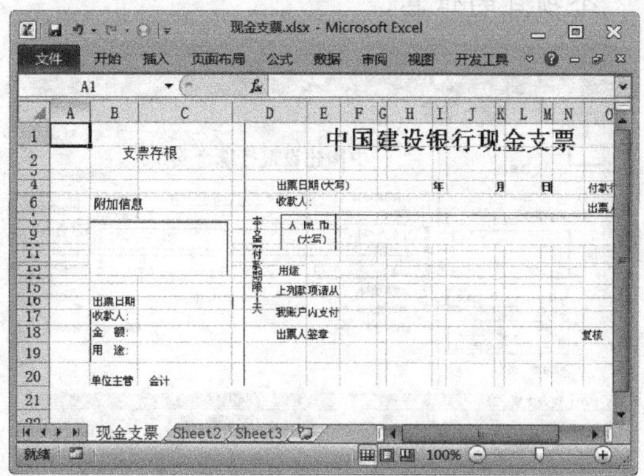

9 隐藏网格线。为了让背景与工作表内容更协调，可以关闭工作表的网格线显示，因为网格线会显示在背景图片上方，破坏美感。切换到【视图】选项卡，在【显示】组中撤选【网格线】复选框。

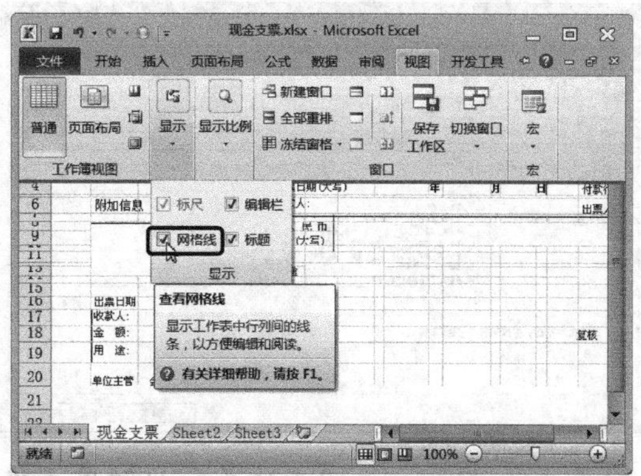

10 返回工作表，此时该工作表中的网格线已经被隐藏起来了。

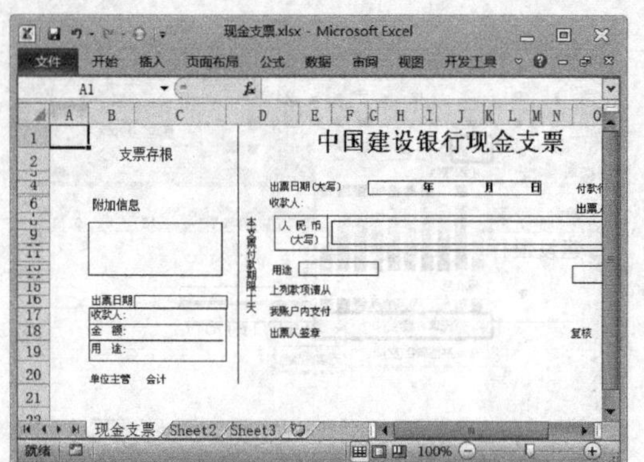

11 输入支票存根信息。在支票存根中输入各个项目的信息。

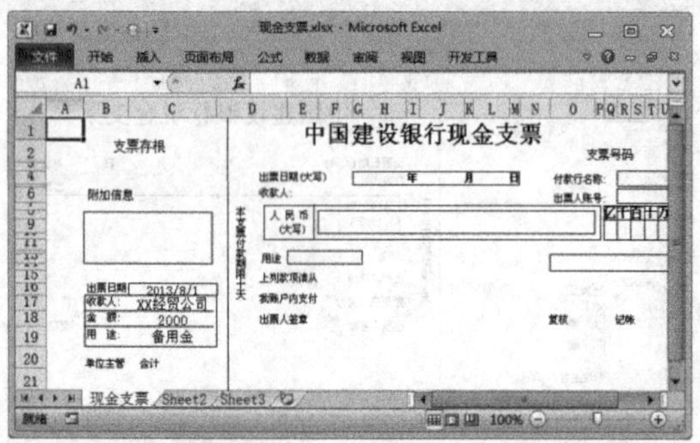

12 自定义时间格式。选中单元格 C16，按【Ctrl】+【1】组合键，弹出【设置单元格格式】对话框，切换到【数字】选项卡，在【分类】列表框中选择【自定义】选项，然后在【类型】文本框中输入“yyyy"年"mm"月"dd"日"”。

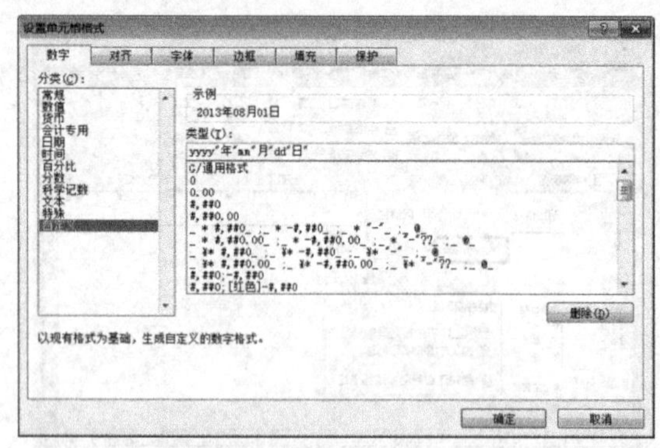

13 单击 确定 返回工作表，此时单元格 C16 中的日期显示为“2013 年 08 月 01 日”。

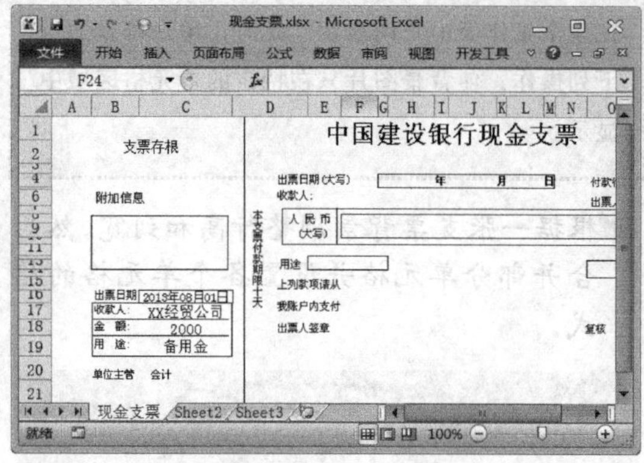

14 选中单元格 C18，切换到【开始】选项卡，在【数字】组中，单击【会计数字格式】按钮右侧的下三角按钮，在弹出的下拉列表中选择【¥中文（中国）】选项。

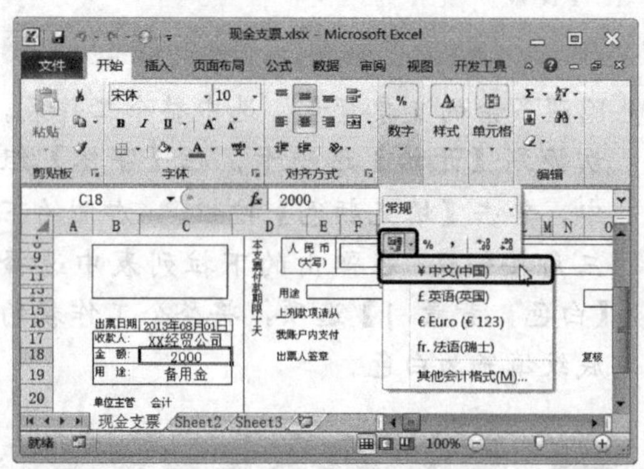

15 单元格 C18 中的金额即可以货币样式显示。

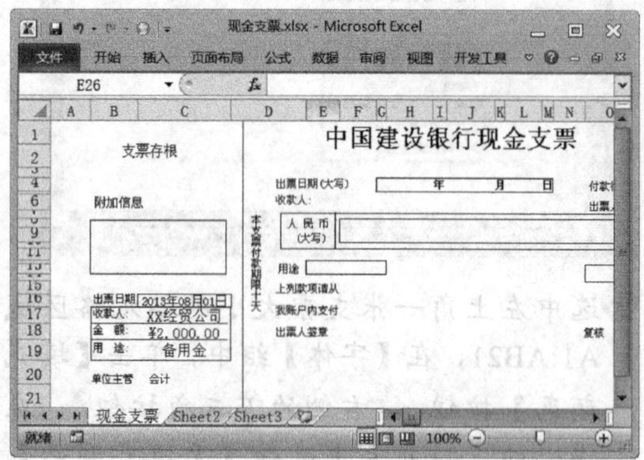

16 在支票中输入“支票号码”、“付款行名称”和“出票人账号”等信息，然后分别在单元格 F6 和 E12 中输入以下公式。

F6=C17

E12=C19

按【Enter】键完成输入，即可从支票存根中引用“收款人”和“用途”的信息。

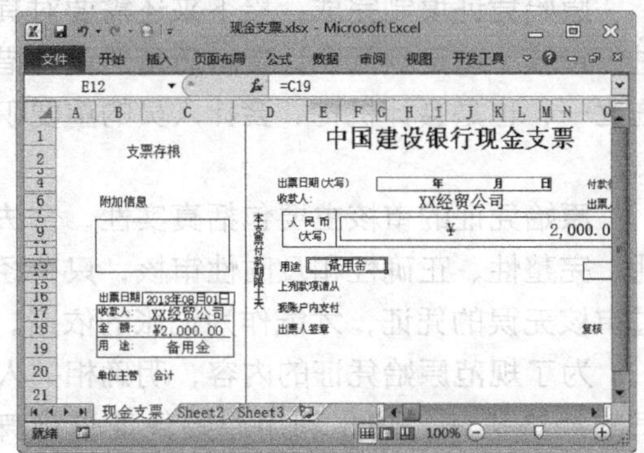

17 利用函数分别将日期中代表年、月、日的数字转换为中文大写格式。分别在单元格 G4、J4 和 L4 中输入以下公式。

G4=TEXT(C16,"[dbnum2]yyyy")

将单元格 C16 中的日期转换为中文大写的 4 位年份

J4=TEXT(C16,"[dbnum2]mm")

将单元格 C16 中的日期转换为中文大写的 2 位月份

L4=TEXT(C16,"[dbnum2]dd")

将单元格 C16 中的日期转换为中文大写的 2 位日期天数

按【Enter】键完成输入，即可返回相应的中文大写格式的年、月、日。

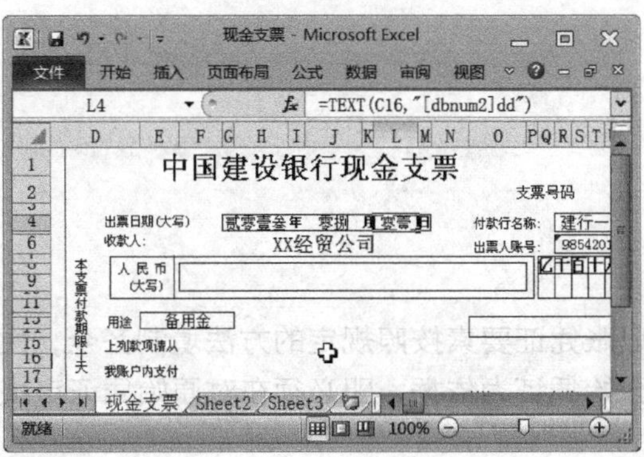

提示

上述 TEXT 函数中的“[dbnum2]”是中文大写数字的格式代码，“yyyy”是年份的 4 位格式代码（也可以用“e”来代替“yyyy”），“mm”是月份的 2 位格式代码，“dd”是日期天数的 2 位格式代码。

另外，常用的数字格式代码还有“[dbnum1]”，它是中文小写数字的格式代码。

18 利用函数将人民币金额转换为中文大写格式。在单元格 F8 中输入以下公式。

```
=IF(C18="","",IF(C18<0,"无效数值",IF(INT(C18),TEXT(INT(C18),"[dbnum2]")&"元",)&IF(INT(C18*10)-INT(C18)*10,TEXT(INT(C18*10)-INT(C18)*10,"[dbnum2]")&"角",IF(INT(C18)=C18,,IF(C18<0.1,,"零")))&IF(ROUND(C18*100-INT(C18*10)*10,),TEXT(ROUND(C18*100-INT(C18*10)*10,),"[dbnum2]")&"分","整")))
```

按【Enter】键完成输入，即可返回中文大写格式的人民币金额。

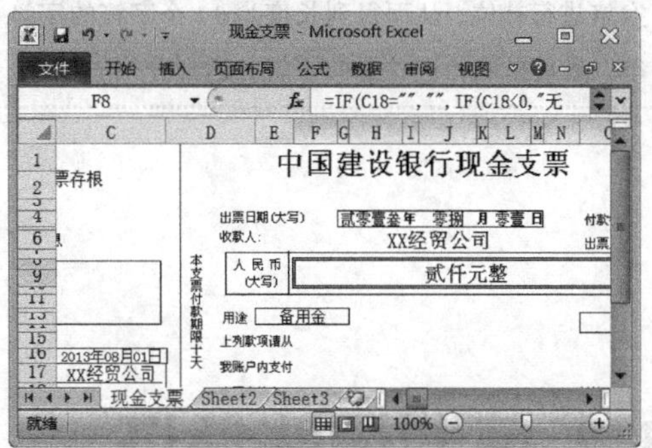

提示

该公式的编制思路是：分别判断单元格 C18 中金额的整数部分，以及小数部分的角、分等各位置的值，然后在相应位置使用文本连接字符“&”将中文大写数字与“元”、“角”、“分”、“零”、“整”等文本连接起来。

⑲利用函数按位提取金额，即将金额数字分列。在单元格 Q9 中输入以下公式。

```
=MID(REPT(" ",11-LEN(ROUND($C18,2)*100))&ROUND($C18,2)*100,COLUMN(A:A),1)
```

按【Enter】键完成输入，随即返回引用结果，然后将该单元格中的公式向右填充到其他单元格中。

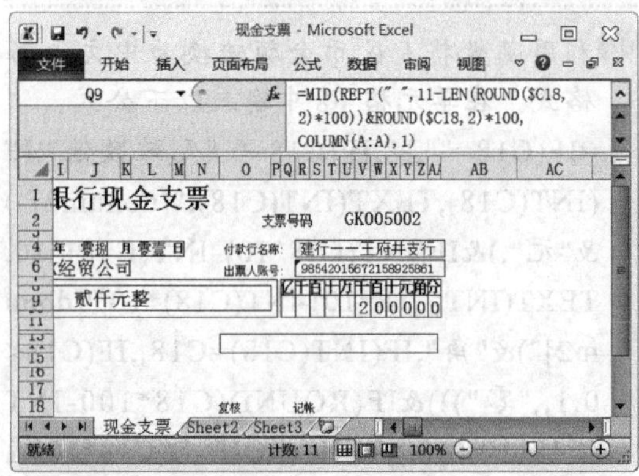

提示

该公式的编制思路是：先将单元格 C18 中的数值扩大 100 倍，然后在扩大后的数值前面添加空格进行补位，从而得到长度为 11 个字符的字符串，最后提取相应位置的字符，达到分列的效果。

至此现金支票的填制工作完成，然后将其中的数据打印在支票上（打印的相关内容将在第 11 章介绍），由会计人员签字盖章就可以了。

原始凭证填制完成，接下来还需要对其进行审核，这是确保会计资料质量的重要措施之一，也是会计机构、会计人员的重要职责。

原始凭证的审核主要包括真实性、合法性、完整性、正确性和及时性审核，只有经过审核无误的凭证，才能作为记账的依据。

为了规范原始凭证的内容，明确相关人员的经济责任，防止利用原始凭证进行舞弊，《会计法》做出了以下规定。

①原始凭证所记载的各项内容均不得涂改，随意涂改原始凭证即为无效凭证，不能作为填制记账凭证或登记会计账簿的依据。

②原始凭证记载的内容有错误的，应当由开具单位重开或更正。

③原始凭证开具单位应当依法开具准确无误的原始凭证。对于填制有误的原始凭证，负有更正和重新开具的法律义务，不得拒绝。

3.2 填制记账凭证

案例背景

填制记账凭证，就是要由会计人员将各项记账凭证要素按照规定的方法填制齐全，便于账簿登记。填制记账凭证必须以审核无误的原始凭证为依据，即必须在对原始凭证审核无误的基础上填制记账凭证。

最终效果及关键知识点

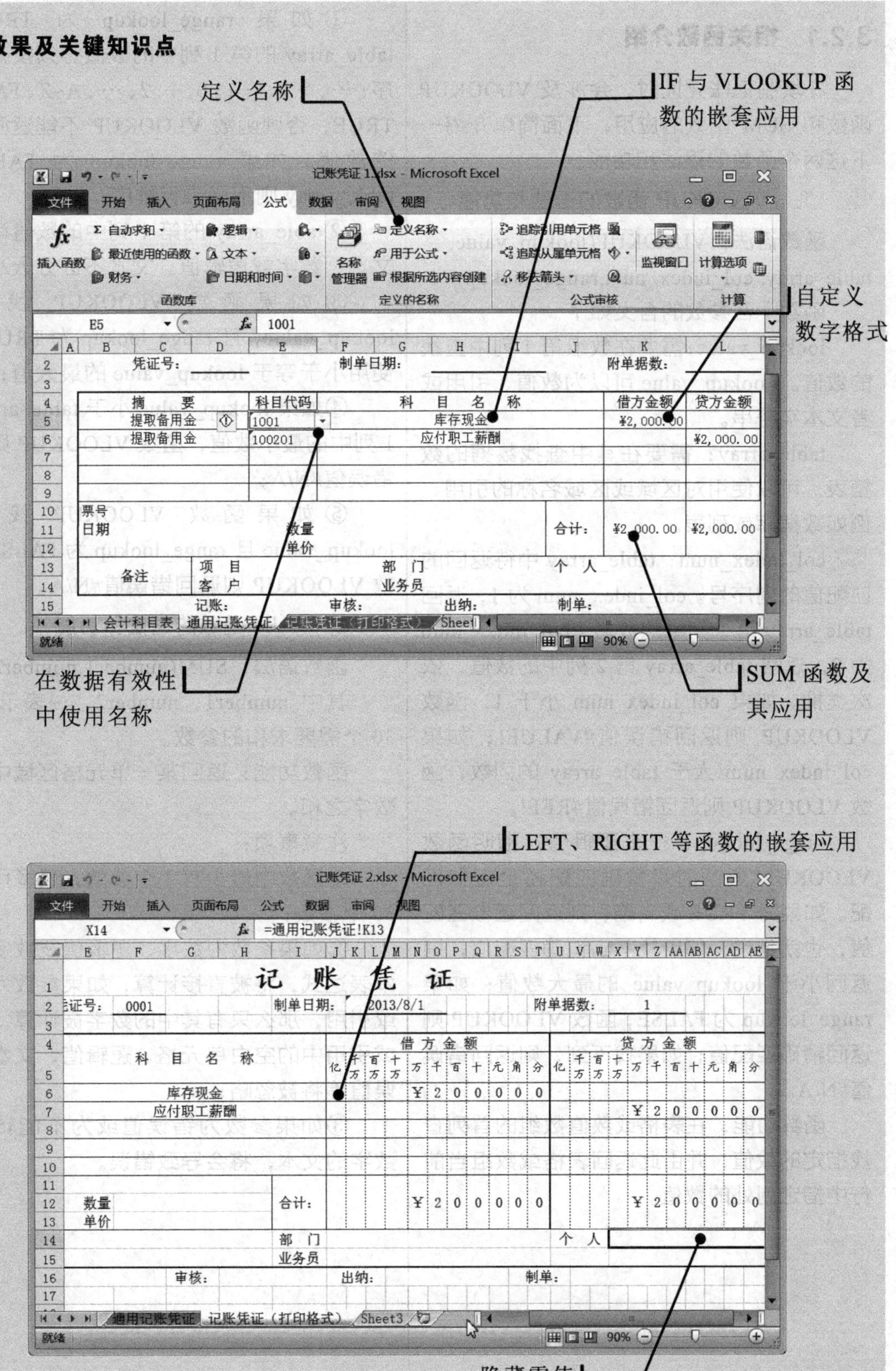
定义名称
IF 与 VLOOKUP 函数的嵌套应用
自定义数字格式
在数据有效性中使用名称
SUM 函数及其应用
LEFT、RIGHT 等函数的嵌套应用
隐藏零值
记账凭证 1.xlsx - Microsoft Excel
记账凭证 2.xlsx - Microsoft Excel

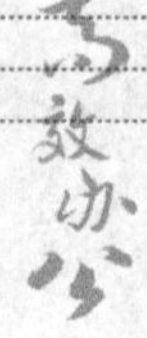

3.2.1 相关函数介绍

在填制记账凭证时，会涉及 VLOOKUP 函数和 SUM 函数的应用，下面简单介绍一下这两个函数的语法和功能。

1. VLOOKUP 函数的语法和功能

函数语法：VLOOKUP(lookup_value, table_array, col_index_num,range_lookup)

函数中各参数的含义如下。

lookup_value：需要在数组第 1 列中查找的数值。Lookup_value 可以为数值、引用或者文本字符串。

table_array：需要在其中查找数据的数据表。可以使用对区域或区域名称的引用，例如数据库或列表。

col_index_num：table_array 中待返回的匹配值的列序号。col_index_num 为 1，返回 table_array 第 1 列中的数值；col_index_num 为 2，返回 table_array 第 2 列中的数值，依次类推。如果 col_index_num 小于 1，函数 VLOOKUP 则返回错误值#VALUE!；如果 col_index_num 大于 table_array 的列数，函数 VLOOKUP 则返回错误值#REF!。

range_lookup：一个逻辑值，指明函数 VLOOKUP 返回时是精确匹配还是近似匹配。如果为 TRUE 或省略，则返回近似匹配值，也就是说，如果找不到精确匹配值，则返回小于 lookup_value 的最大数值；如果 range_lookup 为 FALSE，函数 VLOOKUP 则返回精确匹配值；如果找不到，则返回错误值#N/A。

函数功能：在表格或数值数组的首列查找指定的数值，并由此返回表格或数组当前行中指定列处的数值。

① 如果 range_lookup 为 TRUE，table_array 的第 1 列中的数值必须按升序排序：…、-2、-1、0、1、2、…、A~Z、FALSE、TRUE，否则函数 VLOOKUP 不能返回正确的数值。如果 range_lookup 为 FALSE，table_array 则不必进行排序；

②table_array 的第 1 列中的数值可以为文本、数字或逻辑值。文本不区分大小写；

③ 如果函数 VLOOKUP 找不到 lookup_value，且 range_lookup 为 TRUE，则使用小于等于 lookup_value 的最大值；

④如果 lookup_value 小于 table_array 第 1 列中的最小数值，函数 VLOOKUP 则返回错误值#N/A；

⑤ 如果函数 VLOOKUP 找不到 lookup_value 且 range_lookup 为 FALSE，函数 VLOOKUP 则返回错误值#N/A。

2. SUM 函数的语法和功能

函数语法：SUM(number1,number2,…)

其中 number1，number2，…表示 1 到 30 个需要求和的参数。

函数功能：返回某一单元格区域中所有数字之和。

注意事项：

①函数中最少有 1 个参数，最多可以有 30 个参数；

②如果参数为数字、逻辑值及数字的文本表达式，将被直接计算；如果参数为数组或引用，那么只有其中的数字被计算，数组或引用中的空白单元格、逻辑值、文本或错误值等将被忽略；

③如果参数为错误值或为不能转换成数字的文本，将会导致错误。

3. LEFT 函数的语法和功能

函数语法：LEFT(text,num_chars)

函数中各参数的含义如下。

text：包含要提取字符的文本字符串。

num_chars：指定要由 LEFT 所提取的字符数。num_chars 必须大于或等于 0。如果 num_chars 大于文本长度，LEFT 则返回所有文本；如果省略 num_chars，则假定其为 1。

函数功能：基于所指定的字符数返回文本字符串中的第 1 个或前几个字符。

4. RIGHT 函数的语法和功能

函数语法：RIGHT(text,num_chars)

函数中各参数的含义如下。

text：包含要提取字符的文本字符串。

num_chars：指定要由 RIGHT 所提取的字符数。num_chars 必须大于或等于 0。如果 num_chars 大于文本长度，RIGHT 则返回所有文本；如果省略 num_chars，则假定其为 1。

函数功能：根据所指定的字符数返回文本字符串中最后一个或多个字符。

3.2.2 填制通用记账凭证

例如，2013 年 8 月 1 日，企业签发了一张建设银行的现金支票，提取现金 2000 元备用，原始凭证（现金支票）已审核无误。填制通用记账凭证的具体步骤如下。

本实例的原始文件和最终效果所在位置如下。		
	原始文件	素材文件\03\记账凭证 1.xlsx
	最终效果	最终效果\03\记账凭证 1.xlsx

1 打开本实例的原始文件，切换到“通用记账凭证”工作表，然后在单元格 D2、H2 和 L2 中依次输入凭证号“1”、制单日期“2013/8/1”和附单据数“1”。

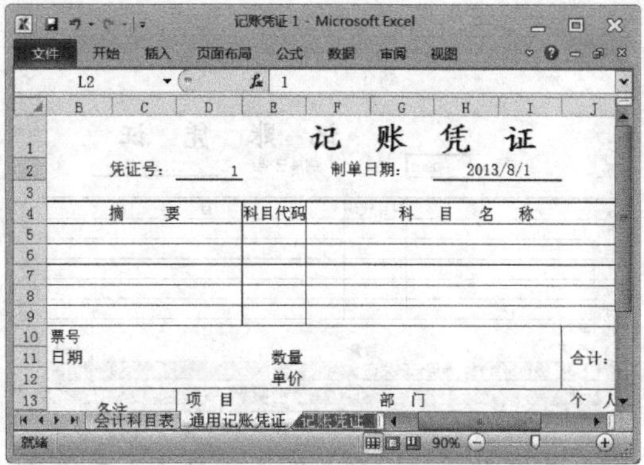

2 自定义数字格式。选中单元格 D2，切换到【开始】选项卡，单击【数字】组右下角的【对话框启动器】按钮。

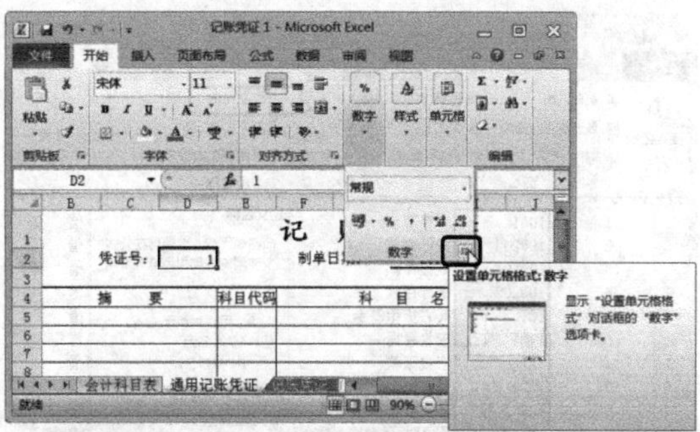

3 弹出【设置单元格格式】对话框，切换到【数字】选项卡，在【分类】列表框中选择【自定义】选项，然后在【类型】文本框中输入“0000”。

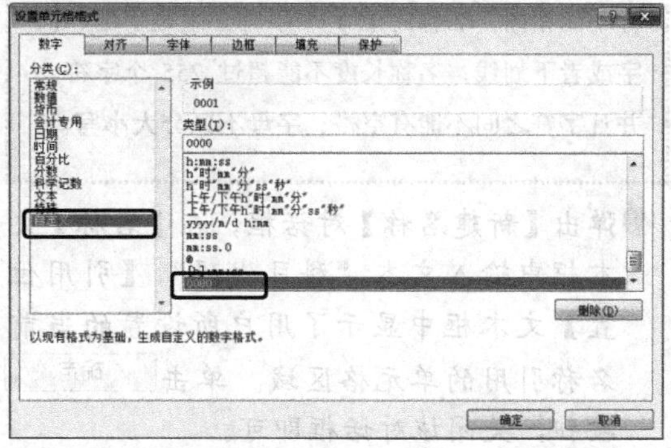

4 单击 确定 按钮，返回工作表，此时单元格 D2 中的数值显示为“0001”。

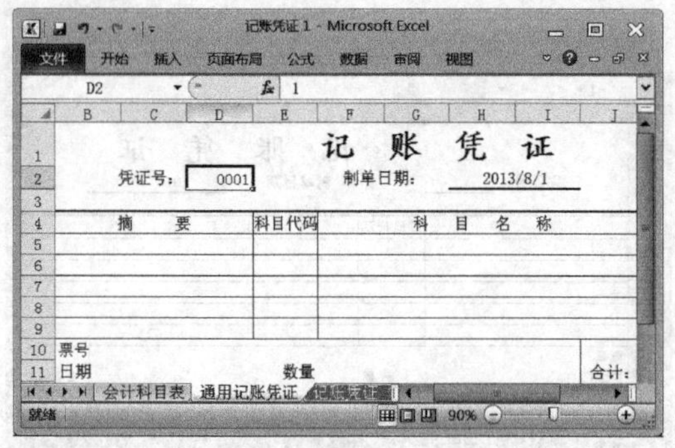

5 定义名称。切换到“会计科目表”工作表，选中单元格区域“C3:C51”，然后切换到【公式】选项卡，在【定义的名称】组中单击【定义名称】按钮 定义名称 。

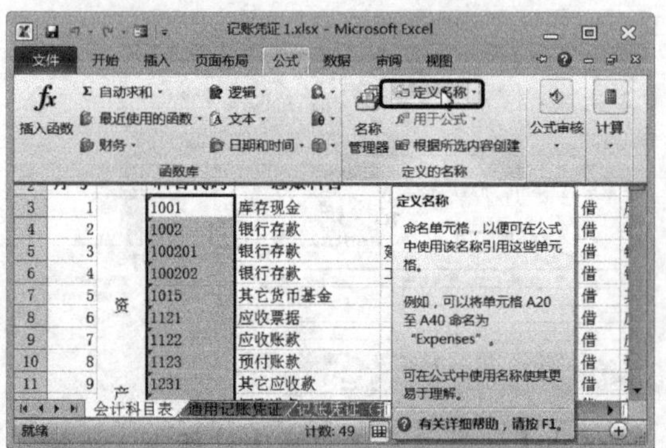

提示

定义名称时应遵循以下规则：定义的名称不能与单元格的名称相同，而且同一工作簿中的名称不能相同；名称的第 1 个字符必须是字母、汉字或者下划线；名称长度不能超过 255 个字符，并且字符之间不能有空格；字母不区分大小写。

6 弹出【新建名称】对话框，在【名称】文本框中输入文本“科目代码”，【引用位置】文本框中显示了用户所设置的当前名称引用的单元格区域。单击 确定 按钮，关闭该对话框即可。

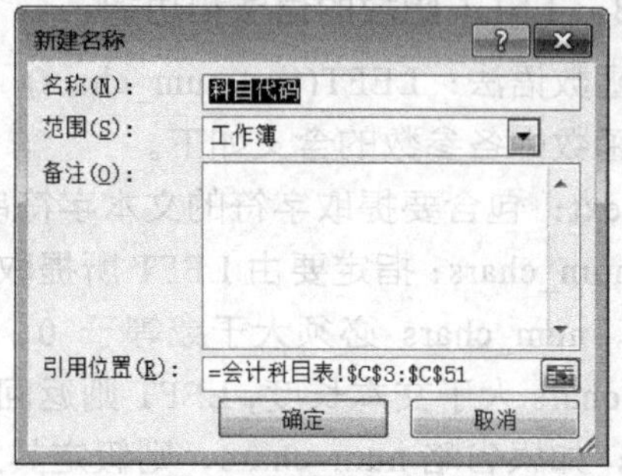

7 在数据有效性中使用名称。切换到“通用记账凭证”工作表中，选中单元格区域“E5:E9”，然后切换到【数据】选项卡，在【数据工具】组中单击【数据有性】按钮 。

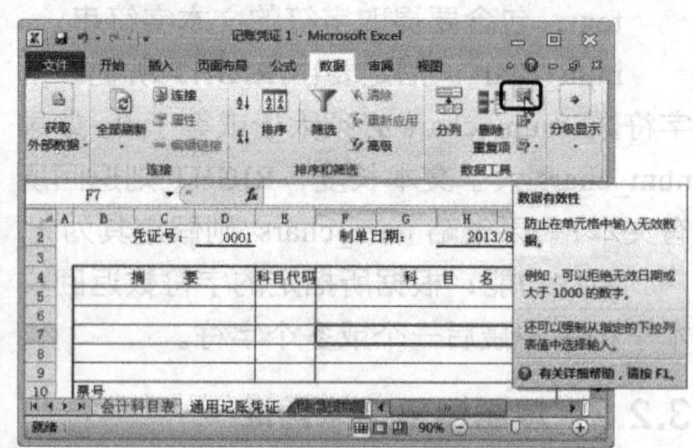

8 弹出【数据有效性】对话框，切换到【设置】选项卡，在【允许】下拉列表中选择【序列】选项，然后在【来源】文本框中输入“=科目代码”。

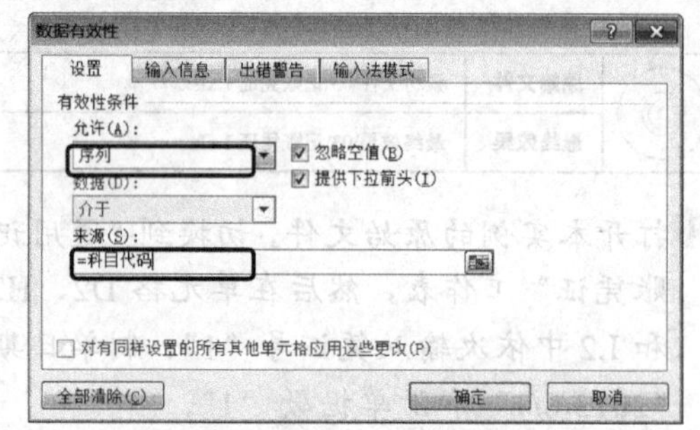

9 单击 确定 按钮返回工作表，选中单元格区域“E5:E9”中的任意一个单元格，然后单击其右侧的下箭头按钮，均会弹出一个“科目代码”下拉列表。

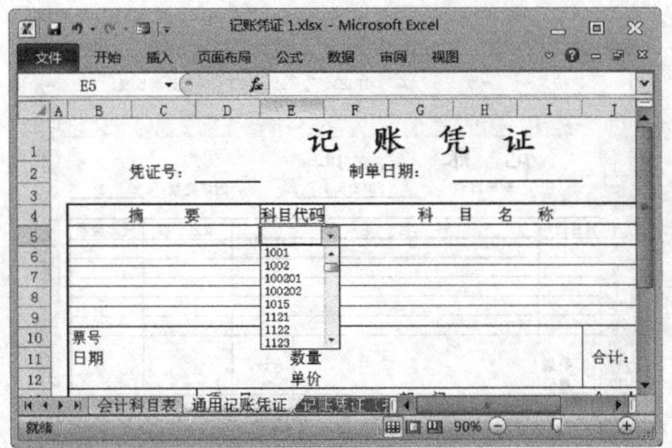

⑩插入函数。选中单元格 F5，切换到【公式】选项卡，在【函数库】组中单击【插入函数】按钮。

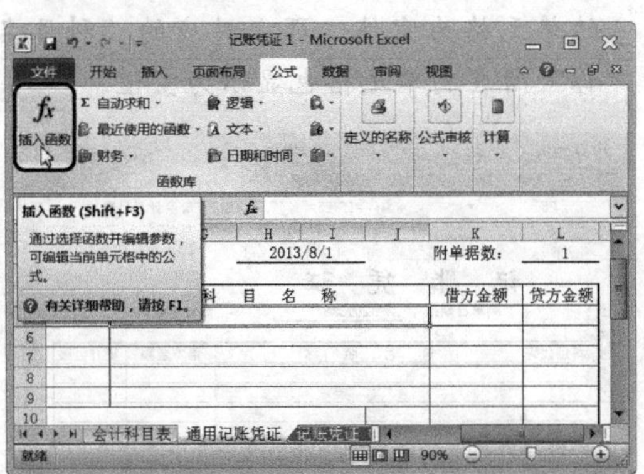

⑪弹出【插入函数】对话框，在【或选择类别】下拉列表中选择【查找与引用】选项，在【选择函数】列表框中选择【VLOOKUP】选项。

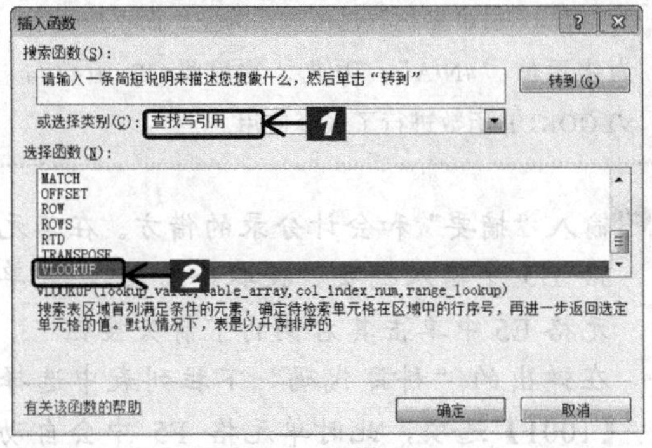

⑫单击 确定 按钮，弹出【函数参数】对话框，在【Lookup_value】文本框中输入“E5”，然后单击【Table_array】文本框右侧的【折叠】按钮。

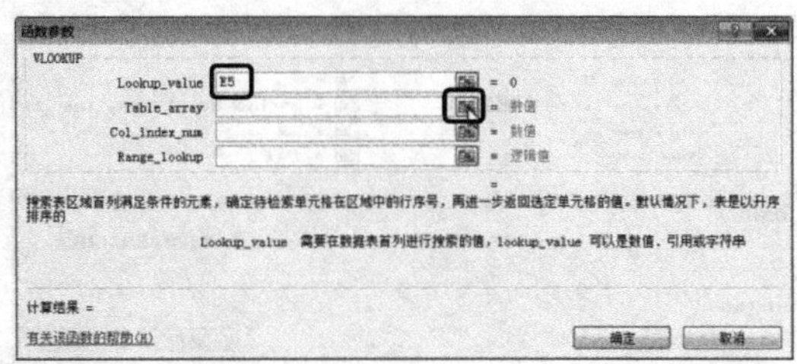

⑬随即【函数参数】对话框处于折叠状态，然后切换到“会计科目表”工作表，选中单元格区域“C3:G51”，此时选中的单元格区域被添加到【函数参数】对话框中的文本框中。

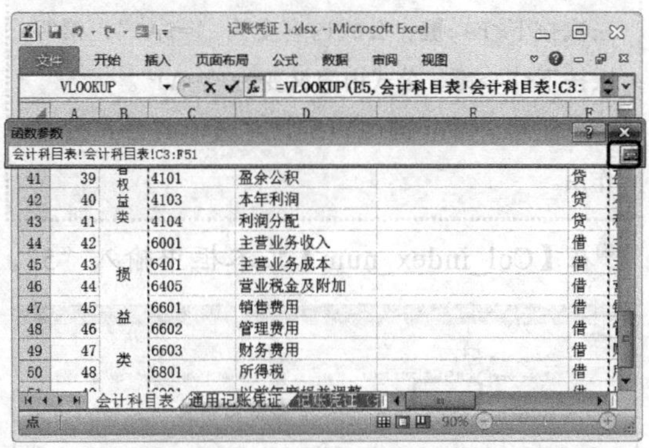

⑭单击【展开】按钮，使【函数参数】对话框处于展开状态，此时【Table_array】文本框显示出引用位置为“会计科目表!C3:G51”（即引用“会计工作表”工作表中的单元格区域“C3:G51”）。

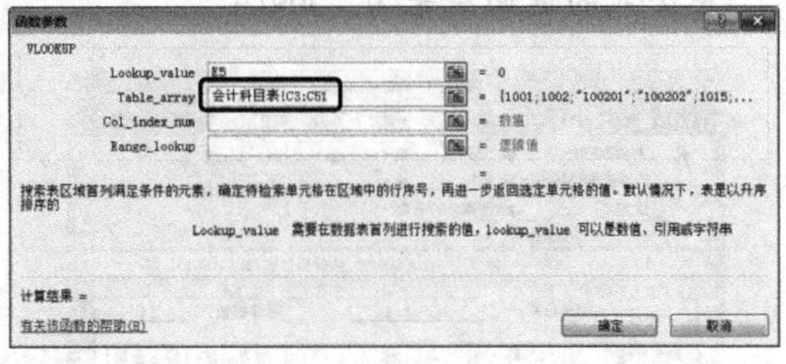

⑮选中【Table_array】文本框中的“C3:G51”文本，按下【F4】键将其由相对引用转换为绝对引用。

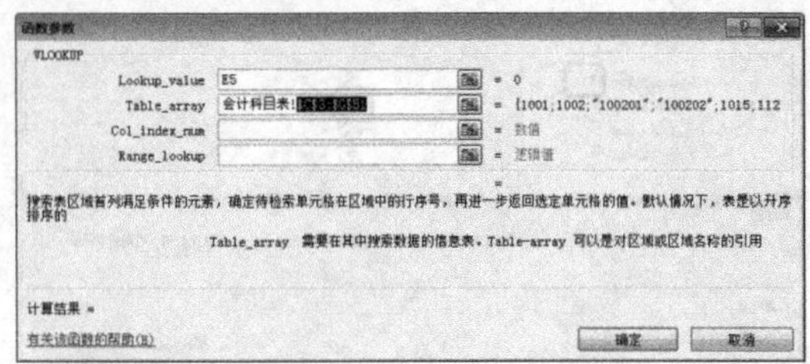

提示

F4键的妙用

假设某单元格输入公式“=A1”，选中整个公式，按一下<F4>键，该公式内容变为“=$A$1”；第二次按下<F4>键，公式内容变为“=A$1”；第三次按下<F4>键，公式内容变为“=$A1”；第四次按下<F4>键，公式内容又变为“=A1”。

注意：<F4>键的切换只对选中的公式段起作用。

16 在【Col_index_num】文本框中输入“5”。

17 单击 确定 按钮返回工作表，由于此时单元格E5中没有数据，因此单元格F5中公式的返回结果为“#N/A”。

18 修改公式。选中单元格F5，然后在编辑栏中将公式修改为：

=IF(E5="","",VLOOKUP(E5,会计科目表!$C$3:$G$51,5))

按【Enter】键完成输入。

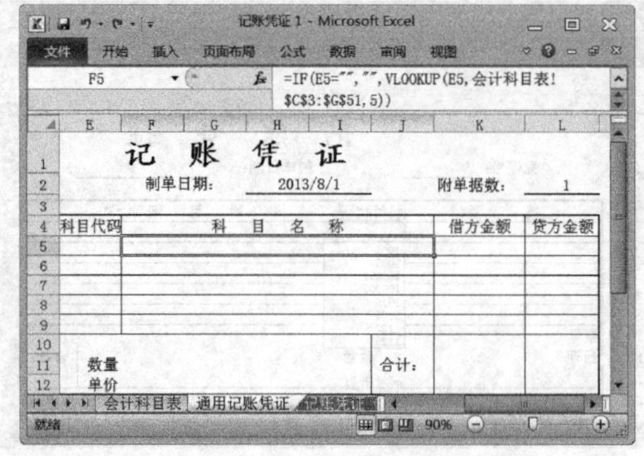

19 使用鼠标拖动的方法将该单元格的公式填充到“科目名称”列的其他位置。这样做的目的是，如果“科目代码”所在的单元格为空值，那么对应的“科目名称”所在的单元格也显示为空值。

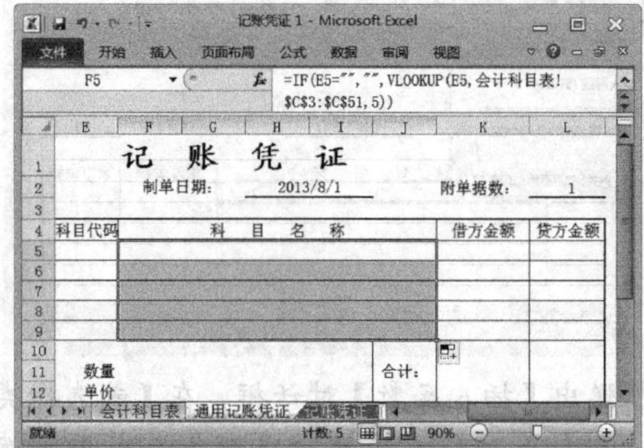

提示

“#N/A”代表错误值，但是当“科目代码”为空时，“科目名称”也应显示为空，而不应显示为错误值“#N/A”，因此，这里将IF函数与VLOOKUP函数进行了嵌套使用。

20 输入“摘要”和会计分录的借方。在单元格B5中输入摘要“提取备用金”，在单元格E5中单击其右侧的下箭头按钮，在弹出的“科目代码”下拉列表中选择【1001】选项，此时单元格F5中会自动显示科目代码“1001”所对应的科目名称“库存现金”。然后在单元格K5中输入借方金额“2000”。

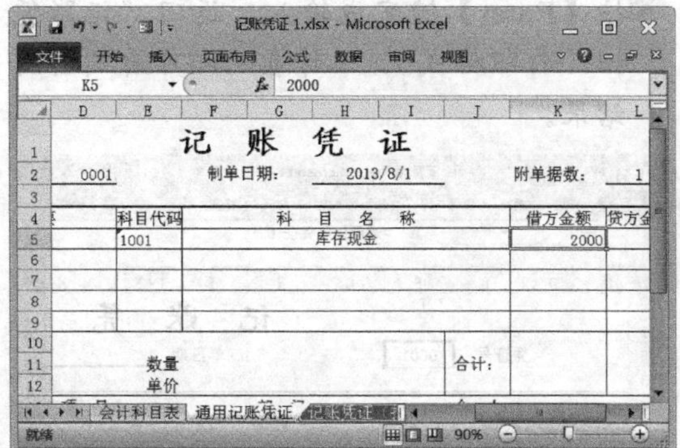

21 输入"摘要"和会计分录的贷方。在单元格 B6 中输入摘要"提取备用金"；在单元格 E6 中单击其右侧的下箭头按钮▾，在弹出的"科目代码"下拉列表中选择【100201】选项，此时单元格 F6 中会自动显示科目代码"100201"所对应的科目名称"银行存款——建设银行"，然后在单元格 L6 中输入贷方金额"2000"。

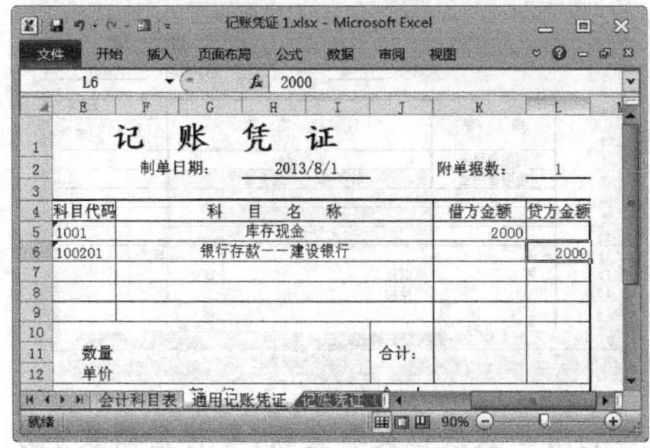

22 设置数字格式。选中单元格区域"K5:L10"，按【Ctrl】+【1】组合键，弹出【设置单元格格式】对话框，切换到【数字】选项卡，在【分类】列表框中选择【货币】选项，然后在【小数位数】微调框中输入"2"，在【货币符号（国家/地区）】下拉列表中选择【￥】选项，在【负数】列表框中选择【￥-1,234.10（红色字体）】选项。

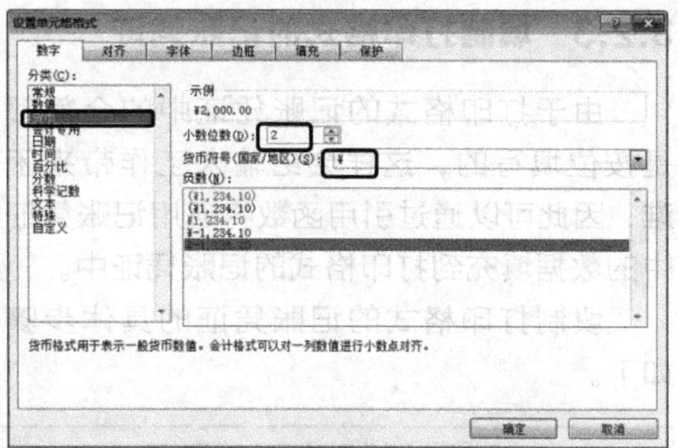

23 设置完毕单击 确定 按钮，返回工作表即可。

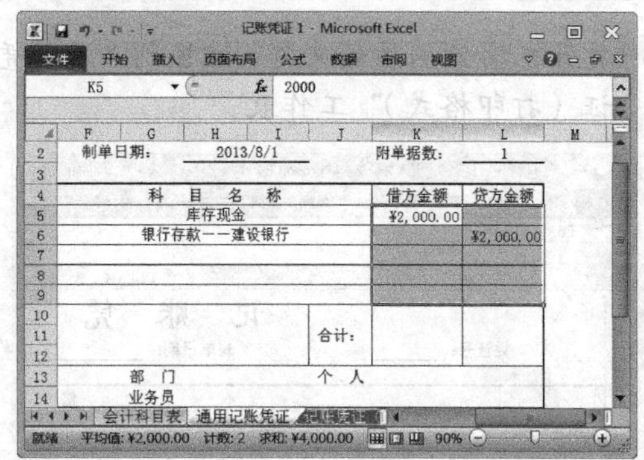

24 计算"合计"值。在单元格 K10 和 L10 中分别输入以下公式。

```
K10=SUM(K5:K9)
L10=SUM(L5:L9)
```

按【Enter】键完成输入，随即返回计算结果。

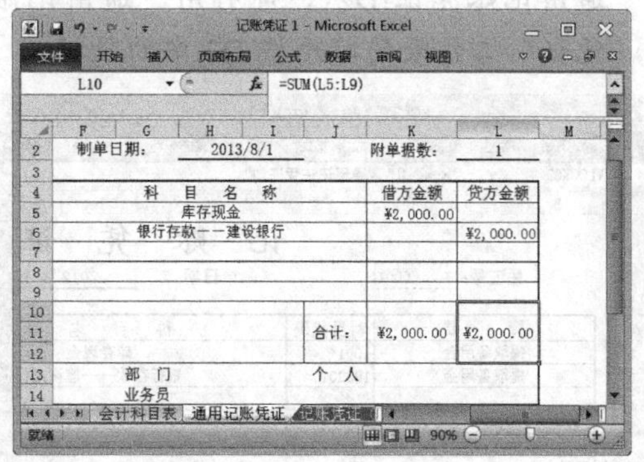

3.2.3 填制打印格式的记账凭证

由于打印格式的记账凭证中的金额都是按位填写的，这样会给输入工作带来困难，因此可以通过引用函数将通用记账凭证中的数据填充到打印格式的记账凭证中。

填制打印格式的记账凭证的具体步骤如下。

本实例的原始文件和最终效果所在位置如下。		
	原始文件	原始文件\03\记账凭证 2.xlsx
	最终效果	最终效果\03\记账凭证 2.xlsx

1 打开本实例的原始文件，切换到“记账凭证（打印格式）”工作表。

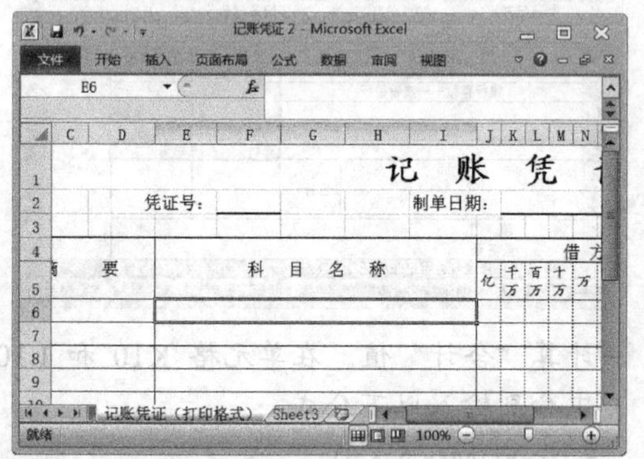

2 导入“凭证号”。在单元格F2中输入“=”，然后切换到“通用记账凭证”工作表，选中单元格D2，此时编辑栏中显示为“=通用记账凭证!D2”，即引用“通用记账凭证”工作表的单元格D2中的数据。

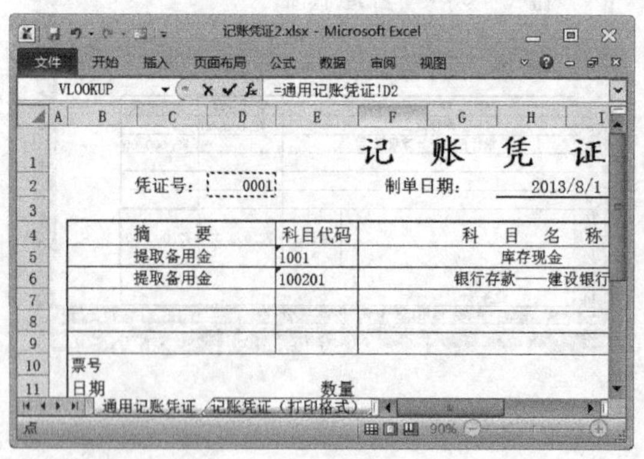

3 按【Enter】键完成输入，返回“记账凭证（打印格式）”工作表，即可看到引用结果。

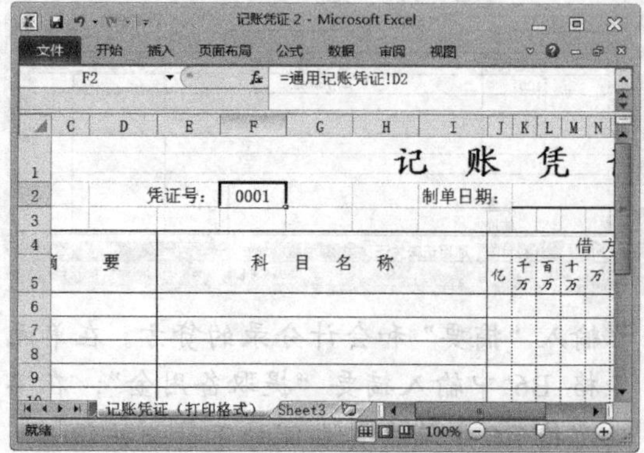

4 用户可以按照相同的方法，导入“制单日期”、“附单据数”、“摘要”和“科目名称”。

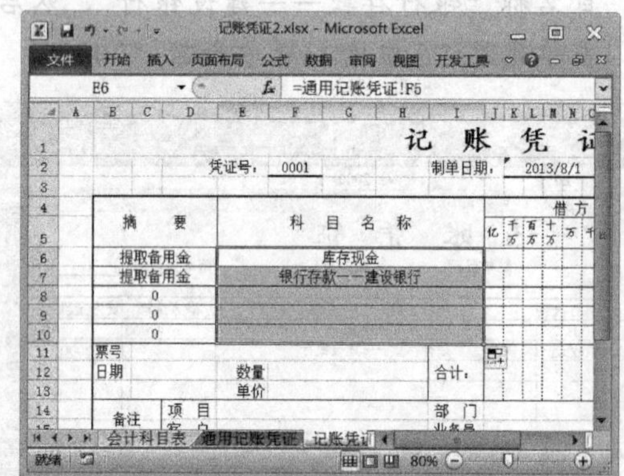

5 利用函数按位提取金额，即将金额数字分列。在单元格J6中输入以下公式。

```
=IF(通用记账凭证!$K5<>"",LEFT(RIGHT(" ￥"&ROUND(通用记账凭证!$K5,2)*100,11-COLUMN(A:A)+1)),"")
```

按【Enter】键完成输入，随即返回计算结果。

提示

RIGHT 函数中的“ ¥ ”前面加了一个半角空格，目的在于将未涉及金额的部分用空格补位，使其所在的单元格显示为空白。

❻选中单元格 J6，将鼠标指针移到该单元格的右下角，当指针变成✚形状时按住鼠标左键不放，向右拖至单元格 T6 后释放鼠标，然后单击【自动填充选项】按钮，在弹出的下拉列表中选中【不带格式填充】单选钮。

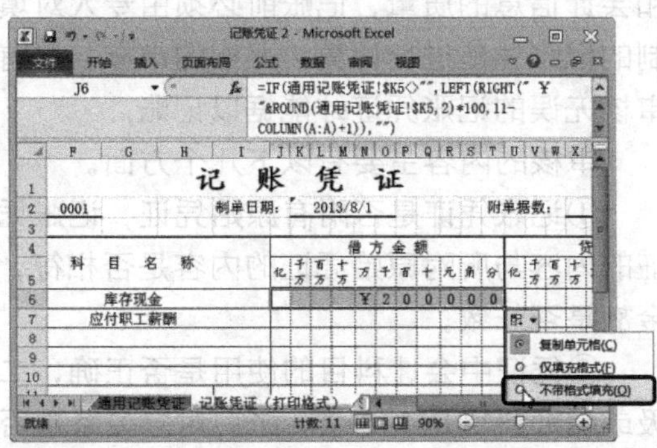

❼随即单元格 J6 中的公式填充到单元格区域“K6:T6”中，同时保持单元格区域“K6:T6”的格式不变。

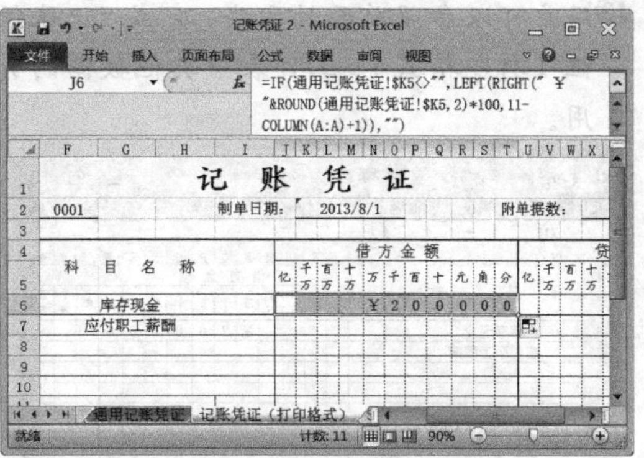

❽选中单元格区域“J6:T6”，然后将鼠标指针移动到单元格区域的右下角，当指针变成✚形状时按住鼠标左键不放，向下拖至单元格 T10 后释放鼠标，即可将单元格区域“J6:T6”中的公式填充到单元格区域“J7:T10”中。

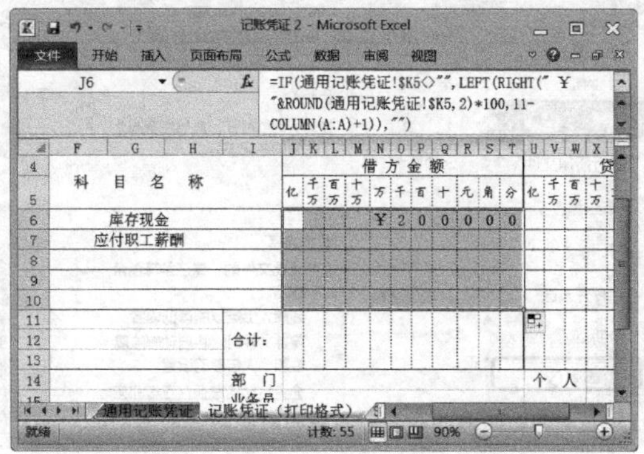

❾按照相同的方法，使用函数按位提取其他借、贷方金额以及借、贷方金额的“合计”值。

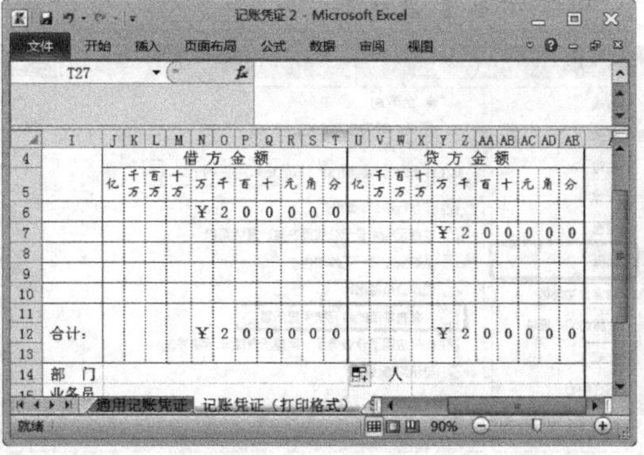

⑩用户可以参照前面的方法，完成“记账凭证（打印格式）”工作表中其他数据的引用。

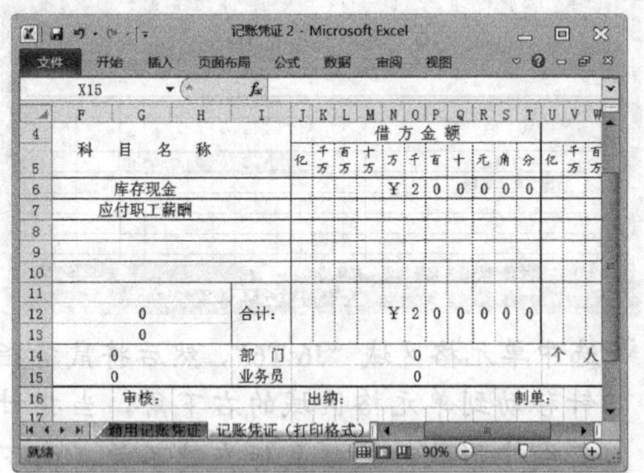

⑪隐藏零值。单击 文件 按钮，在弹出的下拉菜单中选择【选项】菜单项。

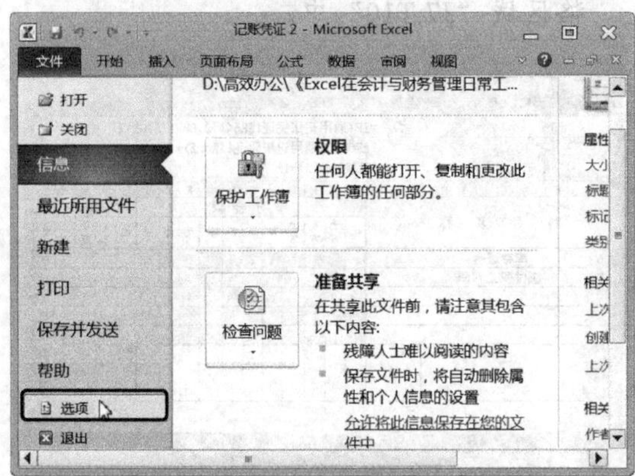

⑫弹出【Excel选项】对话框，切换到【高级】选项卡，在【此工作表的显示选项】组合框中，撤选【在具有零值的单元格中显示零】复选框。

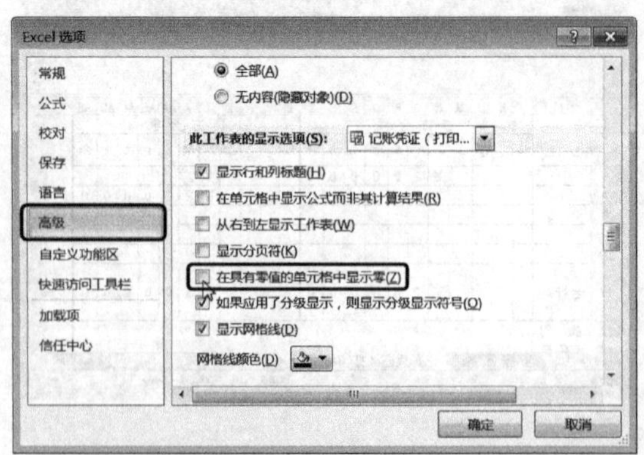

⑬单击 确定 按钮返回工作表，即可看到工作表中的零值被隐藏。

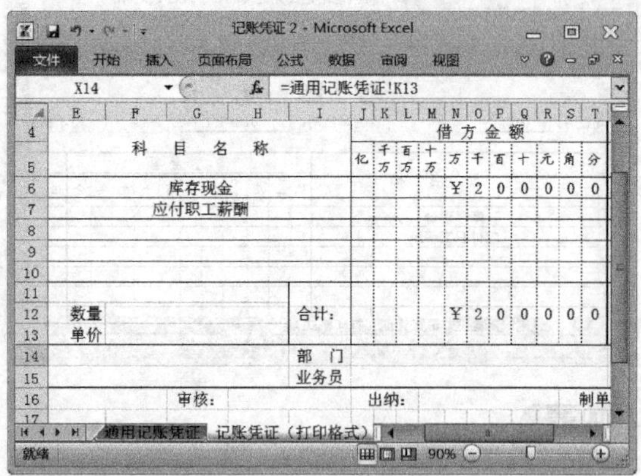

经这样设置后，用户只需在“通用记账凭证”工作表中填写记账凭证，“记账凭证（打印格式）”工作表中将自动显示“通用记账凭证”工作表中的数据，这样就不必重复输入，从而可避免出现重复输入产生数据不一致的问题，同时可减轻按位输入金额的麻烦。

记账凭证填制完成后，应当由相关人员签字盖章。同时为了保障账簿记录的正确性和会计信息的质量，记账前必须由专人对填制的记账凭证进行认真、严格的审核，只有审核无误的记账凭证才能据以记账。

审核的内容主要有以下几个方面。

①记账凭证是否附有原始凭证，记账凭证的内容与所附原始凭证的内容是否相符，金额是否一致。

②凭证中会计科目的使用是否正确，二级或明细科目是否齐全，账户对应关系是否清晰，金额计算是否准确无误。

③记账凭证中有关的记账凭证是否填列齐全，有关人员是否签字盖章。

在审核的过程中，若发现填制的记账凭证有错误，应查明原因重填或者按照规定及时更正。

3.3 记账凭证汇总

案例背景

记账凭证审核无误就可以登记有关账簿了，在登记账簿之前可以先将所有审核无误的记账凭证汇总到一个表中，这样便于会计人员进行相关账簿的登记。

最终效果及关键知识点

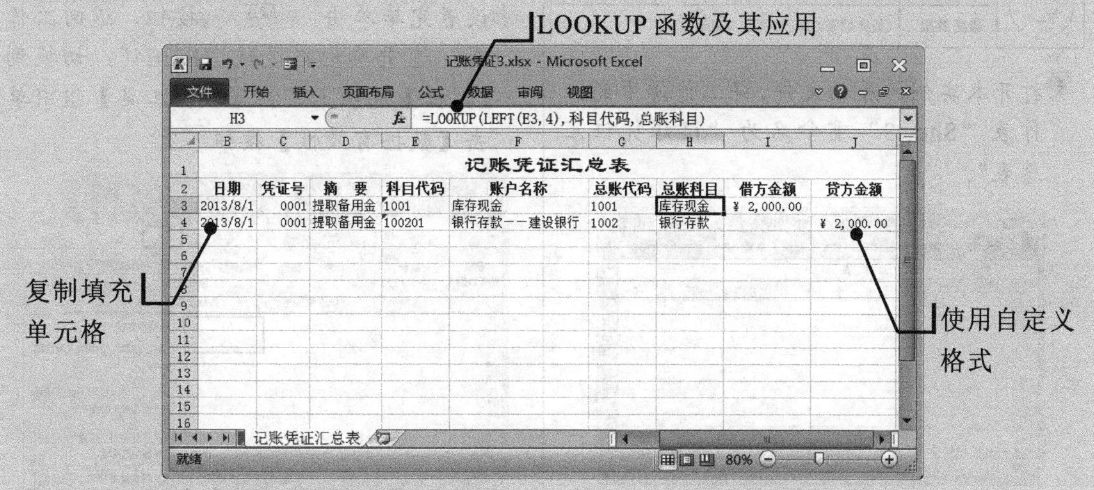

3.3.1 LOOKUP 函数的语法和功能

LOOKUP 函数的功能是返回向量（单行区域或单列区域）或数组中的数值。函数 LOOKUP 有两种语法形式：向量和数组。函数 LOOKUP 的向量形式是在单行区域或单列区域（向量）中查找数值，然后返回第 2 个单行区域或单列区域中相同位置的数值；函数 LOOKUP 的数组形式是在数组的第 1 行或第 1 列中查找指定的数值，然后返回数组的最后一行或最后一列中相同位置的数值。

下面介绍向量形式的 LOOKUP 函数的语法。

函数语法：LOOKUP(lookup_value, lookup_vector, result_vector)

函数中各参数的含义如下。

lookup_value：函数 LOOKUP 在第 1 个向量中所要查找的数值。lookup_value 可以是数字、文本、逻辑值或者包含数值的名称或引用。

lookup_vector：只包含一行或一列的区域。lookup_vector 的数值可以是文本、数字或逻辑值。

result_vector：只包含一行或一列的区域，其大小必须与 lookup_vector 相同。

注意事项：

①lookup_vector 的数值必须按升序排序：…、-2、-1、0、1、2、…、A~Z、FALSE、TRUE，否则函数 LOOKUP 不能返回正确的结果。文本不区分大小写；

② 如果函数 LOOKUP 找不到 lookup_value，则查找 lookup_vector 中小于或等于 lookup_value 的最大数值；

③如果 lookup_value 小于 lookup_vector 中的最小值，函数 LOOKUP 则返回错误值 #N/A。

3.3.2 制作记账凭证汇总表

制作记账凭证汇总表的具体步骤如下。

本实例的原始文件和最终效果所在位置如下。		
	原始文件	原始文件\03\记账凭证 3.xlsx
	最终效果	最终效果\03\记账凭证 3.xlsx

❶打开本实例的原始文件，将工作簿中的工作表“Sheet3”重命名为“记账凭证汇总表”。

❷在“记账凭证汇总表”工作表中输入表格标题和相应的列标题，并进行简单的格式设置。

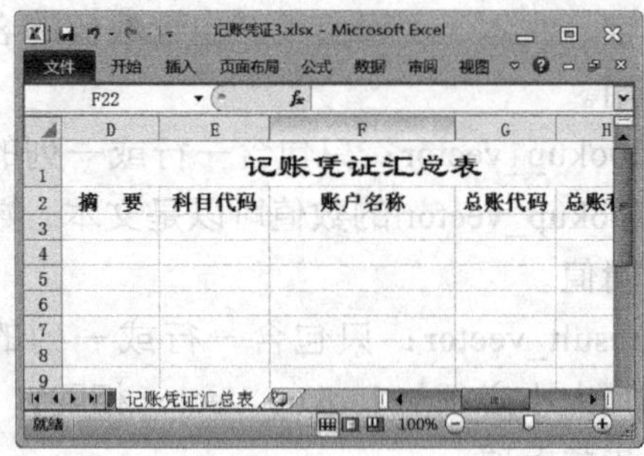

❸使用自定义格式。选中单元格区域“C3:C4”，按【Ctrl】+【1】组合键，弹出【设置单元格格式】对话框，切换到【数字】选项卡，在【分类】组合框中选择【自定义】选项，然后在【类型】列表框中选择前面设置的自定义格式类型【0000】。

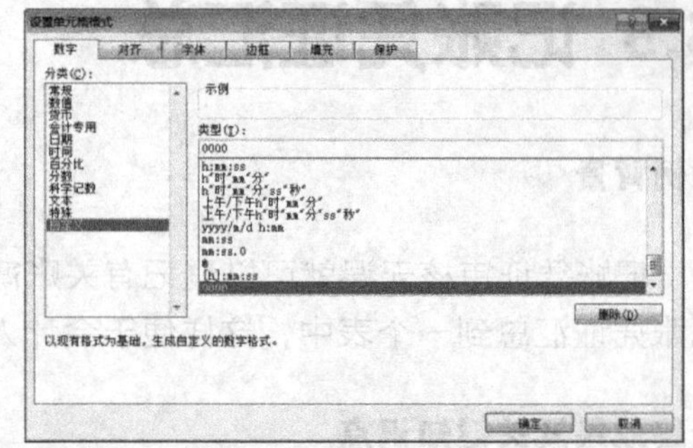

❹设置完毕单击 确定 按钮，返回工作表。选中单元格区域“E3:E4”，切换到【数据】选项卡，在【数据工具】组中单击【数据有效性】按钮 。

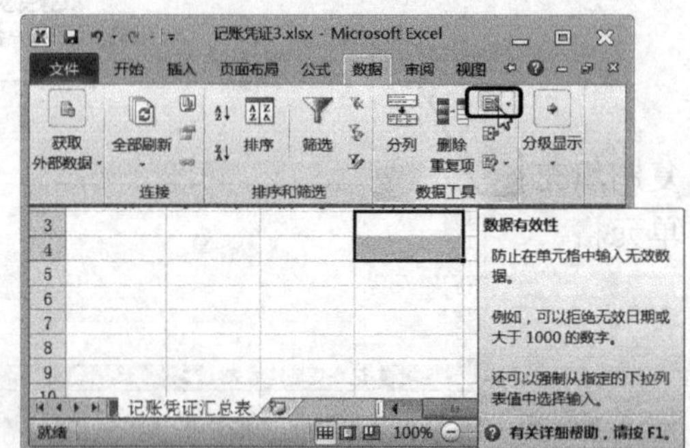

❺弹出【数据有效性】对话框，切换到【设置】选项卡，在【允许】下拉列表中选择【序列】选项，然后在【来源】文本框中输入“=科目代码”。

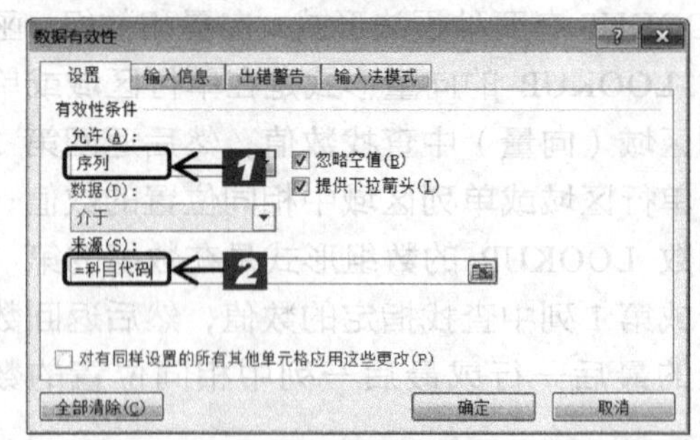

❻设置完毕单击 确定 按钮，返回工作表。选中单元格区域“I3:J4”，按【Ctrl】+【1】组合键，弹出【设置单元格格式】对话框，切换到【数字】选项卡，然后在【分类】组合框中选择【会计专用】选项。

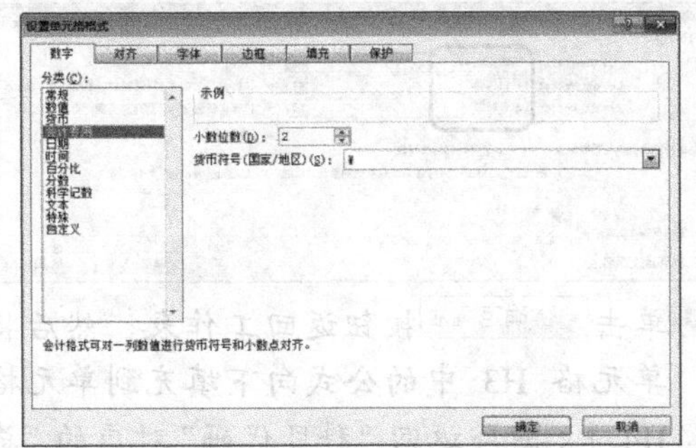

7 设置完毕单击 确定 按钮，返回工作表。在该工作表的相应位置输入已记账的记账凭证信息。

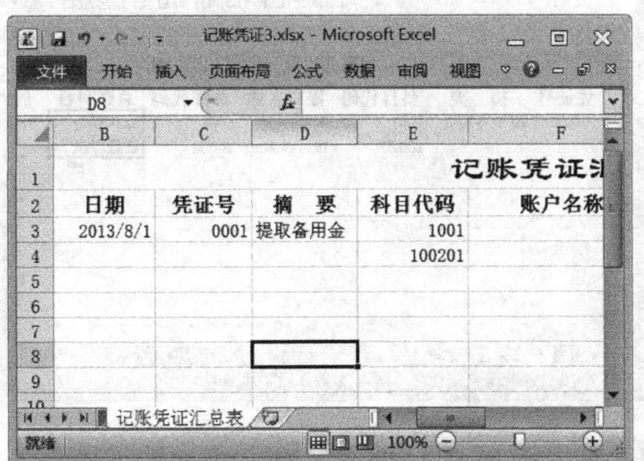

8 选中单元格F3，输入以下公式。

=VLOOKUP(E3,会计科目表!$C$3:$G$41,5,FALSE)

按【Enter】键完成输入，然后将该单元格的公式向下填充到单元格F4中，即可返回"科目代码"对应的"账户名称"。

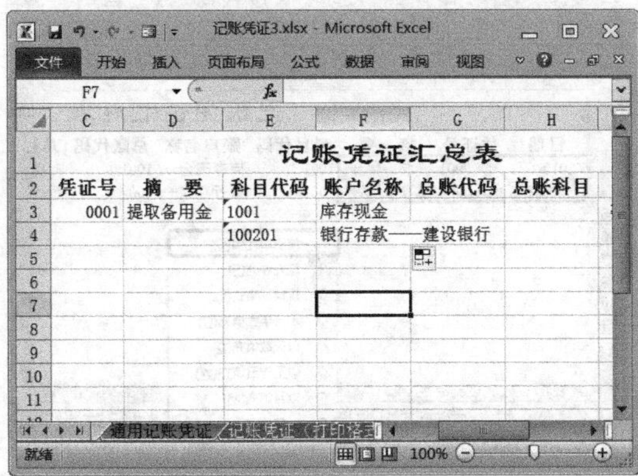

9 选中单元格G3，输入以下公式。

=LEFT(E3,4)

按【Enter】键完成输入，然后将该单元格的公式向下填充到单元格G4中，随即返回"科目代码"对应的"总账代码"。

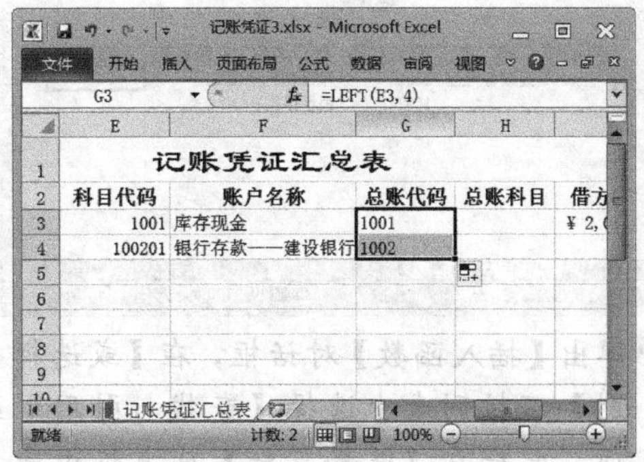

10 定义名称。切换到"会计科目表"工作表，选中单元格区域"D3:D51"，然后切换到【公式】选项卡，在【定义的名称】组中单击【定义名称】按钮 定义名称 。

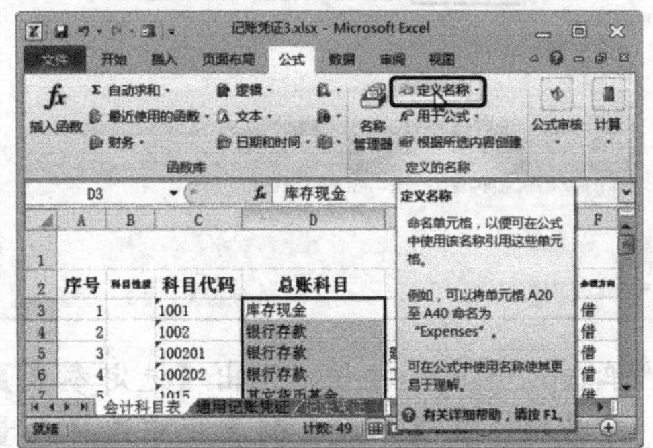

11 弹出【新建名称】对话框，在【名称】文本框中输入文本"总账科目"，【引用位置】文本框中显示了用户所设置的当前名称引用的单元格区域。单击 确定 按钮，关闭该对话框即可。

12 切换到“记账凭证汇总表”工作表，选中单元格 H3，在编辑栏中单击【插入函数】按钮 f_x。

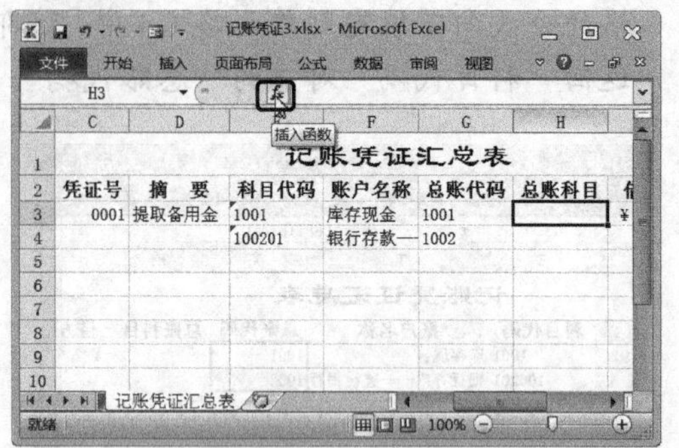

13 弹出【插入函数】对话框，在【或选择类别】下拉列表中选择【查找与引用】选项，然后在【选择函数】列表框中选择【LOOKUP】选项。

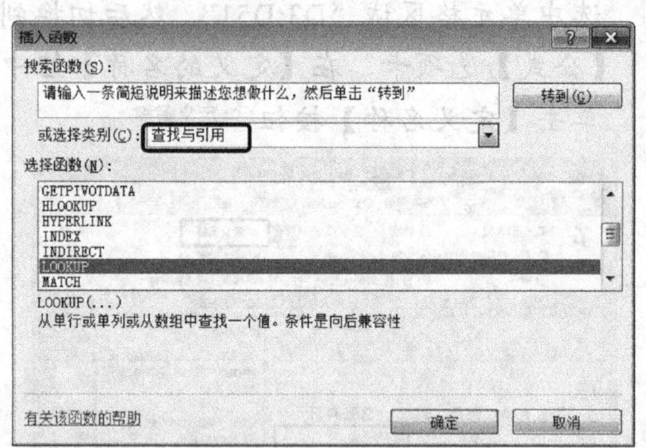

14 单击 确定 按钮，弹出【选定参数】对话框，在【参数】列表框中选择向量形式的参数。

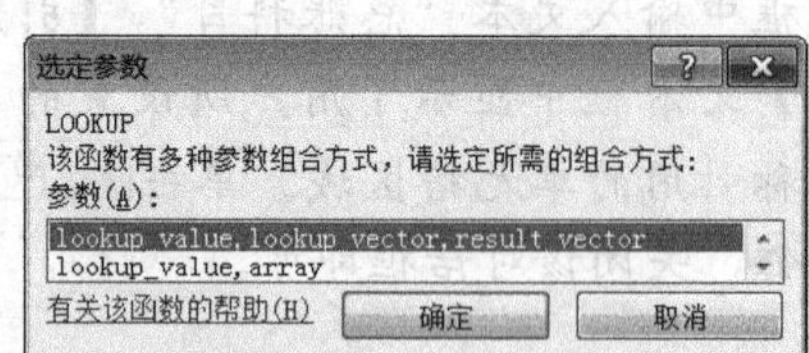

15 单击 确定 按钮，弹出【函数参数】对话框，在【Lookup_value】文本框中输入“LEFT(E3,4)”，在【Lookup_vector】文本框中输入“科目代码”，在【result_vector】文本框中输入“总账科目”。

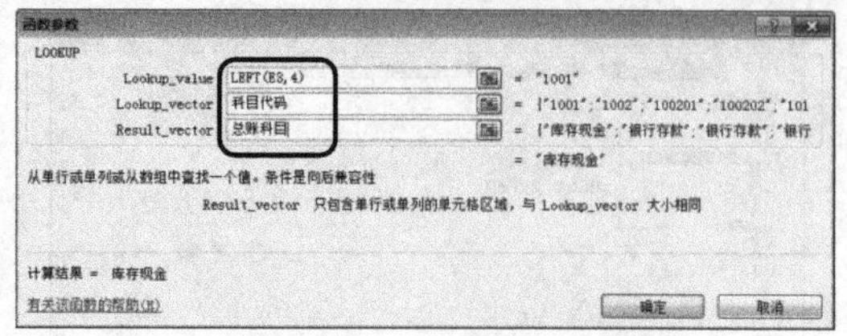

16 单击 确定 按钮返回工作表，然后将单元格 H3 中的公式向下填充到单元格 H4 中，随即返回“科目代码”对应的“总账科目”。

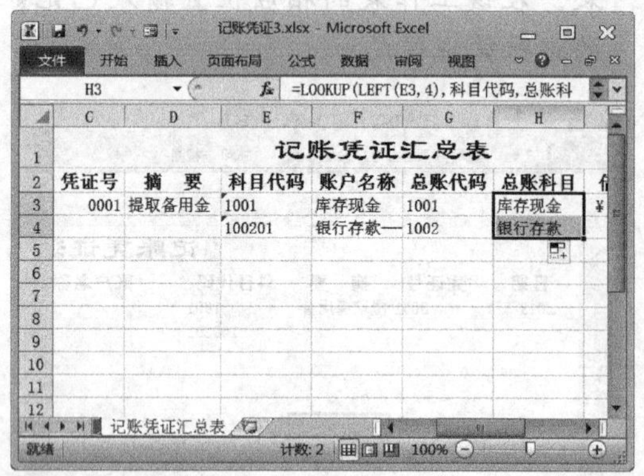

17 为了方便登记账簿，对“日期”、“凭证号”和“摘要”等进行重复登记。选中单元格区域“B3:D3”，将单元格区域中的内容向下填充，然后单击【自动填充选项】按钮，在弹出的下拉列表中选中【复制单元格】单选钮。

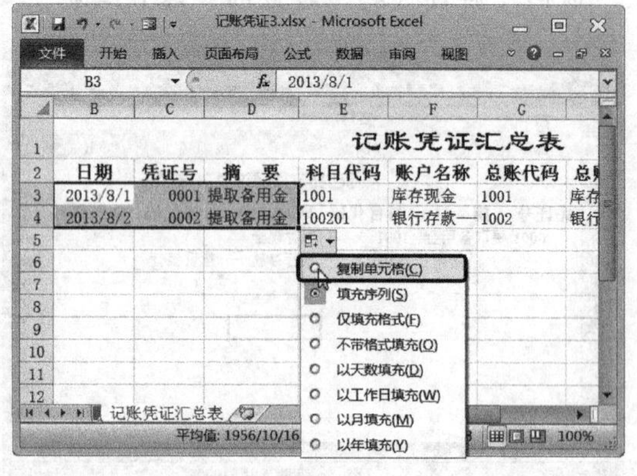

⑱随即可将单元格区域“B3:D3”中的内容复制到单元格区域“B4:D4”中。

⑲将单元格区域“B3:J4”的列宽调整到最适合的宽度，以完整显示每个单元格的内容。

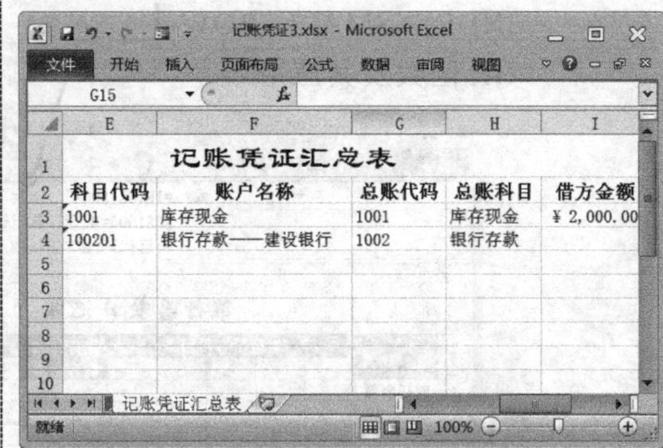

3.4 登记日记账

案例背景

根据审核无误的记账凭证可以登记现金日记账和银行存款日记账，并结算发生额和余额。为了方便日记账的登记，会计人员可以将记账凭证汇总表中的相关数据导入日记账中。

最终效果及关键知识点

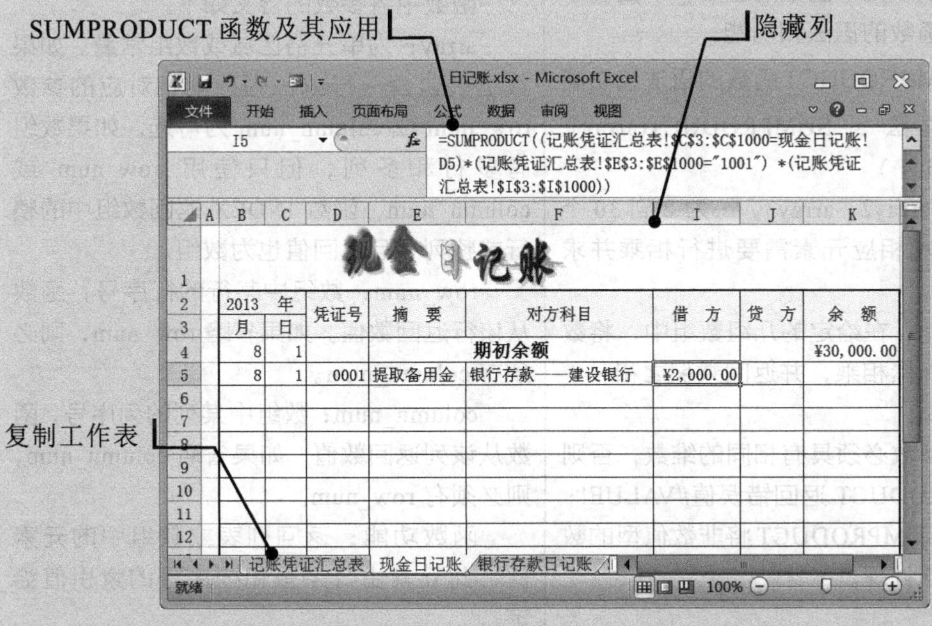

最终效果及关键知识点

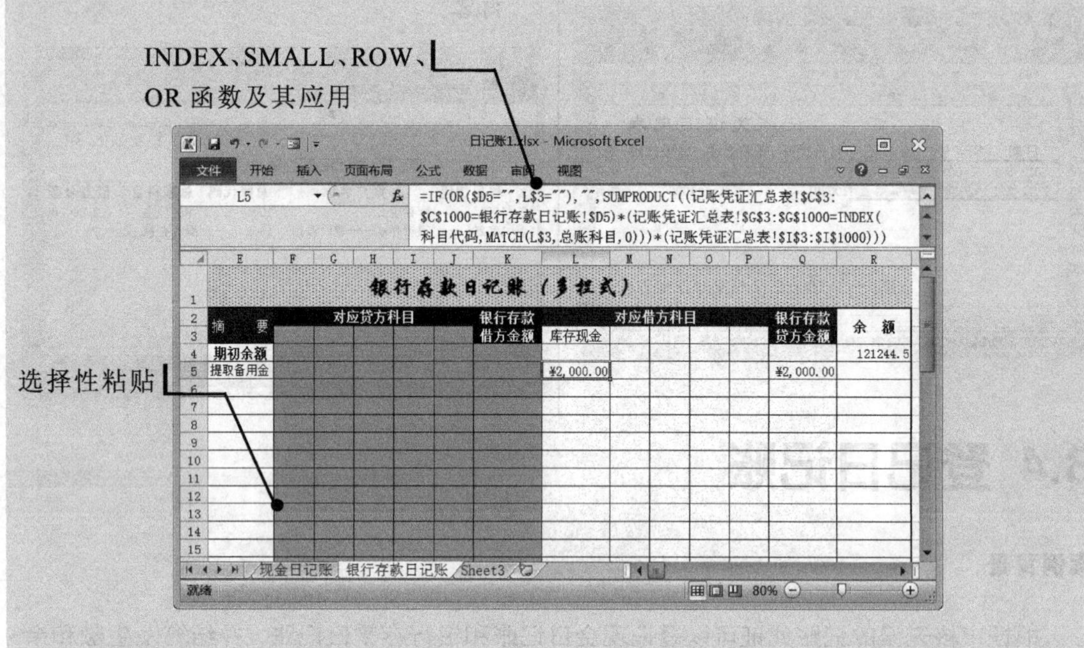

3.4.1 相关函数介绍

在导入记账凭证汇总表中的相关数据时，会涉及以下几个函数的应用，下面简单介绍这几个函数的语法和功能。

1. SUMPRODUCT 函数的语法和功能

函数语法：SUMPRODUCT(array1, array2, array3,…)

array1，array2，array3，…为 2 到 30 个数组参数，其相应元素需要进行相乘并求和。

函数功能：在给定的几组数组中，将数组间对应的元素相乘，并返回乘积之和。

注意事项：

①数组参数必须具有相同的维数，否则函数 SUMPRODUCT 返回错误值#VALUE!；

②函数 SUMPRODUCT 将非数值型的数组元素作为 0 处理。

2. INDEX 函数的语法和功能

函数语法：INDEX(array,row_num, column_num)

函数中各参数的含义如下。

array：为单元格区域或数组常量。如果数组只包含一行或一列，则相对应的参数 row_num 或 column_num 为可选。如果数组有多行和多列，但只使用 row_num 或 column_num，函数 INDEX 返回数组中的整行或整列，且返回值也为数组。

row_num：数组中某行的行序号，函数从该行返回数值。如果省略 row_num，则必须有 column_num。

column_num：数组中某列的列序号，函数从该列返回数值。如果省略 column_num，则必须有 row_num。

函数功能：返回列表或数组中的元素值，此元素由行序号和列序号的索引值给定。

注意事项：

①如果同时使用 row_num 和 column_num，函数 INDEX 返回 row_num 和 column_num 交叉处的单元格的数值；

②如果将 row_num 或 column_num 设置为 0，函数 INDEX 则分别返回整个列或行的数组数值。若要使用以数组形式返回的值，应将 INDEX 函数以数组公式的形式输入，对于行以水平单元格区域的形式输入，对于列以垂直单元格区域的形式输入。若要输入数组公式，可以按【Ctrl】+【Shift】+【Enter】组合键。

③row_num 和 column_num 必须指向 array 中的某一单元格，否则函数 INDEX 返回错误值#REF!。

3. SMALL 函数的语法和功能

函数语法：SMALL(array,k)

函数中各参数的含义如下。

array：为需要找到第 k 个最小值的数组或数字型数据区域。

k：为返回的数据在数组或数据区域中的位置（从小到大）。

函数功能：返回数据集中第 k 个最小值。使用此函数可以返回数据集中特定位置上的数值。

注意事项：

①如果 array 为空，函数 SMALL 则返回错误值#NUM!；

②如果 k≤0 或 k 超过了数据点个数，函数 SMALL 则返回错误值#NUM!；

③如果 n 为数组中的数据点个数，则 SMALL(array,1)等于最小值，SMALL(array,n)等于最大值。

4. ROW 函数的语法和功能

函数语法：ROW(reference)

参数 reference 为需要得到其行号的单元格或单元格区域。

函数功能：返回引用的行号。

注意事项：

①如果省略 reference，则假定是对函数 ROW 所在单元格的引用；

②如果 reference 为一个单元格区域，并且函数 ROW 作为垂直数组输入，则函数 ROW 将 reference 的行号以垂直数组的形式返回；

③Reference 不能引用多个区域。

5. OR 函数的语法和功能

函数语法：OR(logical1,logical2,⋯)

参数 logical1，logical2，⋯为需要进行检验的 1 到 30 个条件，分别为 TRUE 或 FALSE。

函数功能：在其参数组中，任何一个参数的逻辑值为 TRUE，即返回 TRUE；任何一个参数的逻辑值为 FALSE，即返回 FALSE。

注意事项：

①参数必须能计算为逻辑值，如 TRUE 或 FALSE，或者为包含逻辑值的数组或引用；

②如果数组或者引用参数中包含文本或空白单元格，这些值将被忽略；

③如果指定的区域中不包含逻辑值，函数 OR 则返回错误值#VALUE!；

④可以使用 OR 数组公式来检验数组中是否包含特定的数值。若要输入数组公式，可以按【Ctrl】+【Shift】+【Enter】组合键。

3.4.2 登记现金日记账

在登记现金日记账时，首先应登记期初余额（借方为正数，贷方为负数），然后逐笔登记本期发生额，月末结算出本期借贷方发生额合计及期末余额。

登记现金日记账的具体步骤如下。

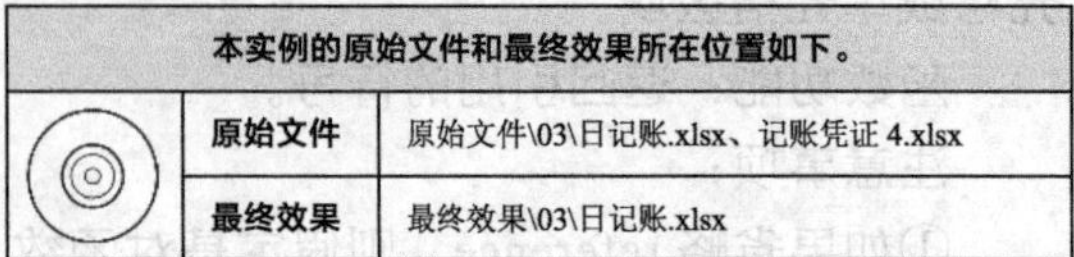

本实例的原始文件和最终效果所在位置如下。		
	原始文件	原始文件\03\日记账.xlsx、记账凭证 4.xlsx
	最终效果	最终效果\03\日记账.xlsx

❶ 打开本实例的两个原始文件，在工作簿“记账凭证 4.xlsx”中的“记账凭证汇总表”工作表标签上单击鼠标右键，在弹出的快捷菜单中选择【移动或复制】菜单项。

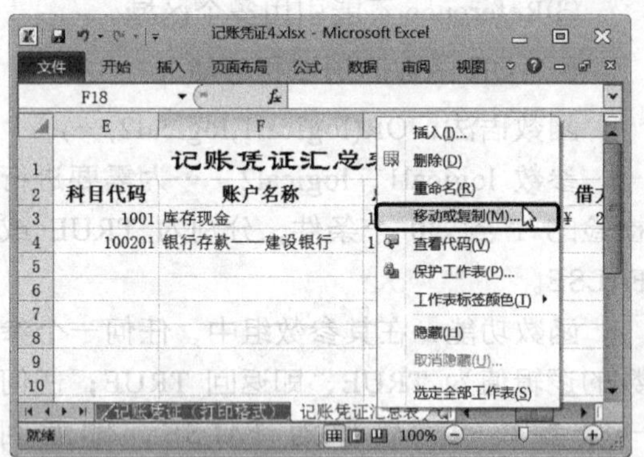

❷ 弹出【移动或复制工作表】对话框，在【工作簿】下拉列表中选择【日记账.xlsx】选项，然后选中【建立副本】复选框。

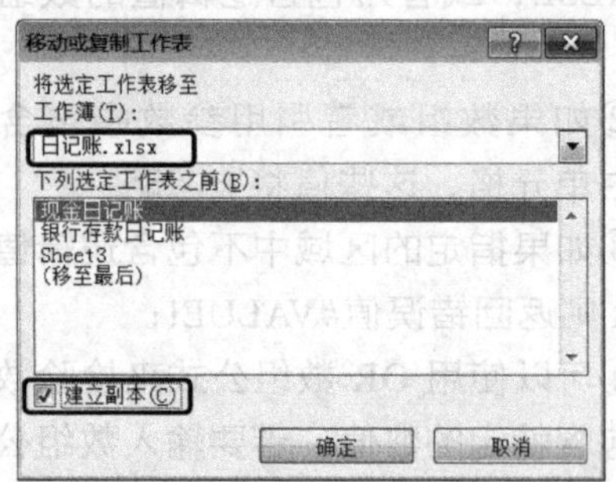

❸ 单击 确定 按钮，即可将“记账凭证 4.xlsx”工作簿中的“记账凭证汇总表”复制到“日记账”工作簿中的“现金日记账”工作表的前面。

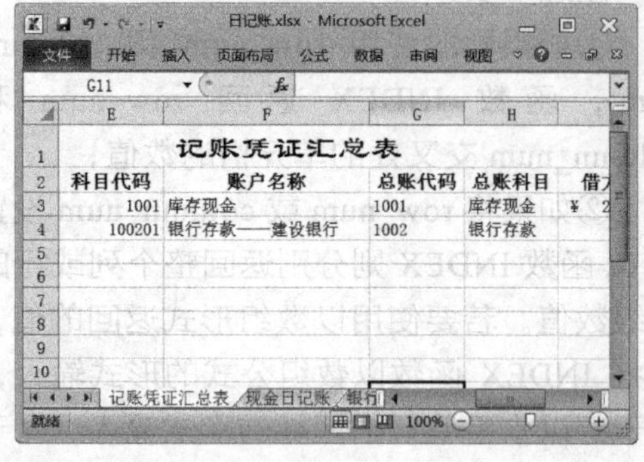

❹ 登记现金日记账的期初账面信息。切换到“现金日记账”工作表，从中输入期初日期和期初账面余额。

❺ 根据记账凭证填写“现金日记账”的日期和“凭证号”，并设置“凭证号”的数字格式。

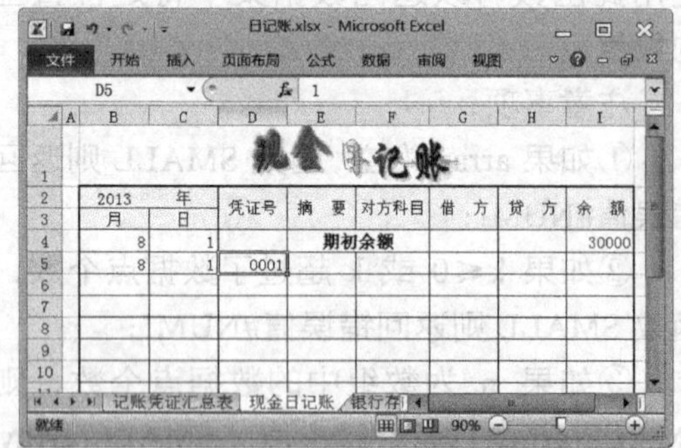

❻ 导入“摘要”。在单元格 E5 中输入以下公式。

=IF(D5="","",VLOOKUP(D5,记账凭证汇总表!$C:$J,2, FALSE))

按【Enter】键完成输入，随即返回引用结果。

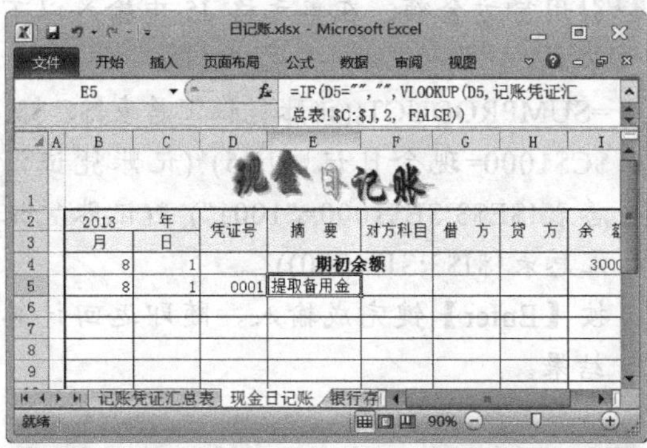

⑦设置辅助列。在"对方科目"列和"借方"列之间插入两列，在单元格 G5 中输入以下公式。

=IF($D5="","",IF(COLUMN()-6>SUMPR-ODUCT((记账凭证汇总表!$C$3:$C$1000=现金日记账!$D5)*(记账凭证汇总表!$E$3:$E$1000<>"1001")),"",INDEX(记账凭证汇总表!$F:$F,SMALL(IF((记账凭证汇总表!$C$3: $C$1000=现金日记账!$D5)*(记账凭证汇总表!$E$3:$E$1000<>"1001"),ROW(记账凭证汇总表!$F$3: $F$1000)),COLUMN()-6))))

按【Shift】+【Ctrl】+【Enter】组合键完成数组公式的输入（此时输入的公式被"{}"括了起来），随即返回引用结果。

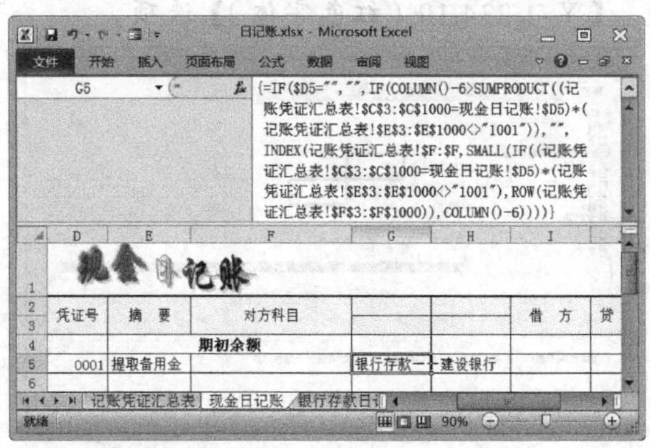

提示

公式中的 SUMPRODUCT 函数的作用是统计"记账凭证汇总表"工作表中满足"凭证号"为"0001"，而且"科目代码"不是"1001"的条件的记录个数。

SMALL 函数的作用是逐个将满足条件的行号提供给 INDEX 函数，然后利用 INDEX 函数根据行号和列号返回最终结果。

⑧将单元格 G5 中的公式填充到单元格 H5 中。由于该记账凭证中只有一个"对方科目"，因此单元格 H5 显示为空值。

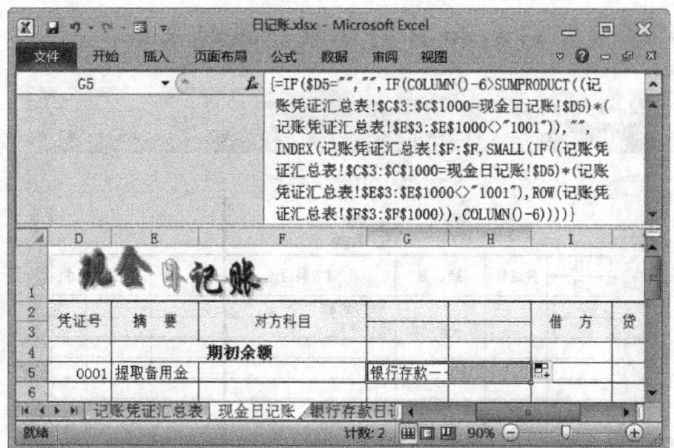

⑨导入"对方科目"。在单元格 F5 中输入以下公式。

=G5&IF(H5="","","、"&H5)

按【Enter】键完成输入，然后调整列宽到合适的宽度。

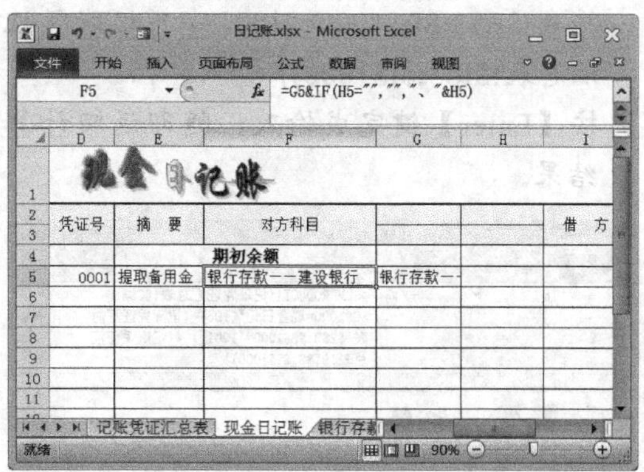

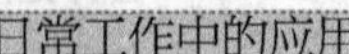

⑩使用鼠标右键隐藏列。同时选中 G 列和 H 列，单击鼠标右键，在弹出的快捷菜单中选择【隐藏】菜单项。

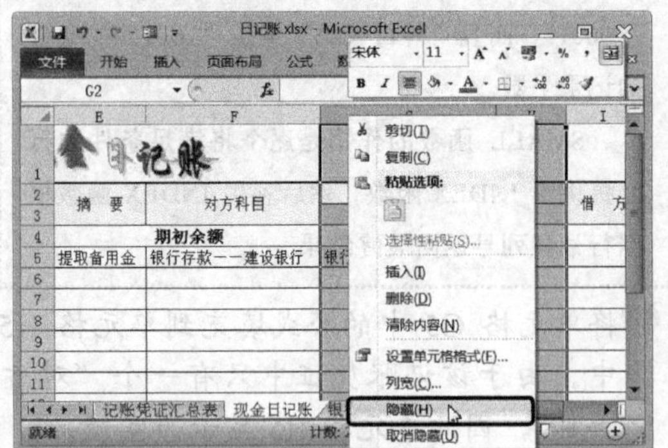

⑪随即 G 列和 H 列就被隐藏起来了。

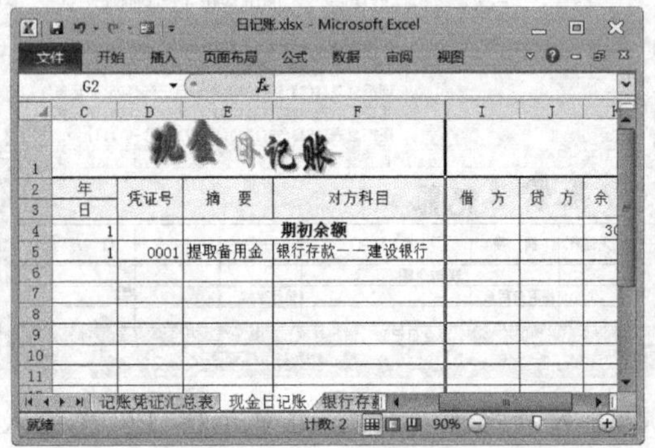

⑫引用借方金额。在单元格 I5 中输入以下公式。

=SUMPRODUCT((记账凭证汇总表!$C $3:$C$1000=现金日记账!D5)*(记账凭证汇总表!$E$3:$E$1000="1001") *(记账凭证汇总表!$I$3:$I$1000))

按【Enter】键完成输入，随即返回计算结果。

⑬引用贷方金额。在单元格 J5 中输入以下公式。

=SUMPRODUCT((记账凭证汇总表!$C $3:$C$1000=现金日记账!D5)*(记账凭证汇总表!$E$3:$E$1000="1001") *(记账凭证汇总表!$J$3:$J$1000))

按【Enter】键完成输入，随即返回计算结果。

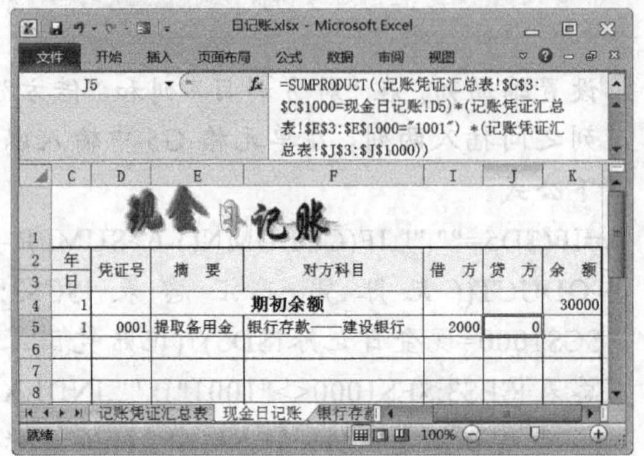

⑭选中单元格区域“I4:K20”，按【Ctrl】+【1】组合键，弹出【设置单元格格式】对话框，切换到【数字】选项卡，在【分类】列表框中选择【货币】选项，然后在【小数位数】微调框中输入“2”，在【货币符号（国家/地区）】下拉列表中选择【￥】选项，在【负数】列表框中选择【￥-1,234.10（红色字体）】选项。

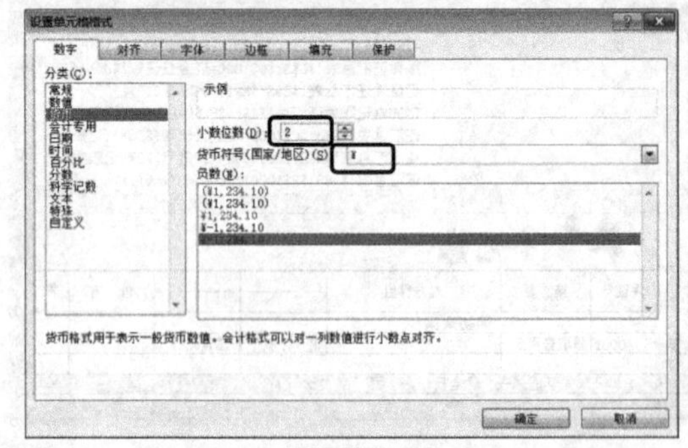

⑮设置完毕单击 确定 按钮，返回工作表，然后按照前面介绍的隐藏零值的方法，将工作表中的零值隐藏。

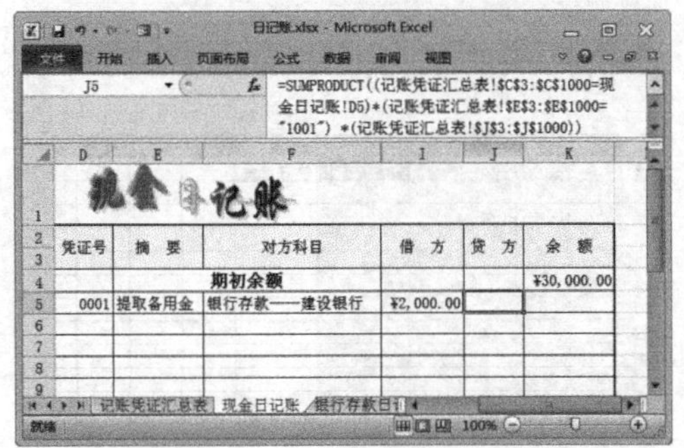

16 将单元格区域“E5:K5”中的公式填充到单元格区域“E6:K19”中，这样以后再登记日记账时，只需登记记账凭证的日期和“凭证号”，其他信息将自动引用“记账凭证汇总表”工作表中的相应信息，并自动计算本期发生额及余额。

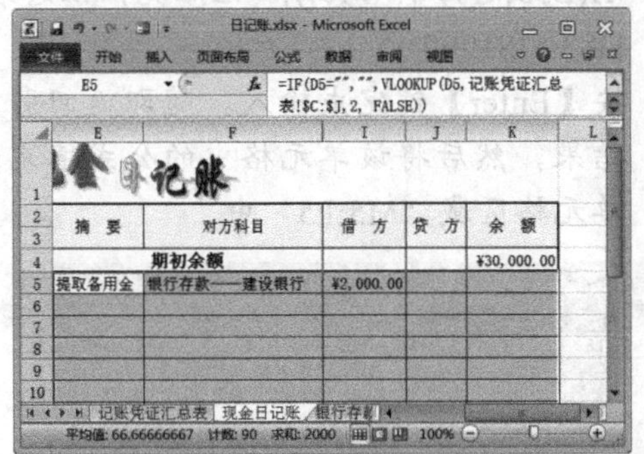

17 计算本期发生额的合计值。分别在单元格I20和J20中输入以下公式。

I20=SUM(I5:I19)

J20=SUM(J5:J19)

按【Enter】键完成输入，随即返回计算结果。

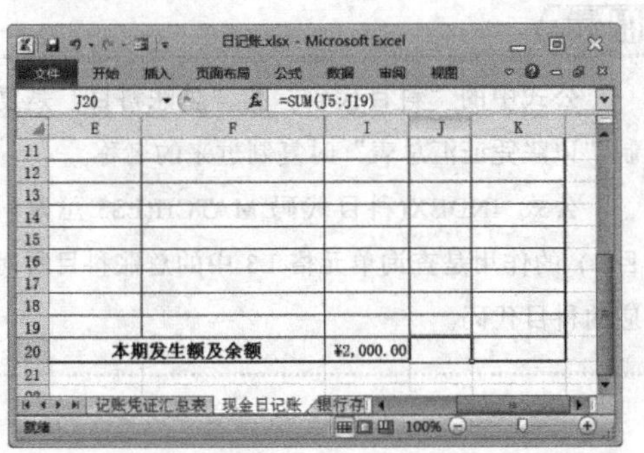

18 计算期末余额。在单元格K20中输入以下公式。

=K4+I20-J20

按【Enter】键完成输入，随即返回计算结果。

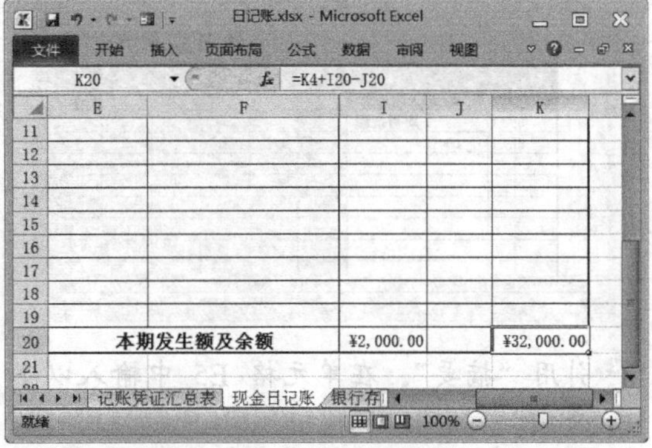

3.4.3 登记银行存款日记账

登记银行存款日记账的具体步骤如下。

本实例的原始文件和最终效果所在位置如下。		
	原始文件	原始文件\03\日记账 1.xlsx
	最终效果	最终效果\03\日记账 1.xlsx

1 打开本实例的原始文件，切换到“银行存款日记账”工作表，从中输入期初日期和期初账面余额，并调整合适的列宽。

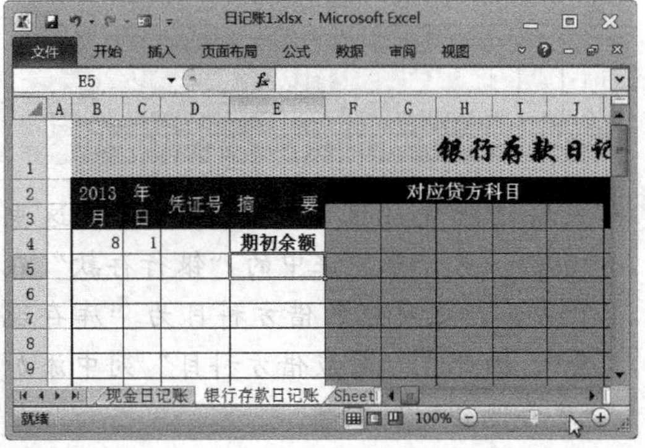

❷根据记账凭证填写“银行存款日记账”的日期和“凭证号”，并设置“凭证号”列的数字格式。

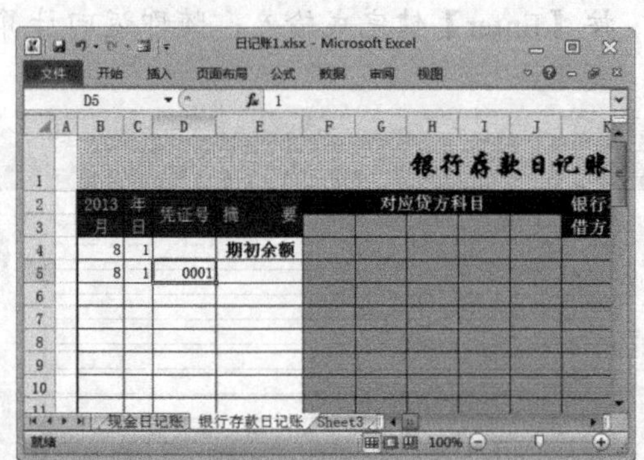

❸引用“摘要”。在单元格 E5 中输入以下公式。

=IF(D5="","",VLOOKUP(D5,记账凭证汇总表!$C:$J,2, FALSE))

按【Enter】键完成输入，随即返回引用结果，然后将该单元格中的公式填充到单元格区域“E6:E19”中。

❹根据记账凭证填写对方科目。在这里“0001”号记账凭证中的“银行存款”在贷方，与之对应的借方科目为“库存现金”，因此在“对应借方科目”列中添加“库存现金”列标题。

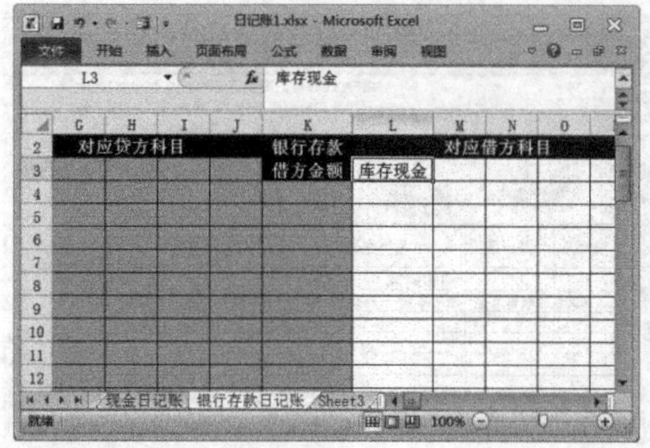

❺引用对方科目的金额。在单元格 L5 中输入以下公式。

=IF(OR($D5="",L$3=""),"",SUMPRODUCT((记账凭证汇总表!$C$3:$C$1000=银行存款日记账!$D5)*(记账凭证汇总表!$G$3:$G$1000=INDEX(科目代码,MATCH(L$3,总账科目,0)))*(记账凭证汇总表!$I$3:$I$1000)))

按【Enter】键完成输入，随即返回引用结果，然后将该单元格中的公式填充到单元格区域“M5:P5”中。

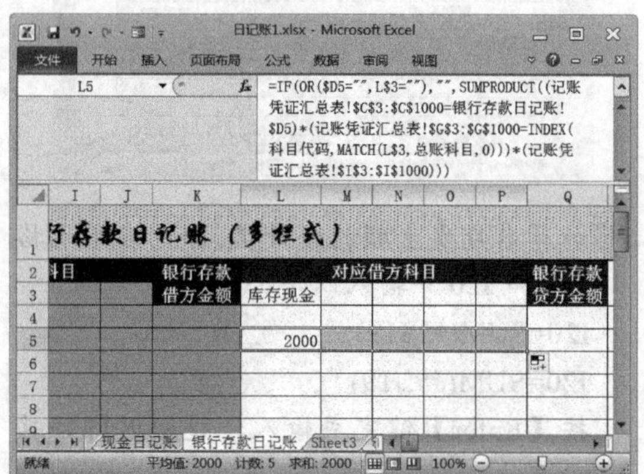

提示

公式中的“科目代码”和“总账科目”是复制“记账凭证汇总表”时复制过来的名称。

公式 INDEX(科目代码,MATCH(L$3,总账科目,0) 的作用是查询单元格 L3 中的总账科目所对应的科目代码。

6 计算银行存款的金额。在单元格Q5中输入以下公式。

=IF($D5="","",SUM(L5:P5))

按【Enter】键完成输入，随即返回计算结果。

7 将单元格区域“L5:Q5”中的公式填充到单元格区域“L6:Q19”中。

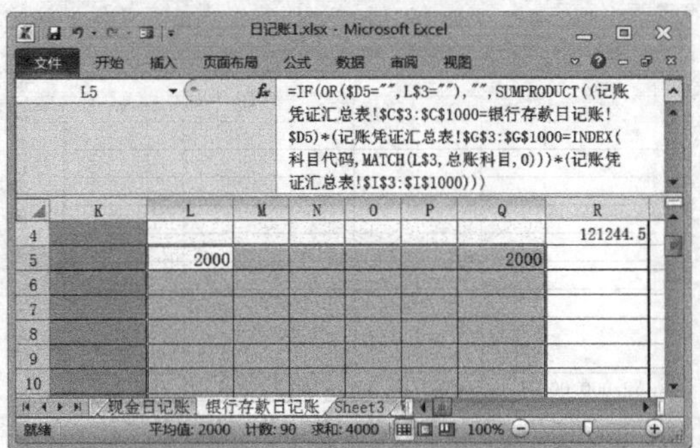

8 计算本期发生额。在单元格L20中输入以下公式。

=SUM(L5:L19)

按【Enter】键完成输入，随即返回计算结果，然后将该单元格中的公式填充到单元格区域“M20:Q20”中。

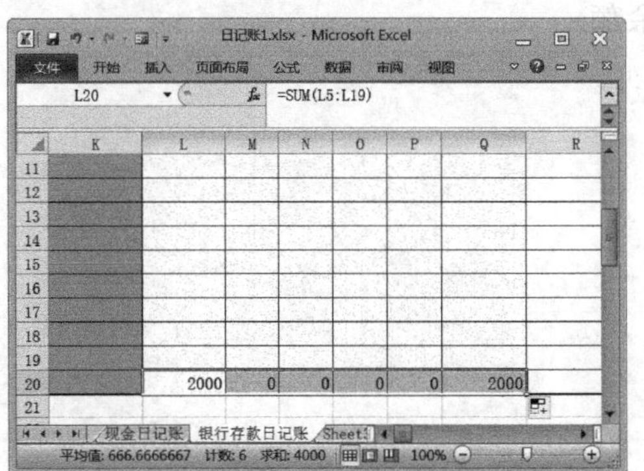

9 选中单元格区域“L5:Q20”，按【Ctrl】+【1】组合键，弹出【设置单元格格式】对话框，切换到【数字】选项卡，在【分类】列表框中选择【货币】选项，然后在【小数位数】微调框中输入“2”，在【货币符号（国家/地区）】下拉列表中选择【￥】选项，在【负数】列表框中选择【￥-1,234.10（红色字体）】选项，设置完毕单击 确定 按钮，返回工作表即可。

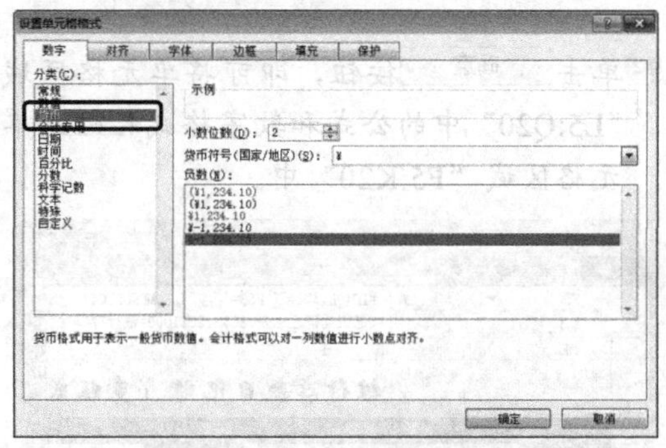

10 使用“选择性粘贴”功能粘贴公式和数字格式。选中单元格区域“L5:Q20”，按【Ctrl】+【C】组合键进行复制，然后在单元格F5上单击鼠标右键，在弹出的快捷菜单中选择【选择性粘贴】菜单项。

11 弹出【选择性粘贴】对话框，在【粘贴】组合框中选中【公式和数字格式】单选钮。

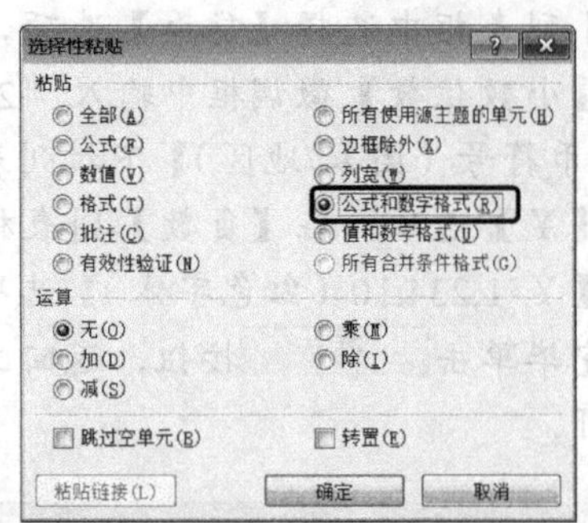

12 单击 确定 按钮，即可将单元格区域"L5:Q20"中的公式和数字格式粘贴到单元格区域"F5:K20"中。

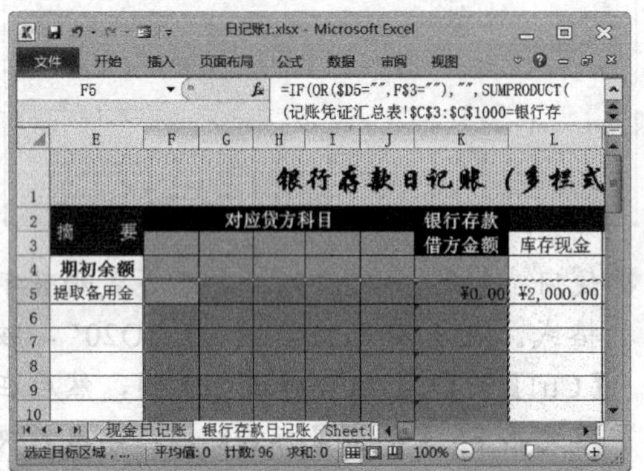

13 选中单元格 F5，然后将公式中的"记账凭证汇总表!$I$3:$I$1000"更改为"记账凭证汇总表!$J$3:$J$1000"，然后将该修改后的公式填充到单元格区域"F5:K19"中。

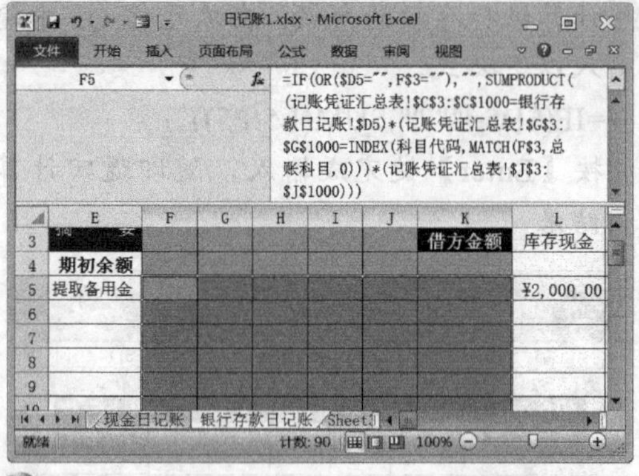

14 计算期末余额。在单元格 R20 中输入以下公式。

=R4+K20-Q20

按【Enter】键完成输入，随即返回计算结果。

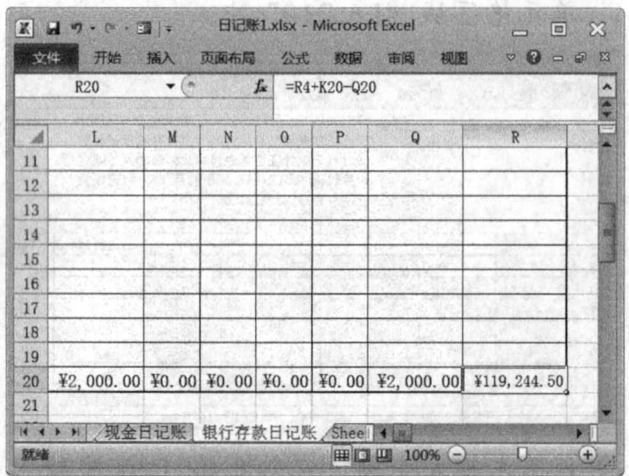

至此银行存款日记账登记完成，以后再登记银行存款日记账时，只需登记相应记账凭证的日期、"凭证号"和"对方科目"，其他信息将自动引用"记账凭证汇总表"工作表中的相应信息，并自动计算本期发生额及余额。

第4章 进销存管理

进销存管理是实现企业内部有效管理的重要环节，其中采购是企业实现价值的开始，采购成本的大小直接影响企业的利润，因此采购管理是企业进行管理的重点；销售是企业实现价值的主要手段，是企业进销存管理系统的重要组成部分；库存管理是企业会计核算和管理中的一个重要环节，库存管理的好坏和信息提供的准确与否会直接影响企业的采购、生产和销售业务的进行。

要点导航

- 采购管理
- 销售管理
- 库存管理

4.1 采购管理

案例背景

为了保障企业运营的持续性，企业需要不断地采购相关的原材料。在采购原材料之前，各部门需要提出采购申请，经相关领导和财务审核后由采购部门统一预算并采购，然后对原材料的采购情况进行登记。同时对于采购过程中发生的一些经济业务，会计人员需要编制相应的会计凭证，登记相关账簿。

最终效果及关键知识点

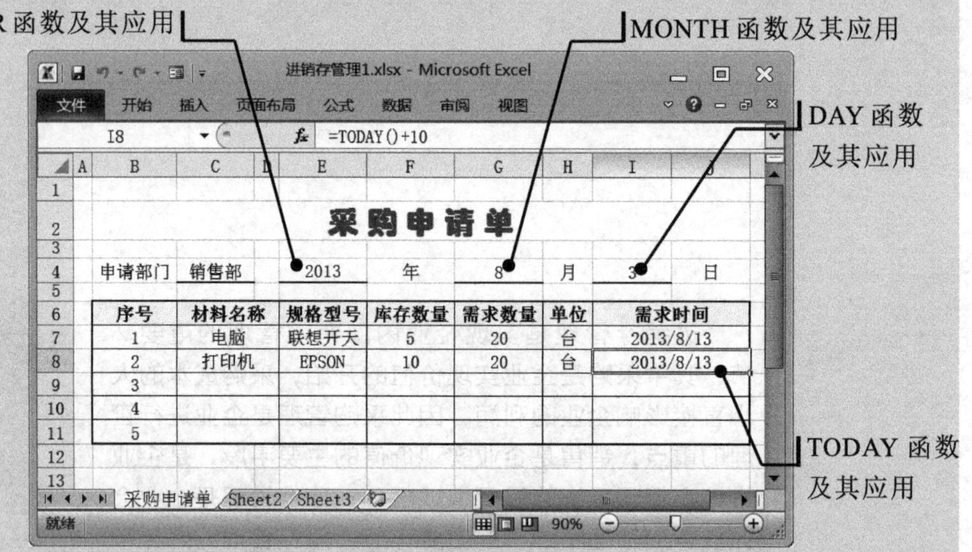

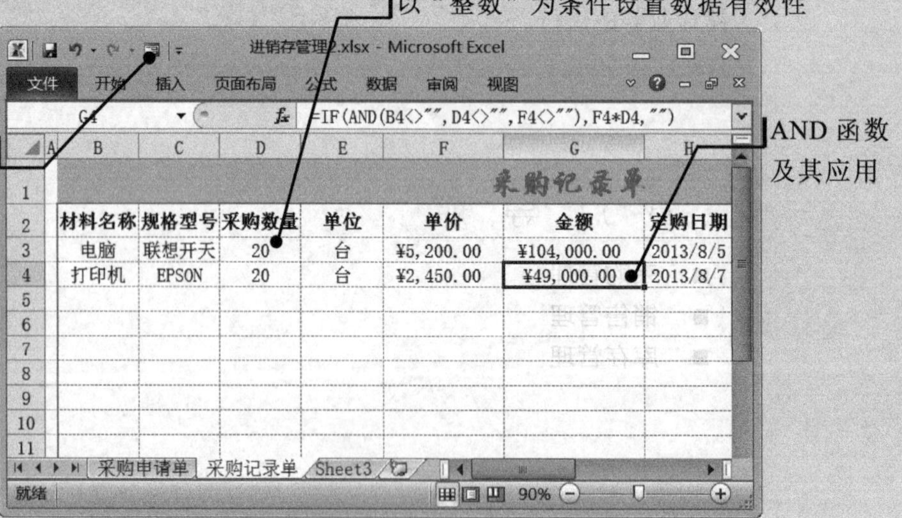

4.1.1 相关函数介绍

在填写采购相关表单时，会涉及以下几个函数的应用，下面简单介绍这几个函数的语法和功能。

1. TODAY 函数的语法和功能

函数语法：TODAY()

函数功能：返回当前日期的序列号。序列号是 Microsoft Excel 日期和时间计算使用的日期 - 时间代码。如果在输入函数前，单元格的数字格式为“常规”，结果将设为日期格式。

注意事项：

Microsoft Excel 可将日期存储为可用于计算的序列号。默认情况下，1900 年 1 月 1 日的序列号是 1，而 2009 年 1 月 1 日的序列号是 39814，这是因为它距 1900 年 1 月 1 日有 39814 天。

2. YEAR 函数的语法和功能

函数语法：YEAR(serial_number)

参数 serial_number 为一个日期值，其中包含要查找年份的日期。应使用 DATE 函数来输入日期，或者将日期作为其他公式或函数的结果输入。如果日期以文本的形式输入，则会出现问题。

函数功能：返回某日期对应的年份。返回值为 1900~9999 之间的整数。

3. MONTH 函数的语法和功能

函数语法：MONTH(serial_number)

参数 serial_number 为一个日期值，其中包含要查找年份的日期。应使用 DATE 函数来输入日期，或者将日期作为其他公式或函数的结果输入。如果日期以文本的形式输入，则会出现问题。

函数功能：返回以序列号表示的日期中的月份。月份是介于 1（一月）~12（十二月）之间的整数。

4. DAY 函数的语法和功能

函数语法：DAY(serial_number)

参数 serial_number 为一个日期值，其中包含要查找年份的日期。应使用 DATE 函数来输入日期，或者将日期作为其他公式或函数的结果输入。如果日期以文本的形式输入，则会出现问题。

函数功能：返回以序列号表示的某日期的天数，用整数 1 到 31 表示。

5. AND 函数的语法和功能

函数语法：AND(logical1,logical2,…)

参数 logical1，logical2，…表示待检测的 1 到 30 个条件值，各条件值可为 TRUE 或 FALSE。

函数功能：所有参数的逻辑值为真时，返回 TRUE；只要有一个参数的逻辑值为假，即返回 FALSE。

注意事项：

①参数必须是逻辑值 TRUE 或 FALSE，或者包含逻辑值的数组或引用；

②如果数组或者引用参数中包含文本或空白单元格，这些值将被忽略；

③如果指定的单元格区域内包括非逻辑值，AND 将返回错误值#VALUE!。

4.1.2 填写采购申请单

采购申请单主要包括申请部门、申请时间、原料名称、规格型号、采购数量以及库存数量等内容。

填写采购申请单的具体步骤如下。

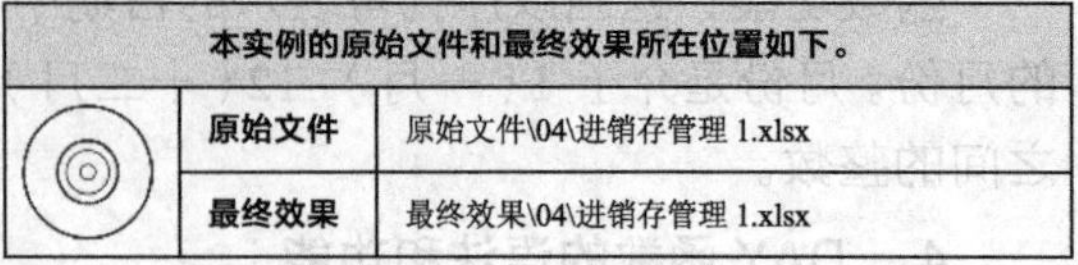

本实例的原始文件和最终效果所在位置如下。		
	原始文件	原始文件\04\进销存管理 1.xlsx
	最终效果	最终效果\04\进销存管理 1.xlsx

1 打开本实例的原始文件，切换到“采购申请单”工作表，选中单元格 C4，切换到【数据】选项卡，在【数据工具】组中单击【数据有效性】按钮。

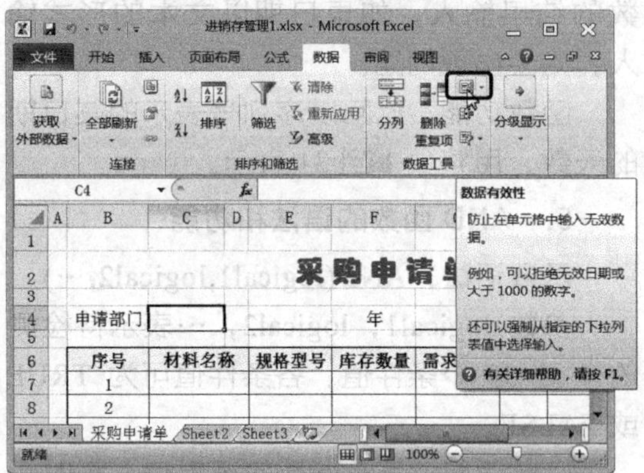

2 弹出【数据有效性】对话框，切换到【设置】选项卡，在【允许】下拉列表中选择【序列】选项，然后在【来源】文本框中输入“办公部,销售部”（中间用英文状态下的逗号隔开）。

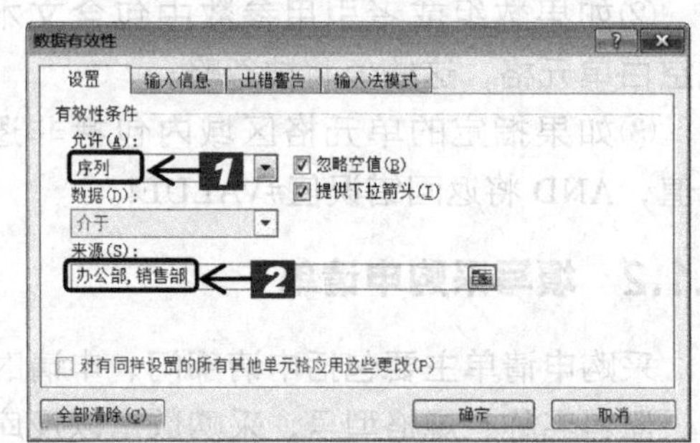

3 单击 确定 按钮，返回工作表，然后单击单元格 C4 右侧的下箭头按钮，在弹出的下拉列表中选择【销售部】选项。

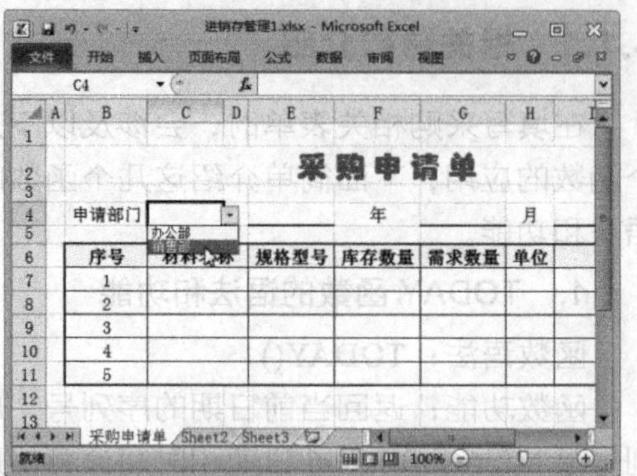

4 自动显示当前日期的年值。选中单元格 E4，输入以下公式。

```
=YEAR(TODAY())
```

按【Enter】键完成输入，随即该单元格中显示当前日期的年值。

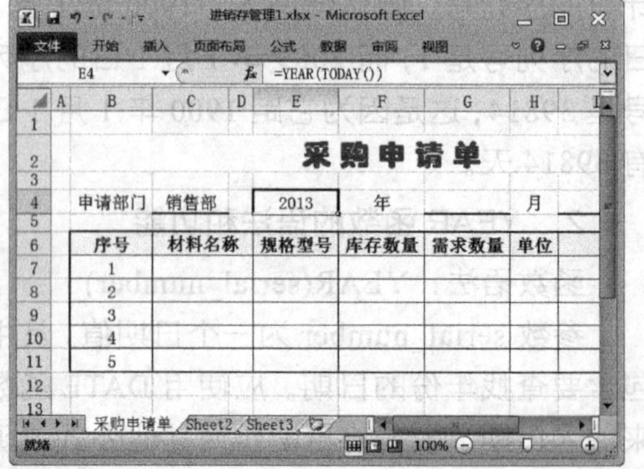

5 自动显示当前日期的月值。选中单元格 G4，输入以下公式。

```
=MONTH(TODAY())
```

按【Enter】键完成输入，随即该单元格中显示当前日期的月值。

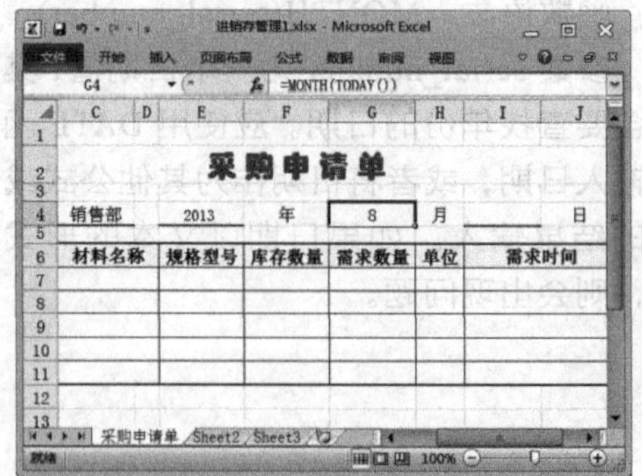

❻自动显示当前日期的日值。选中单元格 I4，输入以下公式。

=DAY(TODAY())

按【Enter】键完成输入，随即该单元格中显示当前日期的日值。

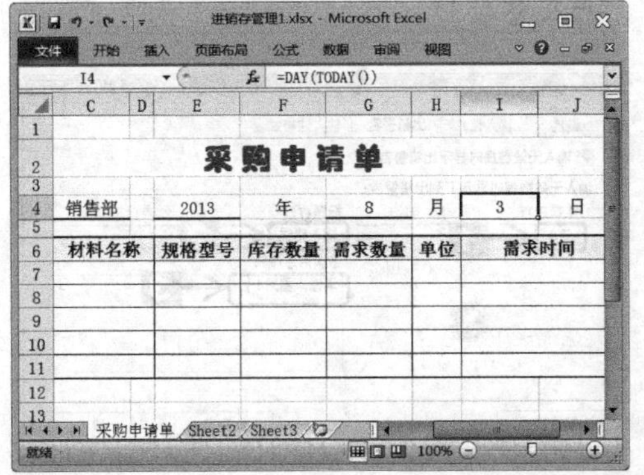

❼在表格的相应位置输入申请采购的材料的相关信息。

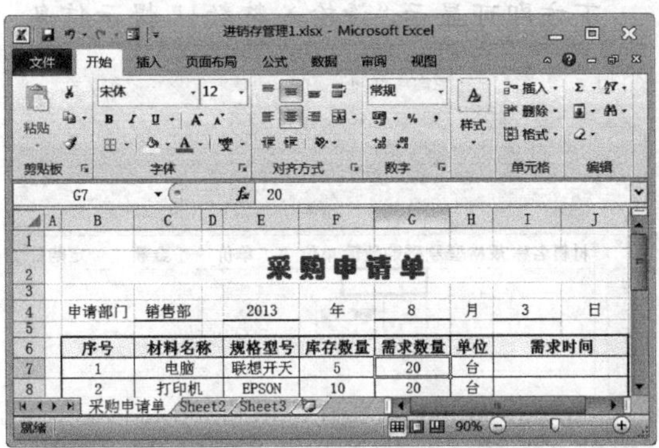

❽设置需求时间。一般情况下，申请部门需要根据自己的实际需要设置需求时间。假设此时采购的材料要在 10 天后使用，那么可以在单元格 I7 中输入以下公式。

=TODAY()+10

按【Enter】键完成输入，随即返回计算结果，然后将该单元格中的公式填充到单元格 I8 中。

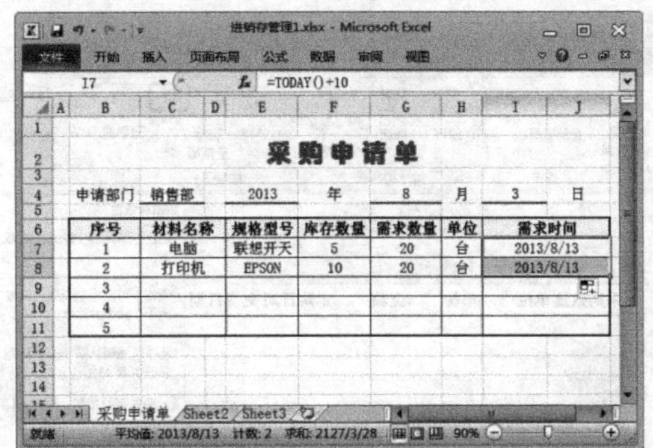

采购申请单填写后需交由上级管理人员审核，审核批准后可由采购部门统一采购。

4.1.3　创建采购记录单

采购结束，采购部门需对采购的材料进行登记汇总，从而形成采购记录单。

创建采购记录单基本表格的具体步骤如下。

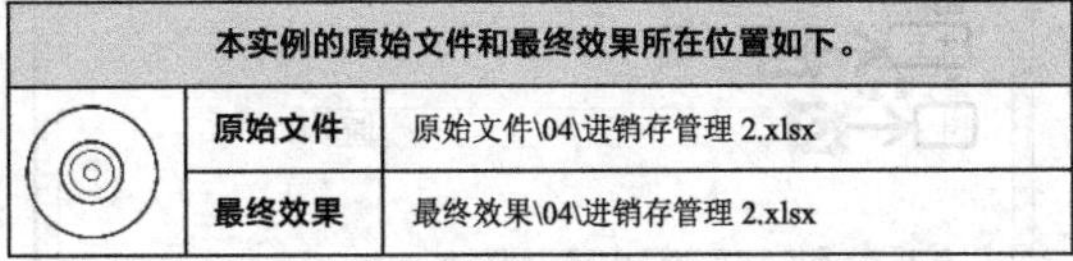

本实例的原始文件和最终效果所在位置如下。	
原始文件	原始文件\04\进销存管理 2.xlsx
最终效果	最终效果\04\进销存管理 2.xlsx

❶打开本实例的原始文件，将工作表 Sheet2 重命名为“采购记录单”，在其中输入相关的表格标题和列标题，并进行格式设置。

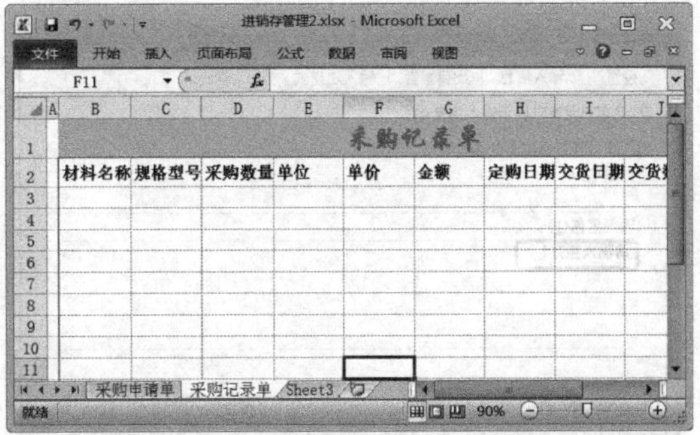

❷对“采购数量”列和“交货数量”列设置数据有效性（以“整数”为条件）。同时选中单元格区域“D3:D20”和“J3:J20”，然后切换到【数据】选项卡，在【数据工具】组中单击【数据有效性】按钮。

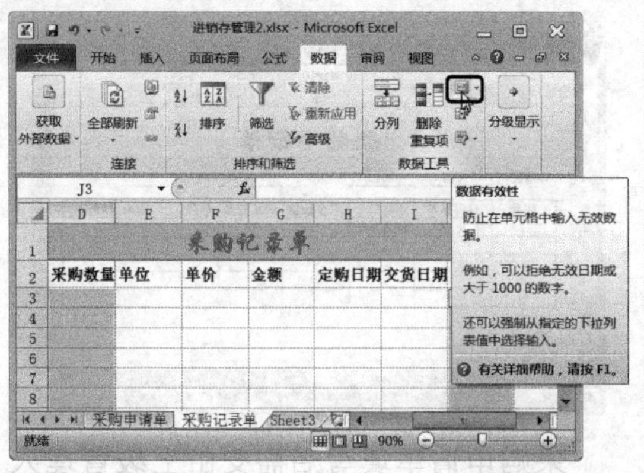

❸弹出【数据有效性】对话框，切换到【设置】选项卡，在【允许】下拉列表中选择【整数】选项，然后在【数据】下拉列表中选择【大于】选项，在【最小值】文本框中输入“0”。

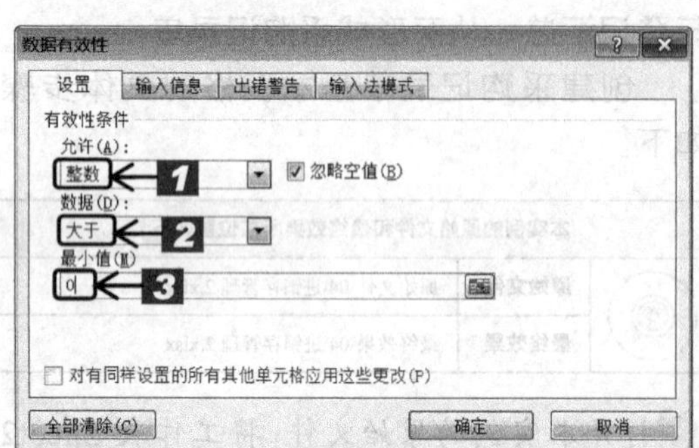

❹切换到【输入信息】选项卡，在【选定单元格时显示下列输入信息】组合框的【输入信息】文本框中输入“请输入整数!”。

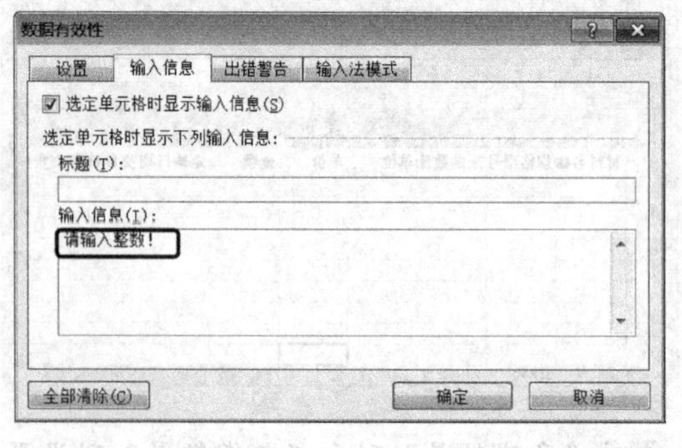

❺切换到【出错警告】选项卡，在【输入无效数据时显示下列出错警告】组合框的【样式】下拉列表中选择【停止】选项，然后在【标题】文本框中输入“输入错误”，在【错误信息】文本框中输入“请输入整数!”。

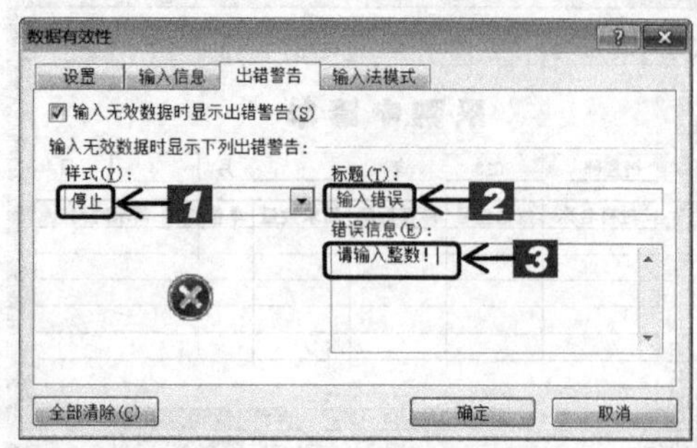

❻单击 确定 按钮返回工作表，此时选中设置了数据有效性的单元格，单元格下方即可显示“请输入整数!”提示信息。

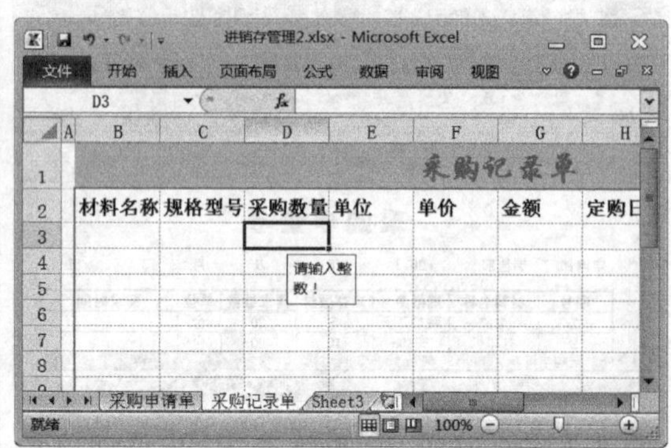

❼设置“金额”列公式。在单元格 G3 中输入以下公式。

```
=IF(AND(B3<>"",D3<>"",F3<>""),F3*D3,"")
```

按【Enter】键完成输入，随即返回计算结果。

提示

为了保证信息的完整性，此处，在计算金额的时候加了限制条件，只有“材料名称”、“采购数量”、“单价”都不为空时，才会计算金额。

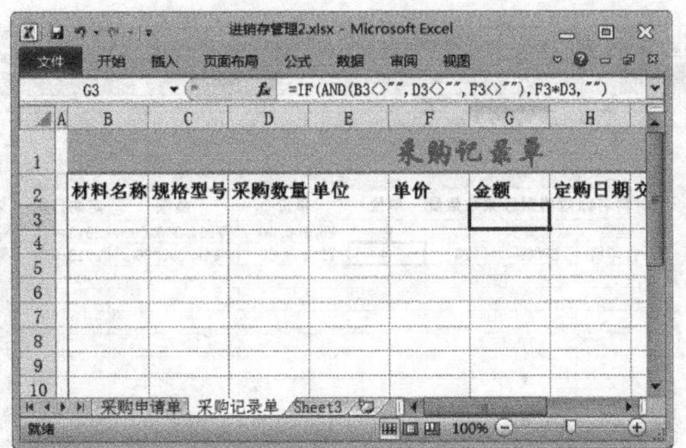

⑧在第 1 个空白记录行中输入采购记录，并将单元格区域“F3:G20”中的数字格式设置为保留两位小数的货币格式。

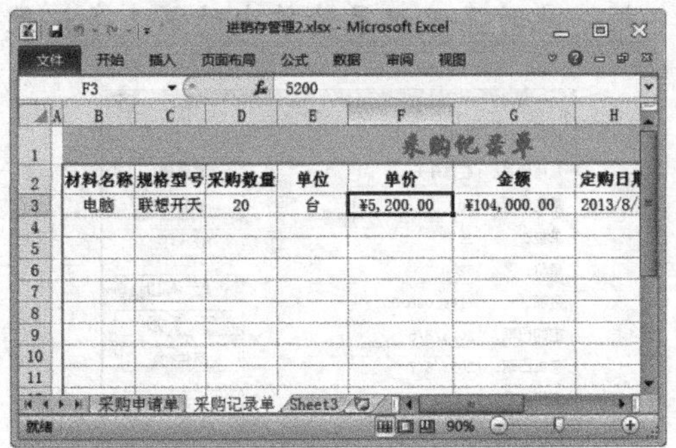

⑨添加【记录单】功能。单击 文件 按钮，在弹出的下拉菜单中选择【选项】菜单项。

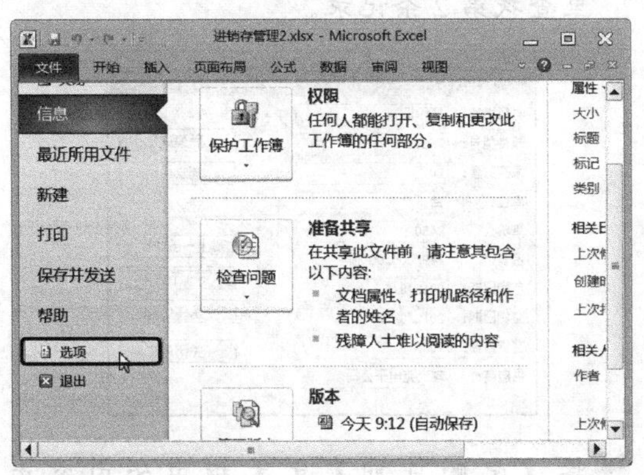

⑩弹出【Excel 选项】对话框，切换到【快速访问工具栏】选项卡，在【从下列位置选择命令】下列列表中选择【所有命令】选项，然后在其下面的列表框中选择【记录单】选项。

⑪然后单击 添加(A) >> 按钮，即可将【记录单】功能添加到【自定义快速访问工具栏】列表框中。

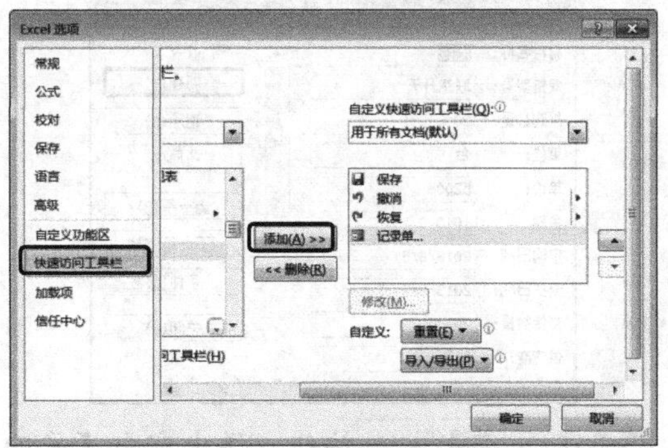

⑫添加完毕单击 确定 按钮，返回工作表，即可看到【记录单】功能已经添加到自定义快速访问工具栏中。

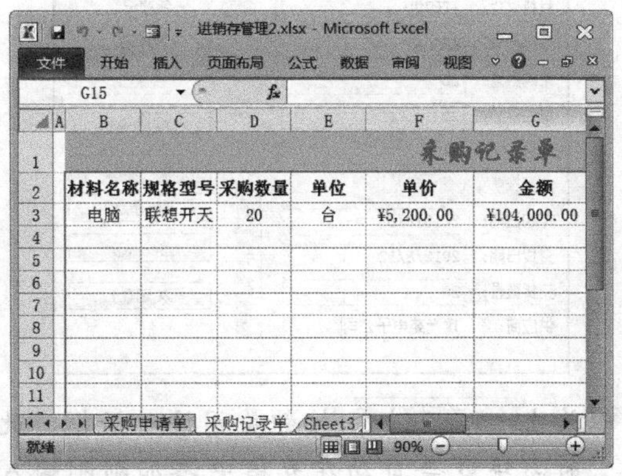

⑬使用【记录单】功能添加记录。选中数据区域中任意一个单元格，然后单击【记录单】按钮。

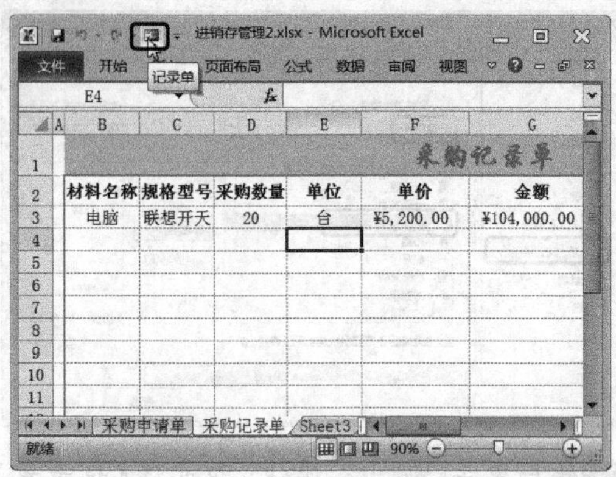

14 弹出【采购记录单】对话框，显示记录清单中的第 1 条记录。

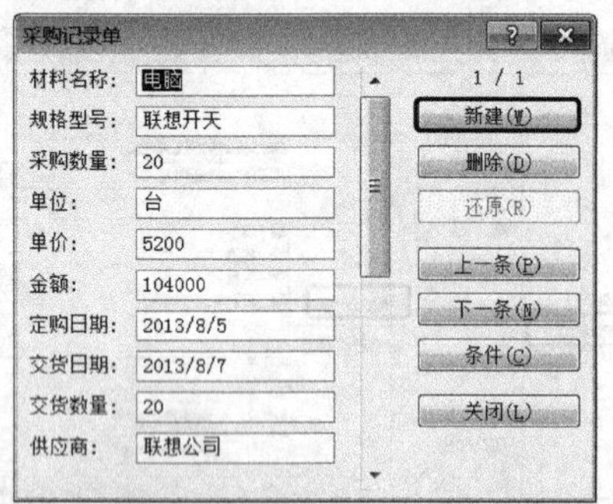

15 单击 新建(W) 按钮，弹出空白【采购记录单】对话框，在相应的位置输入相应的数据信息。

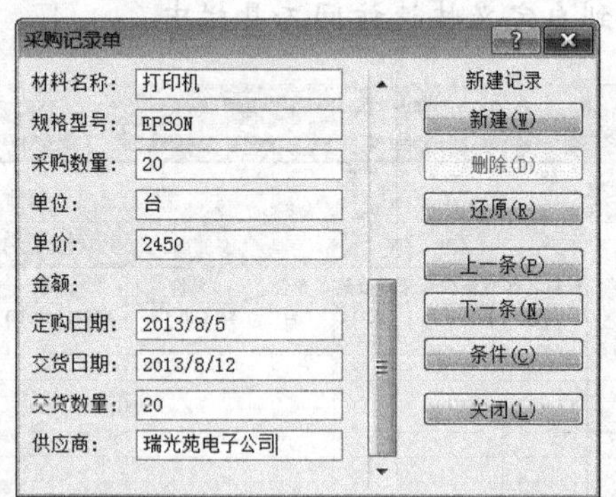

16 单击 关闭(L) 按钮关闭该对话框，此时系统就会自动在表格中添加刚刚输入的记录。

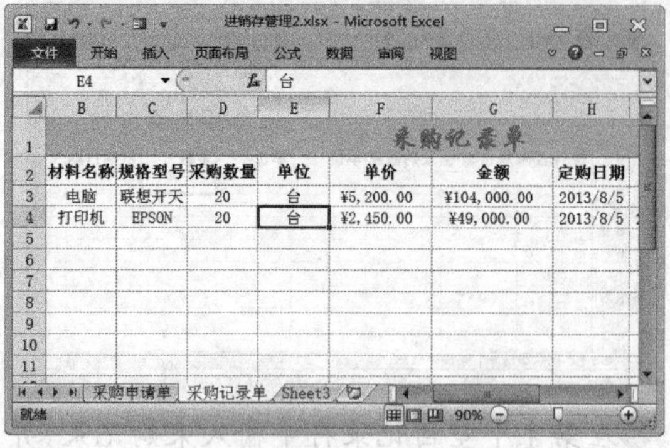

17 使用【记录单】功能修改记录。单击【记录单】按钮，弹出【采购记录单】对话框，此时显示记录清单中的第 1 条记录。

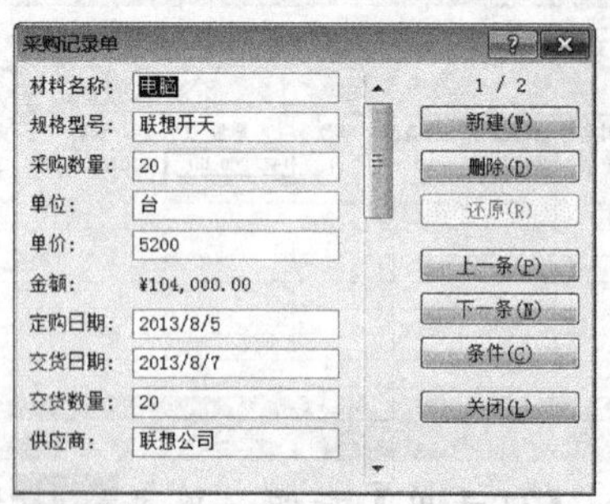

18 单击 上一条(P) 或者 下一条(N) 按钮，或者拖动滚动条查找要修改的记录，这里查找第 2 条记录。

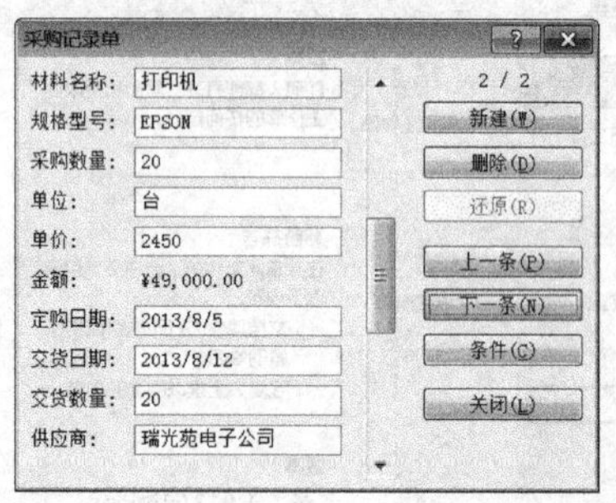

19 将【定购日期】文本框中的内容由“2013/8/5”更改为“2013/8/7”，将【交货日期】文本框中的内容由“2013/8/12”更改为“2013/8/10”。

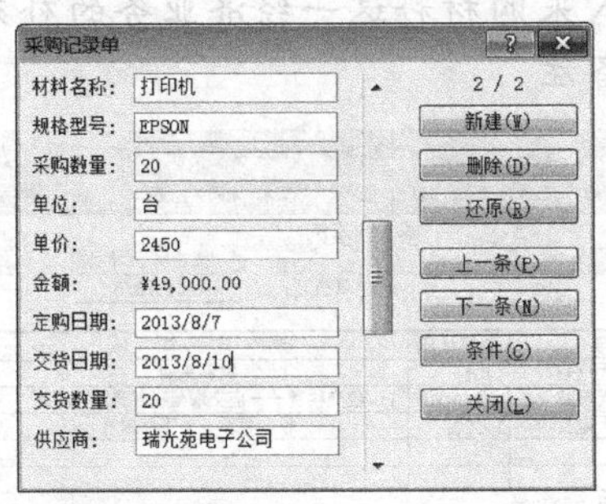

⑳单击 关闭(L) 按钮关闭该对话框，此时系统就会自动完成对记录的修改。

进销存管理2.xlsx - Microsoft Excel

H4 2013/8/7

	F	G	H	I	J	
1	采购记录单					
2	单价	金额	定购日期	交货日期	交货数量	供
3	¥5,200.00	¥104,000.00	2013/8/5	2013/8/7	20	联想
4	¥2,450.00	¥49,000.00	2013/8/7	2013/8/10	20	瑞光苑

采购申请单 采购记录单 Sheet3

4.1.4 记账技巧

——采购物资的账务处理

企业采购物资（原材料、商品等）时，由于结算方式和采购地点不同，货品入库和货款的支付在时间上不一定完全同步，相应地其账务处理也有所不同。

企业采购时，按照应支付的款项金额，借记“材料采购”、“在途物资”等科目，按照发票上注明的增值税额，借记“应交税费——应交增值税（进项税额）”科目。如果已经结算了货款，贷记“银行存款”或“库存现金”科目；如果货款尚未支付，贷记“应付账款”科目。

当物资验收入库时，借记“原材料”、“库存商品”等科目，贷记“材料采购”、“在途物资”等科目。

1. 货款已付、验收入库的账务处理

本实例的原始文件和最终效果所在位置如下。		
	原始文件	原始文件\04\记账凭证 1-2.xlsx、日记账 1.xlsx
	最终效果	最终效果\04\记账凭证 1-2.xlsx、日记账 1.xlsx

例如，企业在 2013 年 8 月 5 日采购联想开天电脑 20 台，共计 104 000 元，取得增值税率为 17%的采购专用发票，货款已由银行存款（工商银行）支付，在 2013 年 8 月 7 日收到商品并验收入库。该项业务的账务处理如下。

支付货款时的账务处理

①打开本实例的原始文件，使“记账凭证 1.xlsx”工作簿处于激活状态，切换到“通用记账凭证”工作表，然后删除该工作表中除了“科目名称”和借贷方金额的“合计”值之外的数据。

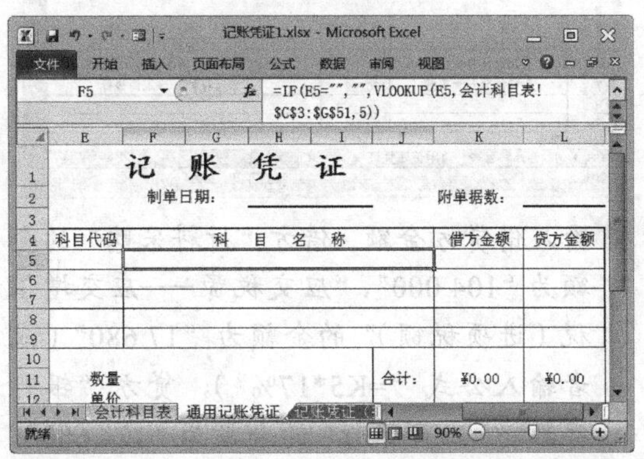

②在“通用记账凭证”工作表中输入记账凭证的凭证号“3”、制单日期“2013/8/5”和附单据数“2”（这里所附的单据为从供应商处取得的“采购专用发票”和银行结算凭证）。

3 输入记账凭证的主体部分。输入摘要“采购联想开天电脑”，会计分录借方科目代码为“1401”和“22210101”，贷方科目代码为“100202”，随即“科目名称”列中会自动显示出与“科目代码”相对应的“科目名称”。

4 输入借贷方金额。借方“材料采购”的金额为“104 000”，“应交税费——应交增值税（进项税额）”的金额为“17 680”（或者输入公式“=K5*17%”），贷方“银行存款——工商银行”的金额为“121 680”，随即会自动显示出借贷方金额的“合计”值。

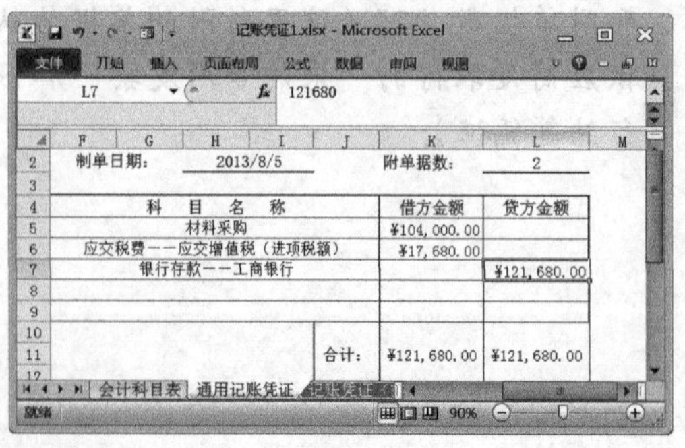

5 输入采购材料这一经济业务的补充信息和备注。

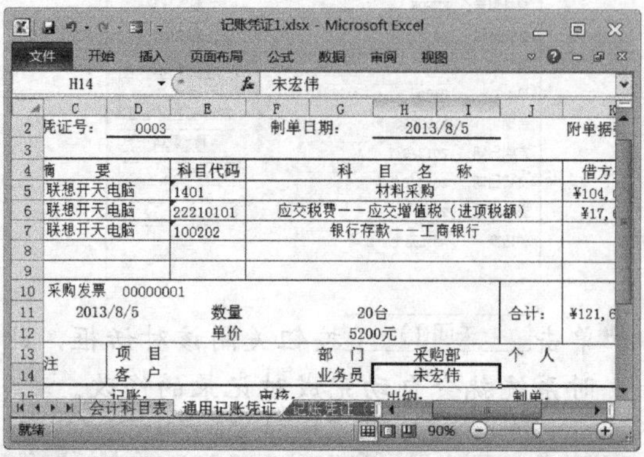

6 切换到“记账凭证（打印格式）”工作表，此时该工作表中会自动显示“通用记账凭证”工作表中输入的记账信息。

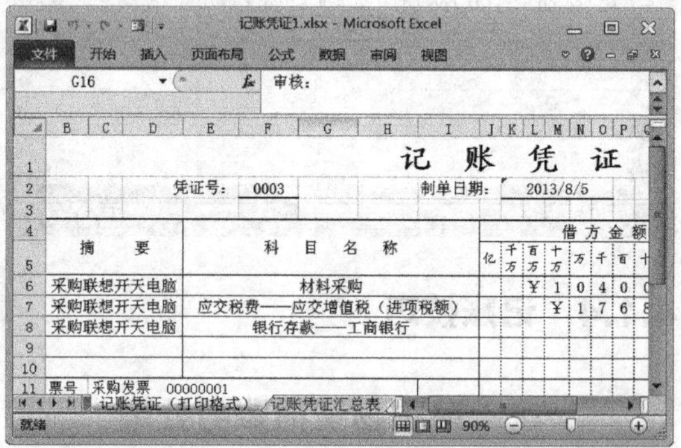

7 将审核无误的记账凭证登记到“记账凭证汇总表”。切换到“记账凭证汇总表”工作表，输入“日期”、“凭证号”和“摘要”。

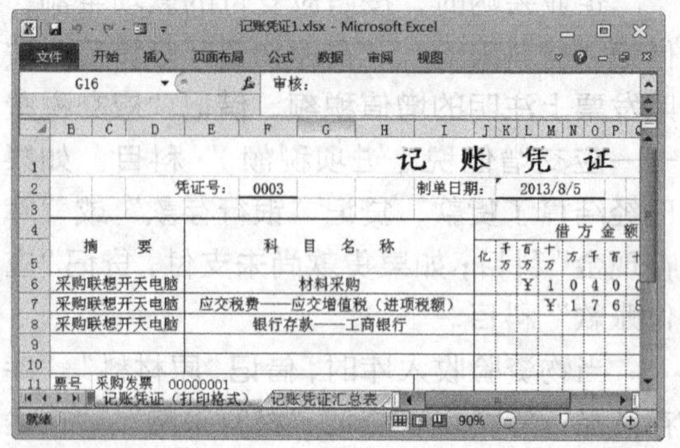

❽选中单元格 E6，将鼠标指针移到该单元格的右下角，当指针变成✚形状时按住鼠标左键不放，向下拖至单元格 E9 后释放鼠标，即可将单元格 E6 中的数据有效性填充到单元格区域“E7:E9”中，然后分别从下拉列表中选择相应的“科目代码”。

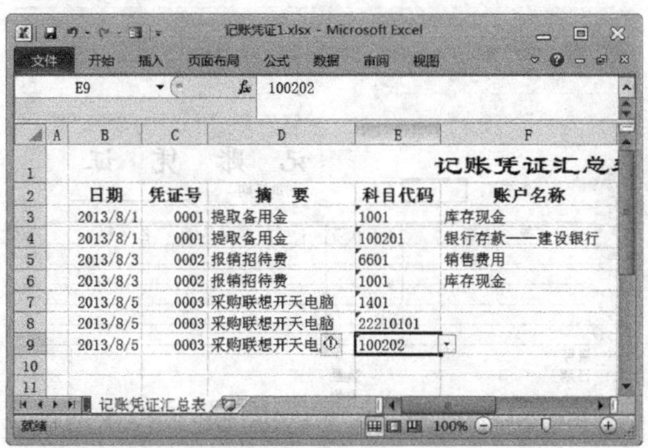

❾选中单元格区域“F6:H6”，将鼠标指针移到单元格 H6 的右下角，当鼠标指针变成✚形状时按住鼠标左键不放，向下拖至单元格 H9 后释放鼠标，即可将单元格区域“F6:H6”中的公式填充到单元格区域“F7:H9”中，随即返回相应的计算结果。

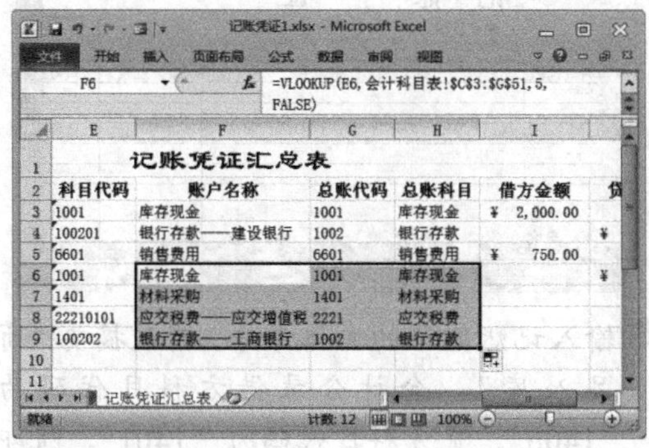

❿输入借贷方金额，然后选中单元格区域“I6:J6”，将鼠标指针移到单元格 J6 的右下角，当指针变成✚形状时按住鼠标左键不放，向下拖至单元格 J9 后释放鼠标，接着单击【自动填充选项】按钮，在弹出的下拉列表中选中【仅填充格式】单选钮，即可将单元格区域“I6:J6”中的格式填充到单元格区域“I7:J9”中。

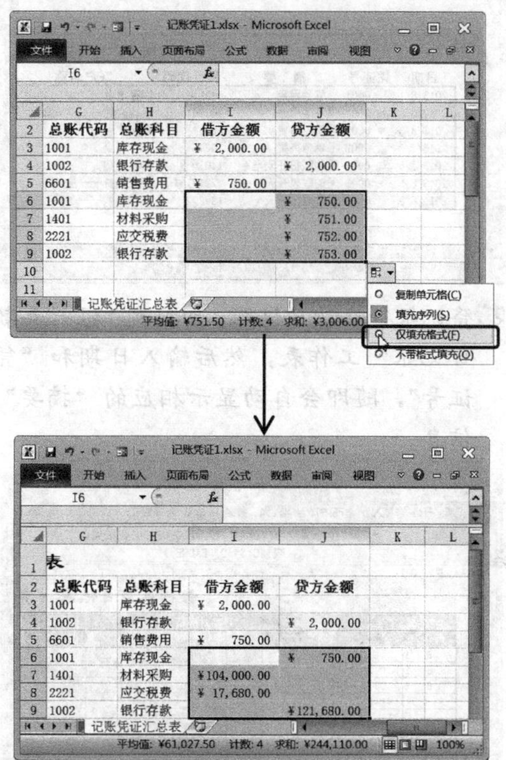

⓫选中单元格区域“B3:J9”，按【Ctrl】+【C】组合键进行复制，然后切换到工作簿“日记账 1.xlsx”的“记账凭证汇总表”工作表中，选中单元格 B3，按【Ctrl】+【V】组合键进行粘贴。由于要复制的工作表中包含的名称与目标工作表相同，会弹出一个【Microsoft Excel】提示对话框，询问用户是否希望继续使用这个名称。

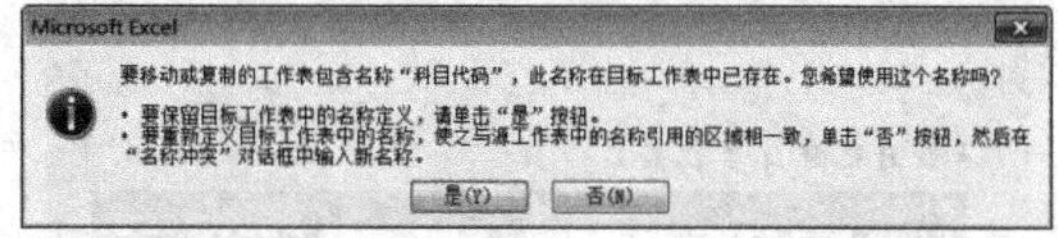

⓬如果单击 是(Y) 按钮，则保留目标工作表中的名称定义；如果单击 否(N) 按钮，则可重新定义目标工作表中的名称。此处单击 是(Y) 按钮，即可将复制的内容及其中的公式等全部粘贴到目标位置。

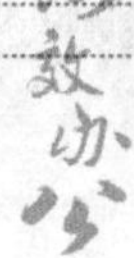

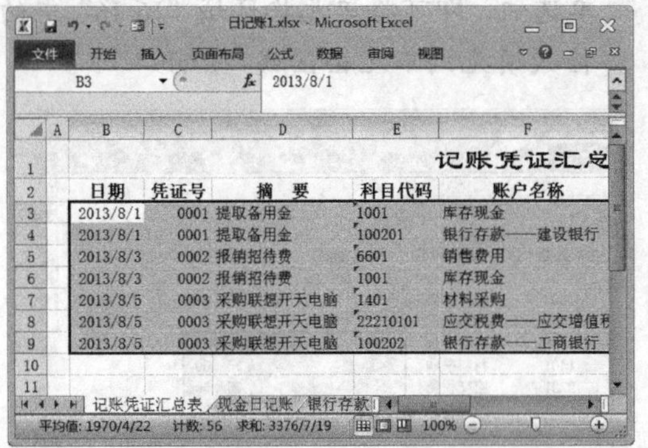

⑬登记银行存款日记账。切换到“银行存款日记账”工作表，然后输入日期和“凭证号”，随即会自动显示相应的“摘要”信息。

⑭凭证号为“0003”的记账凭证中的“银行存款”在贷方，与之对应的借方科目为“材料采购”和“应交税费”，因此在“对应借方科目”列中添加“材料采购”和“应交税费”列标题，随即会自动显示对应借方金额和银行存款贷方金额。

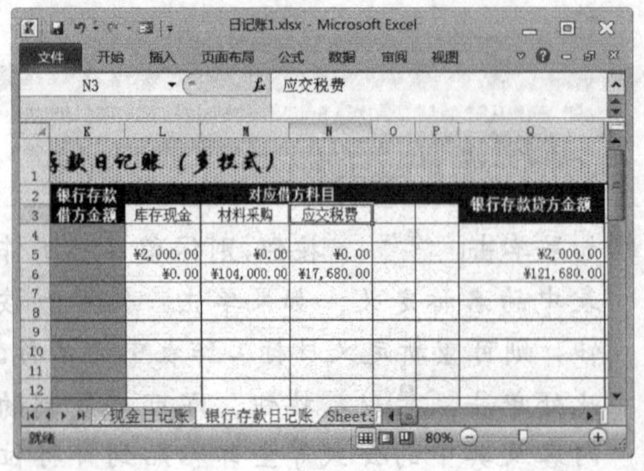

物资验收入库时的账务处理

物资验收入库时进行账务处理的具体步骤如下。

❶切换到“通用记账凭证”工作表，然后删除该工作表中除了“科目名称”和借贷方金额的“合计值”之外的数据。

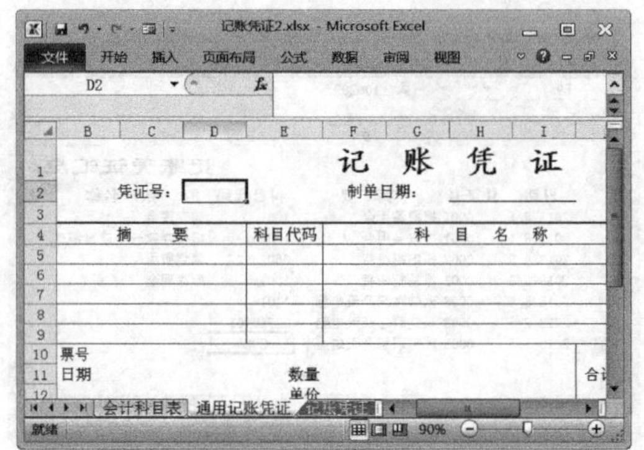

❷在“通用记账凭证”工作表中输入记账凭证的凭证号“4”、制单日期“2013/8/7”，附单据数“1”（这里所附的单据为“入库单”，将在4.3节介绍）。

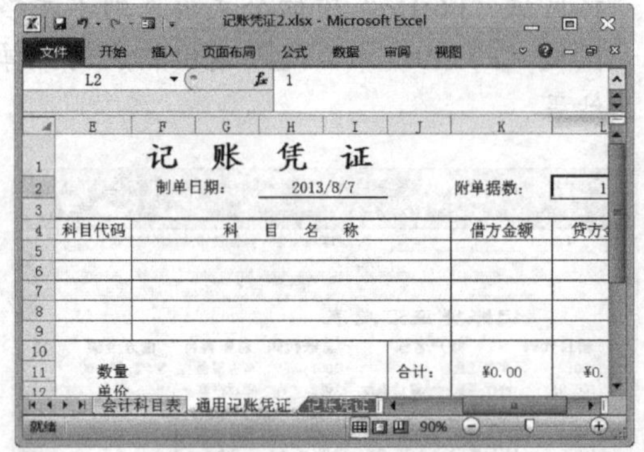

❸输入记账凭证的主体部分。输入摘要“商品入库”，会计分录借方科目代码为“1406”，贷方科目代码为“1401”，随即“科目名称”列中会自动显示与“科目代码”相对应的“科目名称”。

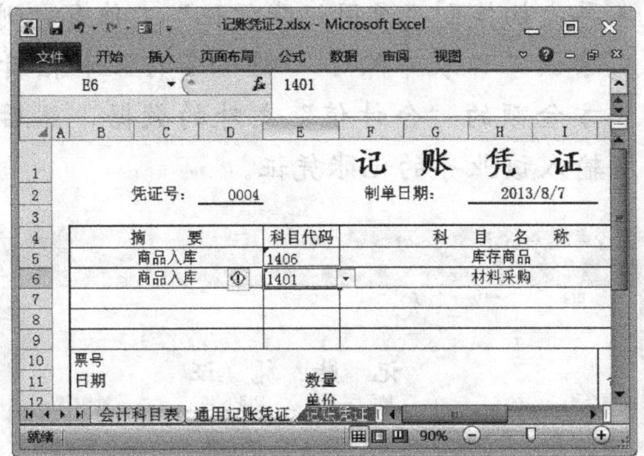

❹输入借贷方金额。借方“库存商品”的金额为“104000”，贷方“材料采购”的金额为“104000”，随即会自动显示借贷方金额的“合计”值。

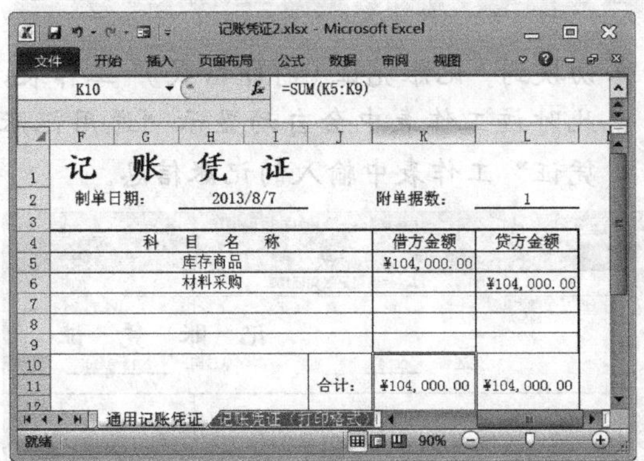

❺输入采购材料这一经济业务的补充信息和备注。

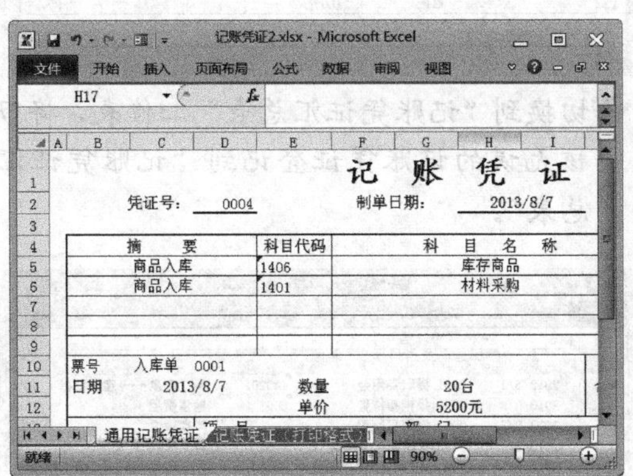

❻切换到“记账凭证（打印格式）”工作表，此时该工作表中会自动显示“通用记账凭证”工作表中输入的记账信息。

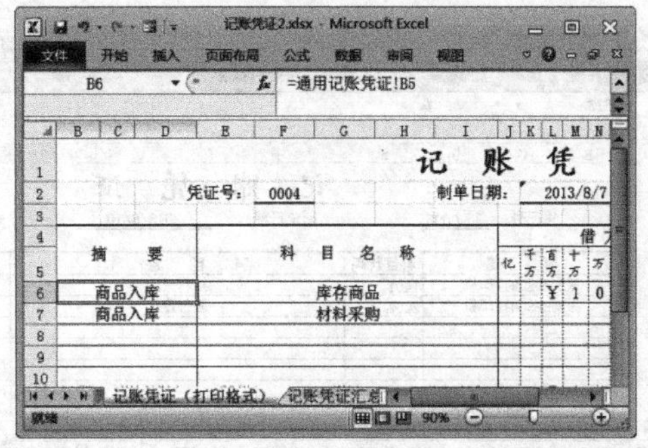

❼切换到“记账凭证汇总表”工作表，将审核无误的记账凭证登记到“记账凭证汇总表”。

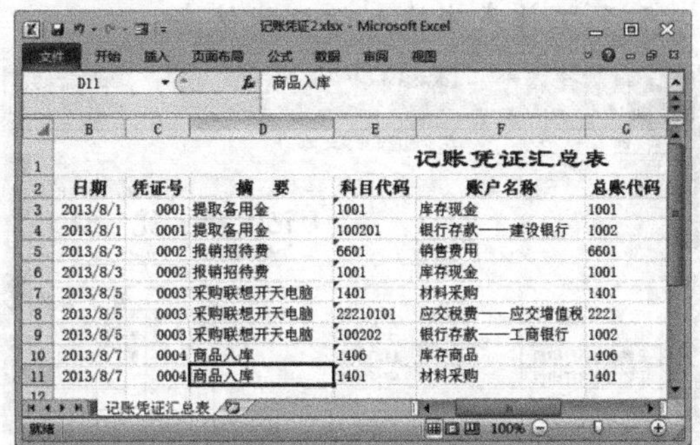

2. 货款未付、验收入库的账务处理

例如，企业在2013年8月10日收到采购的EPSON打印机20台，共计49000元，已验收入库，货款尚未支付，该业务的账务处理如下。

本实例的原始文件和最终效果所在位置如下。		
	原始文件	原始文件\04\记账凭证3.xlsx、记账凭证4.xlsx
	最终效果	最终效果\04\记账凭证3.xlsx、记账凭证4.xlsx

收到物资时的账务处理

收到物资时进行账务处理的具体步骤如下。

❶打开本实例的原始文件，切换到“通用记账凭证”工作表，删除该工作表中除了“科目名称”和借贷方金额的合计值之外的数据，然后输入该业务的记账凭证。

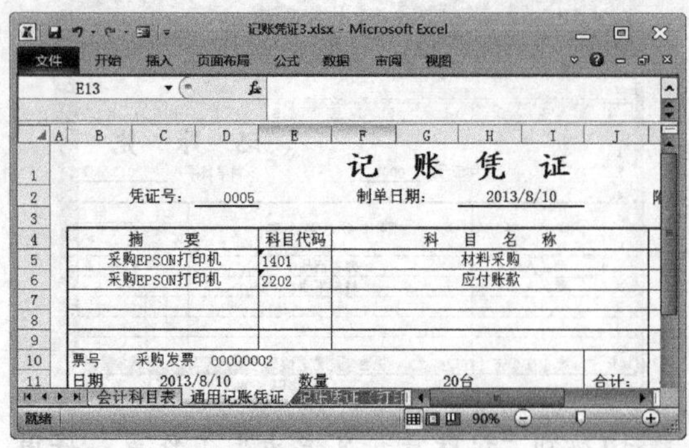

2 切换到“记账凭证（打印格式）”工作表，此时该工作表中自动显示“通用记账凭证”工作表中输入的记账信息。

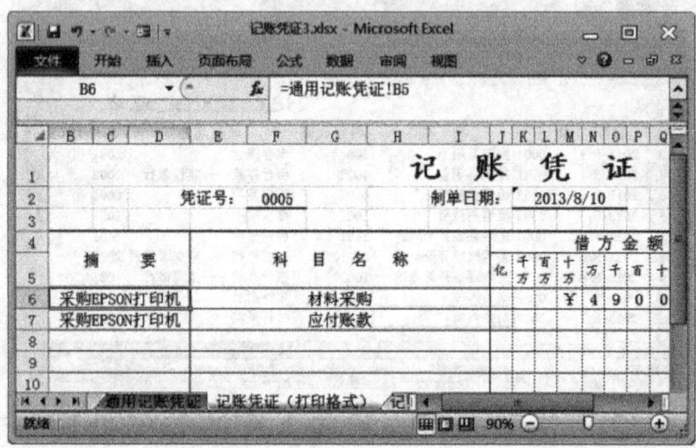

3 切换到“记账凭证汇总表”工作表，将审核无误的记账凭证登记到“记账凭证汇总表”。

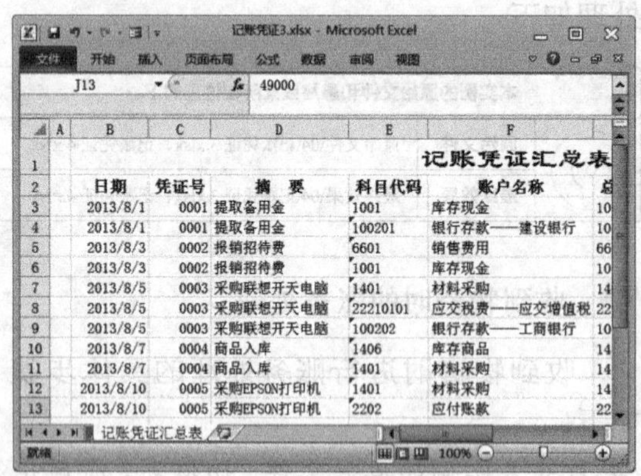

物资验收入库时的账务处理

物资验收入库时进行账务处理的具体步骤如下。

1 再次切换到“通用记账凭证”工作表，删除该工作表中除了“科目名称”和借贷方金额的“合计值”之外的数据，然后输入该业务的记账凭证。

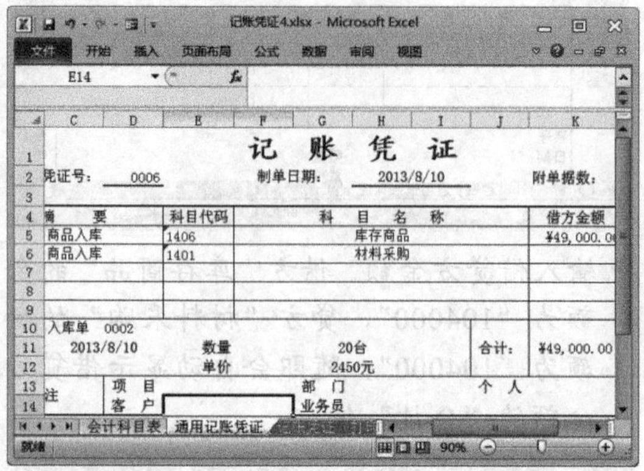

2 切换到“记账凭证（打印格式）”工作表，此时该工作表中会自动显示“通用记账凭证”工作表中输入的记账信息。

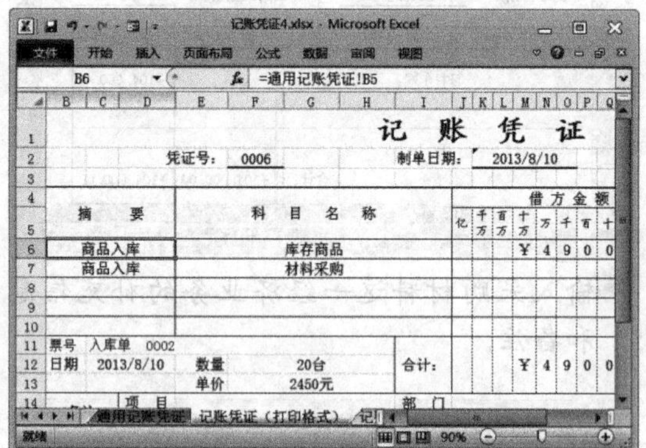

3 切换到“记账凭证汇总表”工作表，将审核无误的记账凭证登记到“记账凭证汇总表”。

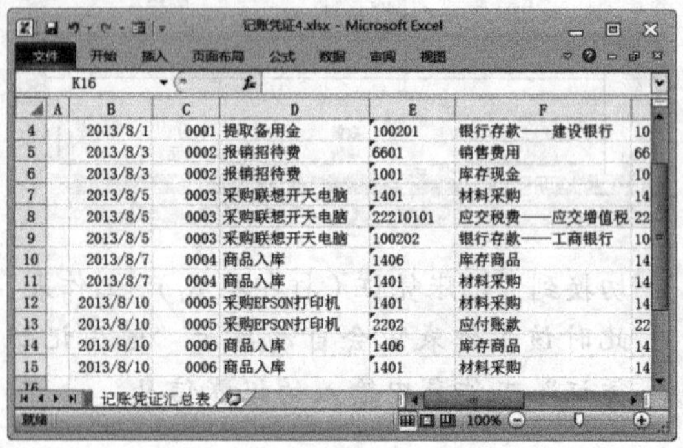

4.2 销售管理

案例背景

在企业的日常销售管理中，销售人员需要将销售数据记录下来，以便分析销售状况，总结销售经验。同时对于采购过程中发生的一些经济业务，会计人员需要编制相应的会计凭证，登记相关账簿。

最终效果及关键知识点

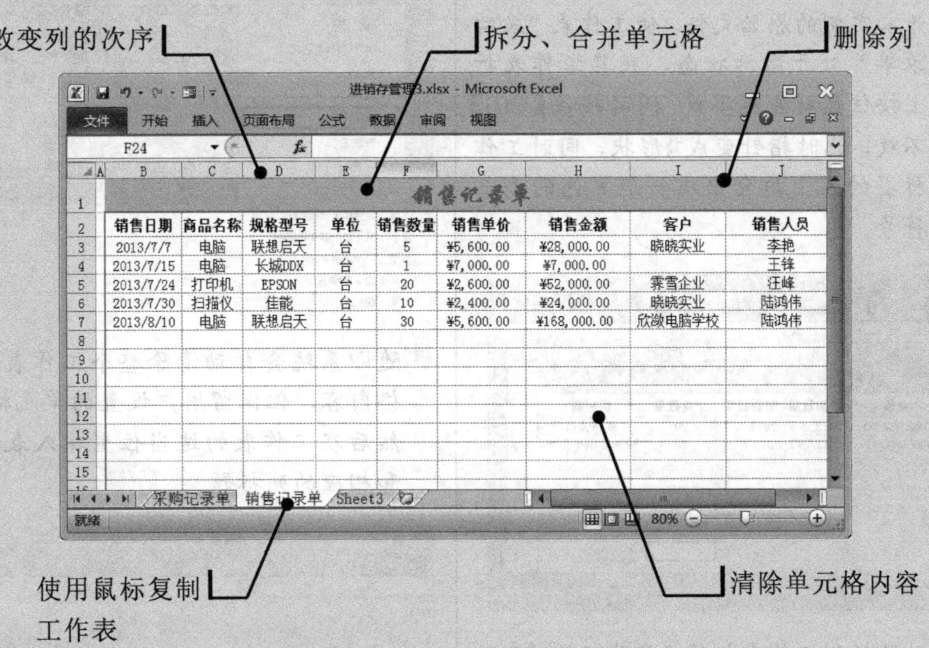

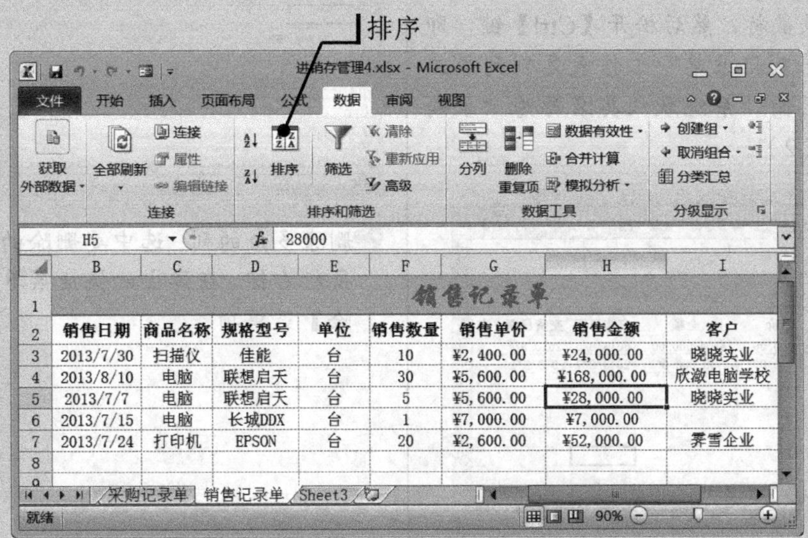

4.2.1 创建销售记录单

一般情况下，企业中的销售数据主要是以流水账的形式记录的，因此可以创建销售记录单以便于管理。

创建销售记录单的具体步骤如下。

本实例的原始文件和最终效果所在位置如下。		
	原始文件	原始文件\04\进销存管理 3.xlsx
	最终效果	最终效果\04\进销存管理 3.xlsx

1 打开本实例的原始文件，使工作表“采购记录单”处于激活状态，在其工作表标签上按住鼠标左键不放，同时按住【Ctrl】键不放，此时指针变成形状，同时工作表标签的左上角会出现一个黑色的小三角符号。

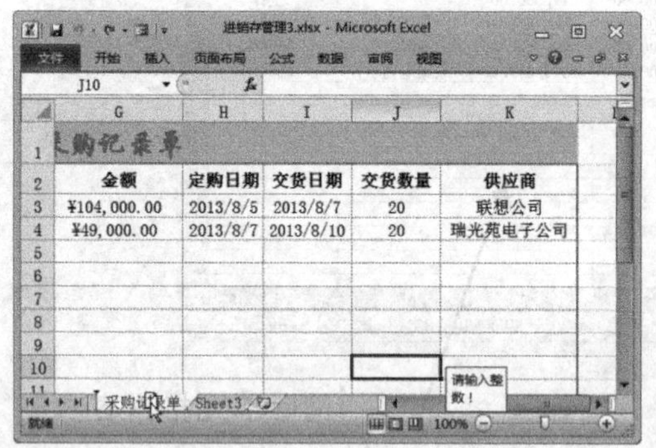

2 拖动鼠标到工作表标签“采购记录单”的后面释放鼠标，然后松开【Ctrl】键，即可将“采购记录单”工作表复制到原工作表的后面，系统默认其名称为“采购记录单（2）”。

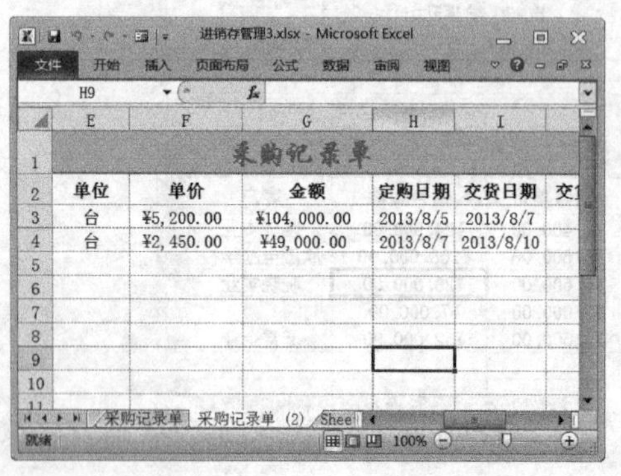

3 清除单元格内容。将“采购记录单 (2)”工作表重命名为“销售记录单”，单击该工作表行标题和列标题的交叉处选中整个工作表，单击鼠标右键，在弹出的快捷菜单中选择【清除内容】菜单项。(或者按【Delete】键)。

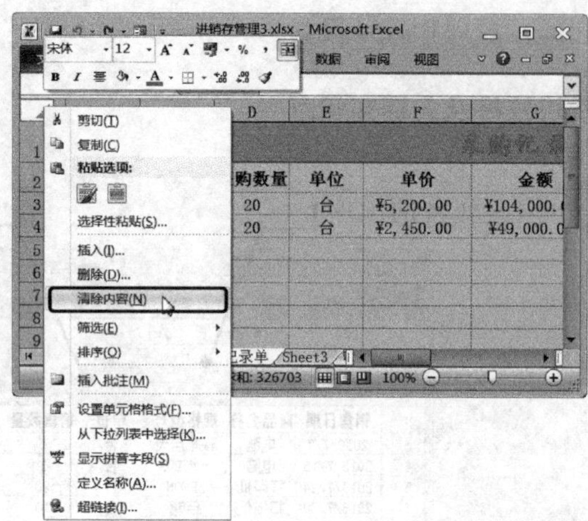

4 随即系统会自动清除整个工作表的单元格内容，但保留用户设置的单元格格式，然后在工作表的适当位置输入表格标题和相应的列标题。

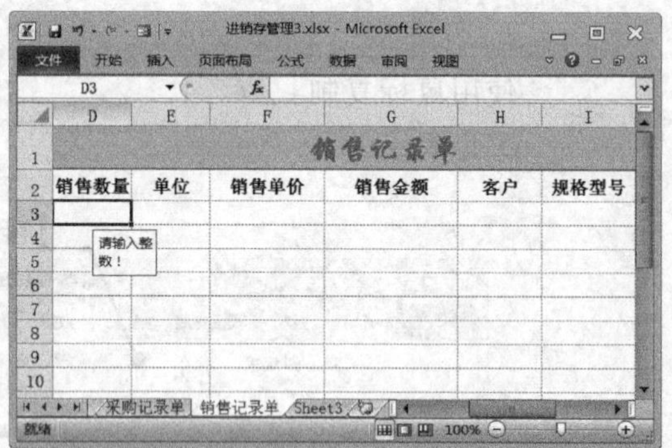

5 删除多余的列。选中要删除的 J 列，单击鼠标右键，在弹出的快捷菜单中选择【删除】菜单项。

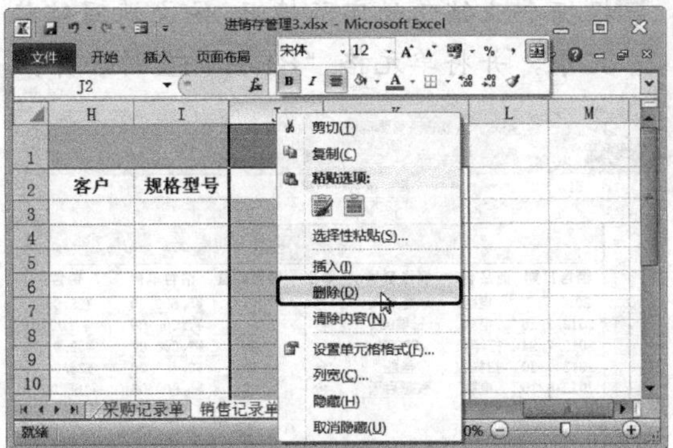

❻随即选中的 J 列被删除，其右侧的列则依次左移。

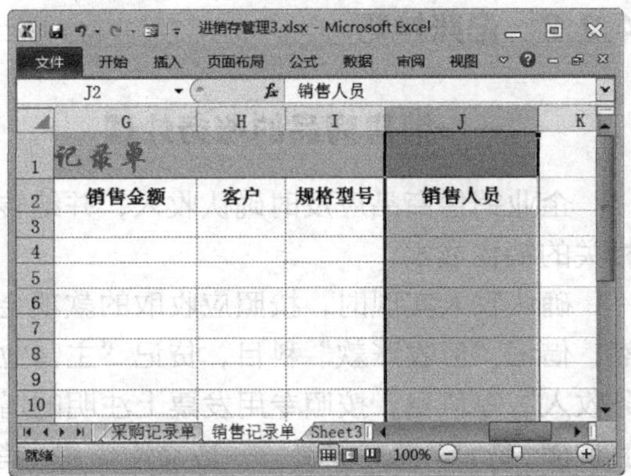

❼拆分单元格。选中合并后的单元格 B1，切换到【开始】选项卡，在【对齐方式】组中单击【合并后居中】按钮。

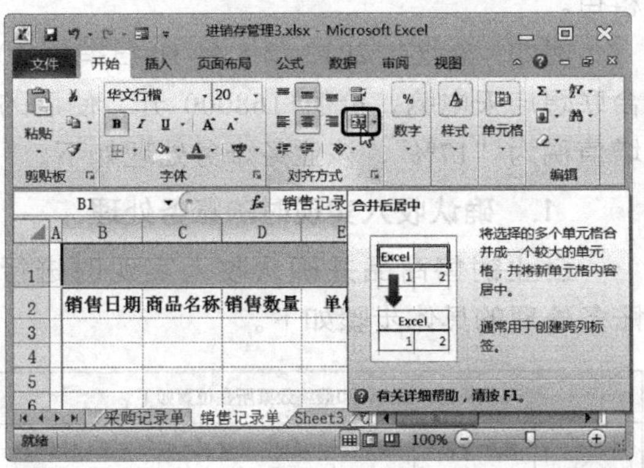

❽返回工作表，此时合并的单元格已被拆分为多个单元格。

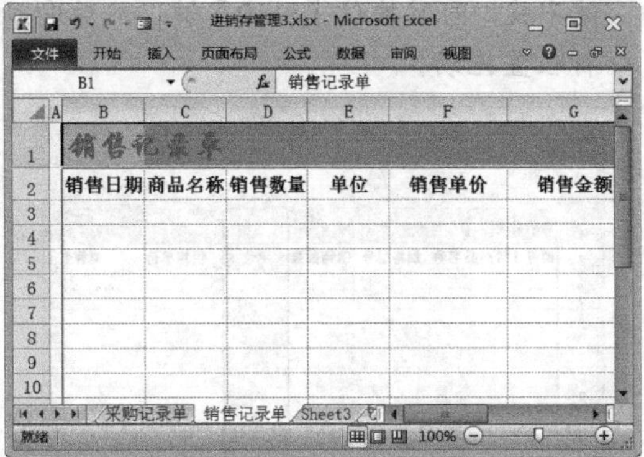

❾使用快捷菜单改变列的次序。选中要调整的列，例如选中 I 列，按【Ctrl】+【X】组合键，然后选中 D 列，单击鼠标右键，在弹出的快捷菜单中选择【插入剪切的单元格】菜单项。

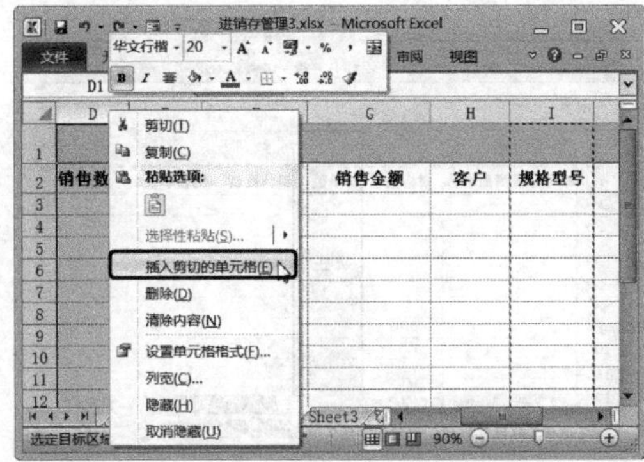

❿即可在 D 列前面插入原来的 I 列，原来的列则依次右移，列次序改变操作完成。

⓫使用鼠标拖动改变列的次序。选中要调整的 F 列，将鼠标指针移动到 F 列右侧的边框上，当指针变成形状时按住鼠标左

键不放，同时按住【Shift】键，然后向目标位置拖动。

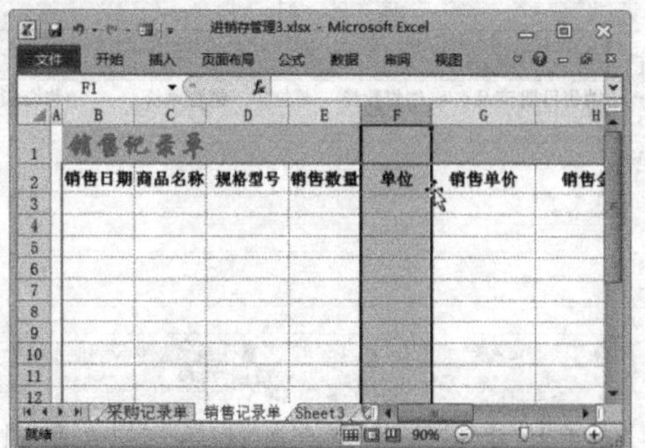

⑫拖动鼠标指针到 E 列后释放，然后松开【Shift】键，随即原来的 F 列变为 E 列，原来的 E 列则右移变成了 F 列，列次序改变完成。

⑬设置“销售金额”列公式。在单元格 H3 中输入以下公式。

=IF(AND(C3="",F3="",G3=""),"",G3*F3)

按【Enter】键完成输入，并将公式不带格式填充到下面的单元格。

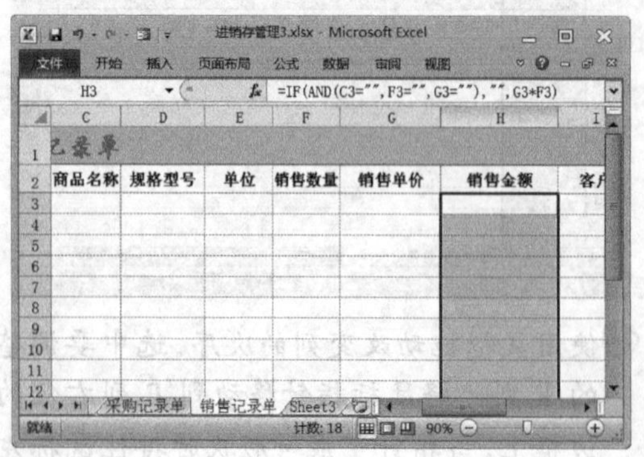

⑭根据企业销售的实际情况，依次填写销售记录，并将单元格“B1:J1”重新合并。

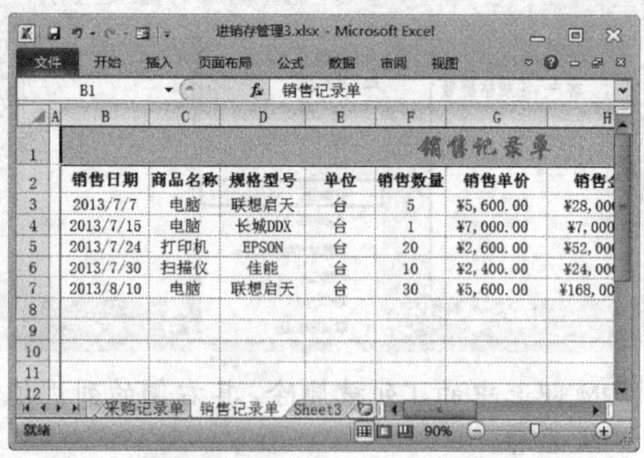

4.2.2 记账技巧

——销售商品的账务处理

企业销售商品应及时确认收入，并结转相关的销售成本。

确认收入实现时，按照应收取的款项金额，借记“应收账款”科目，贷记“主营业务收入”等科目，按照专用发票上注明的增值税额，贷记“应交税费——应交增值税（销项税额）”科目。

结转销售成本时，按照商品的成本，借记“主营业务成本”科目，贷记“库存商品”科目。

例如，企业在 2013 年 8 月 10 日销售 30 台联想启天电脑，价值 168000 元，使用的增值税为“17%”，该业务账务处理如下。

1. 确认收入实现时的账务处理

企业销售商品并确认收入实现时进行账务处理的具体步骤如下。

本实例的原始文件和最终效果所在位置如下。	
原始文件	原始文件\04\记账凭证 5.xlsx
最终效果	最终效果\04\记账凭证 5.xlsx

❶打开本实例的原始文件，切换到“通用记账凭证”工作表，删除该工作表中除了“科目名称”和借贷方金额的“合计值”之外的数据，然后输入该业务的记账凭证。

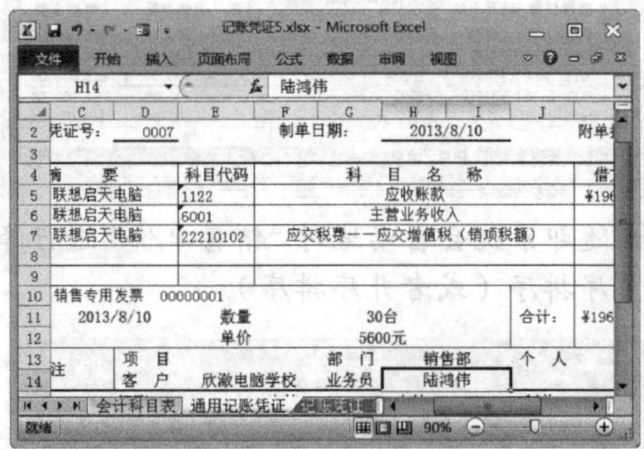

❷切换到“记账凭证（打印格式）”工作表，此时该工作表中会自动显示“通用记账凭证”工作表中输入的记账信息。

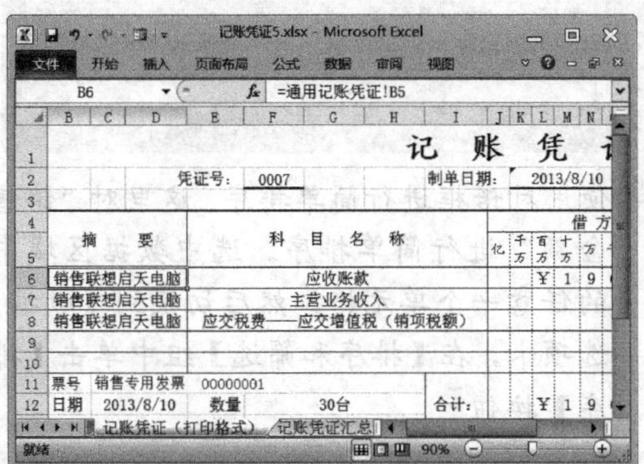

❸切换到“记账凭证汇总表”工作表，将审核无误的记账凭证登记到“记账凭证汇总表”。

2. 结转销售成本时的账务处理

结转销售成本时进行账务处理的具体步骤如下。

本实例的原始文件和最终效果所在位置如下。		
	原始文件	原始文件\04\记账凭证 6.xlsx
	最终效果	最终效果\04\记账凭证 6.xlsx

❶打开本实例的原始文件，切换到“通用记账凭证”工作表，删除该工作表中除“科目名称”和借贷方金额的合计值之外的数据，然后输入该业务的记账凭证。

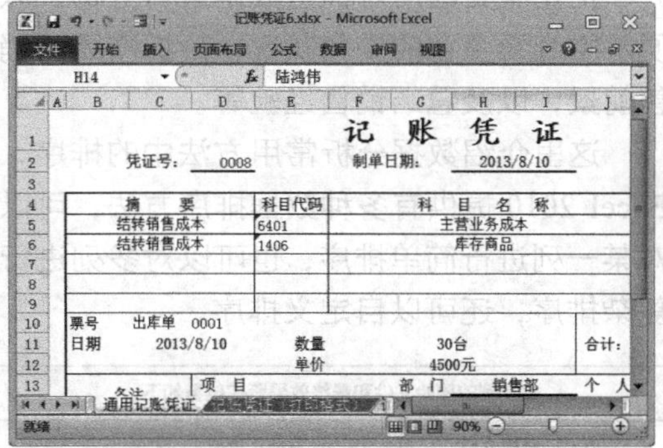

❷切换到“记账凭证（打印格式）”工作表，此时该工作表中自动显示“通用记账凭证”工作表中输入的记账信息。

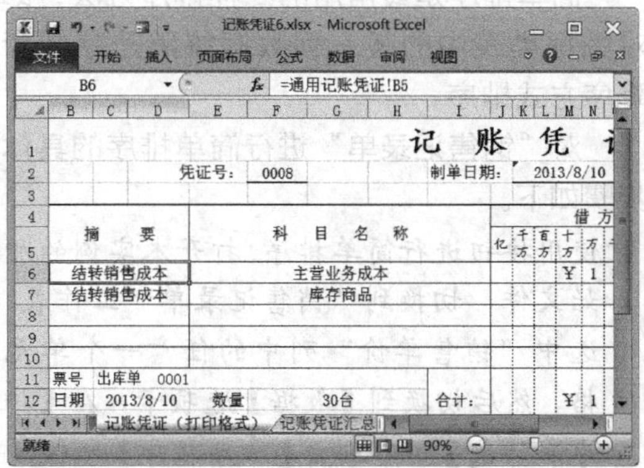

❸切换到“记账凭证汇总表”工作表，将审核无误的记账凭证登记到“记账凭证汇总表”。

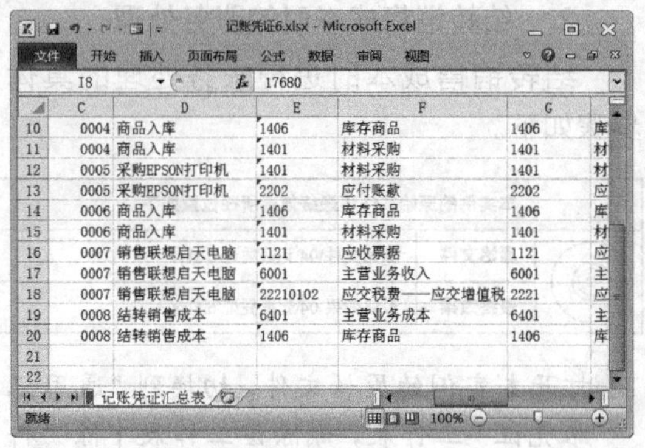

4.2.3 销售数据分析

企业需要经常对销售数据进行分析，以便从中查看企业的销售状况，分析产品的销售前景，以及总结销售经验等。

这里介绍数据分析常用方法中的排序，Excel 2010 提供有多种数据排序方法，可以对某一列进行简单排序，也可以对多列进行复杂排序，还可以自定义排序。

本实例的原始文件和最终效果所在位置如下。		
	原始文件	原始文件\04\进销存管理 4.xlsx
	最终效果	最终效果\04\进销存管理 4.xlsx

1. 简单排序

简单排序是最常用的一种排序方法，即对数据类表中的某一列数据按照升序或者降序方式排序。

对“销售记录单”进行简单排序的具体步骤如下。

❶ 使用按钮进行简单排序。打开本实例的原始文件，切换到“销售记录单”工作表，选中“销售单价”列中的任意一个单元格，然后切换到【数据】选项卡，在【排序和筛选】组中单击【降序排序】按钮 （或者【升序排序】按钮 ）。

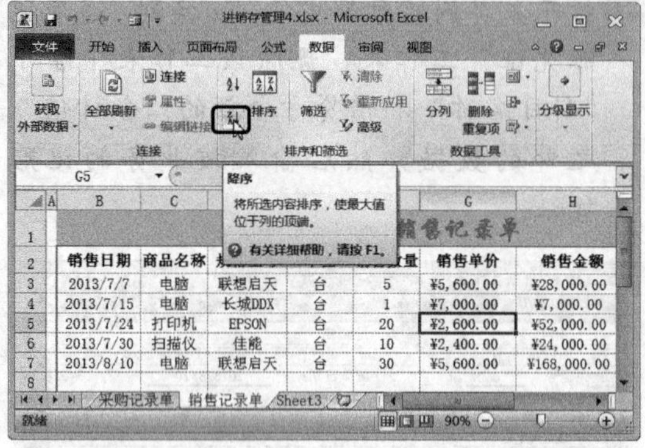

❷ 随即系统会自动地对“销售单价”进行降序排序（或者升序排序）。

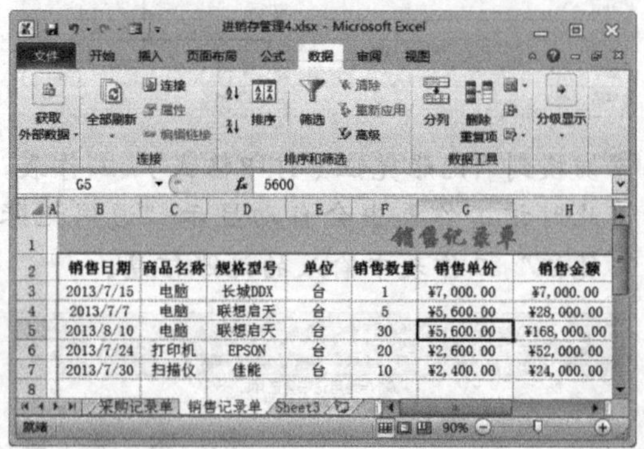

❸ 使用对话框进行简单排序。这里对“销售金额”进行简单排序。选中数据区域中的任意一个单元格，然后切换到【数据】选项卡，在【排序和筛选】组中单击【排序】按钮 。

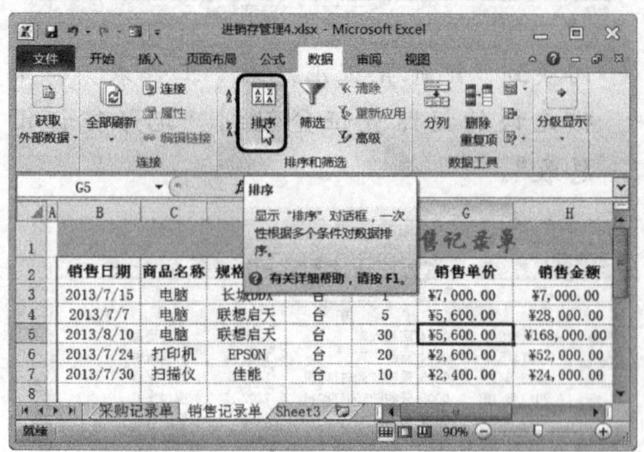

❹弹出【排序】对话框，在【主要关键字】下拉列表中选择【销售金额】选项，在【排序依据】下拉列表中选择【数值】选项，在【次序】下拉列表中选择【升序】选项。

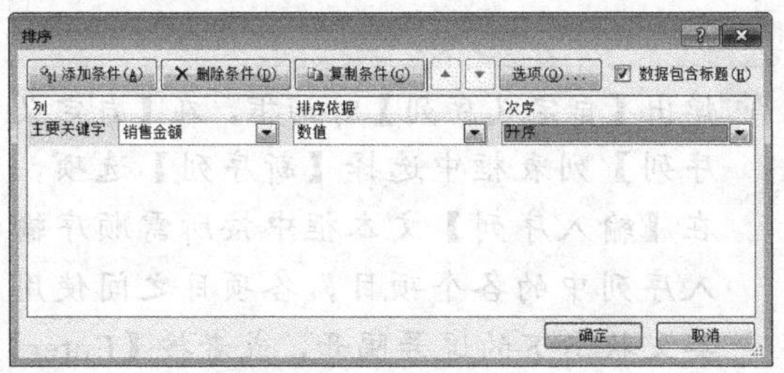

❺单击 确定 按钮返回工作表，此时系统会自动地对“销售金额”进行升序排序。

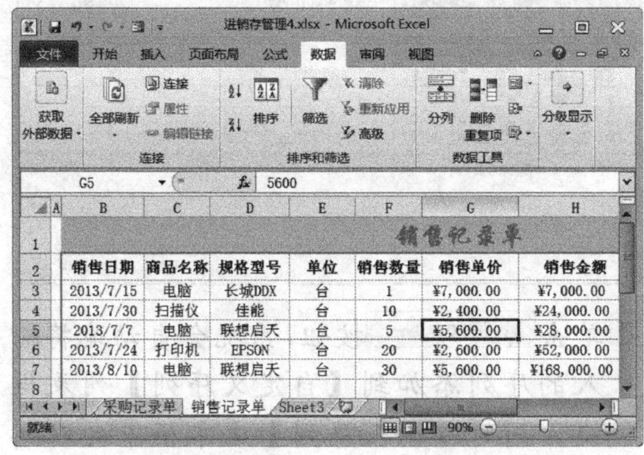

2. 复杂排序

对数据进行简单排序时，可能会遇到该列中有相同数据的情况，这时可以设置多个关键字对多列进行复杂排序。

对“销售记录单”进行复杂排序的具体步骤如下。

❶选中数据区域中的任意一个单元格，然后切换到【数据】选项卡，在【排序和筛选】组中单击【排序】按钮。

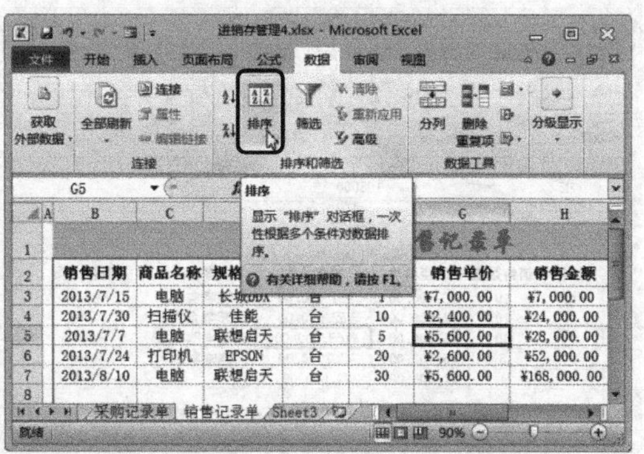

❷弹出【排序】对话框，在【主要关键字】下拉列表中选择【销售单价】选项，在【排序依据】下拉列表中选择【数值】选项，在【次序】下拉列表中选择【升序】选项。

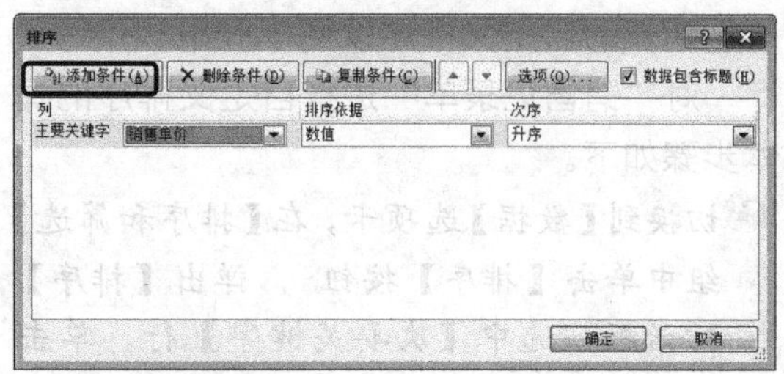

❸单击 添加条件(A) 按钮，即可在【主要关键字】下方添加【次要关键字】。在【次要关键字】下拉列表中选择【销售金额】选项，在其右侧的【排序依据】下拉列表中选择【数值】选项，在【次序】下拉列表中选择【降序】选项。

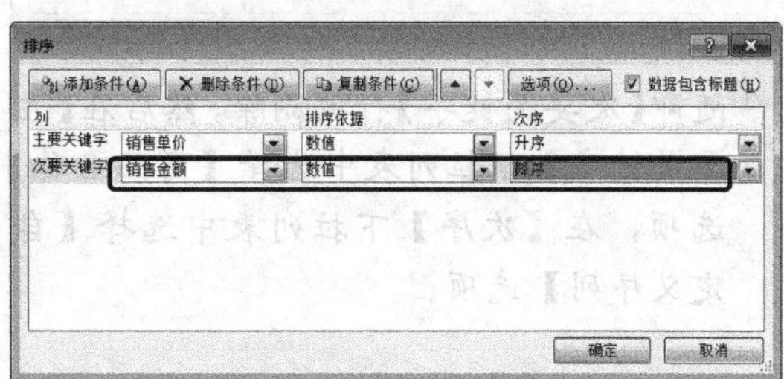

❹单击 确定 按钮，返回工作表，此时系统会自动地先对“销售单价”进行升序排序，如果“销售单价”相同，则对“销售金额”进行降序排序。

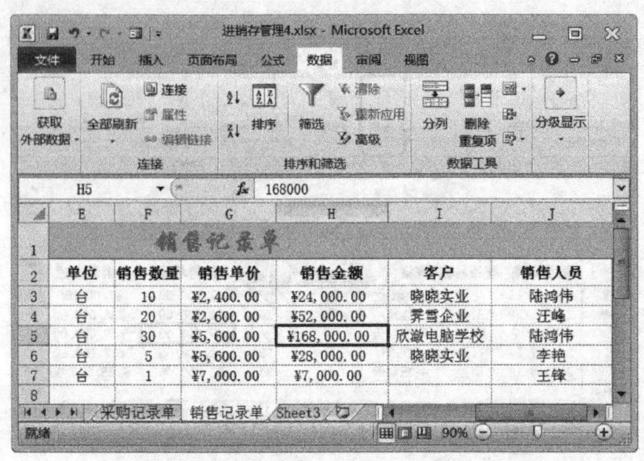

3. 自定义排序

如果用户觉得简单排序和复杂排序都不能满足实际需要，可以自定义排序。系统默认的自定义排序是一种按照字母和数字顺序的排序方式，在实际工作中，用户也可以创建新的自定义排序以便于应用。

对“销售记录单”进行自定义排序的具体步骤如下。

❶切换到【数据】选项卡，在【排序和筛选】组中单击【排序】按钮，弹出【排序】对话框，选中【次要关键字】行，单击 删除条件(D) 按钮。

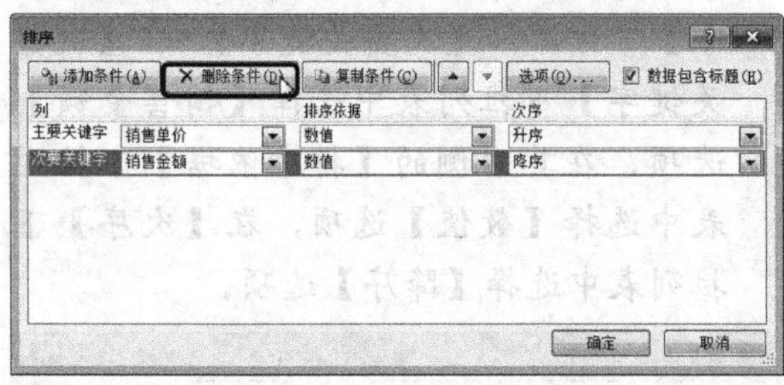

❷随即【次要关键字】行被删除，然后在【主要关键字】下拉列表中选择【商品名称】选项，在【次序】下拉列表中选择【自定义序列】选项。

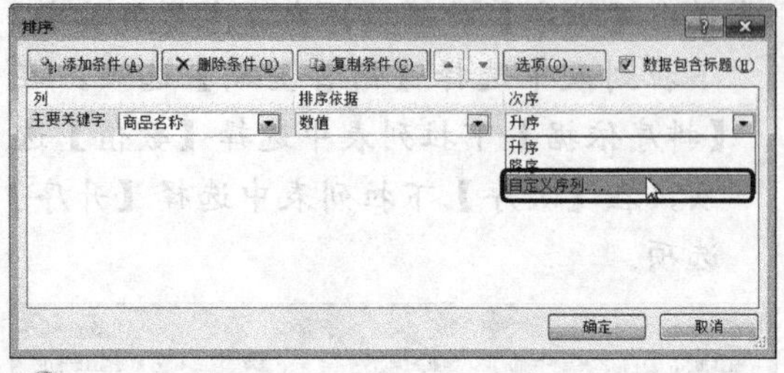

❸弹出【自定义序列】对话框，在【自定义序列】列表框中选择【新序列】选项，在【输入序列】文本框中按所需顺序输入序列中的各个项目，各项目之间使用英文状态下的逗号隔开，或者按【Enter】键换行，以分隔各个项目。

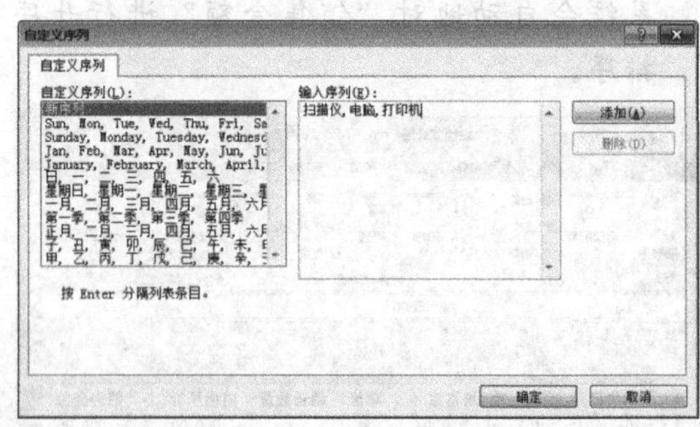

❹单击 添加(A) 按钮，系统会自动地将输入的序列添加到【自定义序列】列表框中，同时【输入序列】文本框中会以列的形式显示输入的序列。

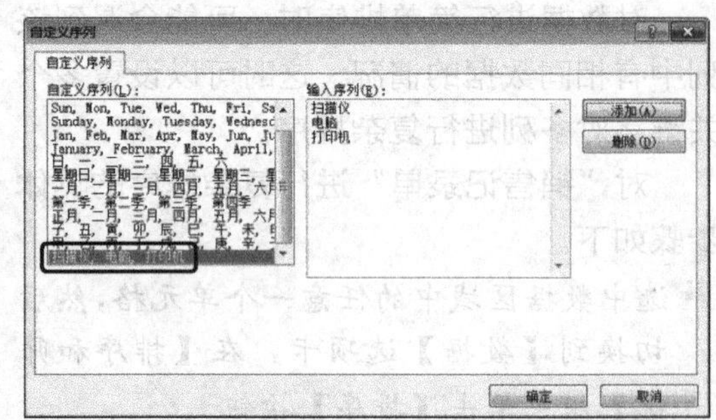

❺单击 确定 按钮返回【排序】对话框，在【次序】下拉列表中显示【扫描仪,电脑,打印机】。

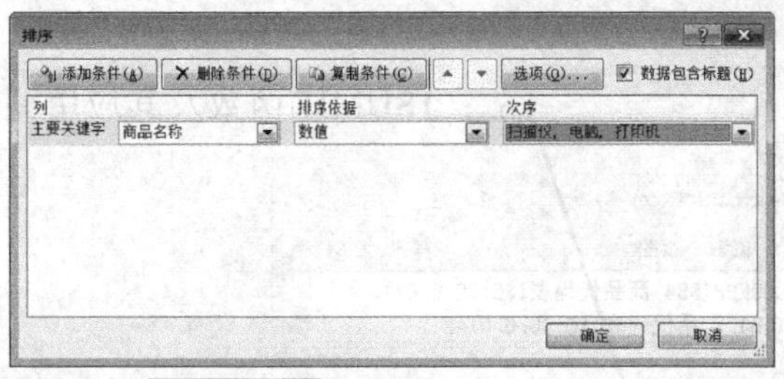

❻单击 确定 按钮返回工作表，此时系统就会自动地对“商品名称”按自定义序列进行排序。

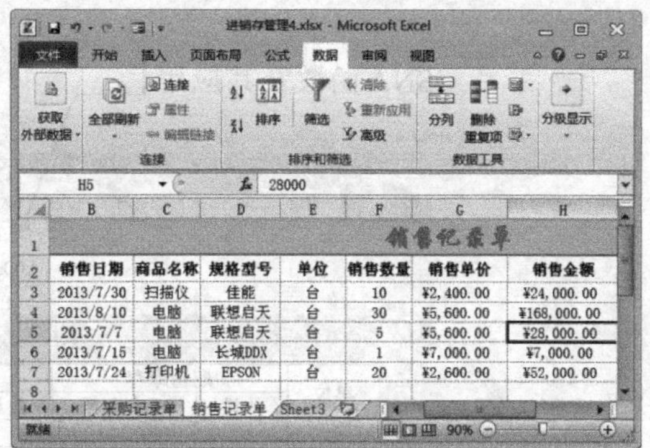

4.3 库存管理

案例背景

库存管理是企业进销存管理中不可缺少的重要环节，与采购管理和销售管理是紧密相连的，无论是采购的原材料或者商品，还是生产的产品，都需要进行入库和出库的统计。本节就来介绍如何使用 Excel 来完成商品的入库和出库统计，以及对库存量的控制。

最终效果及关键知识点

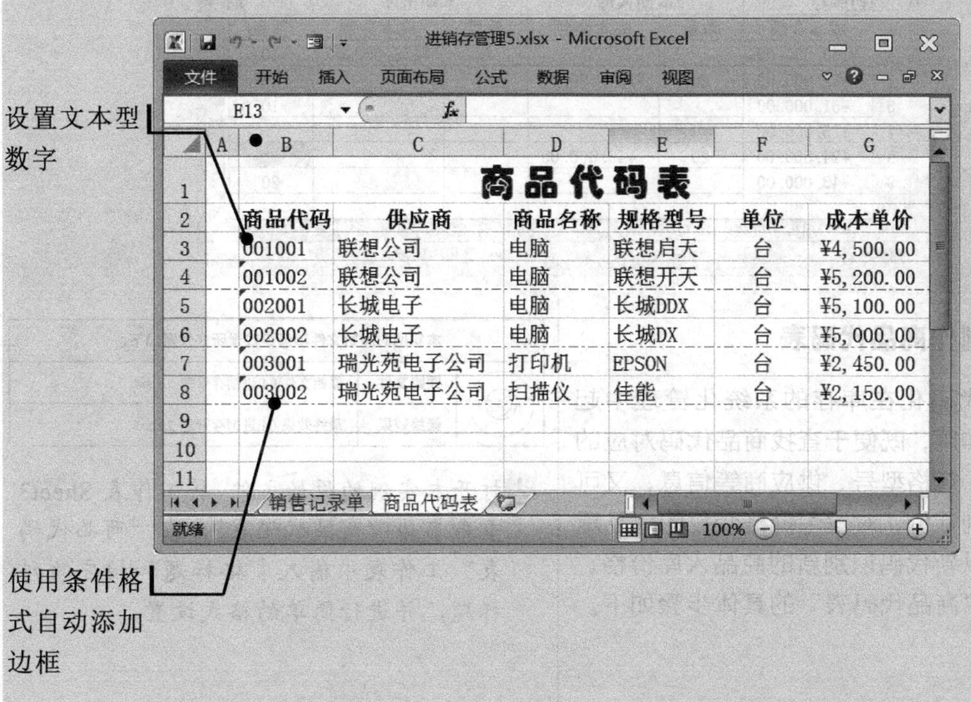

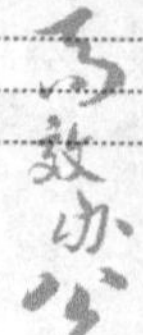

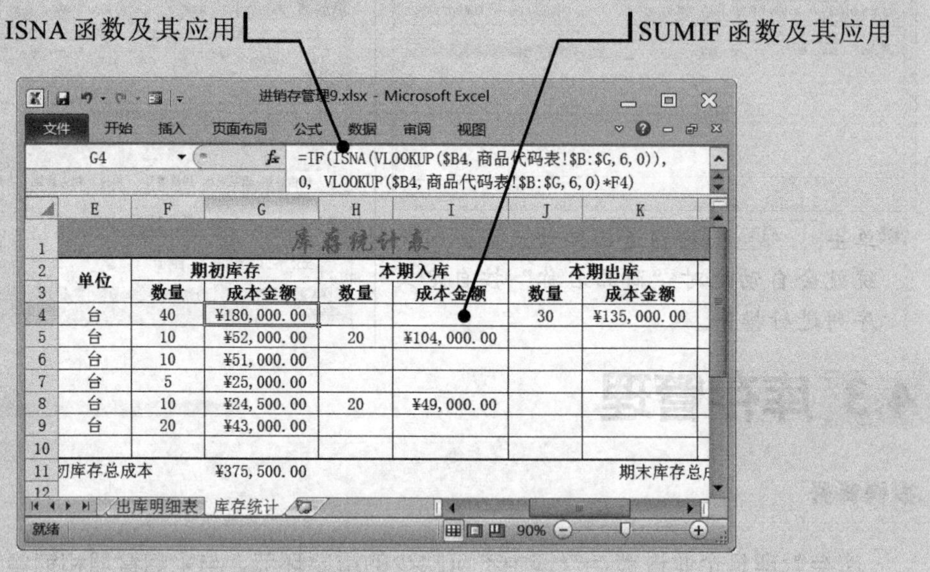

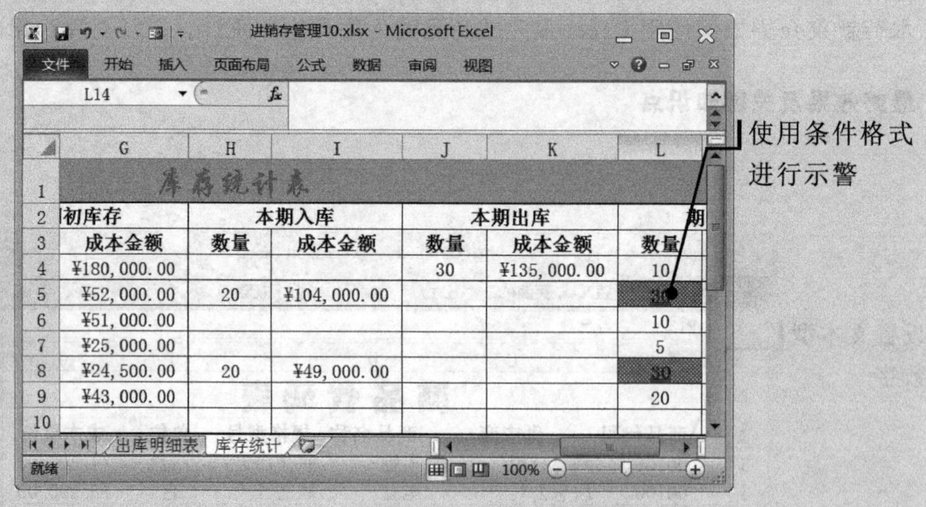

4.3.1 制作商品代码表

商品代码化在库存的系统化管理中起着关键性作用，既便于查找商品代码对应的商品名称、规格型号、供应商等信息，又可以实现个别计价，对发生价格变化的商品重新编码，以新代码识别新的商品入库价格。

制作“商品代码表”的具体步骤如下。

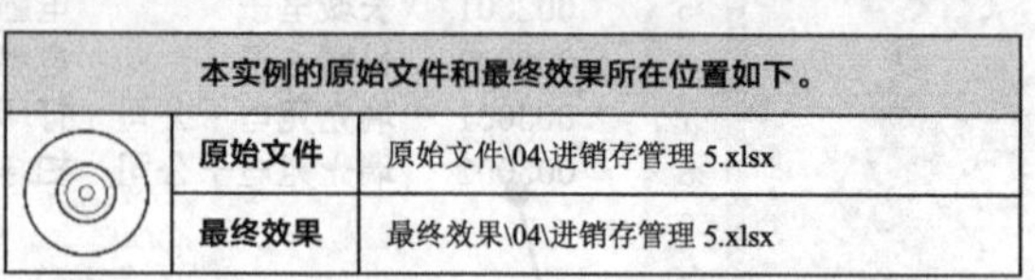

本实例的原始文件和最终效果所在位置如下。		
	原始文件	原始文件\04\进销存管理 5.xlsx
	最终效果	最终效果\04\进销存管理 5.xlsx

1 打开本实例的原始文件，将工作表 Sheet3 重命名为“商品代码表”。在“商品代码表”工作表中输入表格标题和相应的列标题，并进行简单的格式设置。

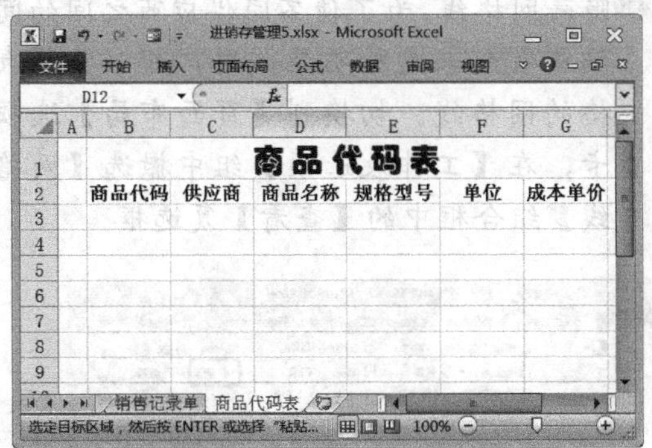

❷设置文本型数字。选中 B 列，然后单击鼠标右键，在弹出的快捷菜单中选择【设置单元格格式】菜单项。

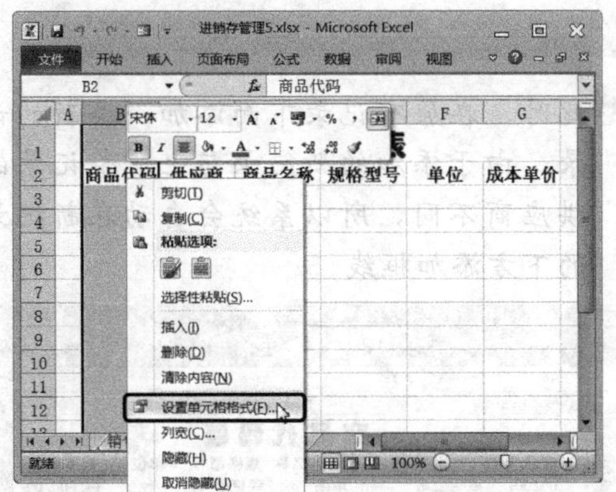

❸弹出【设置单元格格式】对话框，切换到【数字】选框，在【分类】列表框中选择【文本】选项。

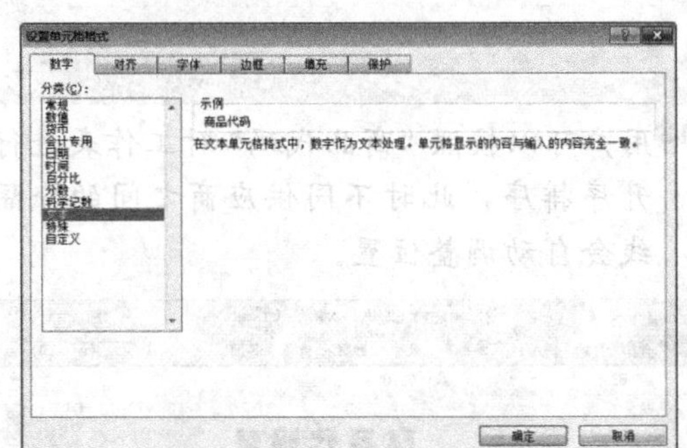

❹单击 确定 按钮返回工作表，输入“商品代码”和相应的商品信息，然后对其进行简单的格式设置，并适当地调整各列的列宽。

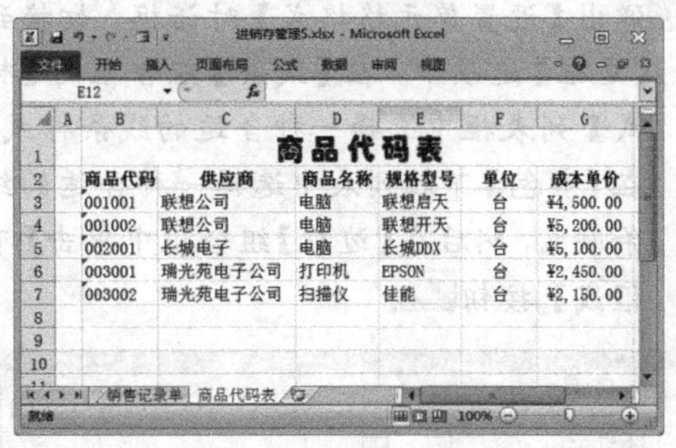

❺使用条件格式自动添加边框。选中单元格区域“A3:H10”，切换到【开始】选项卡，在【样式】组中单击【条件格式】按钮，在弹出的下拉列表中选择【新建规则】选项。

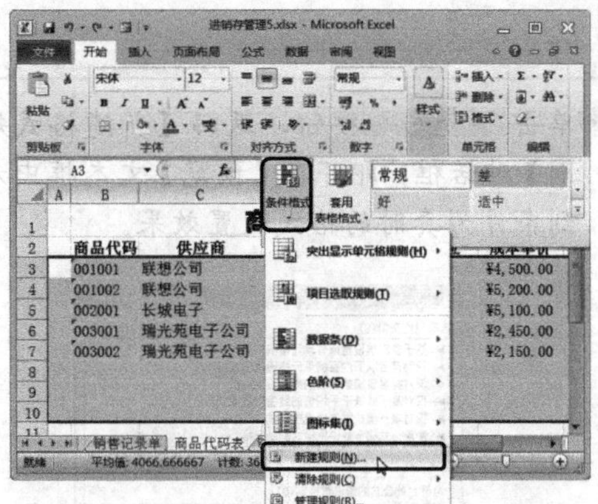

❻弹出【新建格式规则】对话框，在【选择规则类型】列表框中选择【使用公式确定要设置格式的单元格】选项，在【为符合此公式的值设置格式】文本框中输入以下公式。

`=$C4<>$C3`

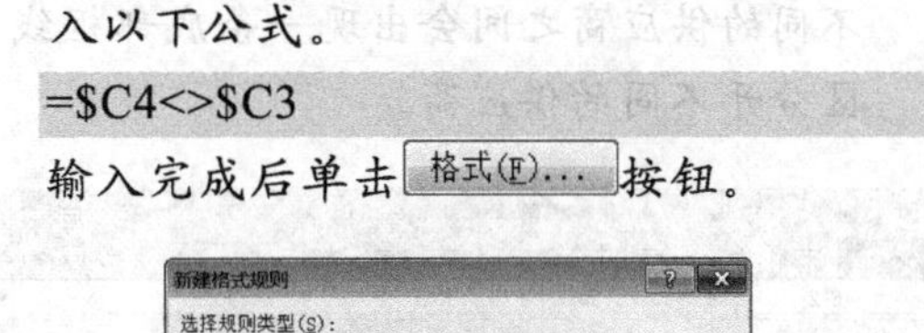

输入完成后单击 格式(F)... 按钮。

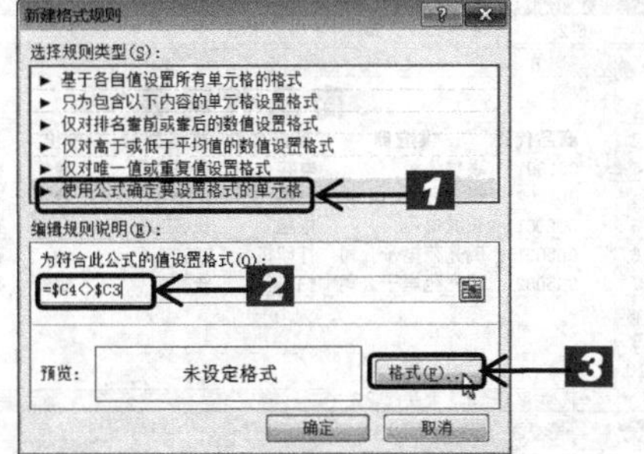

❼弹出【设置单元格格式】对话框，切换到【边框】选项卡，在【线条】组合框的【样式】列表框中选择一种合适的线条样式，在【颜色】下拉列表中选择一种合适的线条颜色，然后在【边框】组合框中单击【下框线】按钮。

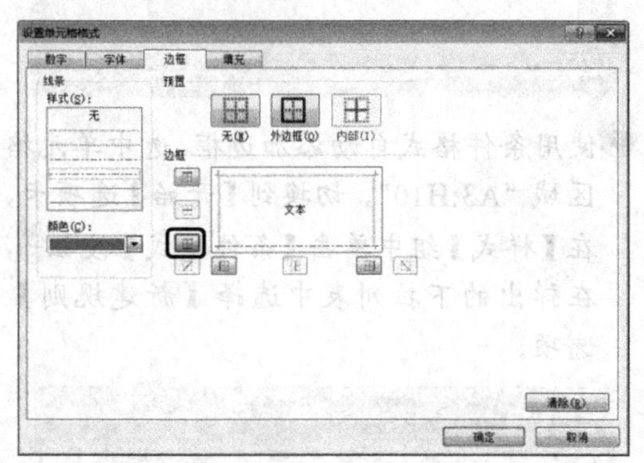

❽单击 确定 按钮，返回【新建格式规则】对话框，即可在【预览】文本框中看到条件为真时的格式设置效果。

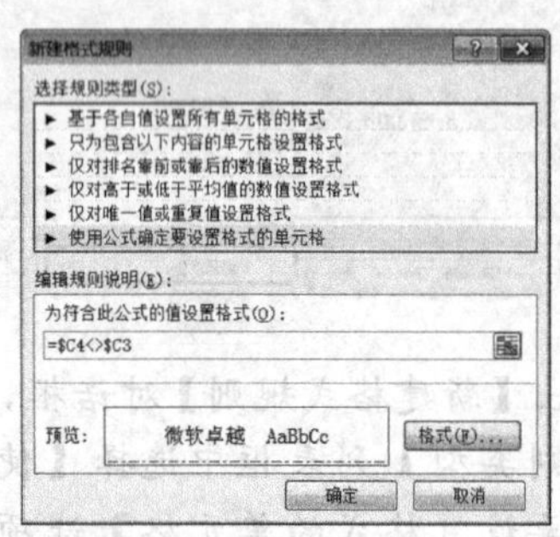

❾单击 确定 按钮返回工作表，此时在不同的供应商之间会出现一条底部框线，区分开不同的供应商。

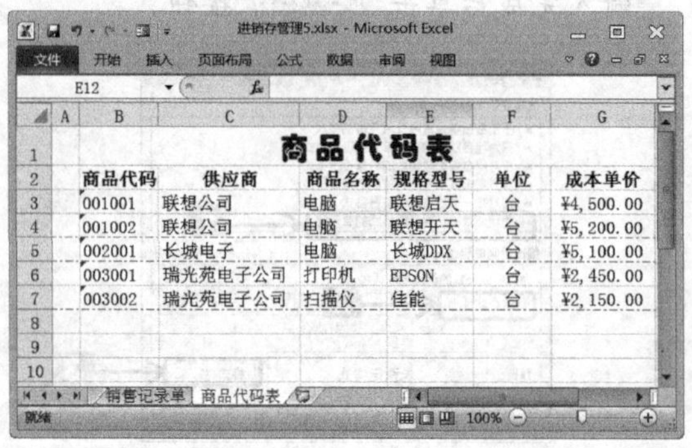

商品代码表

商品代码	供应商	商品名称	规格型号	单位	成本单价
001001	联想公司	电脑	联想启天	台	¥4,500.00
001002	联想公司	电脑	联想开天	台	¥5,200.00
002001	长城电子	电脑	长城DDX	台	¥5,100.00
003001	瑞光苑电子公司	打印机	EPSON	台	¥2,450.00
003002	瑞光苑电子公司	扫描仪	佳能	台	¥2,150.00

❿隐藏网格线。为了使不同供应商之间的间隔线看起来更加明显，用户可以隐藏表格的网格线。切换到【页面布局】选项卡，在【工作表选项】组中撤选【网格线】组合框中的【查看】复选框。

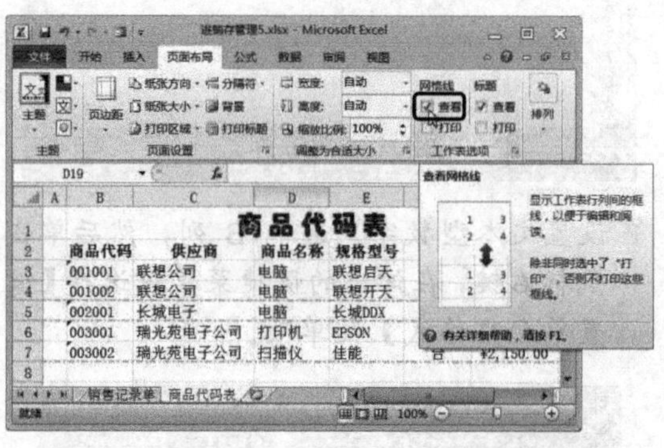

⓫此时，在原有记录下面添加一条新的记录，由于添加的新纪录与上一条记录的供应商不同，所以系统会自动在新纪录的下方添加框线。

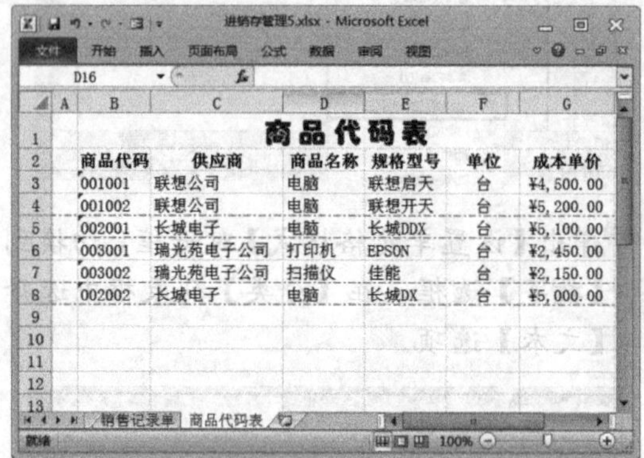

商品代码表

商品代码	供应商	商品名称	规格型号	单位	成本单价
001001	联想公司	电脑	联想启天	台	¥4,500.00
001002	联想公司	电脑	联想开天	台	¥5,200.00
002001	长城电子	电脑	长城DDX	台	¥5,100.00
003001	瑞光苑电子公司	打印机	EPSON	台	¥2,450.00
003002	瑞光苑电子公司	扫描仪	佳能	台	¥2,150.00
002002	长城电子	电脑	长城DX	台	¥5,000.00

⓬用户可以按照"商品代码"对工作表进行升序排序，此时不同供应商之间的分隔线会自动调整位置。

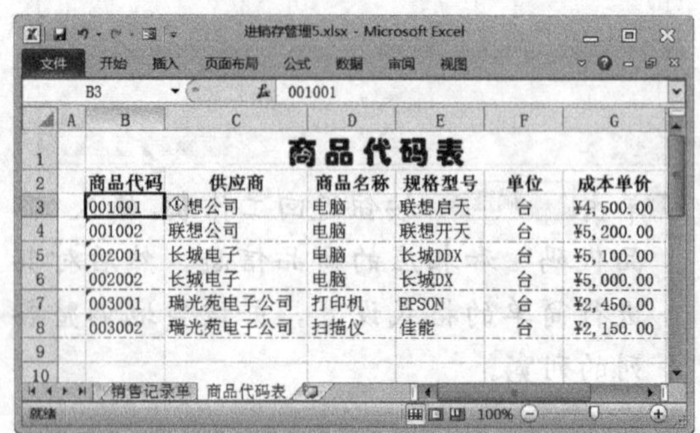

商品代码表

商品代码	供应商	商品名称	规格型号	单位	成本单价
001001	联想公司	电脑	联想启天	台	¥4,500.00
001002	联想公司	电脑	联想开天	台	¥5,200.00
002001	长城电子	电脑	长城DDX	台	¥5,100.00
002002	长城电子	电脑	长城DX	台	¥5,000.00
003001	瑞光苑电子公司	打印机	EPSON	台	¥2,450.00
003002	瑞光苑电子公司	扫描仪	佳能	台	¥2,150.00

4.3.2 制作出入库单据

出入库单据是常用的记录存货收发的原始凭证，制作出入库单据的具体步骤如下。

本实例的原始文件和最终效果所在位置如下。		
	原始文件	原始文件\04\进销存管理 6.xlsx
	最终效果	最终效果\04\进销存管理 6.xlsx

❶打开本实例的原始文件，单击【插入工作表】按钮，为工作簿插入一个新的工作表。

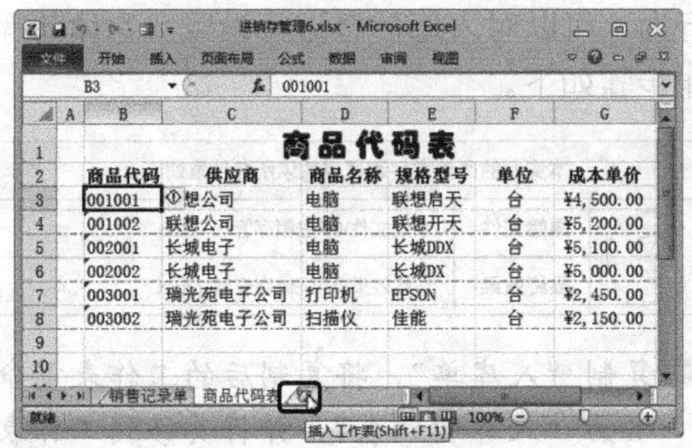

❷将新插入的工作表重命名为“入库单”，并输入“入库单”的相关项目，然后对其进行单元格格式（包括数字格式）设置，并适当地调整各列的列宽。

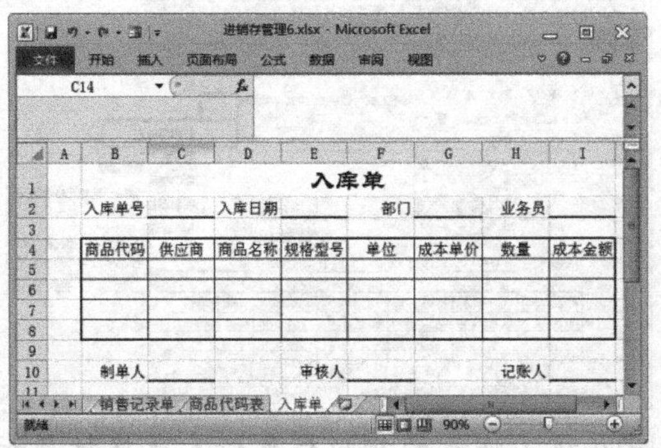

❸导入入库商品信息。在单元格 C5 中输入以下公式。

=IF($B5="","",VLOOKUP($B5,商品代码表!$B:$G, COLUMN()-1,0))

按【Enter】键完成输入，随即返回引用结果，然后将该单元格中的公式不带格式地分别向右和向下填充，填充到单元格区域“C5:G8”中。

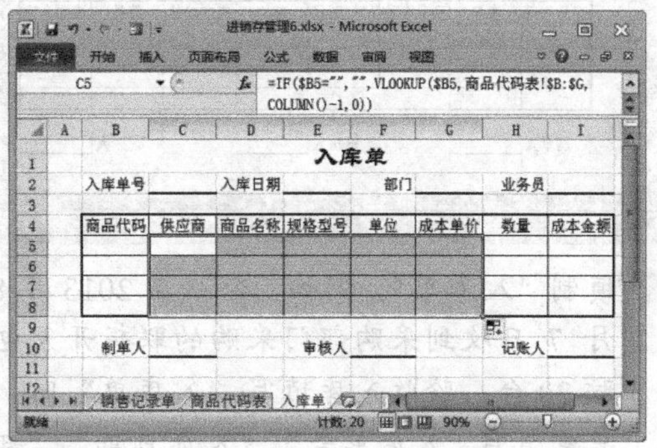

❹设置“成本金额”列公式。在单元格 I5 中输入以下公式。

=IF(B5="","",G5*H5)

按【Enter】键完成输入，随即返回计算结果，然后将该单元格中的公式不带格式地填充到该列的其他单元格中。

❺复制“入库单”，将复制后的工作表重命名为“出库单”，然后将该工作表中的“入库”更改为“出库”，将“供应商”更改为“客户”，并删除“客户”列中的公式，其余内容和单元格中的公式保持不变。

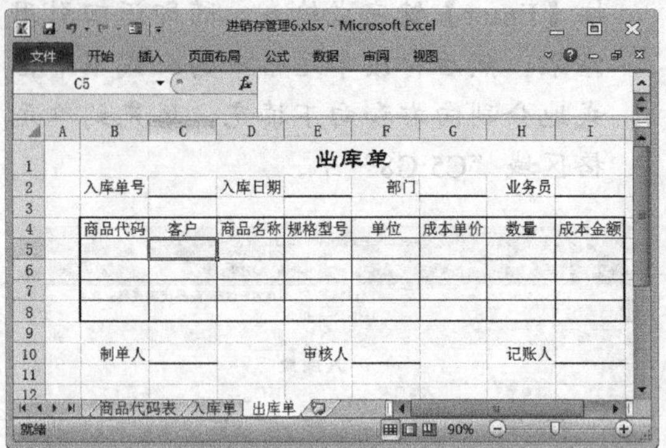

6 填制“入库单”。例如，企业在 2013 年 8 月 7 日收到采购部门采购的联想开天电脑 20 台，验收入库填写“入库单”时，只需填写“入库单号”、“入库日期”、“部门”、“业务员”、“商品代码”和“数量”等信息，其他内容将由单元格中的公式自动引用和计算。填制“入库单”的最终效果如图所示。

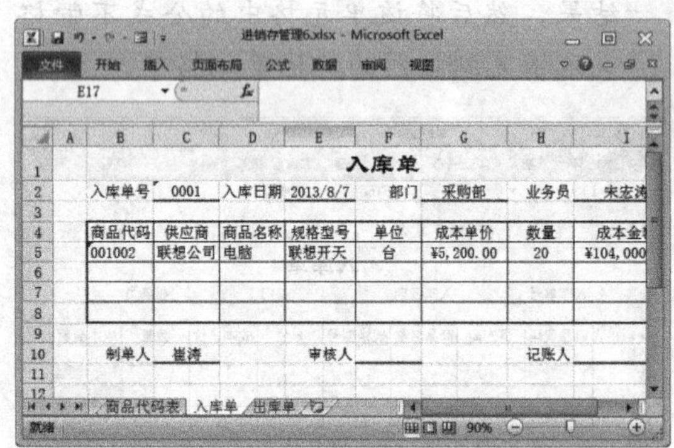

7 填制“出库单”。例如，企业在 2013 年 8 月 10 日销售 30 台联想启天电脑，单价 5600 元，商品出库填写“出库单”时，只需填写“出库单号”、“出库日期”、“部门”、“业务员”、“商品代码”、“客户”和“数量”等信息，其他内容将由单元格中的公式自动引用和计算。填制“出库单”的最终效果如图所示。

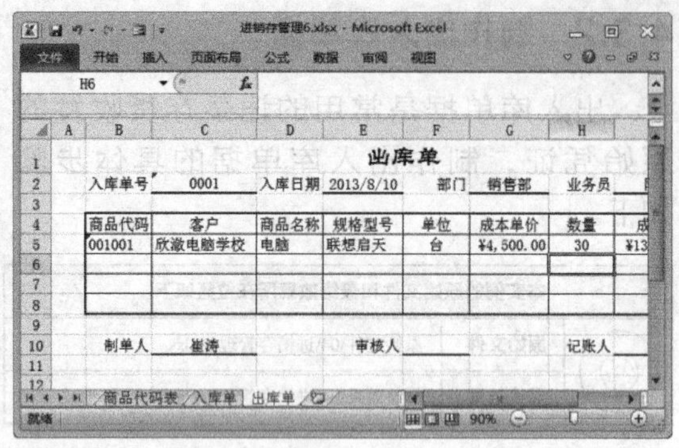

4.3.3 入库信息设置

为了方便处理商品入库和退库等商品行为，可以对入库信息进行设置。具体的操作步骤如下。

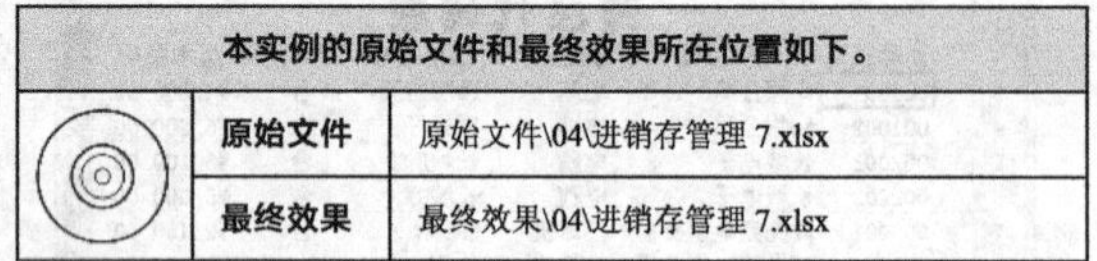

本实例的原始文件和最终效果所在位置如下。		
	原始文件	原始文件\04\进销存管理 7.xlsx
	最终效果	最终效果\04\进销存管理 7.xlsx

1 复制“入库单”，将复制后的工作表重命名为“入库明细表”，并将其移到工作表的最后位置，然后选中整个工作表，切换到【开始】选项卡，在【编辑】组中单击【清除】按钮，在弹出的下拉列表中选择【全部清除】选项。

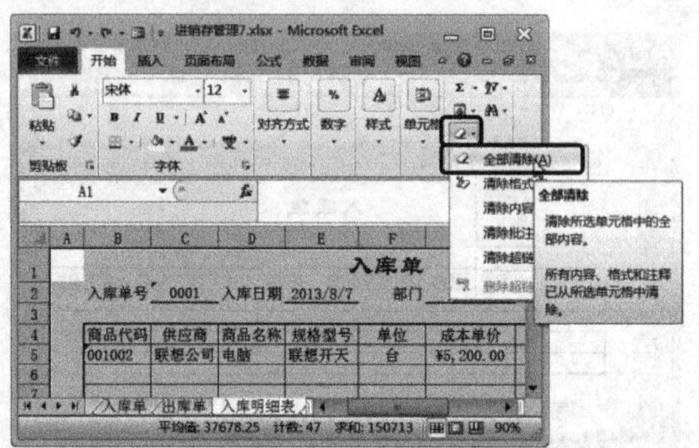

2 在该工作表的相应位置输入表格标题和相应的列标题，然后进行单元格格式设置，并适当地调整各列的列宽。

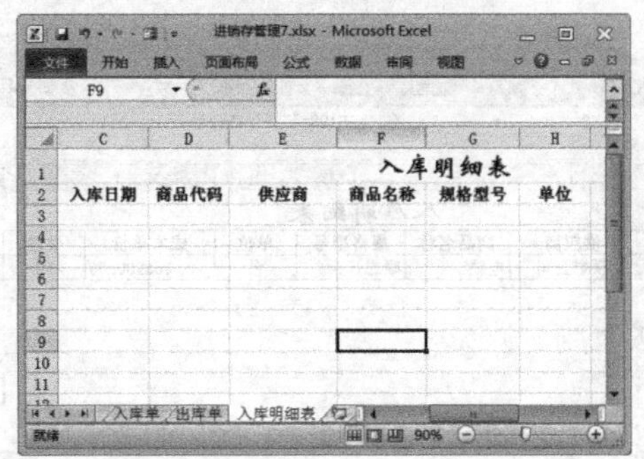

3 导入入库商品信息。在单元格E3中输入以下公式。

=IF(OR($B3="",$D3=""),"",VLOOKUP($D3,商品代码表!$B:$G,COLUMN()-3,0))

按【Enter】键完成输入，随即返回引用结果，然后将该单元格中的公式分别向右和向下填充。

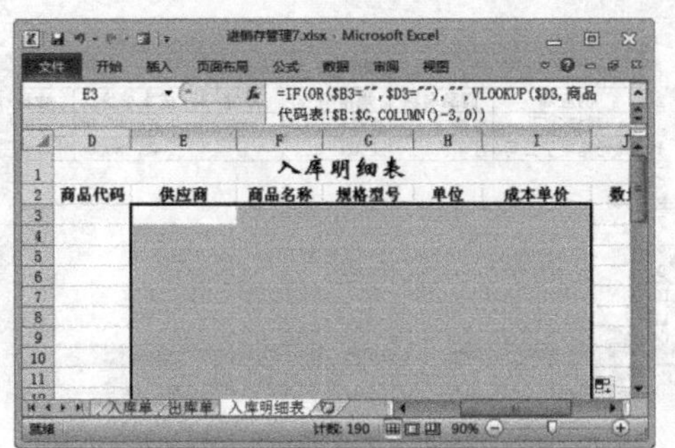

4 设置“成本金额”列公式。在单元格K3中输入以下公式。

=IF(B3="","",I3*J3)

按【Enter】键完成输入，随即返回计算结果，然后将该单元格中的公式填充到该列的其他单元格中。

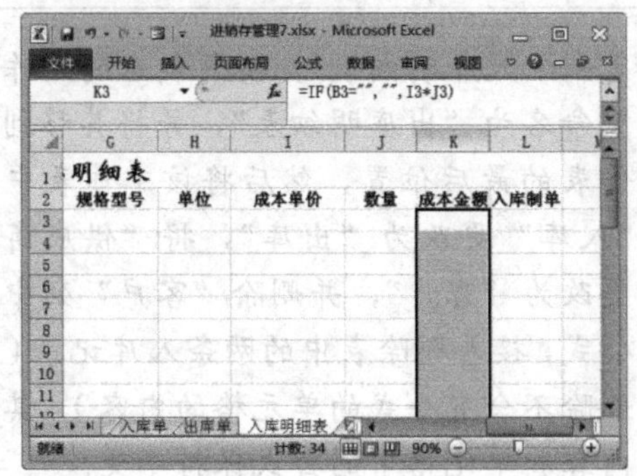

5 将B列和D列单元格的数字格式设置为文本格式，将I列和K列单元格的数字格式设置为保留两位小数的货币格式，然后根据“入库单”输入商品入库信息。

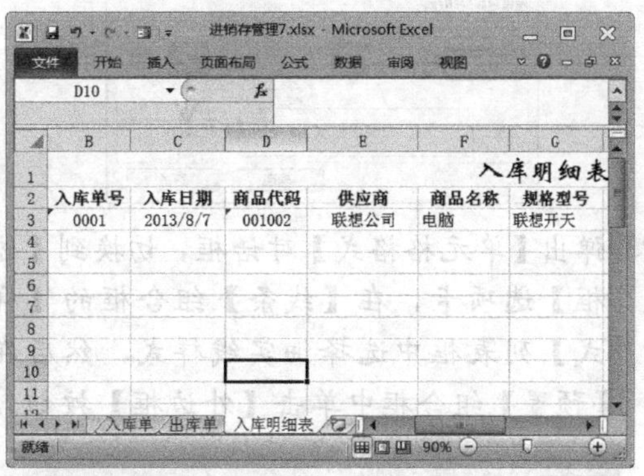

6 使用条件格式自动添加边框。同时选中B列~L列，切换到【开始】选项卡，在【样式】组中单击【条件格式】按钮，在弹出的下拉列表中选择【新建规则】选项。

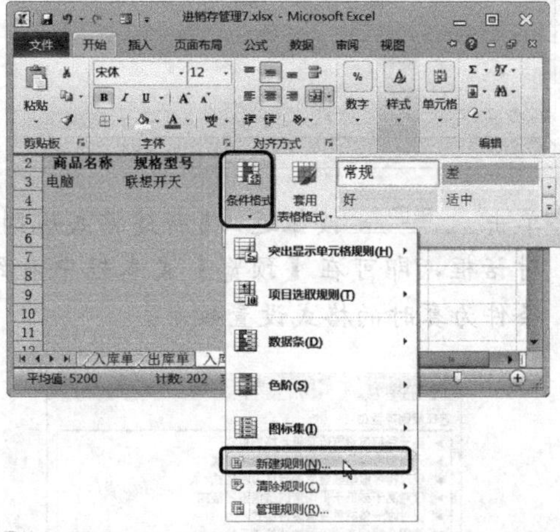

7 弹出【新建格式规则】对话框，在【选择规则类型】列表框中选择【使用公式确定要设置格式的单元格】选项，在【为符合此公式的值设置格式】文本框中输入以下公式。

=$B2<>""

然后单击 格式(F)... 按钮。

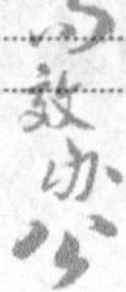

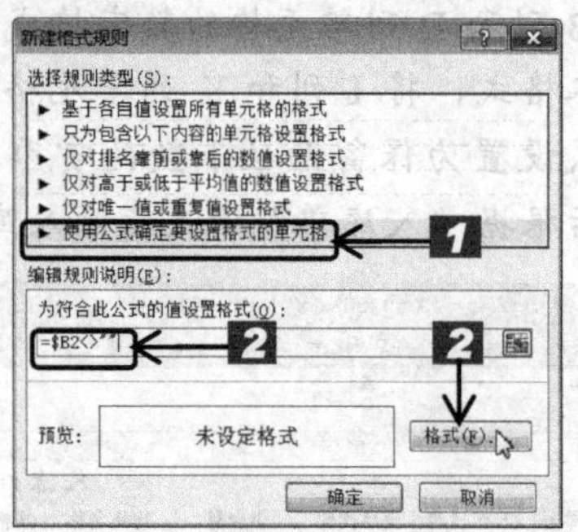

❽弹出【单元格格式】对话框，切换到【边框】选项卡，在【线条】组合框的【样式】列表框中选择细实线样式，然后在【预置】组合框中单击【外边框】按钮。

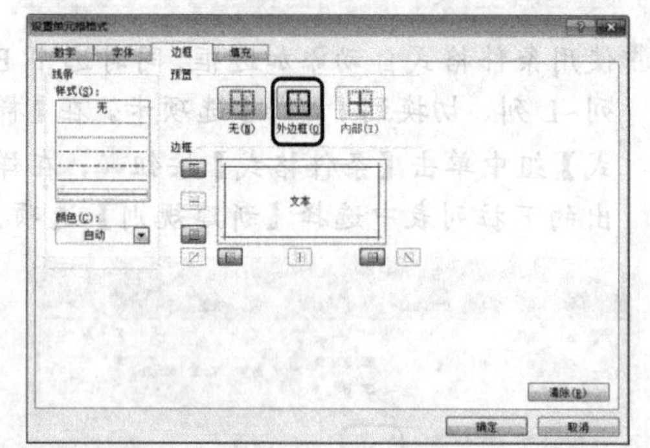

❾单击 确定 按钮返回【新建格式规则】对话框，即可在【预览】文本框中看到条件为真时的格式设置效果。

❿单击 确定 按钮，返回工作表，此时B列有数据的行会自动添加边框。

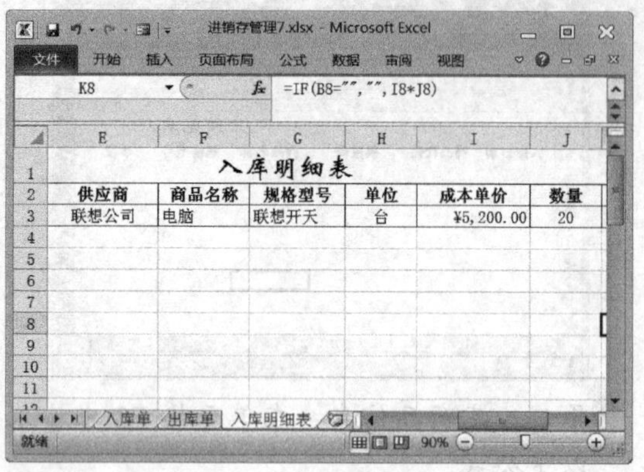

⓫添加"0002"号"入库单"的入库记录，随着记录的增加，记录行会自动添加边框。

4.3.4 出库信息设置

为了方便处理商品销售出库，可以对出库信息进行设置。具体的操作步骤如下。

本实例的原始文件和最终效果所在位置如下。		
	原始文件	原始文件\04\进销存管理 8.xlsx
	最终效果	最终效果\04\进销存管理 8.xlsx

❶复制"入库明细表"，将复制后的工作表重命名为"出库明细表"，并将其移到工作表的最后位置，然后将该工作表中的"入库"更改为"出库"，将"供应商"更改为"客户"，并删除"客户"列中的公式，接着删除表中的两条入库记录（只删除不含有公式的单元格的内容），其余内容和单元格中的公式保持不变。

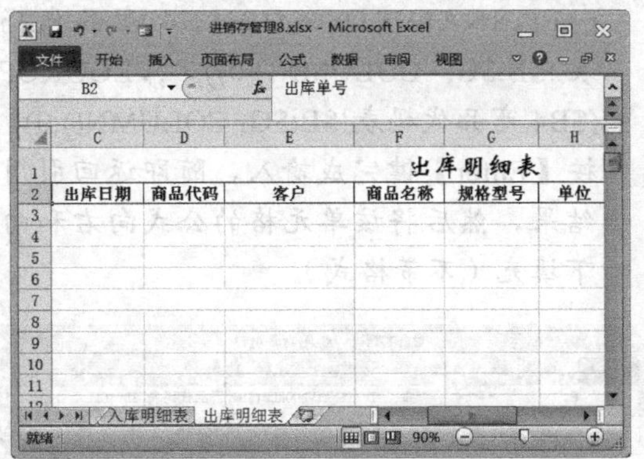

❷根据“出库单”添加出库记录，随着记录的增加，记录行会自动添加边框。

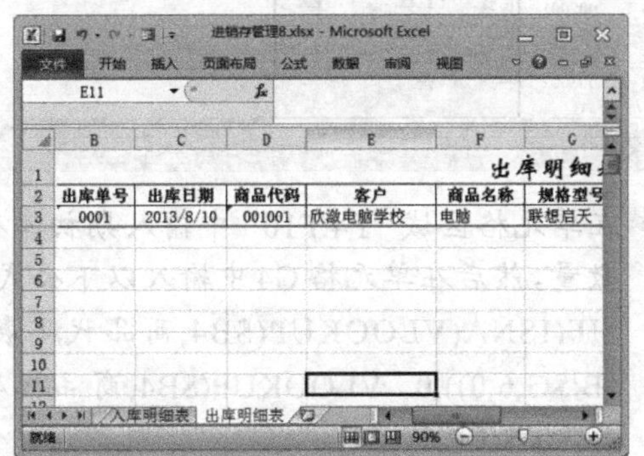

❸在“成本单价”列后面插入一列，在“成本金额”列后面插入两列，然后分别输入列标题“销售单价”、“销售金额”和“毛利”。

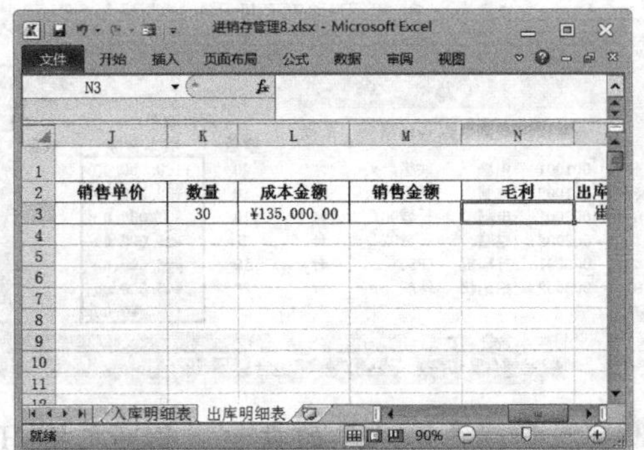

❹在单元格 J3 中输入出库商品的“销售单价”，然后在单元格 M3 和 N3 中分别输入以下公式。

```
M3=IF(B3="","",J3*K3)
N3=IF(B3="","",M3-L3)
```

按【Enter】键完成输入，随即返回计算结果，然后将单元格区域“M3:N3”中的公式向下填充。

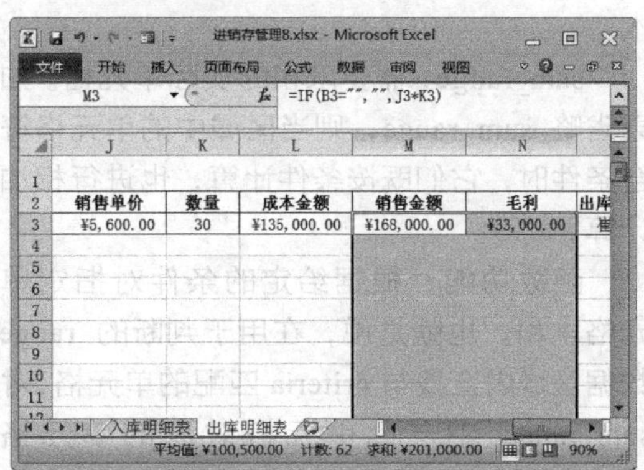

4.3.5　库存统计

库存统计是对商品的出入库情况的综合统计，它包括期初库存、本期入库、本期出库和期末库存等信息。

1.　相关函数介绍

在进行库存统计时会涉及 ISNA 函数和 SUMIF 函数，下面介绍这两个函数的语法和功能。

ISNA 函数的语法和功能

函数语法：ISNA(value)

value：需要进行检验的数值，分别为空白（空白单元格）、错误值、逻辑值、文本、数字、引用值或对以上任意参数的名称引用。

函数功能：检验数值的类型是否为错误值#N/A（值不存在），返回 TRUE 或 FALSE。当它与函数 IF 结合在一起使用时，可以提供一种方法用来在公式中查出错误值。

SUMIF 函数的语法和功能

函数语法：SUMIF（range，criteria，sum_range）

函数中各参数的含义如下。

range：用于条件判断的单元格区域。

criteria：确定哪些单元格将被相加求和的条件，其形式可以是数字、表达式或者文本。

sum_range：需要求和的实际单元格。如果省略 sum_range，则当区域中的单元格符合条件时，它们既按条件计算，也进行相加计算。

函数功能：根据给定的条件对指定单元格求和。也就是说，在用于判断的 range 数据区域内查找与 criteria 匹配的单元格，对 sum_range 中与此单元格对应的单元格求和。

2. 制作库存统计表

制作库存统计表的具体步骤如下。

本实例的原始文件和最终效果所在位置如下。		
	原始文件	原始文件\04\进销存管理 9.xlsx
	最终效果	最终效果\04\进销存管理 9.xlsx

❶打开本例的原始文件，插入一个新的工作表，并将其重命名为“库存统计”。在“库存统计”工作表的相应位置输入表格标题和相应的列标题，然后进行单元格格式设置，并适当地调整各列的列宽。

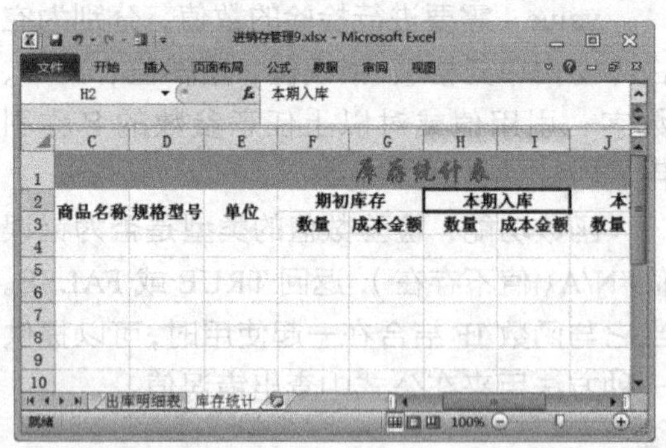

❷在“商品代码”列输入文本型的数值代码，然后在单元格 C4 中输入以下公式。

=IF(ISNA(VLOOKUP($B4,商品代码表!$B:$G, COLUMN(),0)),"",VLOOKUP($B4,商品代码表!$B:$G, COLUMN(),0))

按【Enter】键完成输入，随即返回引用结果，然后将该单元格的公式向右和向下填充（不带格式）。

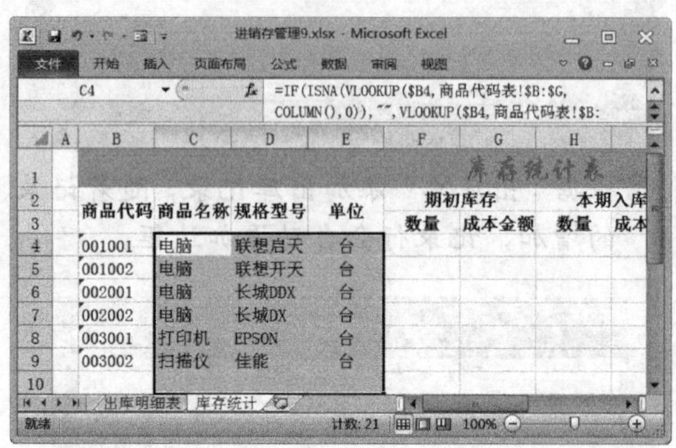

❸在单元格区域“F4:F10”中输入期初库存数量，然后在单元格 G4 中输入以下公式。

=IF(ISNA(VLOOKUP($B4,商品代码表!$B:$G,6,0)),0, VLOOKUP($B4,商品代码表!$B:$G,6,0)*F4)

按【Enter】键完成输入，随即返回计算结果，然后将该单元格的公式填充到该列的其他单元格中。

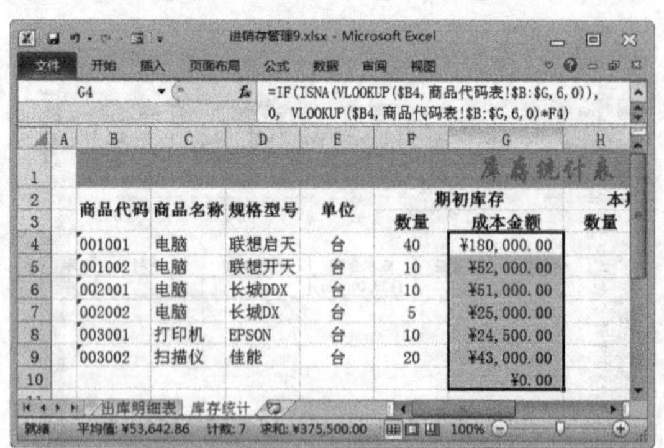

❹导入本期商品入库的数量。在单元格 H4 中输入以下公式。

=SUMIF(入库明细表!D:D,库存统计!B4,入库明细表! J:J)

按【Enter】键完成输入，随即返回计算结果，然后将该单元格中的公式填充到该列的其他单元格中。

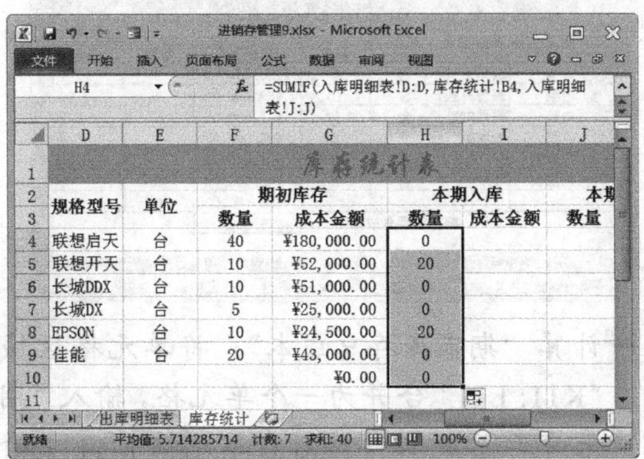

5 导入本期商品入库的成本金额。在单元格I4中输入以下公式。

=SUMIF(入库明细表!D:D,库存统计!B4,入库明细表! K:K)

按【Enter】键完成输入，随即返回计算结果，然后将该单元格中的公式填充到该列的其他单元格中。

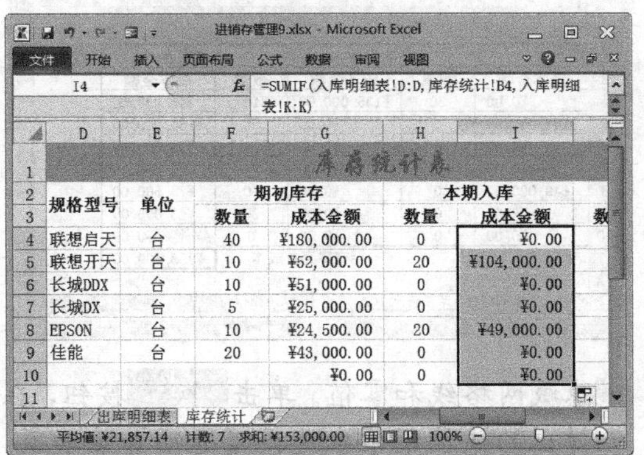

6 导入本期商品出库的数量。在单元格J4中输入以下公式。

=SUMIF(出库明细表!D:D,库存统计!B4,出库明细表! K:K)

按【Enter】键完成输入，随即返回计算结果，然后将该单元格中的公式填充到该列的其他单元格中。

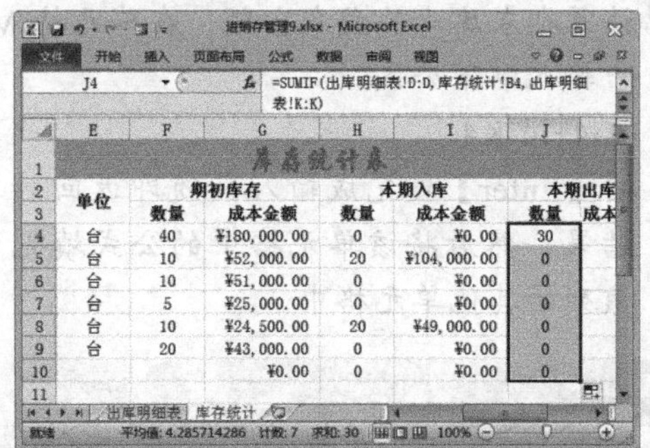

7 导入本期商品出库的成本金额。在单元格K4中输入以下公式。

=SUMIF(出库明细表!D:D,库存统计!B4,出库明细表! L:L)

按【Enter】键完成输入，随即返回计算结果，然后将该单元格中的公式填充到该列的其他单元格中。

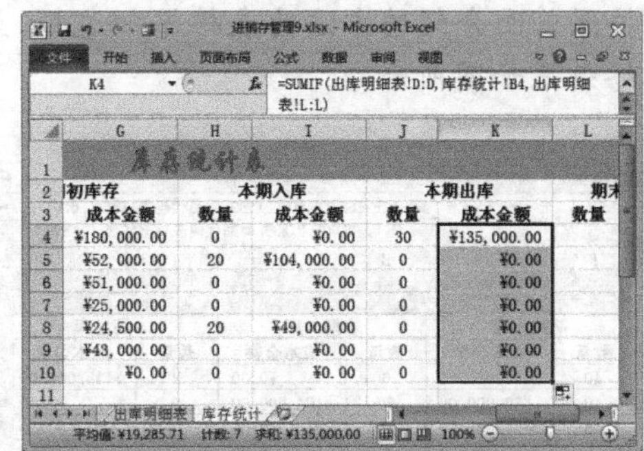

8 计算期末库存的数量。在单元格L4中输入以下公式。

=F4+H4-J4

按【Enter】键完成输入，随即返回计算结果，然后将该单元格中的公式填充到该列的其他单元格中。

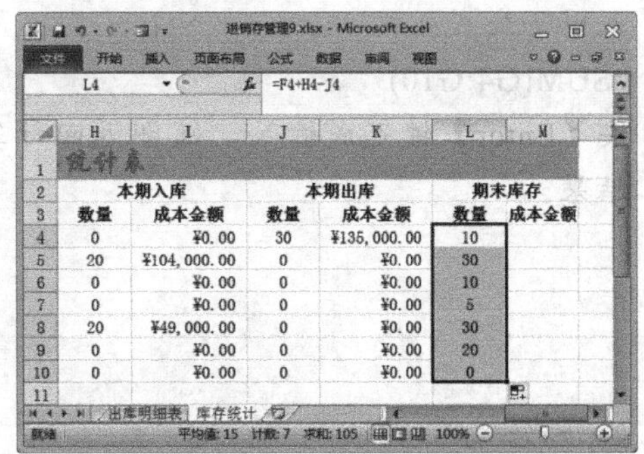

⑨计算期末库存的成本金额。在单元格 M4 中输入以下公式。

=G4+I4-K4

按【Enter】键完成输入，随即返回计算结果，然后将该单元格中的公式填充到该列的其他单元格中。

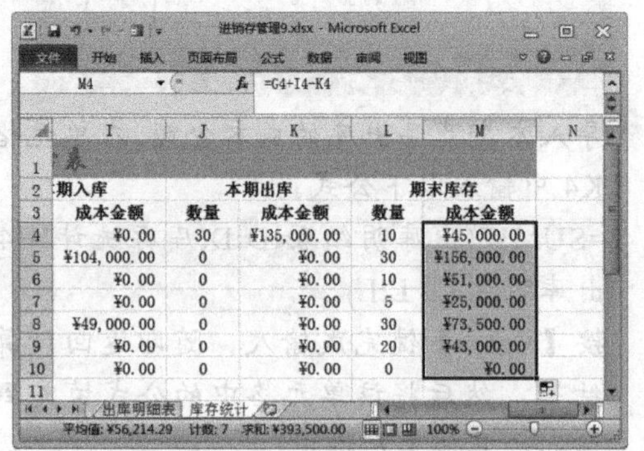

⑩按照前面介绍的方法为表格添加边框，最终效果如图所示。

⑪计算“期初库存总成本”。将单元格区域“D11: F11”合并为一个单元格，输入“期初库存总成本”，然后在单元格 G11 中输入以下公式。

=SUM(G4:G10)

按【Enter】键完成输入，随即返回计算结果。

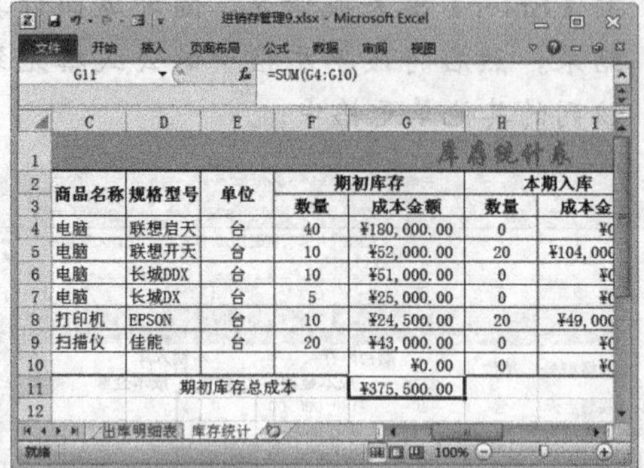

⑫计算“期末库存总成本”。将单元格区域“K11: L11”合并为一个单元格，输入“期末库存总成本”，然后在单元格 M11 中输入以下公式。

=SUM(M4:M10)

按【Enter】键完成输入，随即返回计算结果。

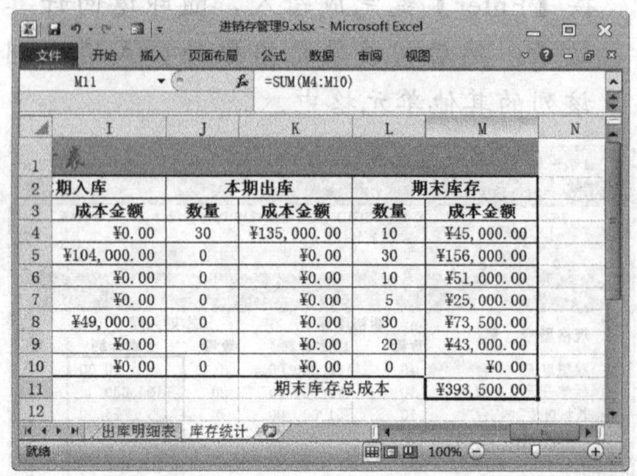

⑬隐藏网格线和零值。单击 文件 按钮，在弹出的快捷菜单中选择【选项】菜单项。

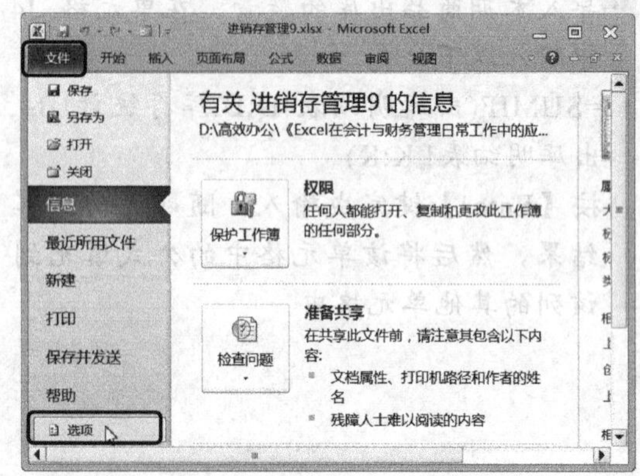

⑭弹出【Excel选项】对话框，切换到【高级】选项卡，在【此工作表的显示选项】组合框中，撤选【在具有零值的单元格中显示零】复选框和【显示网格线】复选框。

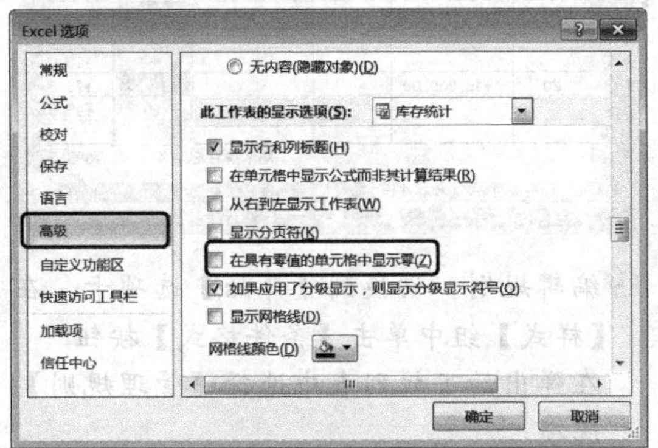

⑮单击 确定 按钮，返回工作表，“库存统计”工作表的设置效果如图所示。

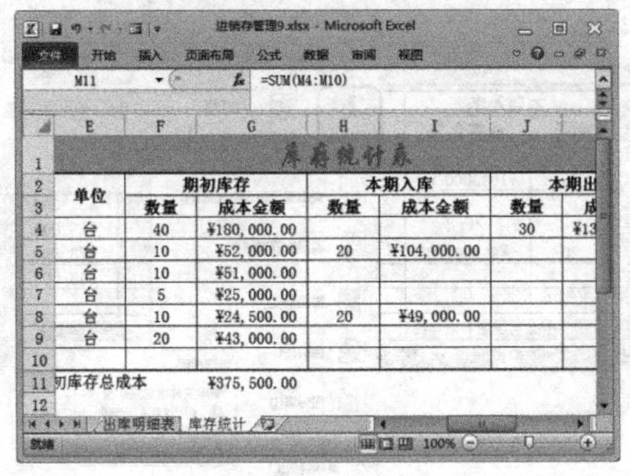

4.3.6 库存量控制

为了不影响企业的经营，同时又不会造成库存的负担，企业需要对库存量进行控制。

在Excel中，可以使用条件格式进行库存量控制，当库存量低于或者高于某个数值时，则以特殊格式示警。具体的操作步骤如下。

本实例的原始文件和最终效果所在位置如下。		
	原始文件	原始文件\04\进销存管理 10.xlsx
	最终效果	最终效果\04\进销存管理 10.xlsx

①新建规则。打开本实例的原始文件，切换到“库存统计”工作表，选中单元格区域“L4:L10”，切换到【开始】选项卡，在【样式】组中单击【条件格式】按钮，在弹出的下拉列表中选择【新建规则】选项。

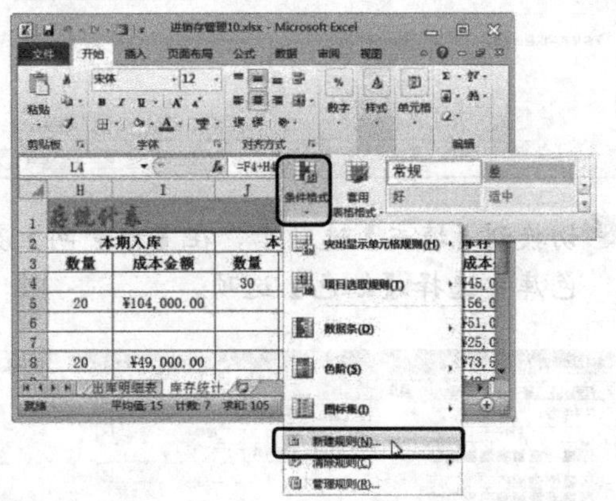

②弹出【新建格式规则】对话框，在【选择规则类型】列表框中选择【只为包含以下内容的单元格设置格式】选项，在【编辑规则说明】组合框的第1个下拉列表中选择【单元格值】选项，在第2个下拉列表中选择【大于或等于】选项，然后在其右侧的文本框中输入最高库存量“30”。

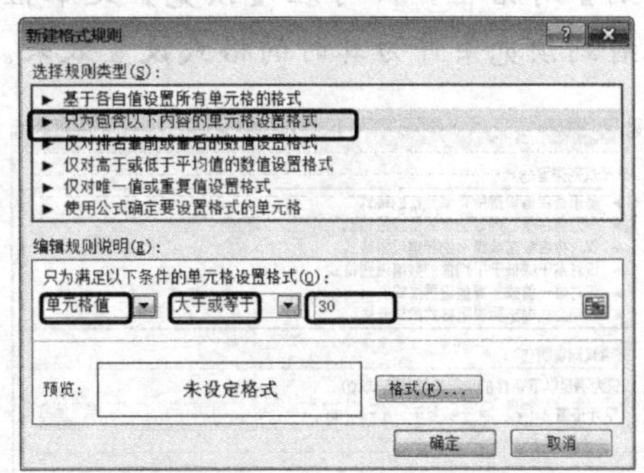

③单击 格式(F)... 按钮，弹出【设置单元格格式】对话框，切换到【字体】选项卡，在【字形】列表框中选择【加粗】选项，在【下划线】下拉列表中选择【双下划线】选项，然后在【颜色】下拉列表中选择【橙色】选项。

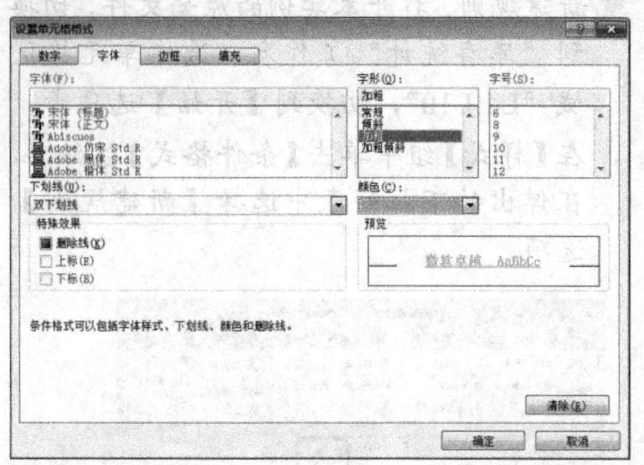

❹切换到【填充】选项卡，在【背景色】颜色库中选择【红色】选项。

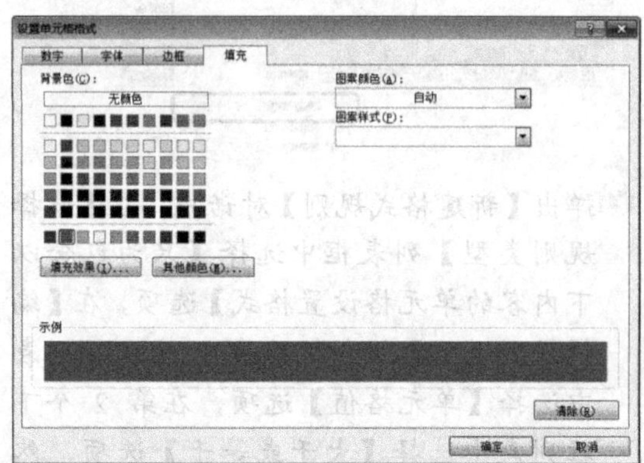

❺单击 确定 按钮，返回【新建格式规则】对话框，即可在【预览】文本框中看到预览条件为真时的格式设置效果。

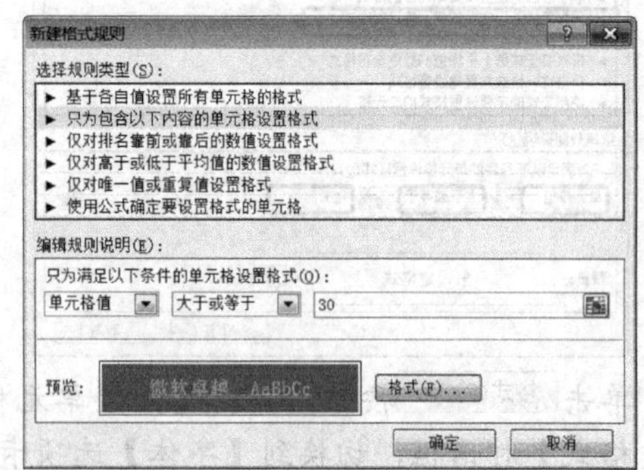

❻单击 确定 按钮返回工作表，此时单元格区域中满足条件的单元格即可显示为特殊的格式。

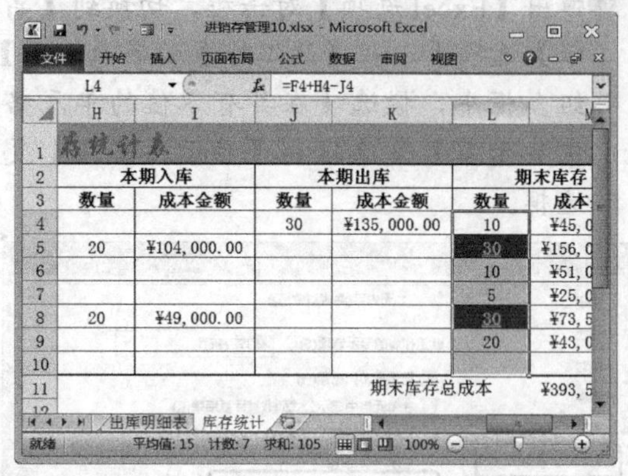

❼编辑规则。切换到【开始】选项卡，在【样式】组中单击【条件格式】按钮，在弹出的下拉列表中选择【管理规则】选项。

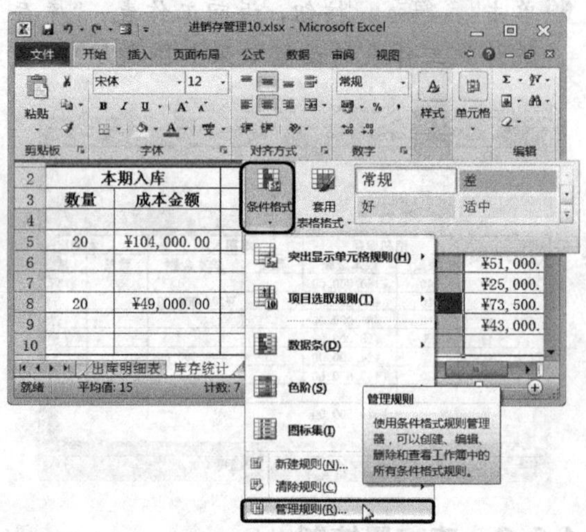

❽弹出【条件格式规则管理器】对话框，选中要编辑的规则，单击 编辑规则(E)... 按钮。

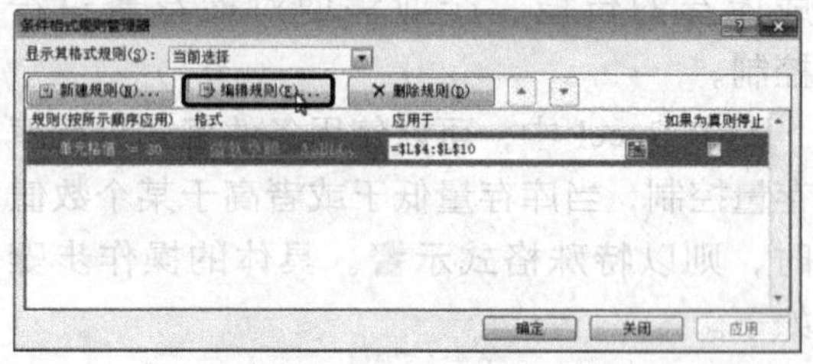

❾弹出【编辑格式规则】对话框，单击 格式(F)... 按钮。

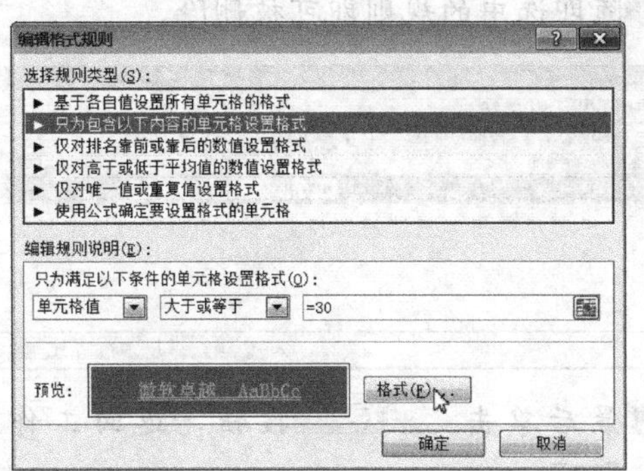

⑩弹出【设置单元格格式】对话框，切换到【字体】选项卡，在【颜色】下拉列表中选择【其他颜色】选项。

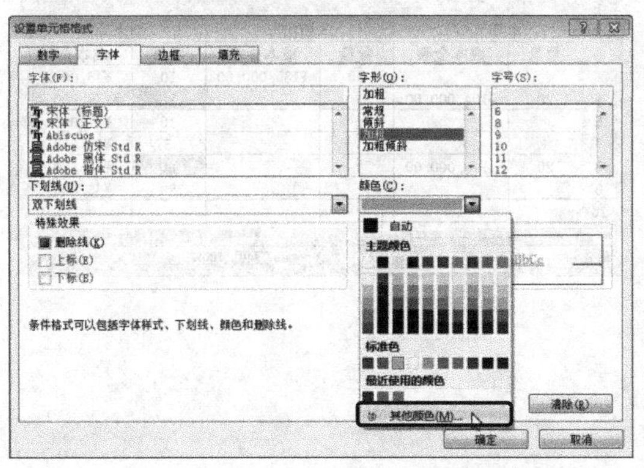

⑪弹出【颜色】对话框，切换到【标准】选项卡，在颜色库中选择一种合适的颜色。

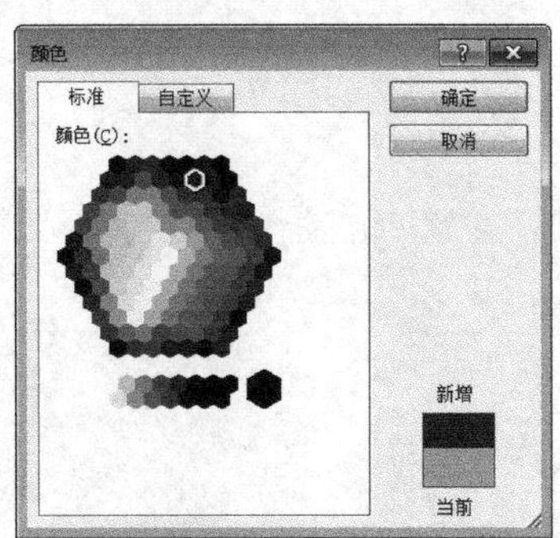

⑫单击 确定 按钮，返回【设置单元格格式】对话框，切换到【填充】选项卡，在【图案颜色】下拉列表中选择【黄色】选项，在【图案样式】下拉列表中选择【12.5% 灰色】选项。

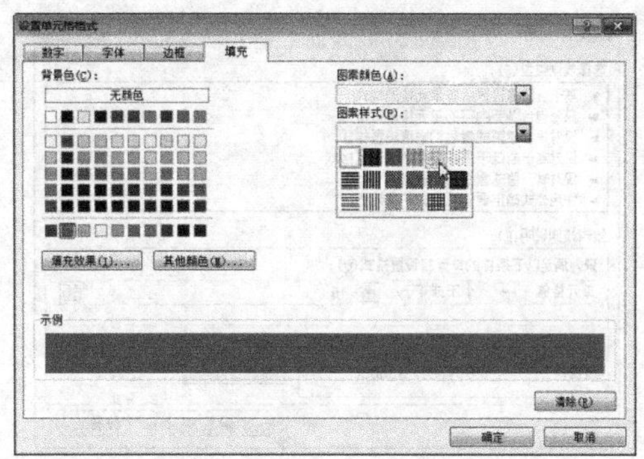

⑬单击 确定 按钮，返回【编辑格式规则】对话框，用户即可在【预览】文本框中看到修改后的格式设置效果。

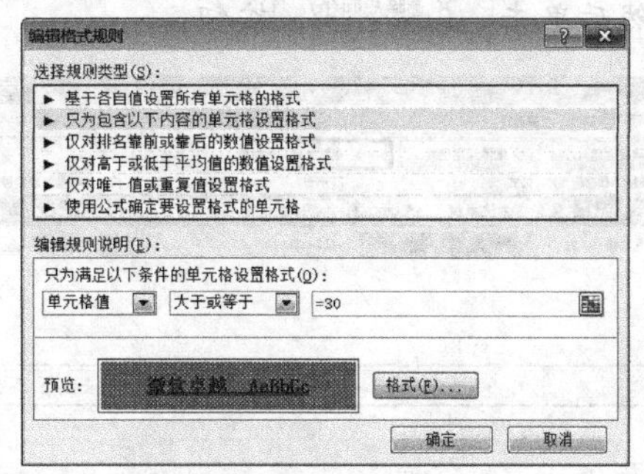

⑭单击 确定 按钮，返回【条件格式规则管理器】对话框，此时，用户单击 确定 按钮，即可返回工作表。如果用户想要继续添加新的规则，可以单击 新建规则(N)... 按钮。

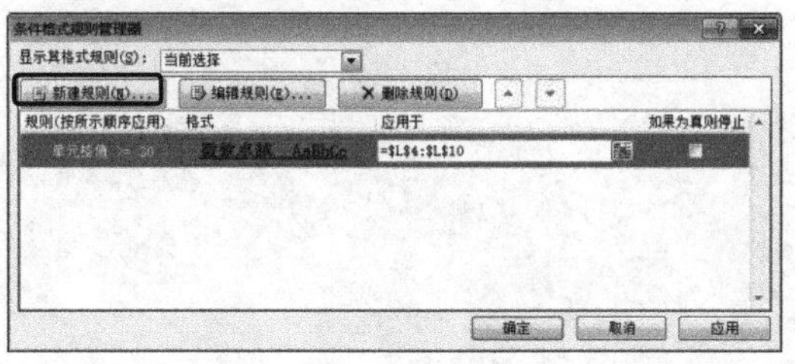

⑮弹出【新建格式规则】对话框，用户可以按照前面介绍的方法设置一个新规则。

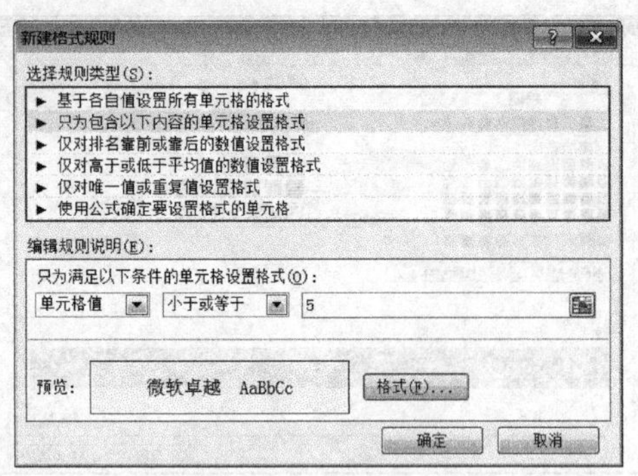

16 设置完毕单击 确定 按钮，返回【条件格式规则管理器】对话框。如果用户想要删除某个规则，可以选中该规则，然后单击 删除规则(D) 按钮。

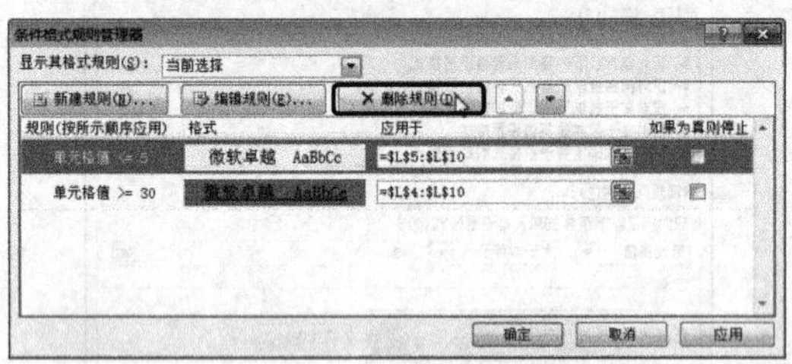

17 随即选中的规则即可被删除。

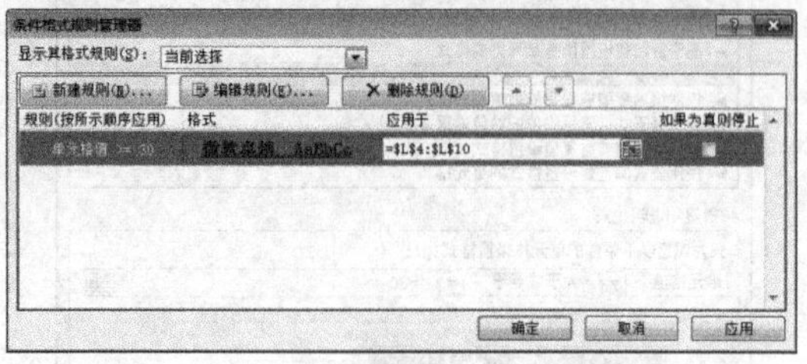

18 最后单击 确定 按钮，返回工作表即可。

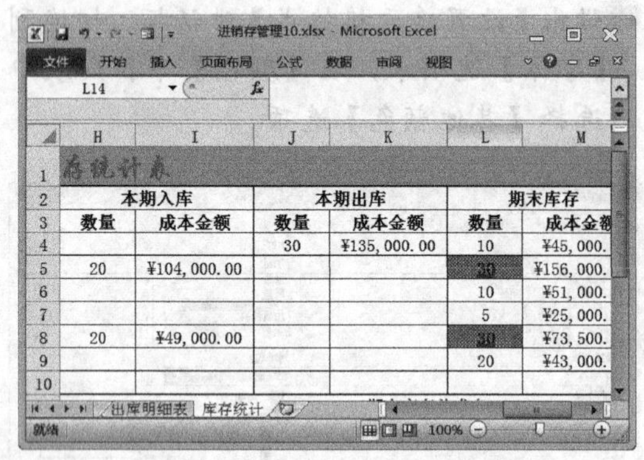

第 5 章

往来账务处理

对往来账务进行管理是企业财务管理的重要内容，同时也是管理企业流动资产的一个重要的组成部分。往来账务是由商业信用产生的，随着市场经济的发展，社会竞争的加剧，企业为了扩大市场占有率，会越来越多地运用商业信用进行促销，但是市场上的信用危机又使得企业间的相互拖欠现象越来越严重，从而加重了企业往来账务的管理工作。

要点导航

- 应收账款的统计
- 应收账款的分析
- 应付账款的统计

5.1 应收账款的统计

案例背景

应收账款是企业因销售商品或者提供劳务而向购买单位或者接受劳务的单位收取的款项，同时也是企业的一项重要的资产项目。

最终效果及关键知识点

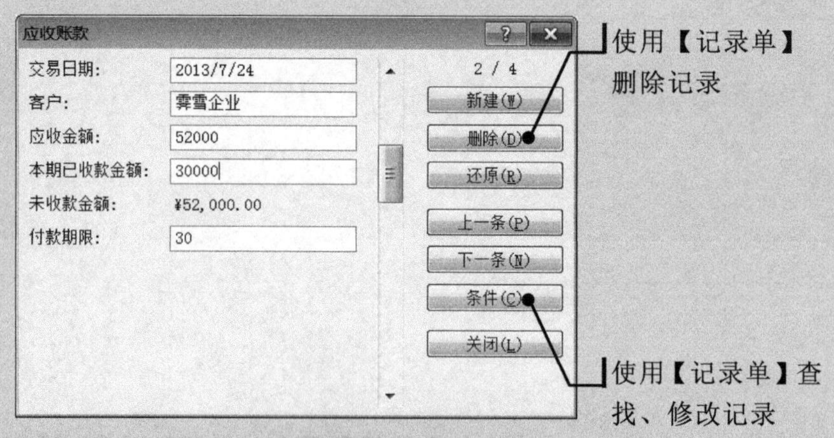

5.1.1 相关函数介绍

加强对应收账款的管理已经成为企业财务管理的一个重要工作，在进行应收账款管理之前，首先需要创建应收账款表单。

创建应收账款表单的具体步骤如下。

本实例的原始文件和最终效果所在位置如下。		
	原始文件	无
	最终效果	最终效果\05\应收账款.xlsx

❶启动 Excel 2010 程序，创建一个名为“应收账款”的空白工作簿。将工作表 Sheet1 重命名为“应收账款”，然后在“应收账款”工作表中输入表格标题和相应的列标题，并进行相应的格式设置，适当地调整列宽。

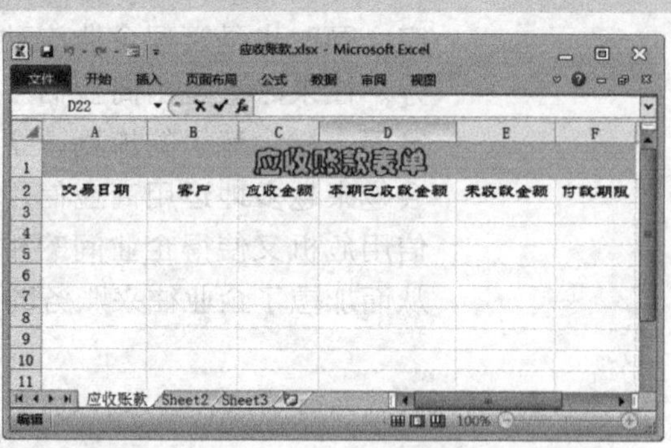

❷在表格中输入企业尚未收回的应收账款的数据信息。

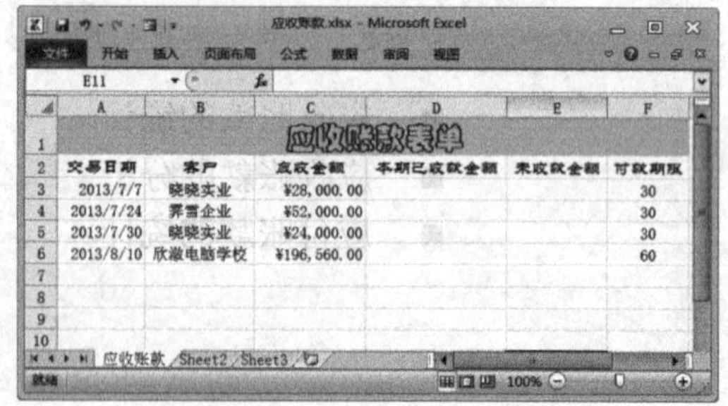

3 自定义数字格式。选中单元格区域“F3:F6”，按【Ctrl】+【1】组合键，弹出【设置单元格格式】对话框，切换到【数字】选项卡，在【分类】列表框中选择【自定义】选项，然后在【类型】文本框中输入“0"天"”。

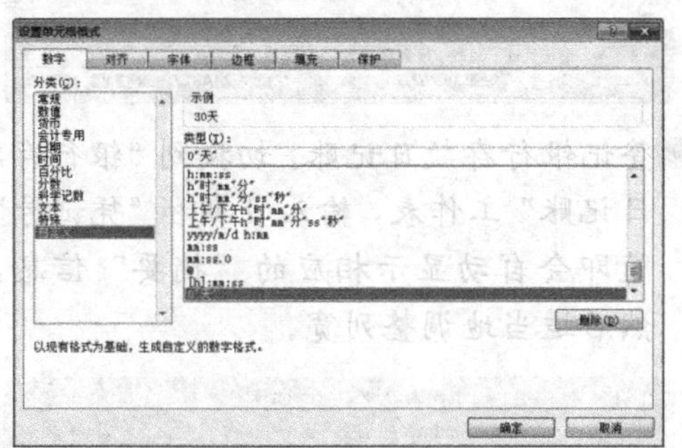

4 单击 确定 按钮返回工作表，此时单元格区域“F3:F6”中显示以“天”为单位的付款期限。

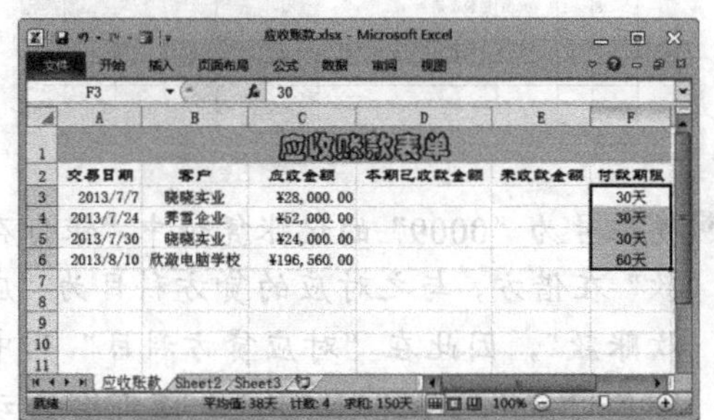

5 设置“未收款金额”列公式。在单元格 E3 中输入以下公式。

```
=C3-D3
```

按【Enter】键完成输入，随即返回计算结果，然后将该单元格中的公式填充到该列的其他单元格中。

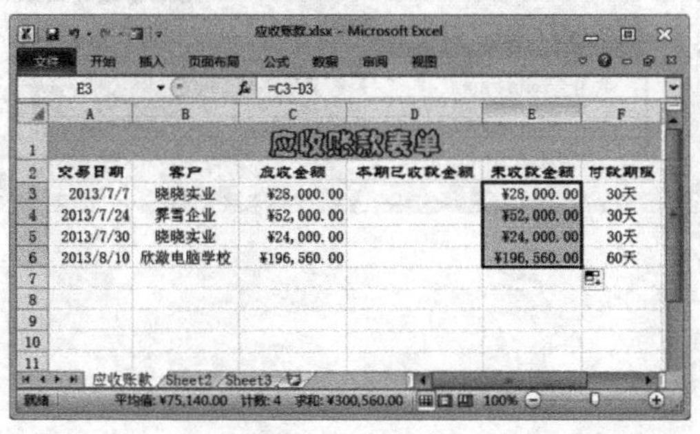

5.1.2 记账技巧

——应收账款的账务处理

在进行应收账款的账务处理时，通常按实际发生额计价入账，计价时还需要考虑商业折扣和现金折扣等因素。

1. 商业折扣情况下的账务处理

商业折扣是指企业可以从货品价目单上规定的价格中扣减一定数额（通常用百分比表示，如 10%等），扣减后的净额就是实际销售价格。这时，企业应收账款入账金额应按扣除商业折扣后的实际销售价格进行计算，商业折扣不在买卖任何一方的账上反映。

例如，企业在 2013 年 7 月 24 日销售 20 台打印机，给购货方 10%的商业折扣，扣除商业折扣后的金额为 52000 元，即记账金额为 52000 元（7 月份已记账，借记“应收账款”，贷记“主营业务收入”），在 2013 年 8 月 10 日，企业收到部分货款 30000 元。收到该笔应收账款时进行账务处理的具体步骤如下。

本实例的原始文件和最终效果所在位置如下。		
	原始文件	原始文件\05\记账凭证 7.xlsx、日记账 2.xlsx
	最终效果	最终效果\05\记账凭证 7.xlsx、日记账 2.xlsx

1 打开本实例的原始文件，使“记账凭证 7.xlsx”工作簿处于激活状态，切换到“通用记账凭证”工作表，删除该工作表中除了“科目名称”和借贷方金额的“合计值”之外的数据，然后输入该业务的记账凭证。

❷切换到“记账凭证（打印格式）”工作表，此时该工作表中会自动显示 “通用记账凭证”工作表中输入的记账信息。

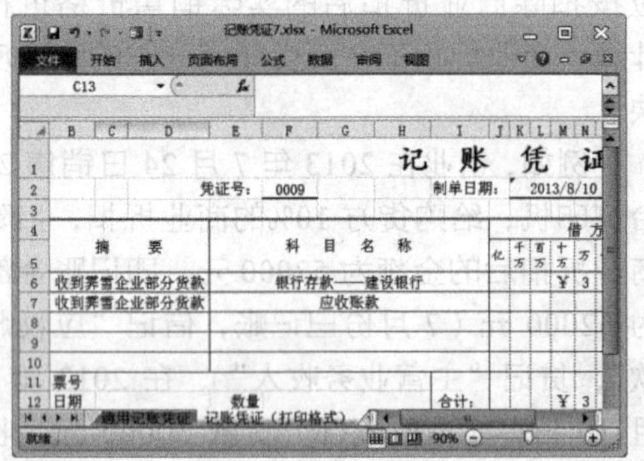

❸切换到“记账凭证汇总表”工作表，将审核无误的记账凭证登记到“记账凭证汇总表”。

❹将“记账凭证 7.xlsx”工作簿的“记账凭证汇总表”工作表中的数据复制到“日记账 2.xlsx”工作簿的“记账凭证汇总表”工作表中。

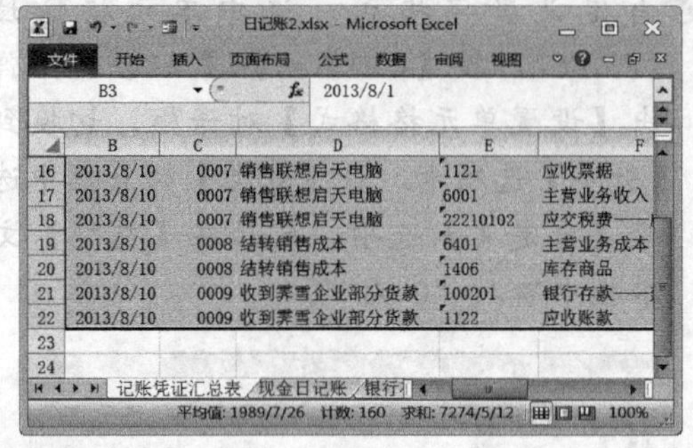

❺登记银行存款日记账。切换到“银行存款日记账”工作表，输入日期和“凭证号”，随即会自动显示相应的“摘要”信息，然后适当地调整列宽。

❻凭证号为“0009”的记账凭证中“银行存款”在借方，与之对应的贷方科目为“应收账款”，因此在“对应贷方科目”列中添加“应收账款”列标题，随即会自动显示对应贷方金额和银行存款借方金额，然后适当地调整列宽。

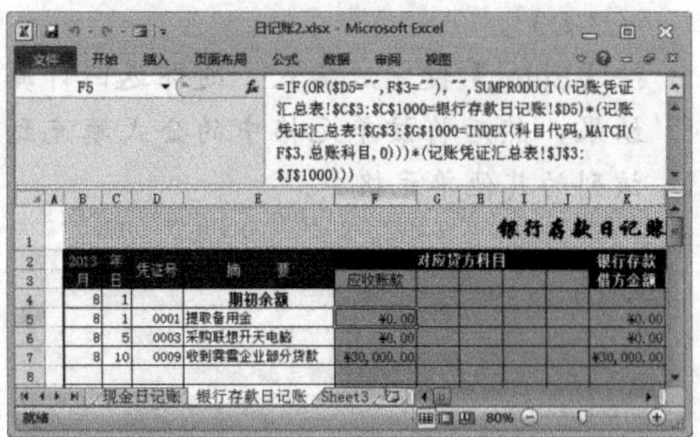

2. 现金折扣情况下的账务处理

现金折扣是指企业为了鼓励客户在一定时期内早日偿还货款而给予的一种折扣优待。现金折扣一般用“折扣/付款期限”表示，如 2/10、1/20、n/30，即 10 天内付款折扣为 2%，20 天内付款折扣为 1%，30 天内付款则不给折扣

在现金折扣情况下，应收账款入账金额的确认有两种方法：一种是总价法，另一种是净价法。我国目前采用的是总价法，即将未扣除现金折扣前的金额作为实际售价，记作应收账款的入账金额，客户在折扣期内支付货款时，才确认现金折扣，会计上将现金折扣作为财务费用处理。

例如，企业在 2013 年 7 月 30 日销售 10 台扫描仪，价值 24000 元，给购货方的现金折扣为 2/10、1/20、n/30，7 月份已记账，记账金额为 24000 元（借记“应收账款”，贷记“主营业务收入”），在 2013 年 8 月 10 日，企业收到全部货款，由于是在第 11 天收到货款，因此给购货方 1%的现金折扣。收到该笔应收账款时进行账务处理的具体步骤如下。

本实例的原始文件和最终效果所在位置如下。	
原始文件	原始文件\05\记账凭证 8.xlsx、日记账 3.xlsx
最终效果	最终效果\05\记账凭证 8.xlsx、日记账 3.xlsx

1. 打开本实例的原始文件，使“记账凭证 8.xlsx”工作簿处于激活状态，切换到“通用记账凭证”工作表，删除该工作表中除了“科目名称”和借贷方金额的“合计”值之外的数据，然后输入该业务的记账凭证。

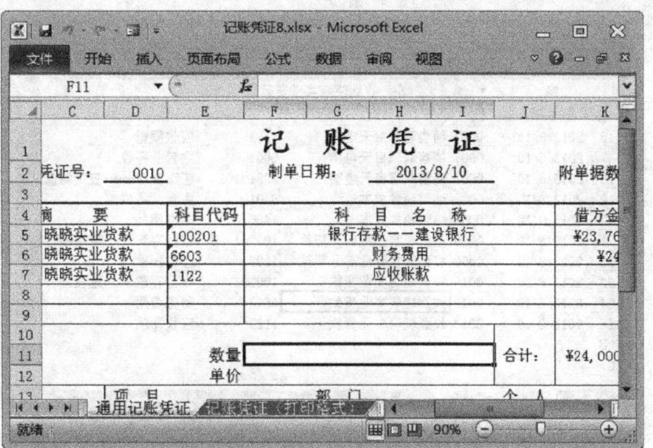

2. 切换到“记账凭证（打印格式）”工作表，此时该工作表中会自动显示“通用记账凭证”工作表中输入的记账信息。

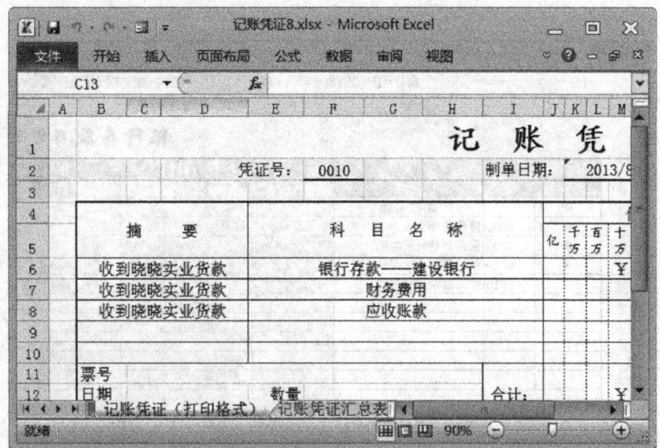

3. 切换到“记账凭证汇总表”工作表，将审核无误的记账凭证登记到“记账凭证汇总表”。

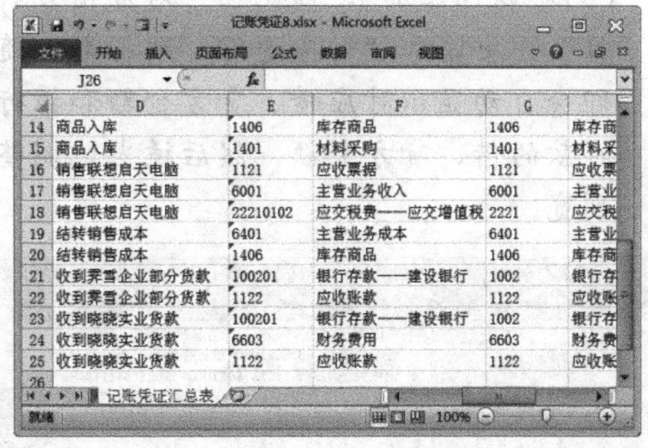

4. 将“记账凭证 8.xlsx”工作簿的“记账凭证汇总表”工作表中的数据复制到“日记账 3.xlsx”工作簿的“记账凭证汇总表”工作表中。

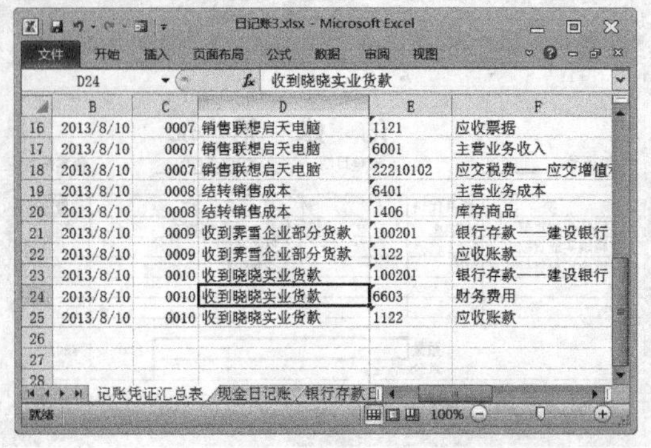

❺登记银行存款日记账。切换到“银行存款日记账”工作表，输入日期和“凭证号”，随即会自动显示相应的“摘要”信息。

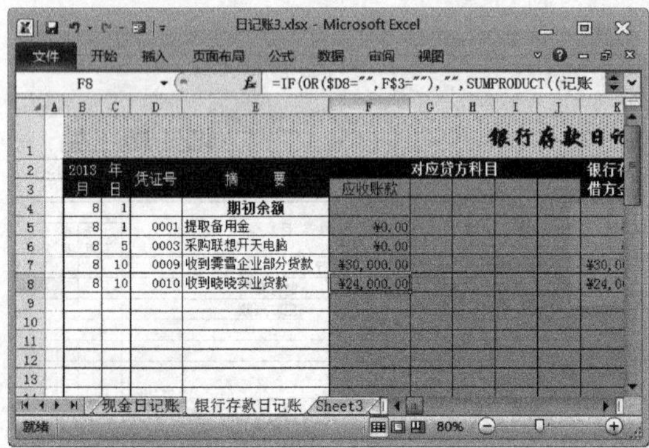

❻凭证号为“0010”的记账凭证中“银行存款”在借方，同时借方还有“财务费用”，与之对应的贷方科目为“应收账款”（列标题已添加），因此在“对应借方科目”列中添加“财务费用”列标题，随即会自动显示对应借、贷方金额和银行存款的借、贷方金额，然后适当地调整列宽。

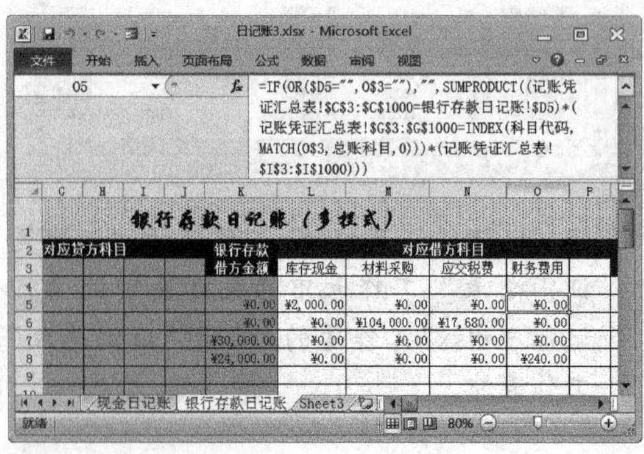

5.1.3 使用【记录单】管理应收账款

一般情况下，企业的应收账款是不断发生变化的，每发生销售业务就需要增加一笔记录，并且应收账款会逐渐到期。当收到某一笔应收账款时，如果是部分偿还，就应该对该笔应收账款记录进行修改，注明已收账款金额和未收账款金额；如果是全部偿还，就应该将该笔应收账款删除。

如果“应收账款表单”中记录的数据很多，那么在进行数据的查找、修改和删除等操作时工作量就会比较大，这时可以使用【记录单】功能进行这些操作。

1. 使用【记录单】查找并修改记录

例如，企业在 2013 年 7 月 24 日销售给霁雪企业 20 台打印机，现收到部分货款 30000 元。使用【记录单】查找并修改该记录的具体步骤如下。

本实例的原始文件和最终效果所在位置如下。	
原始文件	原始文件\05\应收账款 1.xlsx
最终效果	最终效果\05\应收账款 1.xlsx

❶打开本实例的原始文件，切换到“应收账款”工作表，选中数据区域中的任意一个单元格，单击快速访问工具栏中的【记录单】按钮。

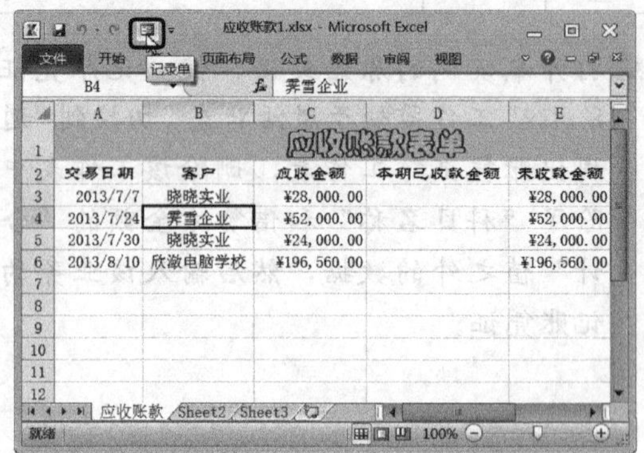

❷弹出【应收账款】对话框，如果记录较少，可以拖动滚动条，或者单击 上一条(P) 按钮或 下一条(N) 按钮查找记录；如果记录较多，可以单击 条件(C) 按钮查找，这里单击 条件(C) 按钮。

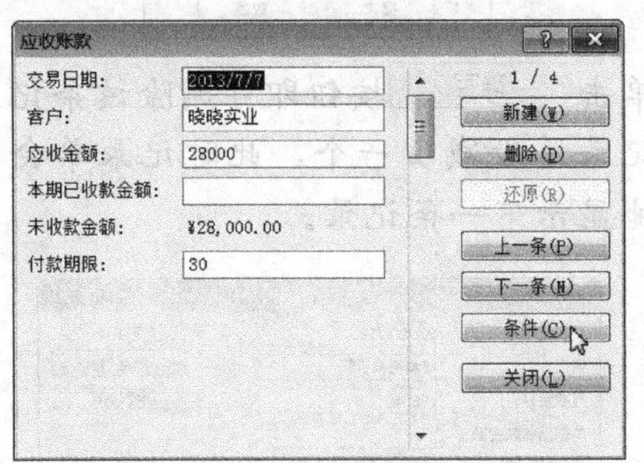

❸随即弹出一条空白记录，右上角标有"Criteria"字样，然后输入查询条件。这里在【交易日期】文本框中输入"2013/7/24"，在【客户】文本框中输入"霁雪企业"。

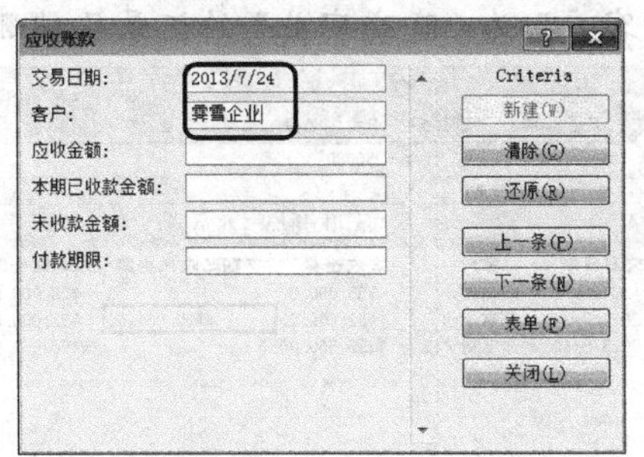

❹按【Enter】键即可显示查找到的记录，然后在【本期已收款金额】文本框中输入"30000"。

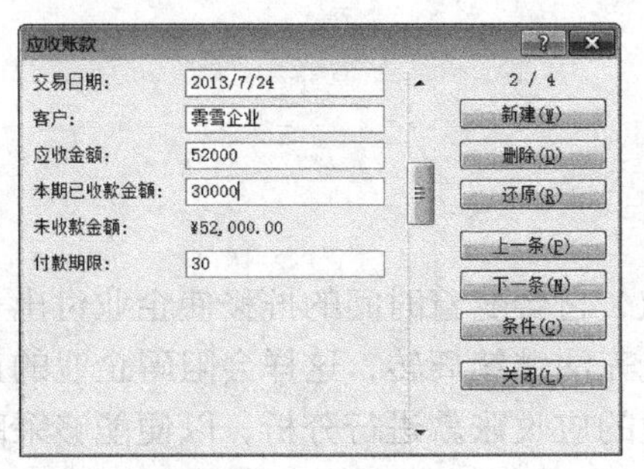

❺单击 关闭(L) 按钮关闭该对话框，此时系统就会自动完成对记录的修改。

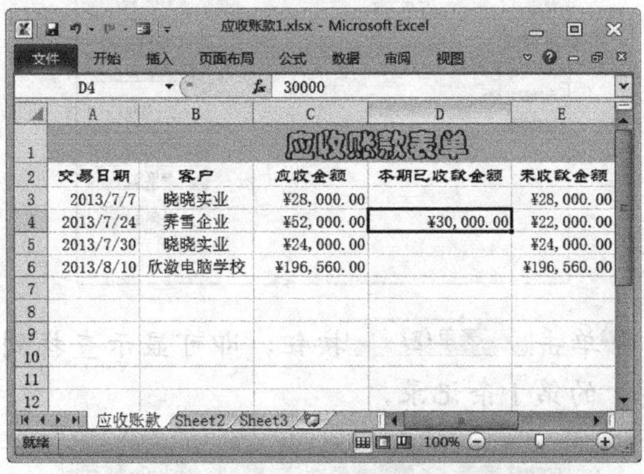

2. 使用【记录单】查找并删除记录

例如，企业在 2013 年 7 月 30 日销售给晓晓实业 10 台扫描仪，现收到全部货款 24000 元，使用【记录单】查找并删除该记录的具体步骤如下。

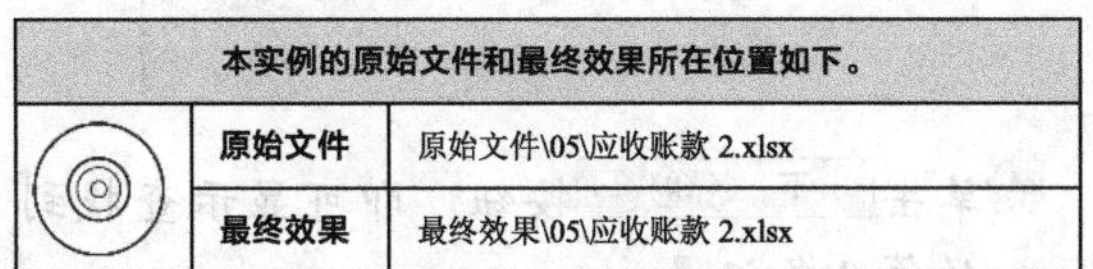

本实例的原始文件和最终效果所在位置如下。		
	原始文件	原始文件\05\应收账款 2.xlsx
	最终效果	最终效果\05\应收账款 2.xlsx

❶打开本实例的原始文件，切换到"应收账款"工作表，选中数据区域中的任意一个单元格，单击快速访问工具栏中的【记录单】按钮，在弹出的【应收账款】对话框中单击 条件(C) 按钮。

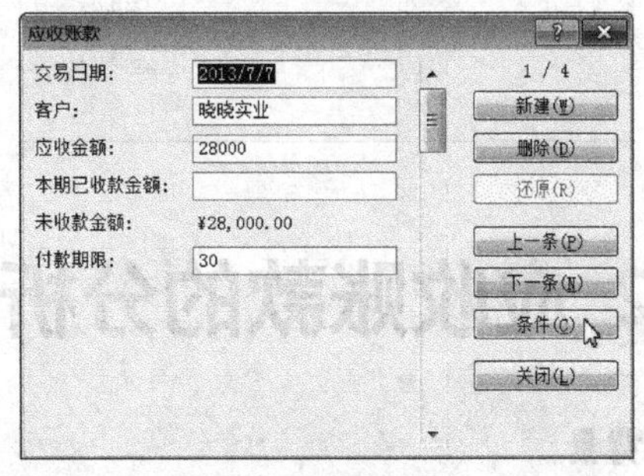

❷随即弹出一条空白记录，右上角标有"Criteria"字样，然后输入查询条件，这里在【客户】文本框中输入"晓晓实业"。

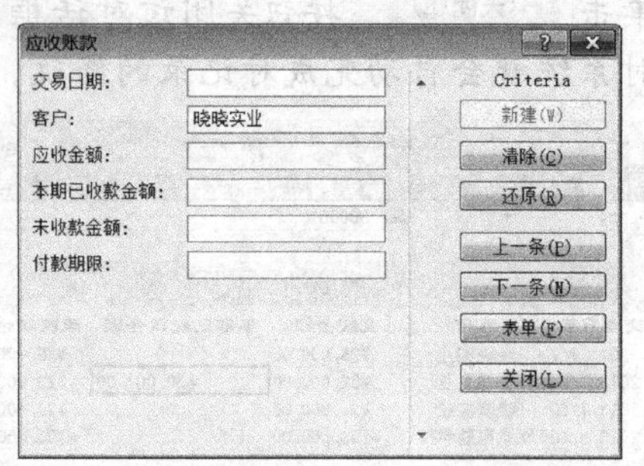

❸单击 表单(F) 按钮，即可显示查找到的第 1 条记录。

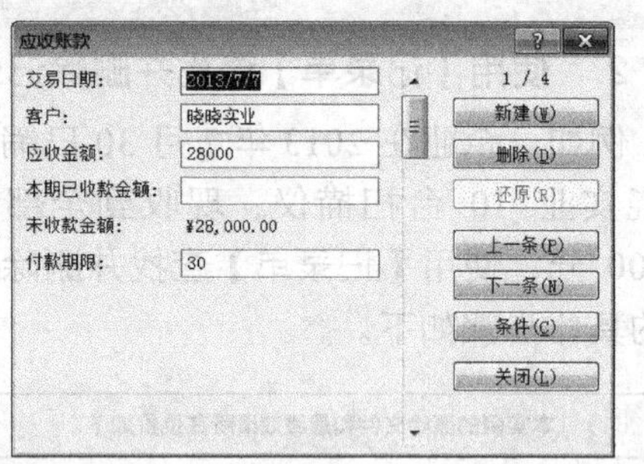

❹单击 下一条(N) 按钮，即可显示查找到的第 2 条记录。

❺单击 删除(D) 按钮，随即弹出【Microsoft Excel】提示对话框，提示用户“显示的记录将被删除。”。

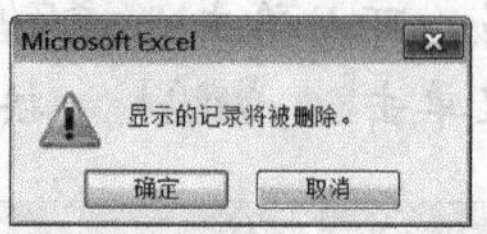

❻单击 确定 按钮即可删除该条记录，记录总数减少一个，此时记录单会自动地显示下一条记录。

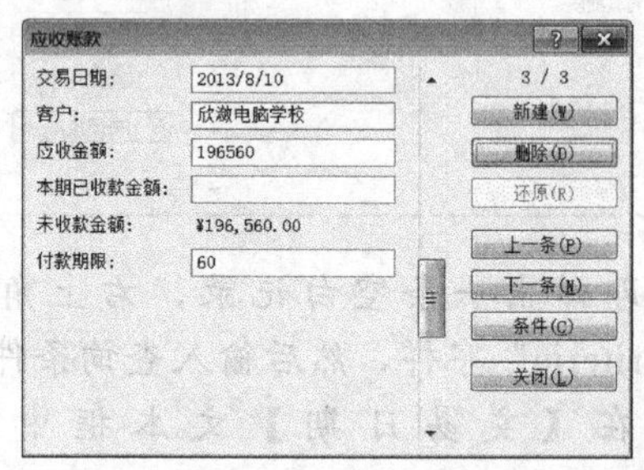

❼单击 关闭(L) 按钮关闭该对话框，此时表格中的“交易日期”为“2013/7/30”、“客户”为“晓晓实业”的记录已被删除。

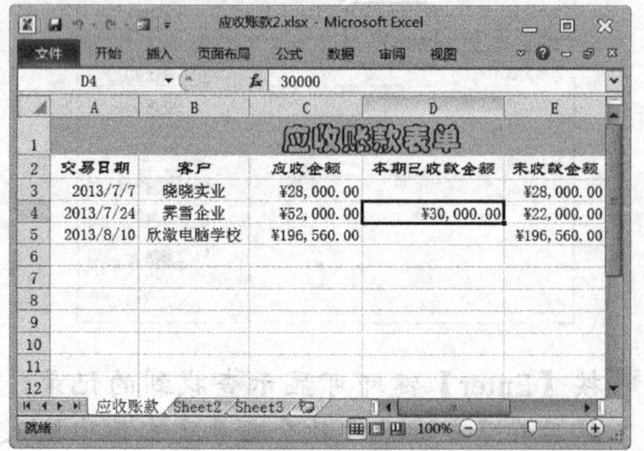

5.2 应收账款的分析

案例背景

应收账款是要经过一段时间才可能收回的债权，它会随着时间的推移使企业付出一定的代价。如果应收账款不能及时收回，企业资金就无法继续周转，这样会阻碍企业的正常营运，甚至危及企业的生存和发展。因此要对企业的应收账款进行分析，以便能够采取有效的措施及时收回应收账款。

最终效果及关键知识点

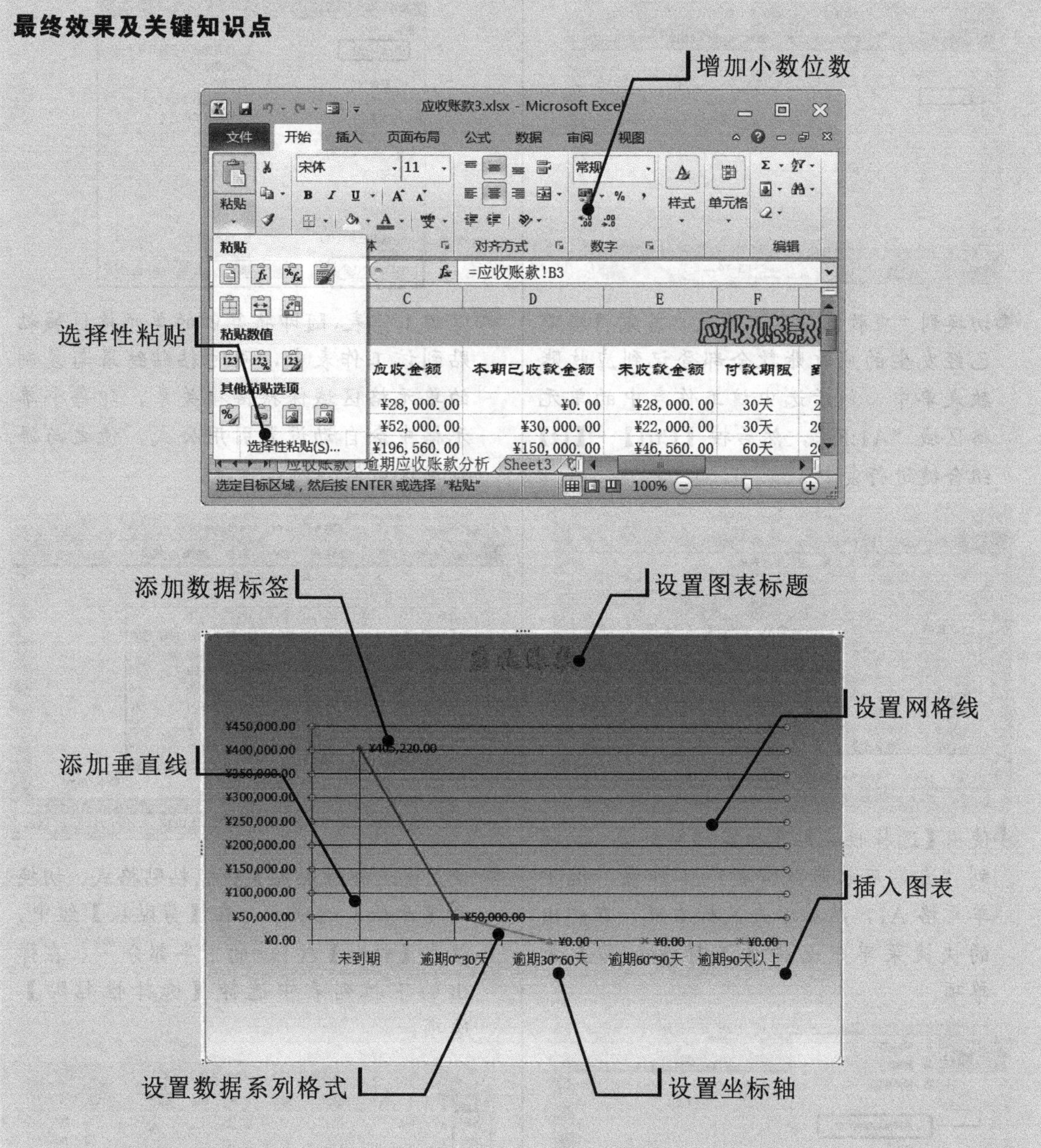

5.2.1 逾期应收账款的分析

逾期应收账款的分析，就是利用函数判断应收账款是否到期及分析逾期的天数。具体的操作步骤如下。

本实例的原始文件和最终效果所在位置如下。		
	原始文件	原始文件\05\应收账款 3.xlsx
	最终效果	最终效果\05\应收账款 3.xlsx

❶打开本实例的原始文件，将工作表 Sheet2 重命名为“逾期应收账款分析”。

2 切换到“应收账款”工作表，首先将当前已经发生的应收账款全部登记到应收账款表单中，然后选中该工作表中的单元格区域“A1:F9”，然后按【Ctrl】+【C】组合键进行复制。

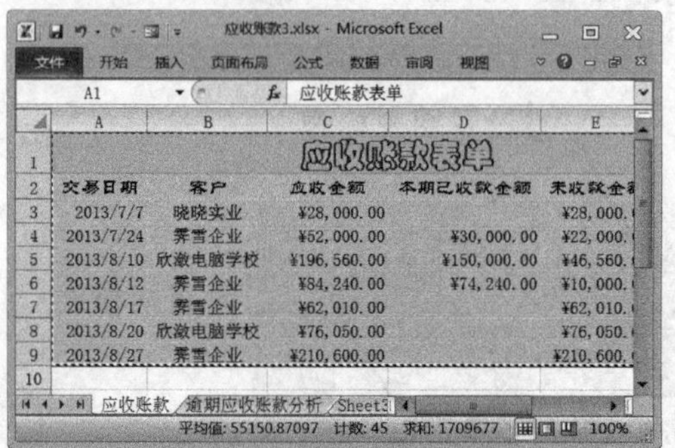

3 使用【选择性粘贴】功能粘贴链接。切换到“逾期应收账款分析”工作表，选中单元格 A1，然后单击鼠标右键，在弹出的快捷菜单中选择【选择性粘贴】菜单项。

4 弹出【选择性粘贴】对话框，在【粘贴】组合框中选中【全部】单选钮，然后单击 粘贴链接(L) 按钮。

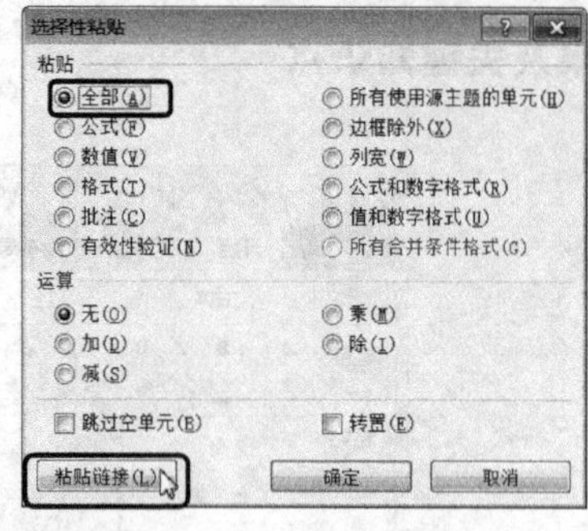

5 返回工作表，随即将复制的单元格区域粘贴到该工作表中，同时粘贴结果与复制的单元格区域保持链接关系，即每个单元格中会自动设置引用公式，使之与源数据区域保持内容一致。

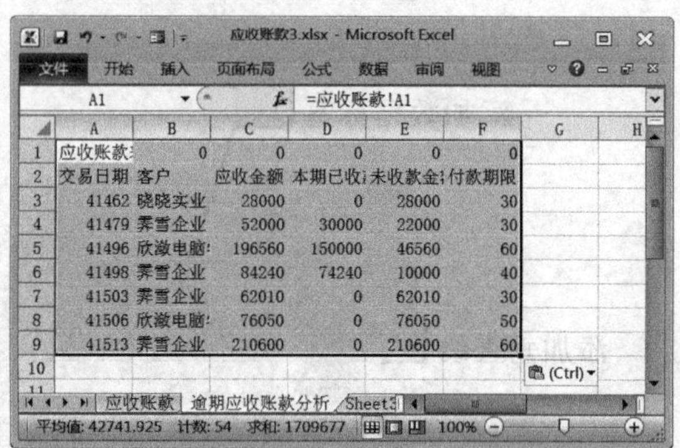

6 使用【选择性粘贴】功能粘贴格式。切换到【开始】选项卡，在【剪贴板】组中，单击【粘贴】按钮的下半部分，在弹出的下拉列表中选择【选择性粘贴】选项。

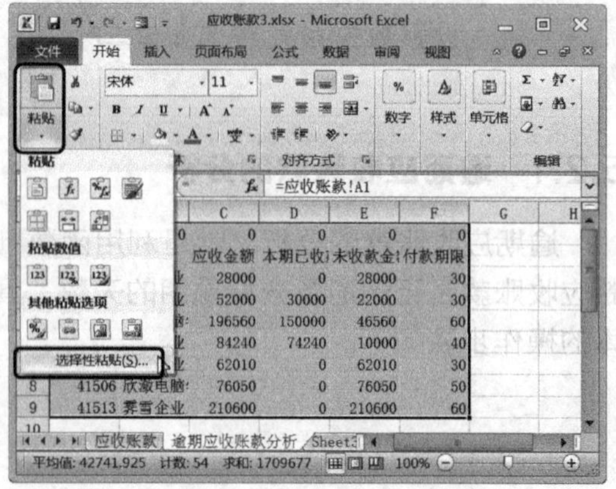

7 弹出【选择性粘贴】对话框，在【粘贴】组合框中选中【格式】单选钮。

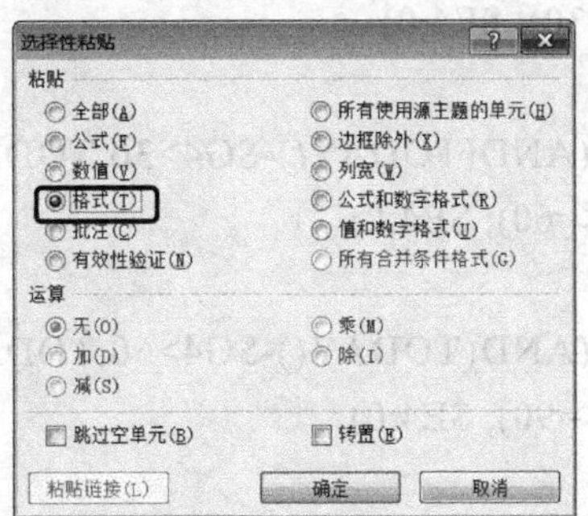

8 单击 确定 按钮返回工作表，即可将复制的单元格区域的格式粘贴到目标位置。

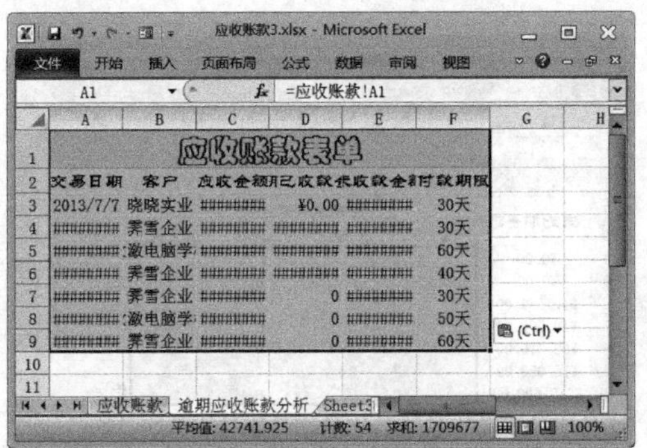

9 使用【选择性粘贴】功能粘贴列宽。按【Ctrl】+【Alt】+【V】组合键，即可弹出【选择性粘贴】对话框，在【粘贴】组合框中选中【列宽】单选钮。

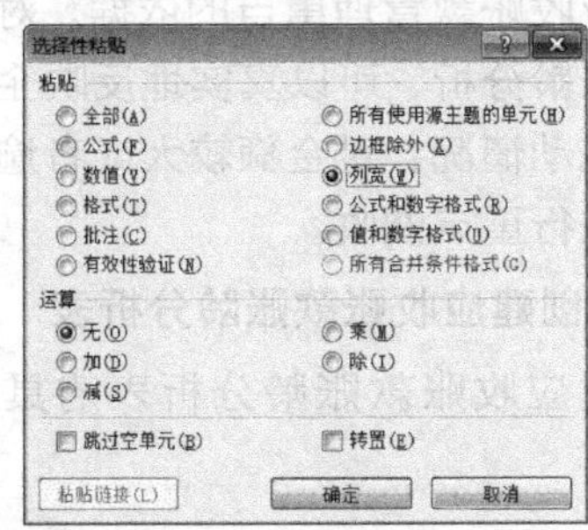

10 单击 确定 按钮返回工作表，即可将复制的单元格区域的列宽粘贴到目标位置。

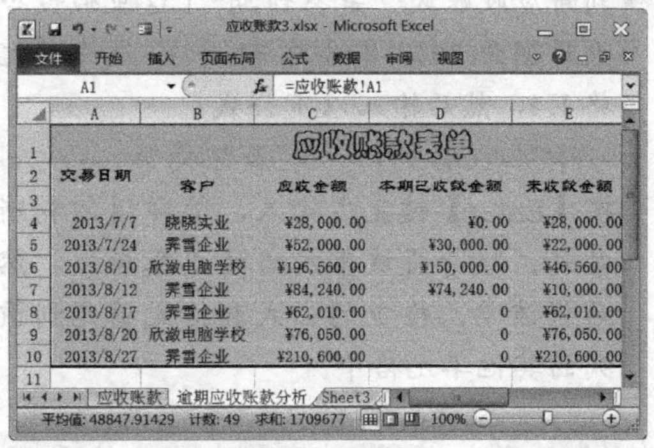

11 在标题行下方插入一行，然后在标题行增加列标题，并重新设置表格标题和列标题的格式。

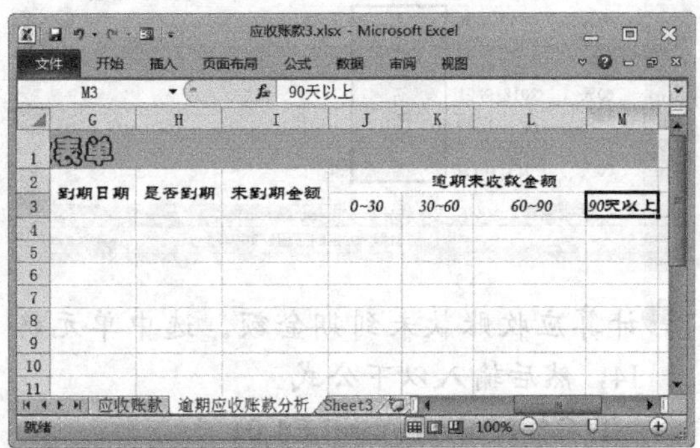

12 计算应收账款"到期日期"。选中单元格G4，然后输入以下公式。

=A4+F4

按【Enter】键完成输入，随即返回计算结果，然后将该单元格中的公式填充到该列的其他单元格中，并适当地调整列宽。

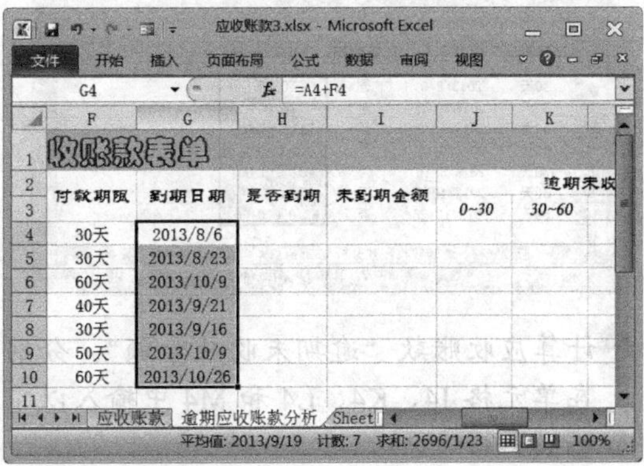

⑬判断应收账款“是否到期”(这里假设今天日期为 2013 年 8 月 31 日)。选中单元格 H4，然后输入以下公式。

```
=IF(G4-TODAY()>=0,"否","是")
```

按【Enter】键完成输入，随即返回判断结果。接着将该单元格的内容居中，然后将该单元格中的公式和格式填充到该列的其他单元格中。

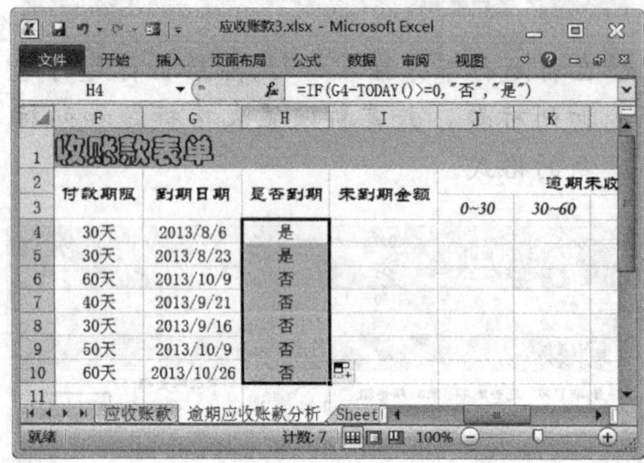

⑭计算应收账款未到期金额。选中单元格 I4，然后输入以下公式。

```
=IF(G4-TODAY()>=0,E4,0)
```

按【Enter】键完成输入，随即返回计算结果。将该单元格的数字格式设置为保留两位小数的货币格式，然后将该单元格中的公式和格式填充到该列的其他单元格中，并适当地调整列宽。

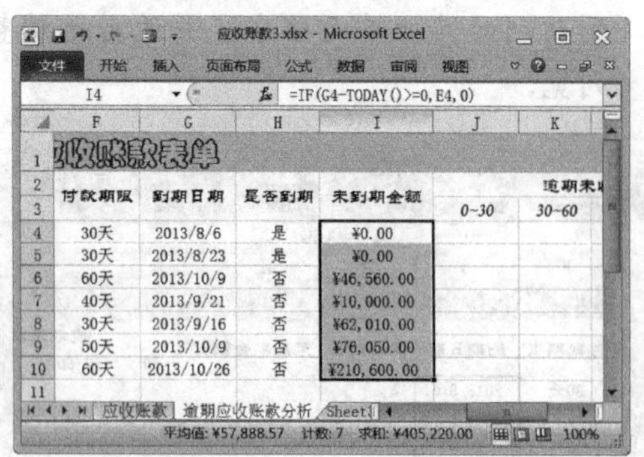

⑮计算应收账款“逾期未收款金额”。分别在单元格 J4、K4、L4 和 M4 中输入以下公式。

```
J4
=IF(AND(TODAY()-$G4>0,TODAY()-$G4<=30), $E4,0)
K4
=IF(AND(TODAY()-$G4>30,TODAY()-$G4<=60), $E4,0)
L4
=IF(AND(TODAY()-$G4>60,TODAY()-$G4<=90), $E4,0)
M4
=IF(TODAY()-$G4>90,$E4,0)
```

按【Enter】键完成输入，随即返回计算结果，然后将该单元格中的公式填充到该列的其他单元格中。

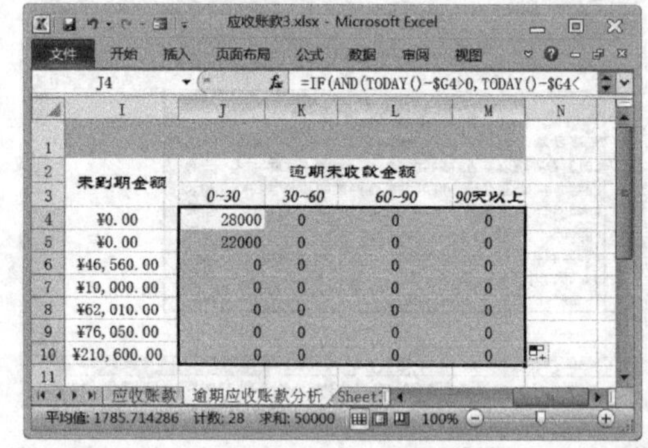

5.2.2 应收账款的账龄分析

账龄分析是有效管理应收账款的基础，是确定应收账款管理重点的依据。对应收账款进行账龄分析，可以真实地反映企业实际的资金流动情况，对金额较大或者逾期较长的款项进行重点催收。

1. 创建应收账款账龄分析表

创建应收账款账龄分析表的具体步骤如下。

本实例的原始文件和最终效果所在位置如下。	
原始文件	原始文件\05\应收账款 4.xlsx
最终效果	最终效果\05\应收账款 4.xlsx

❶打开本实例的原始文件，切换到“逾期应收账款分析”工作表，在单元格H11中输入“月末结算”，然后选中单元格I11，切换到【公式】选项卡，在【函数库】组中单击【自动求和】按钮 Σ 自动求和 ，此时在单元格I11中会自动填充公式“=SUM(I4:I10)”。

❷按【Enter】键完成输入，然后将单元格中的公式和格式填充到单元格区域“J11:M11”中，并调整I列~M列的列宽。

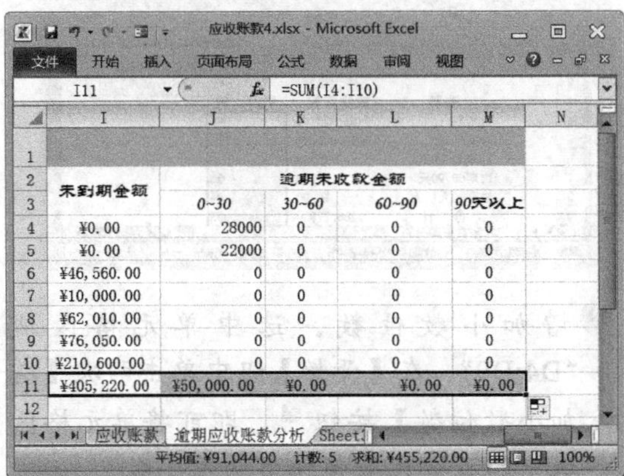

❸将工作表Sheet3重命名为“应收账款账龄分析”，然后输入应收账款账龄分析的相关信息，并进行简单的格式设置。

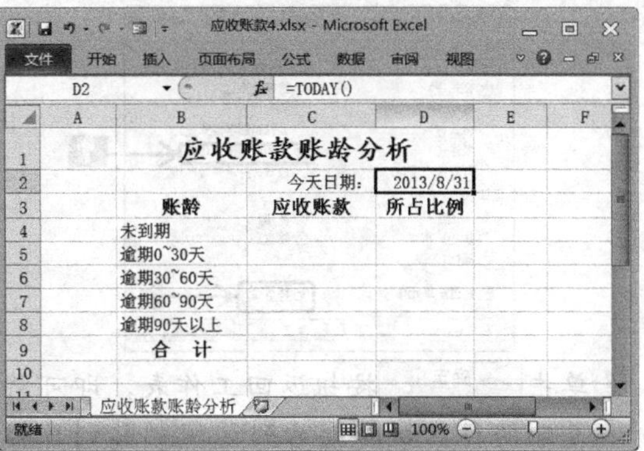

❹切换到“逾期应收账款分析”工作表，选中单元格区域“I11:M11”，然后按【Ctrl】+【C】组合键复制单元格区域中的内容。

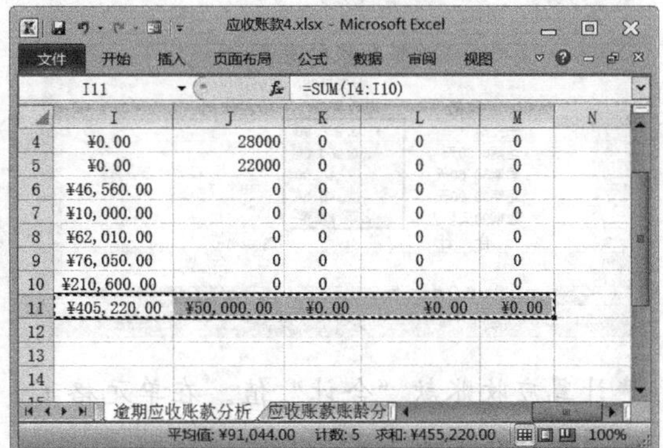

❺切换到“应收账款账龄分析”工作表，在单元格C4上单击鼠标右键，在弹出的快捷菜单中选择【选择性粘贴】菜单项。

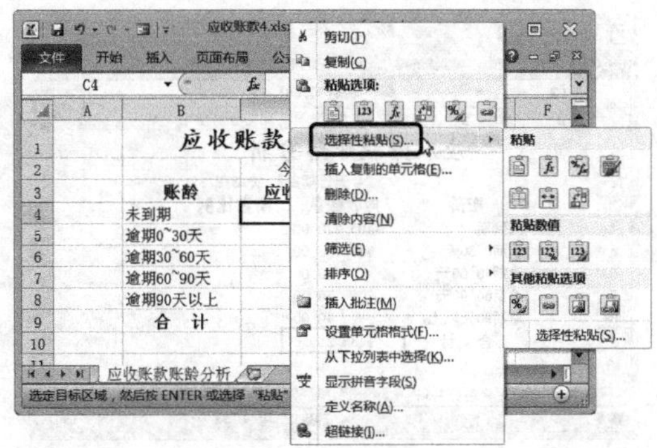

❻弹出【选择性粘贴】对话框，在【粘贴】组合框中选中【值和数字格式】单选钮，然后选中下方的【转置】复选框。

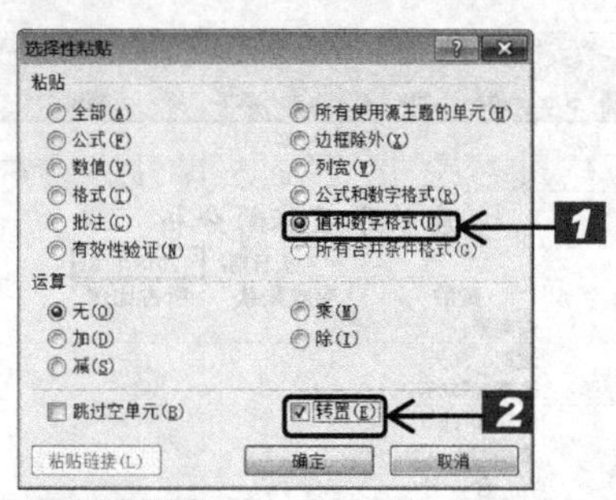

⑦单击 确定 按钮返回工作表，即可将复制的行区域转置为列区域粘贴到目标位置，并保持数字格式不变。

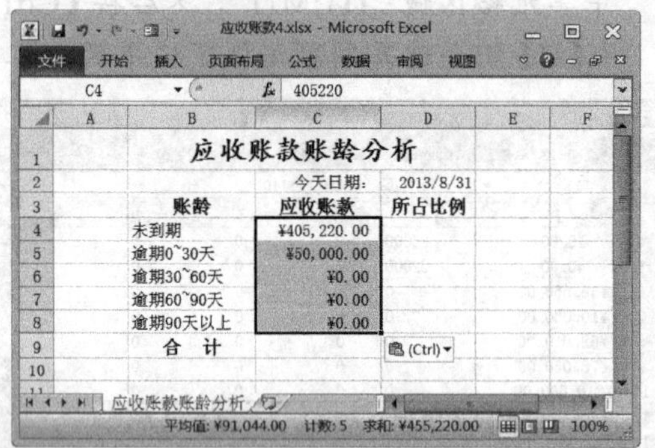

⑧计算应收账款“合计”值。在单元格 C9 中输入以下公式。

=SUM(C4:C8)

按【Enter】键完成输入，随即返回计算结果。

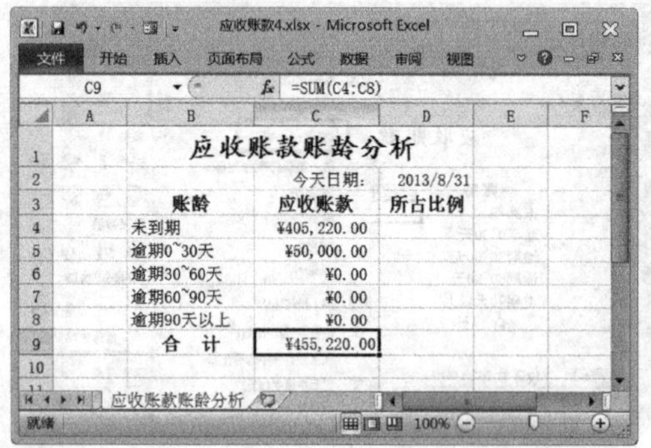

⑨计算“所占比例”。在单元格 D4 中输入以下公式。

=C4/$C$9

按【Enter】键完成输入，随即返回计算结果，然后将该单元格中的公式填充到该列的其他单元格中。

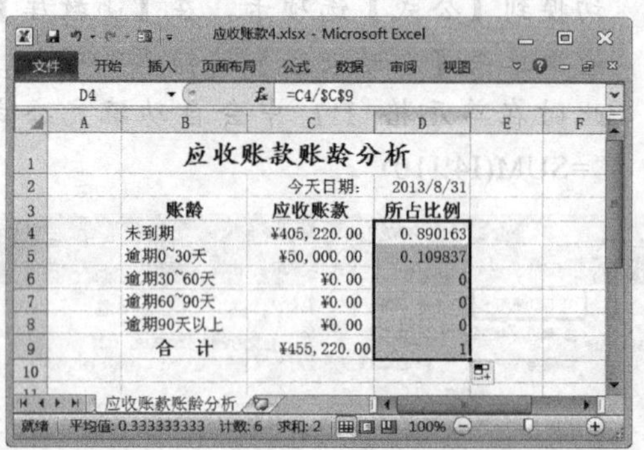

⑩设置百分比格式。选中单元格区域“D4:D9”，切换到【开始】选项卡，在【开始】组中单击【百分比样式】按钮，随即单元格区域中的数值就会以百分比形式显示。

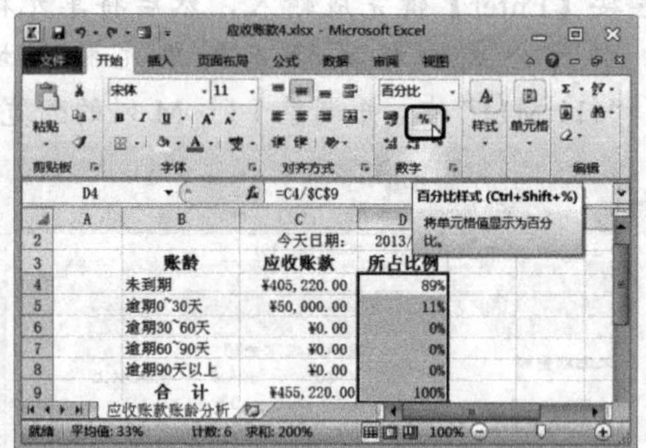

⑪增加小数位数。选中单元格区域“D4:D9”，在【开始】组中单击两次【增加小数位数】按钮 ，即可将单元格区域中的百分比数值保留两位小数。

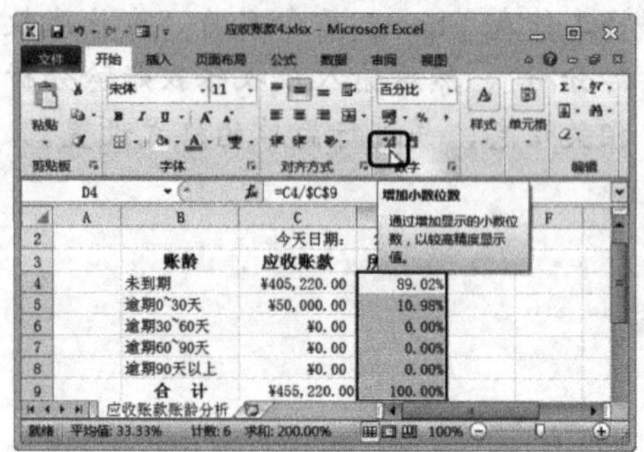

2. 创建应收账款账龄分析图

创建"应收账款账龄分析"表后，为了使表中的数据更加直观，可以在"应收账款账龄分析"表的基础上创建应收账款账龄分析图。具体的操作步骤如下。

本实例的原始文件和最终效果所在位置如下。		
	原始文件	原始文件\05\应收账款 5.xlsx
	最终效果	最终效果\05\应收账款 5.xlsx

1 打开本实例的原始文件，切换到"应收账款账龄分析"工作表，选中单元格区域"B3:C8"，切换到【插入】选项卡，在【图表】组中单击【折线图】按钮，在弹出的下拉列表中选择【带数据标记的折线图】选项。

2 随即在工作表"应收账款账龄分析"中插入一个带数据标记的折线图。

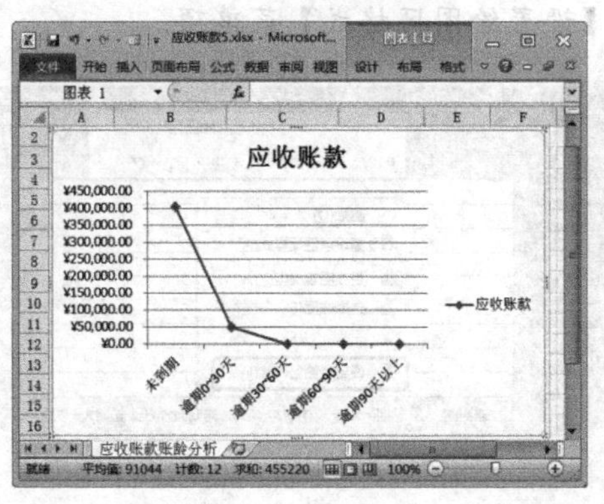

3 移动图表。切换到【图表工具】栏的【设计】选项卡，在【位置】组中单击【移动图表】按钮。

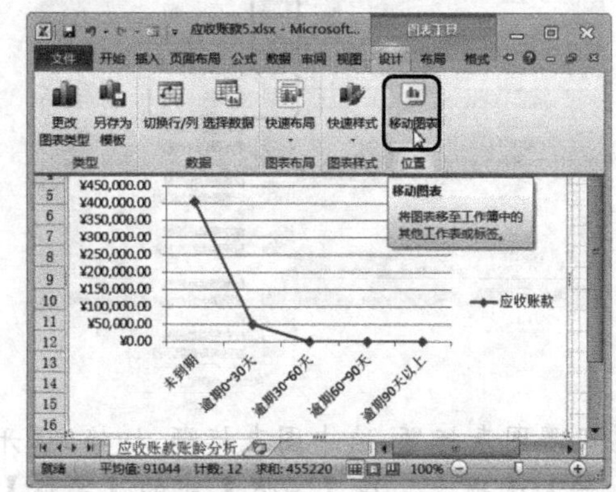

4 弹出【移动图表】对话框，选中【新工作表】单选钮，并在其后面的文本框中输入"应收账款账龄分析图"。

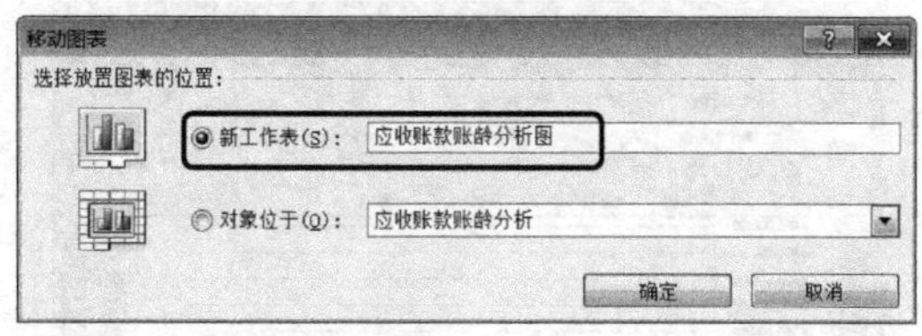

5 单击 确定 按钮，即可在当前工作簿中插入一个图表工作表"应收账款账龄分析图"，系统会自动以适当的显示比例显示创建完成的"数据点折线图"。

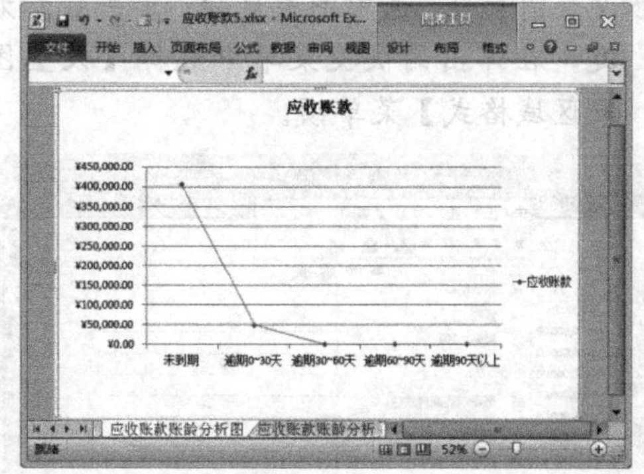

6 关闭图例。切换到【图表工具】栏的【布局】选项卡，在【标签】组中单击【图例】按钮，在弹出的下拉列表中选择【无】选项。

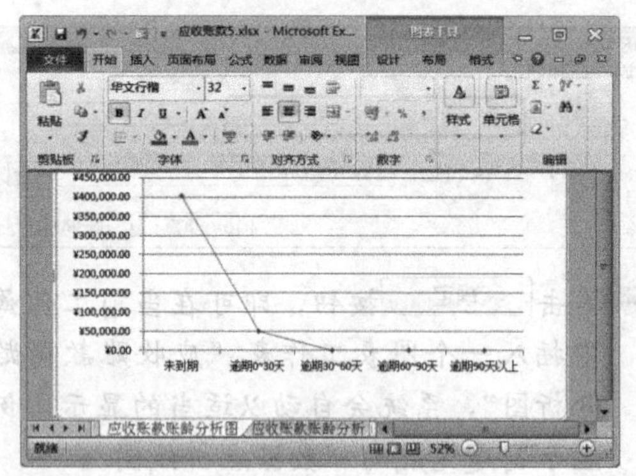

7 设置图表标题。选中图表标题，切换到【开始】选项卡，在【字体】组的【字体】下拉列表中选择【华文行楷】，在【字号】下拉列表中选择【32】选项，在【字体颜色】下拉列表中选择一种合适的颜色。

8 设置图表区。选中图表区域，单击鼠标右键，在弹出的快捷菜单中选择【设置图表区域格式】菜单项。

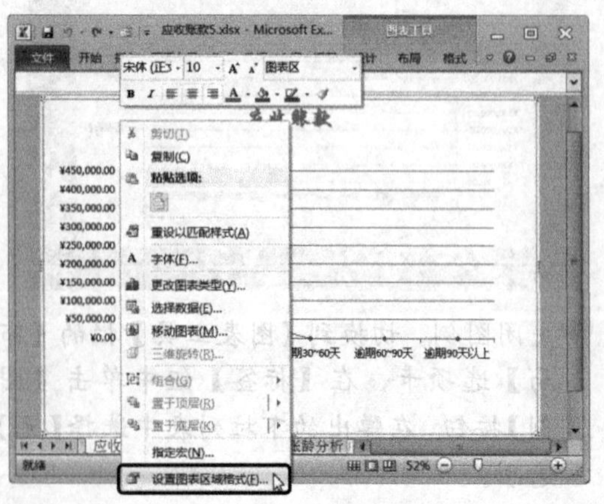

9 弹出【设置图表区格式】对话框，切换到【填充】选项卡，选中【渐变填充】单选钮，在【预设颜色】下拉列表中选择【雨后初晴】选项。

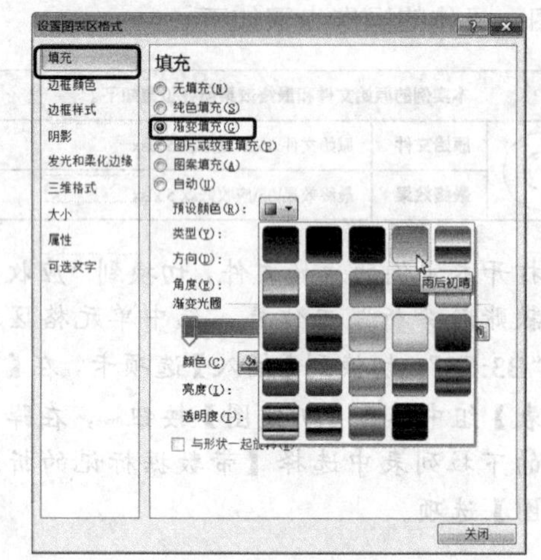

10 设置完毕单击 关闭 按钮，返回工作表即可。

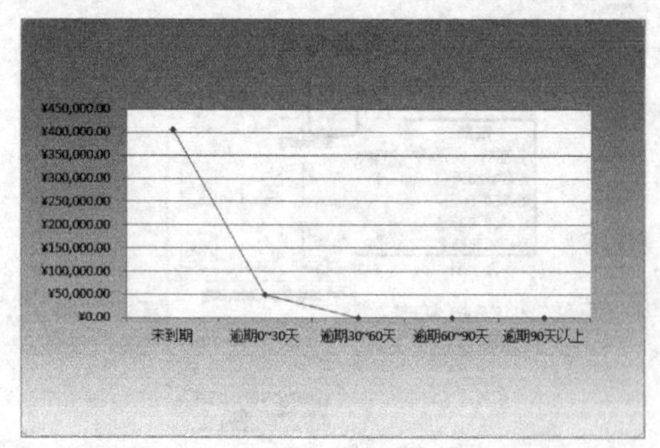

11 设置绘图区格式。选中图表的绘图区，单击鼠标右键，在弹出的快捷菜单中选择【设置绘图区格式】菜单项。

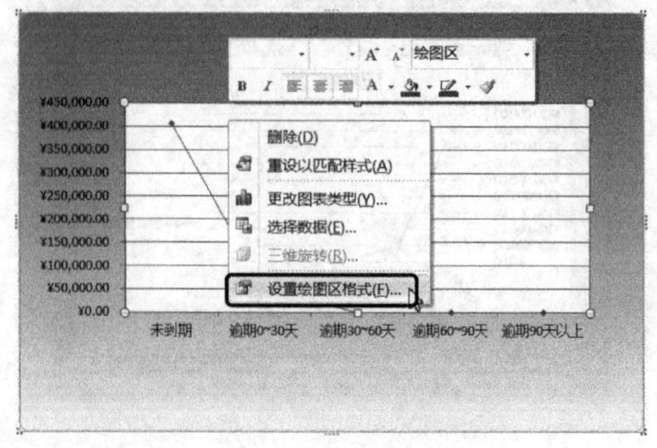

⑫弹出【设置绘图区格式】对话框，切换到【填充】选项卡，选中【无填充】单选钮。

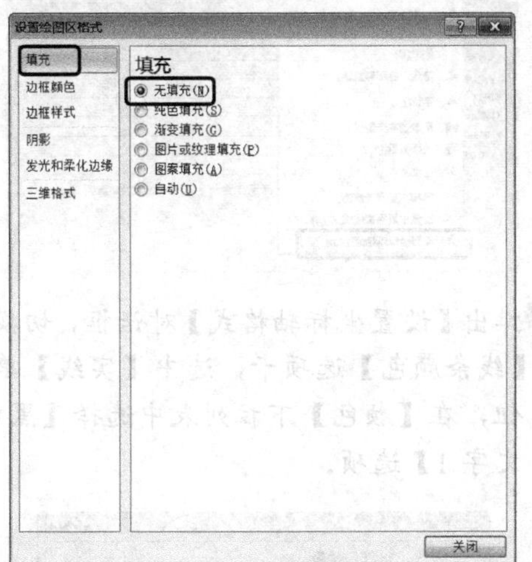

⑬设置完毕单击 关闭 按钮，返回工作表即可。

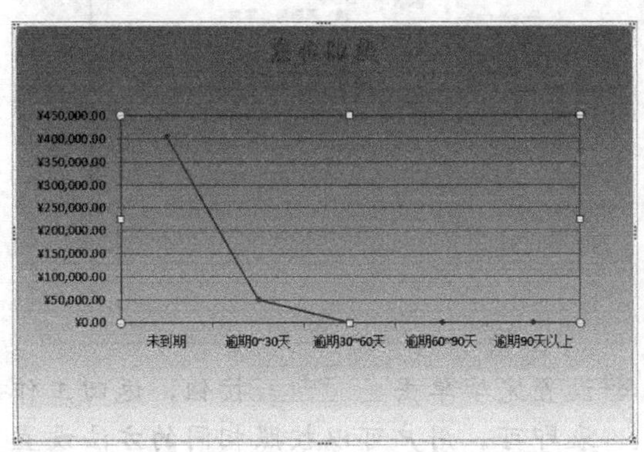

⑭设置数据系列格式。选中图表的数据系列，单击鼠标右键，在弹出的快捷菜单中选择【设置数据系列格式】菜单项。

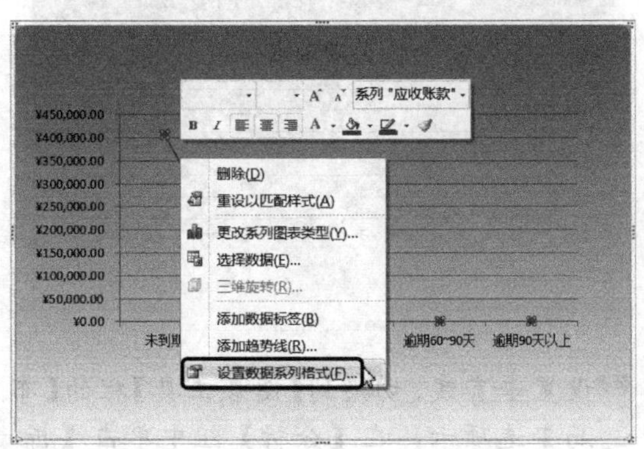

⑮弹出【设置数据系列格式】对话框，切换到【数据标记填充】选项卡，选中【依据数据点着色】复选框。

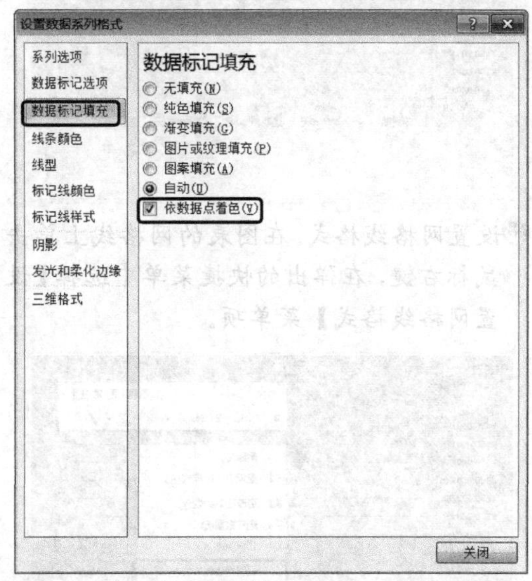

⑯切换到【线型】选项卡，在【宽度】微调框中输入【2.5 磅】。

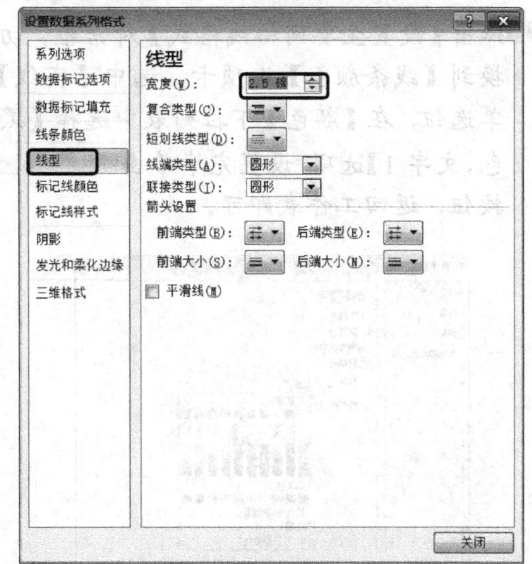

⑰设置完毕单击 关闭 按钮，返回工作表即可。

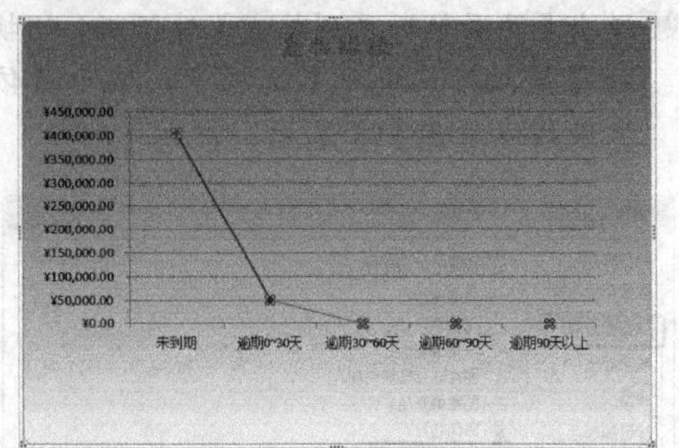

18 设置网格线格式。在图表的网格线上单击鼠标右键，在弹出的快捷菜单中选择【设置网格线格式】菜单项。

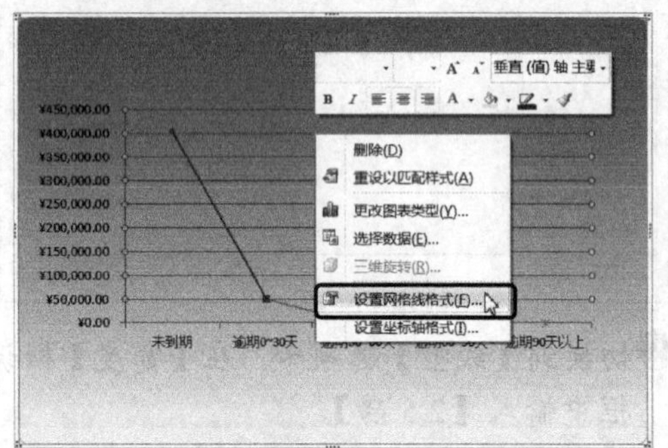

19 弹出【设置主要网格线格式】对话框，切换到【线条颜色】选项卡，选中【实线】单选钮，在【颜色】下拉列表中选择【黑色，文字 1】选项，设置完毕单击 关闭 按钮，返回工作表即可。

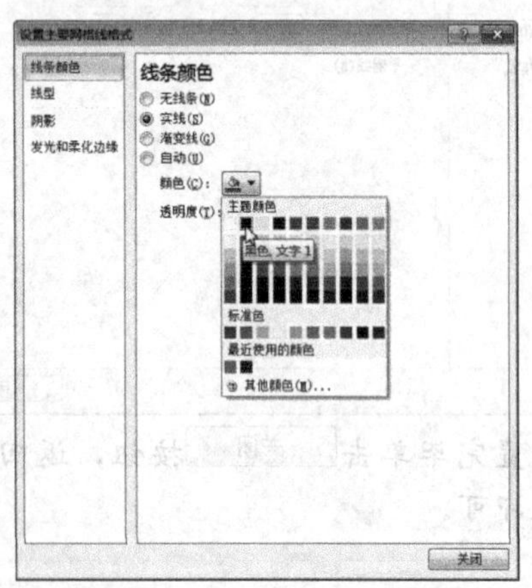

20 设置坐标轴格式。在图表的纵坐标轴上单击鼠标右键，在弹出的快捷菜单中选择【设置坐标轴格式】菜单项。

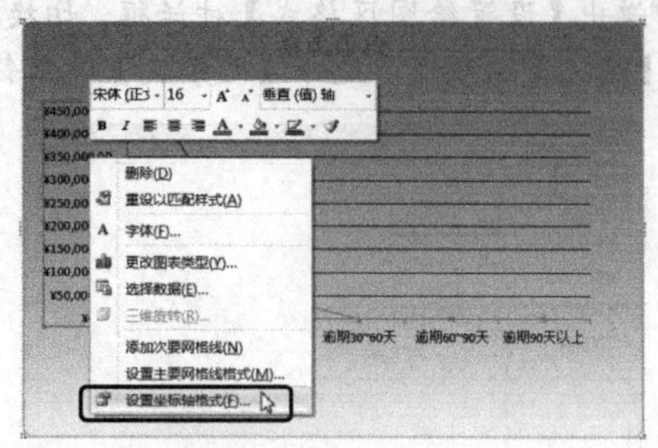

21 弹出【设置坐标轴格式】对话框，切换到【线条颜色】选项卡，选中【实线】单选钮，在【颜色】下拉列表中选择【黑色，文字 1】选项。

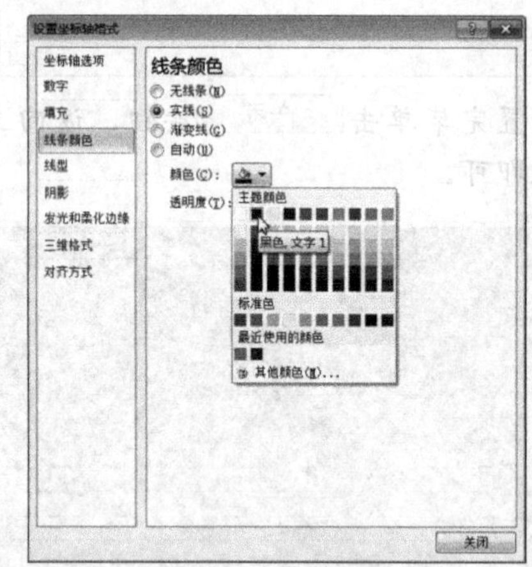

22 设置完毕单击 关闭 按钮，返回工作表即可。用户可以按照相同的方法设置横坐标轴。

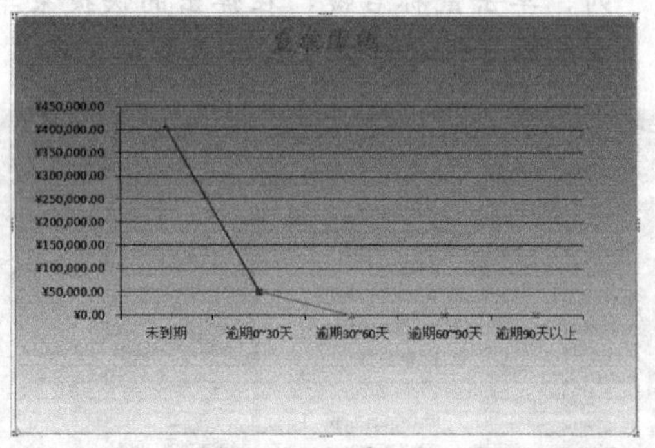

23 设置垂直线。切换到【图表工具】栏的【布局】选项卡，在【分析】组中单击【折

线】按钮，在弹出的下拉列表中选择【垂直线】选项。

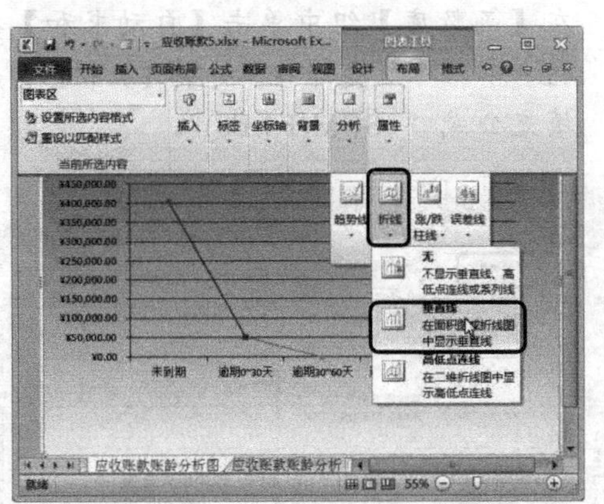

24 返回工作表，即可看到图表中已经添加上垂直线。

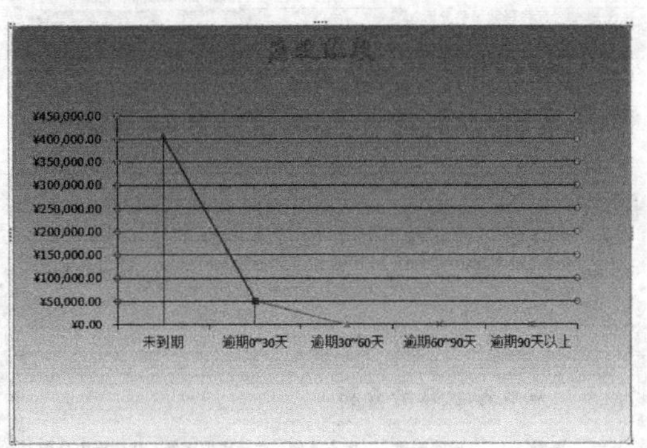

25 添加数据标签。切换到【图表工具】栏的【布局】选项卡，在【标签】组中，单击【数据标签】按钮，在弹出的下拉列表中选择【右】选项。

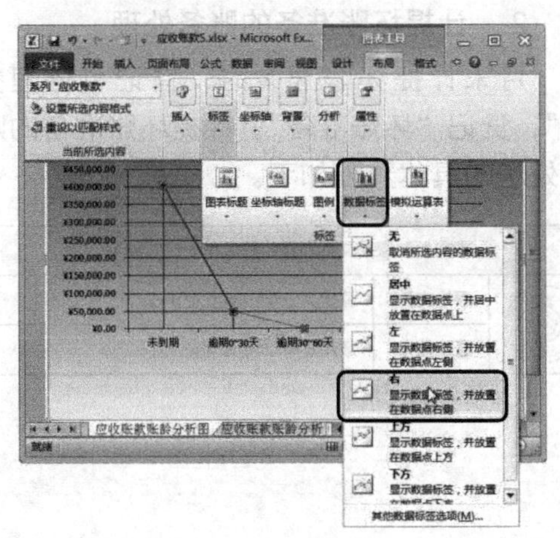

26 即可在数据点右侧添加上数据标签。

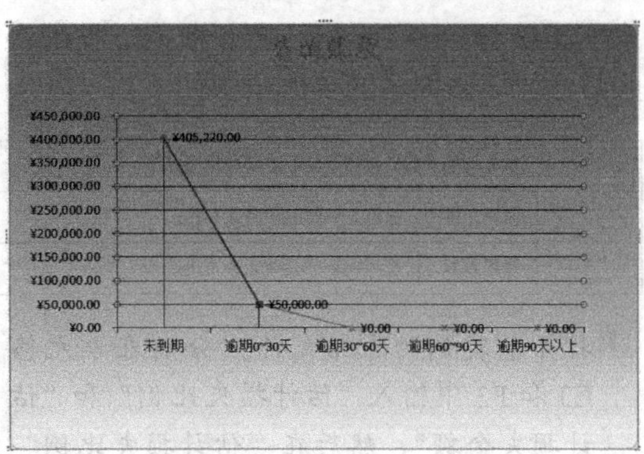

5.2.3 记账技巧

——坏账准备的账务处理

坏账是指企业无法收回的应收款项，当企业的应收款项被证实很可能无法收回且金额能够合理估计时，应确认为坏账。坏账的确认标准是有证据表明债务单位的偿债能力已经发生困难，或有迹象表明应收款项的可收回数小于其账面余额。具体包括：①债务人逾期未履行偿债义务，有确凿证据表明应收款项不能收回或收回的可能性不大的应收账款，或者逾期但无确凿证明表明能收回的应收账款；②因债务人破产、现金流量不足等原因导致不能收回的应收账款。

但是，对于已确认为坏账的应收账款，企业还是应该继续追索，一旦重新收回，就应及时入账。

在实际工作中，企业采用备抵法对每期的应收账款中可能发生的坏账损失进行估计，提取坏账准备金，借记“管理费用”科目，贷记“坏账准备”科目。

估计坏账损失主要有余额百分比法、账龄分析法、销售百分比法和个别认定法等 4 种。其中，账龄分析法是根据应收账款入账时间的长短来估计坏账损失的方法。虽然时间的长短不能决定应收账款能否收回或收回多少，但是一般来说，账款拖欠的时间越长，发生坏账的可能性就越大。

1. 使用账龄分析法估计坏账损失

2013 年 8 月 31 日，企业根据应收账款账龄估计坏账损失的具体步骤如下。

本实例的原始文件和最终效果所在位置如下。		
	原始文件	原始文件\05\应收账款 6.xlsx
	最终效果	最终效果\05\应收账款 6.xlsx

1 打开本实例的原始文件，分别在单元格 E3 和 F3 中输入“估计损失比例”和“估计损失金额”，然后在“估计损失比例”中输入不同账龄下的估计损失比例，并适当地调整列宽。

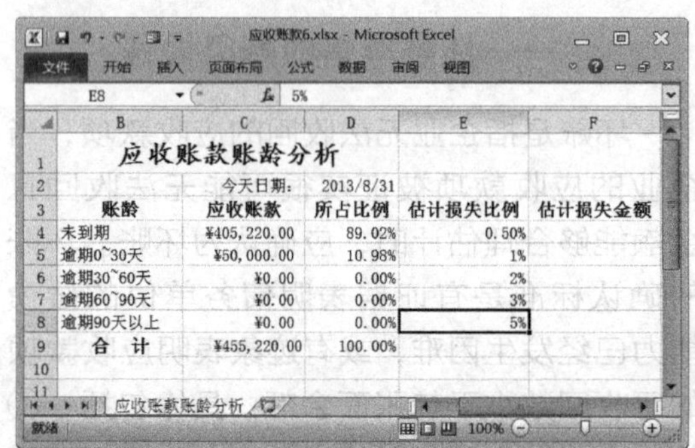

2 计算“估计损失金额”。在单元格 F4 中输入以下公式。

=C4*E4

按【Enter】键完成输入，随即返回计算结果，然后将该单元格中的公式填充到单元格区域“F5:F8”中。

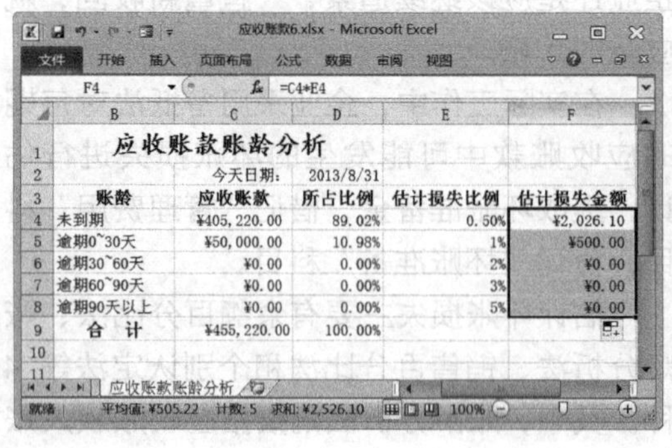

3 计算估计损失金额的“合计”值。选中单元格 F9，然后切换到【公式】选项卡，在【函数库】组中单击【自动求和】按钮 Σ 自动求和 ▾，随即在单元格 F9 中会自动填充公式“=SUM(F4:F8)”。

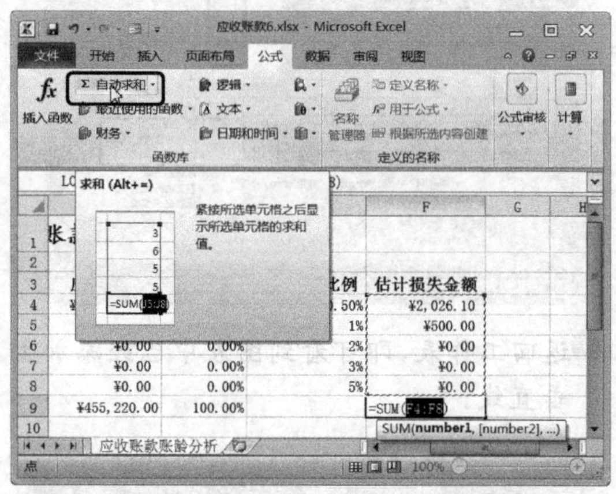

4 按【Enter】键即可返回计算结果。

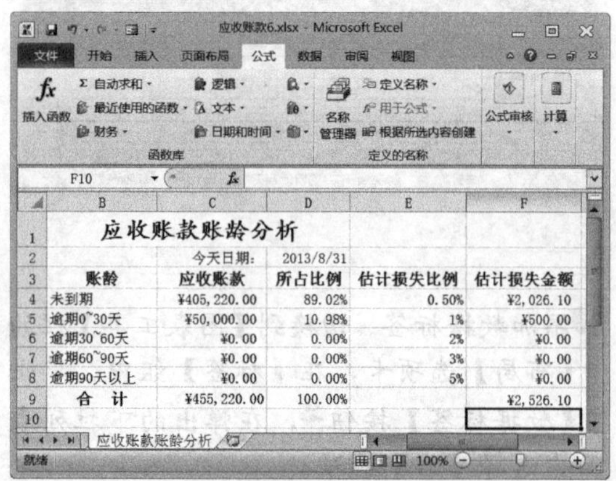

2. 计提坏账准备的账务处理

月末计提坏账准备时，借记“管理费用”，贷记“坏账准备”。计提坏账准备的账务处理的具体步骤如下。

本实例的原始文件和最终效果所在位置如下。		
	原始文件	原始文件\05\记账凭证 9.xlsx
	最终效果	最终效果\05\记账凭证 9.xlsx

❶打开本实例的原始文件，切换到“通用记账凭证”工作表，删除该工作表中除了“科目名称”和借贷方金额的“合计值”之外的数据，然后输入该业务的记账凭证。

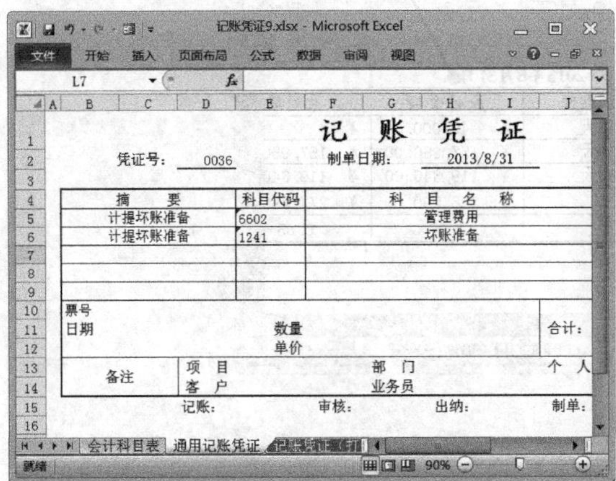

❷切换到“记账凭证（打印格式）”工作表，此时该工作表中会自动显示“通用记账凭证”工作表中输入的记账信息。

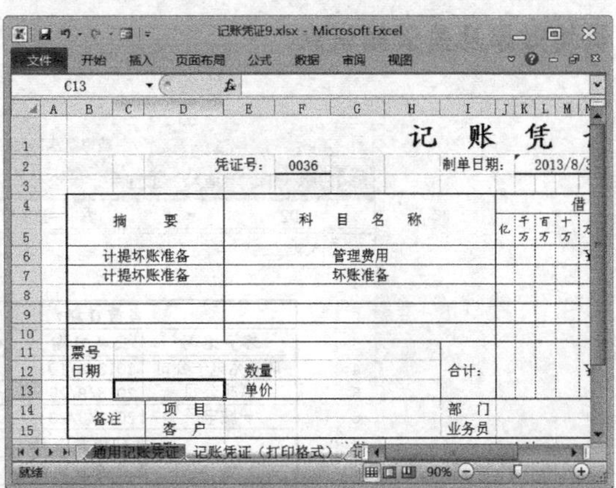

❸切换到“记账凭证汇总表”工作表，将审核无误的记账凭证登记到“记账凭证汇总表”。

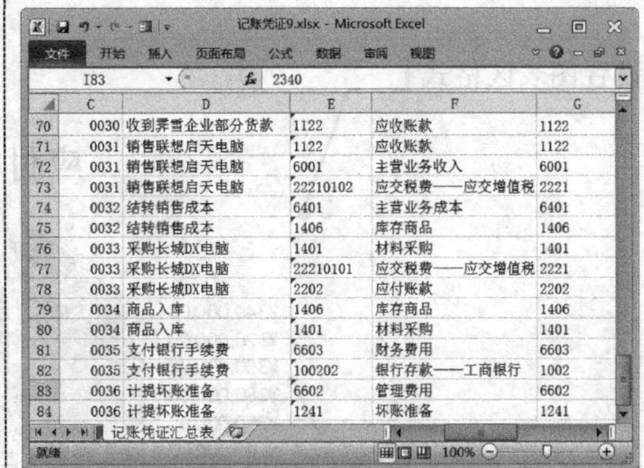

5.3 应付账款的统计

案例背景

应付账款是指企业因购买原材料、商品或者接受劳务等而应当支付的款项，这是买卖双方在购销活动中由于取得物资与支付货款在时间上不一致而产生的负债。企业应当加强对应付账款的管理，以避免财务危机，维护企业信誉。

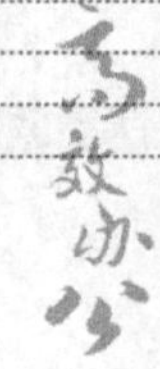

最终效果及关键知识点

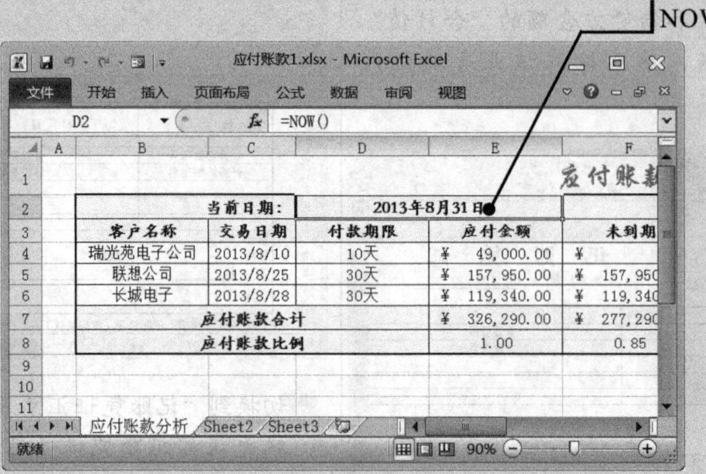

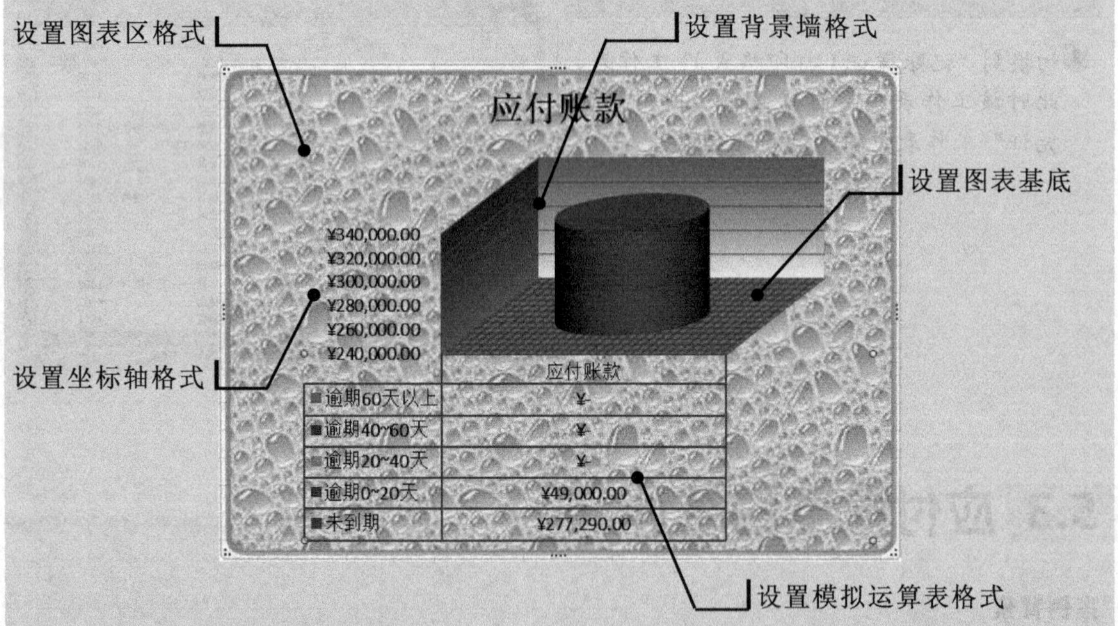

5.3.1 创建应付账款分析表

应付账款分析表主要包括对应付金额的分析、应付账款的账期分析以及应付账款金额比例的计算等内容。

创建应付账款分析表的具体步骤如下。

本实例的原始文件和最终效果所在位置如下。		
	原始文件	无
	最终效果	最终效果\05\应付账款 1.xlsx

1 新建一个工作名为“应付账款 1”的工作簿，并将其中的工作表 Sheet1 重命名为“应付账款分析表”，然后在该工作表中

输入相关的表格项目，并进行相应的格式设置，适当地调整列宽。

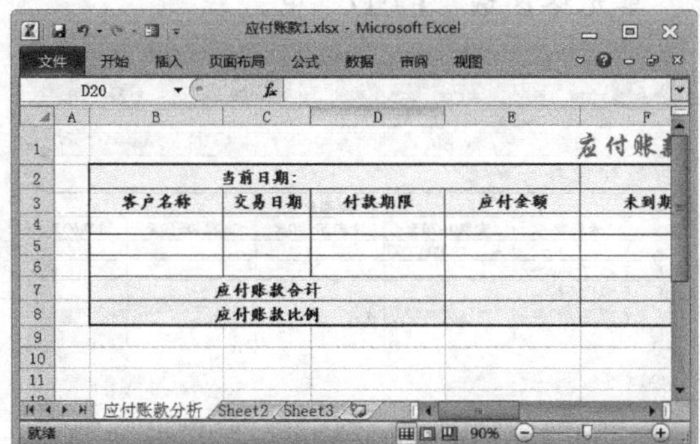

❷选中单元格 D2，输入以下公式。

=NOW()

然后按下【Enter】即可返回当前的日期和时间。

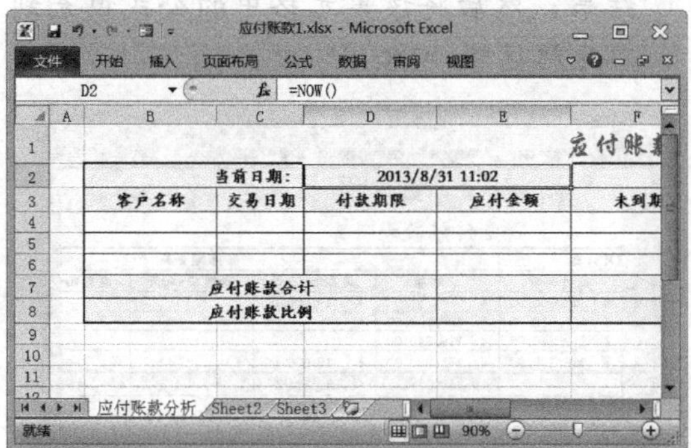

提示

NOW 函数的语法为 NOW( )，它的功能是返回当前日期和时间所对应的序列号。如果在输入函数前单元格的数字格式为“常规”，结果则显示为日期时间格式。函数 NOW 只有在重新计算工作表，或执行含有此函数的宏时改变，它并不会随时更新。

❸选中单元格 D2，按【Ctrl】+【1】组合键，弹出【设置单元格格式】对话框，切换到【数字】选项卡，在【分类】列表框中选择【日期】选项，然后在【类型】列表框中选择【2001 年 3 月 14 日】选项。

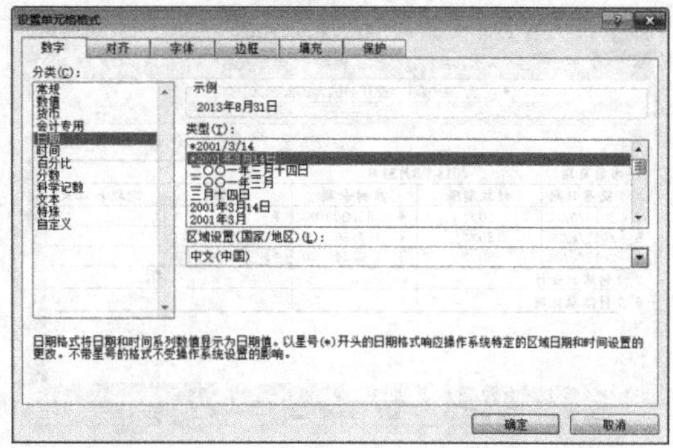

❹单击 确定 按钮返回工作表，此时单元格 D2 中的日期就会以年、月、日的形式显示。

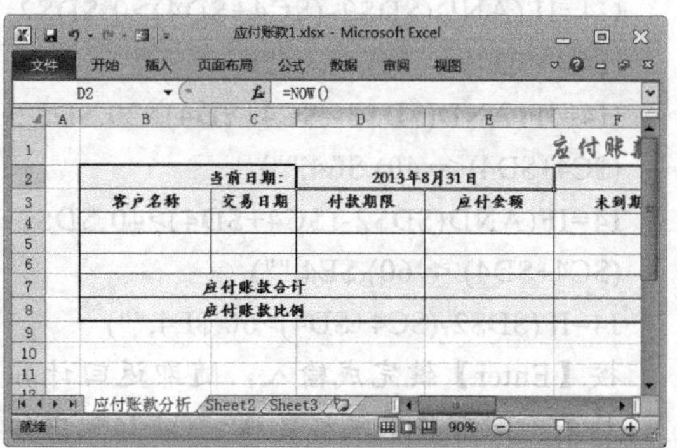

❺在表格中输入企业尚未支付的应付账款的数据信息，并进行相应的格式设置。

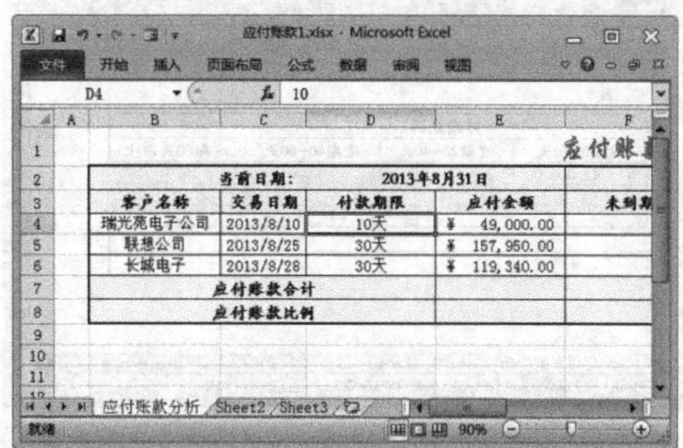

❻判断应付账款是否到期，并计算未到期的应付账款金额。在单元格 F4 中输入以下公式。

=IF(C4+D4>$D$2,E4,0)

按【Enter】键完成输入，随即返回计算结果，然后将该单元格中的公式和格式向下填充。

7 计算企业逾期尚未支付的应付账款金额。在单元格区域“G4:J4”中依次输入以下公式。

G4=IF(AND($D$2-($C4+$D4)>0,$D$2-($C4+$D4)<= 20),$E4,"")
H4=IF(AND($D$2-($C4+$D4)>20,$D$2-($C4+$D4)<= 40),$E4,"")
I4=IF(AND($D$2-($C4+$D4)>40,$D$2-($C4+$D4) <=60),$E4,"")
J4=IF($D$2-($C4+$D4)>60,$E4,"")

按【Enter】键完成输入，随即返回计算结果，然后将单元格区域“G4:J4”中的公式和格式向下填充。

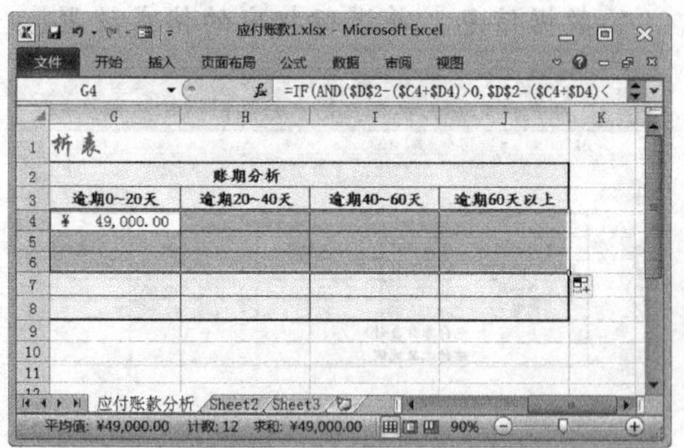

8 计算应付账款合计值。在单元格 E7 中输入以下公式。

=SUM(E4:E6)

按【Enter】键完成输入，随即返回计算结果，然后将该单元格中的公式填充到单元格区域“F7:J7”中。

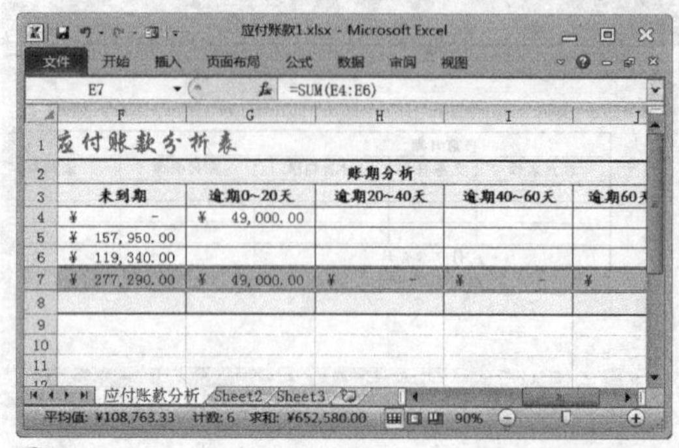

9 计算应付账款比例。在单元格 E8 中输入以下公式。

=E7/$E$7

按【Enter】键完成输入，随即返回计算结果，然后将该单元格中的公式填充到单元格区域“F8:J8”中。

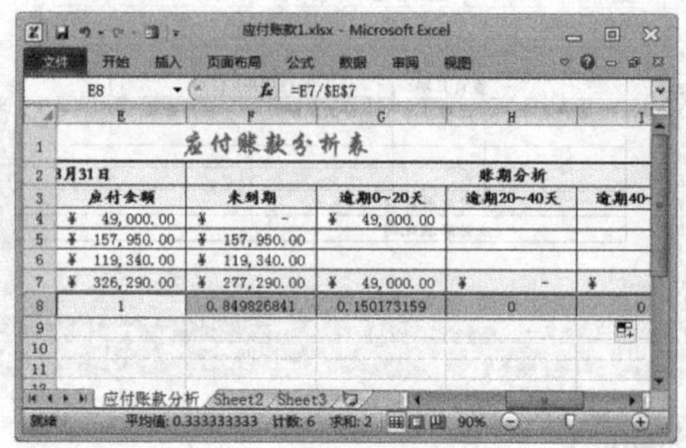

10 增加小数位数。选中单元格区域“E8:J8”，在【数字】组中单击两次【增加小数位数】按钮，使小数位数为两位。

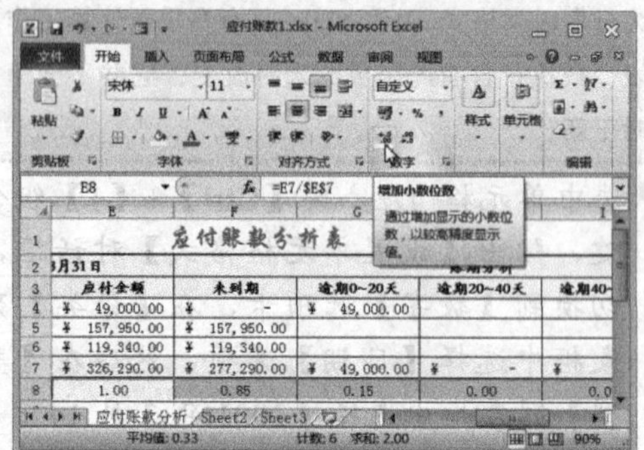

5.3.2 创建应付账款分析图

创建完应付账款分析表后，接下来根据计算完成的应付账款账期分析结果和账期时间创建图表，以使会计人员能清楚地知道应付账款账期的累计金额和累计比例范畴。

创建应付账款分析图的具体步骤如下。

本实例的原始文件和最终效果所在位置如下。		
	原始文件	原始文件\05\应付账款 2.xlsx
	最终效果	最终效果\05\应付账款 2.xlsx

1 打开本实例的原始文件，将工作表 Sheet2 重命名为"应付账款分析图"。

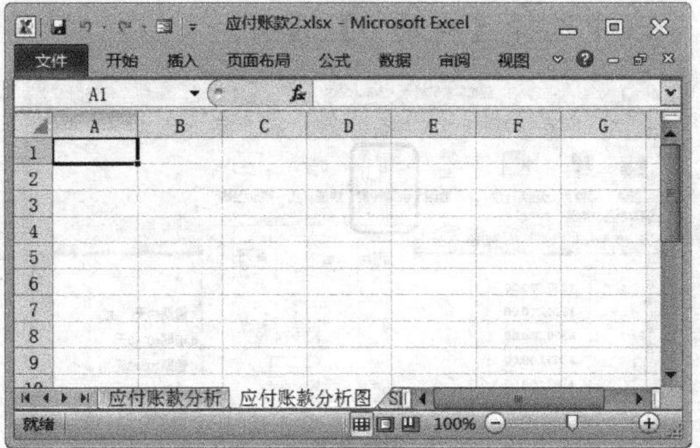

2 切换到【插入】选项卡，在【图表】组中单击【柱形图】按钮，在弹出的下拉列表中选择【圆柱图】➤【堆积圆柱图】选项，即可创建一个空白图表。

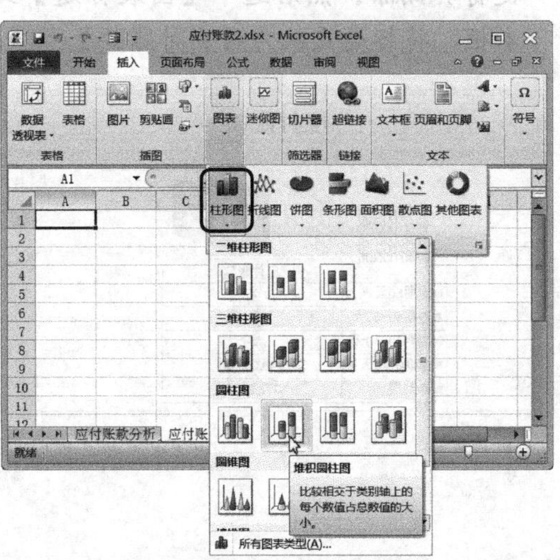

3 选择数据。切换到【图表工具】栏的【设计】选项卡，在【数据】组中单击【选择数据】按钮。

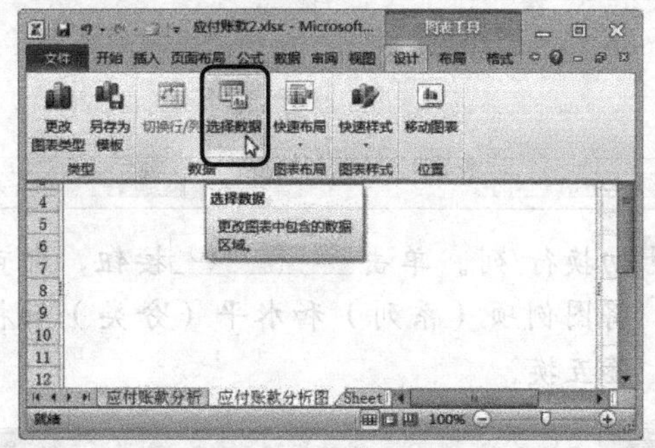

4 弹出【选择数据源】对话框，单击【图表数据区域】文本框右侧的【折叠】按钮。

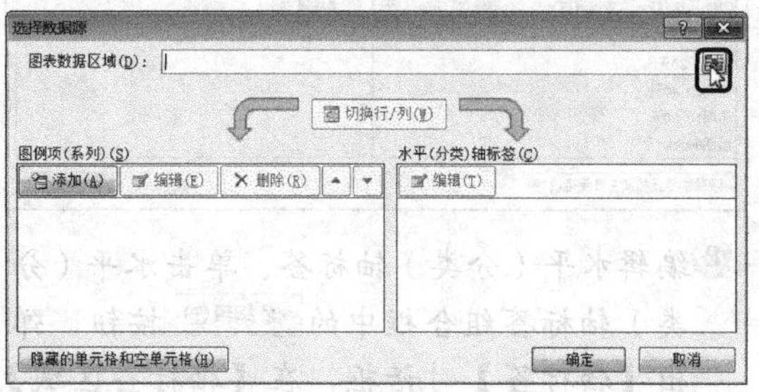

5 随即【选择数据源】对话框处于折叠状态，此时，切换到"应付账款分析"工作表，按住【Ctrl】键，选中单元格区域"F3:J3"和"F7:J7"。

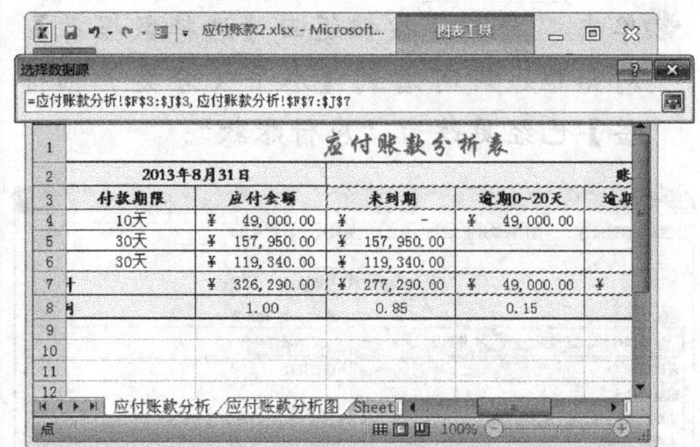

6 单击文本框右侧的【展开】按钮，随即【选择数据源】对话框又处于展开状态。

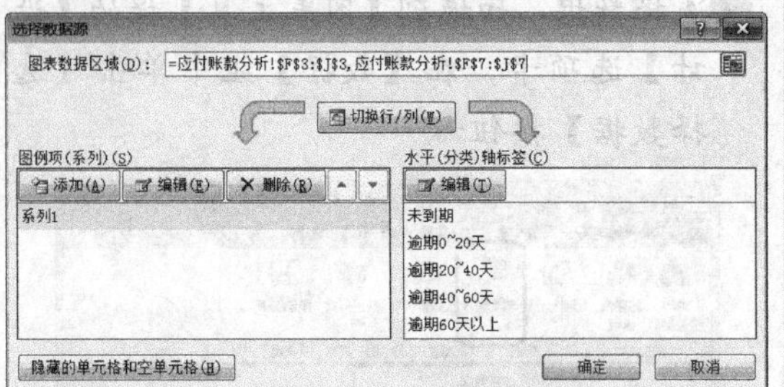

7 切换行/列。单击【切换行/列】按钮，即可将图例项（系列）和水平（分类）轴标签互换。

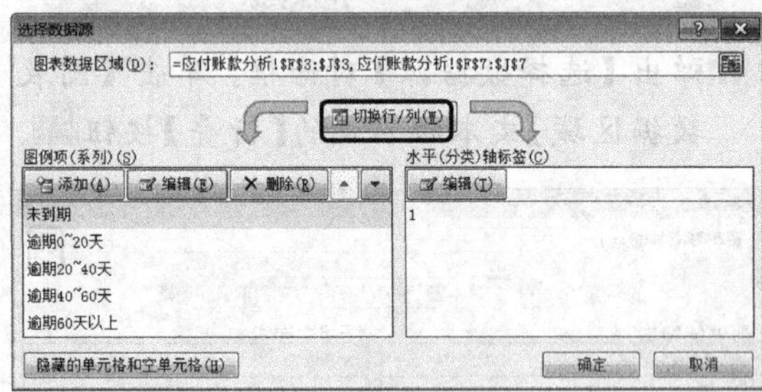

8 编辑水平（分类）轴标签。单击水平（分类）轴标签组合框中的【编辑】按钮，弹出【轴标签】对话框，在【轴标签区域】文本框中输入文本“应付账款”。

9 单击【确定】按钮返回【选择数据源】对话框，即可看到【水平（分类）轴标签】已经更改为“应付账款”。

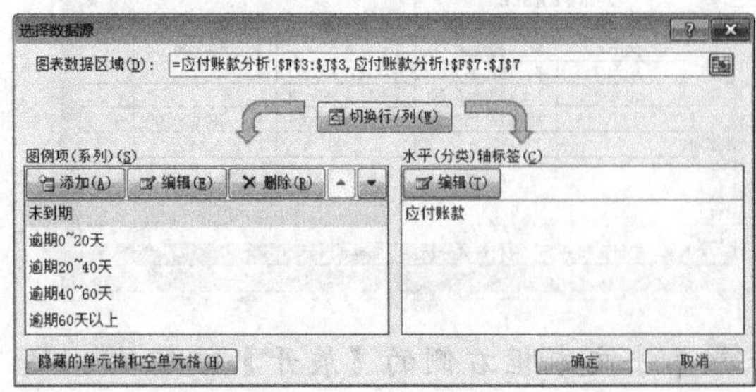

10 单击【确定】按钮返回工作表，即可看到插入的图表。

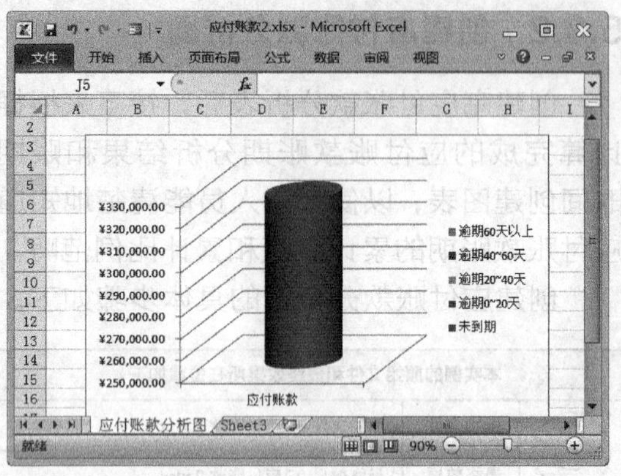

11 调整图表布局。切换到【图表工具】栏的【设计】选项卡，在【图表布局】组中单击【快速布局】按钮，在弹出的下拉列表中选择【布局 5】选项。

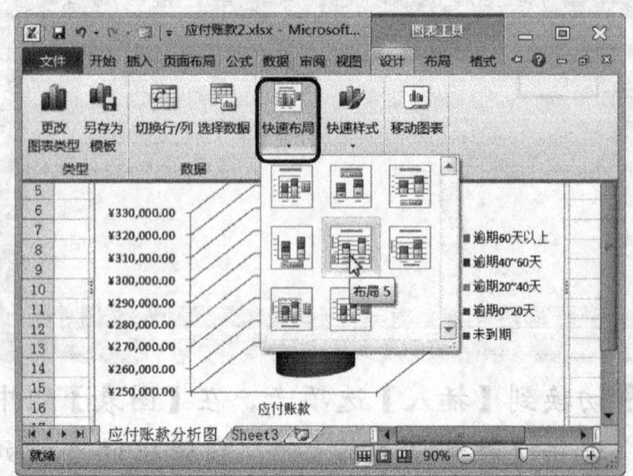

12 选中【坐标轴标题】文本框，按下【Delete】键将其删除。然后选中【图表标题】文本框，将标题更改为【应付账款】。

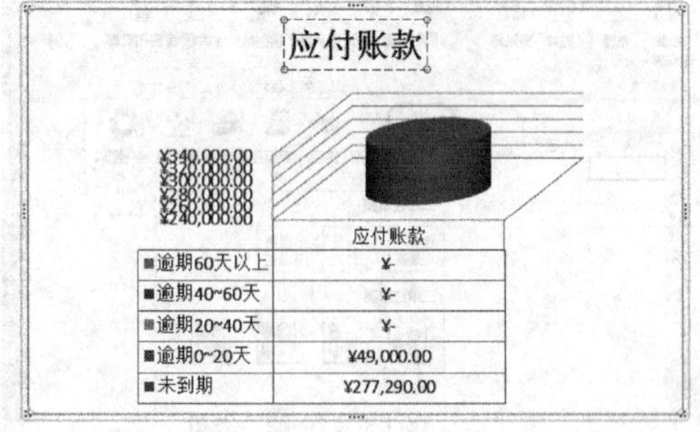

⑬设置图表区格式。在图表区上单击鼠标右键，在弹出的快捷菜单中选择【设置图表区域格式】菜单项。

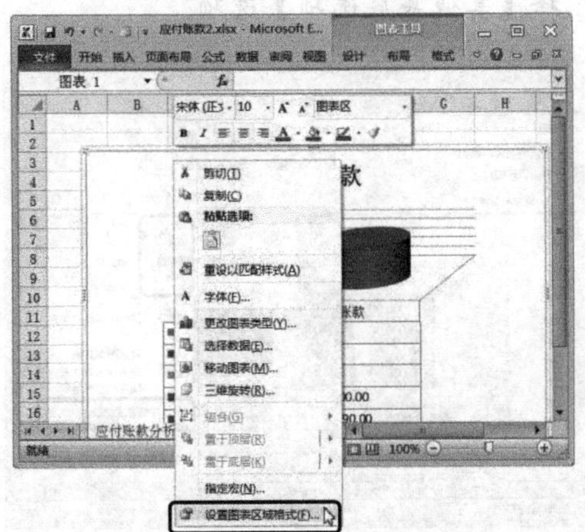

⑭弹出【设置图表区格式】对话框，切换到【填充】选项卡，选中【图片或纹理填充】单选钮，在【纹理】下拉列表中选择【水滴】选项。

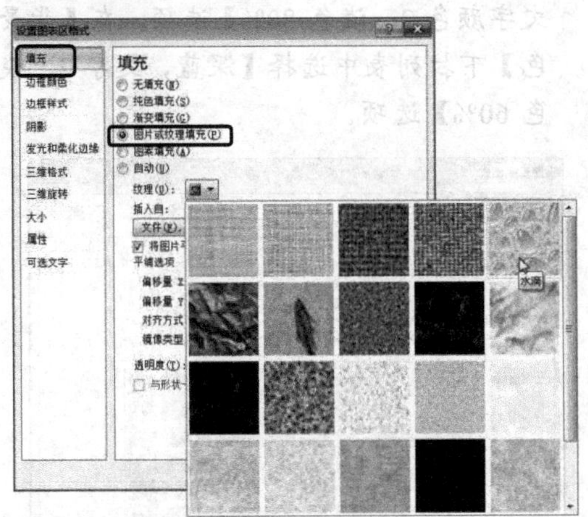

⑮切换到【边框颜色】选项卡，选中【实线】单选钮，在【颜色】下拉列表中选择一种合适的颜色。

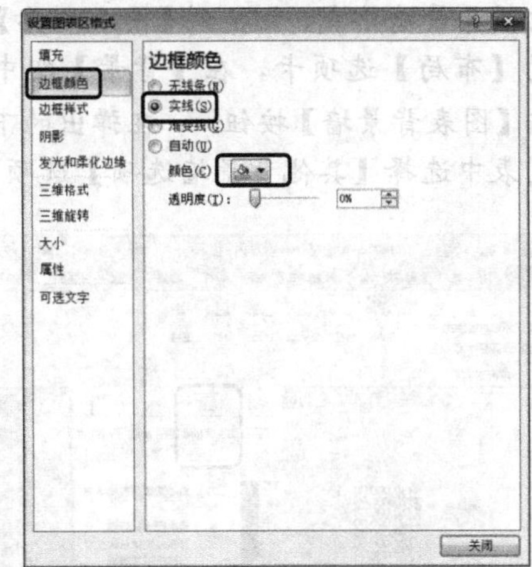

⑯切换到【边框样式】选项卡，在【宽度】微调框中输入【3 磅】，选中【圆角】复选框。

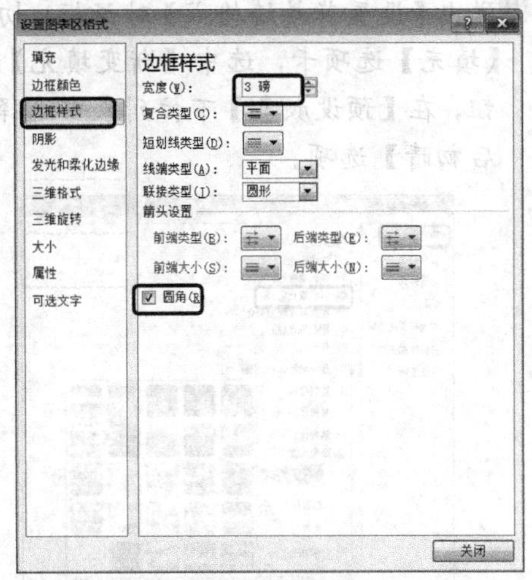

⑰设置完毕单击 关闭 按钮，返回工作表即可。

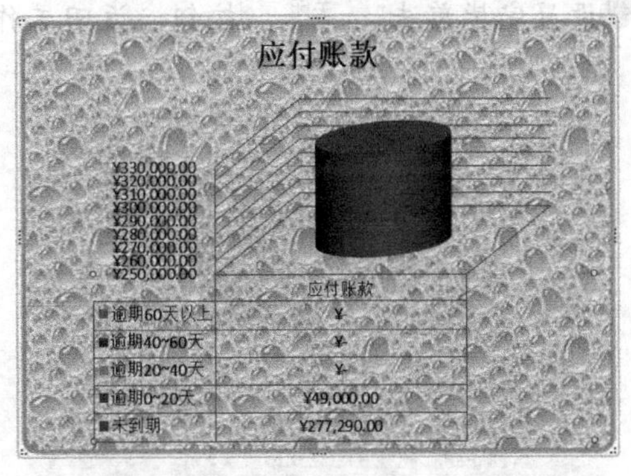

18 设置背景墙格式。切换到【图表工具】栏的【布局】选项卡，在【背景】组中单击【图表背景墙】按钮，在弹出的下拉列表中选择【其他背景墙选项】选项。

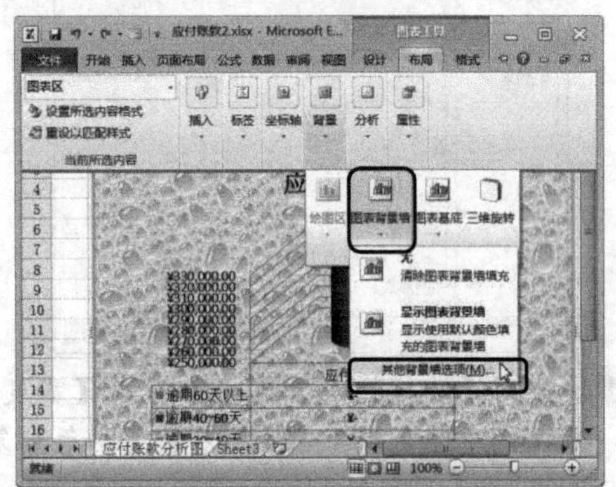

19 弹出【设置背景墙格式】对话框，切换到【填充】选项卡，选中【渐变填充】单选钮，在【预设颜色】下拉列表中选择【雨后初晴】选项。

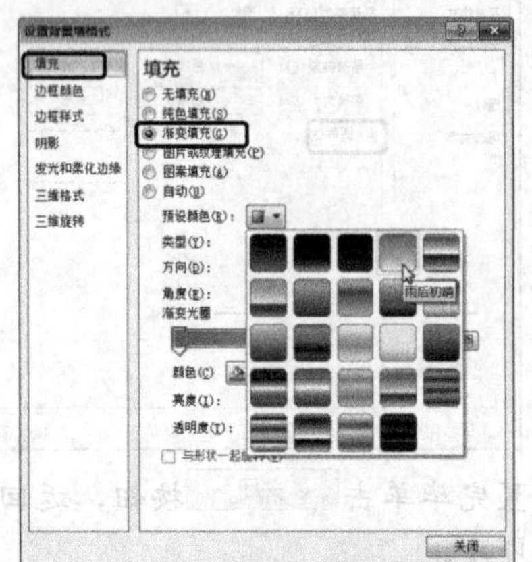

20 设置完毕单击 关闭 按钮，返回工作表即可。

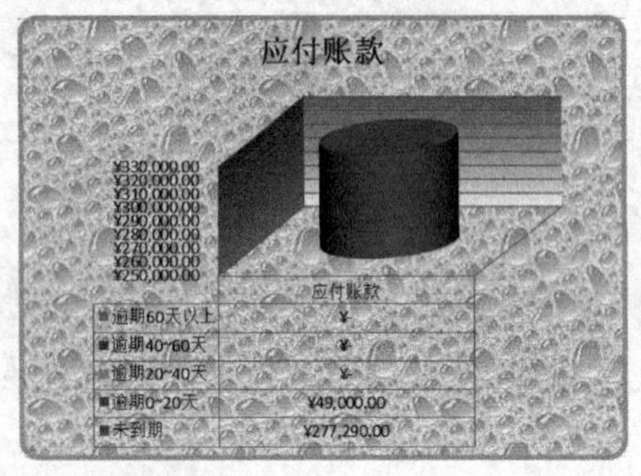

21 设置图表基底。切换到【图表工具】栏的【布局】选项卡，在【背景】组中单击【图表基底】按钮，在弹出的下拉列表中选择【其他基底选项】选项。

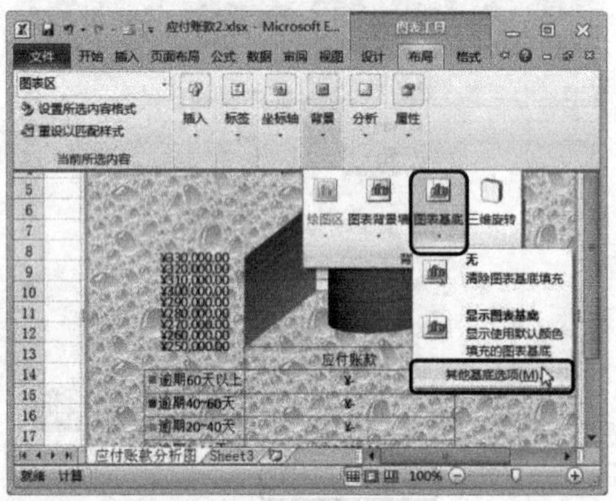

22 弹出【设置基底格式】对话框，切换到【填充】选项卡，选中【图案填充】单选钮，在图案库中选择【实心菱形】选项，在【前景色】下拉列表中选择【红色，强调文字颜色 2，淡色 80%】选项，在【背景色】下拉列表中选择【深蓝，文字 2，淡色 60%】选项。

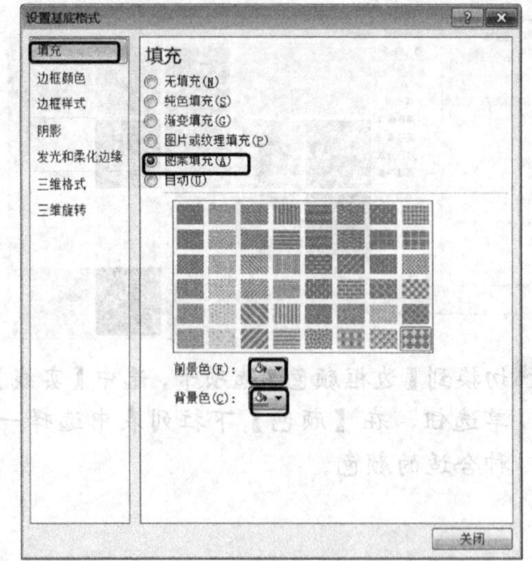

23 设置完毕单击 关闭 按钮，返回工作表即可。

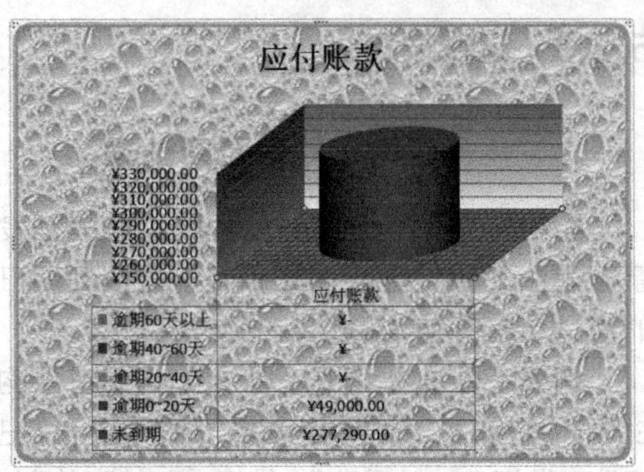

24 设置坐标轴格式。在图表的纵坐标轴上单击鼠标右键，在弹出的快捷菜单中选择【设置坐标轴格式】菜单项。

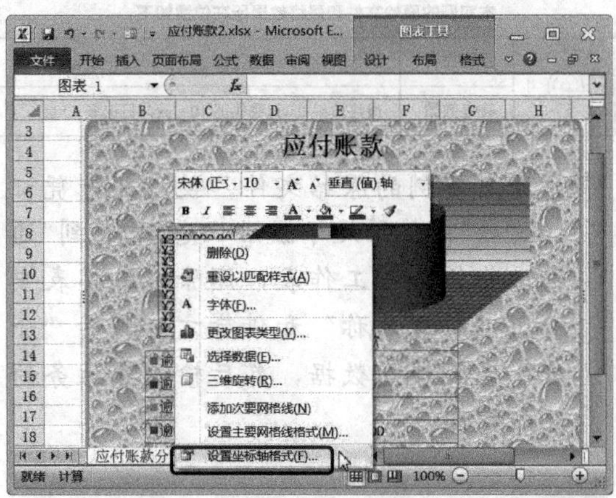

25 弹出【设置坐标轴格式】对话框，选中【主要刻度单位】后面的【固定】单选钮，并在其后面的文本框中输入【20000.0】。

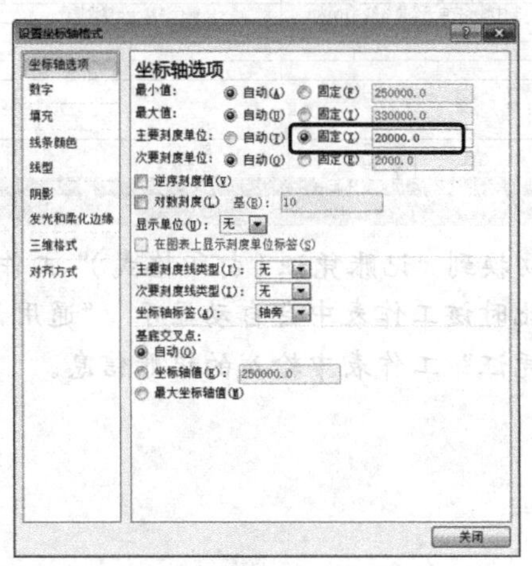

26 设置完毕单击 关闭 按钮，返回工作表即可。

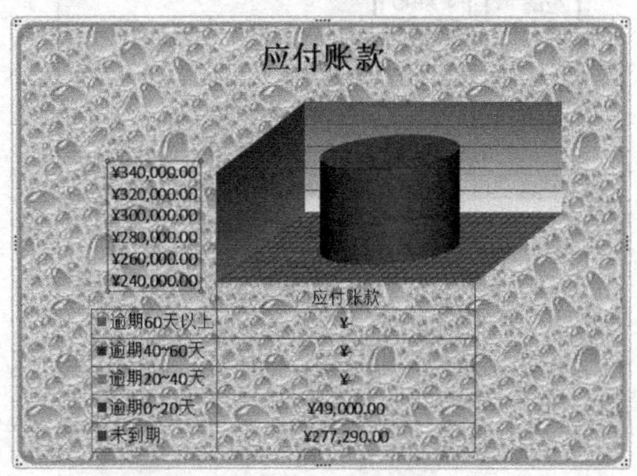

27 设置【模拟运算表格式】。切换到【图表工具】栏的【布局】选项卡，在【标签】组中单击【模拟运算表】按钮，在弹出的下拉列表中选择【其他模拟运算表选项】选项。

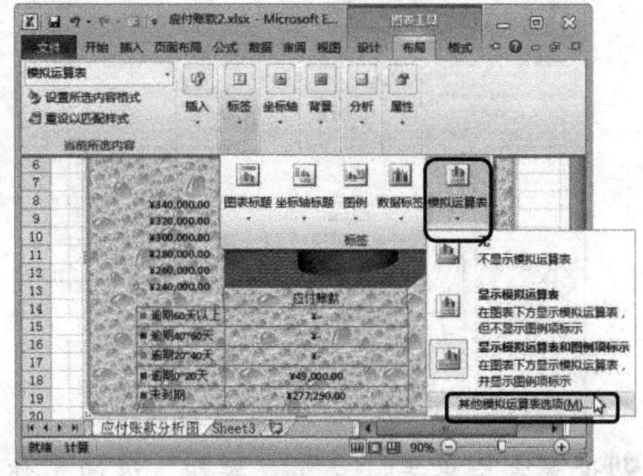

28 弹出【设置模拟运算表格式】对话框，切换到【边框颜色】选项卡，选中【实线】单选钮，在【颜色】下拉列表中选择【蓝色，强调文字颜色1】选项。

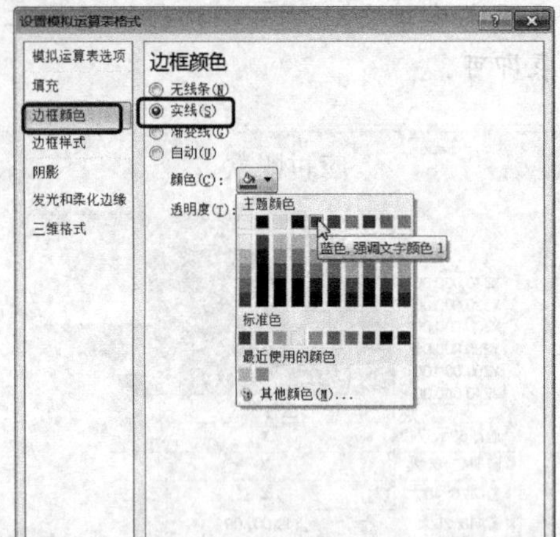

29 切换到【边框样式】选项卡，在【宽度】微调框中输入【1 磅】。

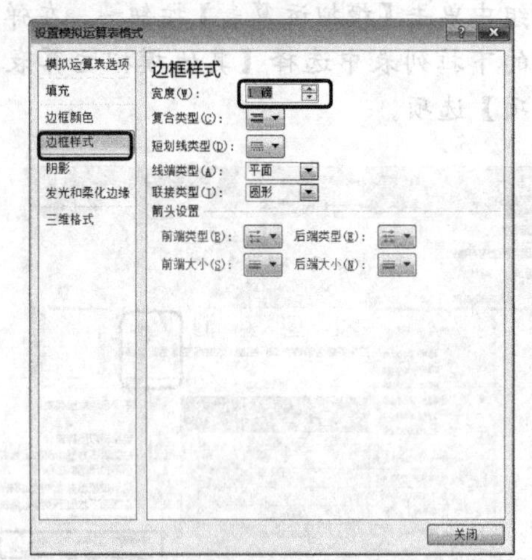

30 设置完毕单击 关闭 按钮，返回工作表即可。

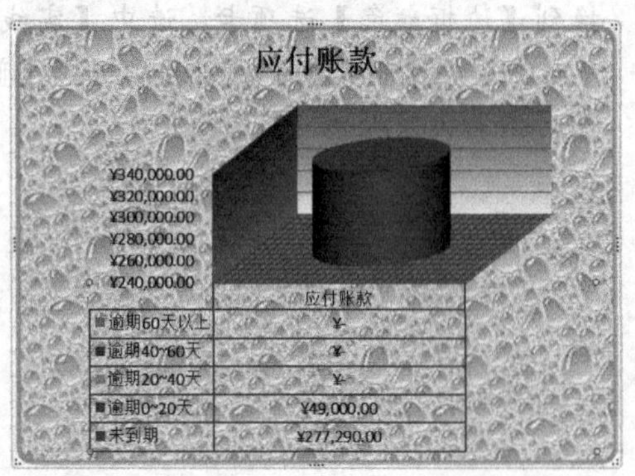

5.3.3 记账技巧

——应付账款的账务处理

在进行应付账款账务处理时，应根据发票账单中的应付金额入账，而不是按到期日的应付金额现值入账。

例如，企业在 2013 年 8 月 10 日采购 EPSON 打印机，价值 49000 元，尚未支付（已记账，借记“材料采购”，贷记“应付账款”），2013 年 8 月 31 日，企业支付了该笔应付账款。应付账款的账务处理的具体步骤如下。

本实例的原始文件和最终效果所在位置如下。		
	原始文件	原始文件\05\记账凭证 10.xlsx、日记账 4.xlsx
	最终效果	最终效果\05\记账凭证 10.xlsx、日记账 4.xlsx

1 打开本实例的原始文件，使“记账凭证 10.xlsx”工作簿处于激活状态，切换到“通用记账凭证”工作表，删除该工作表中除了“科目名称”和借贷方金额的“合计”值之外的数据，然后输入该业务的记账凭证。

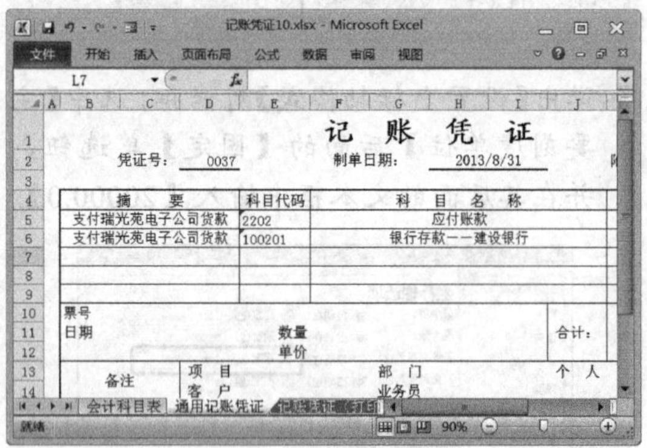

2 切换到“记账凭证（打印格式）”工作表，此时该工作表中会自动显示“通用记账凭证”工作表中输入的记账信息。

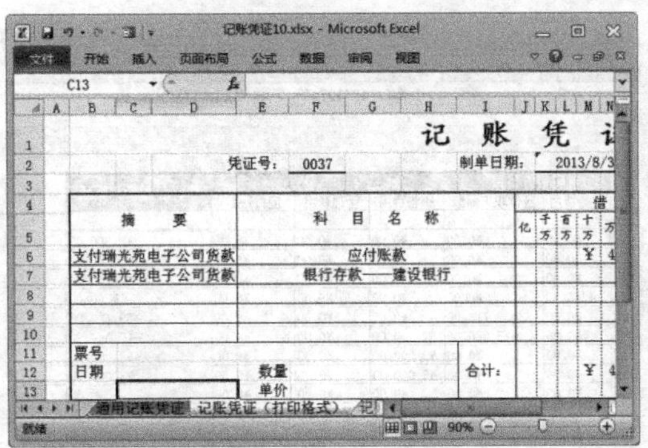

❸切换到“记账凭证汇总表”工作表，将审核无误的记账凭证登记到“记账凭证汇总表”。

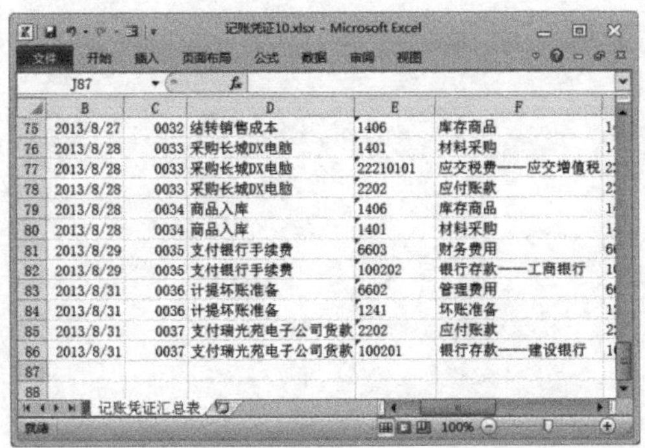

❹将“记账凭证 10.xlsx”工作簿的“记账凭证汇总表”工作表中的数据复制到“日记账 4.xlsx”工作簿的“记账凭证汇总表”工作表中。

❺登记“银行存款日记账”。切换到“银行存款日记账”工作表，输入日期和“凭证号”，随即会自动显示出相应的“摘要”信息，然后适当地调整列宽。

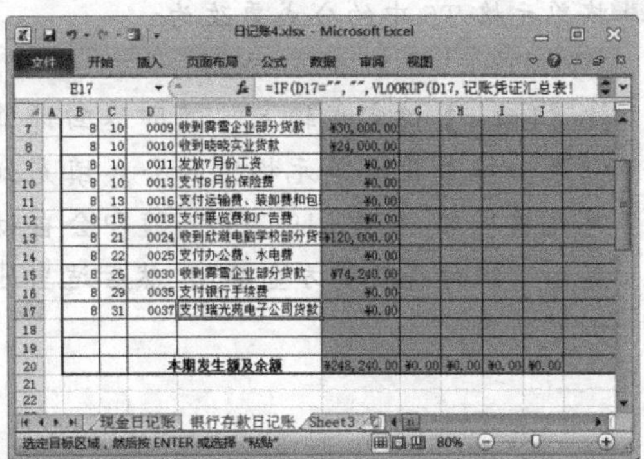

❻凭证号为“0037”的记账凭证中“银行存款”在贷方，与之对应的借方科目为“应付账款”，因此在“对应借方科目”列中插入一列，输入列标题“应付账款”，取消单元格区域“L2:R2”的合并，然后合并单元格区域“L2:S2”。

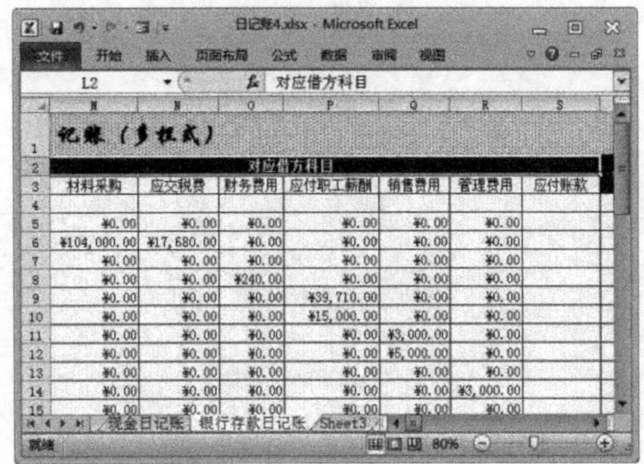

❼将单元格区域“R5:R20”中的公式填充到单元格区域“S5:S20”中，随即会自动显示银行存款对应的借方金额，然后适当地调整列宽。

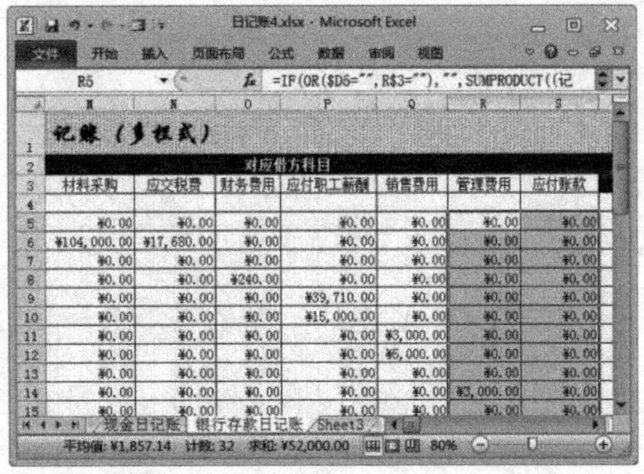

8 将单元格 T5 中的公式更改为：

=IF($D5="","",SUM(L5:S5))

按【Enter】键完成输入，随即返回计算结果。接着将该单元格中的公式填充到单元格区域“T6:T19”中，随即会自动显示“银行存款贷方金额”，然后适当地调整列宽。

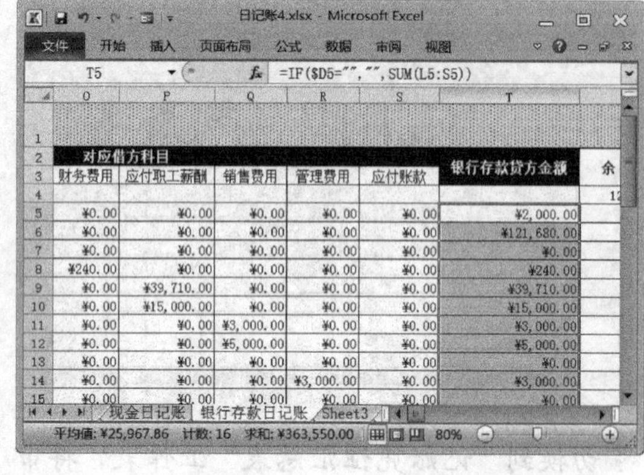

第 6 章
员工工资管理

员工工资管理不仅是一个单位管理薪资的重要手段，也是财务人员的一项重要的工作内容，同时也是保障企业运转的基础，因此企业需要一个独立的工资管理系统来规范管理员工工资。

要 点 导 航

- 创建工资管理表单
- 月末员工工资统计
- 制作工资条

6.1 创建工资管理表单

案例背景

为了有效地管理员工工资，可以制作相关的工资管理表单，这样可以减轻薪资管理人员和财务人员的工作负担，还可以提高工作的效率，规范工资的核算。

最终效果及关键知识点

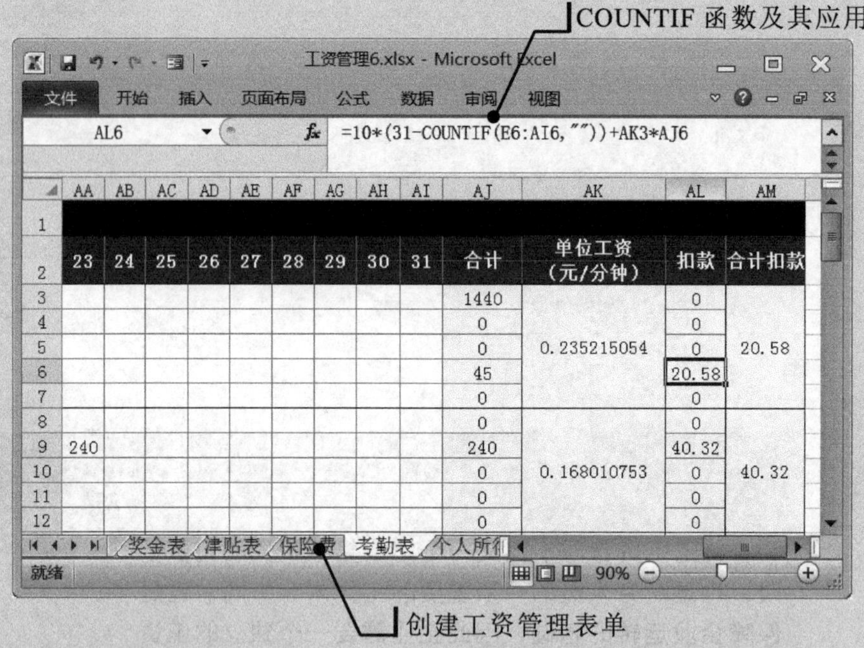

6.1.1 创建基本工资表

员工“基本工资表”是用来记录员工加入本公司以来的基本工资结构的表格，其中所列项目包括编号、姓名、所属部门、职工类型和基本工资等。

创建员工“基本工资表”的具体步骤如下。

本实例的原始文件和最终效果所在位置如下。		
	原始文件	无
	最终效果	最终效果\06\工资管理 1.xlsx

1 启动 Excel 2010 程序，创建一个名为“工资管理 1”的空白工作簿，将工作表 Sheet1 重命名为“基本工资表”。

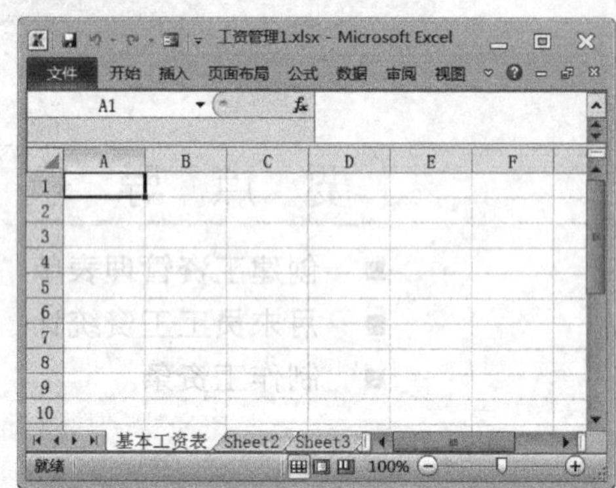

❷在“基本工资表”工作表中输入表格标题和相应的列标题，并进行格式设置。

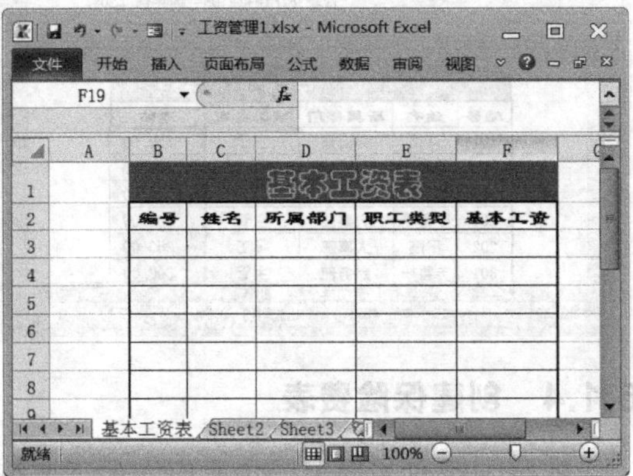

❸在表格中输入相关的数据信息，然后进行格式设置，并适当地调整列宽。

6.1.2 创建奖金表

一般情况下，奖金是根据企业的效益以及员工的工作表现制定的。例如，某公司制定了下表所示的奖金制度。

部门	奖金
办公部	500
人事部	500
财务部	500
采购部	800
销售部	1000

创建员工“奖金表”的具体步骤如下。

本实例的原始文件和最终效果所在位置如下。		
	原始文件	原始文件\06\工资管理 2.xlsx
	最终效果	最终效果\06\工资管理 2.xlsx

❶打开本实例的原始文件，将工作表 Sheet2 重命名为“奖金表”，然后将“基本工资表”的内容复制到该工作表中，稍作修改就变成了“奖金表”。

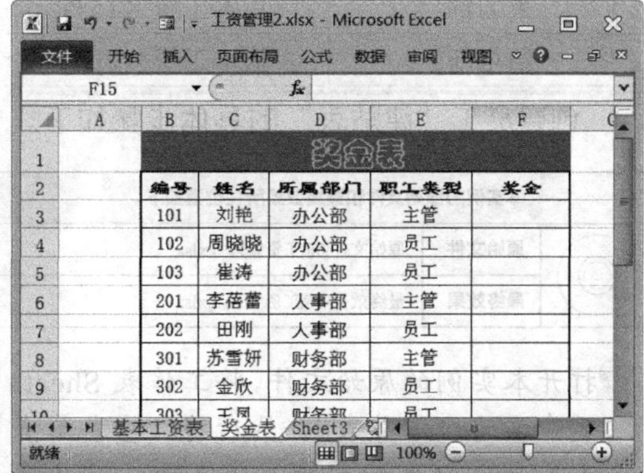

❷计算“奖金”。在单元格 F3 中输入以下公式。

```
=IF(D3="销售部",1000,IF(D3="采购部",800,500))
```

按【Enter】键完成输入，随即返回计算结果，然后将该公式填充到该列的其他单元格中（不带格式）。

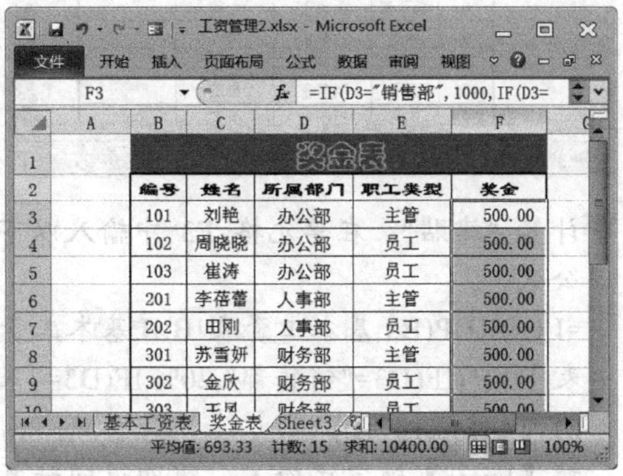

6.1.3 创建津贴表

一般情况下，员工津贴是根据员工所在部门的性质制定的。例如，某公司制定了下表所示的补贴制度。

部门	津贴
办公部	基本工资×10%
人事部	基本工资×10%
财务部	基本工资×10%
采购部	基本工资×15%
销售部	基本工资×20%

创建员工“津贴表”的具体步骤如下。

本实例的原始文件和最终效果所在位置如下。	
原始文件	原始文件\06\工资管理 3.xlsx
最终效果	最终效果\06\工资管理 3.xlsx

1. 打开本实例的原始文件，将工作表 Sheet3 重命名为“津贴表”，然后将“基本工资表”的内容复制到该工作表中，稍作修改就变成了“津贴表”。

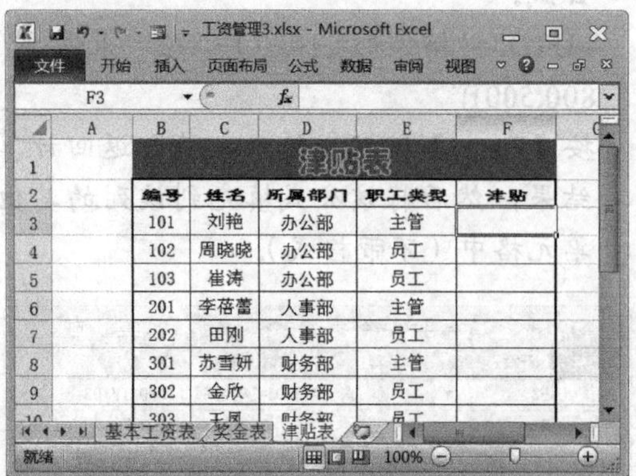

2. 计算“津贴”。在单元格 F3 中输入以下公式。

=LOOKUP(B3,基本工资表!B:B,基本工资表!F:F)*(IF(D3="销售部",20%,IF(D3="采购部",15%,10%)))

按【Enter】键完成输入，随即返回计算结果，然后将该公式填充到该列的其他单元格中（不带格式）。

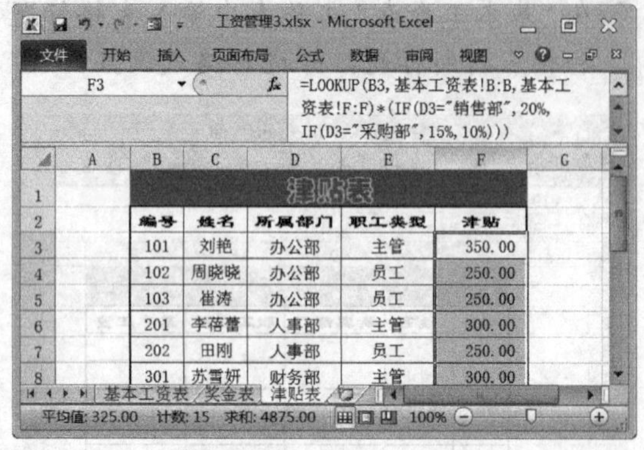

6.1.4 创建保险费表

依照国家有关规定，企业应为员工缴纳医疗保险、养老保险、失业保险、工伤保险、生育保险等社会保险费用，但有些保险员工需要承担部分费用，一般情况下，企业在员工工资中扣除这部分费用。

国家法定的五险缴纳比例如下表所示。

项目名称	单位缴纳比例	个人缴纳比例
养老保险	20%	8%
医疗保险	6%	2%
失业保险	2%	1%
生育保险	1%	--
工伤保险	0.5%~2%	--

创建员工“保险费”表的具体步骤如下。

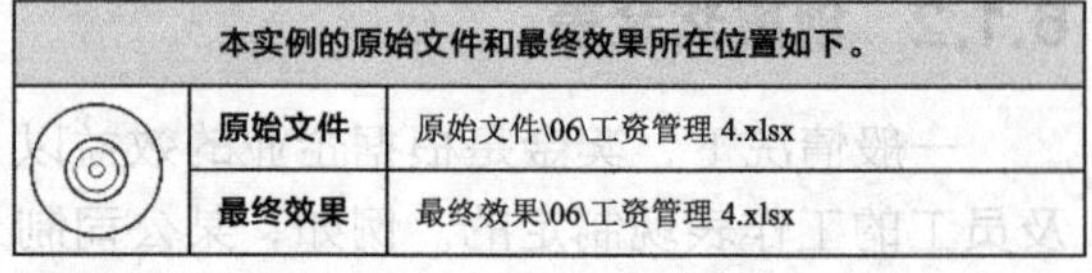

本实例的原始文件和最终效果所在位置如下。	
原始文件	原始文件\06\工资管理 4.xlsx
最终效果	最终效果\06\工资管理 4.xlsx

1. 打开本实例的原始文件，按【Shift】+【F11】组合键，即可在当前工作簿中插入一个工作表，然后将该工作表重命名为“保险费”，并将其移动到所有工作表的后面。

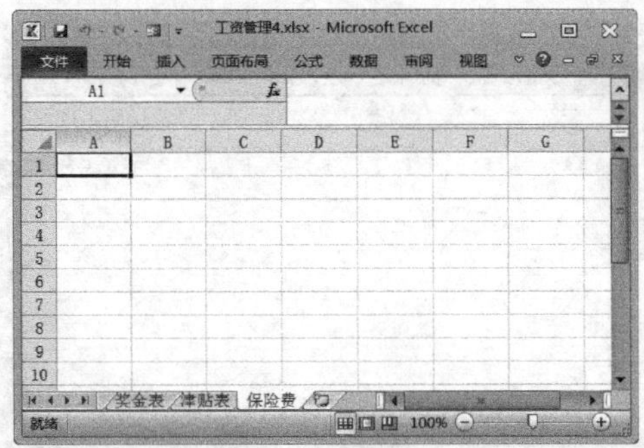

❷将“基本工资表”的内容复制到“保险费”工作表中，清除 F 列的内容，然后在 F 列前面插入 3 列，并在单元格 F2:I2 中分别输入“养老保险”、“医疗保险”、“工伤保险”、“合计”。

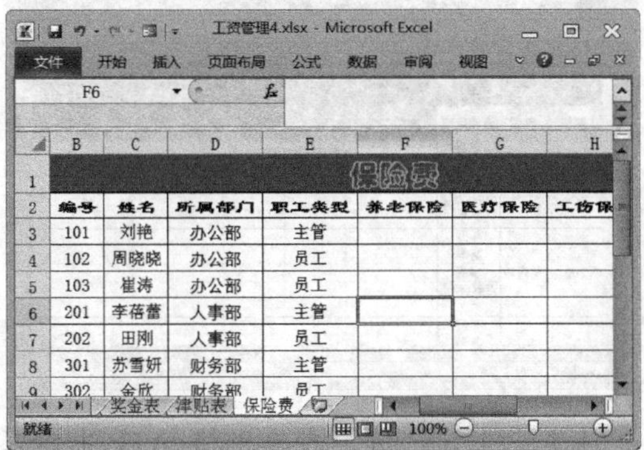

❸计算“养老保险”。在单元格 F3 中输入以下公式。

=VLOOKUP(B3,基本工资表!B:F,5,0)*8%

按【Enter】键完成输入，随即返回计算结果，然后将该公式填充到该列的其他单元格中（不带格式）。

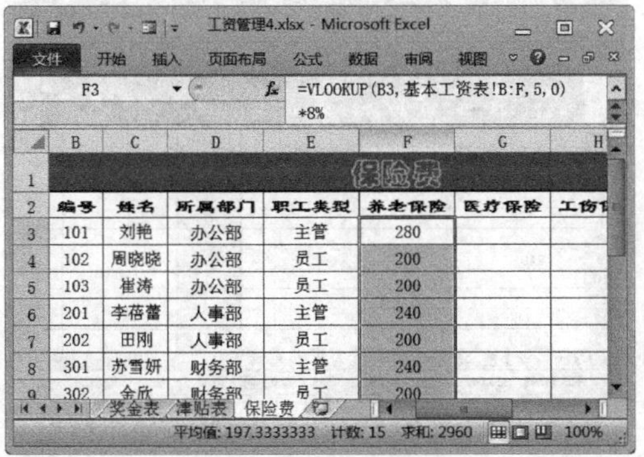

❹计算“医疗保险”。在单元格 G3 中输入以下公式。

=VLOOKUP(B3,基本工资表!B:F,5,0)*2%

按【Enter】键完成输入，随即返回计算结果，然后将该公式填充到该列的其他单元格中（不带格式）。

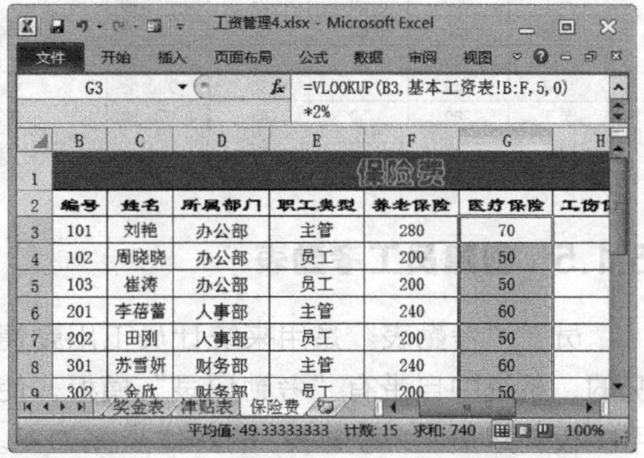

❺计算“工伤保险”。在单元格 H3 中输入以下公式。

=VLOOKUP(B3,基本工资表!B:F,5,0)*1%

按【Enter】键完成输入，随即返回计算结果，然后将该公式填充到该列的其他单元格中（不带格式）。

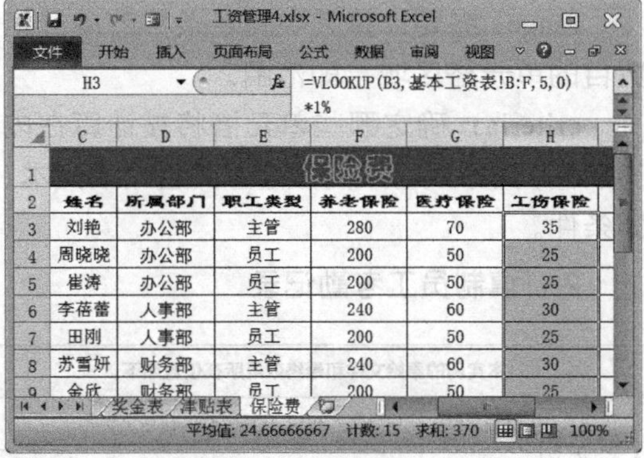

❻计算“合计”值。在单元格 I3 中输入以下公式。

=SUM(F3:H3)

按【Enter】键完成输入，随即返回计算结果，然后将该公式填充到该列的其他单元格中（不带格式）。

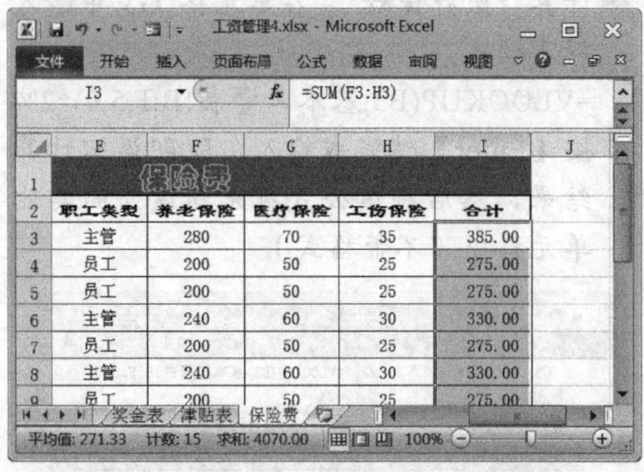

6.1.5 创建员工考勤表

员工“考勤表”是用来统计员工出勤情况的，系统中自带有“考勤记录”模板。使用模板创建员工“考勤表”的具体步骤如下。

1. COUNTIF 函数及其应用

COUNTIF 函数是一个比较简单的函数，但真正使用好了也是非常实用的。COUNTIF 函数的功能就是用来计算个数，表示计算区域中满足给定条件的单元格的个数。

COUNTIF(range,criteria)

range：需要计算其中满足条件的单元格数目的单元格区域，即范围。

criteria：确定哪些单元格将被计算在内的条件，其形式可以为数字、表达式或文本，即条件。

2. 填制员工考勤记录

本实例的原始文件和最终效果所在位置如下。	
原始文件	原始文件\06\工资管理 5.xlsx
最终效果	最终效果\06\工资管理 5.xlsx

❶打开本实例的原始文件，在工作表“保险费”后面插入一个新工作表，并将其命名为“考勤表”。

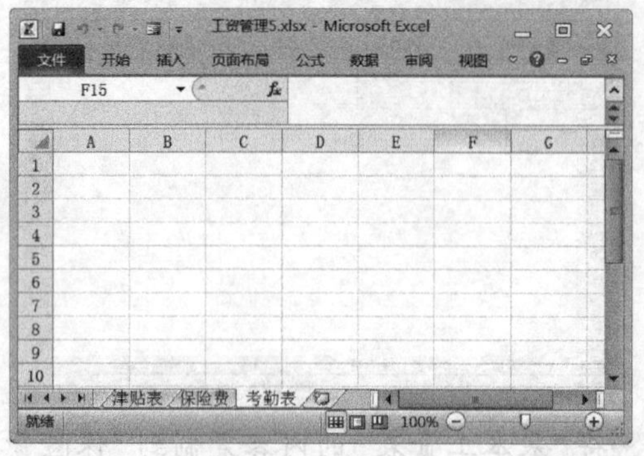

❷在考勤表中输入工作表标题、行标题、列标题以及员工的出勤情况，并对工作表进行简单的格式设置。

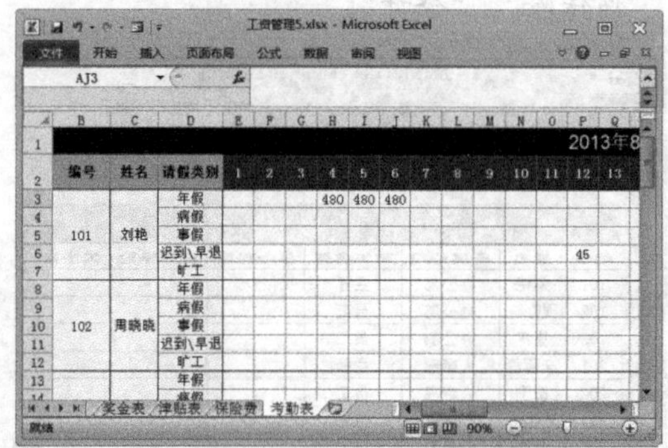

❸计算“合计”值。在单元格 AJ3 中输入以下公式。

=SUM(E3:AI3)

按【Enter】键完成输入，随即返回计算结果，然后将该公式填充到该列的其他单元格中（不带格式）。

4 计算“单位工资（元/分钟）”。在单元格AK3中输入以下公式。

=VLOOKUP(B3,基本工资表!B:F,5,0)/31/8/60

按【Enter】键完成输入，随即返回计算结果，然后将该公式填充到该列的其他单元格中（不带格式）。

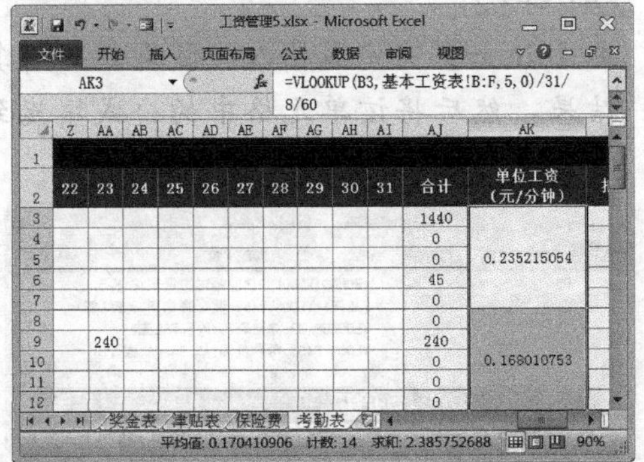

5 计算“扣款”。在单元格AL3~AL7中输入以下公式。

```
AL3=0*AJ3
AL4=AK3*AJ4
AL5=AK3*AJ5
AL6=10*(31-COUNTIF(E6:AI6,""))+
        AK3*AJ6
AL7=AJ7*AK3*3
```

然后将该公式填充到该列的其他单元格中（不带格式）。

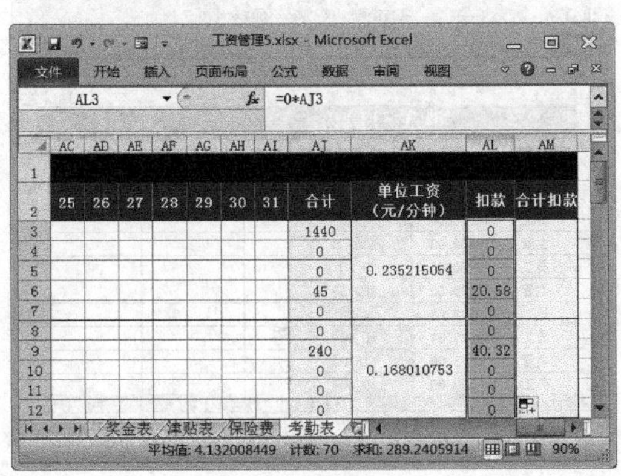

提示

年假为带薪假日，所以不扣款。

病假和事假为正常请假，应扣除请假时间段工资。

迟到\早退有违公司相关规定，除了扣除缺勤工资外，每迟到\早退一次，额外扣15块钱。

旷工属于严重违纪行为，扣除3倍工资。

6 计算“合计扣款”。在单元格AM3中输入以下公式。

=ROUND(SUM(AL3:AL7),2)

按【Enter】键完成输入，随即返回计算结果，然后将该公式填充到该列的其他单元格中（不带格式）。

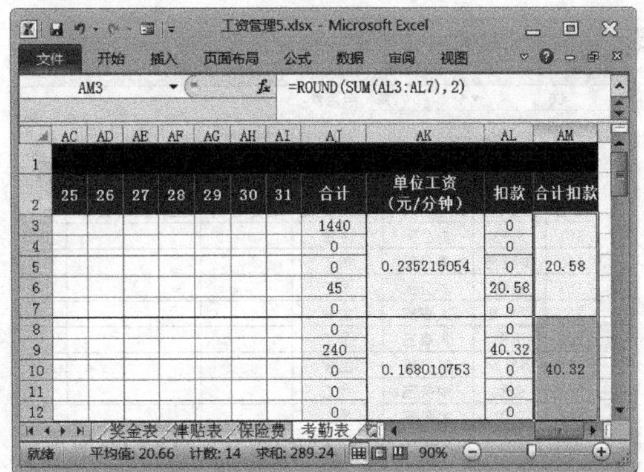

6.1.6 创建个人所得税表

根据国家有关规定，员工需要缴纳个人所得税。一般情况下，个人所得税由企业代扣代缴。创建员工“个人所得税”表的具体步骤如下。本节介绍的个人所得税按当前个税起征点为3500元计算。

本实例的原始文件和最终效果所在位置如下。		
	原始文件	原始文件\06\工资管理6.xlsx
	最终效果	最终效果\06\工资管理6.xlsx

❶打开本实例的原始文件，在考勤表后面插入一个新工作表，并将其重命名为“个人所得税税率表”。

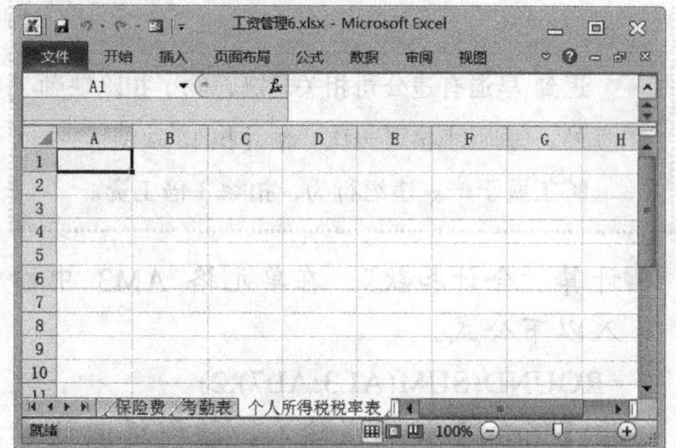

❷在该工作表中输入相关的表格项目和员工基本信息，并进行格式设置。

❸设置辅助表格。在该工作表的适当位置设置辅助表格“个人所得税税率表”。

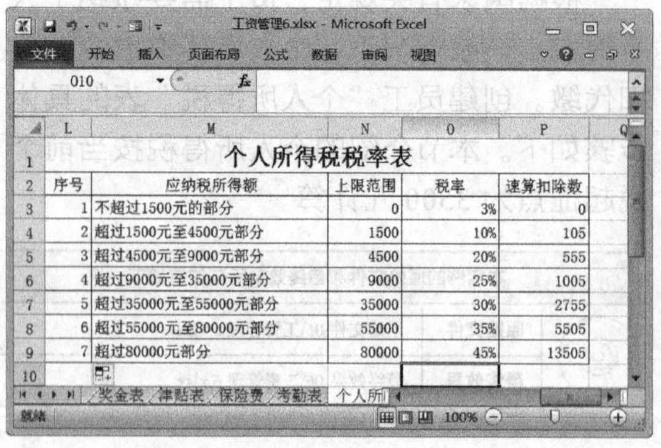

❹计算“工资合计”，这里的“工资合计”是基本工资、奖金、津贴和出勤扣款等的合计值。在单元格 F3 中输入以下公式。

=ROUND(VLOOKUP(B3,基本工资表!B:F,5,FALSE)+VLOOKUP(B3,奖金表!B:F,5,FALSE)+VLOOKUP(B3,津贴表!B:F,5,FALSE)-VLOOKUP(B3,考勤表!B:AM,38,FALSE),2)

按【Enter】键完成输入，随即返回计算结果，然后将该单元格中的公式填充到该列的其他单元格中（不带格式）。

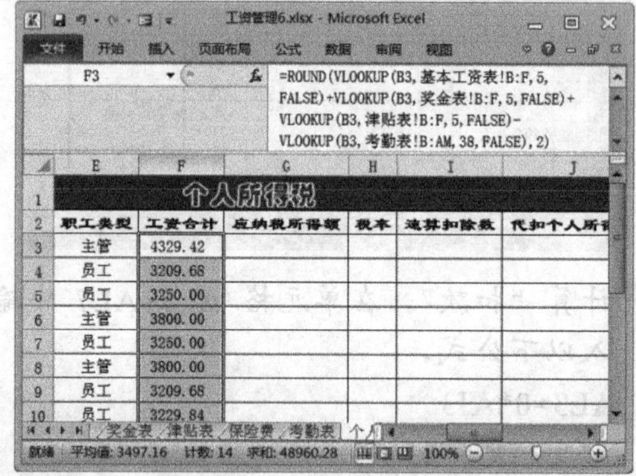

❺计算“应纳税所得额”。在单元格 G3 中输入以下公式。

=IF(F3>3500,F3-3500,0)

按【Enter】键完成输入，随即返回计算结果，然后将该单元格中的公式填充到该列的其他单元格中（不带格式）。

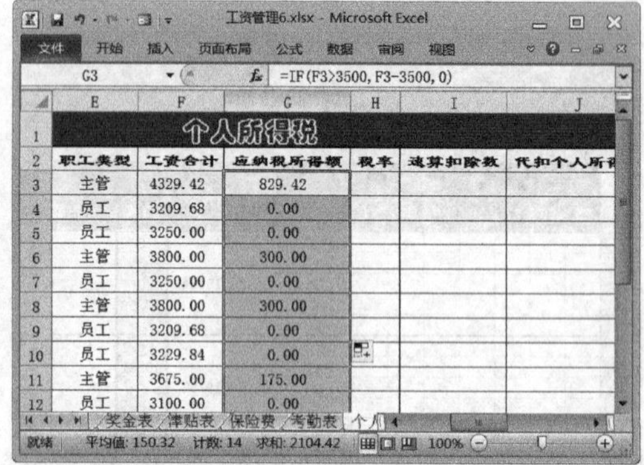

❻计算“税率”。在单元格 H3 中输入以下公式。

=IF(G3=0,0,LOOKUP(G3,$N$3:$N$9,$O$3:$O$9))

按【Enter】键完成输入，随即返回计算结果，然后将该单元格中的公式填充到该列的其他单元格中（不带格式），并将其设置为百分比形式显示。

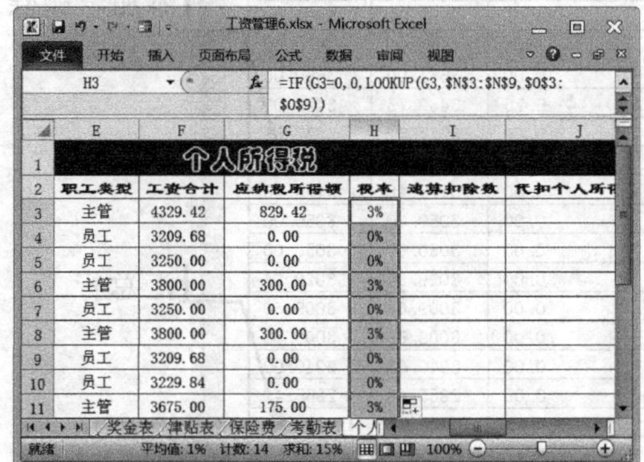

职工类型	工资合计	应纳税所得额	税率	速算扣除数	代扣个人所得
主管	4329.42	829.42	3%		
员工	3209.68	0.00	0%		
员工	3250.00	0.00	0%		
主管	3800.00	300.00	3%		
员工	3250.00	0.00	0%		
主管	3800.00	300.00	3%		
员工	3209.68	0.00	0%		
员工	3229.84	0.00	0%		
主管	3675.00	175.00	3%		

❼计算“速算扣除数”。在单元格 I3 中输入以下公式。

=IF(G3=0,0,LOOKUP(G3,$N$3:$N$9,$P$3:$P$9))

按【Enter】键完成输入，随即返回计算结果，然后将该单元格中的公式填充到该列的其他单元格中（不带格式）。

职工类型	工资合计	应纳税所得额	税率	速算扣除数	代扣个人所得
主管	4329.42	829.42	3%	0	
员工	3209.68	0.00	0%	0	
员工	3250.00	0.00	0%	0	
主管	3800.00	300.00	3%	0	
员工	3250.00	0.00	0%	0	
主管	3800.00	300.00	3%	0	
员工	3209.68	0.00	0%	0	
员工	3229.84	0.00	0%	0	
主管	3675.00	175.00	3%	0	

❽计算“代扣个人所得税”。在单元格 J3 中输入以下公式。

=G3*H3-I3

按【Enter】键完成输入，随即返回计算结果，然后将该单元格中的公式填充到该列的其他单元格中（不带格式）。

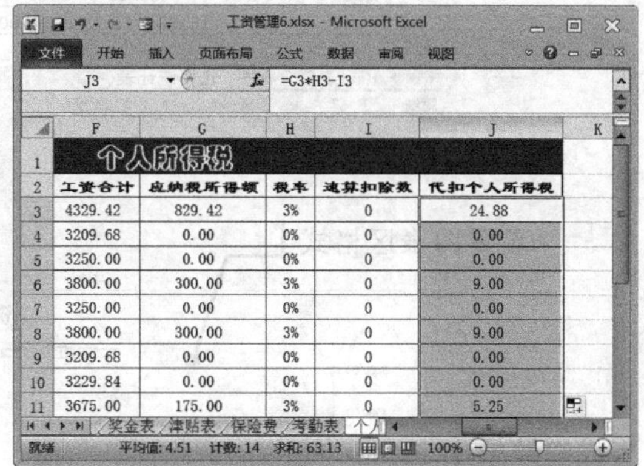

工资合计	应纳税所得额	税率	速算扣除数	代扣个人所得税
4329.42	829.42	3%	0	24.88
3209.68	0.00	0%	0	0.00
3250.00	0.00	0%	0	0.00
3800.00	300.00	3%	0	9.00
3250.00	0.00	0%	0	0.00
3800.00	300.00	3%	0	9.00
3209.68	0.00	0%	0	0.00
3229.84	0.00	0%	0	0.00
3675.00	175.00	3%	0	5.25

6.2 月末员工工资统计

案例背景

在每月月末，会计人员都需要统计员工实际应该发放的工资，员工的实际发放工资是在员工应发工资的基础上扣去各种保险金和个人所得税后发放的工资。

最终效果及关键知识点

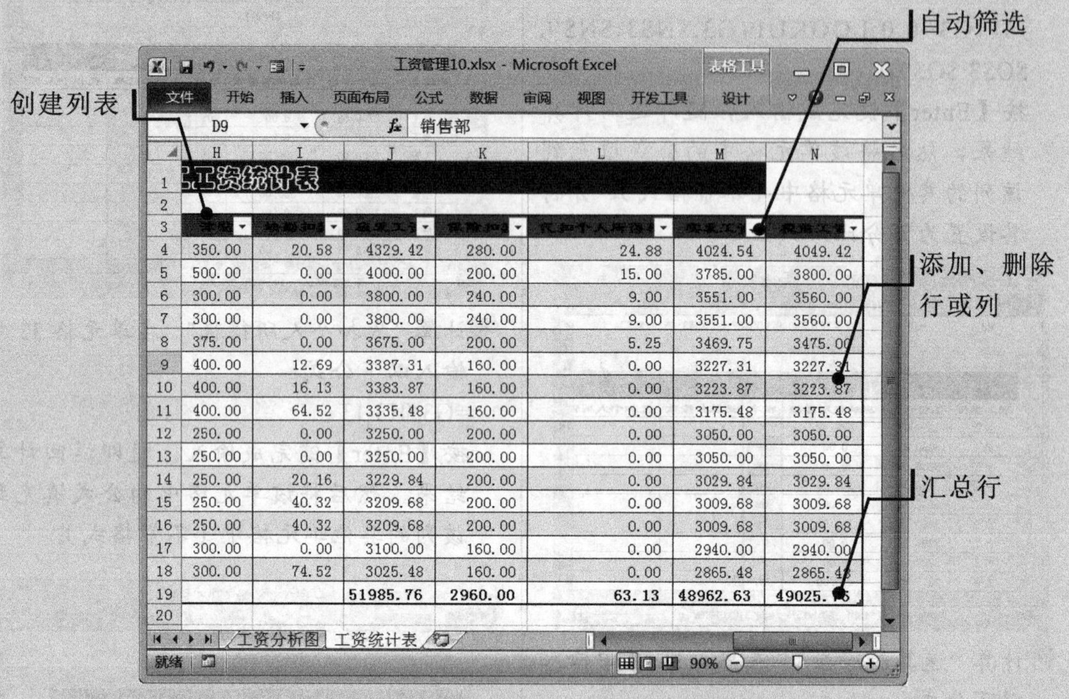

	H	I	J	K	L	M	N
4	350.00	20.58	4329.42	280.00	24.88	4024.54	4049.42
5	500.00	0.00	4000.00	200.00	15.00	3785.00	3800.00
6	300.00	0.00	3800.00	240.00	9.00	3551.00	3560.00
7	300.00	0.00	3800.00	240.00	9.00	3551.00	3560.00
8	375.00	0.00	3675.00	200.00	5.25	3469.75	3475.00
9	400.00	12.69	3387.31	160.00	0.00	3227.31	3227.31
10	400.00	16.13	3383.87	160.00	0.00	3223.87	3223.87
11	400.00	64.52	3335.48	160.00	0.00	3175.48	3175.48
12	250.00	0.00	3250.00	200.00	0.00	3050.00	3050.00
13	250.00	0.00	3250.00	200.00	0.00	3050.00	3050.00
14	250.00	20.16	3229.84	200.00	0.00	3029.84	3029.84
15	250.00	40.32	3209.68	200.00	0.00	3009.68	3009.68
16	250.00	40.32	3209.68	200.00	0.00	3009.68	3009.68
17	300.00	0.00	3100.00	160.00	0.00	2940.00	2940.00
18	300.00	74.52	3025.48	160.00	0.00	2865.48	2865.48
19			51985.76	2960.00	63.13	48962.63	49025.76

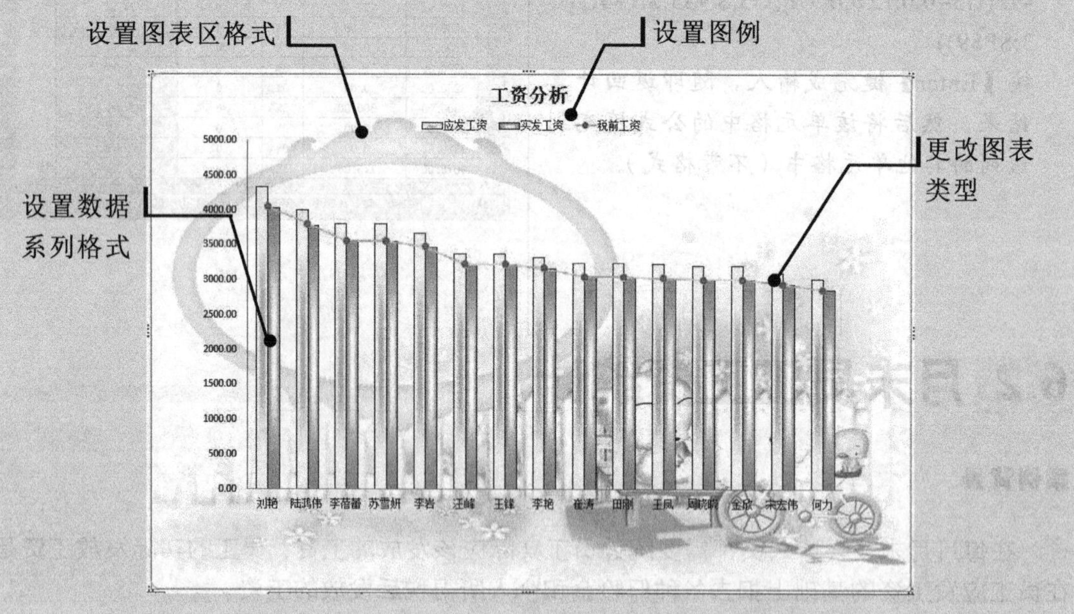

6.2.1 创建员工工资统计表

创建员工“工资统计表”的具体步骤如下。

本实例的原始文件和最终效果所在位置如下。		
	原始文件	原始文件\06\工资管理 7.xlsx
	最终效果	最终效果\06\工资管理 7.xlsx

❶打开本实例的原始文件，在“个人所得税税率表”后面插入一个“工资统计表”。从中输入表格项目和员工信息，并进行格式设置。

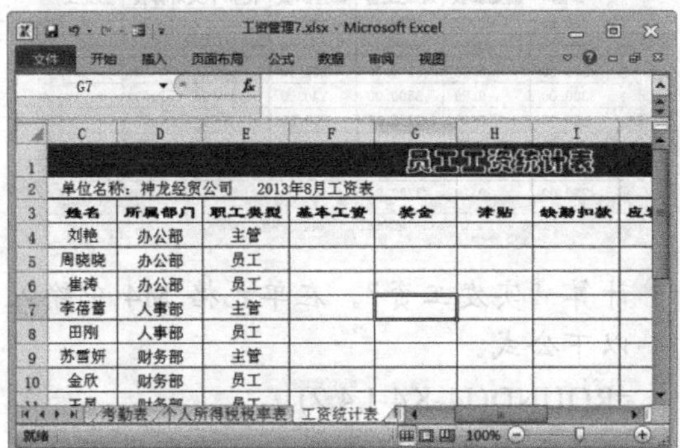

❷导入员工“基本工资”。在单元格F4中输入以下公式。

=VLOOKUP(B4,基本工资表!B:F,5, FALSE)

按【Enter】键完成输入，随即返回引用结果，然后将该单元格中的公式填充到该列的其他单元格中（不带格式）。

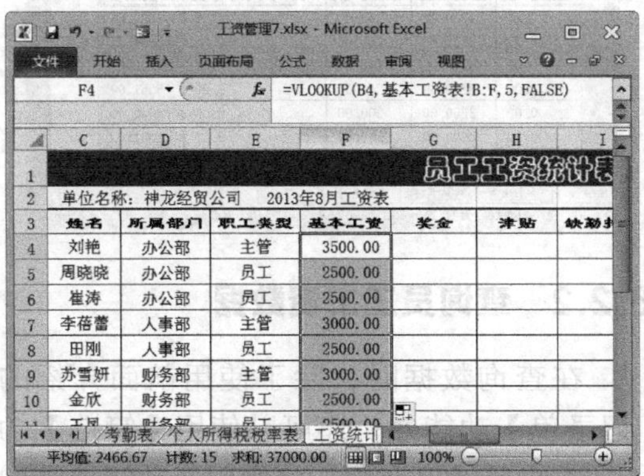

❸导入员工“奖金”。在单元格G4中输入以下公式。

=VLOOKUP(B4,奖金表!B:F,5,FALSE)

按【Enter】键完成输入，随即返回引用结果，然后将该单元格中的公式填充到该列的其他单元格中（不带格式）。

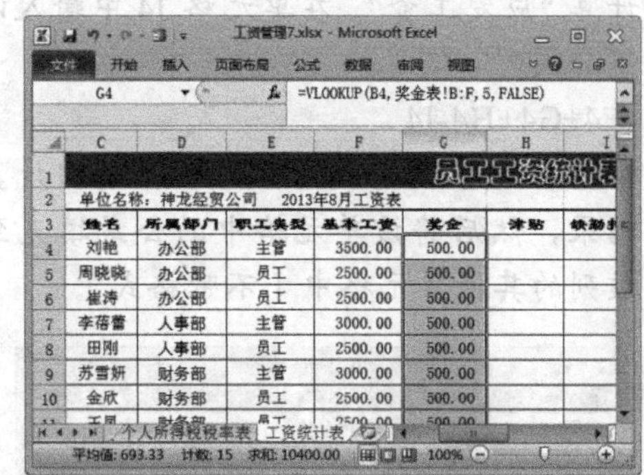

❹导入员工“津贴”。在单元格H4中输入以下公式。

=VLOOKUP(B4,津贴表!B:F,5,FALSE)

按【Enter】键完成输入，随即返回引用结果，然后将该单元格中的公式填充到该列的其他单元格中（不带格式）。

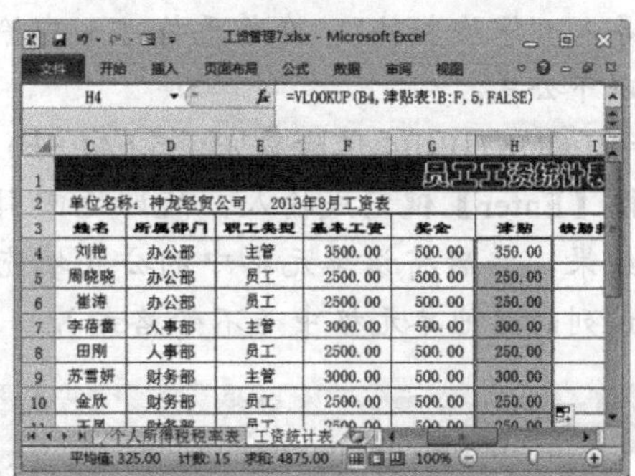

❺导入“缺勤扣款”。在单元格I4中输入以下公式。

=VLOOKUP(B4,考勤表!B:AM,38, FALSE)

按【Enter】键完成输入，随即返回引用结果，然后将该单元格中的公式填充到该列的其他单元格中（不带格式）。

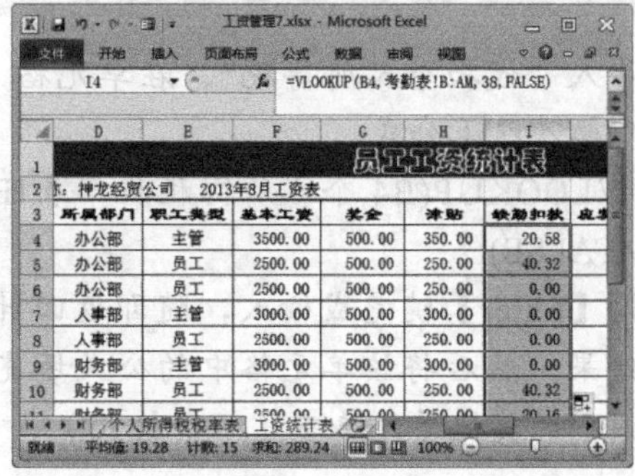

6 计算“应发工资”。在单元格 J4 中输入以下公式。

=F4+G4+H4-I4

按【Enter】键完成输入，随即返回计算结果，然后将该单元格中的公式填充到该列的其他单元格中（不带格式）。

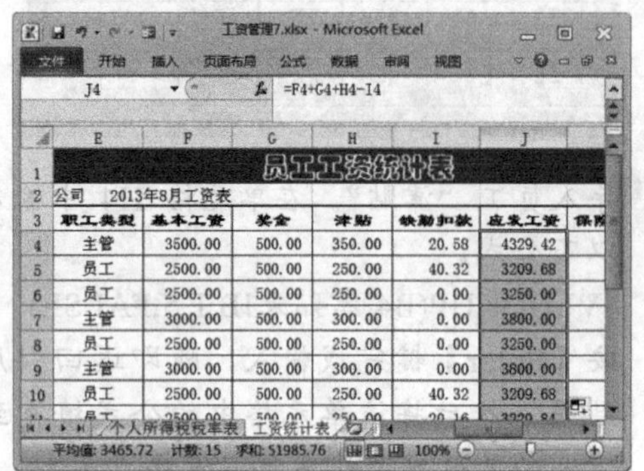

7 导入“保险扣款”。在单元格 K4 中输入以下公式。

=VLOOKUP(B4,保险费!B:F,5,FALSE)

按【Enter】键完成输入，随即返回引用结果，然后将该单元格中的公式填充到该列的其他单元格中（不带格式）。

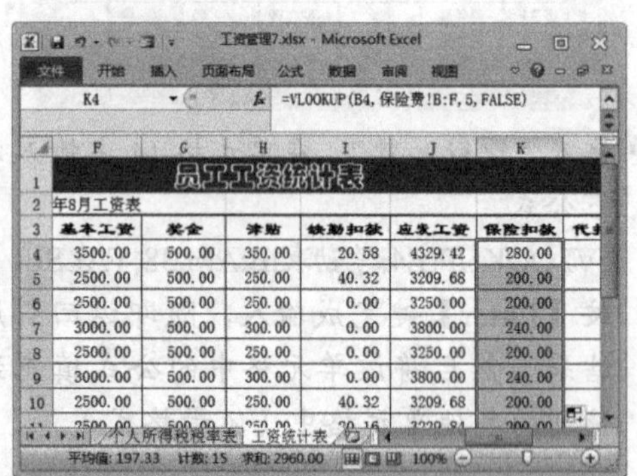

8 导入“代扣个人所得税”。在单元格 L4 中输入以下公式。

=VLOOKUP(B4,个人所得税税率表!B:J,9,FALSE)

按【Enter】键完成输入，随即返回计算结果，然后将该单元格中的公式填充到该列的其他单元格中（不带格式）。

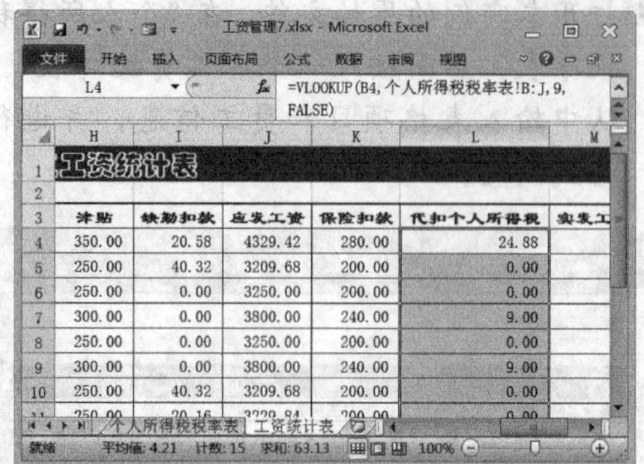

9 计算“实发工资”。在单元格 M4 中输入以下公式。

=ROUND(J4-K4-L4,2)

按【Enter】键完成输入，随即返回计算结果，然后将该单元格中的公式填充到该列的其他单元格中（不带格式）。

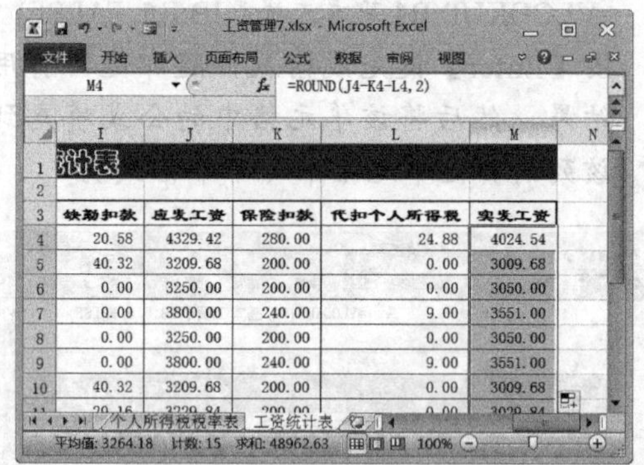

6.2.2 查询员工工资数据

在查询数据时，除了使用前面介绍的【记录单】功能外，还可以使用【筛选】功能。本小节就来介绍如何使用自动筛选查询员工工资。

筛选是指把数据库或者数据清单中所有不满足条件的数据记录隐藏起来，只显示满足条件的数据记录。常用的筛选方法有自动筛选、高级筛选和自定义筛选等 3 种。

自动筛选就是按照选定的内容筛选，它适用于简单的筛选数据的情况。使用自动筛选可以筛选单项数据，也可以筛选多项数据。

本实例的原始文件和最终效果所在位置如下。	
原始文件	原始文件\06\工资管理 8.xlsx
最终效果	最终效果\06\工资管理 8.xlsx

1. 筛选单项数据

使用自动筛选查询单项员工工资数据的具体步骤如下。

❶ 打开本实例的原始文件，切换到“工资统计表”工作表，选中列标题行，切换到【数据】选项卡，在【排序和筛选】组中单击【筛选】按钮。

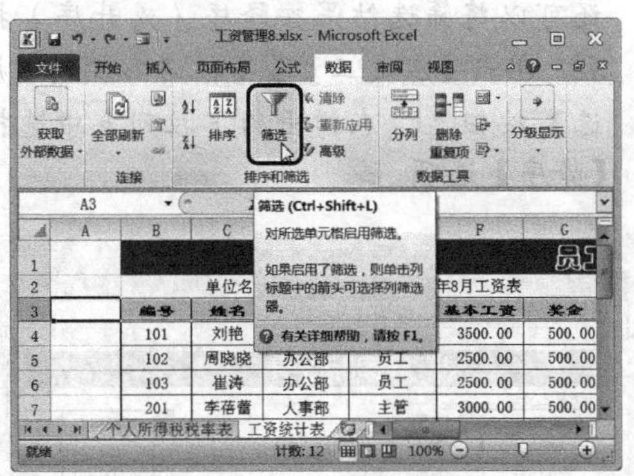

❷ 随即进入筛选状态，此时列标题行每个字段名的右侧均会出现一个下箭头按钮。

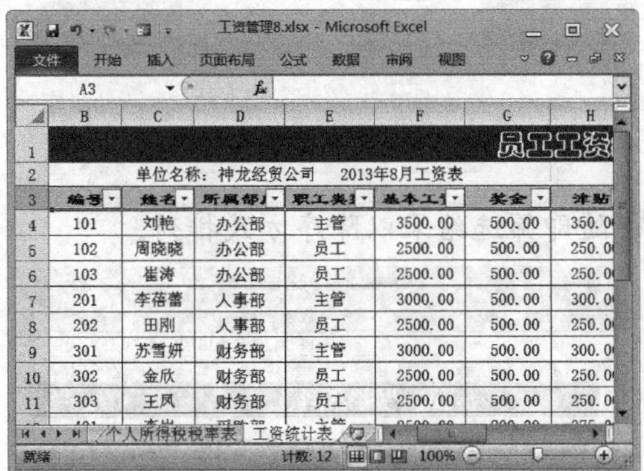

❸ 单击【所属部门】字段名右侧的下箭头按钮，在弹出的下拉列表中撤选【全选】复选框，然后选中【销售部】复选框。

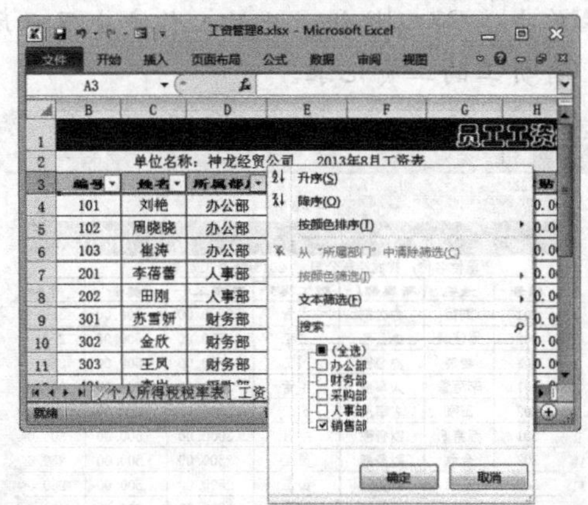

❹ 单击 确定 按钮，此时工作表中只显示“销售部”所有员工的工资记录。

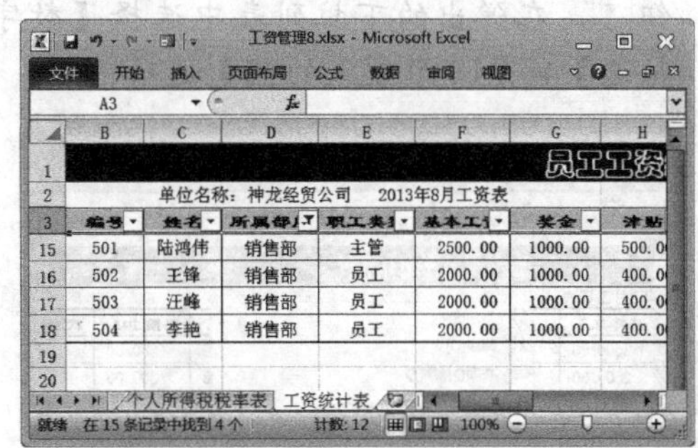

2. 筛选多项数据

使用自动筛选查询多项员工工资数据的具体步骤如下。

❶ 单击【所属部门】字段名右侧的【筛选】按钮，在弹出的下拉列表中选中【全选】复选框。

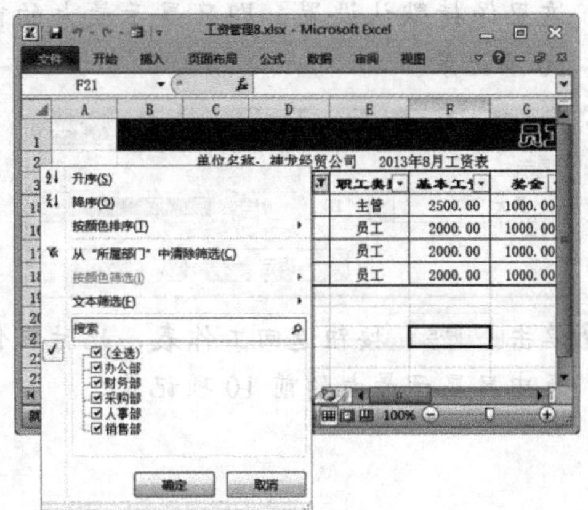

❷单击 确定 按钮，此时工作表中显示所有员工的工资记录。

❸单击【应发工资】字段名右侧的下箭头按钮▼，在弹出的下拉列表中选择【数字筛选】➢【10 个最大的值】选项。

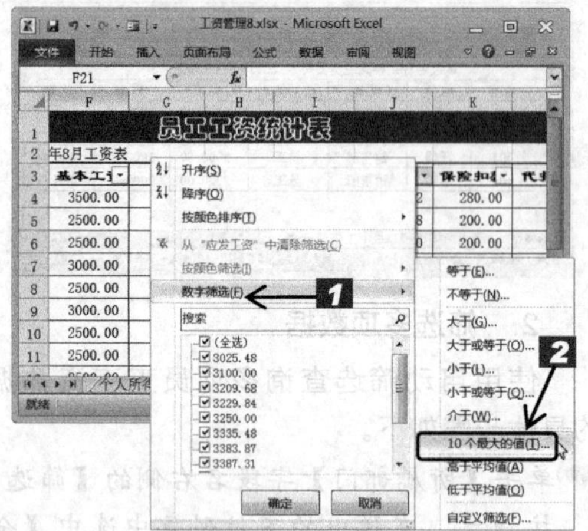

❹随即弹出【自动筛选前 10 个】对话框，这里保持默认设置，即只显示最大的前 10 项记录。

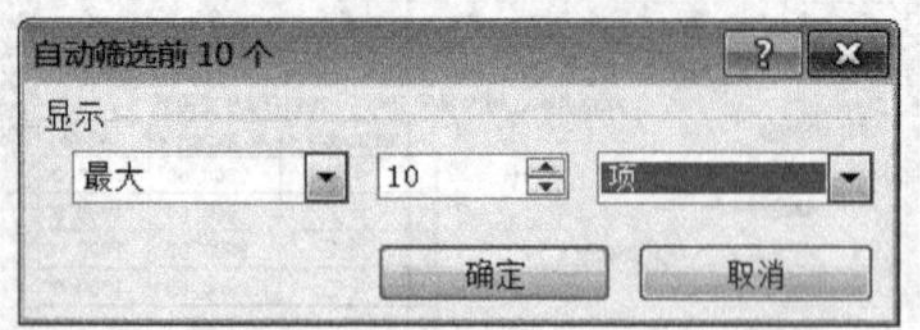

❺单击 确定 按钮返回工作表，此时工作表中只显示最大的前 10 项记录。

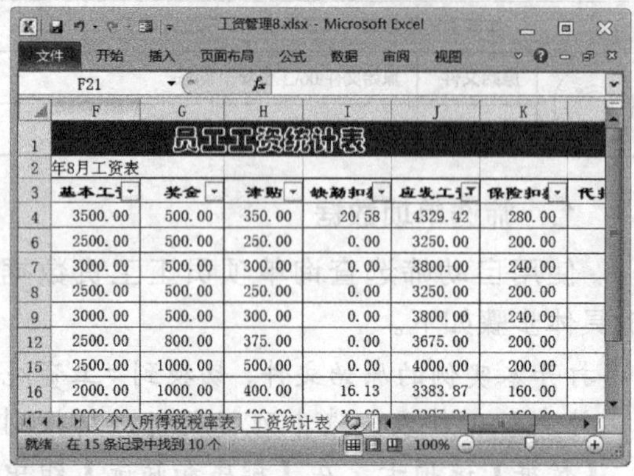

❻筛选结果默认是按原有顺序显示的，用户还可以将筛选结果按降序（或升序）排列。单击【应发工资】字段名右侧的【筛选】按钮，在弹出的下拉列表中选择【降序】选项。

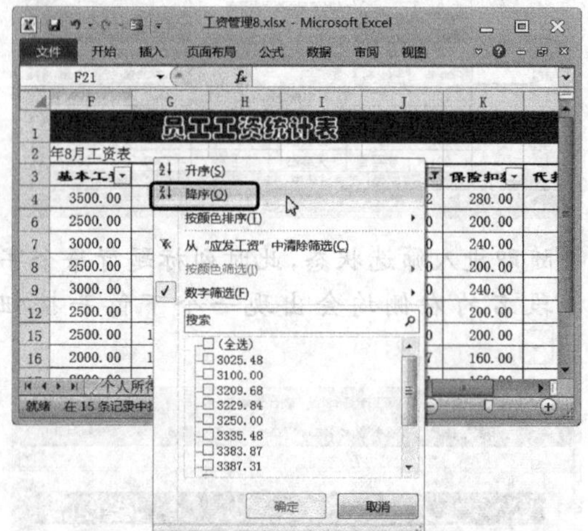

❼随即筛选结果以降序方式排列。

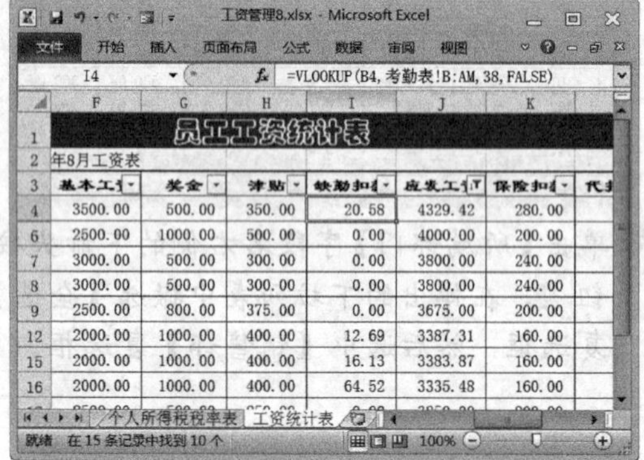

6.2.3 使用列表分析员工工资

列表实际上是自动筛选、排序和分类汇总等多个功能的集合，使用列表能够方便地管理和分析工作表中的数据。

本实例的素材文件、原始文件和最终效果所在位置如下。	
素材文件	素材文件\06\背景图.jpg
原始文件	原始文件\06\工资管理 9.xlsx
最终效果	最终效果\06\工资管理 9.xlsx

1. 创建列表

将数据列表中的某个区域指定为列表后，如果只对列表中的数据进行分析和处理，则不会影响列表中其他区域中的数据。

创建列表的具体步骤如下。

1. 打开本实例的原始文件，切换到“工资统计表”工作表，选中数据区域中的任意一个单元格，切换到【插入】选项卡，在【表格】组中单击【表格】按钮。

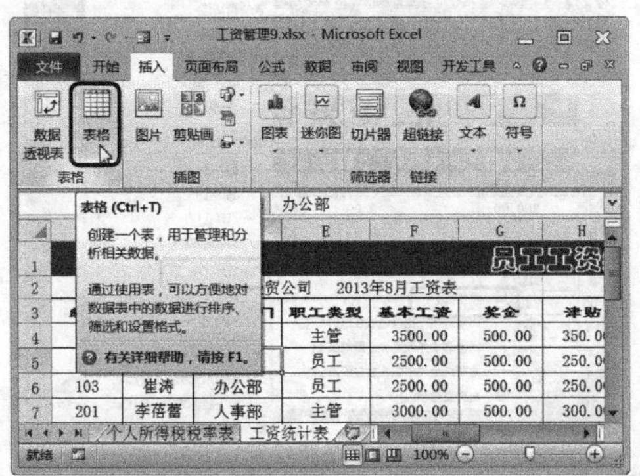

2. 随即弹出【创建表】对话框，在【表数据的来源】文本框中输入“$B$3:$M$18”，然后选中【表包含标题】复选框。

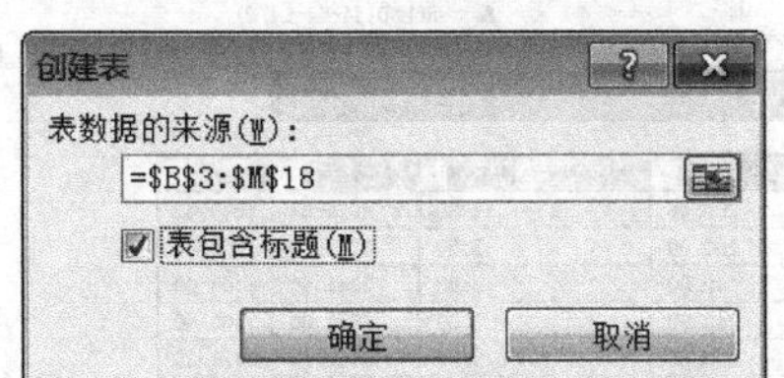

3. 单击 确定 按钮，即可将选中的单元格区域创建为一个列表，并且会自动进入筛选状态，同时弹出【表格工具】。

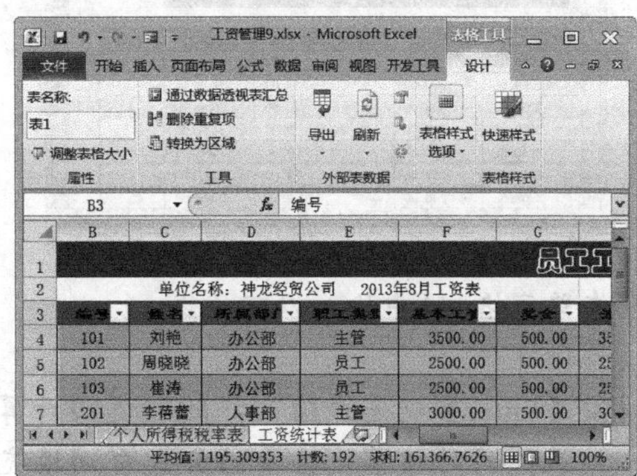

2. 编辑列表

列表创建之后就可以对其进行编辑操作，例如添加数据、删除数据、分析数据等。

添加数据行或列

在列表中添加数据行或列的具体步骤如下。

1. 添加数据行。在与列表相邻行的单元格 B19 中输入一个新的员工编号，然后按【Enter】键，即可在列表中插入一行，并且自动套用上面单元格的公式。

2. 添加数据列。在与列表相邻列的单元格 N3 中输入列标题“税前工资”，然后按【Enter】键，系统会自动地在列表中插入一个数据列。

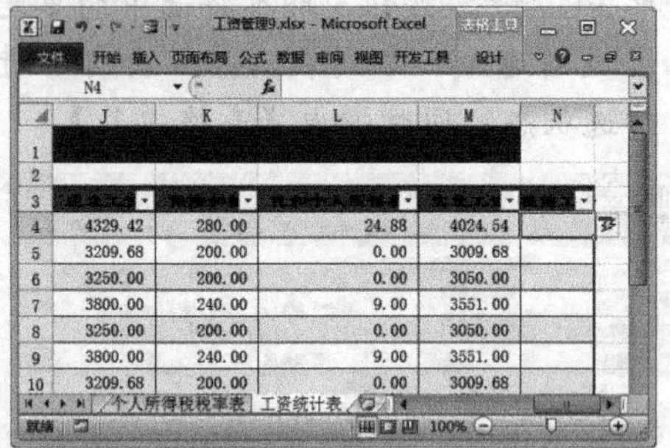

3 在单元格 N4 中输入以下公式。

=M4+L4

按【Enter】键完成输入，随即返回计算结果，同时该单元格中的公式自动填充到该列的其他单元格中。

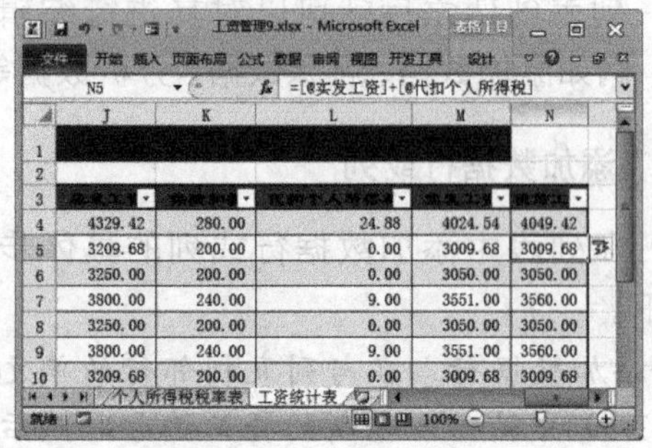

3. 删除数据行或列

在列表中删除数据行或列的具体步骤如下。

1 选中要删除的行（或列）中的任意一个单元格，单击鼠标右键，在弹出的快捷菜单中选择【删除】➢【表行】（或【表列】）菜单项。

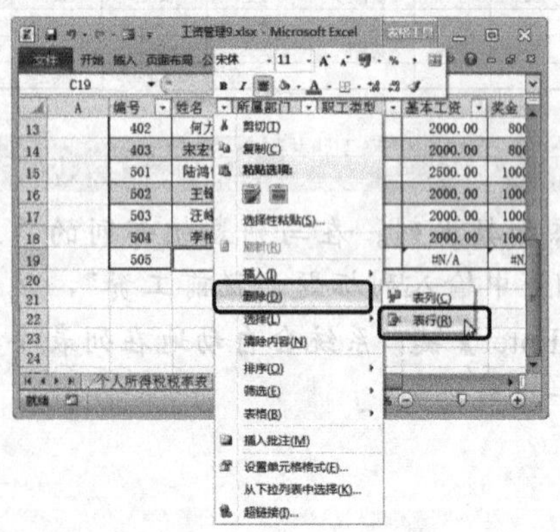

2 即可将选中的单元格所在的行（或列）删除。

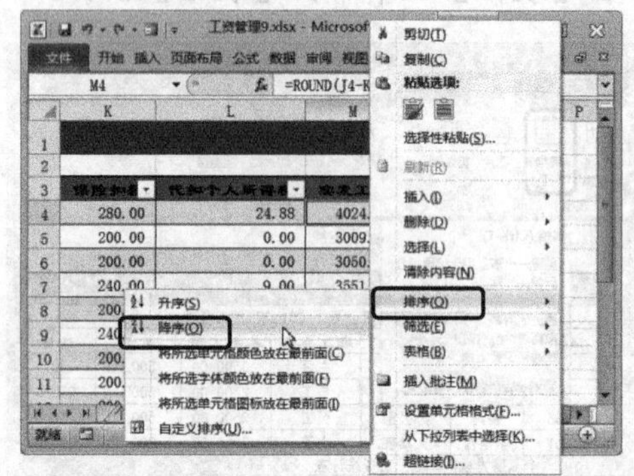

分析数据

在列表中分析数据的具体步骤如下。

1 排序。选中"实发工资"数据区域的任意一个单元格，单击鼠标右键，在弹出的快捷菜单中选择【排序】➢【降序】（或【升序】）菜单项。

2 随即系统会自动地对"实发工资"进行降序（或升序）排列。

❸汇总行。选中列表中的任意一个单元格，切换到【表格工具】栏的【设计】选项卡，在【表格样式选项】组中，选中【汇总行】复选框。

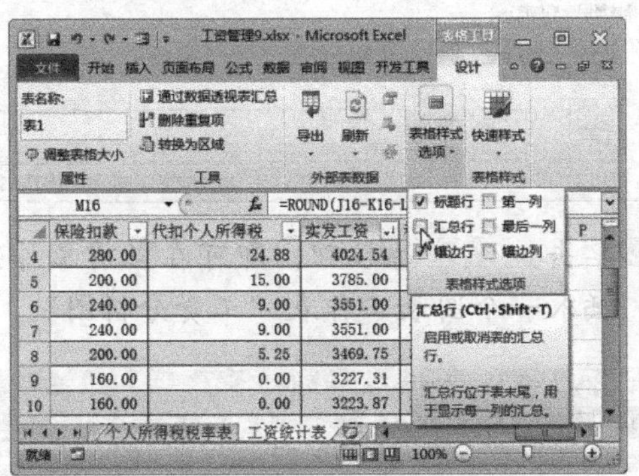

❹随即系统在列表中添加一个汇总行，并且自动对列表的最后一列进行汇总。

❺求和。选中汇总行的任意一个单元格，选中的单元格右侧会出现一个下箭头按钮▾。这里单击单元格M19右侧的下箭头按钮▾，然后在弹出的下拉列表中选择【求和】选项。

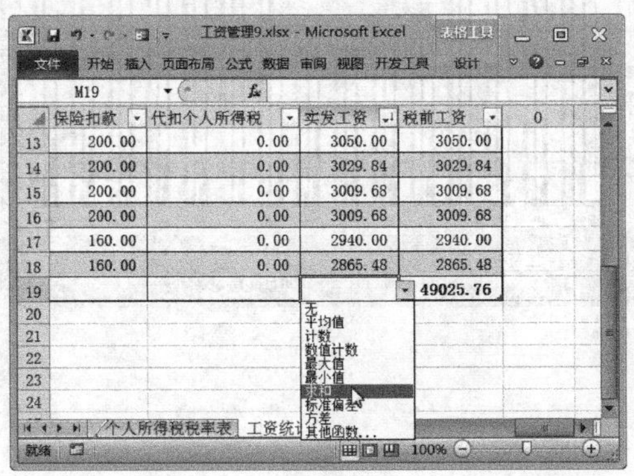

❻随即系统会对列表中的“实发工资”列进行求和汇总，合计值为48962.63元。

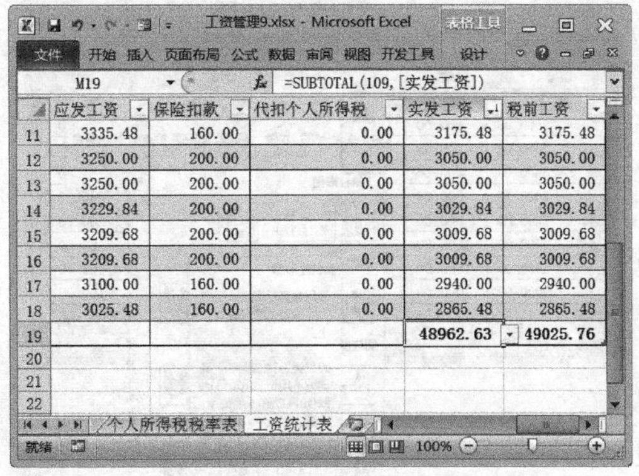

❼用户可以使用同样的方法，分别对“应发工资”、“保险扣款”和“代扣个人所得税”列进行求和汇总，得到“应发工资”合计值为51985.76元，“保险扣款”合计值为2960.00元，“代扣个人所得税”合计值为63.13元。

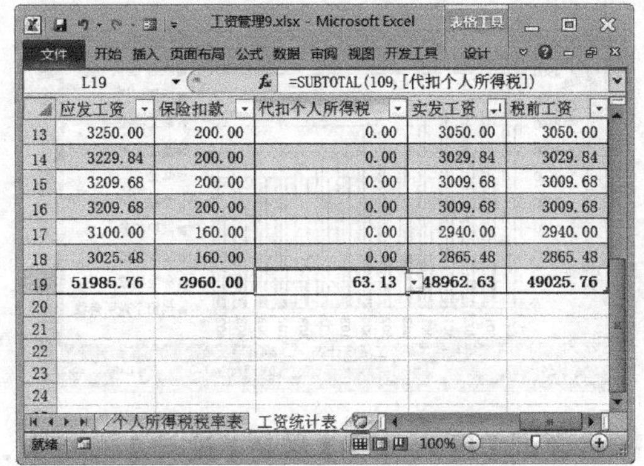

图表分析

❶选中列表区域中的任意一个单元格，切换到【插入】选项卡，在【图表】组中单击【柱形图】按钮，在弹出的下拉列表中选择【簇状柱形图】。

②随即在工作表"工资统计表"中插入了一个簇状柱形图。

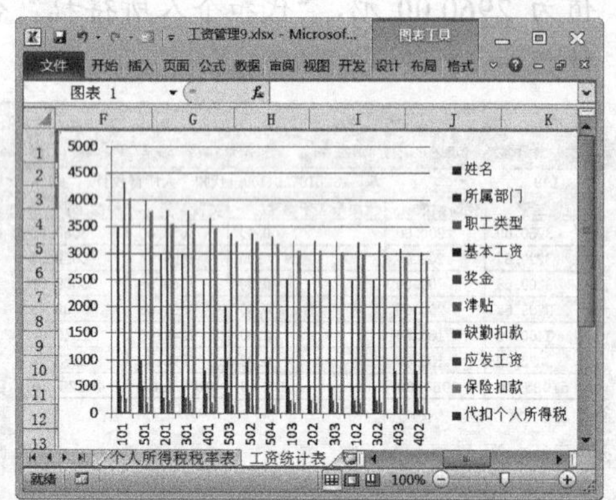

③切换到【图表工具】栏的【设计】选项卡，在【位置】组中单击【移动图表】按钮。

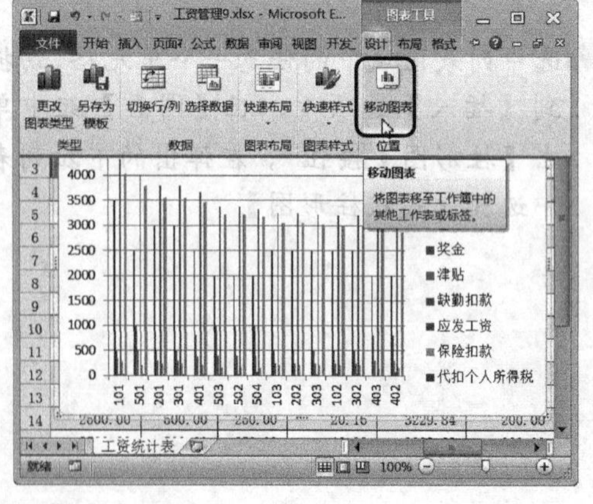

④弹出【移动图表】对话框，选中【新工作表】单选钮，并在其后面的文本框中输入"工资分析图"。

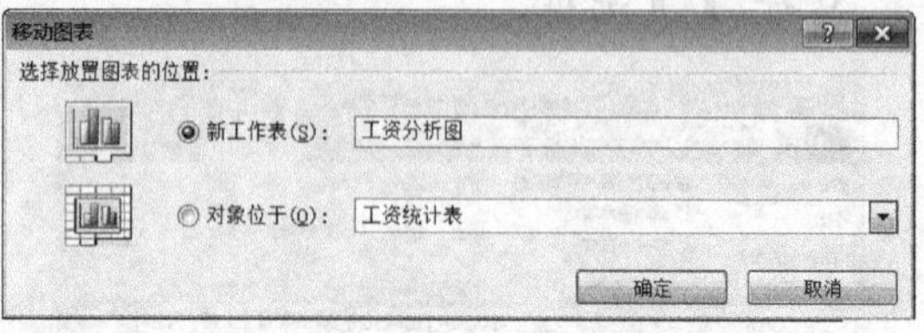

⑤单击 确定 按钮，即可在当前工作簿插入一个图表工作表"工资分析图"。

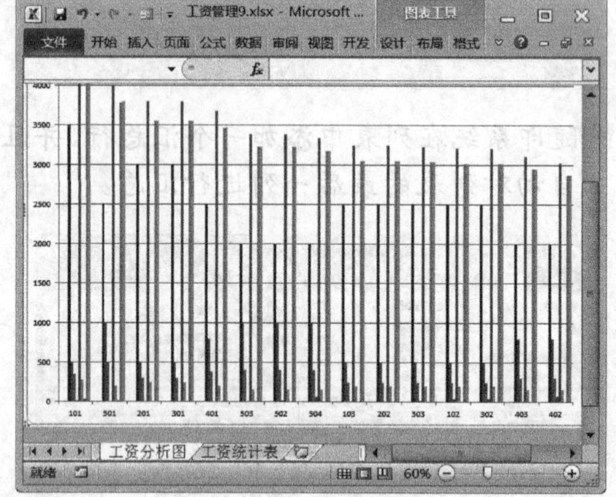

⑥删除多余图例项。切换到【图表工具】栏的【设计】选项卡，在【数据】组中单击【选择数据】按钮。

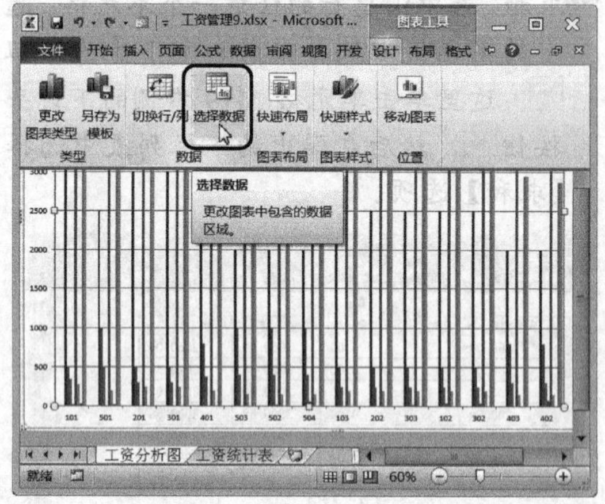

❼弹出【选择数据源】对话框，在【图例项】列表框中选中需要删除的图例，然后单击 ✕删除(R) 按钮，选中的图例项即可被删除。

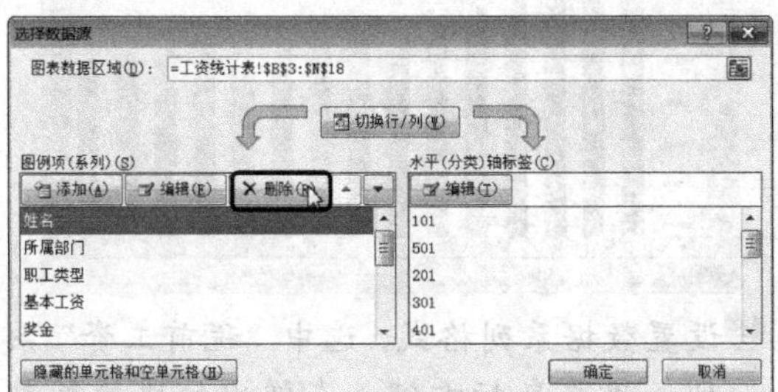

❽用户可以按照相同的方法删除其他多余的图例项，只保留【应发工资】、【实发工资】和【税前工资】等3个选项。

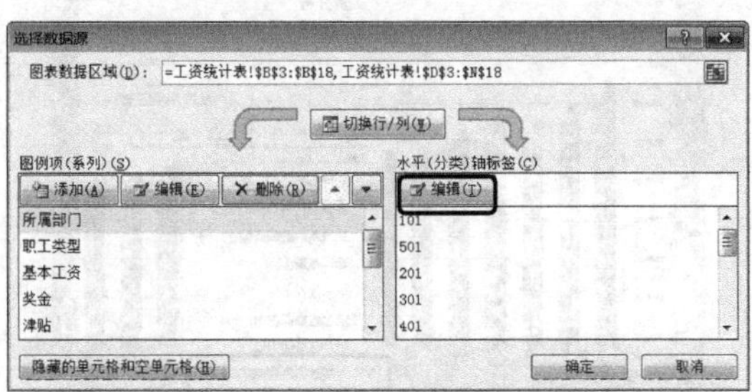

❾编辑水平轴标签。在【水平（分类）轴标签】列表框中单击 编辑(T) 按钮，弹出【轴标签】对话框，然后切换到工作表“工资统计表”中，选中数据区域“C4:C18”。

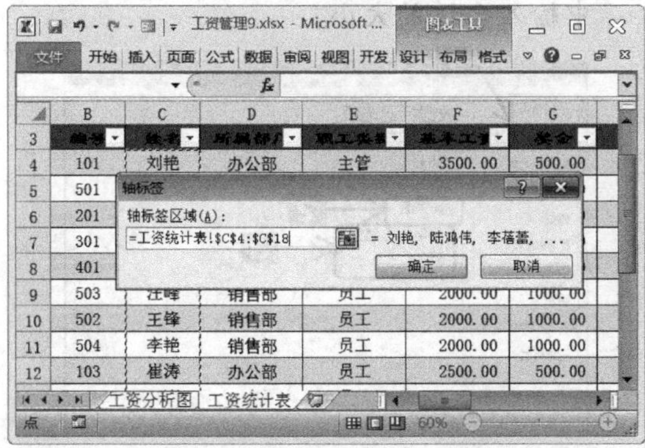

❿随即【轴标签】对话框中的【轴标签区域】显示为“=工资统计表!$C$4:$C$18”，单击 确定 按钮，返回【选择数据源】对话框。

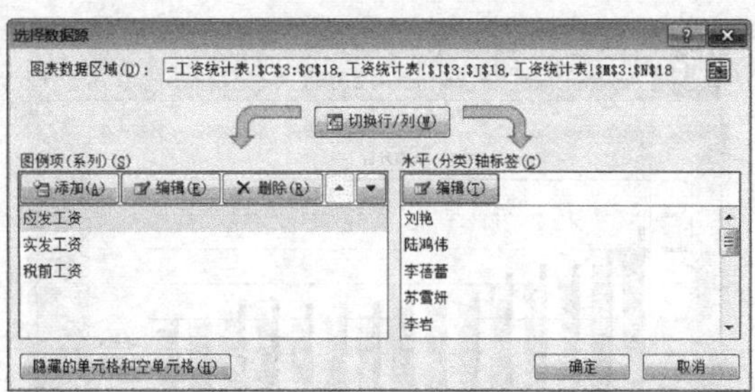

⓫用户可以看到【水平（分类）轴标签】列表框和【图表数据区域】已经改变，单击 确定 按钮返回图表，效果如图所示。

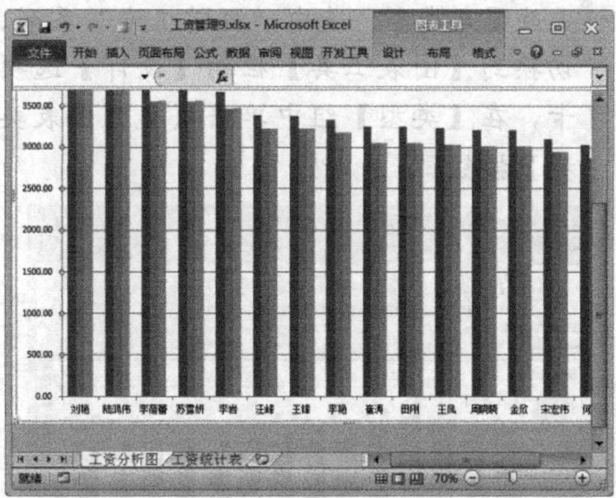

⓬快速布局。切换到【图表工具】栏的【设计】选项卡，在【图表布局】组中单击【快速布局】按钮，在弹出的下拉列表中选择【布局1】。

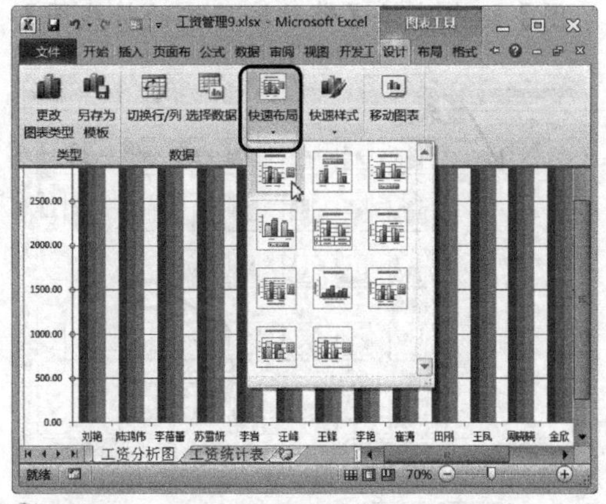

⓭随即图表应用【布局1】样式，在【图表标题】文本框中输入图表标题“工资分析”。

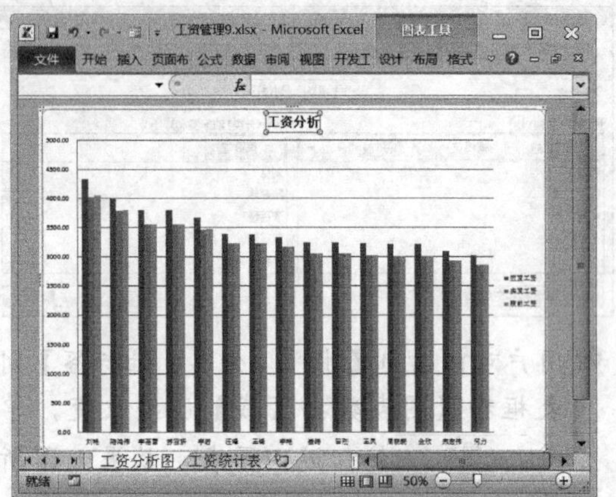

14 更改图表类型。选中“税前工资”系列，切换到【图表工具】栏的【设计】选项卡，在【类型】组中单击【更改图表类型】按钮。

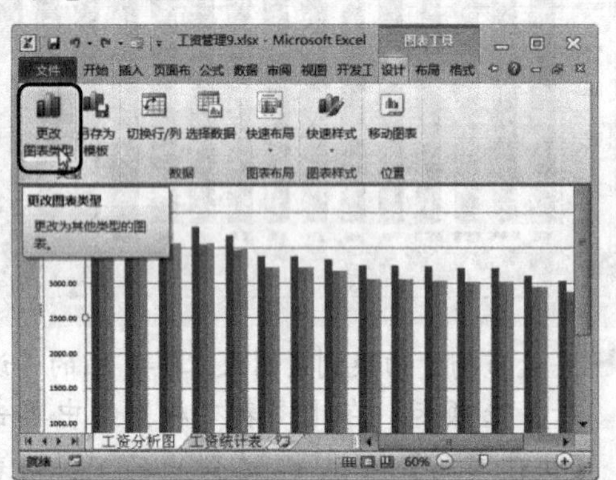

15 弹出【更改图表类型】对话框，在【折线图】组中选择【带数据标记的折线图】。

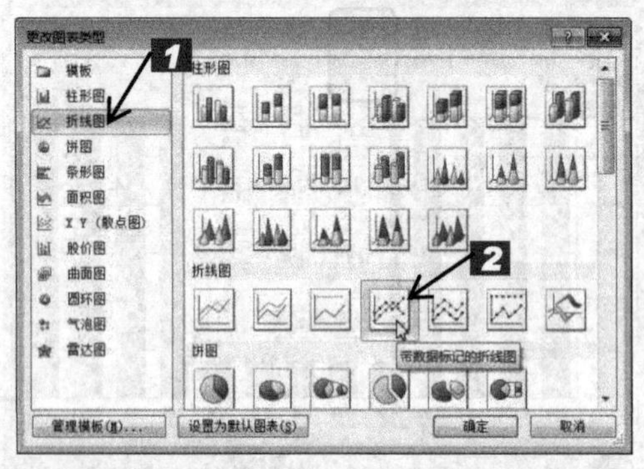

16 单击 确定 按钮返回图表，效果如图所示。

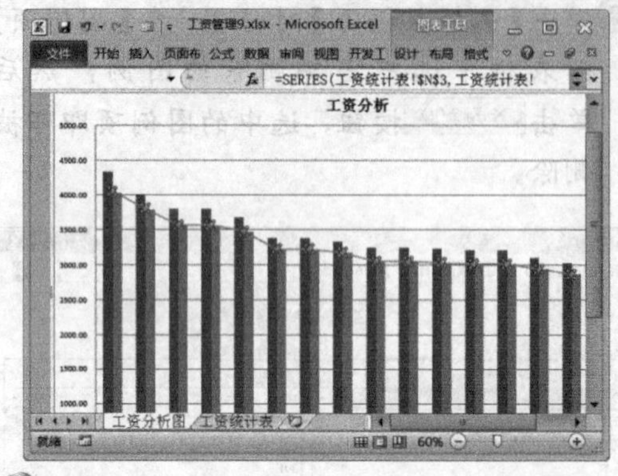

17 设置数据系列格式。选中“税前工资”系列，单击鼠标右键，在弹出的快捷菜单中选择【设置数据系列格式】菜单项。

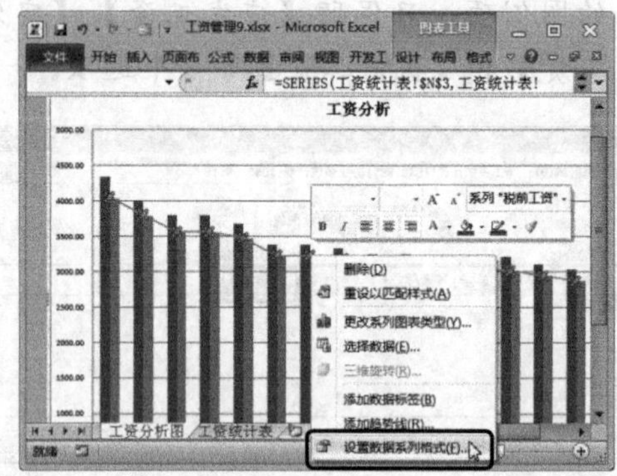

18 弹出【设置数据系列格式】对话框，切换到【数据标记选项】选项卡，选中【内置】单选钮，在【类型】下拉列表中选择一种合适的类型，在【大小】微调框中输入合适的大小。

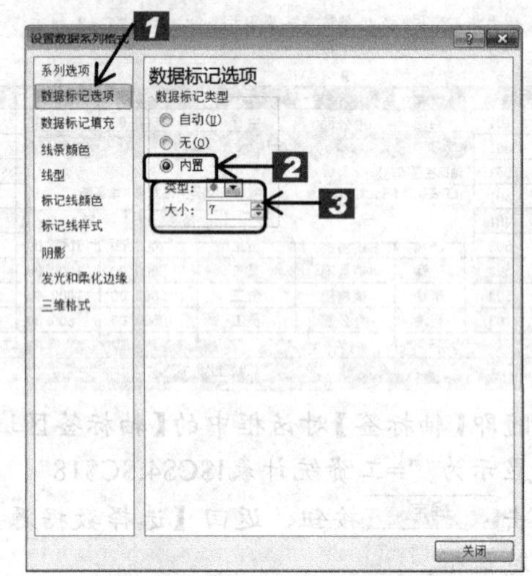

19 切换到【数据标记填充】选项卡，选中【纯色填充】单选钮，在【颜色】下拉列表中选择一种合适的颜色。

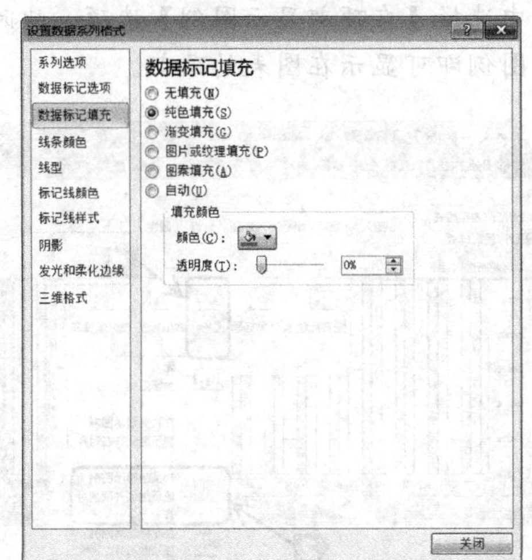

20 切换到【线条颜色】选项卡，选中【实线】单选钮，在【颜色】下拉列表中选择一种合适的颜色。

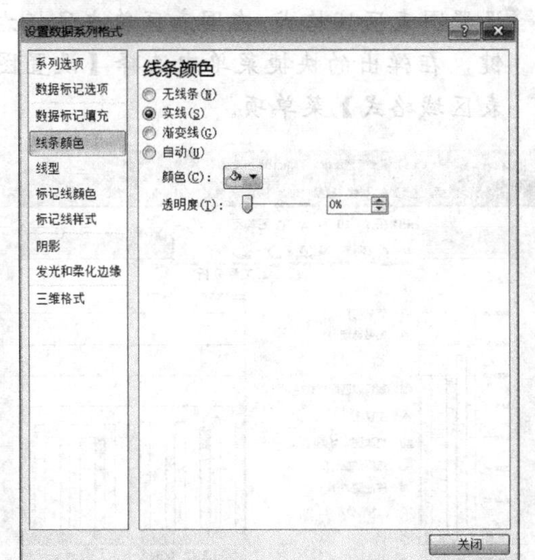

21 切换到【线型】选项卡，在【宽度】微调框中输入【2 磅】。

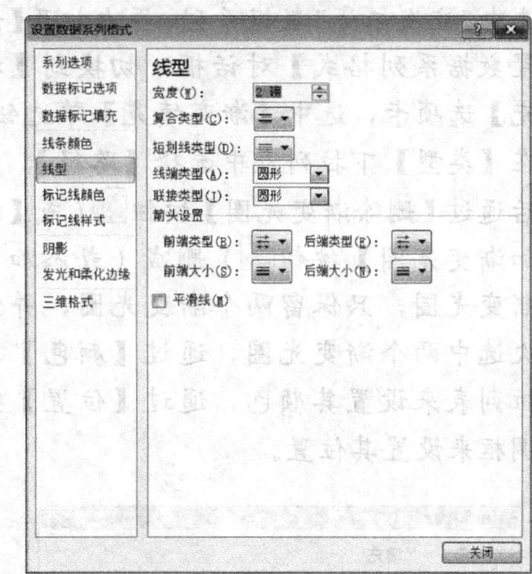

22 切换到【标记线颜色】选项卡，选中【实线】单选钮，在【颜色】下拉列表中选择一种合适的颜色。

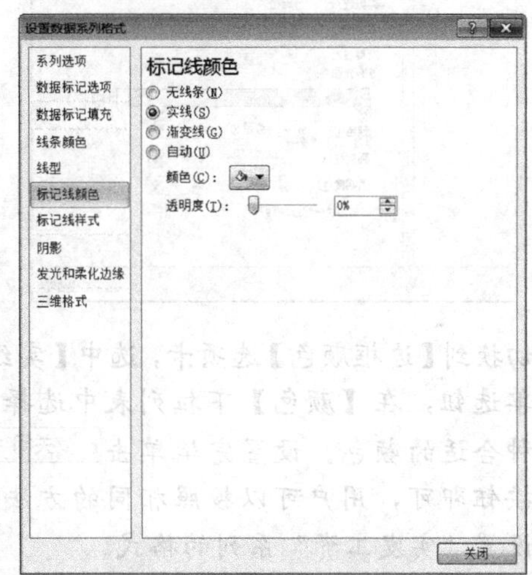

23 设置完毕单击 关闭 按钮，返回图表即可。

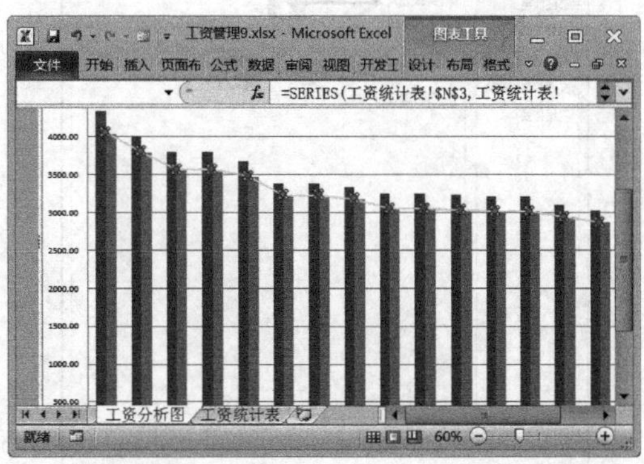

㉔选中“应发工资”数据系列，再次打开【设置数据系列格式】对话框，切换到【填充】选项卡，选中【渐变填充】单选钮，在【类型】下拉列表中选择【路径】，然后通过【删除渐变光圈】按钮（或【添加渐变光圈】按钮）删减（或添加）渐变光圈，只保留两个渐变光圈，并依次选中两个渐变光圈，通过【颜色】下拉列表来设置其颜色，通过【位置】微调框来设置其位置。

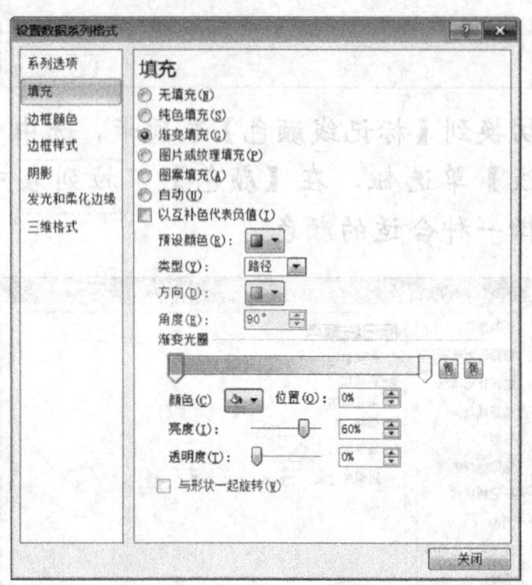

㉕切换到【边框颜色】选项卡，选中【实线】单选钮，在【颜色】下拉列表中选择一种合适的颜色。设置完毕单击关闭按钮即可，用户可以按照相同的方法，设置“实发工资”系列的格式。

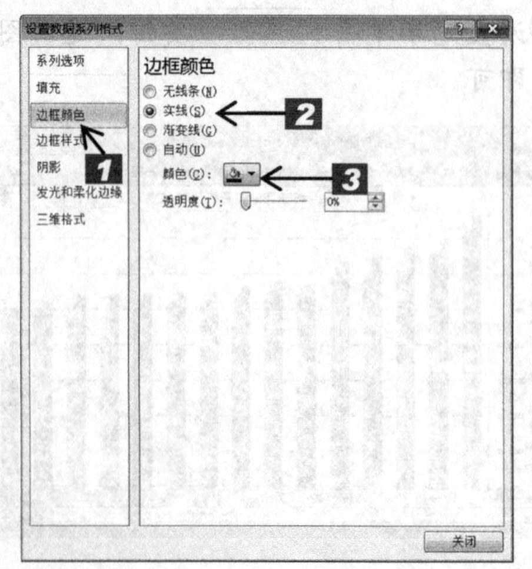

㉖设置图例的显示位置。切换到【图表工具】栏的【布局】选项卡，在【标签】组中单击【图例】按钮，在弹出的下拉列表中选择【在顶部显示图例】选项，此时，图例即可显示在图表的顶部。

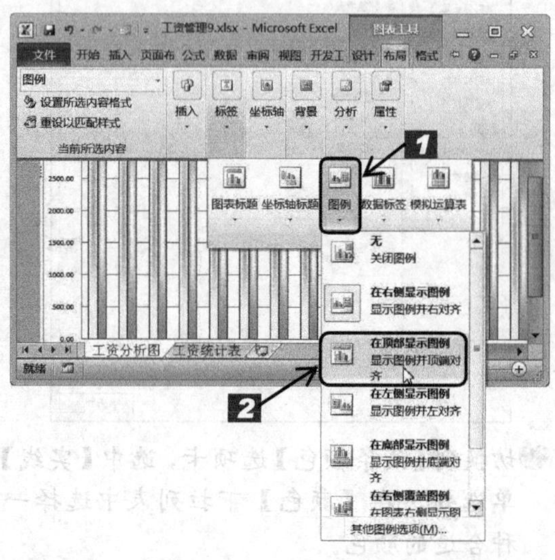

㉗设置图表区域格式。在图表区单击鼠标右键，在弹出的快捷菜单中选择【设置图表区域格式】菜单项。

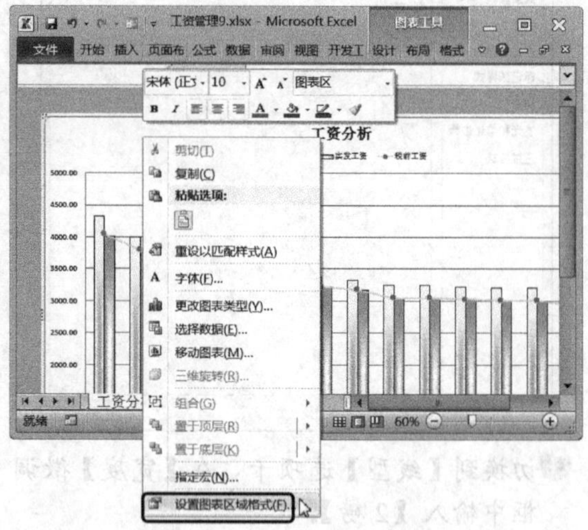

㉘弹出【设置图表区格式】对话框，切换到【填充】选项卡，选中【图片或纹理填充】单选钮，单击文件(F)...按钮。

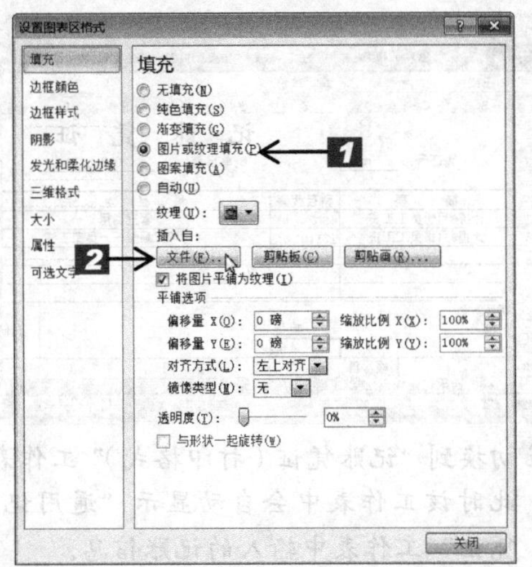

㉙弹出【插入图片】对话框，从中选择素材文件“背景图.jpg”，单击 插入(S) 按钮，即可将选中的图片插入到图表区域。

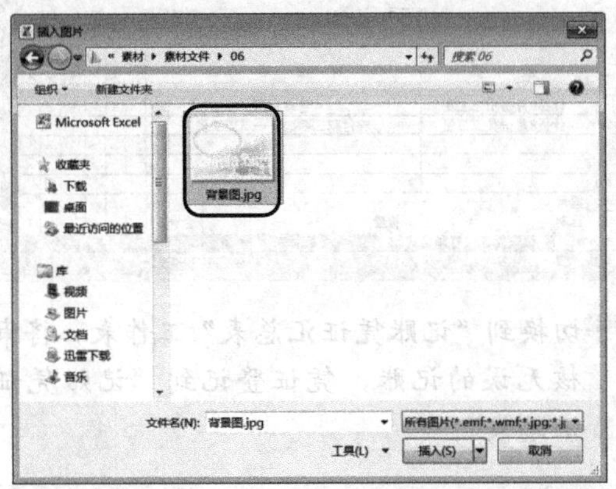

㉚设置绘图区格式。在绘图区单击鼠标右键，在弹出的快捷菜单中选择【设置绘图区格式】菜单项。

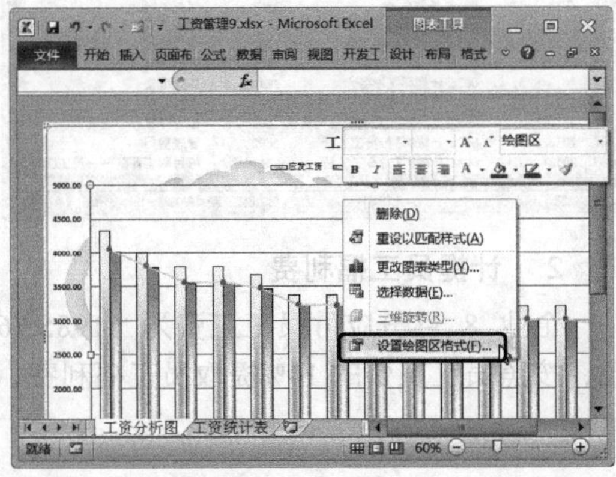

㉛弹出【设置绘图区格式】对话框，切换到【填充】选项卡，选中【无填充】单选钮，然后单击 关闭 按钮返回图表。

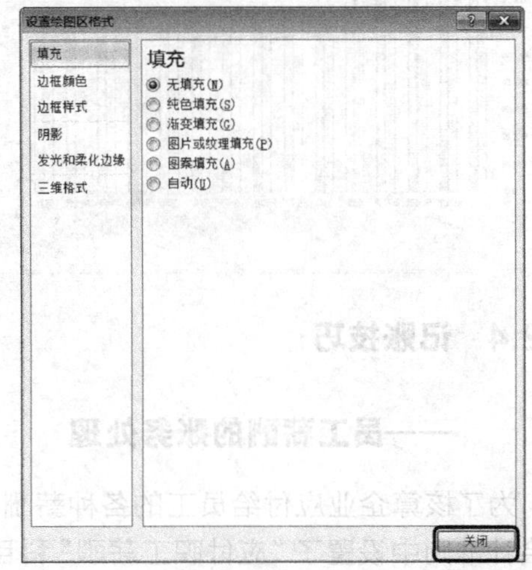

㉜隐藏网格线。为图表添加图片背景后，用户可以将网格线隐藏。切换到【图表工具】栏的【布局】选项卡，在【坐标轴】组中单击【网格线】按钮，在弹出的下拉列表中选择【主要横网格线】➤【无】选项。

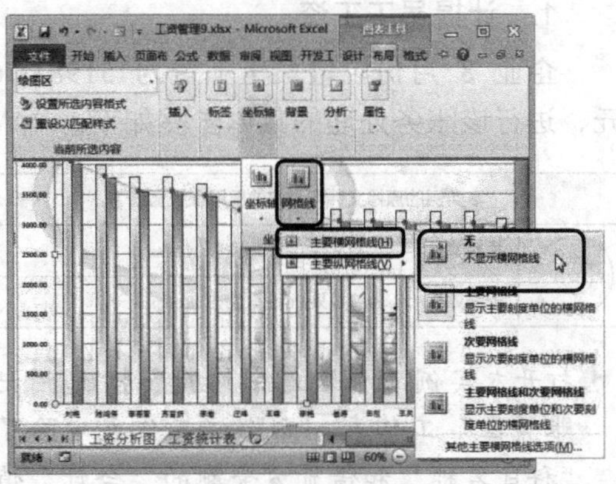

㉝返回图表，通过鼠标将图表调整到合适的大小和位置即可。

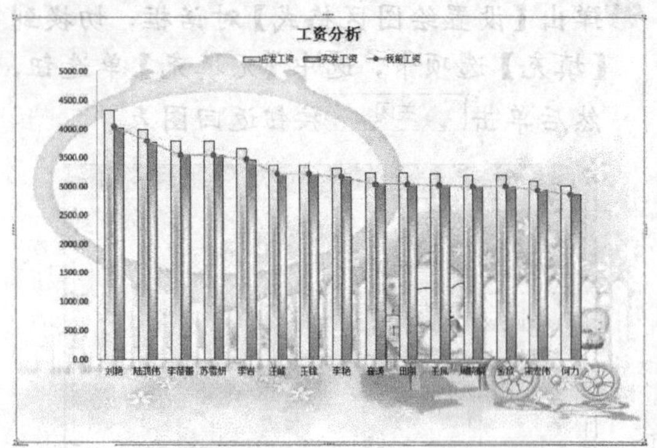

6.2.4 记账技巧

——员工薪酬的账务处理

为了核算企业应付给员工的各种薪酬，新会计准则中设置了“应付职工薪酬”科目，该科目按照“员工工资”、“员工福利费”、“保险费”和“代扣个人所得税”等进行明细核算。

由“工资统计表”得知，企业8月份的员工应发工资为51985.76元，保险扣款为2960.00元，代扣个人所得税为63.13元。

1. 计提员工工资

企业8月份应付员工工资为51985.76元，进行该账务处理的具体步骤如下。

本实例的原始文件和最终效果所在位置如下。		
	原始文件	原始文件\06\记账凭证 11.xlsx
	最终效果	最终效果\06\记账凭证 11.xlsx

❶打开本实例的原始文件，切换到“通用记账凭证”工作表，删除该工作表中除了“科目名称”和借贷方金额的“合计”值之外的数据，然后输入该业务的记账凭证。

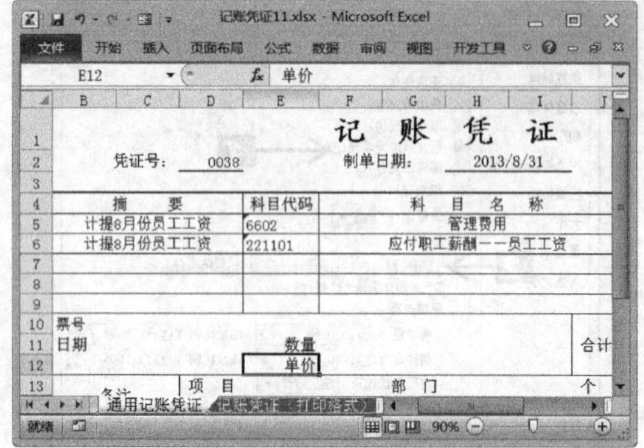

❷切换到“记账凭证（打印格式）”工作表，此时该工作表中会自动显示“通用记账凭证”工作表中输入的记账信息。

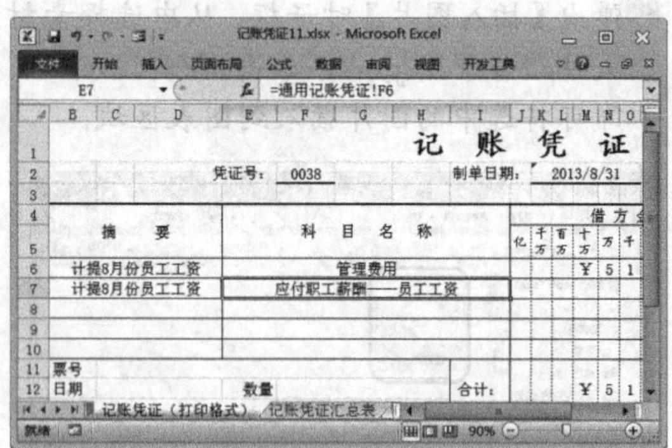

❸切换到“记账凭证汇总表”工作表，将审核无误的记账，凭证登记到“记账凭证汇总表”。

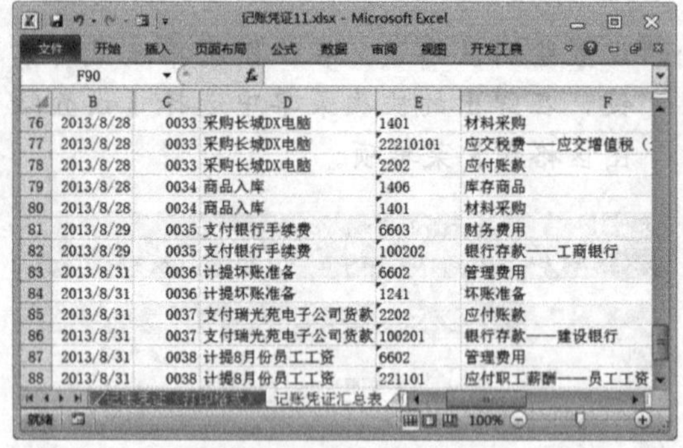

2. 计提员工福利费

企业8月份应付员工工资为51985.76元，按照员工工资的14%提取员工福利费，共计 7278.01 元。进行该账务处理的具体步骤如下。

本实例的原始文件和最终效果所在位置如下。		
	原始文件	原始文件\06\记账凭证 12.xlsx
	最终效果	最终效果\06\记账凭证 12.xlsx

❶打开本实例的原始文件，切换到“通用记账凭证”工作表，删除该工作表中除了“科目名称”和借贷方金额的“合计”值之外的数据，然后输入该业务的记账凭证。

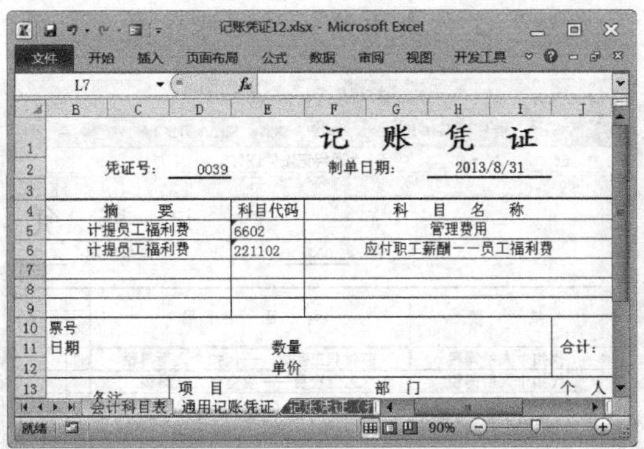

❷切换到“记账凭证（打印格式）”工作表，此时该工作表中会自动显示“通用记账凭证”工作表中输入的记账信息。

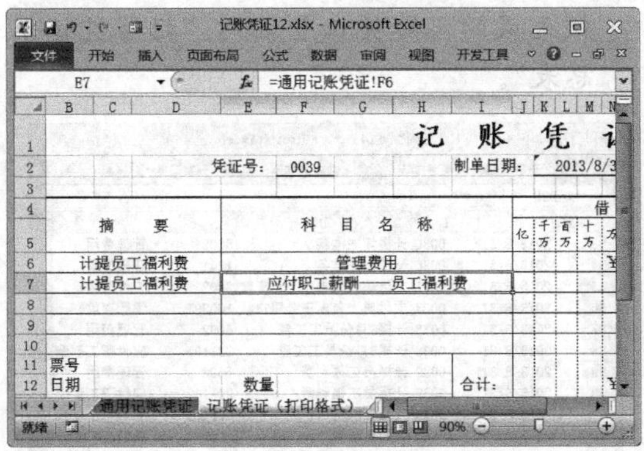

❸切换到“记账凭证汇总表”工作表，将审核无误的记账凭证登记到“记账凭证汇总表”。

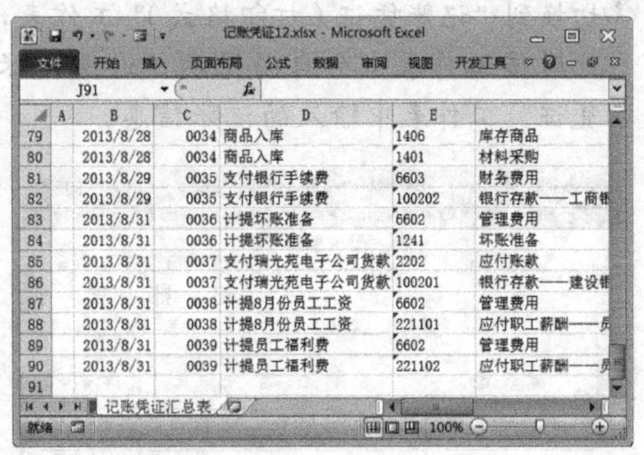

3.　代扣保险费

企业 8 月份共需缴纳社会保险费 15170 元（交纳保险费时，借记“应付职工薪酬——保险费”，贷记“银行存款”），其中企业应交 11100 元，员工应交 4070 元（计提保险费时，借记“管理费用”和“其他应收款”，贷记“应付职工薪酬——保险费”），员工应交的 4070 元从员工工资中扣除。进行该账务处理的具体步骤如下。

本实例的原始文件和最终效果所在位置如下。		
	原始文件	原始文件\06\记账凭证 13.xlsx
	最终效果	最终效果\06\记账凭证 13.xlsx

❶打开本实例的原始文件，切换到“通用记账凭证”工作表，删除该工作表中除了“科目名称”和借贷方金额的“合计值”之外的数据，然后输入该业务的记账凭证。

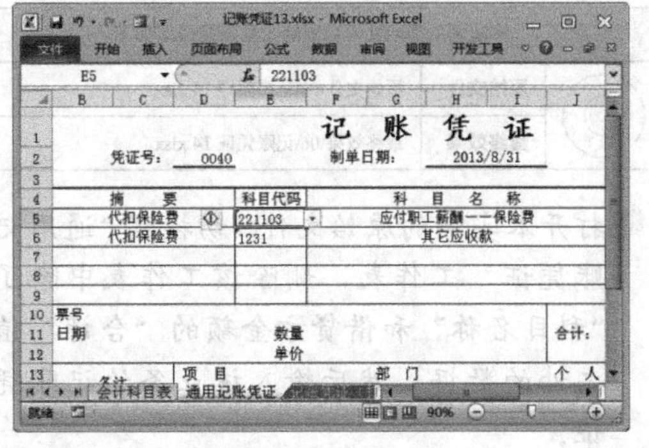

②切换到“记账凭证（打印格式）”工作表，此时该工作表中会自动显示“通用记账凭证”工作表中输入的记账信息。

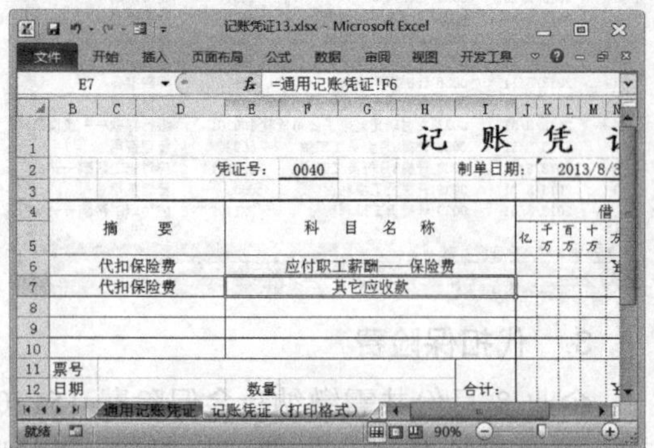

③切换到“记账凭证汇总表”工作表，将审核无误的记账凭证登记到“记账凭证汇总表”。

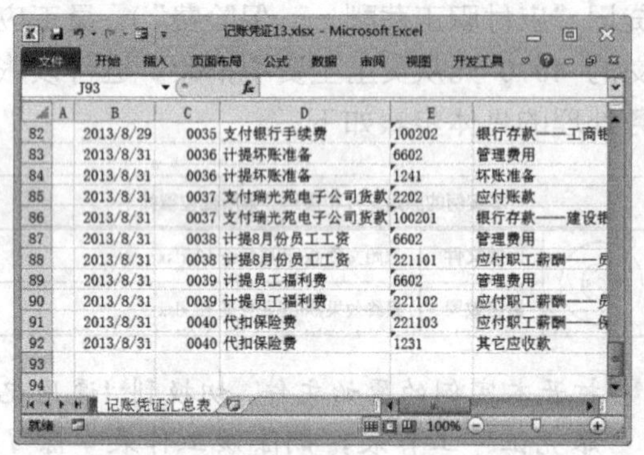

4. 代扣个人所得税

企业 8 月份代扣个人所得税共计 63.13 元，进行该账务处理的具体步骤如下。

本实例的原始文件和最终效果所在位置如下。		
	原始文件	原始文件\06\记账凭证 14.xlsx
	最终效果	最终效果\06\记账凭证 14.xlsx

①打开本实例的原始文件，切换到“通用记账凭证”工作表，删除该工作表中除了“科目名称”和借贷方金额的“合计”值之外的数据，然后输入该业务的记账凭证。

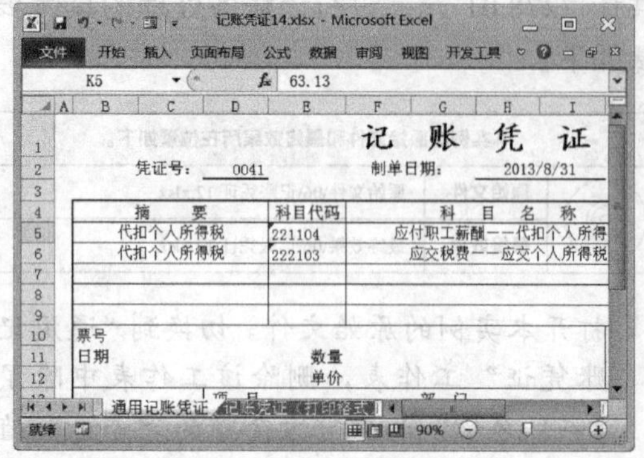

②切换到“记账凭证（打印格式）”工作表，此时该工作表中会自动显示“通用记账凭证”工作表中输入的记账信息。

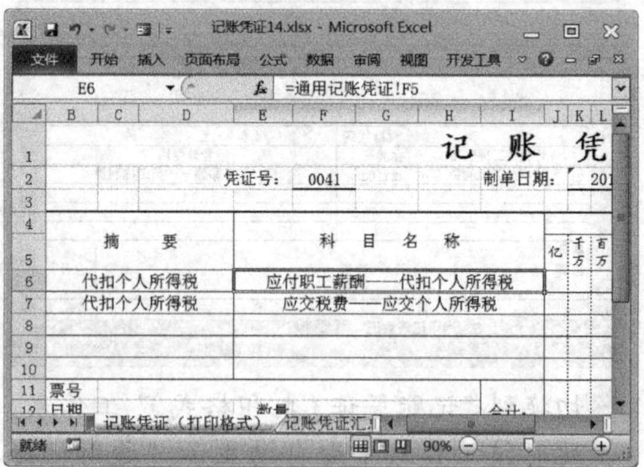

③切换到“记账凭证汇总表”工作表，将审核无误的记账凭证登记到“记账凭证汇总表”。

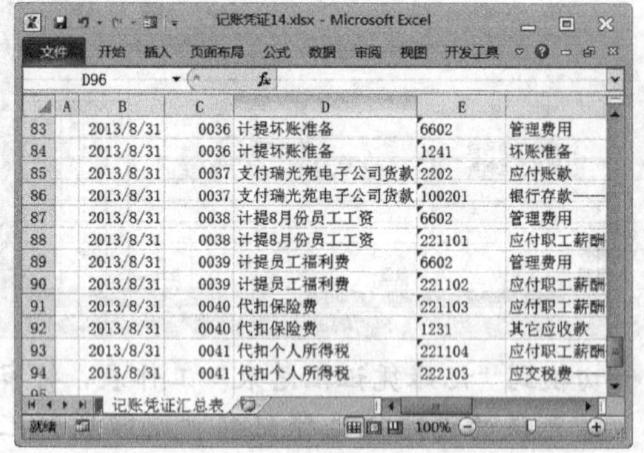

5. 缴纳个人所得税

企业代员工缴纳个人所得税共计 63.13 元，进行该账务处理的具体步骤如下。

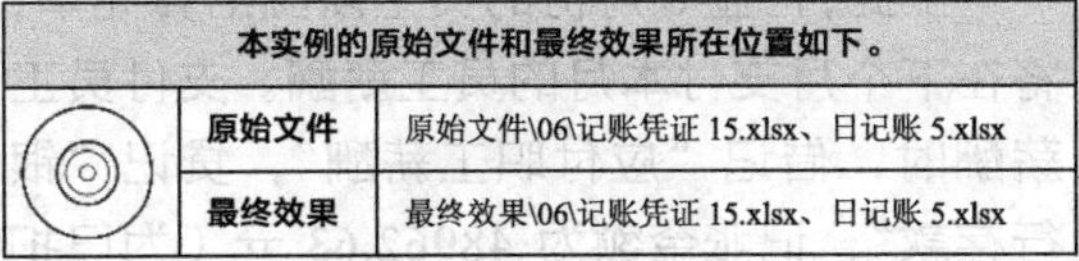

本实例的原始文件和最终效果所在位置如下。	
原始文件	原始文件\06\记账凭证 15.xlsx、日记账 5.xlsx
最终效果	最终效果\06\记账凭证 15.xlsx、日记账 5.xlsx

❶打开本实例的原始文件，使“记账凭证15.xlsx”工作簿处于激活状态，切换到“通用记账凭证”工作表，删除该工作表中除了“科目名称”和借贷方金额的“合计”值之外的数据，然后输入该业务的记账凭证。

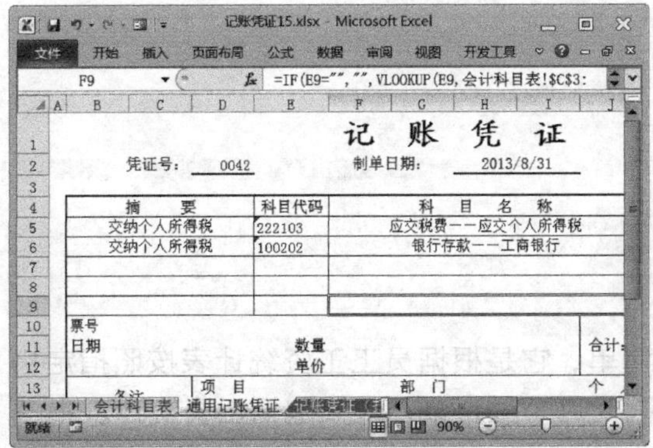

❷切换到“记账凭证（打印格式）”工作表，此时该工作表中会自动显示“通用记账凭证”工作表中输入的记账信息。

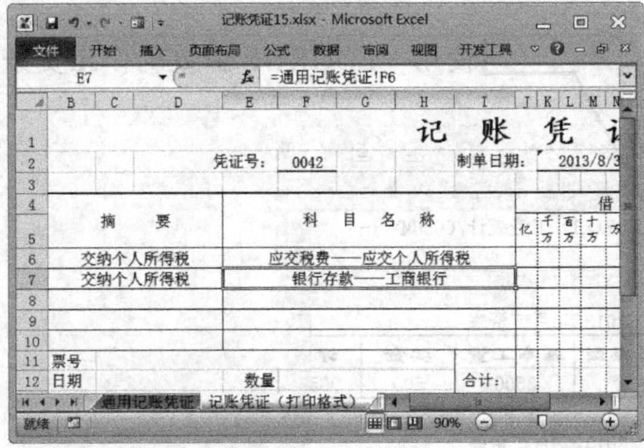

❸切换到“记账凭证汇总表”工作表，将审核无误的记账凭证登记到“记账凭证汇总表”。

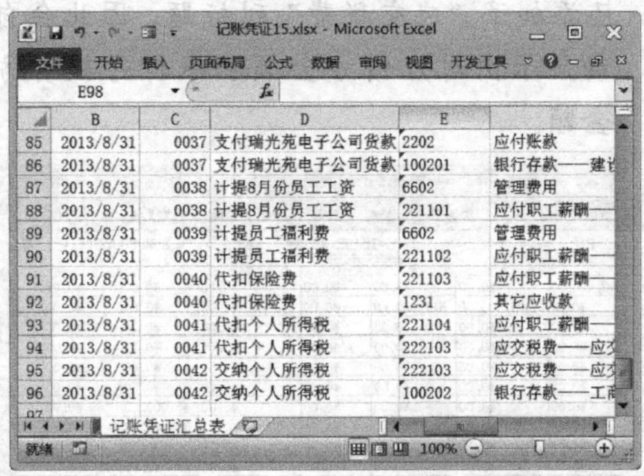

❹将“记账凭证 15.xlsx”工作簿的“记账凭证汇总表”工作表中的数据复制到“日记账 5.xlsx”工作簿的“记账凭证汇总表”工作表中。

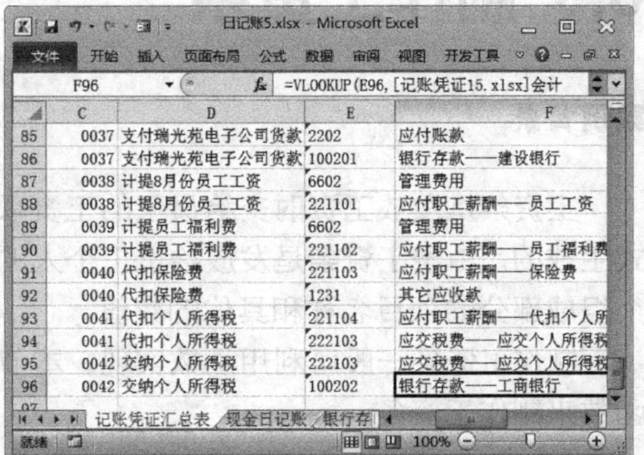

❺登记“银行存款日记账”。切换到“银行存款日记账”工作表，输入日期和凭证号，随即会自动显示出相应的“摘要”信息。

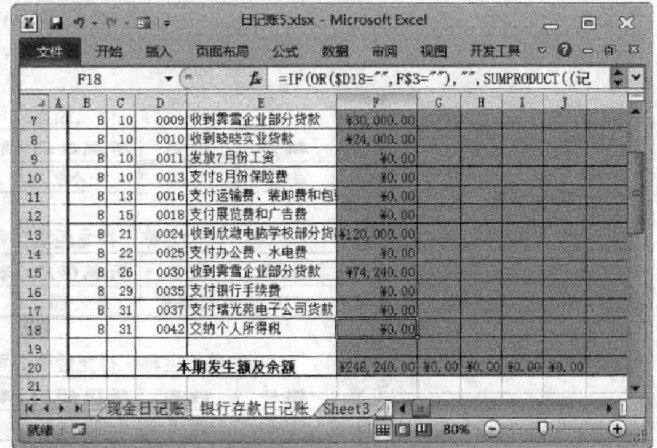

❻凭证号为“0042”的记账凭证中，“银行存款”在贷方，与之对应的借方科目为“应交税费”，由于“对应贷方科目”列

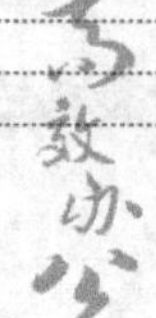

已添加了“应交税费”列标题，因此会自动显示出对应借方金额和银行存款贷方金额。

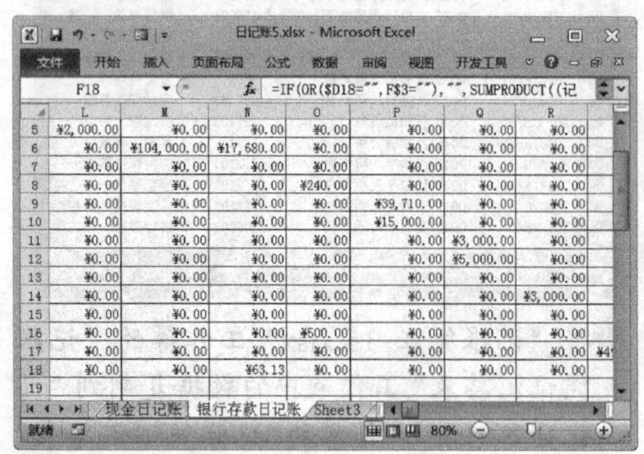

至此，企业 8 月份的员工薪酬结算完毕，将在下个月支付本月的员工薪酬。支付员工薪酬时，借记“应付职工薪酬”，贷记“银行存款”，记账金额为 48962.63 元（为已扣除保险费 2960.00 元和个人所得税 63.13 元后的员工工资，即“实发工资”）。

6.3 制作工资条

案例背景

工资条是发放工资时交给员工的工资项目清单，它是根据员工工资统计表按照指定格式生成的。由于工资条是发放给员工个人的，因此每个工资条都应该包括工资统计表中各个组成部分的项目名称和具体的数值。

制作工资条一般可利用函数实现，本节分别介绍如何利用 VLOOKUP 函数和 OFFSET 函数来制作工资条。

最终效果及关键知识点

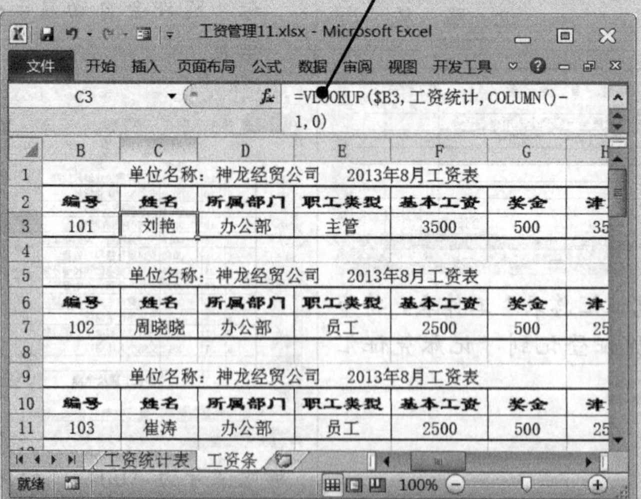

使用 OFFSET 函数制作工资条

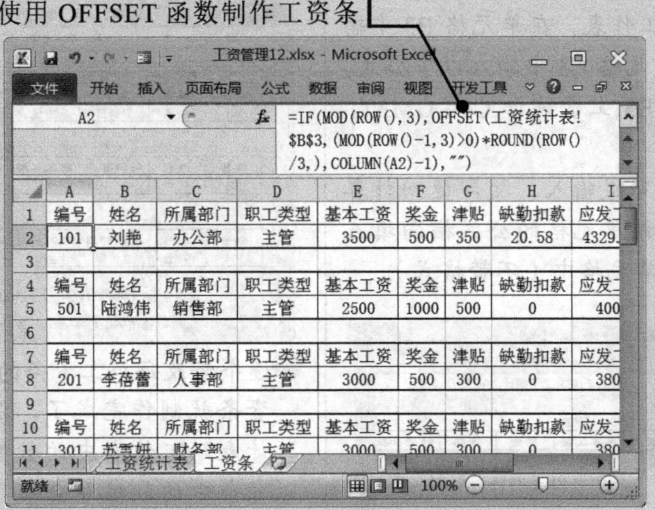

6.3.1　使用 VLOOKUP 函数制作工资条

使用 VLOOKUP 函数快速制作工资条的具体步骤如下。

	本实例的原始文件和最终效果所在位置如下。	
	原始文件	原始文件\06\工资管理 11.xlsx
	最终效果	最终效果\06\工资管理 11.xlsx

1 打开本实例的原始文件，插入一个工作表，重新命名为“工资条”，并将其移到所有工作表的最后位置，然后在该工作表中插入工资发放信息和工资条标题行，并进行格式设置。

2 切换到“工资统计表”工作表，选中单元格区域“B3:M18”，切换到【公式】选项卡，在【定义的名称】组中单击【定义名称】按钮 定义名称 。

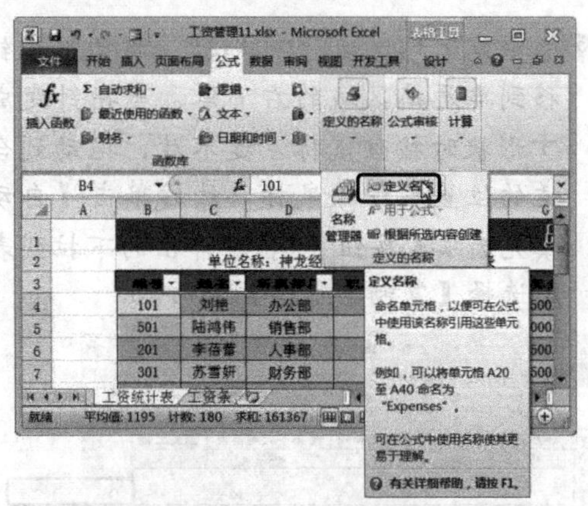

3 弹出【新建名称】对话框，在【名称】文本框中输入“工资统计”。

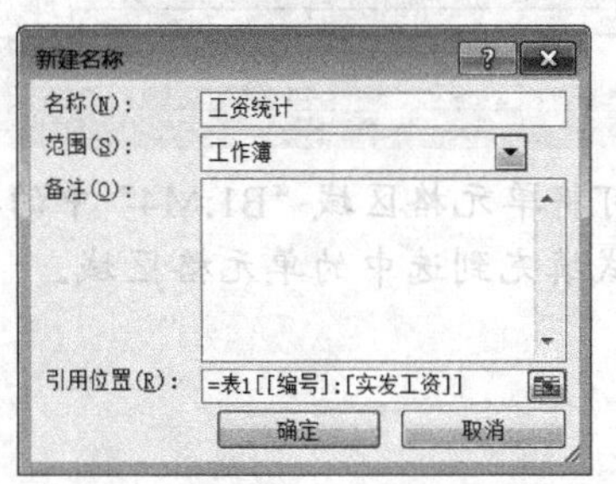

4 单击 确定 按钮，返回工作表，切换到“工资条”工作表，在单元格 B3 中输入“101”，在单元格 C3 中输入以下公式。

=VLOOKUP($B3,工资统计,COLUMN()-1,0)

按【Enter】键完成输入，随即返回计算结果，然后将该单元格的公式横向填充到该行的其他单元格中（不带格式）。

5 选中单元格区域“B1:M4”，将鼠标指针移到单元格区域的右下角，当指针变成＋形状时按住鼠标左键不放，拖动到合适的位置后释放鼠标，然后单击【自动填充选项】按钮，在弹出的下拉列表中选择【复制单元格】选项。

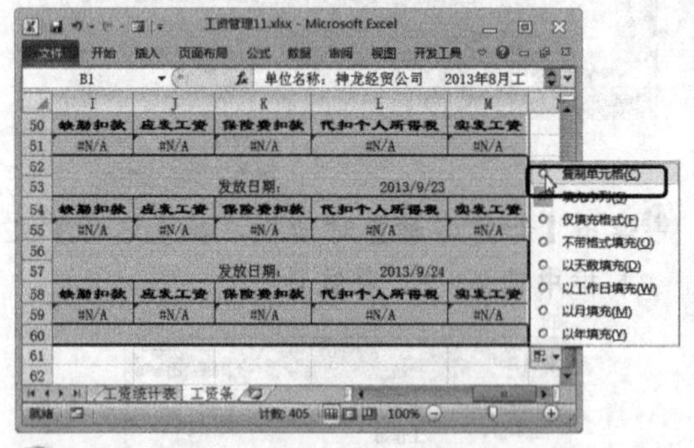

6 即可将单元格区域“B1:M4”中的公式和格式填充到选中的单元格区域。

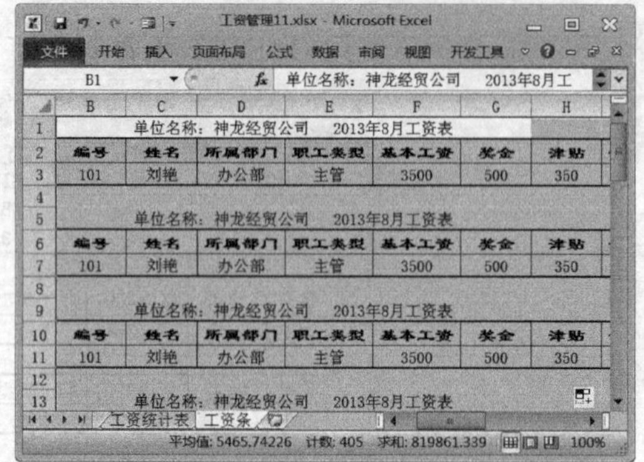

7 逐个修改每个工资条的编号，这样员工工资条就制作完成了。以后只要“工资统计表”工作表中的数据发生了变化，工资条中的数据即会随之变化，用户只需修改工资条的结算时间和发放时间即可。

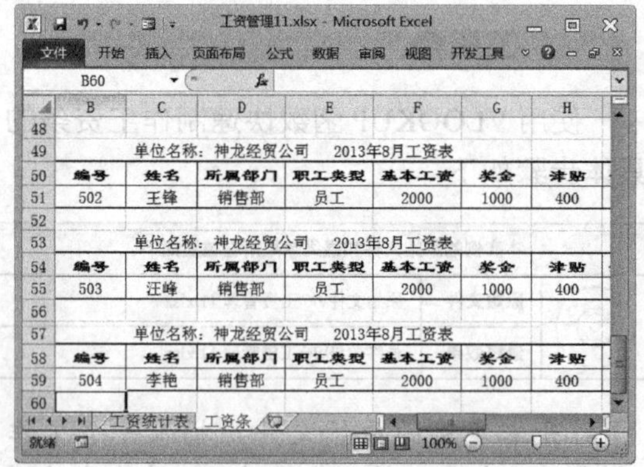

6.3.2 使用 OFFSET 函数制作工资条

除了使用 VLOOKUP 函数快速制作工资条之外，还可以使用 OFFSET 函数制作工资条。

1. 相关函数介绍

在使用 OFFSET 函数制作工资条时，公式中会涉及 OFFSET 函数和 MOD 函数的应用，下面简单介绍这两个函数的语法和功能。

OFFSET函数的语法和功能

函数语法：OFFSET(reference,rows,cols, height, width)

函数中各参数的含义如下。

reference：作为偏移量参照系的引用区域。reference必须为对单元格或相连单元格区域的引用，否则函数OFFSET返回错误值#VALUE!。

rows：相对于偏移量参照系的左上角单元格，上（下）偏移的行数。如果使用5作为rows参数，则说明目标引用区域的左上角单元格比reference低5行。行数可为正数（代表在起始引用的下方）或负数（代表在起始引用的上方）。

cols：相对于偏移量参照系的左上角单元格，左（右）偏移的列数。如果使用5作为cols参数，则说明目标引用区域的左上角的单元格比reference靠右5列。列数可为正数（代表在起始引用的右边）或负数（代表在起始引用的左边）。

height：高度，即所要返回的引用区域的行数。height必须为正数。

width：宽度，即所要返回的引用区域的列数。width必须为正数。

函数功能：以指定的引用为参照系，通过给定偏移量得到新的引用。返回的引用可以为一个单元格或单元格区域，并且可以指定返回的行数或列数。

注意事项：

①如果行数和列数偏移量超出了工作表边缘，函数OFFSET则返回错误值#REF!；

②如果省略height或width，则假设其高度或宽度与reference相同；

③函数OFFSET实际上并不移动任何单元格或更改选定区域，它只是返回一个引用。函数OFFSET可用于任何需要将引用作为参数的函数。例如，公式SUM(OFFSET(C2,1,2,3,1))将计算比单元格C2靠下1行并靠右2列的3行1列的区域的总值。

MOD函数的语法和功能

函数语法：MOD(number,divisor)

函数中各参数的含义如下。

number：被除数。

divisor：除数。

函数功能：返回两数相除的余数。结果的正负号与除数相同。

注意事项：

①如果divisor为零，函数MOD则返回错误值#DIV/0!；

②函数MOD可以借用函数INT来表示，即MOD(n,d)=n-d*INT(n/d)

2. 制作工资条

使用OFFSET函数快速制作工资条的具体步骤如下。

本实例的原始文件和最终效果所在位置如下。		
	原始文件	原始文件\06\工资管理12.xlsx
	最终效果	最终效果\06\工资管理12.xlsx

1 打开本实例的原始文件，插入一个工作表，将其重命名为“工资条”，并将其移到工作簿中所有工作表的最后位置。

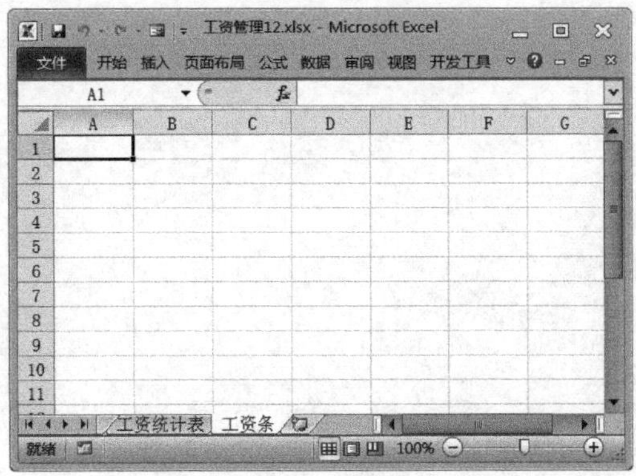

❷在单元格 A1 中输入以下公式。

=IF(MOD(ROW(),3),OFFSET(工资统计表!$B$3,(MOD(ROW()-1,3)>0)*ROUND(ROW()/3,),COLUMN(A1)-1),"")

按【Enter】键完成输入，随即返回计算结果，然后将单元格内容设置为居中对齐。

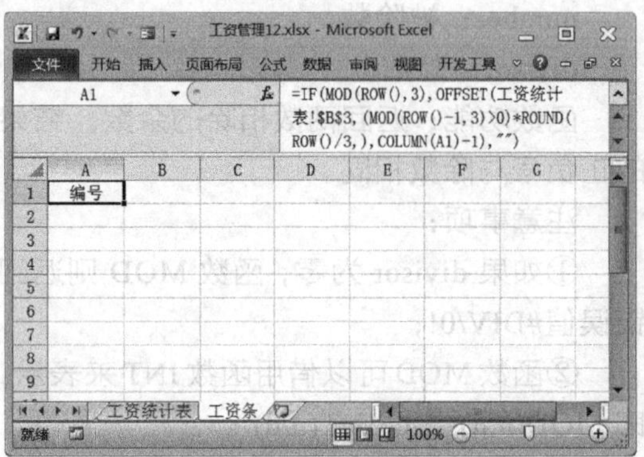

❸将单元格 A1 中的公式和格式向右填充到单元格 L1 中，然后选中单元格区域“A1:L1”，将该单元格区域中的公式和格式向下填充到单元格区域“A2:L3”中。

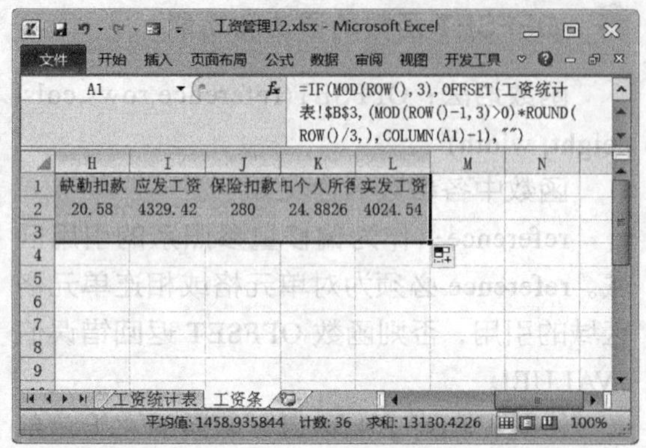

❹对单元格区域“A1:L2”进行格式设置，并适当地调整列宽，然后将单元格区域“A1:L3”中的公式和格式向下填充到合适位置，即可完成工资条的制作。

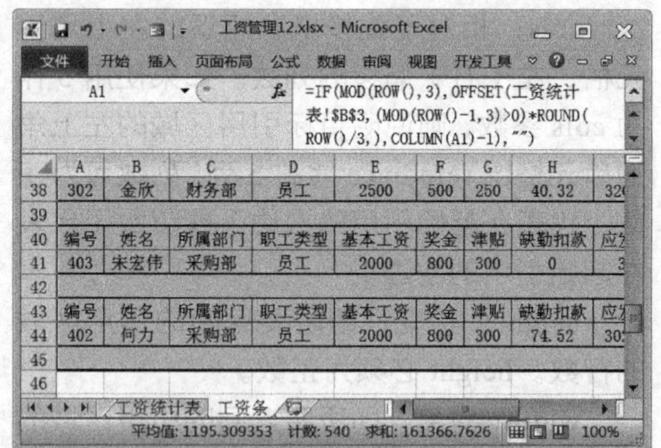

第7章
固定资产管理

固定资产是企业所持有的、使用年限较长、单位价值较高，并且在使用的过程中保持其原有实物形态的资产，它是企业进行生产经营活动的物质基础。

固定资产在企业的资产总额中占有相当大的比重，日常的核算、管理非常繁琐。而且固定资产针对其在使用过程中造成的损耗需要计提折旧费用，折旧的核算工作量也很大。所以，正确地核算和计算固定资产对企业的生产经营具有重大的意义。

要 点 导 航

- 固定资产的盘点
- 固定资产的查询
- 固定资产的折旧处理
- 折旧费用的分析

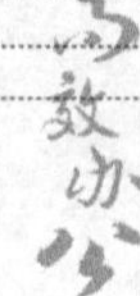

7.1 固定资产的盘点

案例背景

每个企业都拥有一定的固定资产，其数量和项目各不相同。但是固定资产作为企业长期使用的财产，是生产能力的重要标志。因此企业需要定期对固定资产进行盘点，以便于有效地管理固定资产。

最终效果及关键知识点

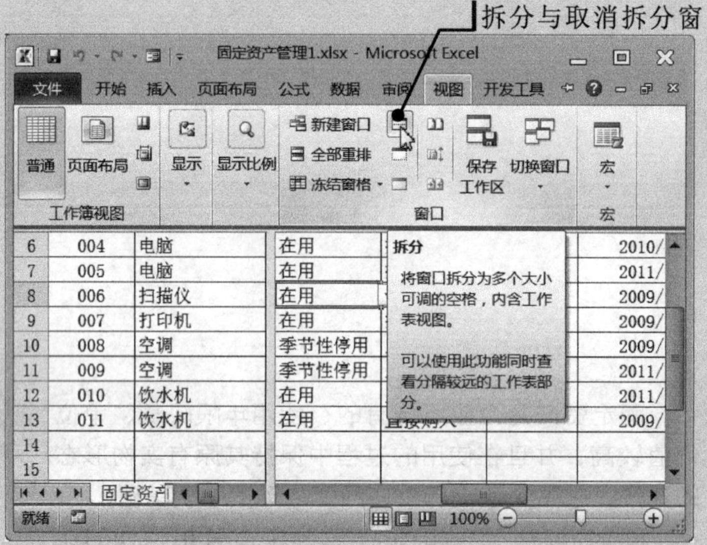

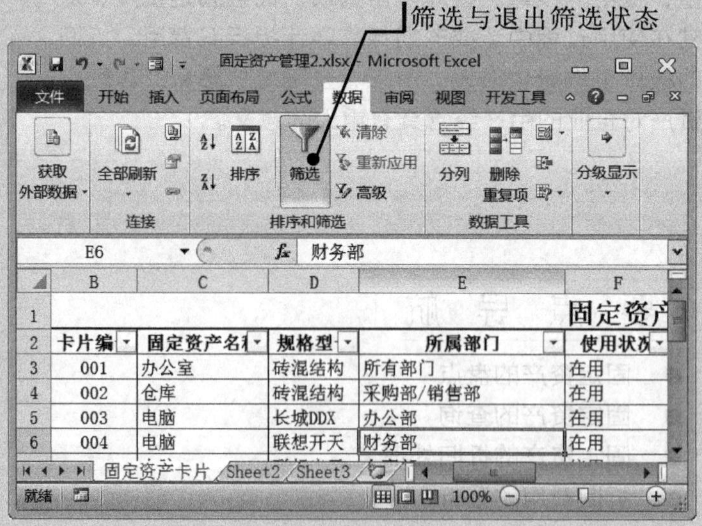

7.1.1 编制固定资产卡片

“固定资产卡片”是固定资产管理中的基础数据，它是按照固定资产的项目开设的，用以进行固定资产明细核算。

不同性质的企业，制作“固定资产卡片”的方法也不一样，本节介绍制作“固定资产卡片”的一般方法，将所有的固定资产集中于一张工作表内。具体的操作步骤如下。

本实例的原始文件和最终效果所在位置如下。	
原始文件	无
最终效果	最终效果\07\固定资产管理 1.xlsx

1. 启动 Excel 2010 程序，新建一个“固定资产管理 1”工作簿。将工作表 Sheet1 重命名为“固定资产卡片”，然后输入相关的数据信息，并进行格式设置。

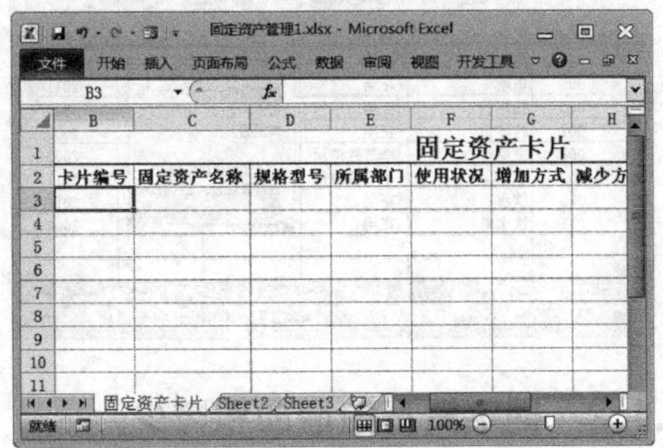

2. 在表格的适当位置输入卡片编号、固定资产名称、规格型号及其所属部门等信息，并适当地调整列宽。

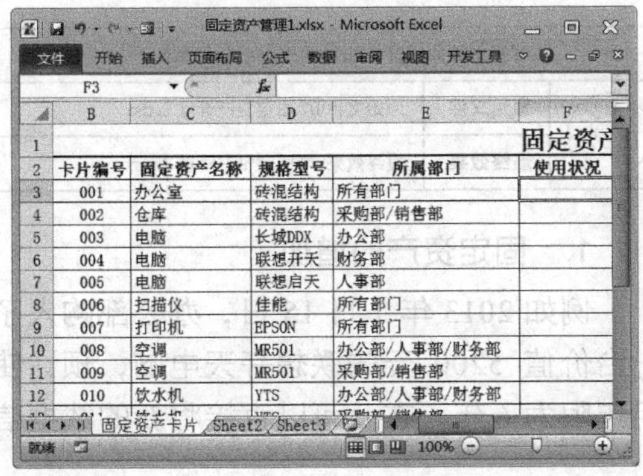

3. 对“使用状况”列设置数据有效性。选中单元格区域“F3:F20”，切换到【数据】选项卡，在【数据工具】组中，单击【数据有效性】按钮。

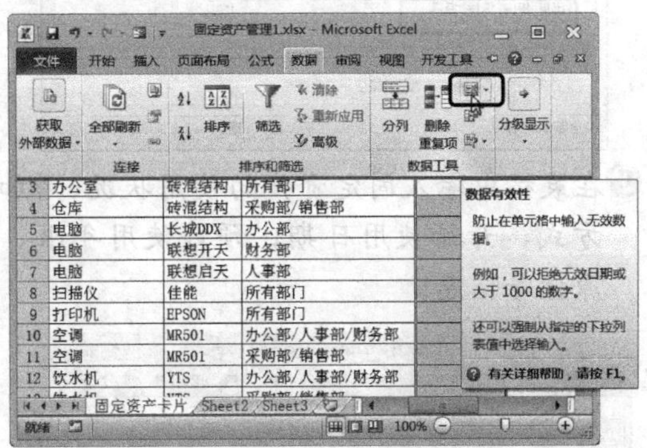

4. 弹出【数据有效性】对话框，切换到【设置】选项卡，在【有效性条件】组合框中的【允许】下拉列表中选择【序列】选项，然后在【来源】文本框中输入“在用,季节性停用,停用”，设置完毕单击 确定 按钮。

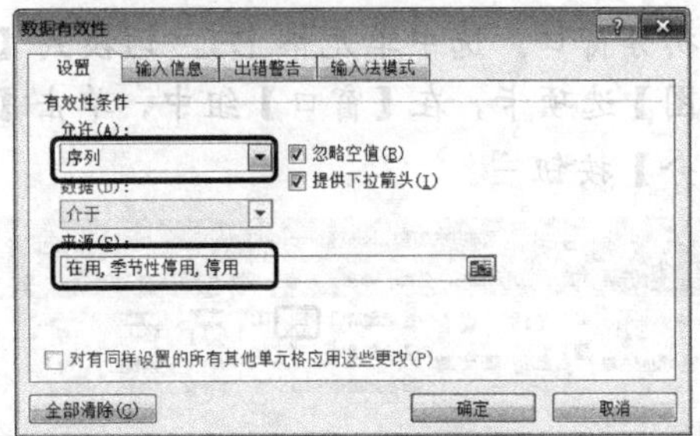

5. 按照相同的方法对“增加方式”列和“减少方式”列设置数据有效性，其数据来源分别为“直接购入,在建工程转入,捐赠,投资者投入,调拨”和“出售,报废,调拨,投资”，设置完毕单击 确定 按钮。

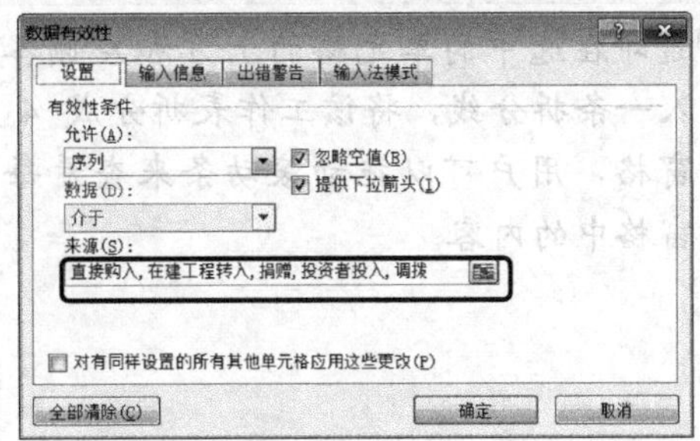

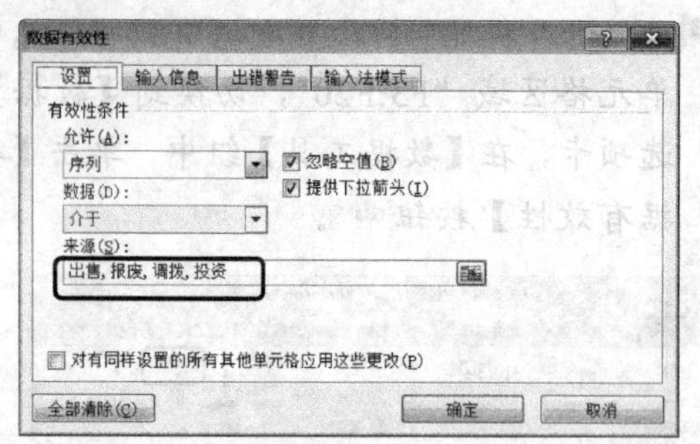

❻在表格中输入固定资产的使用状况、增加方式、开始使用日期、预计使用年限、原值等信息。

	F	G	H	I	J	
1	固定资产卡片					
2	使用状况	增加方式	减少方式	开始使用日期	预计使用年限	原
3	在用	直接购入		2009/4/15	15	¥ 20,
4	在用	直接购入		2009/4/15	10	¥ 50,
5	在用	投资者投入		2009/7/17	6	¥ 5,
6	在用	投资者投入		2010/4/25	6	¥ 5,
7	在用	投资者投入		2011/5/10	6	¥ 4,
8	在用	投资者投入		2009/5/10	6	¥ 2,
9	在用	投资者投入		2009/7/22	6	¥ 2,
10	季节性停用	直接购入		2009/7/26	5	¥ 5,
11	季节性停用	直接购入		2011/3/10	5	¥ 5,
12	在用	直接购入		2011/5/10	5	¥

❼拆分窗口。选中单元格 D3，切换到【视图】选项卡，在【窗口】组中，单击【拆分】按钮。

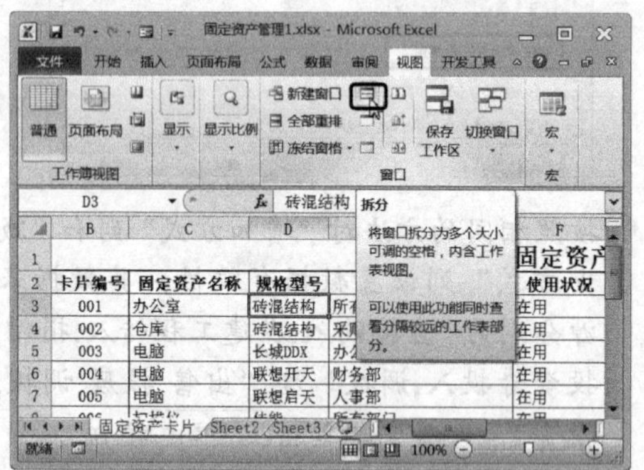

❽随即在选中的单元格的上方和左侧各插入一条拆分线，将该工作表拆分成 4 个窗格，用户可以拖动滚动条来查看每个窗格中的内容。

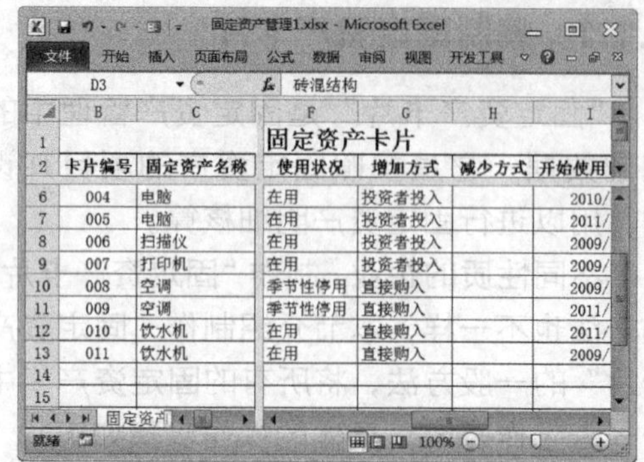

❾取消拆分窗口。切换到【视图】选项卡，在【窗口】组中，单击【拆分】按钮（或者将鼠标移到横竖拆分线的交叉处，指针变成✣形状时双击拆分线），随即取消窗口的拆分。

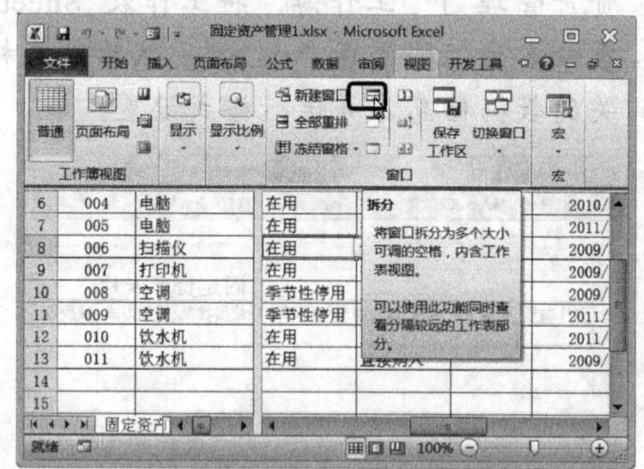

7.1.2 固定资产的增加和减少

为了加强对固定资产的管理，固定资产的增加、减少以及固定资产部门之间的调拨等都要计入固定资产的核算之中。

本实例的原始文件和最终效果所在位置如下。	
原始文件	原始文件\07\固定资产管理 2.xlsx
最终效果	最终效果\07\固定资产管理 2.xlsx

1. 固定资产的增加

例如 2013 年 7 月 15 日，办公部购入了一台价值 5200 元的联想开天电脑，预计使用年限为 6 年。在此可以直接将新的数据信息添加到工作表中，也可以使用“记录单”功能添加信息。

使用“记录单”功能添加信息的具体步骤如下。

1 打开本实例的原始文件，切换到“固定资产卡片”工作表，选中数据区域中的任意一个单元格，单击【快速访问工具栏】的【记录单】按钮。

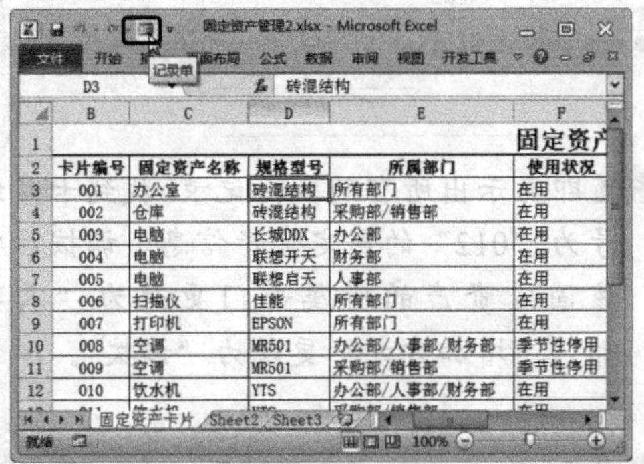

2 随即弹出【固定资产卡片】对话框，单击 新建(W) 按钮，弹出一个空白记录单，然后输入固定资产信息。

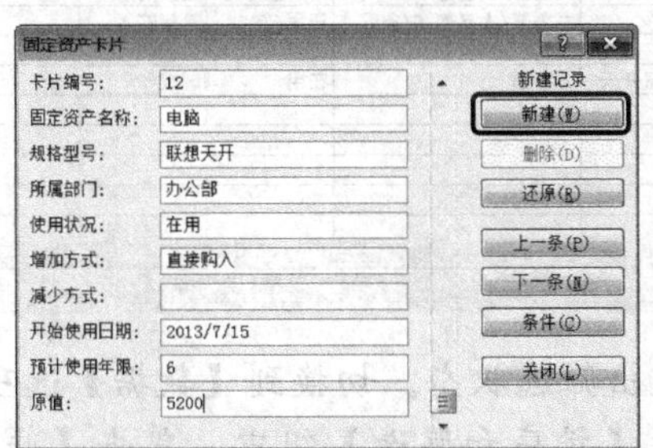

3 单击 关闭(L) 按钮返回工作表，此时工作表中就会增加一条固定资产记录。

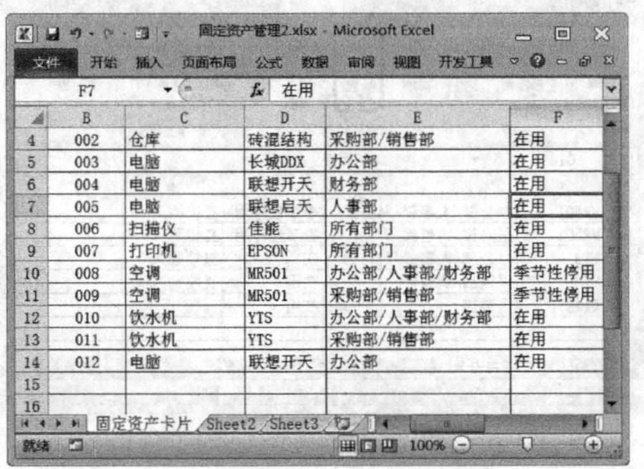

2. 固定资产的减少

企业的固定资产由于使用年限到期或者其他原因无法再使用时，需要对固定资产进行处理，并注明其减少的方式。

例如，“卡片编号”为“005”的电脑因主板烧毁而无法使用，企业将其作为二手电脑卖掉。在固定资产卡片中减少此笔资产的具体步骤如下。

1 选中数据区域中的任意一个单元格，切换到【数据】选项卡，在【排序和筛选】组中，单击【筛选】按钮。

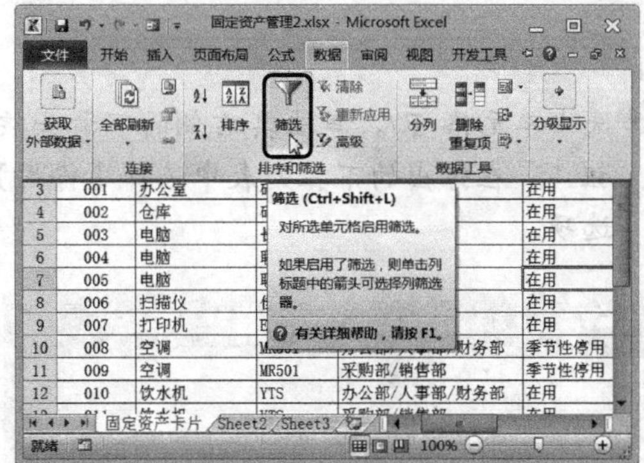

2 随即系统进入筛选状态，单击【卡片编号】字段名右侧的下箭头按钮，在弹出的下拉列表中撤选【全选】复选框，选中【005】复选框，然后单击 确定 按钮。

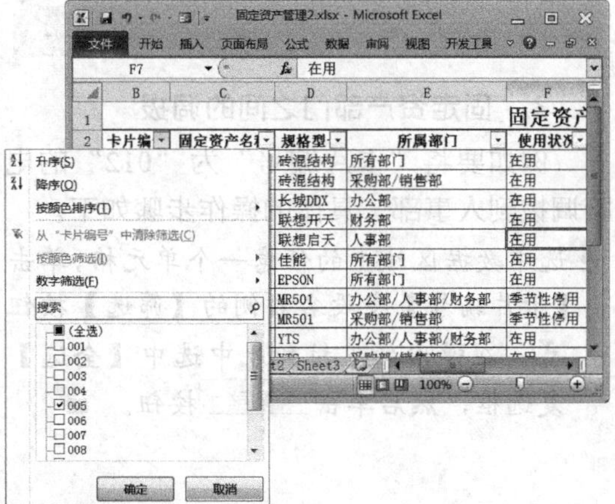

3 随即表格中只显示“卡片编号”为“005”的记录，然后选中单元格H7，单击其右侧的下箭头按钮▼，在弹出的下拉列表中选择【出售】选项。

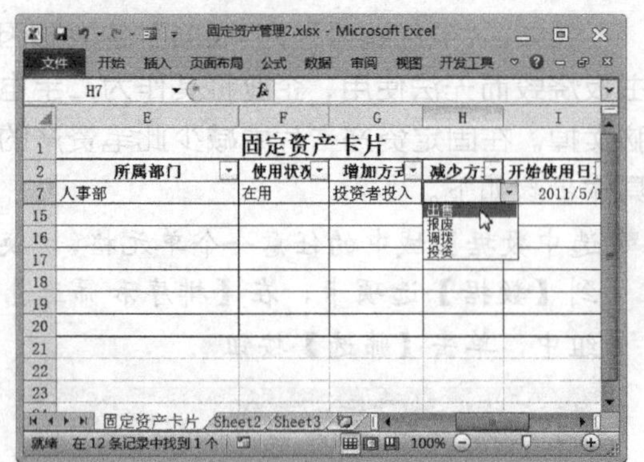

4 选中单元格F7，单击其右侧的下箭头按钮▼，在弹出的下拉列表中选择【停用】选项。

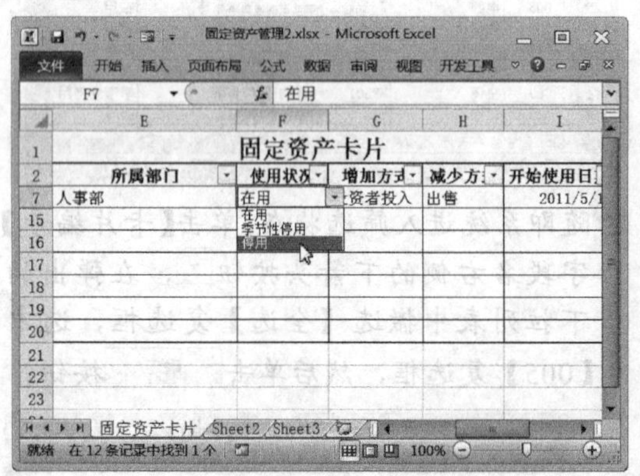

3. 固定资产部门之间的调拨

例如要将“卡片编号”为“012”的电脑调拨到人事部，具体的操作步骤如下。

1 选中数据区域中的任意一个单元格，单击【卡片编号】字段名右侧的【筛选】按钮，在弹出的下拉列表中选中【全选】复选框，然后单击 确定 按钮。

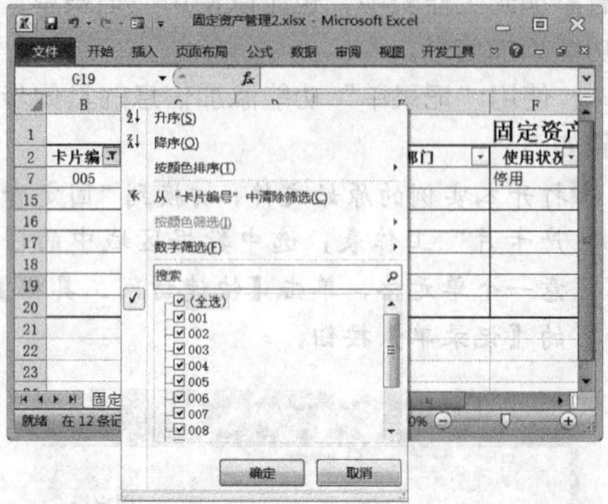

2 随即显示出所有的数据记录。找到卡片编号为“012”的固定资产信息，调拨后将该固定资产的所属部门更改为“人事部”，“增加方式”更改为“调拨”。

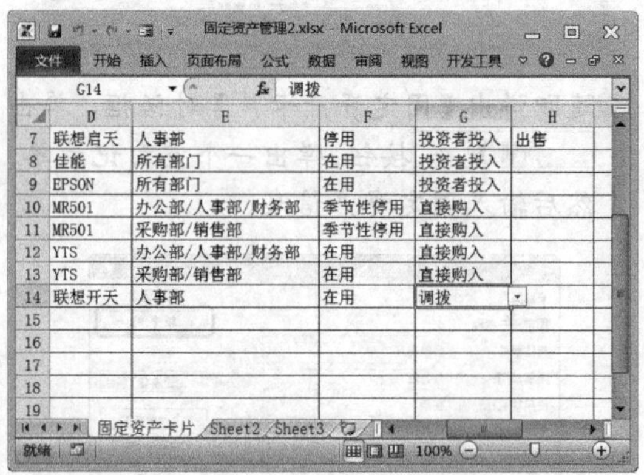

3 退出筛选状态。切换到【数据】选项卡，在【排序和筛选】组中，单击【筛选】按钮，即可退出筛选状态。

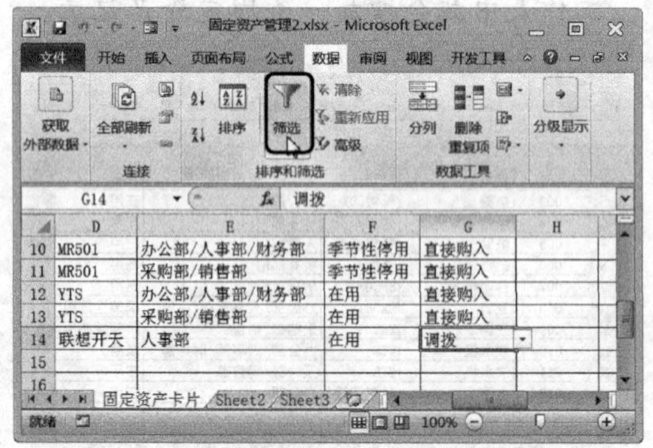

7.2 固定资产的查询

案例背景

一个企业的固定资产往往很多，固定资产的信息查询起来会比较麻烦，这时可以利用Excel 中的“筛选”功能查询。前面已经介绍过自动筛选的使用方法，本节介绍高级筛选和自定义筛选的使用方法。

最终效果及关键知识点

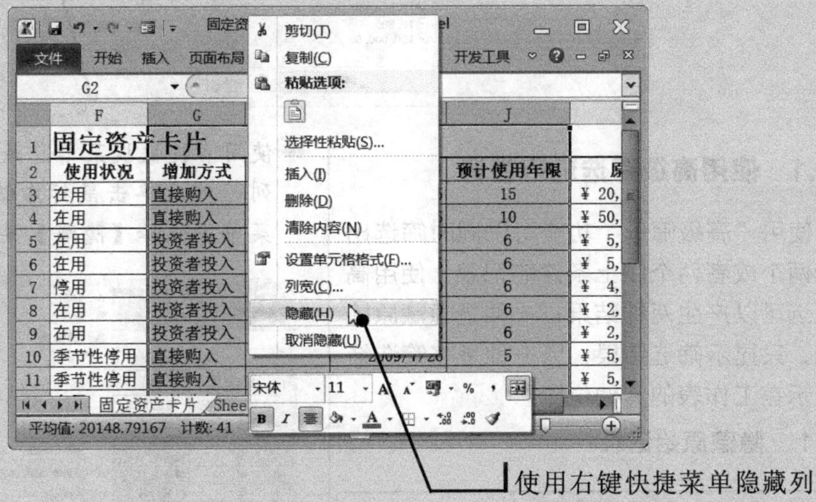

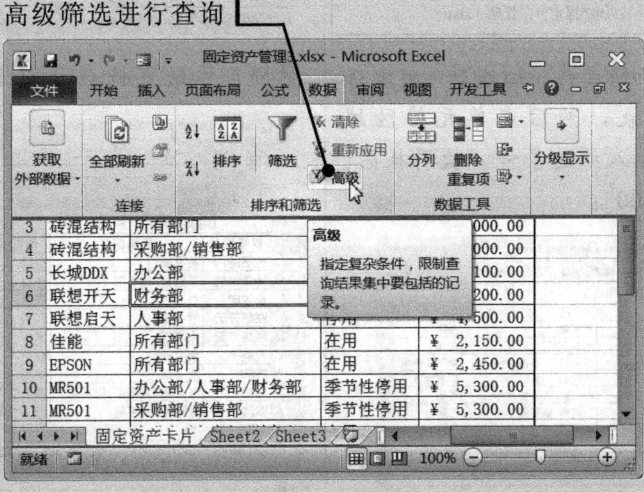

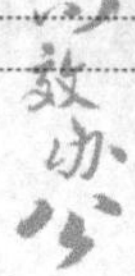

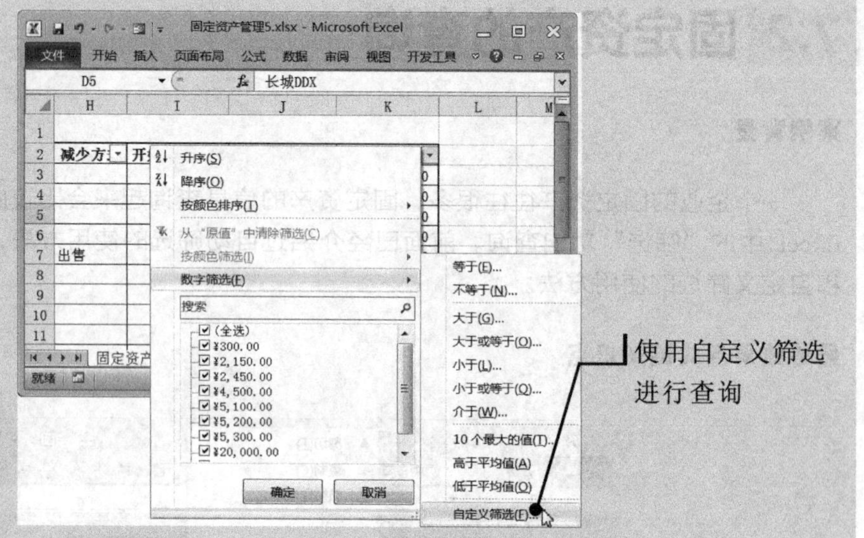

7.2.1 使用高级筛选进行查询

使用“高级筛选”功能可以同时筛选出符合两个或者两个以上条件的记录。使用高级筛选可以产生两种结果：一种是隐藏原始记录，只显示筛选结果；另一种是将筛选结果显示在工作表的其他位置。

1. 隐藏原始记录

本实例的原始文件和最终效果所在位置如下。		
	原始文件	原始文件\07\固定资产管理 3.xlsx
	最终效果	最终效果\07\固定资产管理 3.xlsx

❶ 打开本实例的原始文件，切换到“固定资产卡片”工作表，然后在单元格区域“D16:E17”中输入筛选条件“使用状况：在用，原值<5000”。

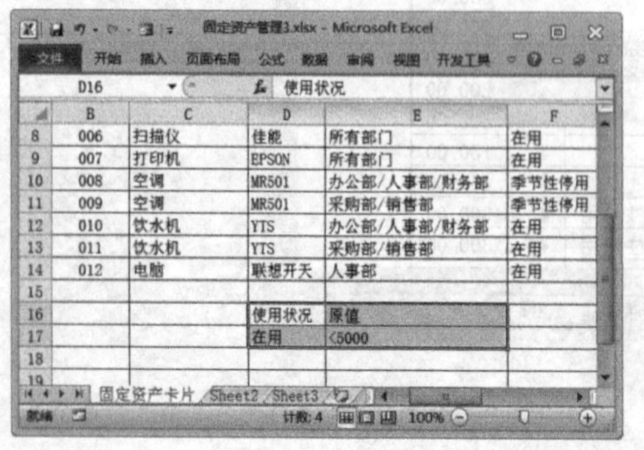

❷ 使用右键快捷菜单隐藏列。同时选中 G~J 列，然后单击鼠标右键，在弹出的快捷菜单中选择【隐藏】菜单项。

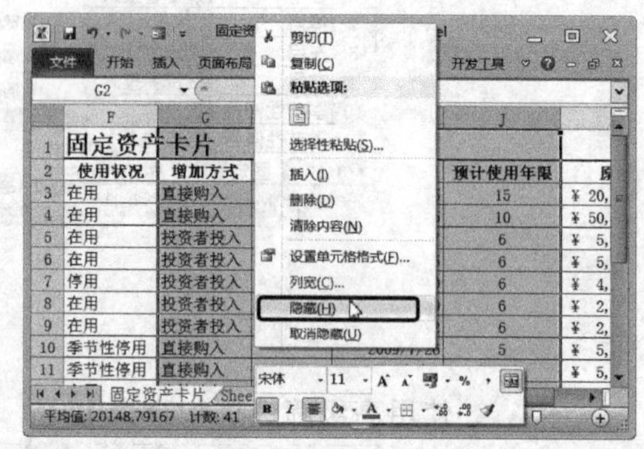

❸ 随即系统可将 G~J 列隐藏起来。

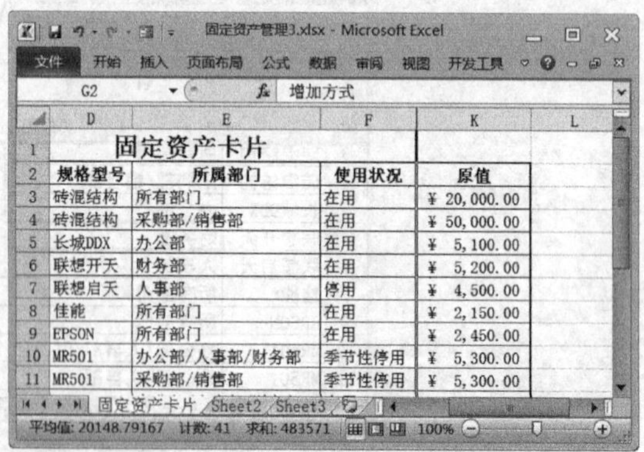

❹ 选中数据区域中的任意一个单元格，切换到【数据】选项卡，在【排序和筛选】组中，单击【高级】按钮 高级 。

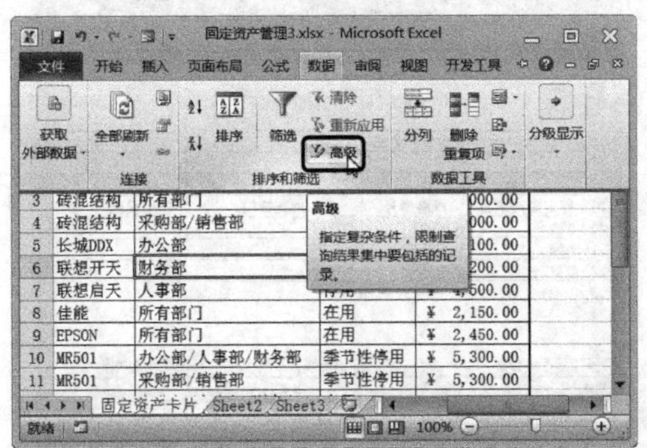

❺弹出【高级筛选】对话框，在【方式】组合框中选中【在原有区域显示筛选结果】单选钮，然后单击【列表区域】文本框后面的【折叠】按钮。

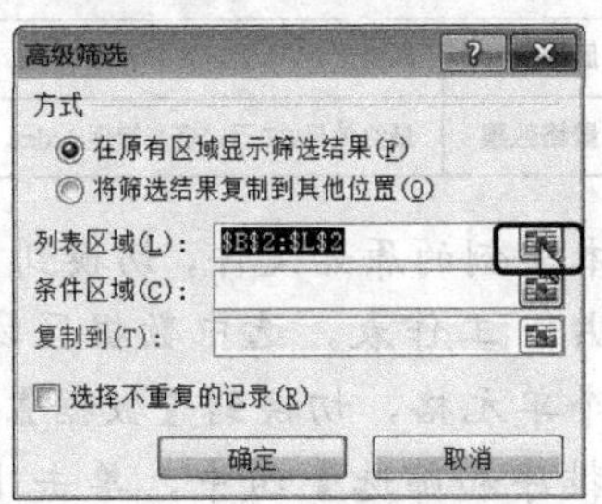

❻弹出【高级筛选-列表区域】对话框，此时，选中工作表中的单元格区域“$B$2:$K$14”。

❼单击【展开】按钮，返回【高级筛选】对话框，此时【条件区域】文本框中显示出刚才选中的单元格区域。

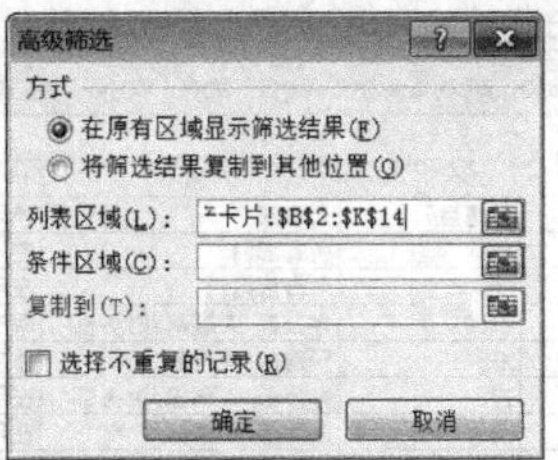

❽用户可以按照相同的方法设置【条件区域】为单元格区域“$D$16:$E$17”。

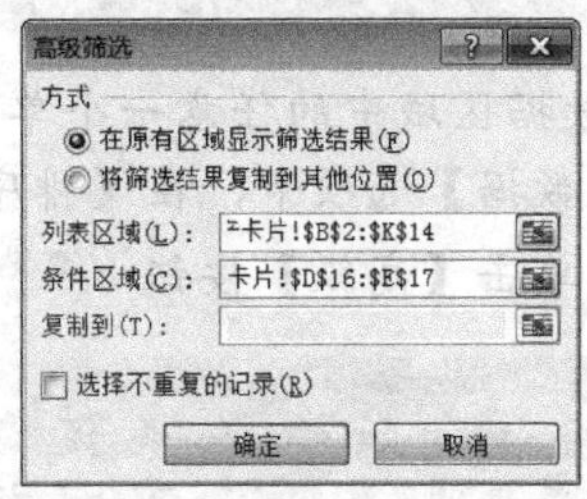

❽设置完毕，单击 确定 按钮返回工作表，此时工作表中只显示筛选结果，原始记录被隐藏起来了。

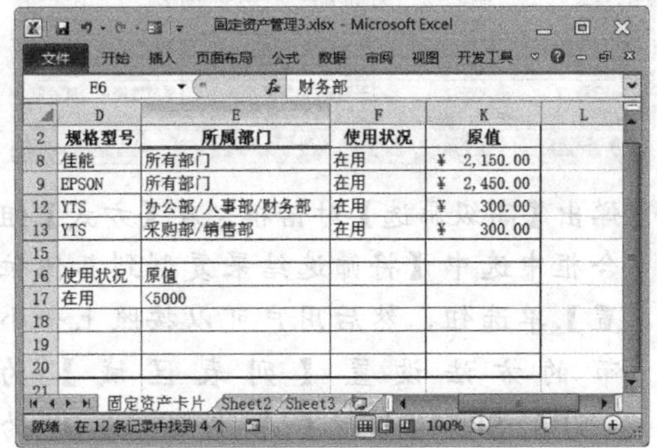

2. 显示在其他位置

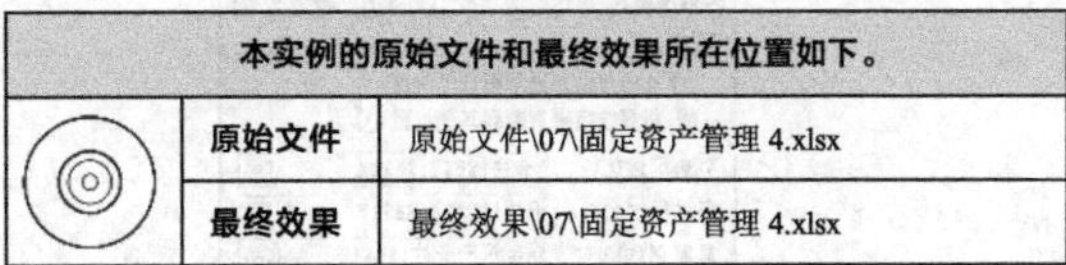

本实例的原始文件和最终效果所在位置如下。		
	原始文件	原始文件\07\固定资产管理 4.xlsx
	最终效果	最终效果\07\固定资产管理 4.xlsx

❶打开本实例的原始文件，切换到“固定资产卡片”工作表，然后在单元格区域“D16:E17”中输入筛选条件“固定资产名称:电脑，使用状况:在用”。

❷选中数据区域中的任意一个单元格，切换到【数据】选项卡，在【排序和筛选】组中，单击【高级】按钮 高级 。

❸弹出【高级筛选】对话框，在【方式】组合框中选中【将筛选结果复制到其他位置】单选钮，然后用户可以按照上一小节的方法设置【列表区域】为“$B$2:$K$14”，【条件区域】为“$D$16:$E$17”,【复制到】为单元格 B19。

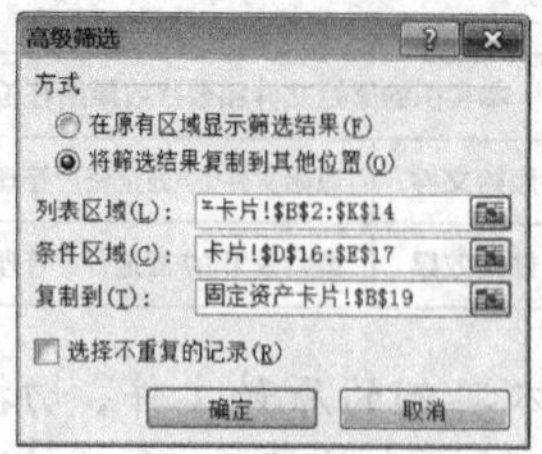

❹设置完毕，单击 确定 按钮返回工作表，此时筛选结果即显示在选中的单元格区域中。

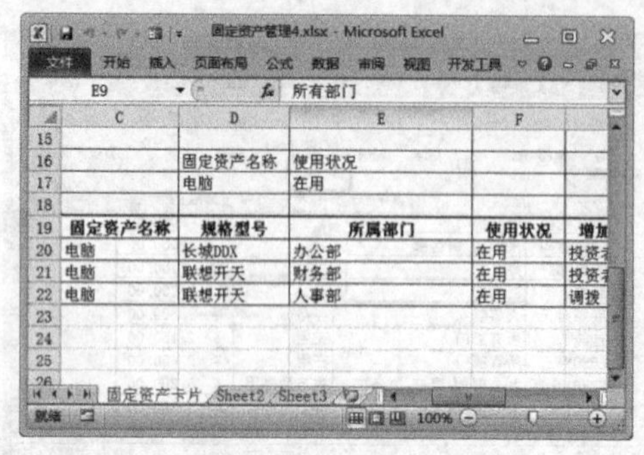

7.2.2 使用自定义筛选进行查询

自定义筛选是在自动筛选的基础上进行的，它可以根据自己的需要筛选。

本实例的原始文件和最终效果所在位置如下。		
	原始文件	原始文件\07\固定资产管理 5.xlsx
	最终效果	最终效果\07\固定资产管理 5.xlsx

❶打开本实例的原始文件，切换到“固定资产卡片”工作表，选中数据区域中的任意一个单元格，切换到【数据】选项卡，在【排序和筛选】组中，单击【筛选】按钮 。

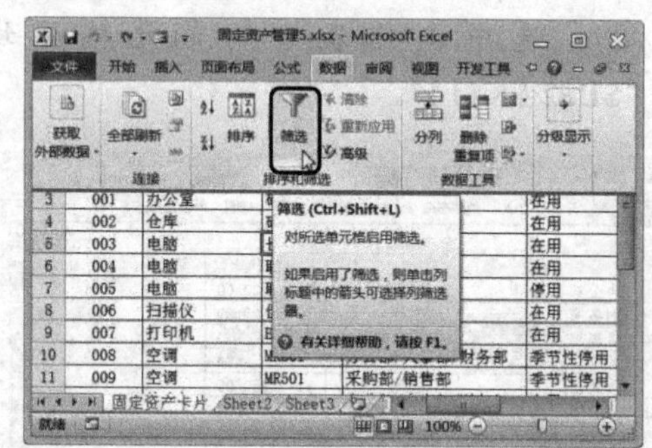

❷随即系统进入筛选状态，单击【原值】字段名右侧的下箭头按钮 ，在弹出的下拉列表中选择【数字筛选】➤【自定义筛选】。

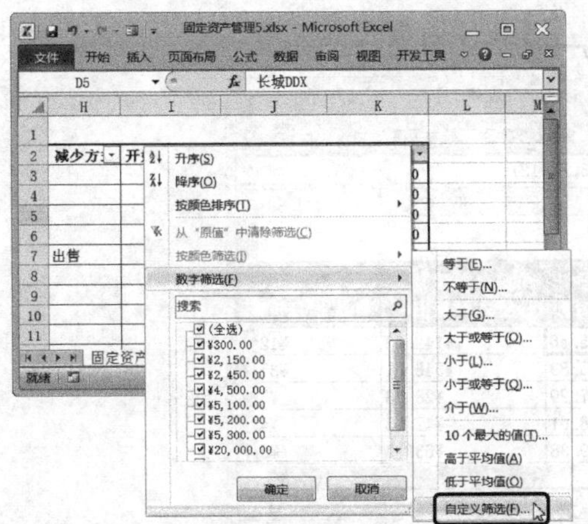

❸弹出【自定义自动筛选方式】对话框，在【原值】组合框中的第 1 个下拉列表中选择【大于】选项，在其右侧的文本框中输入“2000”，接着选中【与】单选钮，然后在其下方的下拉列表中选择【小于】选项，在其右侧的文本框中输入“5000”。

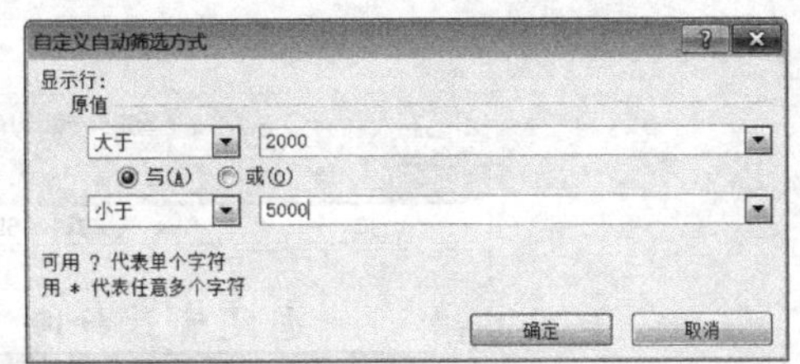

❹设置完毕，单击 确定 按钮返回工作表，此时工作表中只显示符合自定义条件的筛选结果。

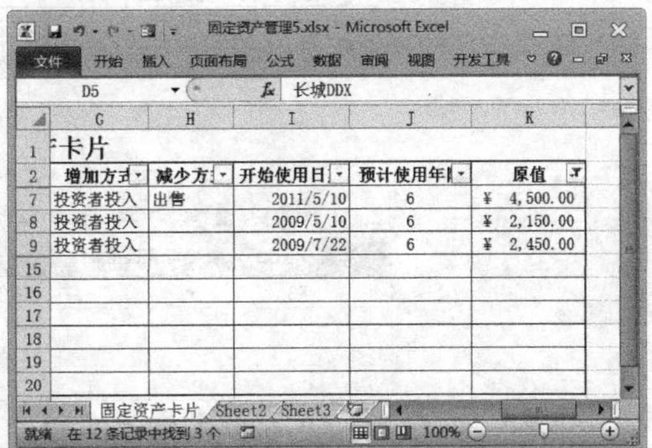

7.3 固定资产的折旧处理

案例背景

折旧是固定资产在使用过程中因逐渐耗损而转移到产品或劳务中的价值。企业的固定资产都需要计提折旧，折旧的金额大小直接影响到产品的价格和企业的利润，同时也会影响国家的税收和经济的状况。

最终效果及关键知识点

DAYS360 与 DATE 函数及其应用

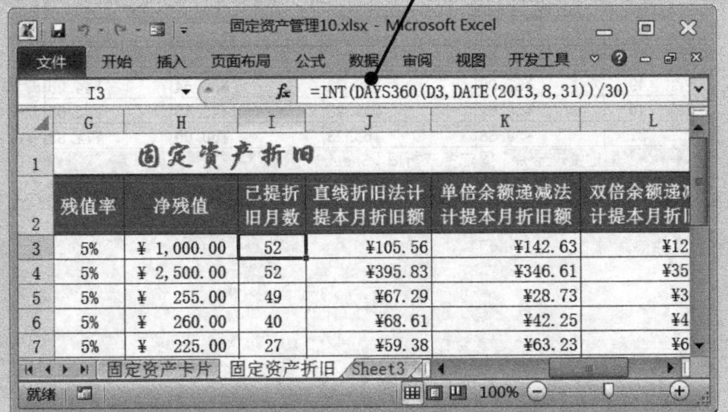

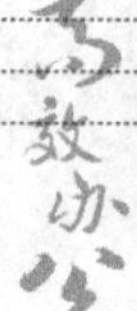

SLN函数及其应用

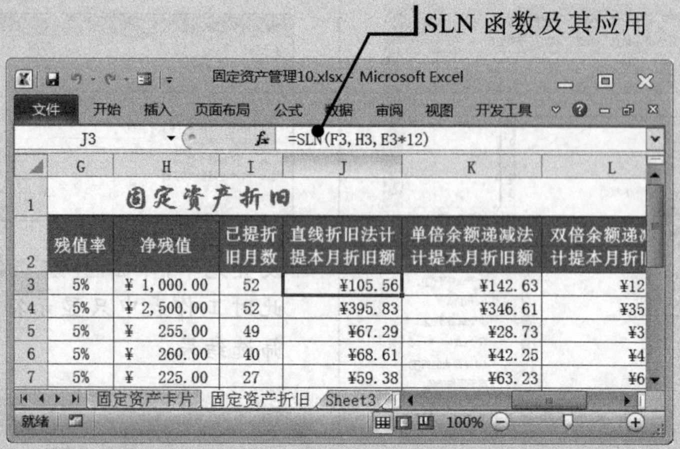

DB函数及其应用

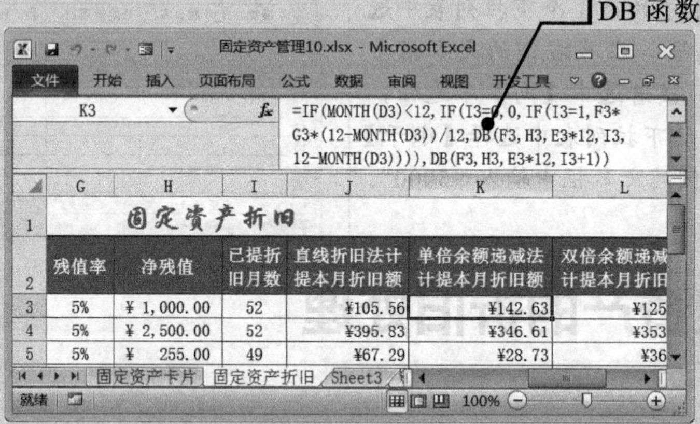

DDB函数及其应用

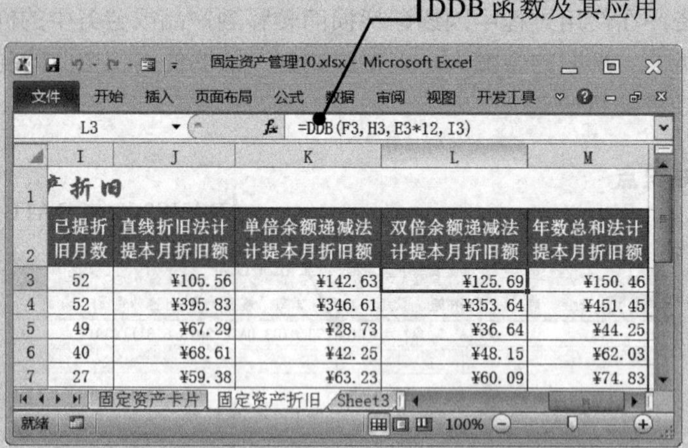

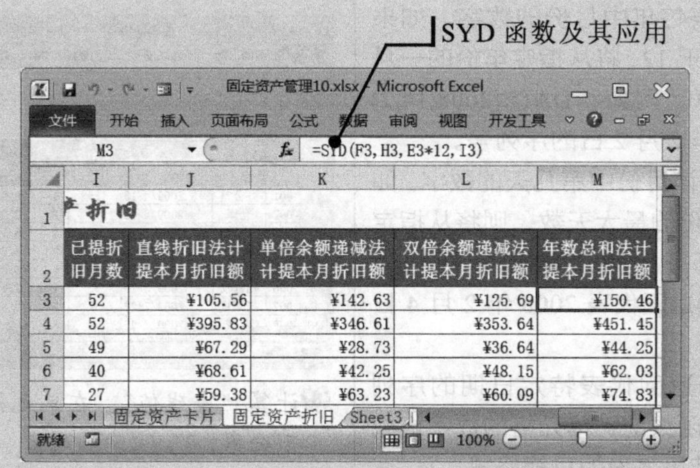

7.3.1　创建固定资产折旧表

企业应当对所有的固定资产计提折旧，一般是按月计提，当月增加的固定资产当月不计提折旧，而是从下个月开始计提折旧；当月减少的固定资产当月计提折旧，从下个月开始不再计提折旧；固定资产提足折旧后不论是否继续使用都不再计提折旧；提前报废的固定资产也不再补提折旧。

为了方便、正确地计算每一项固定资产的折旧额，首先要创建固定资产折旧表，计算每一项固定资产的预计净残值和已使用月数。

1.　相关函数介绍

在创建固定资产折旧表时，会涉及 DAYS360 函数和 DATE 函数的应用，下面介绍这两个函数的语法和功能。

DAYS360 函数的语法和功能

函数语法：DAYS360(start_date,end_date,method)

函数中各参数的含义如下。

start_date 和 end_date：用于计算期间天数的起止日期。如果 start_date 在 end_date 之后，DAYS360 将返回一个负数。此时应使用 DATE 函数来输入日期，或者将日期作为其他公式或函数的结果输入。

method：为一个逻辑值，它指定了在计算中是采用欧洲方法还是美国方法。为 FALSE 或省略表示采用美国方法(NASD)，即如果起始日期是一个月的 31 号，则等于同月的 30 号；如果终止日期是一个月的 31 号，并且起始日期早于 30 号，则终止日期等于下一个月的 1 号，否则终止日期等于本月的 30 号。为 TRUE 表示采用欧洲方法，即起始日期和终止日期为一个月的 31 号，都等于本月的 30 号。

函数功能：照一年 360 天的算法（每个月以 30 天计，一年共计 12 个月），返回两日期间相差的天数，这在一些会计计算中会用到。

DATE 函数的语法和功能

函数语法：DATE(year,month,day)

函数中各参数的含义如下。

year：可以为 1 到 4 位数字。Microsoft Excel 将根据所使用的日期系统来解释 year 参数。默认情况下，Microsoft Excel for Windows 将使用 1900 日期系统，而 Microsoft Excel for Macintosh 将使用 1904 日期系统。

month：代表每年中月份的数字。如果所输入的月份大于 12，将从指定年份的一月份开始往上加算。例如，DATE(2008,14,2)返回代表 2009 年 2 月 2 日的序列号。

day：代表在该月份中第几天的数字。如果 day 大于该月份的最大天数，则将从指定月份的第 1 天开始往上累加。例如，DATE(2008,1,35)返回代表 2008 年 2 月 4 日的序列号。

函数功能：返回代表特定日期的序列号。如果在输入函数前，单元格的数字格式为【常规】，则结果将设为日期格式。

2. 创建固定资产折旧表

创建固定资产折旧表的具体步骤如下。

本实例的原始文件和最终效果所在位置如下。	
原始文件	原始文件\07\固定资产管理 6.xlsx
最终效果	最终效果\07\固定资产管理 6.xlsx

1 打开本实例的原始文件，将工作表 Sheet2 重命名为“固定资产折旧”，从中输入表格标题和相应的列标题，并进行格式设置。

卡片编号	固定资产名称	开始使用日期	预计使用年限	原值	残值率	净残值

2 在表格的适当位置输入卡片编号、固定资产名称、开始使用日期、预计使用年限、原值和残值率等信息。

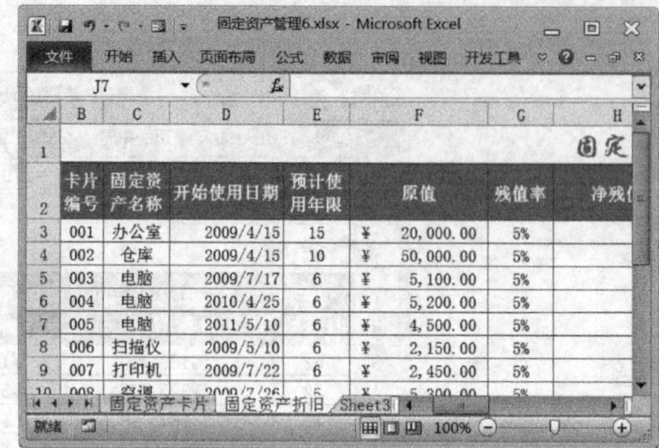

卡片编号	固定资产名称	开始使用日期	预计使用年限	原值	残值率	净残值
001	办公室	2009/4/15	15	¥ 20,000.00	5%	
002	仓库	2009/4/15	10	¥ 50,000.00	5%	
003	电脑	2009/7/17	6	¥ 5,100.00	5%	
004	电脑	2010/4/25	6	¥ 5,200.00	5%	
005	电脑	2011/5/10	6	¥ 4,500.00	5%	
006	扫描仪	2009/5/10	6	¥ 2,150.00	5%	
007	打印机	2009/7/22	6	¥ 2,450.00	5%	

3 计算“净残值”。在单元格 H3 中输入以下公式。

```
=F3*G3
```

按【Enter】键完成输入，随即返回计算结果，然后将该单元格中的公式填充到该列的其他单元格中（不带格式）。

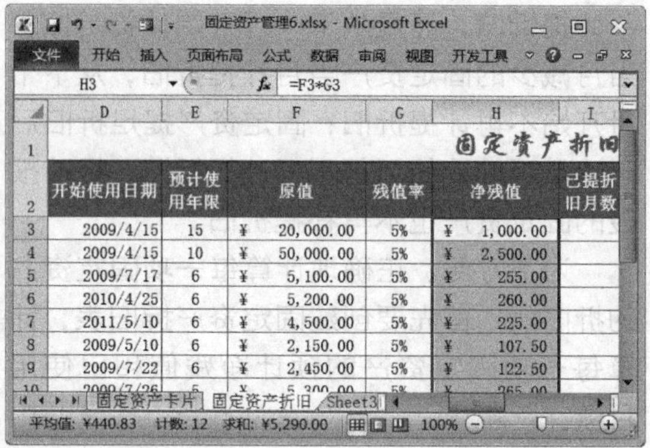

开始使用日期	预计使用年限	原值	残值率	净残值	已提折旧月数
2009/4/15	15	¥ 20,000.00	5%	¥ 1,000.00	
2009/4/15	10	¥ 50,000.00	5%	¥ 2,500.00	
2009/7/17	6	¥ 5,100.00	5%	¥ 255.00	
2010/4/25	6	¥ 5,200.00	5%	¥ 260.00	
2011/5/10	6	¥ 4,500.00	5%	¥ 225.00	
2009/5/10	6	¥ 2,150.00	5%	¥ 107.50	
2009/7/22	6	¥ 2,450.00	5%	¥ 122.50	

4 计算“已提折旧月数”。在单元格 I3 中输入以下公式。

```
=INT(DAYS360(D3,DATE(2013,8,31))/30)
```

按【Enter】键完成输入，随即返回计算结果，然后将该单元格中的公式填充到该列的其他单元格中（不带格式）。

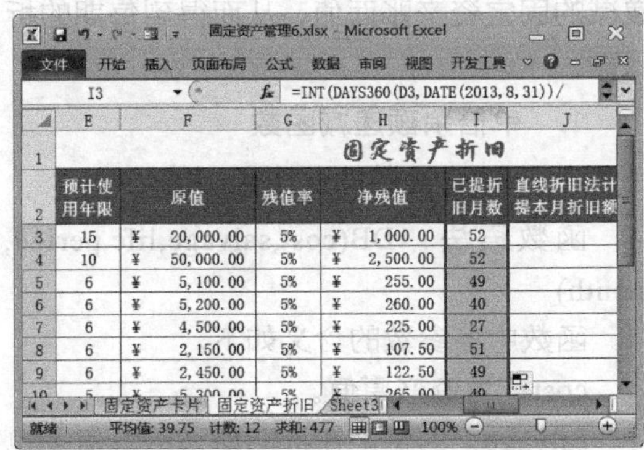

7.3.2　使用直线折旧法计提折旧

直线折旧法又称为平均年限法，是将固定资产的应计折旧额按预计使用年限均衡地分摊到各期的方法，是计提固定资产折旧的常用方法之一。

1.　直线折旧法

直线折旧法是根据固定资产原值、预计净残值以及预计清理费用，然后按照预计使用年限平均计算折旧的一种方法。

用直线折旧法计算的每个月份和年份的折旧额都是相等的。

月折旧额的计算公式为：

年折旧率 =（1－预计净残值率）/ 预计使用年限 × 100%

月折旧率 = 年折旧率 / 12

月折旧额 = 固定资产原值 × 月折旧率

2.　直线折旧函数——SLN 函数的语法和功能

函数语法：SLN(cost,salvage,life)

函数中各参数的含义如下。

cost：资产原值。

salvage：资产在折旧期末的价值（也称为资产残值）。

life：折旧期限（有时也称做资产的使用寿命）。

函数功能：返回某项资产在一个期间中的线性折旧值。

3.　使用 SLN 函数计提折旧额

使用 SLN 函数计提固定资产折旧额的具体步骤如下。

本实例的原始文件和最终效果所在位置如下。		
	原始文件	原始文件\07\固定资产管理 7.xlsx
	最终效果	最终效果\07\固定资产管理 7.xlsx

❶ 打开本实例的原始文件，切换到“固定资产折旧”工作表，在单元格 J3 中输入“=”，此时名称框中显示出最近使用过的函数，然后单击名称框右侧的下箭头按钮 ▾，在弹出的下拉列表中选择【其他函数...】选项。

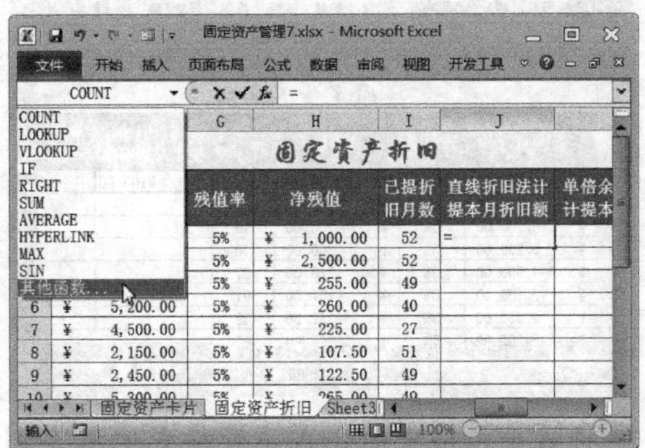

❷ 随即弹出【插入函数】对话框，在【或选择类别】下拉列表中选择【财务】选项，然后在【选择函数】列表框中选择【SLN】选项。

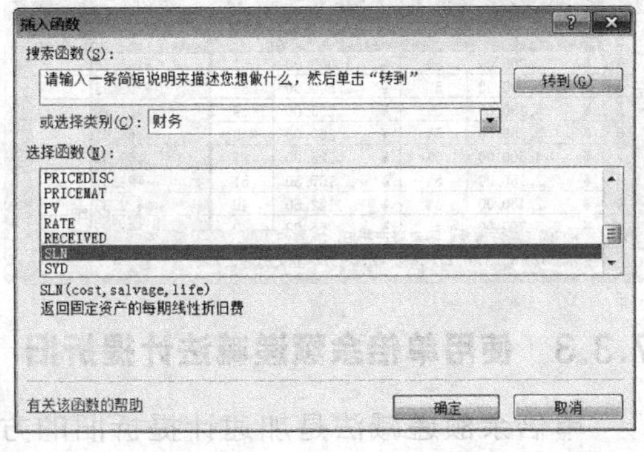

③单击 确定 按钮，弹出【函数参数】对话框，从中设置函数参数：在【Cost】文本框中输入“F3”，在【Salvage】文本框中输入“H3”，在【Life】文本框中输入“E3*12”。

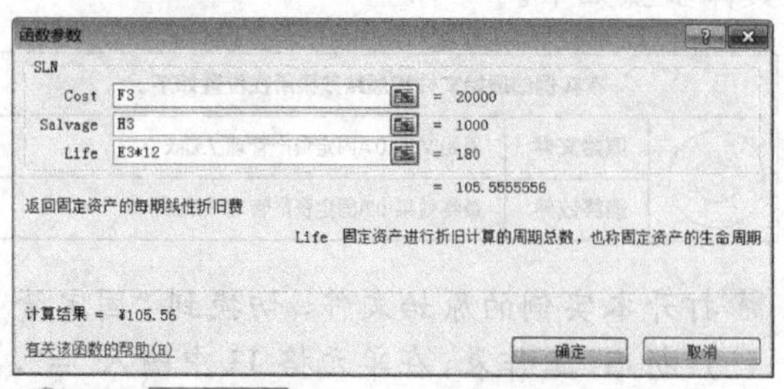

④单击 确定 按钮返回工作表，随即单元格 J3 中返回采用直线折旧法计提的本月折旧额。

J3 =SLN(F3, H3, E3*12)

	F	G	H	I	J
1	固定资产折旧				
2	原值	残值率	净残值	已提折旧月数	直线折旧法计提本月折旧额
3	¥ 20,000.00	5%	¥ 1,000.00	52	¥105.56
4	¥ 50,000.00	5%	¥ 2,500.00	52	
5	¥ 5,100.00	5%	¥ 255.00	49	
6	¥ 5,200.00	5%	¥ 260.00	40	
7	¥ 4,500.00	5%	¥ 225.00	27	
8	¥ 2,150.00	5%	¥ 107.50	51	
9	¥ 2,450.00	5%	¥ 122.50	49	

⑤将该单元格中的公式不带格式地填充到该列的其他单元格中。

J3 =SLN(F3, H3, E3*12)

	F	G	H	I	J
1	固定资产折旧				
2	原值	残值率	净残值	已提折旧月数	直线折旧法计提本月折旧额
3	¥ 20,000.00	5%	¥ 1,000.00	52	¥105.56
4	¥ 50,000.00	5%	¥ 2,500.00	52	¥395.83
5	¥ 5,100.00	5%	¥ 255.00	49	¥67.29
6	¥ 5,200.00	5%	¥ 260.00	40	¥68.61
7	¥ 4,500.00	5%	¥ 225.00	27	¥59.38
8	¥ 2,150.00	5%	¥ 107.50	51	¥28.37
9	¥ 2,450.00	5%	¥ 122.50	49	¥32.33

平均值: ¥83.61 计数: 12 求和: ¥1,003.31

7.3.3 使用单倍余额递减法计提折旧

单倍余额递减法是加速计提折旧的方法之一，它采用一个固定的折旧率乘以一个递减的固定资产账面值，从而得到每期的折旧额。

1. 单倍余额递减函数——DB 函数的语法和功能

函数语法：DB(cost,salvage,life,period,month)

函数中各参数的含义如下。

cost：为资产原值。

salvage：为资产在折旧期末的价值（也称为资产残值）。

life：为折旧期限（有时也称做资产的使用寿命）。

period：为需要计算折旧值的期间。period 必须使用与 life 相同的单位。

month：为第 1 年的月份数，如省略，则假设为 12。

函数功能：使用固定余额递减法，计算一笔资产在给定期间内的折旧值。

注意事项：

①单倍余额递减法用于计算固定折旧率下的资产折旧值，函数 DB 使用下列计算公式来计算一个期间的折旧值：(cos－前期折旧总值)×rate。公式中：rate＝1－((salvage／cost)^(1／life))，保留 3 位小数；

②第 1 个周期和最后一个周期的折旧属于特例。对于第 1 个周期，函数 DB 的计算公式为：cost×rate×month／12；对于最后一个周期，函数 DB 的计算公式为：((cost－前期折旧总值)×rate×(12－month))／12。

2. 使用 DB 函数计提折旧额

使用 DB 函数计提固定资产折旧额的具体步骤如下。

本实例的原始文件和最终效果所在位置如下。	
原始文件	原始文件\07\固定资产管理 8.xlsx
最终效果	最终效果\07\固定资产管理 8.xlsx

❶打开本实例的原始文件，切换到“固定资产折旧”工作表，选中单元格K3，然后切换到【公式】选项卡，在【函数库】组中，单击【插入函数】按钮。

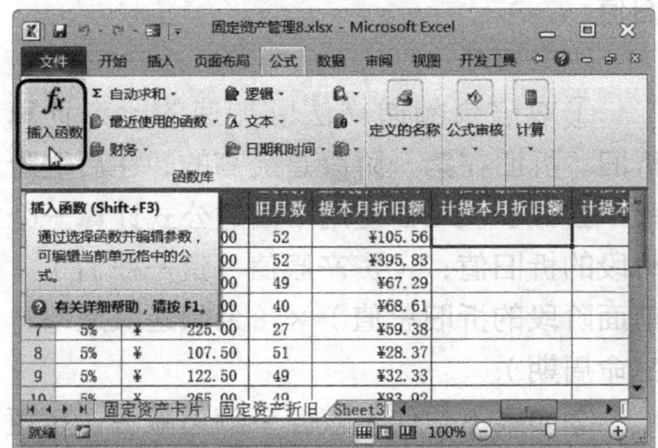

❷随即弹出【插入函数】对话框，在【或选择类别】下拉列表中选择【财务】选项，然后在【选择函数】列表框中选择【DB】选项。

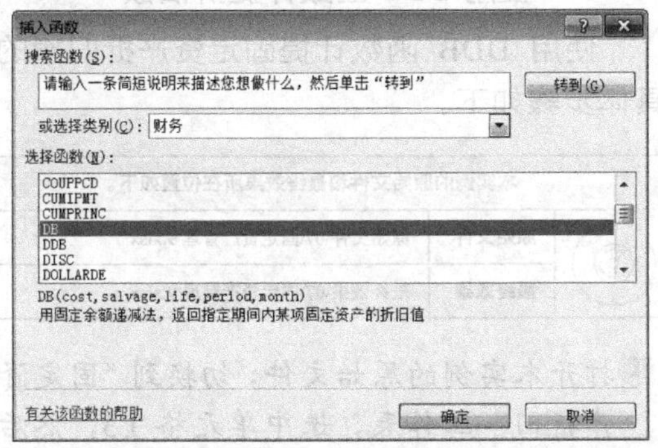

❸单击 确定 按钮，弹出【函数参数】对话框，从中设置函数参数：在【Cost】文本框中输入“F3”，在【Salvage】文本框中输入“H3”，在【Life】文本框中输入“E3*12”，在【Period】文本框中输入“I3”，在【Month】文本框中输入“12-MONTH(D3)”。

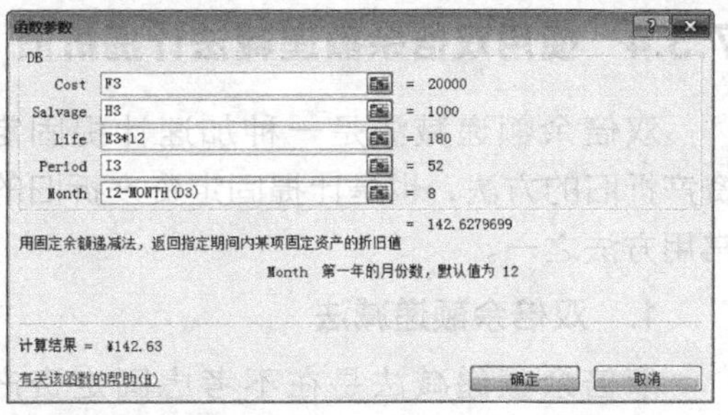

❹单击 确定 按钮返回工作表，随即单元格K3中返回采用单倍余额递减法计提的本月折旧额。

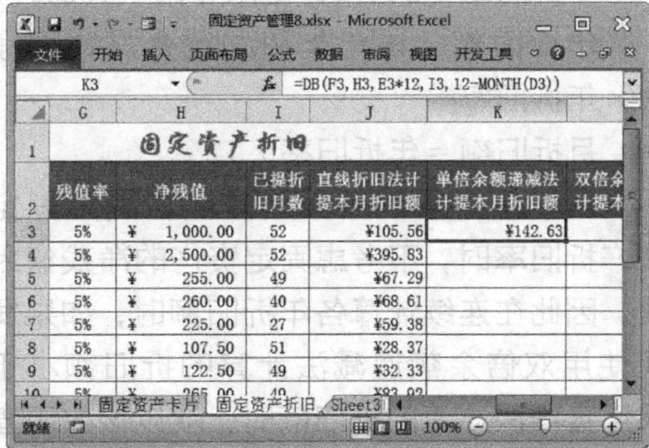

❺选中单元格K3，将该单元格中的公式更改为：

=IF(MONTH(D3)<12,IF(I3=0,0,IF(I3=1,F3*G3*(12-MONTH(D3))/12,DB(F3,H3,E3*12,I3,12-MONTH(D3)))),DB(F3,H3,E3*12,I3+1))

按【Enter】键完成输入，随即返回计算结果，然后将该单元格中的公式不带格式地填充到该列的其他单元格中。

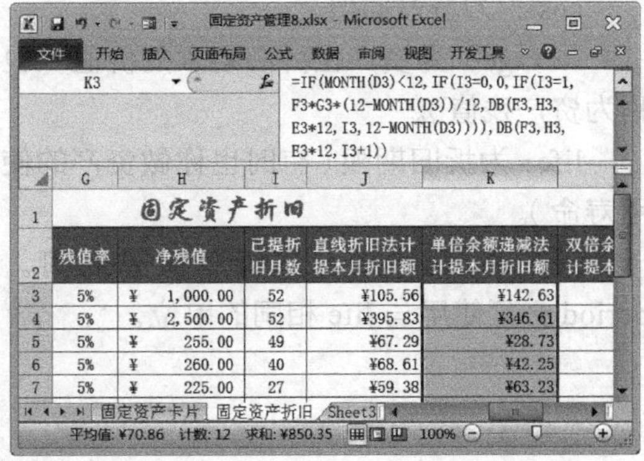

7.3.4 使用双倍余额递减法计提折旧

双倍余额递减法是一种加速计提固定资产折旧的方法，也是计提固定资产折旧的常用方法之一。

1. 双倍余额递减法

双倍余额递减法是在不考虑固定资产残值的情况下，根据每期期初固定资产账面余额和双倍的直线法折旧率计算固定资产折旧的一种方法。其计算公式为：

年折旧率 = 2 / 预计使用年限 × 100%

年折旧额 = 该年年初固定资产账面净值 × 年折旧率

月折旧额 = 年折旧率 / 12

由于采用双倍余额递减法在确定固定资产折旧率时，不考虑固定资产的净残值因素，因此在连续计算各年折旧额时，如果发现使用双倍余额递减法计算的折旧额小于采用直线法计算的折旧额时，就应该改用直线法计提折旧。为了方便操作，采用双倍余额递减法计提折旧的固定资产，应当在固定折旧年限到期以前两年内，将固定资产账面净值扣除预计净残值后的余额平均摊销。

2. 双倍余额递减法函数——DDB 函数的语法和功能

函数语法：DDB(cost,salvage,life,period,factor)

函数中各参数的含义如下。

cost：为资产原值。

salvage：为资产在折旧期末的价值（也称为资产残值）。

life：为折旧期限（有时也称做资产的使用寿命）。

period：为需要计算折旧值的期间。period 必须使用与 life 相同的单位。

factor：为余额递减速率。如果 factor 被省略，则假设为 2（双倍余额递减法）。

函数功能：使用双倍余额递减法或其他指定方法，计算一笔资产在给定期间内的折旧值。

注意事项：

①双倍余额递减法以加速的比率计算折旧。折旧在第一阶段是最高的，在后继阶段中会减少。DDB 使用下面的公式计算一个阶段的折旧值：((资产原值 – 资产残值) – 前面阶段的折旧总值) × (余额递减速率 / 生命周期)；

②如果不想使用双倍余额递减法，可更改余额递减速率；

③当折旧大于余额递减计算值时，如果希望转换到直线余额递减法，可使用 VDB 函数。

3. 使用 DDB 函数计提折旧额

使用 DDB 函数计提固定资产折旧额的具体步骤如下。

本实例的原始文件和最终效果所在位置如下。		
	原始文件	原始文件\07\固定资产管理 9.xlsx
	最终效果	最终效果\07\固定资产管理 9.xlsx

❶ 打开本实例的原始文件，切换到“固定资产折旧”工作表，选中单元格 L3，然后在编辑栏中单击【插入函数】按钮 f_x。

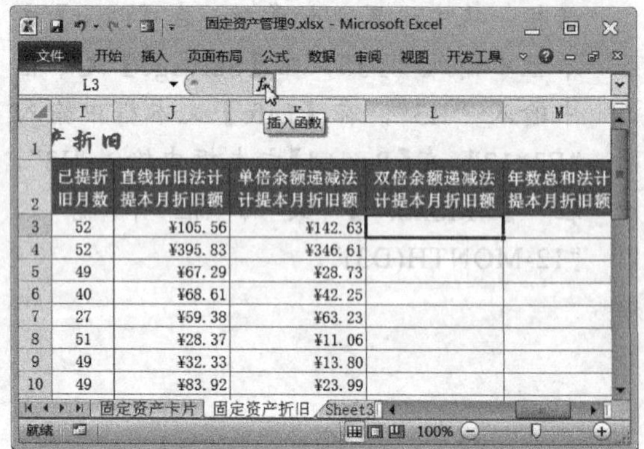

❷随即弹出【插入函数】对话框，在【或选择类别】下拉列表中选择【财务】选项，然后在【选择函数】列表框中选择【DDB】选项。

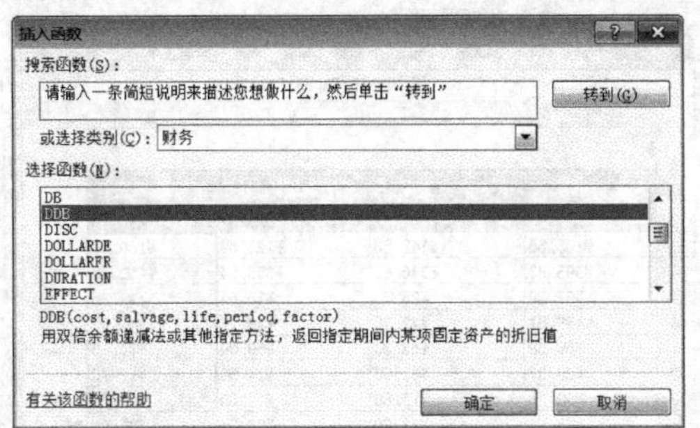

❸单击 确定 按钮，弹出【函数参数】对话框，从中设置函数参数：在【Cost】文本框中输入"F3"，在【Salvage】文本框中输入"H3"，在【Life】文本框中输入"E3*12"，在【Period】文本框中输入"I3"。

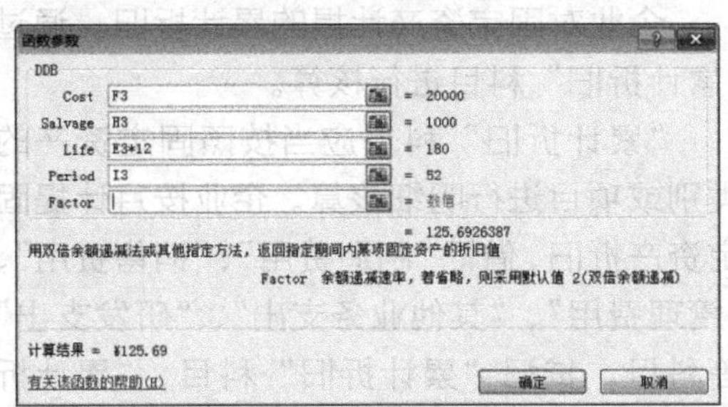

❹单击 确定 按钮返回工作表，随即单元格 L3 中返回采用双倍余额递减法计提的本月折旧额，然后将该单元格中的公式不带格式地填充到该列的其他单元格中。

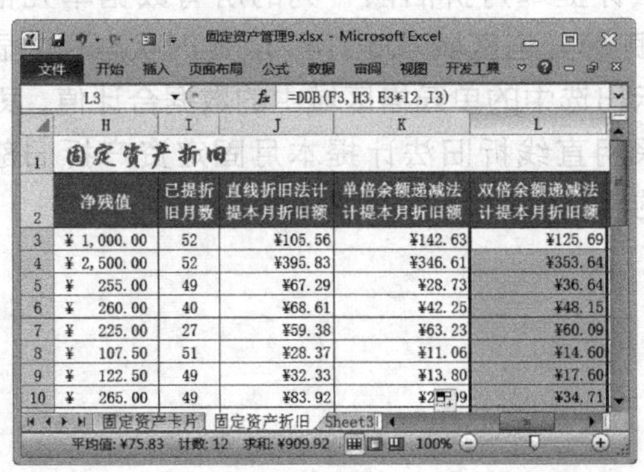

	H	I	J	K	L
2	净残值	已提折旧月数	直线折旧法计提本月折旧额	单倍余额递减法计提本月折旧额	双倍余额递减法计提本月折旧额
3	¥ 1,000.00	52	¥105.56	¥142.63	¥125.69
4	¥ 2,500.00	52	¥395.83	¥346.61	¥353.64
5	¥ 255.00	49	¥67.29	¥28.73	¥36.64
6	¥ 260.00	40	¥68.61	¥42.25	¥48.15
7	¥ 225.00	27	¥59.38	¥63.23	¥60.09
8	¥ 107.50	51	¥28.37	¥11.06	¥14.60
9	¥ 122.50	49	¥32.33	¥13.80	¥17.60
10	¥ 265.00	49	¥83.92	[illegible]	¥34.71

7.3.5　使用年数总和法计提折旧

年数总和法又被称为合计年限法，也是一种递减加速折旧的方法。

1.　年数总和法

年数总和法是将固定资产的原值减去预计净残值后的值乘以一个逐年递减的分数计算每年的折旧额。其计算公式为：

年折旧率 =（预计使用年限 - 已使用年限）/（预计使用年限 ×（预计使用年限 + 1）/ 2）× 100%

年折旧额 =（固定资产原值 - 预计净残值）× 年折旧率

月折旧额 = 年折旧额 / 12

2.　年数总和函数——SYD 函数的语法和功能

函数语法：SYD(cost,salvage,life,per)

函数中各参数的含义如下。

cost：为资产原值。

salvage：为资产在折旧期末的价值（也称为资产残值）。

life：为折旧期限（有时也称做资产的使用寿命）。

per：为期间，其单位与 life 相同。

函数功能：返回某项资产按年限总和折旧法计算的指定期间的折旧值。

3.　使用 SYD 函数计提折旧额

使用 SYD 函数计提固定资产折旧额的具体步骤如下。

本实例的原始文件和最终效果所在位置如下。		
	原始文件	原始文件\07\固定资产管理 10.xlsx
	最终效果	最终效果\07\固定资产管理 10.xlsx

❶打开本实例的原始文件，切换到“固定资产折旧”工作表，选中单元格 M3，然后切换到【公式】选项卡，在【函数库】组中，单击【插入函数】按钮。

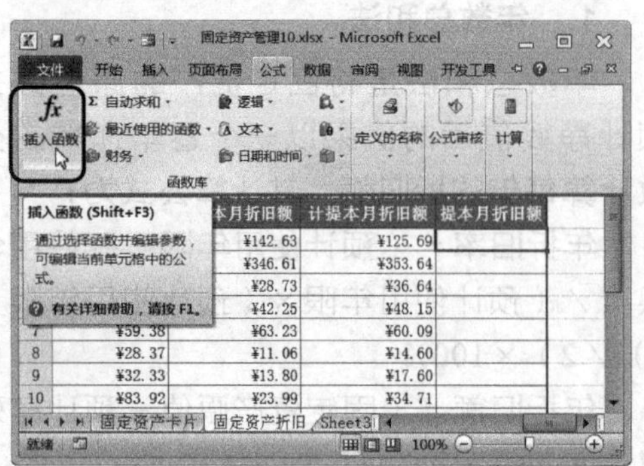

❷随即弹出【插入函数】对话框，在【或选择类别】下拉列表中选择【财务】选项，然后在【选择函数】列表框中选择【SYD】选项。

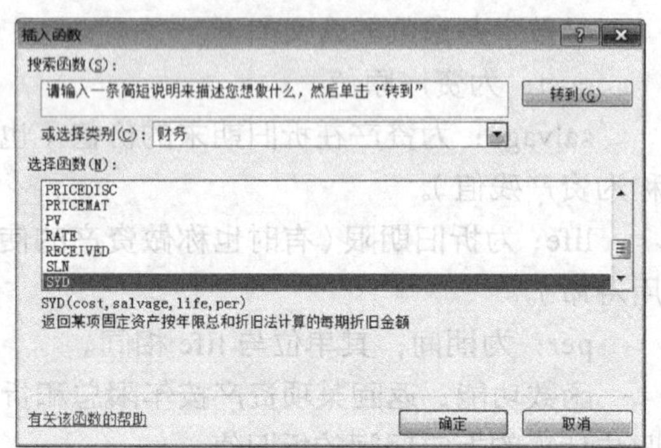

❸单击 确定 按钮，弹出【函数参数】对话框，从中设置函数参数：在【Cost】文本框中输入“F3”，在【Salvage】文本框中输入“H3”，在【Life】文本框中输入“E3*12”，在【Per】文本框中输入“I3”。

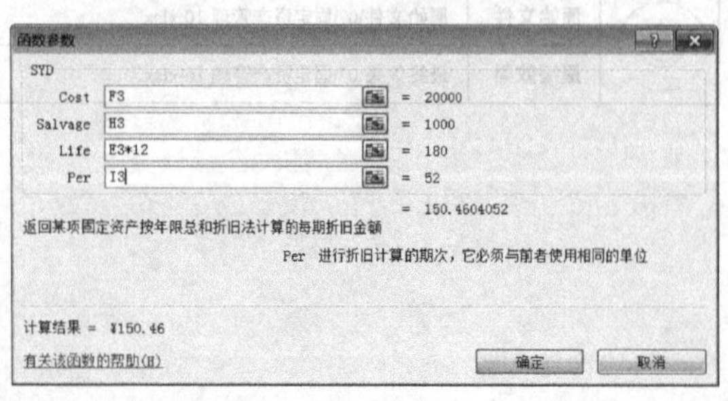

❹单击 确定 按钮返回工作表，随即单元格 M3 中返回采用年数总和法计提的本月折旧额，然后将该单元格中的公式不带格式地填充到该列的其他单元格中。

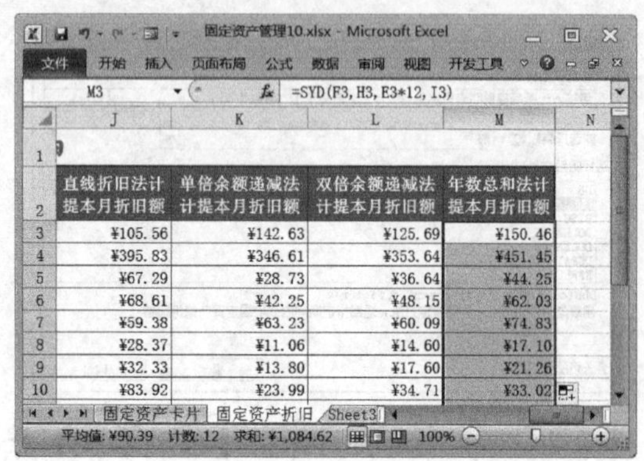

7.3.6 记账技巧

——固定资产折旧的账务处理

企业对固定资产计提的累计折旧，通过“累计折旧”科目进行核算。

“累计折旧”科目应当按照固定资产的类别或项目进行明细核算。企业按月计提固定资产折旧，借记“制造费用”、“销售费用”、“管理费用”、“其他业务支出”、“研发支出”等科目，贷记“累计折旧”科目，“累计折旧”科目期末贷方余额，反映企业固定资产累计折旧额。

假设企业采用直线折旧法计提折旧，打开“固定资产管理 10.xlsx”工作簿，切换到“固定资产折旧”工作表，选中“直线折旧法计提本月折旧额”列的所有数据单元格（即单元格区域“J3:J14”），此时状态栏中显示出选中的单元格区域中的数据合计值，即采用直线折旧法计提本月固定资产折旧额的合计值为 1003.31 元。

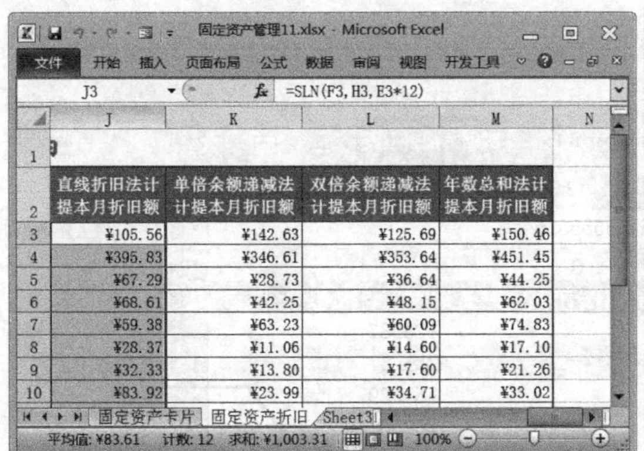

进行固定资产折旧账务处理的具体步骤如下。

本实例的原始文件和最终效果所在位置如下。		
	原始文件	原始文件\07\记账凭证 16.xlsx
	最终效果	最终效果\07\记账凭证 16.xlsx

❶打开本实例的原始文件，切换到“通用记账凭证”工作表，删除该工作表中除了“科目名称”和借贷方金额的“合计值”之外的数据，然后输入该业务的记账凭证。

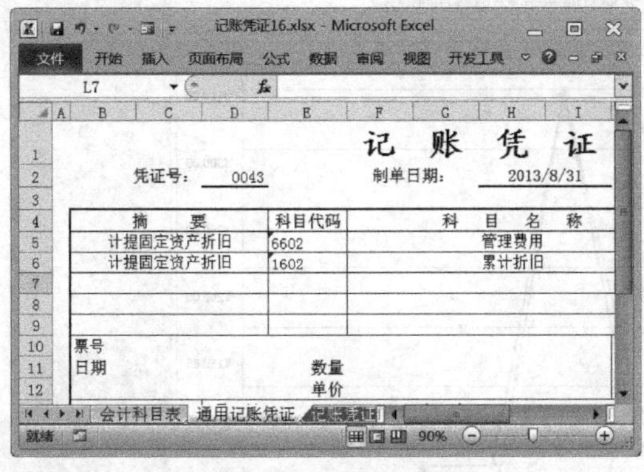

❷切换到“记账凭证（打印格式）”工作表，此时该工作表中会自动显示出“通用记账凭证”工作表中输入的记账信息。

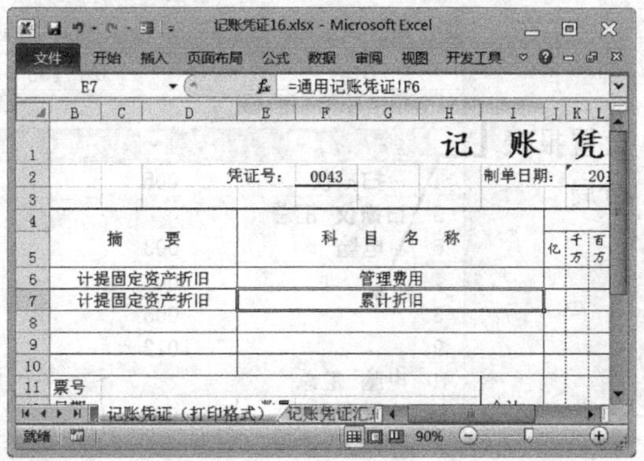

❸切换到“记账凭证汇总表”工作表，将审核无误的记账凭证登记到“记账凭证汇总表”。

7.4 折旧费用的分析

案例背景

对固定资产计提折旧后，还可以对计提的折旧费用进行分析。本节介绍利用 Excel 2010 中的数据透视表、图表和数据透视图等对折旧费用进行分析的方法。

最终效果及关键知识点

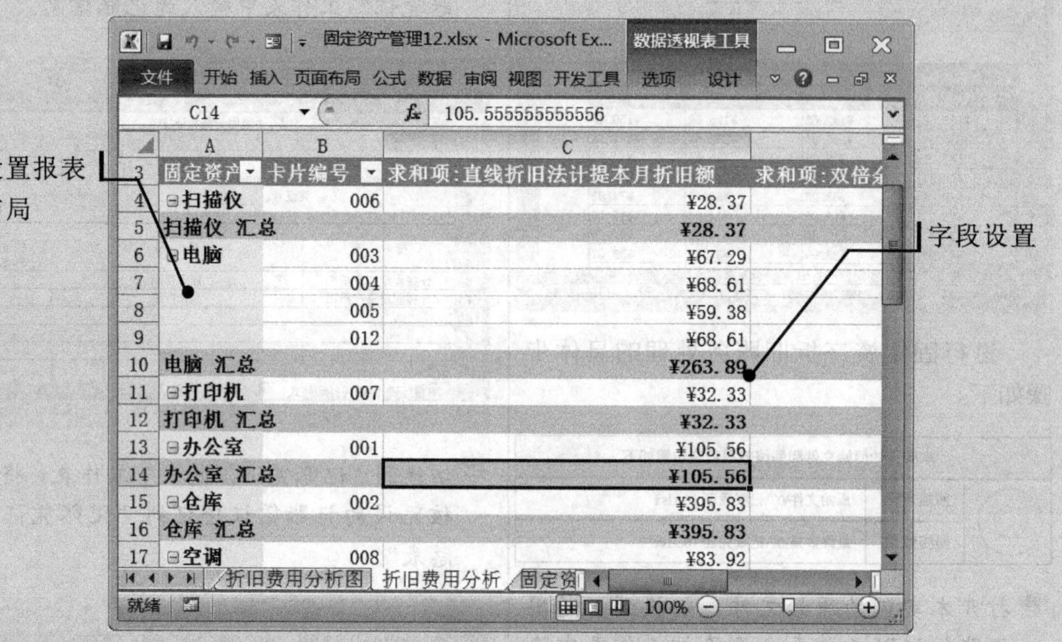

	A	B	C	
3	固定资产	卡片编号	求和项:直线折旧法计提本月折旧额	求和项:双倍余
4	⊟扫描仪	006	¥28.37	
5	扫描仪 汇总		¥28.37	
6	⊟电脑	003	¥67.29	
7		004	¥68.61	
8		005	¥59.38	
9		012	¥68.61	
10	电脑 汇总		¥263.89	
11	⊟打印机	007	¥32.33	
12	打印机 汇总		¥32.33	
13	⊟办公室	001	¥105.56	
14	办公室 汇总		¥105.56	
15	⊟仓库	002	¥395.83	
16	仓库 汇总		¥395.83	
17	⊟空调	008	¥83.92	

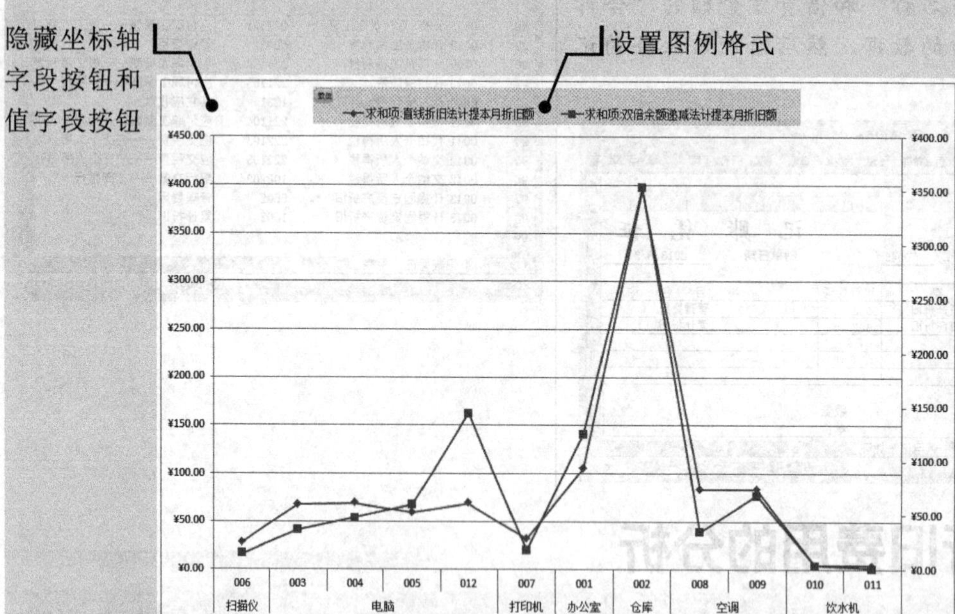

7.4.1 创建折旧费用数据透视表

数据透视表用于对工作表中的大量数据进行快速汇总，下面利用数据透视表折旧费用进行分析。

创建折旧费用数据透视表的具体步骤如下。

本实例的原始文件和最终效果所在位置如下。		
	原始文件	原始文件\07\固定资产管理 11.xlsx
	最终效果	最终效果\07\固定资产管理 11.xlsx

1 打开本实例的原始文件，切换到“固定资产折旧”工作表，选中数据区域中的任意一个单元格，切换到【插入】选项卡，在【表格】组中，单击【数据透视表】按钮，在弹出的下拉列表中选择【数据透视表】。

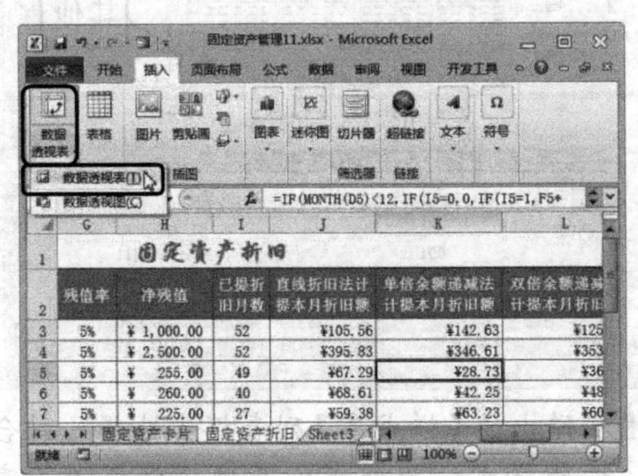

2 弹出【创建数据透视表】对话框，此时【表/区域】文本框中默认显示了该工作表的所有数据区域，在【选中放置数据透视表的位置】组合框选中【新工作表】单选钮。

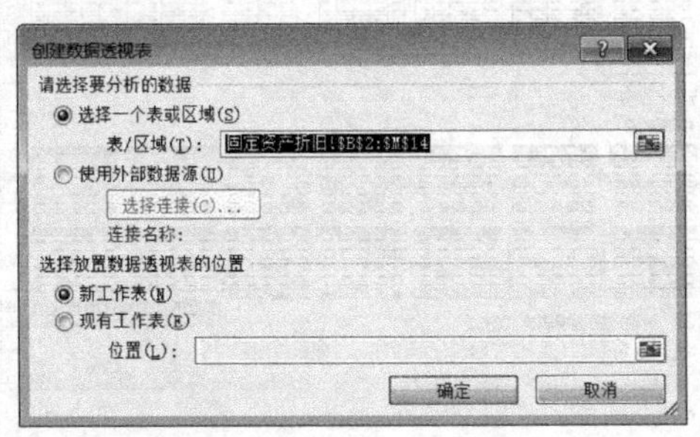

3 设置完毕，单击 确定 按钮。此时系统会自动在工作表的前面创建一个新的名为“Sheet1”的工作表，新的工作表中有数据透视表的基本框架，并弹出【数据透视表字段列表】任务窗格。

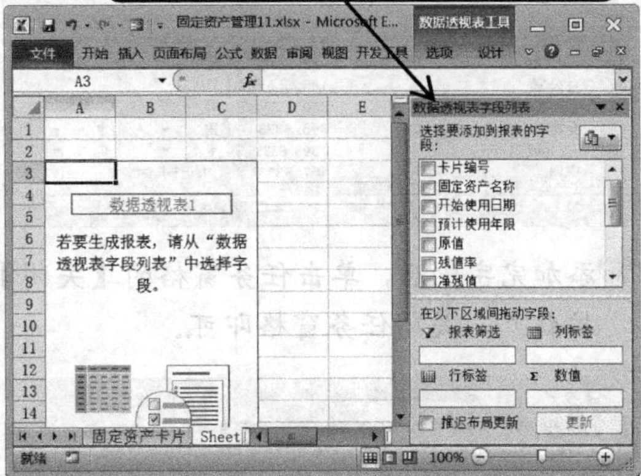

4 添加字段。在【选择要添加到报表的字段】列表框中的【固定资产名称】上单击鼠标右键，在弹出的快捷菜单中选择【添加到行标签】（或者使用鼠标直接将【固定资产名称】拖曳到【行标签】列表框中）。

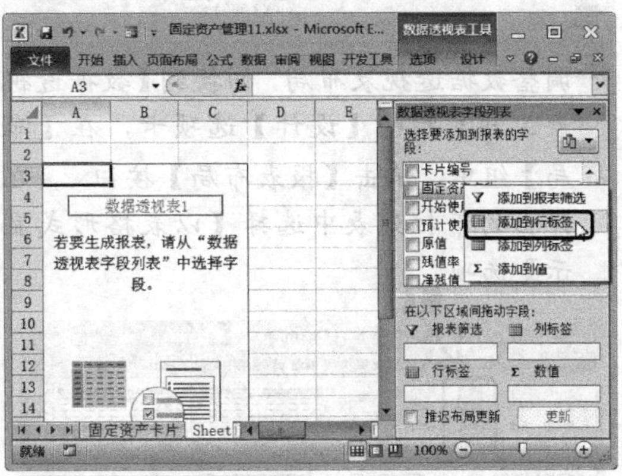

5 用户可以按照相同的方法将【卡片编号】添加到【行标签】，将【直线折旧法计提本月折旧额】和【双倍余额递减法计提本月折旧额】添加到【数值】。

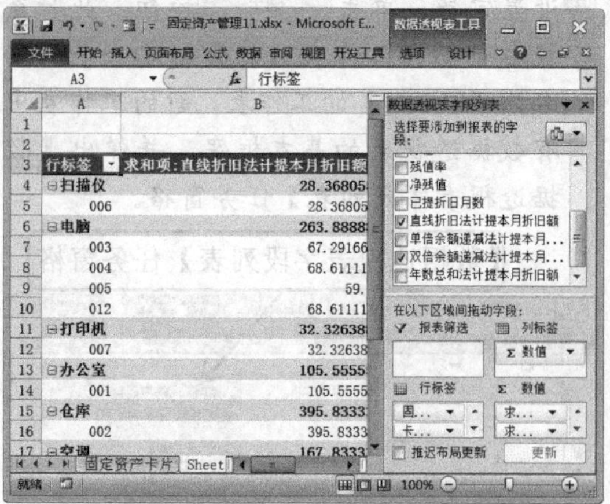

⑥添加完字段后，单击任务窗格的【关闭】按钮![x]，关闭任务窗格即可。

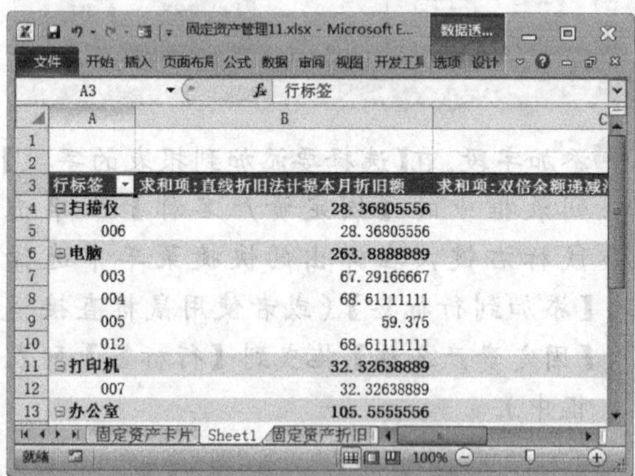

⑦调整数据透视表布局。切换到【数据透视表工具】栏的【设计】选项卡，在【布局】组中，单击【报表布局】按钮，在弹出的下拉列表中选择【以表格形式显示】选项。

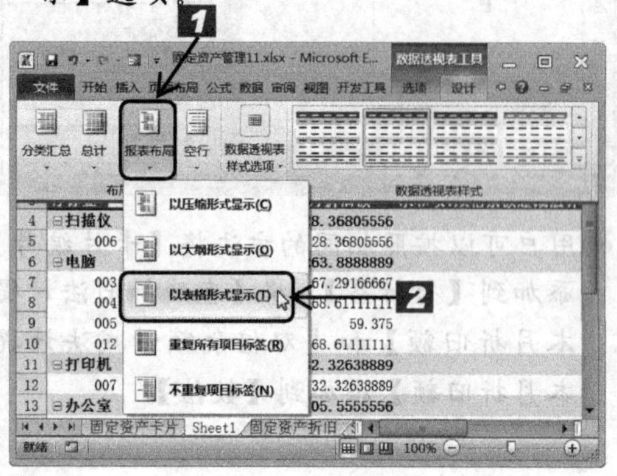

⑧以表格形式显示的报表布局如图所示。

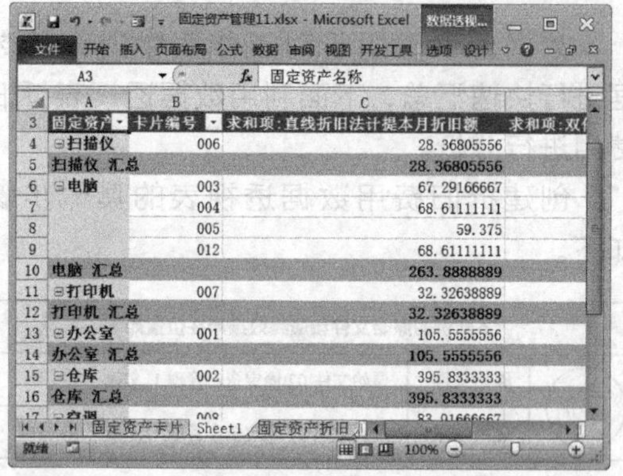

⑨设置数据透视表样式。切换到【数据透视表工具】栏的【设计】选项卡，在【数据透视表样式】组中，单击【其他】按钮。

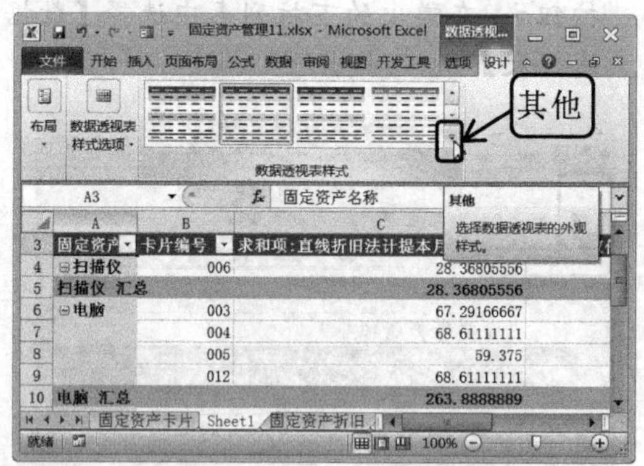

⑩在弹出的【样式库】列表框中选择一种合适的样式，此处我们选择【数据透视表样式中等深浅 14】。

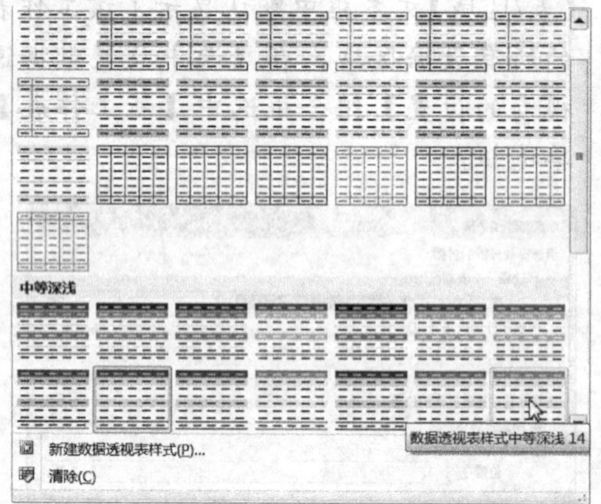

⑪返回数据透视表，效果如图所示。

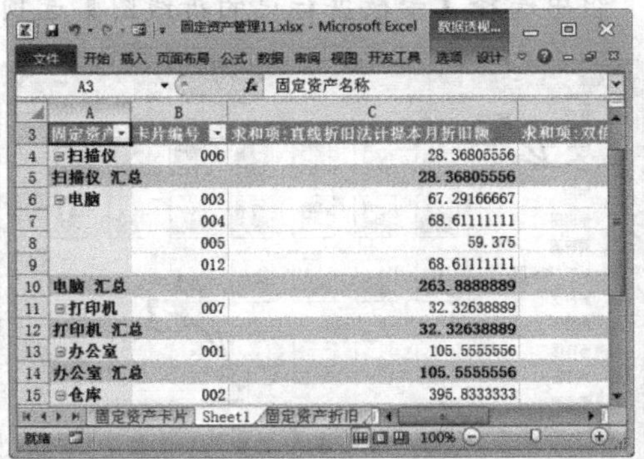

⑫数据透视表的字段设置。选中单元格区域“C4:C23”，切换到【数据透视表工具】栏的【选项】选项卡，在【活动字段】组中，单击【字段设置】按钮 字段设置。

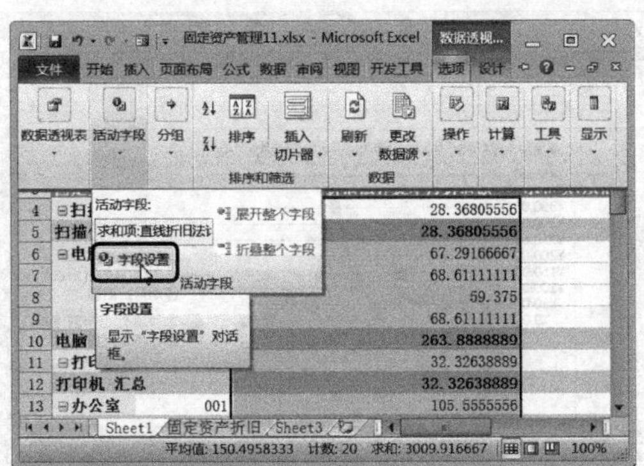

⑬弹出【值字段设置】对话框，切换到【值汇总方式】选项卡，在【值字段汇总方式】列表框中选择【求和】选项，然后单击 数字格式(N) 按钮。

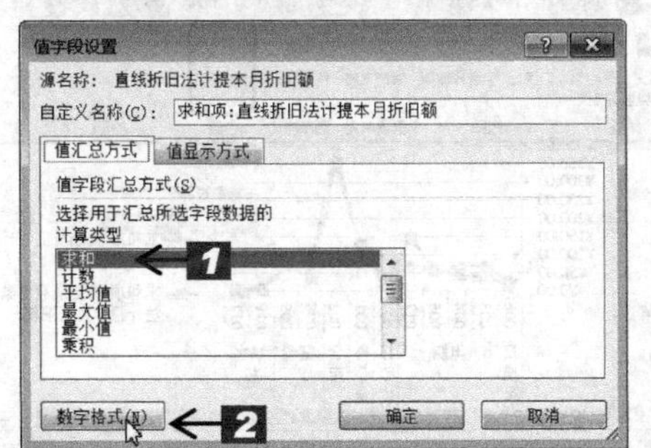

⑭弹出【设置单元格格式】对话框，在【分类】列表框中选择【货币】选项，在【小数位数】微调框中输入【2】，在【负数】列表框中选择【¥-1234.10（红色字体）】选项。

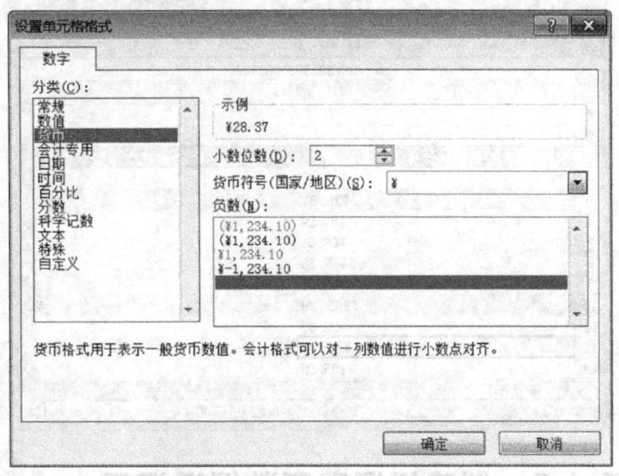

⑮单击 确定 按钮，返回【值字段设置】对话框，然后单击 确定 按钮返回工作表，即可完成对【直线折旧法计提本月折旧额】数据字段的设置。

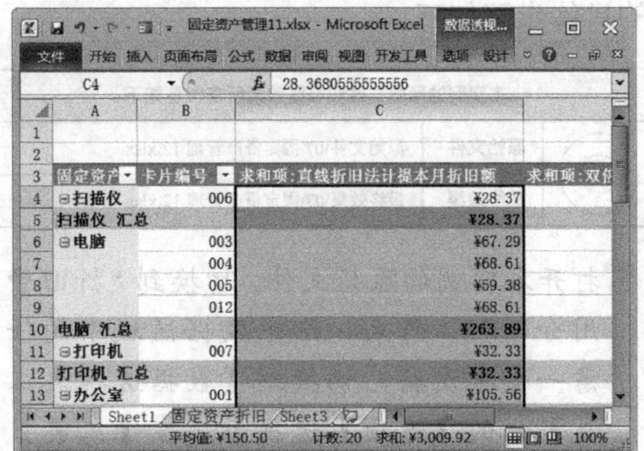

⑯使用格式刷将【直线折旧法计提本月折旧额】数据字段的数字格式复制到【双倍余额递减法计提本月折旧额】数据字段中。

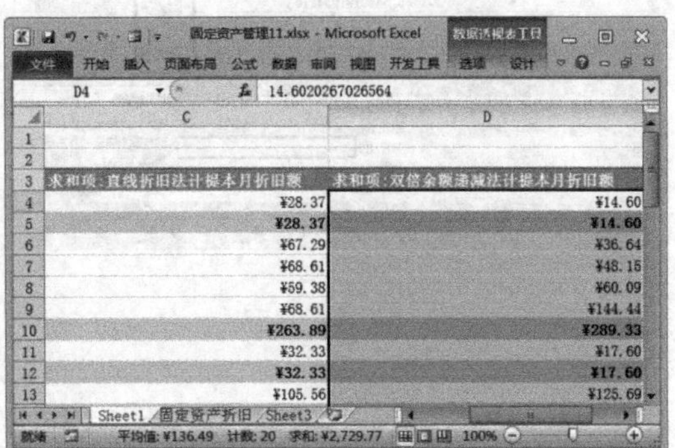

17 最后用户将工作表“Sheet1”重命名为“折旧费用分析”即可。

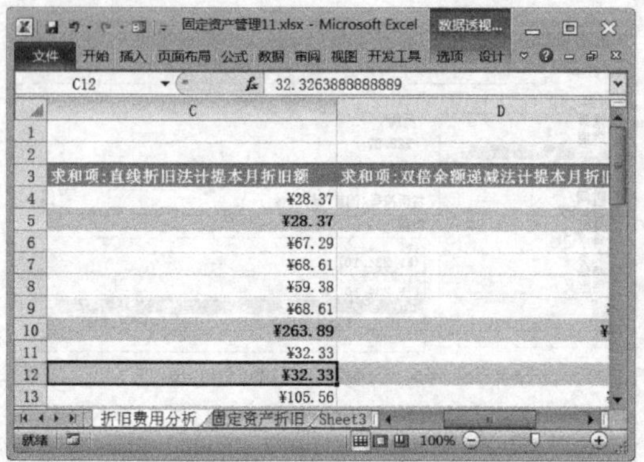

7.4.2 创建折旧费用数据透视图

当数据源中的数据很多时，可以通过数据透视图将数据更直观地表示出来。

在数据透视表基础上创建数据透视图的具体步骤如下。

本实例的原始文件和最终效果所在位置如下。		
	原始文件	原始文件\07\固定资产管理 12.xlsx
	最终效果	最终效果\07\固定资产管理 12.xlsx

1 打开本实例的原始文件，切换到“折旧费用分析”工作表，选中数据区域中的任意一个单元格，切换到【数据透视表工具】栏的【选项】选项卡，在【工具】组中，单击【数据透视图】按钮。

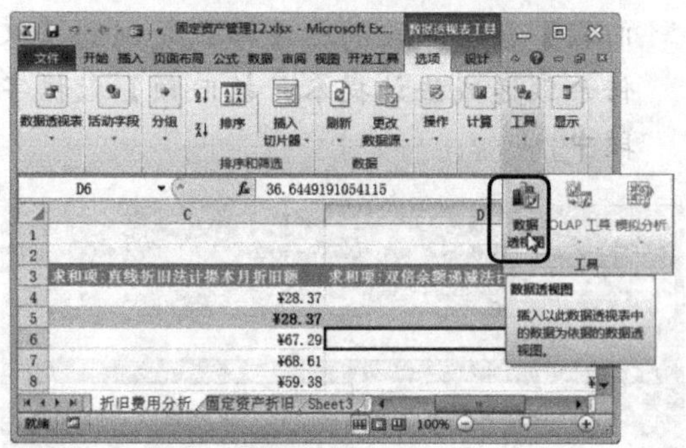

2 弹出【插入图表】对话框，在【折线图】组中选择【带数据标记的折线图】选项。

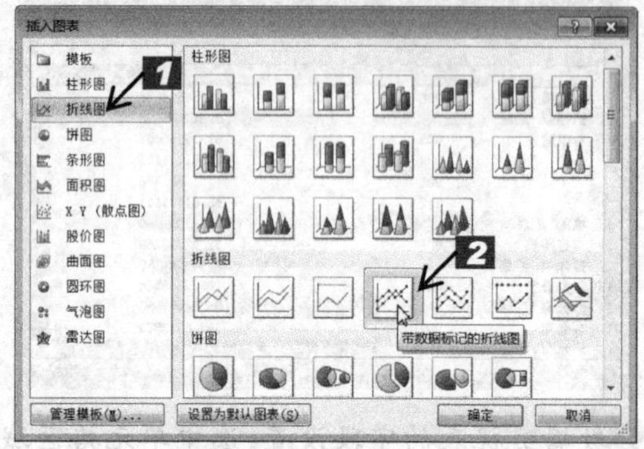

3 单击 确定 按钮，随即在“折旧费用分析”工作表中插入了一个带数据标记的折线图。

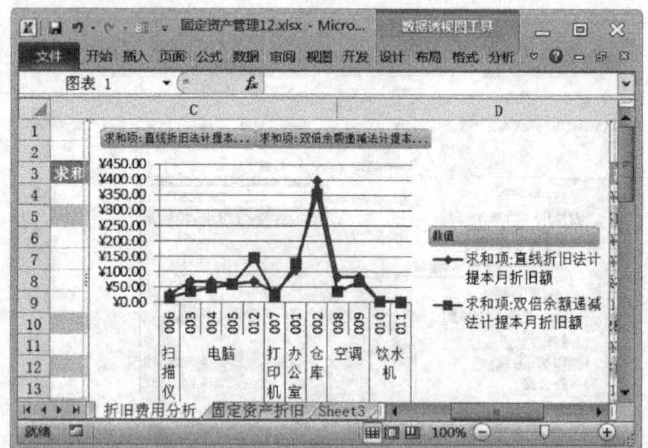

4 移动图表。切换到【数据透视图工具】栏的【设计】选项卡，在【位置】组中，单击【移动图表】按钮。

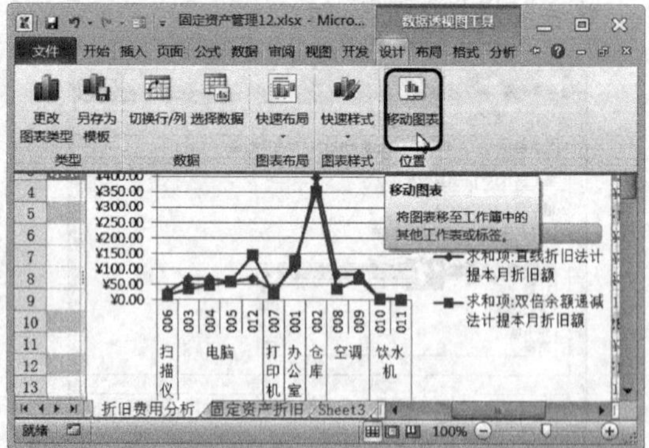

5 弹出【移动图表】对话框，选中【新工作表】单选钮，然后在其后面的文本框中输入“折旧费用分析图”。

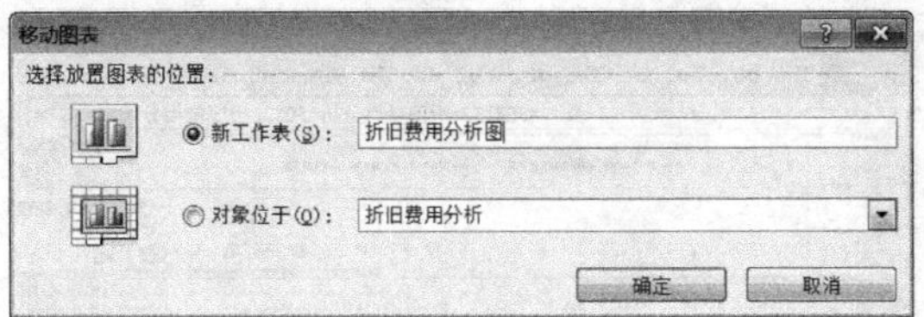

❻单击 确定 按钮，即可在当前工作簿插入一个图表工作表“折旧费用分析图”。

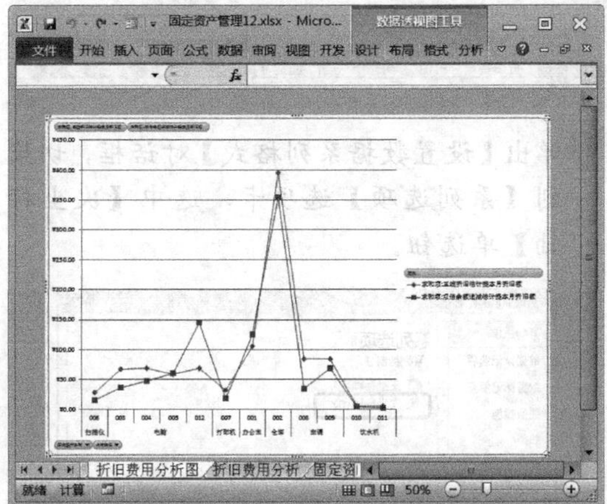

❼隐藏坐标轴字段按钮。切换到【数据透视图工具】栏的【分析】选项卡，在【显示/隐藏】组中，单击【字段按钮】，在弹出的下拉列表中撤选【显示坐标轴字段按钮】选项。

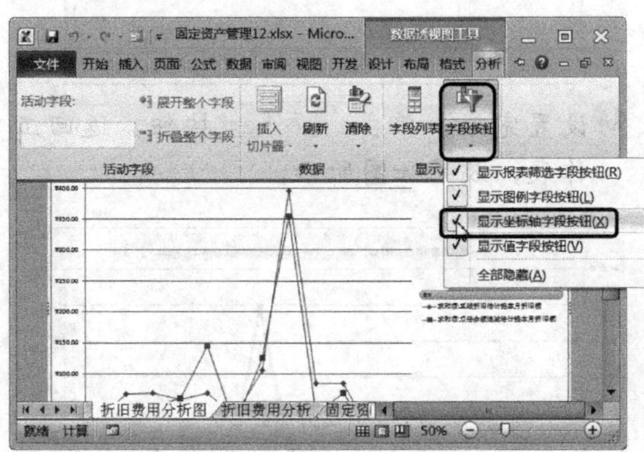

❽用户可以按照相同的方法隐藏值字段按钮。

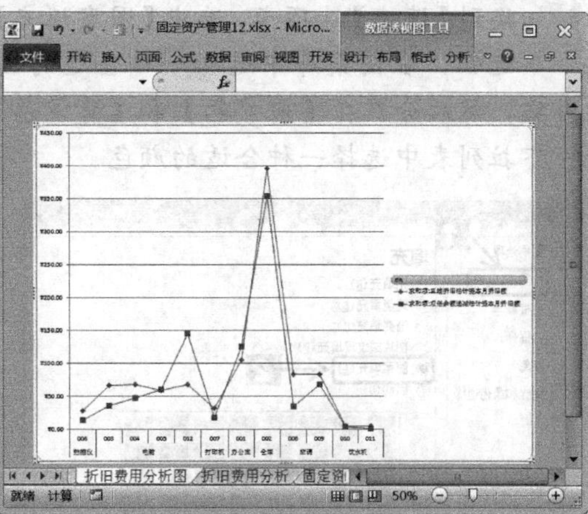

❾设置图例格式。在图例上单击鼠标右键，在弹出的快捷菜单中选择【设置图例格式】菜单项。

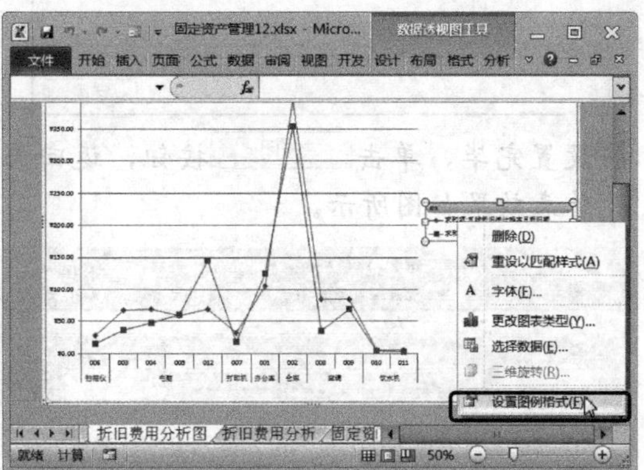

❿弹出【设置图例格式】对话框，切换到【图例选项】选项卡，在【图例位置】组合框中选择【靠上】单选钮。

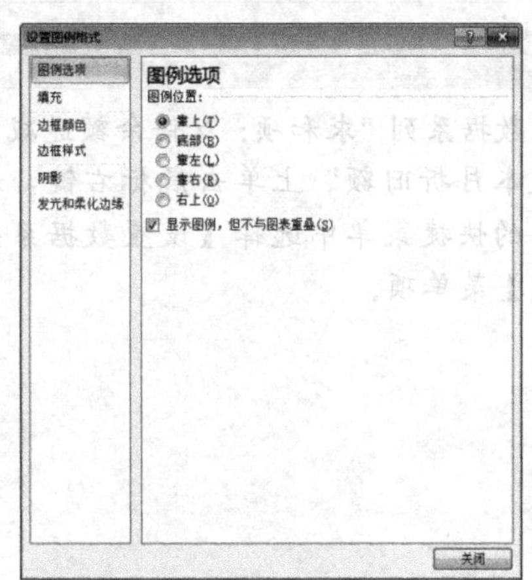

11 切换到【填充】选项卡，选中【图案填充】单选钮，在图案库中选择一种合适的图案，然后分别在【前景色】和【背景色】下拉列表中选择一种合适的颜色。

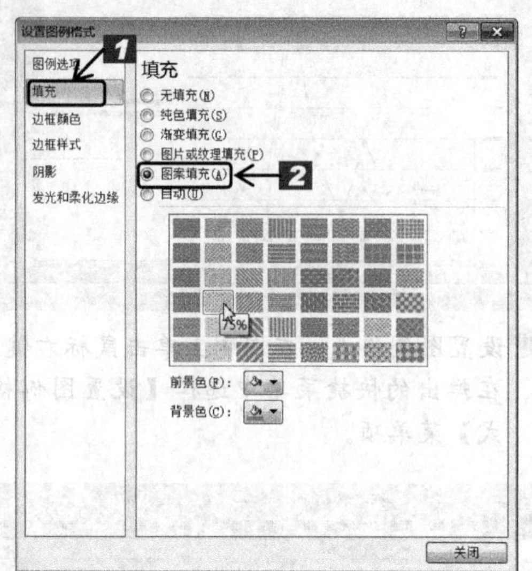

12 设置完毕，单击 关闭 按钮，返回工作表效果如图所示。

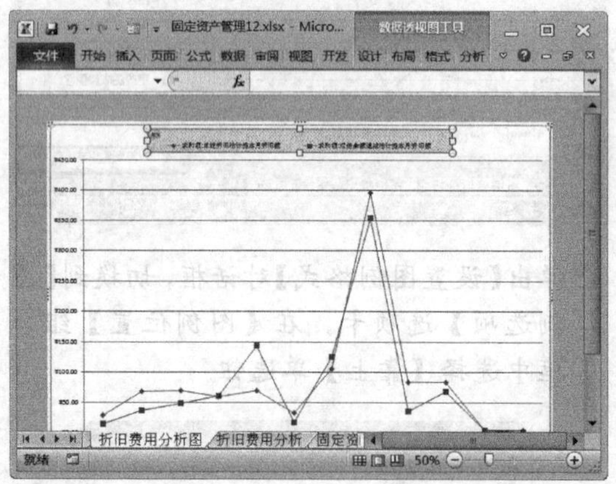

13 在数据系列“求和项：双倍余额递减法计提本月折旧额”上单击鼠标右键，在弹出的快捷菜单中选择【设置数据系列格式】菜单项。

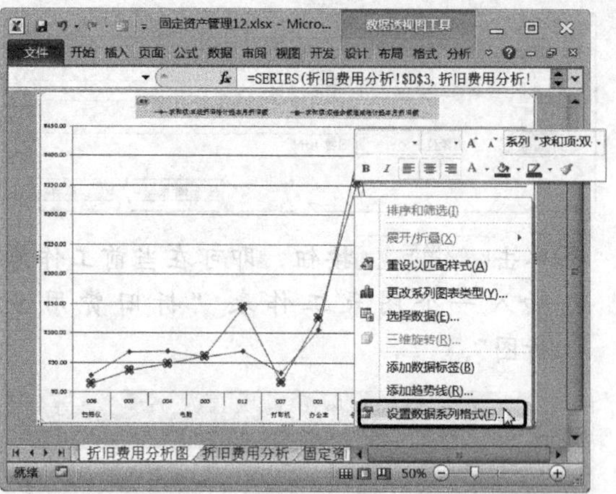

14 弹出【设置数据系列格式】对话框，切换到【系列选项】选项卡，选中【次坐标轴】单选钮。

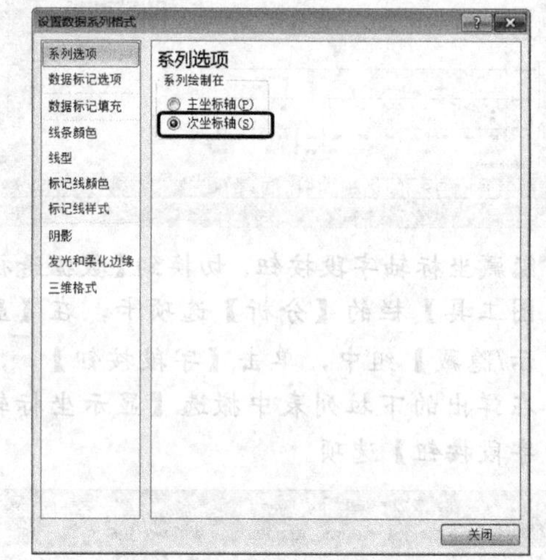

15 设置完毕，单击 关闭 按钮，返回工作表，效果如图所示。

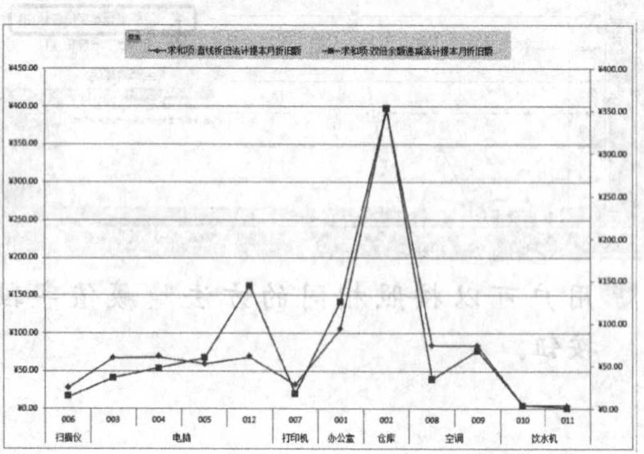

第 8 章 月末账务处理

在每个月的月末，会计人员要对本月发生的账务进行汇总，并结转企业当前实现的利润，检查记账无误后进行对账和结账工作，结出本期发生额合计和期末余额，或将余额结转到下一期，以便编制会计报表。

要 点 导 航

- 结转利润
- 编制科目汇总表
- 编制财务总账表
- 编制财务明细账表
- 账务核对与平衡检验
- 账目的保护

8.1 结转利润

案例背景

在企业会计期末（月末），会计人员需要结转企业当期实现的利润，通过“本年利润”科目核算，结转后“本年利润”科目贷方余额为当期实现的净利润，借方余额为当期发生的净亏损。

年度终了，再将本年收入和支出相抵后结出的本年实现的净利润（即各期净利润或净亏损的总和）转入“利润分配”科目。

最终效果及关键知识点

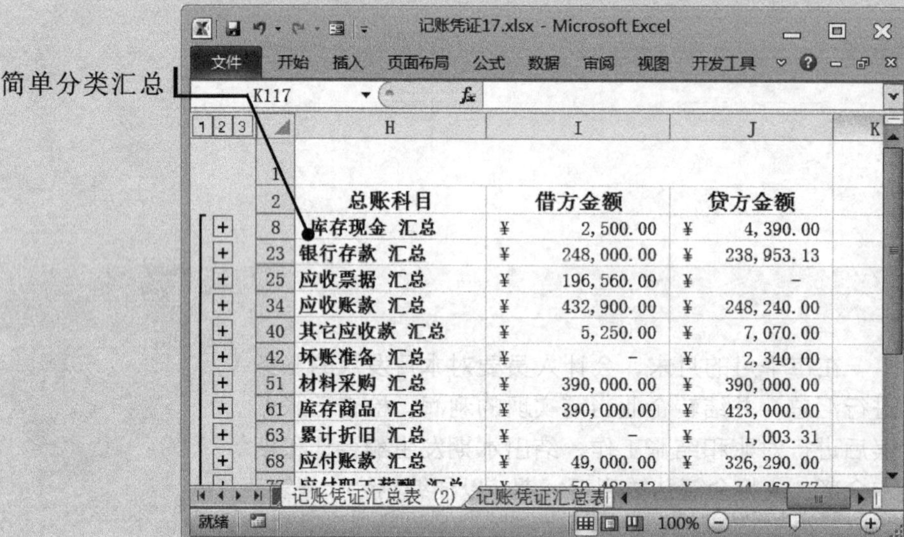

	H	I	J
2	总账科目	借方金额	贷方金额
8	库存现金 汇总	¥ 2,500.00	¥ 4,390.00
23	银行存款 汇总	¥ 248,000.00	¥ 238,953.13
25	应收票据 汇总	¥ 196,560.00	¥ -
34	应收账款 汇总	¥ 432,900.00	¥ 248,240.00
40	其它应收款 汇总	¥ 5,250.00	¥ 7,070.00
42	坏账准备 汇总	¥ -	¥ 2,340.00
51	材料采购 汇总	¥ 390,000.00	¥ 390,000.00
61	库存商品 汇总	¥ 390,000.00	¥ 423,000.00
63	累计折旧 汇总	¥ -	¥ 1,003.31
68	应付账款 汇总	¥ 49,000.00	¥ 326,290.00

结转利润

记账凭证20.xlsx - Microsoft Excel

H105 =LOOKUP(LEFT(E105,4),科目代码,总账科

	A	B	C	D	E	
99		2013/8/31	0044	结转利润	6001	主营业务收入
100		2013/8/31	0044	结转利润	4103	本年利润
101		2013/8/31	0045	结转利润	4103	本年利润
102		2013/8/31	0045	结转利润	6401	主营业务成本
103		2013/8/31	0045	结转利润	6601	销售费用
104		2013/8/31	0045	结转利润	6602	管理费用
105		2013/8/31	0045	结转利润	6603	财务费用
106		2013/8/31	0046	提取所得税	6801	所得税
107		2013/8/31	0046	提取所得税	222102	应交税费——应
108		2013/8/31	0047	结转利润	4103	本年利润
109		2013/8/31	0047	结转利润	6801	所得税

记账凭证汇总表

选定目标区域，然后按 ENTER 或选择“粘贴”　100%

企业期（月）末结转利润时，应将各“主营业务收入”、“其他业务收入”、“营业外收入”等科目的金额转入“本年利润”科目，借记“主营业务收入”、“其他业务收入”、“营业外收入”等科目，贷记“本年利润”科目。

接着将“主营业务成本”、“营业税金及附加”、“其他业务支出”、“销售费用”、“管理费用”、“财务费用”、“营业外支出”、“应交税费（应交所得税）”等科目的金额转入“本年利润”科目，借记“本年利润”科目，贷记“主营业务成本”、“营业税金及附加”、“其他业务支出”、“销售费用”、“管理费用”、“财务费用”、“营业外支出”、“应交税费（应交所得税）”等科目。

结转本期实现的利润并进行相应的账务处理的具体步骤如下。

8.1.1　结转主营业务收入

结转主营业务收入并进行相应的账务处理的具体步骤如下。

本实例的原始文件和最终效果所在位置如下。		
	原始文件	原始文件\08\记账凭证 17.xlsx
	最终效果	最终效果\08\记账凭证 17.xlsx

1. 复制工作表。打开本实例的原始文件，在工作表标签“记账凭证汇总表”上单击鼠标右键，在弹出的快捷菜单中选择【移动或复制】菜单项。

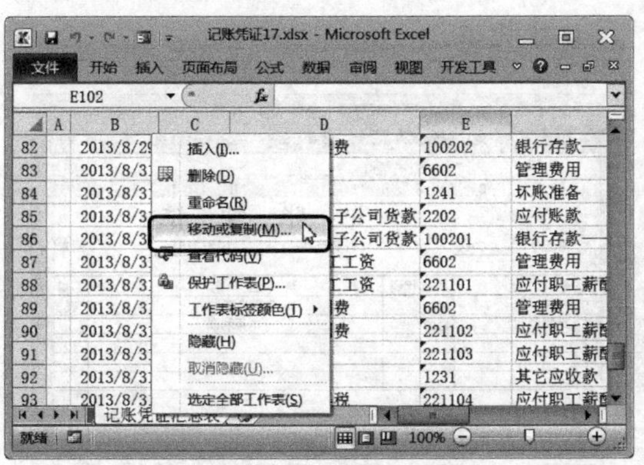

2. 弹出【移动或复制工作表】对话框，在【下列选定工作表之前】列表框中选择【记账凭证汇总表】选项，然后选中【建立副本】复选框。

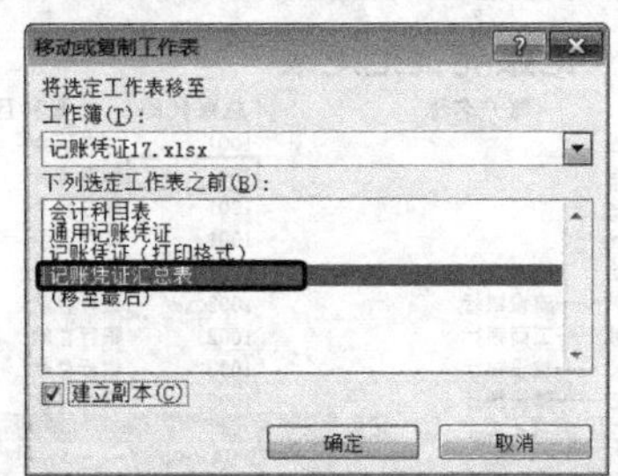

3. 单击 确定 按钮，返回工作表，即可看到在工作表“记账凭证汇总表”之前插入了一个工作表“记账凭证汇总表(2)”。

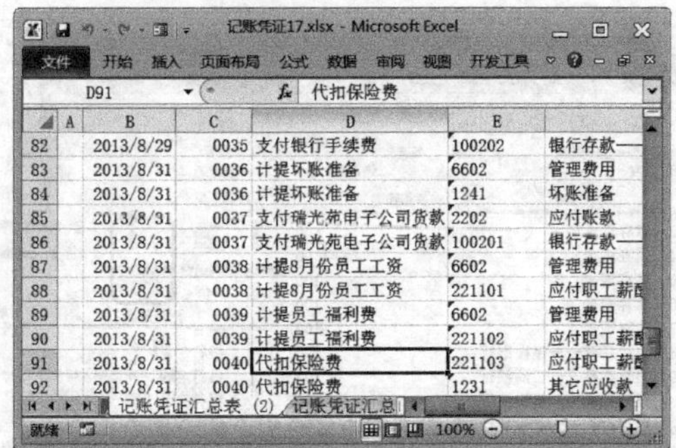

4. 排序。选中“记账凭证汇总表（2）”工作表中“总账代码”列中的任意一个单元格，切换到【数据】选项卡，在【排序和筛选】组中，单击【升序排序】按钮。

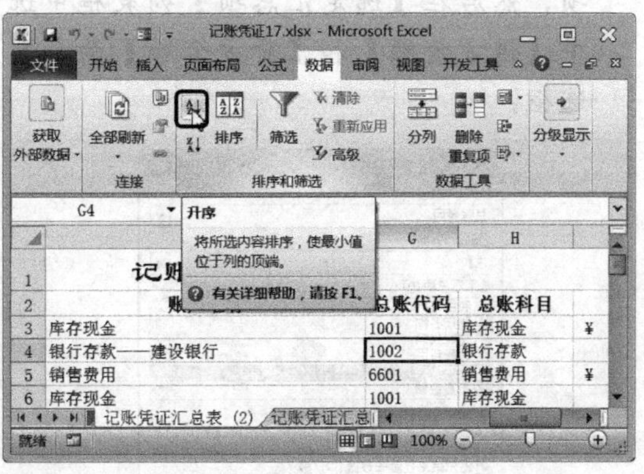

5 随即“总账代码”列中的数据按照升序方式排序。

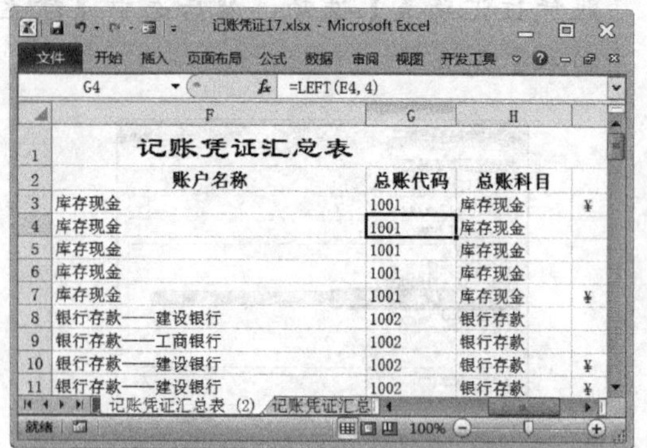

6 进行简单分类汇总。切换到【数据】选项卡，在【分级显示】组中，单击【分类汇总】按钮。

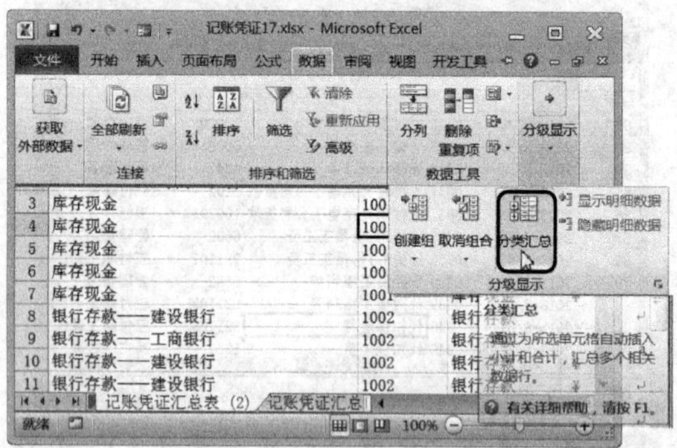

7 弹出【分类汇总】对话框，在【分类字段】下拉列表中选择【总账科目】选项，在【汇总方式】下拉列表中选择【求和】选项，然后在【选定汇总项】列表框中选中【借方金额】和【贷方金额】两个复选框。

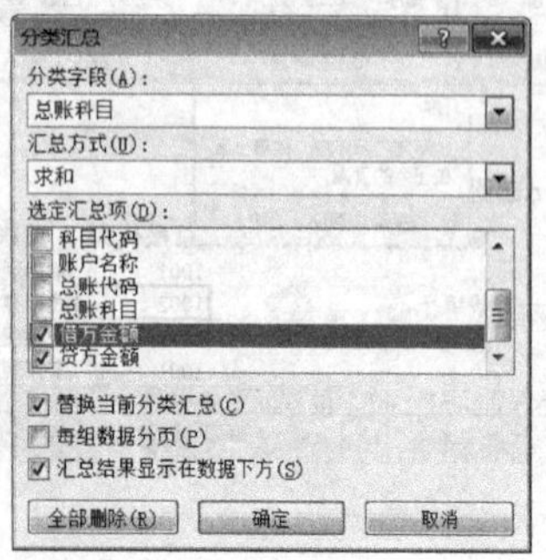

8 单击 确定 按钮即可完成数据的简单分类汇总。

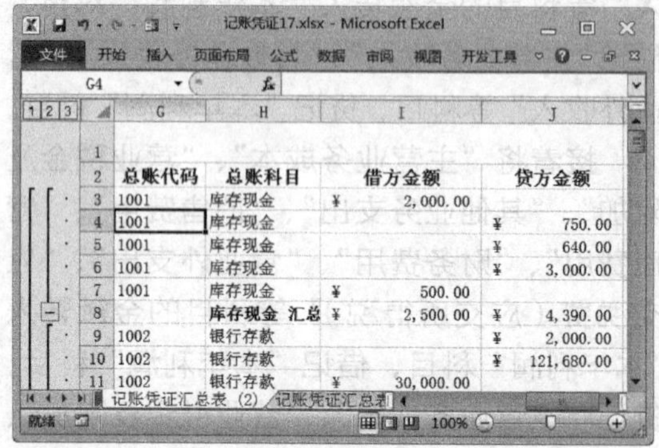

9 单击工作表左上角的数字按钮中的 2 按钮，随即工作表中只显示出各汇总数据，然后适当地调整列宽。

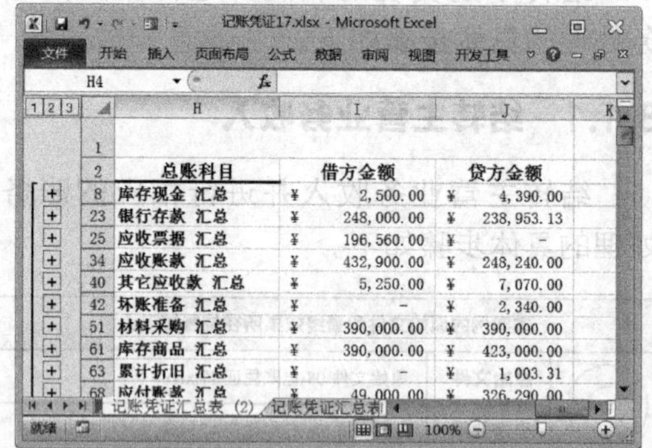

10 将“主营业务收入”科目的金额（538000元）转入“本年利润”科目。切换到“通用记账凭证”工作表，删除该工作表中除了“科目名称”和借贷方金额的“合计”值之外的数据，然后输入该业务的记账凭证。

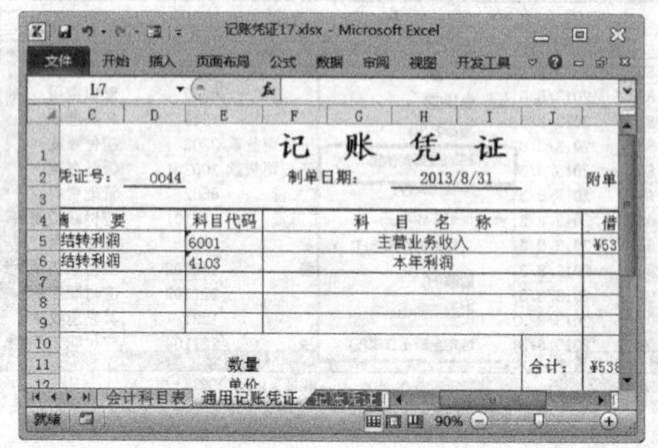

⑪切换到“记账凭证（打印格式）”工作表，此时该工作表中会自动显示出“通用记账凭证”工作表中输入的记账信息。

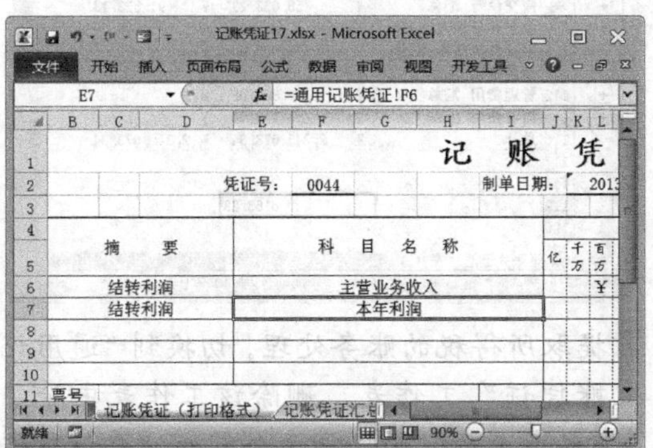

⑫切换到“记账凭证汇总表”工作表，将审核无误的记账凭证登记到“记账凭证汇总表”。

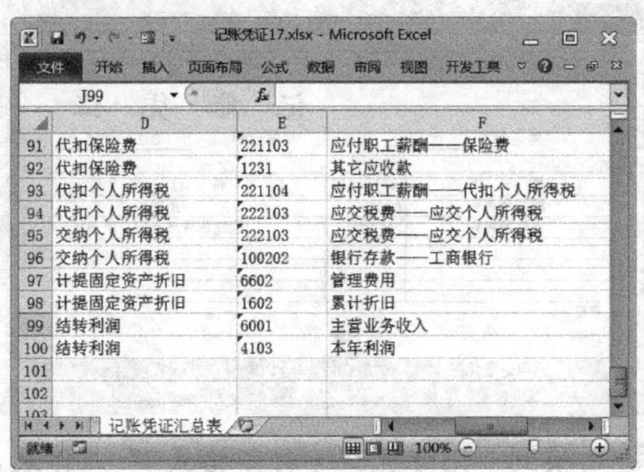

8.1.2　结转成本与费用

结转成本与费用并进行相应的账务处理的具体步骤如下。

本实例的原始文件和最终效果所在位置如下。		
	原始文件	原始文件\08\记账凭证 18.xlsx
	最终效果	最终效果\08\记账凭证 18.xlsx

①切换到“记账凭证汇总表（2）”工作表，由分类汇总结果得知，“主营业务成本”科目的金额为 423000 元，“销售费用”科目的金额为 8750 元，“管理费用”科目的金额为 80857.08 元，“财务费用”科目的金额为 740 元。

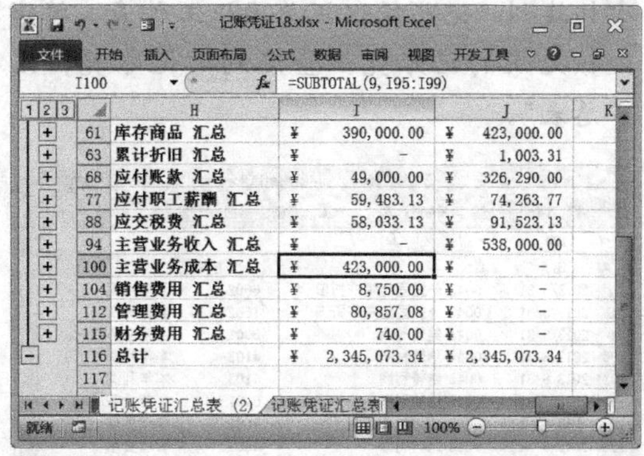

②将“主营业务成本”、“销售费用”、“管理费用”和“财务费用”等科目的金额转入“本年利润”科目。切换到“通用记账凭证”工作表，删除该工作表中除了“科目名称”和借贷方金额的“合计”值之外的数据，然后输入该业务的记账凭证。

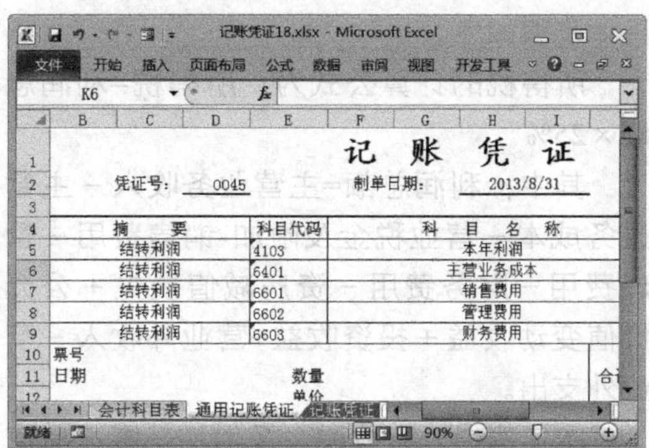

③切换到“记账凭证（打印格式）”工作表，此时该工作表中会自动显示出“通用记账凭证”工作表中输入的记账信息。

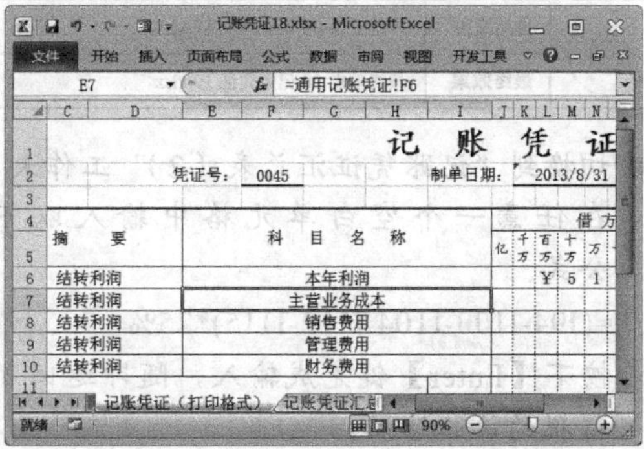

4 切换到“记账凭证汇总表”工作表，将审核无误的记账凭证登记到“记账凭证汇总表”。

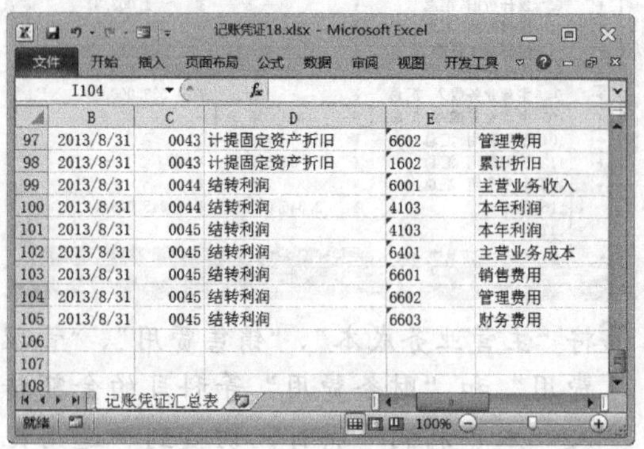

8.1.3 提取并结转所得税

1. 提取所得税

提取所得税并进行相应的账务处理的具体步骤如下。

所得税的计算公式为：所得税=利润总额×25%

其中，利润总额=主营业务收入－主营业务成本－营业税金及附加-销售费用－管理费用－财务费用－资产减值损失＋公允价值变动收益＋投资收益+营业外收入－营业外支出。

本实例中，营业税金及附加、资产减值损失、公允价值变动收益、投资收益、营业外收入和营业外支出等的金额均为 0。

本实例的原始文件和最终效果所在位置如下。		
	原始文件	原始文件\08\记账凭证 19.xlsx
	最终效果	最终效果\08\记账凭证 19.xlsx

1 切换到“记账凭证汇总表（2）”工作表，在任意一个空白单元格中输入以下公式。

=(J94-I100-I104-I112-I115)*25%

按下【Enter】键完成输入，随即返回所得税的计算结果。

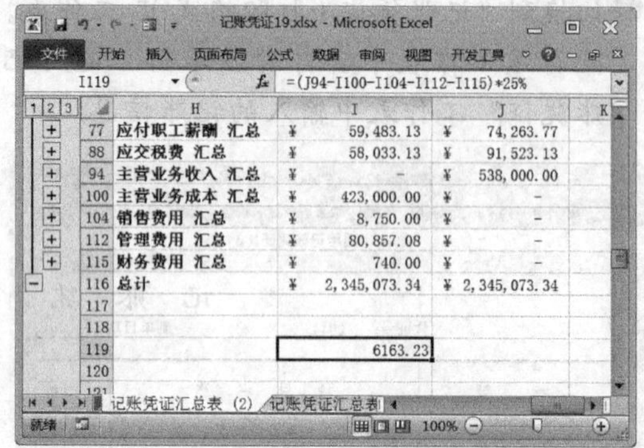

2 提取所得税的账务处理。切换到“通用记账凭证”工作表，删除该工作表中除了“科目名称”和借贷方金额的“合计”值之外的数据，然后输入该业务的记账凭证。

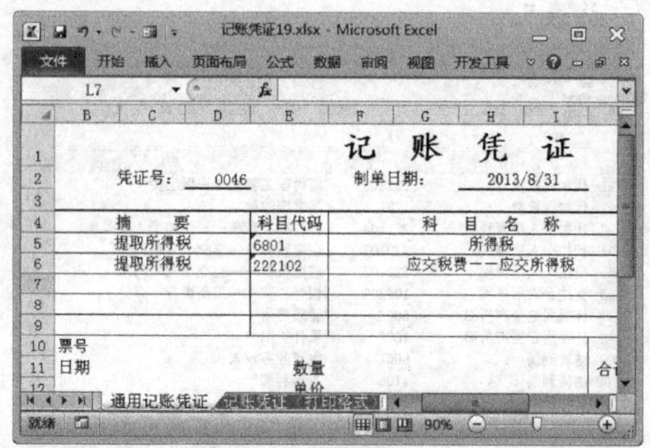

3 切换到“记账凭证（打印格式）”工作表，此时该工作表中会自动显示出“通用记账凭证”工作表中输入的记账信息。

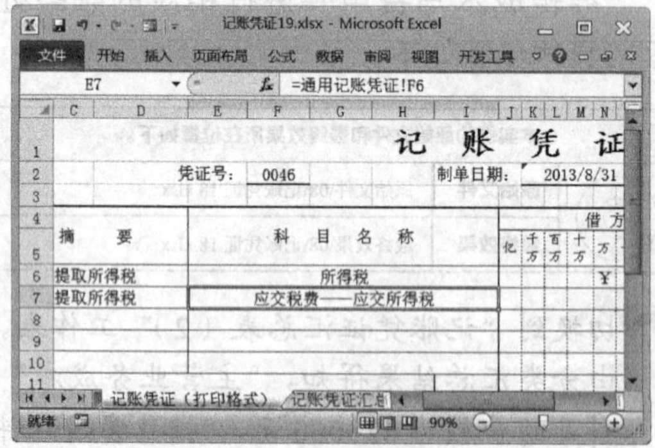

❹切换到“记账凭证汇总表”工作表，将审核无误的记账凭证登记到记账凭证汇总表。

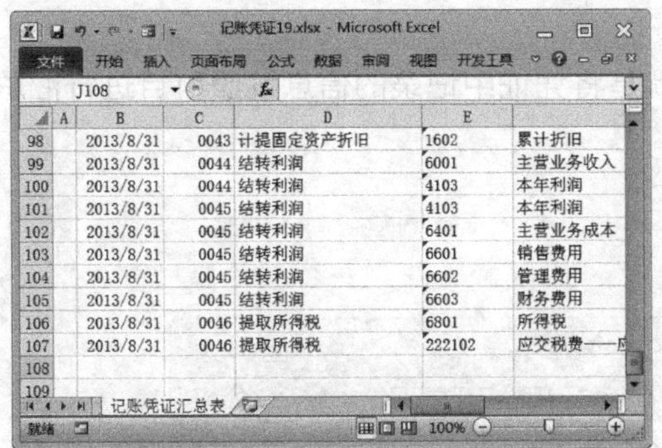

2. 结转所得税

将所得税结转入“本年利润科目”并进行相应的账务处理的具体步骤如下。

本实例的原始文件和最终效果所在位置如下。		
	原始文件	原始文件\08\记账凭证 20.xlsx
	最终效果	最终效果\08\记账凭证 20.xlsx

❶切换到“通用记账凭证”工作表，删除该工作表中除了“科目名称”和借贷方金额的“合计”值之外的数据，然后输入该业务的记账凭证。

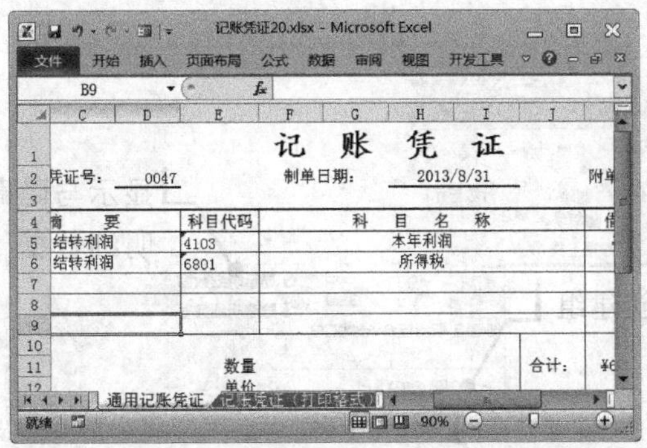

❷切换到“记账凭证（打印格式）”工作表，此时该工作表中会自动显示出“通用记账凭证”工作表中输入的记账信息。

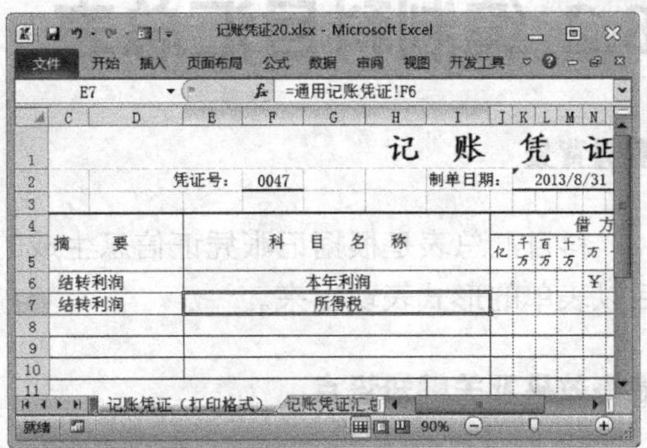

❸切换到“记账凭证汇总表”工作表，将审核无误的记账凭证登记到“记账凭证汇总表”。

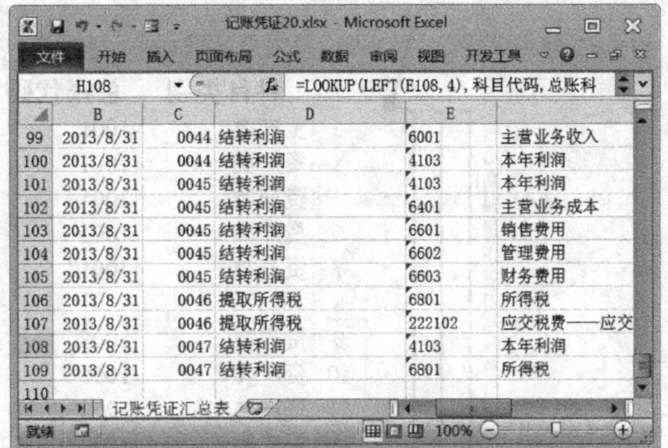

❹“记账凭证汇总表（2）”是辅助结转利润的，在利润结转完后，可以将其隐藏。在工作表“记账凭证汇总表（2）”标签上单击鼠标右键，在弹出的快捷菜单中选择【隐藏】选项，即可将工作表“记账凭证汇总表（2）”隐藏。

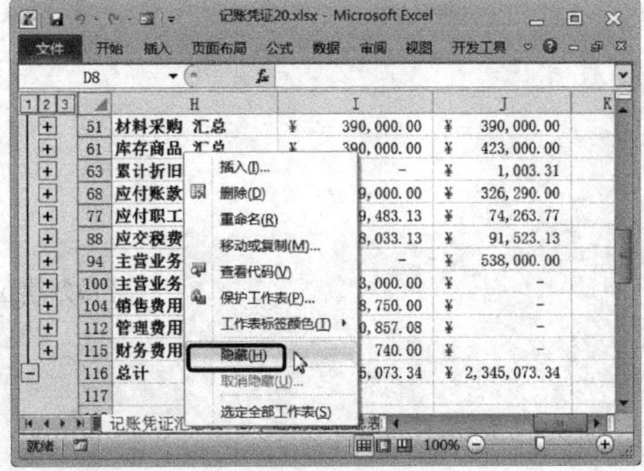

8.2 编制科目汇总表

案例背景

科目汇总表是根据记账凭证信息生成的，就是将凭证中记录的信息按照科目进行汇总后以表单的形式表现出来。

最终效果及关键知识点

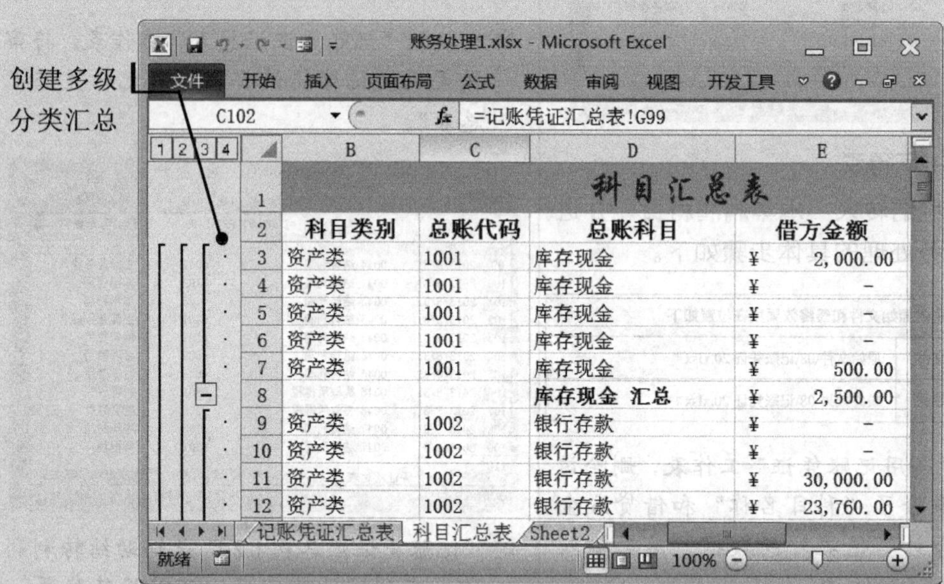

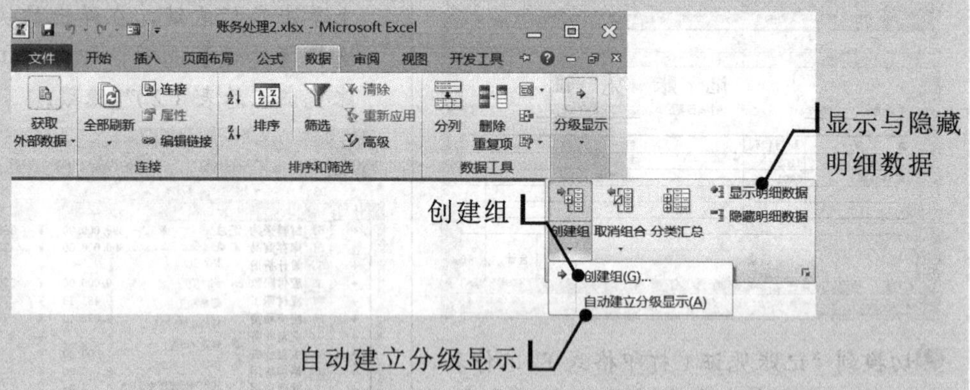

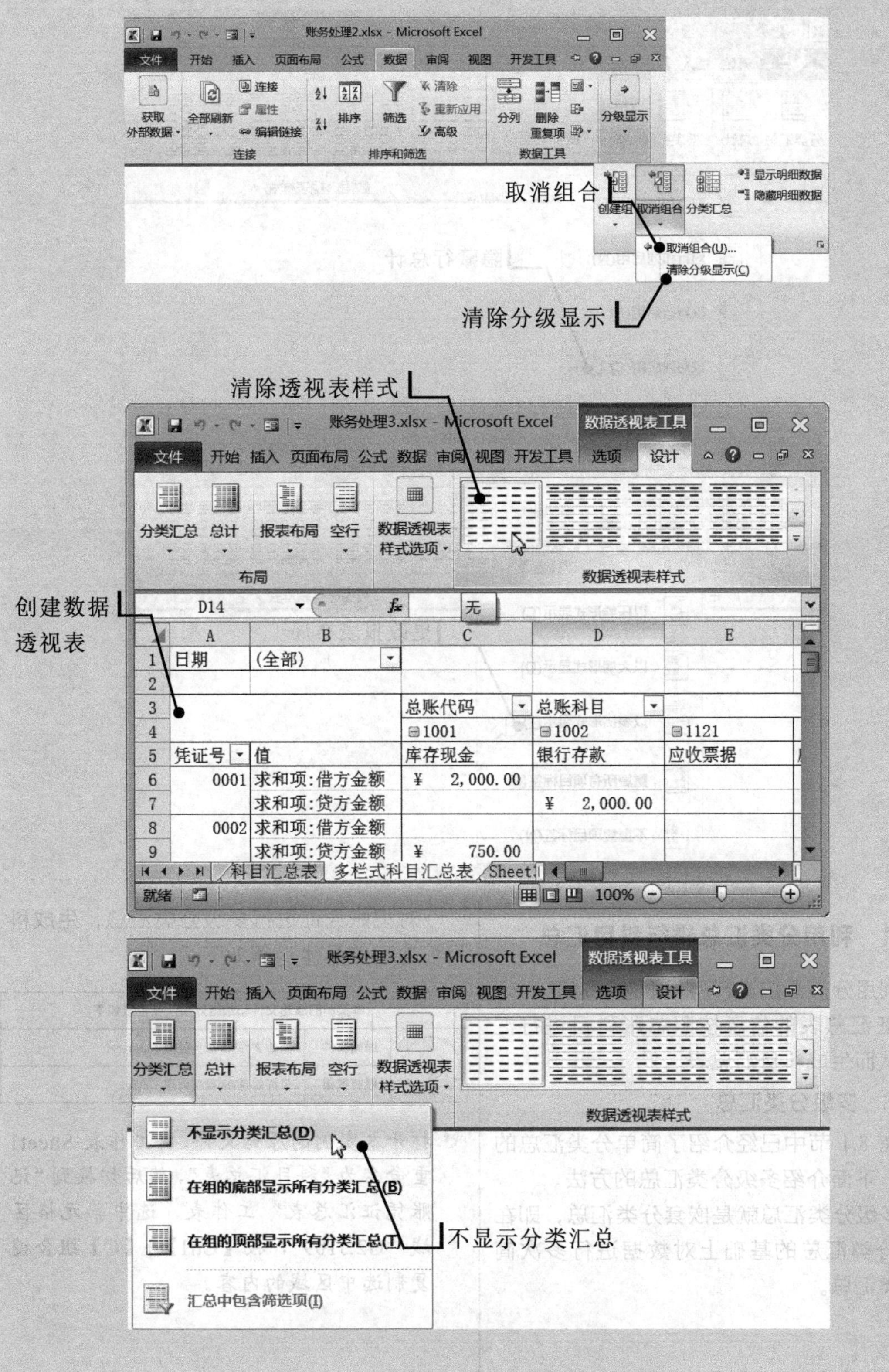
账务处理2.xlsx - Microsoft Excel
文件 开始 插入 页面布局 公式 数据 审阅 视图 开发工具
获取外部数据 全部刷新 连接 属性 编辑链接 排序 筛选 清除 重新应用 高级 分列 删除重复项 分级显示
连接 排序和筛选 数据工具
取消组合
创建组 取消组合 分类汇总 显示明细数据 隐藏明细数据
取消组合(U)...
清除分级显示(C)
清除分级显示
清除透视表样式
账务处理3.xlsx - Microsoft Excel 数据透视表工具
文件 开始 插入 页面布局 公式 数据 审阅 视图 开发工具 选项 设计
分类汇总 总计 报表布局 空行 数据透视表样式选项
布局 数据透视表样式
创建数据透视表
D14 无
日期 (全部)
总账代码 总账科目
1001 1002 1121
凭证号 值 库存现金 银行存款 应收票据
0001 求和项:借方金额 ¥ 2,000.00
求和项:贷方金额 ¥ 2,000.00
0002 求和项:借方金额
求和项:贷方金额 ¥ 750.00
科目汇总表 多栏式科目汇总表 Sheet
就绪 100%
账务处理3.xlsx - Microsoft Excel 数据透视表工具
文件 开始 插入 页面布局 公式 数据 审阅 视图 开发工具 选项 设计
分类汇总 总计 报表布局 空行 数据透视表样式选项
数据透视表样式
不显示分类汇总(D)
在组的底部显示所有分类汇总(B)
在组的顶部显示所有分类汇总(T)
汇总中包含筛选项(I)
不显示分类汇总

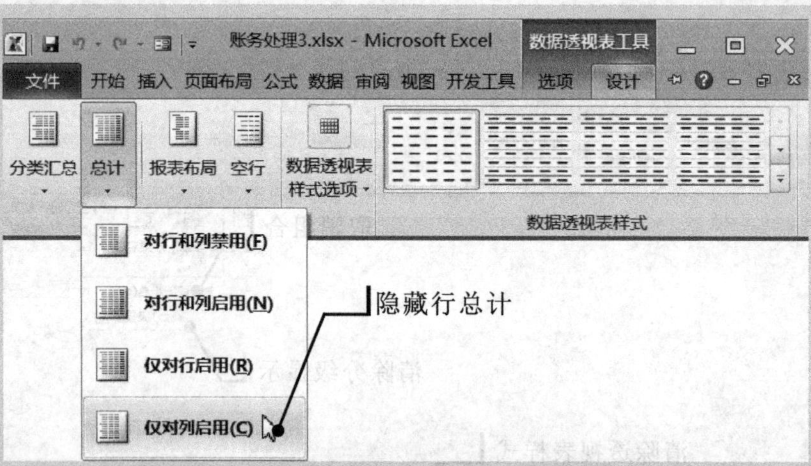

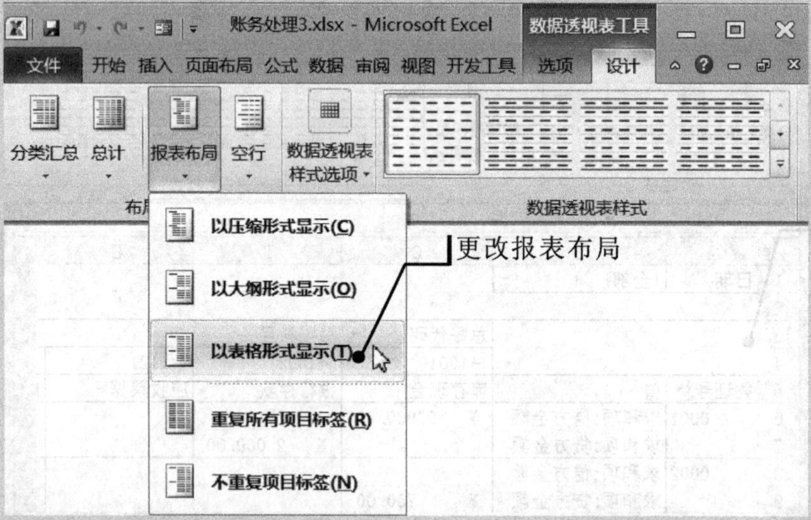

隐藏行总计

更改报表布局

8.2.1 利用分类汇总进行科目汇总

利用分类汇总进行科目汇总，就是对记账凭证汇总表的信息按照总账科目进行汇总，从而生成科目汇总表。

1. 多级分类汇总

在 8.1 节中已经介绍了简单分类汇总的方法，下面介绍多级分类汇总的方法。

多级分类汇总就是嵌套分类汇总，即在简单分类汇总的基础上对数据进行多次简单分类汇总。

对记账凭证进行多级分类汇总，生成科目汇总表的具体步骤如下。

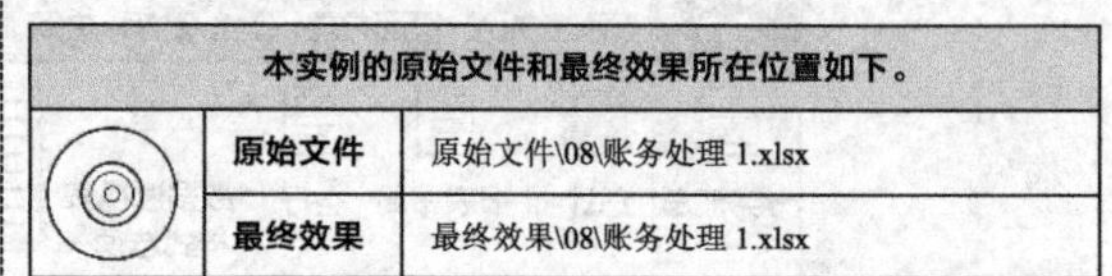

本实例的原始文件和最终效果所在位置如下。		
	原始文件	原始文件\08\账务处理 1.xlsx
	最终效果	最终效果\08\账务处理 1.xlsx

1 打开本实例的原始文件，将工作表 Sheet1 重命名为"科目汇总表"，然后切换到"记账凭证汇总表"工作表，选中单元格区域"G2:J109"，按【Ctrl】+【C】组合键复制选中区域的内容。

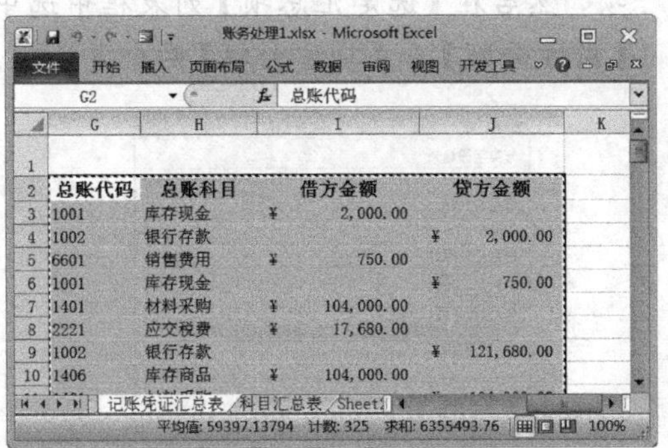

❷切换到“科目汇总表”工作表，选中单元格 C2，切换到【开始】选项卡，在【剪贴板】组中，单击【粘贴】按钮，在弹出的下拉列表中选择【粘贴链接】选项。

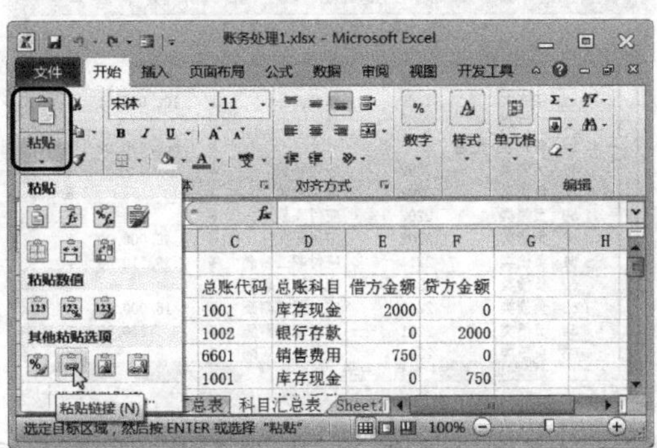

❸即可将复制的内容粘贴到该工作表中，同时粘贴结果与复制的单元格区域保持链接关系，即每个单元格中自动设置了引用公式，使之与源数据区域保持内容一致。

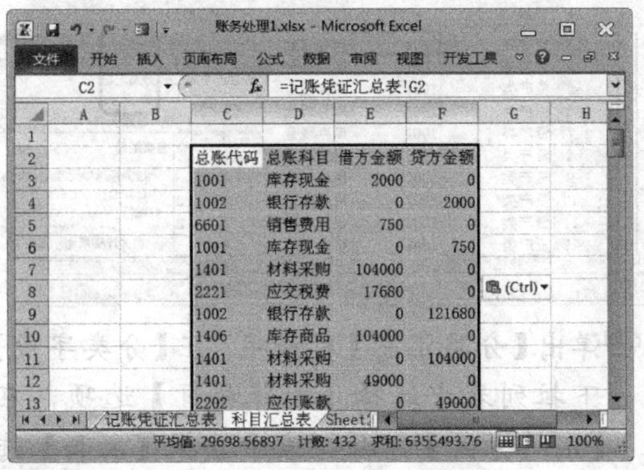

❹在单元格 B1 中输入表格标题“科目汇总表”，在单元格 B2 中输入列标题“科目类别”，然后对该工作表进行格式设置，并适当地调整列宽。

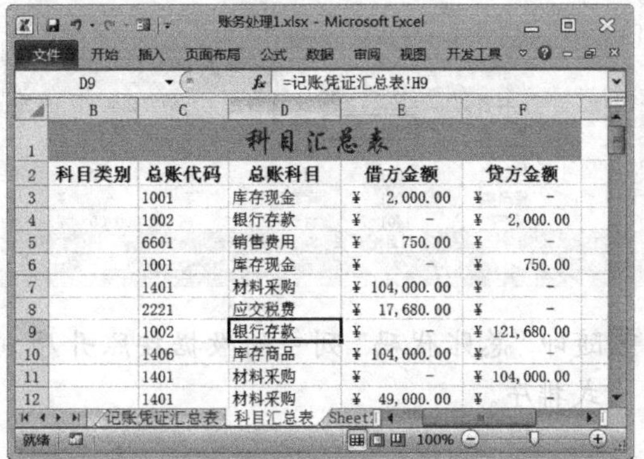

❺判断“科目类别”。在单元格 B3 中输入以下公式。

=IF(LEFT(C3,1)="1","资产类",IF(LEFT(C3,1)="2","负债类",IF(LEFT(C3,1)="4","所有者权益类",IF(LEFT(C3, 1)="6","损益类",""))))

按【Enter】键完成输入，随即返回判断结果，然后将该单元格中的公式填充到该列的其他单元格中，并适当地调整列宽。

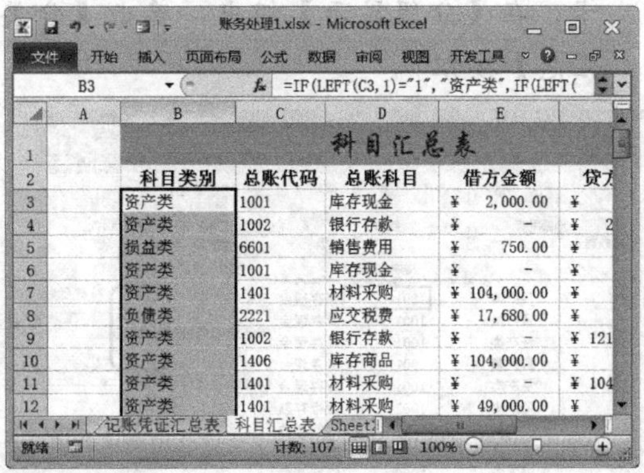

❻选中“总账代码”列中的任意一个单元格，切换到【数据】选项卡，在【排序和筛选】组中，单击【升序排序】按钮。

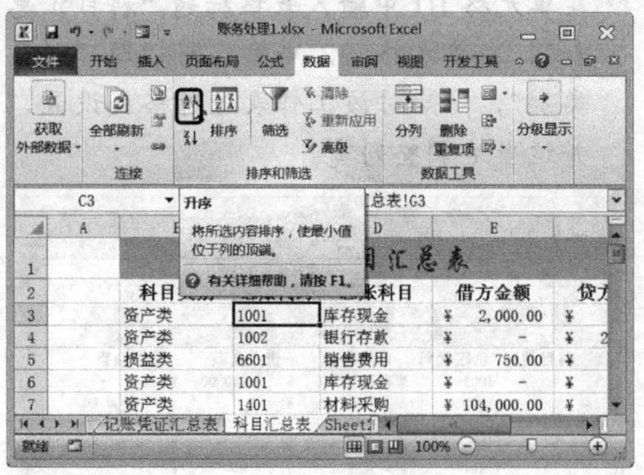

❼随即“总账代码”列中的数据按照升序方式排序。

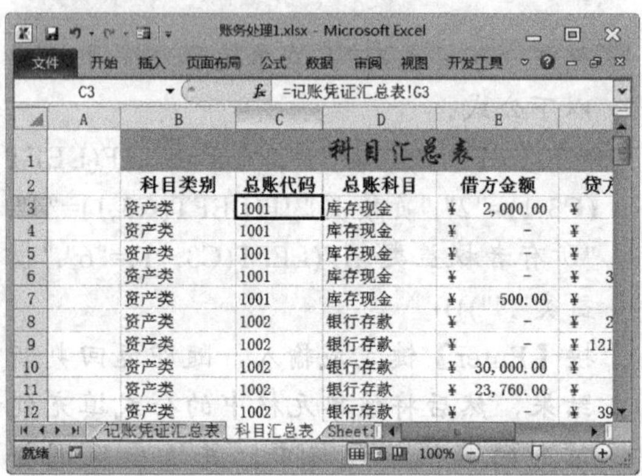

❽进行简单分类汇总。切换到【数据】选项卡，在【分级显示】组中，单击【分类汇总】按钮。

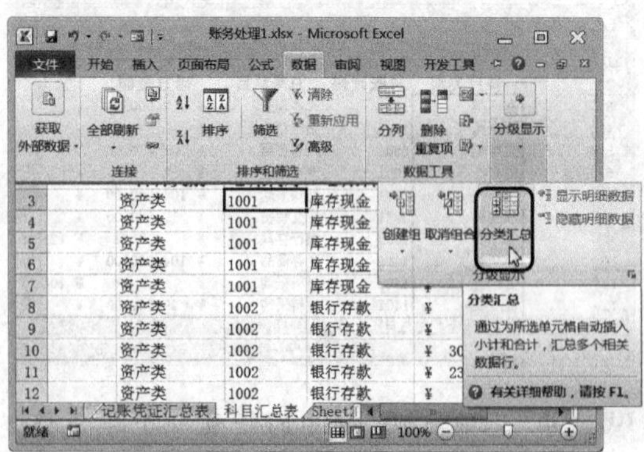

❾弹出【分类汇总】对话框，在【分类字段】下拉列表中选择【科目类别】选项，在【汇总方式】下拉列表中选择【求和】选项，然后在【选定汇总项】列表框中选中【借方金额】和【贷方金额】两个复选框。

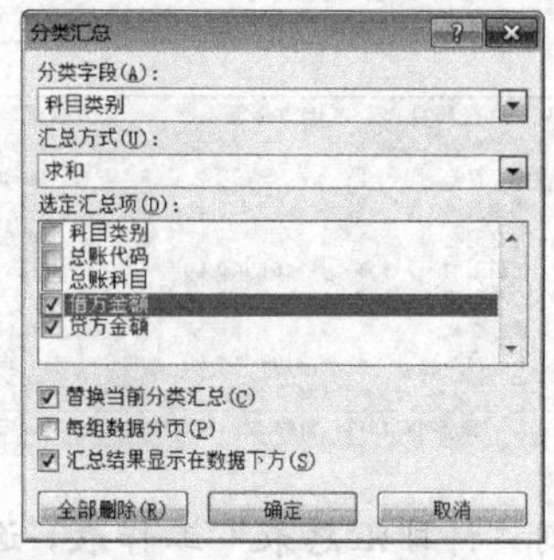

❿单击 确定 按钮即可完成数据的简单分类汇总，然后适当地调整列宽。

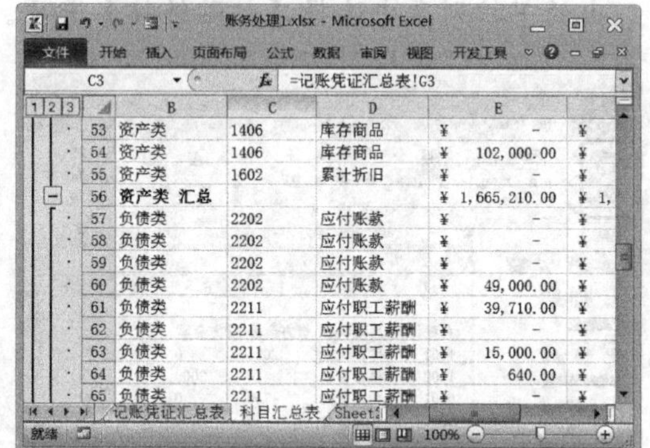

⓫进行多级分类汇总。切换到【数据】选项卡，在【分级显示】组中，单击【分类汇总】按钮。

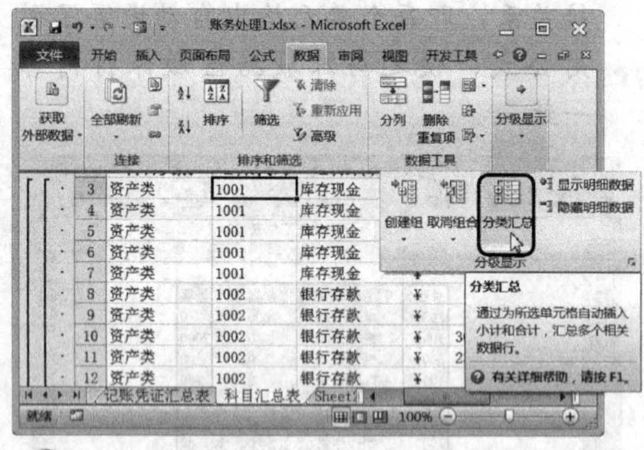

⓬弹出【分类汇总】对话框，在【分类字段】下拉列表中选择【总账科目】选项，在【汇总方式】下拉列表中选择【求和】选项，在【选定汇总项】列表框中选中【借

方金额】和【贷方金额】两个复选框，然后撤选【替换当前分类汇总】复选框。

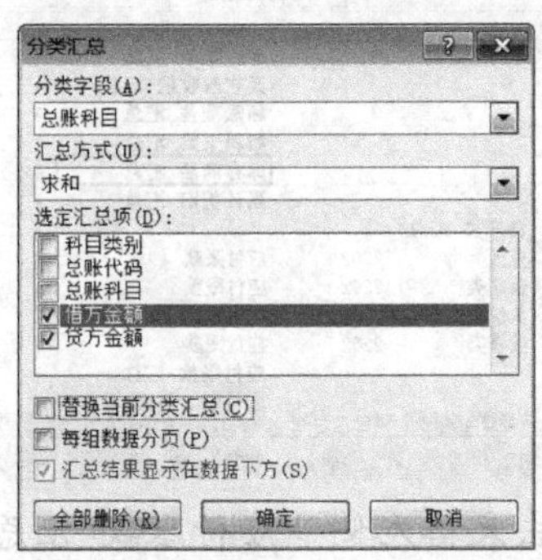

⑬单击 确定 按钮即可完成数据的多级分类汇总，然后适当地调整列宽。

2. 分级显示

使用“分级显示”功能可以将汇总结果中的一些数据隐藏起来，当需要查看隐藏的数据时再将其显示出来。

本实例的原始文件和最终效果所在位置如下。		
	原始文件	原始文件\08\账务处理 2.xlsx
	最终效果	最终效果\08\账务处理 2.xlsx

①打开本实例的原始文件，切换到“科目汇总表”工作表，用户可以在工作表的左上角看到分类汇总的级别，系统默认显示到分类汇总的所有级别，此处为 4 级。

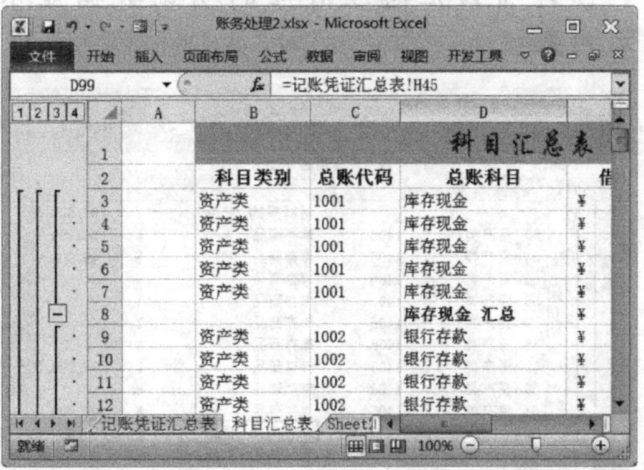

②单击工作表左上角数字按钮中的 3 按钮，随即工作表中只显示前 3 级数据，第 4 级数据（明细数据）即可被隐藏。

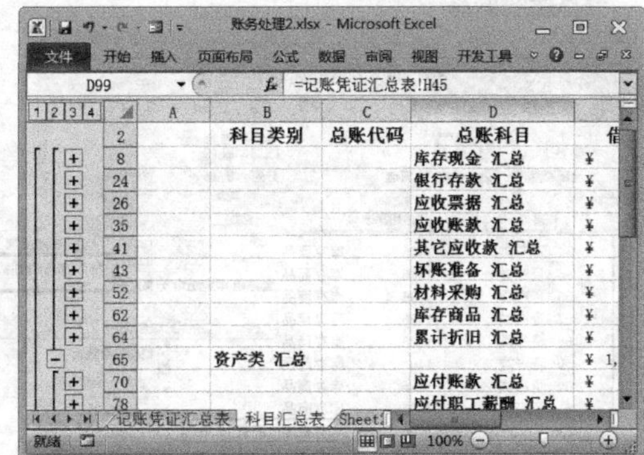

③显示明细数据。选中“库存商品 汇总”所在行的任意一个单元格，切换到【数据】选项卡，在【分级显示】组中，单击【显示明细数据】按钮 显示明细数据。

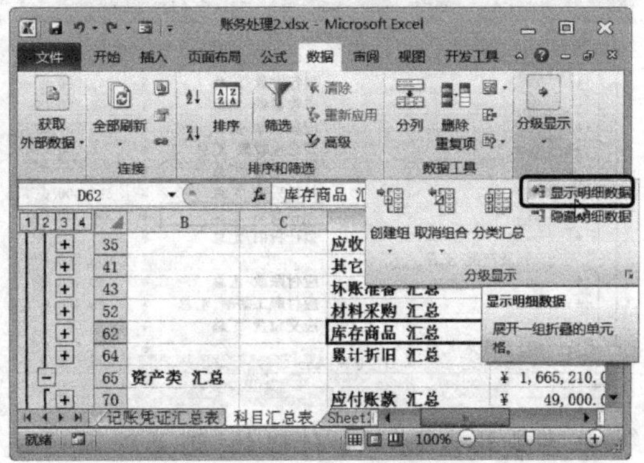

❹随即将该汇总项对应的明细数据显示出来。

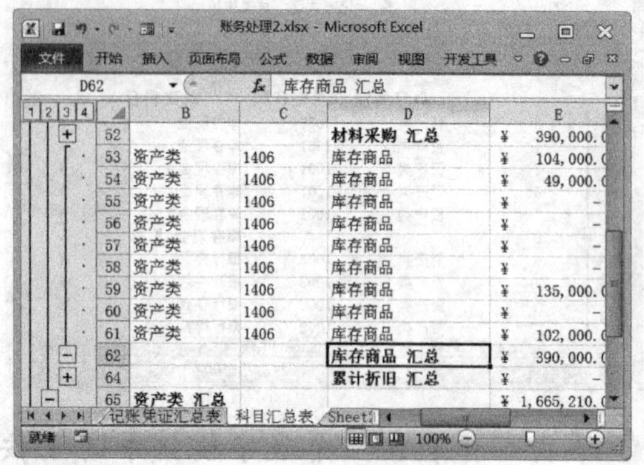

❺切换到【数据】选项卡，在【分级显示】组中，单击【隐藏明细数据】按钮 隐藏明细数据。

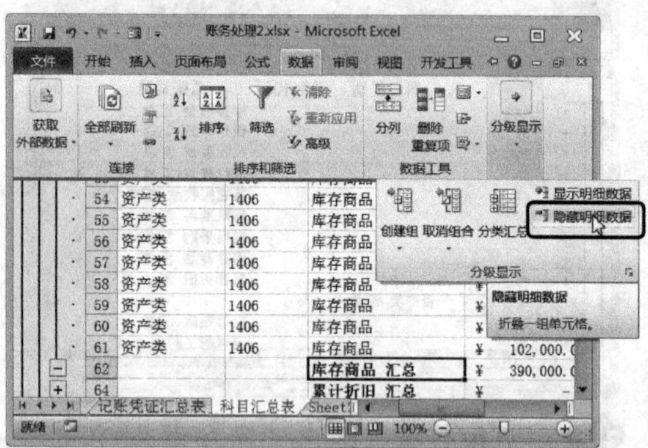

❻即可将该汇总项对应的明细数据隐藏起来。

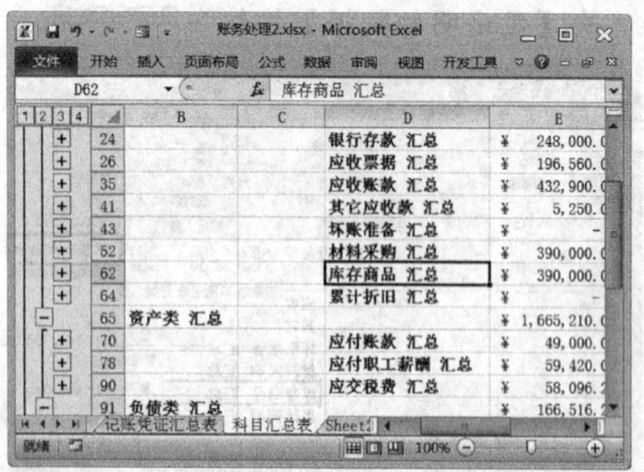

❼单击表格左侧“应付账款 汇总”所对应的 + 按钮，即可将隐藏的明细数据显示出来，同时 + 按钮变成 − 按钮。

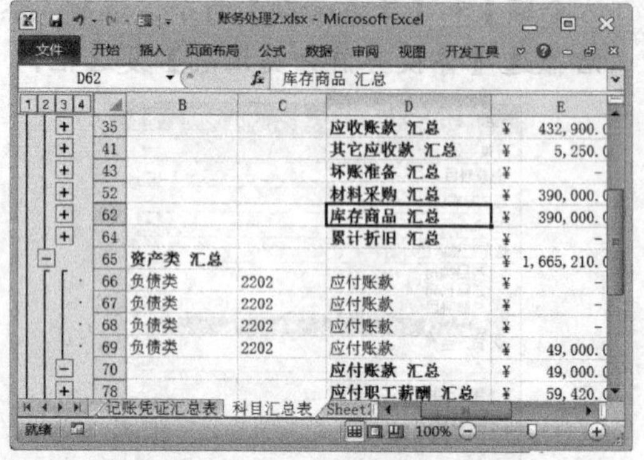

❽再单击表格左侧“应付账款 汇总”所对应的 − 按钮，即可将刚刚显示出来的明细数据隐藏起来，同时 − 按钮又变成 + 按钮。

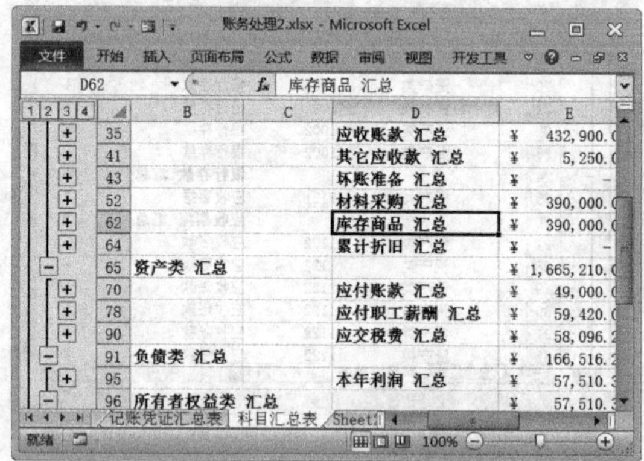

❾清除分级显示。切换到【数据】选项卡，在【分级显示】组中，单击【取消组合】按钮，在弹出的下拉列表中选择【清除分级显示】选项。

⑩即可清除工作表中的分类汇总的级别，取消分级显示。

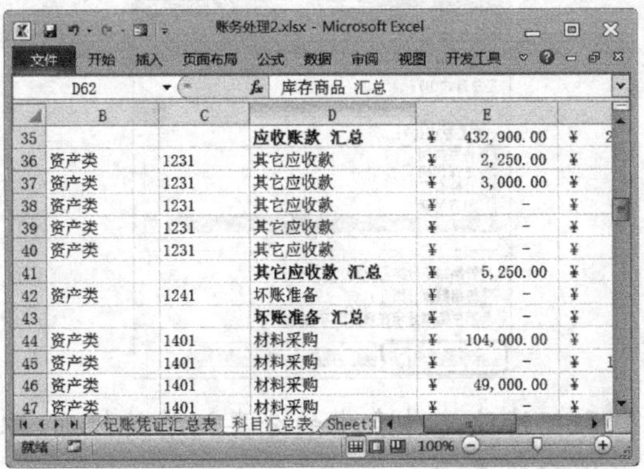

⑪创建组。选中单元格区域“B3:B7”，切换到【数据】选项卡，在【分级显示】组中，单击【创建组】按钮，在弹出的下拉列表中选择【创建组】选项。

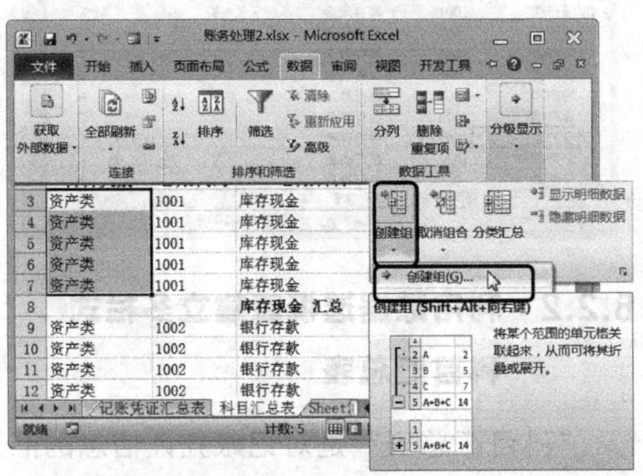

⑫弹出【创建组】对话框，在【创建组】组合框中选中【行】单选钮。

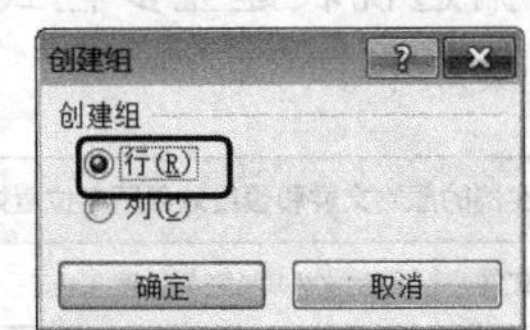

⑬单击 确定 按钮，即可将选中的单元格区域所在的行区域组成一个组。

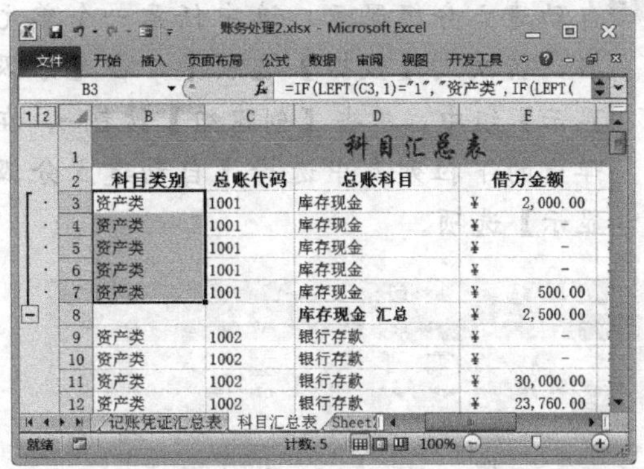

⑭取消组合。选中单元格区域“B3:B7”，切换到【数据】选项卡，在【分级显示】组中，单击【取消组合】按钮，在弹出的下拉列表中选择【取消组合】选项。

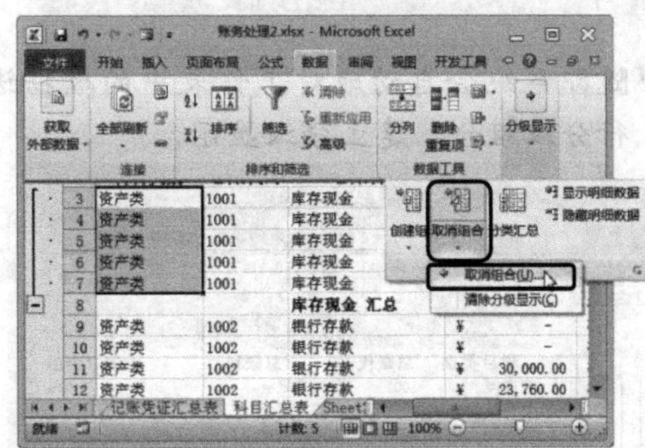

⑮弹出【取消组合】对话框，在【取消组合】组合框中选中【行】单选钮。

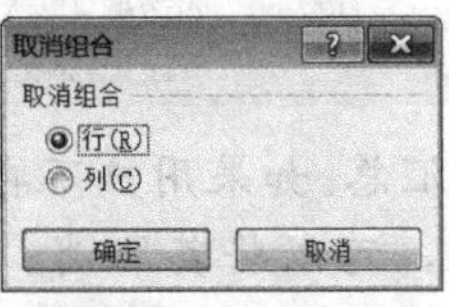

⑯单击 确定 按钮，即可将选中的单元格区域所在的行区域组成的组取消。

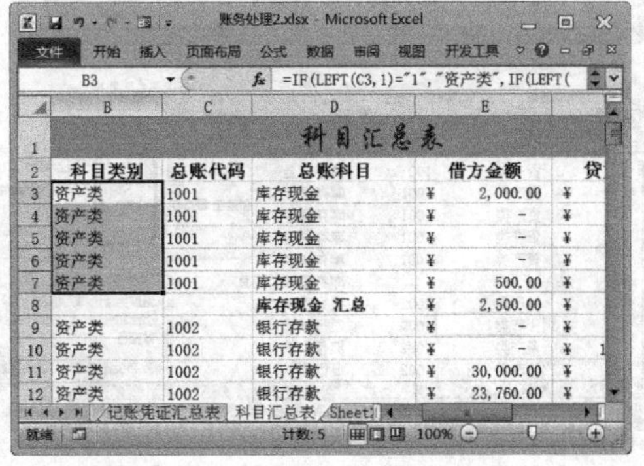

17 自动建立分级显示。选中任意一个单元格，切换到【数据】选项卡，在【分级显示】组中，单击【创建组】按钮，在弹出的下拉列表中选择【自动建立分级显示】选项。

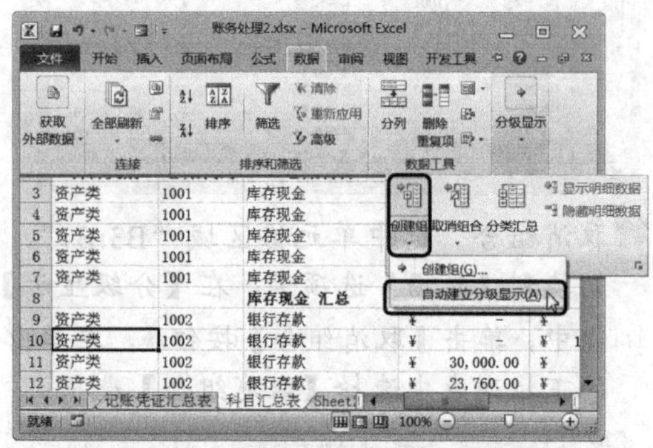

18 随即系统会自动地对工作表中的数据进行分级组合，建立分级显示。

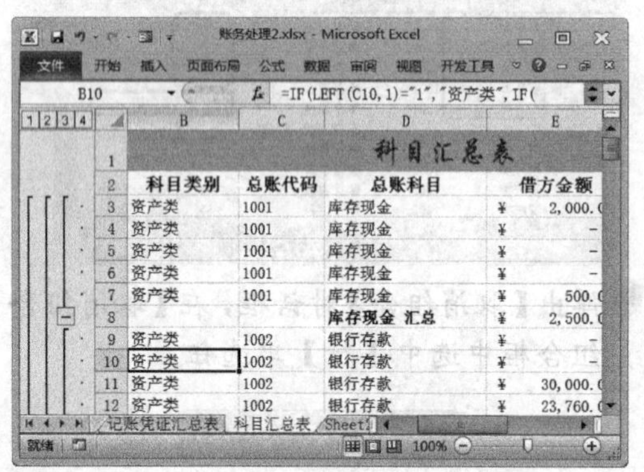

18 取消分类汇总。如果用户不再需要分类汇总的结果，可以将其取消。切换到【数据】选项卡，在【分级显示】组中，单击【分类汇总】按钮。

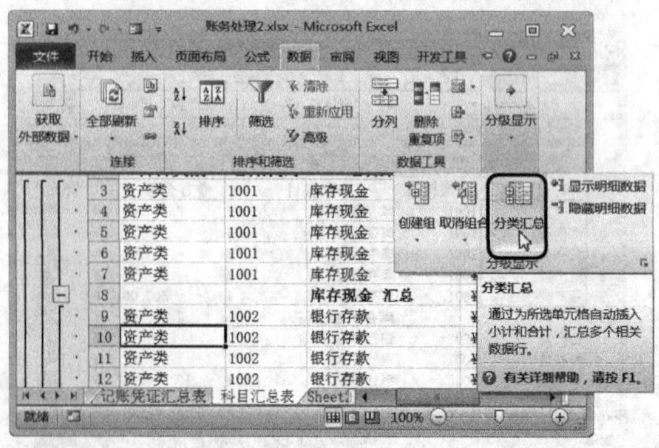

19 弹出【分类汇总】对话框，单击 全部删除(R) 按钮。

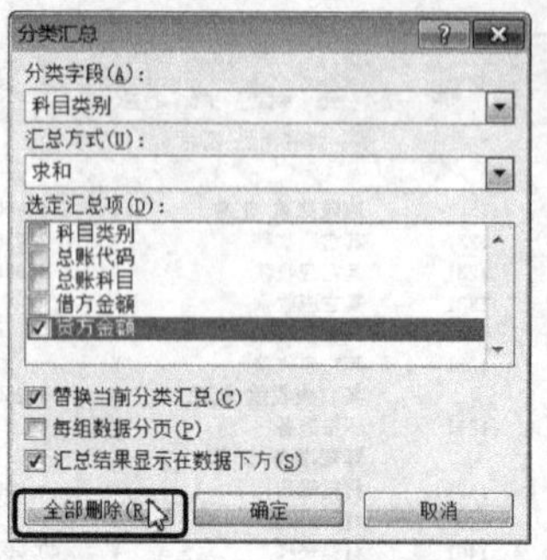

20 即可清除工作表中的分类汇总的级别，取消分级显示。

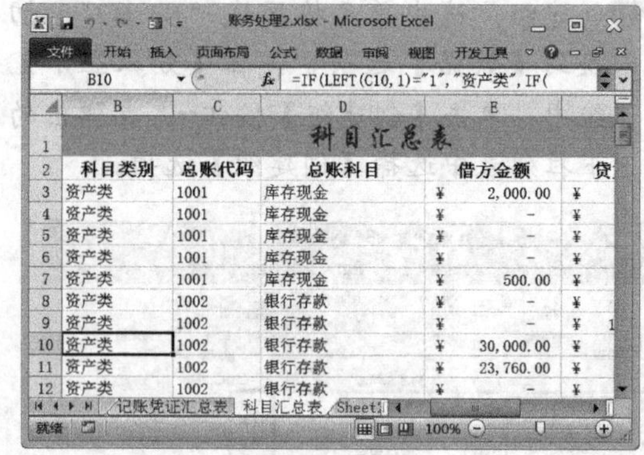

8.2.2 利用数据透视表建立多栏式科目汇总表

"科目汇总表"是对记账凭证信息的汇总和检索，多栏式科目汇总表能够更加明了地显示每一个会计科目的发生额情况。

利用数据透视表建立多栏式科目汇总表的具体步骤如下。

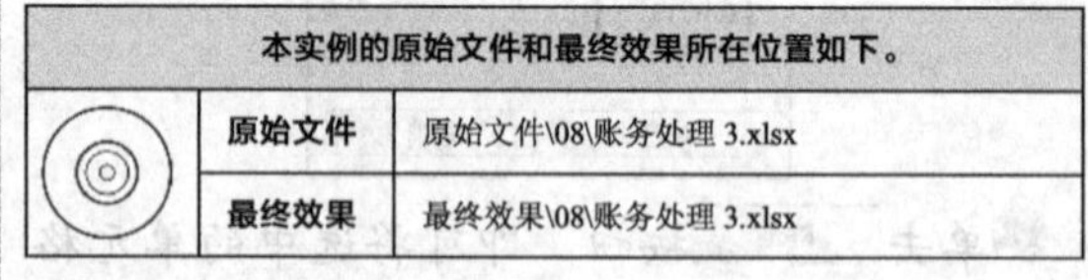

本实例的原始文件和最终效果所在位置如下。	
原始文件	原始文件\08\账务处理 3.xlsx
最终效果	最终效果\08\账务处理 3.xlsx

1 打开本实例的原始文件，切换到"记账凭证汇总表"，选中数据区域中的任意一个单元格，切换到【插入】选项卡，在【表

格】组中，单击【数据透视表】按钮，在弹出的下拉列表中选择【数据透视表】选项。

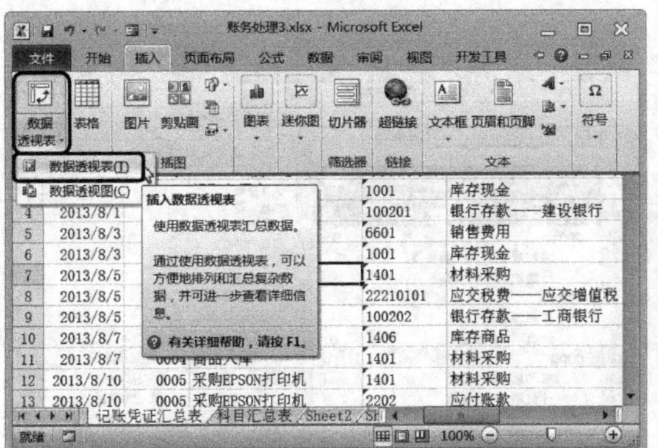

❷弹出【创建数据透视表】对话框，此时【表/区域】文本框中默认显示了该工作表的所有数据区域，在【选中放置数据透视表的位置】组合框选中【现有工作表】单选钮，然后在【位置】文本框中选择工作表“Sheet2”中的单元格 A1。

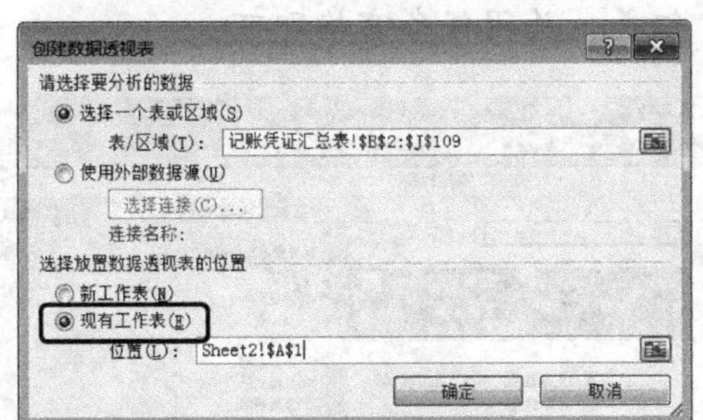

❸设置完毕，单击 确定 按钮。在工作表“Sheet2”中自动生成数据透视表的基本框架，并弹出【数据透视表字段列表】任务窗格。

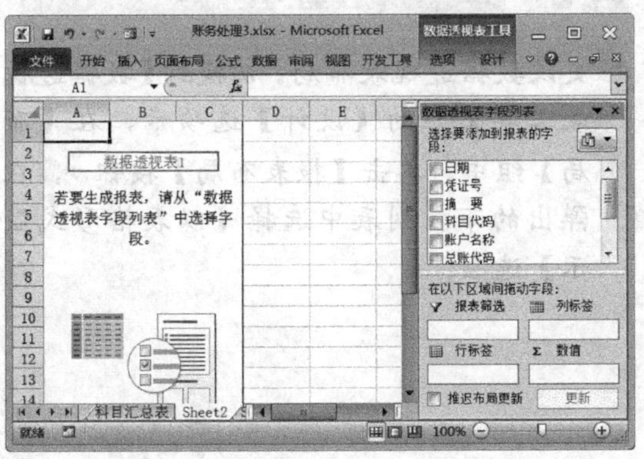

❹用户可以使用鼠标将【日期】字段按钮拖曳到【报表筛选】列表框中，将【凭证号】字段按钮拖曳至【行标签】列表框中，将【总账代码】和【总账科目】字段按钮拖曳到【列标签】列表框中，将【借方金额】和【贷方金额】字段按钮拖曳到【数值】列表框中。

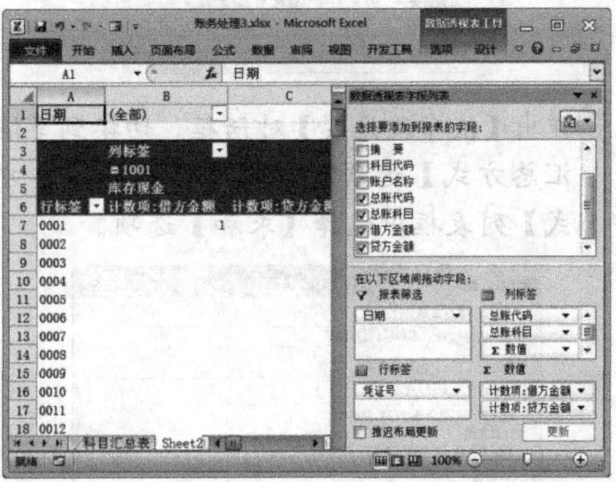

❺用户可以发现移动完这些字段后，在【列标签】列表框中自动添加了一个【数值】字段，用户可以使用鼠标将其拖曳到【行标签】列表框中。

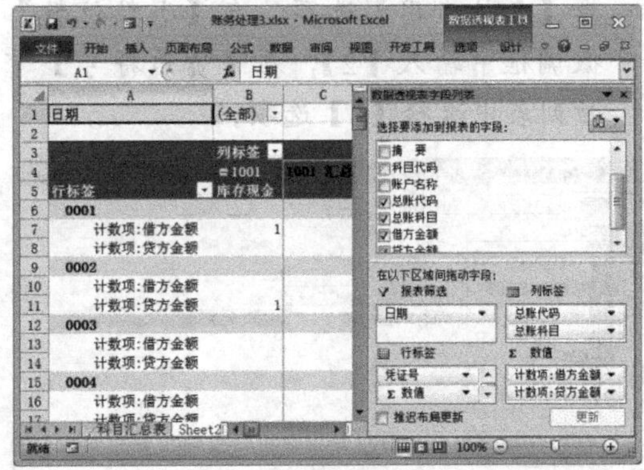

❻值字段设置。在【数值】列表框中单击【计数项：借方金额】右侧的下三角按钮，在弹出的下拉列表中选择【值字段设置】选项。

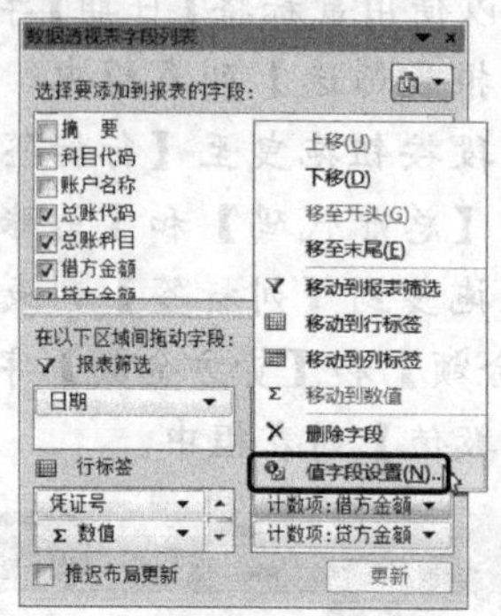

⑦弹出【值字段设置】对话框，切换到【值汇总方式】选项卡，在【值字段汇总方式】列表框中选择【求和】选项。

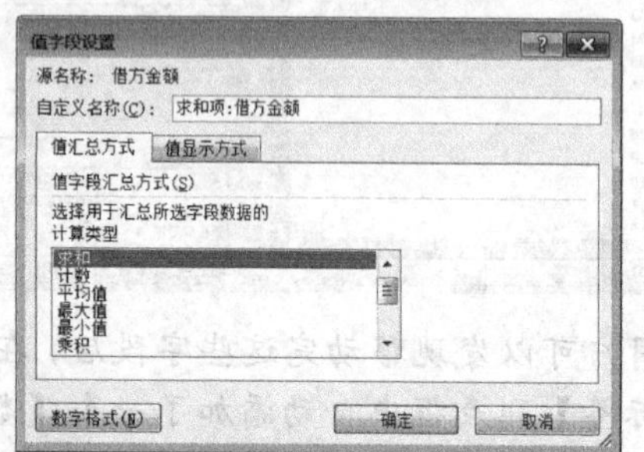

⑧单击 数字格式(N) 按钮，弹出【设置单元格格式】对话框，在【分类】列表框中选择【会计专用】选项，在【小数位数】微调框中输入【2】，在【货币符号】下拉列表中选择【¥】选项。

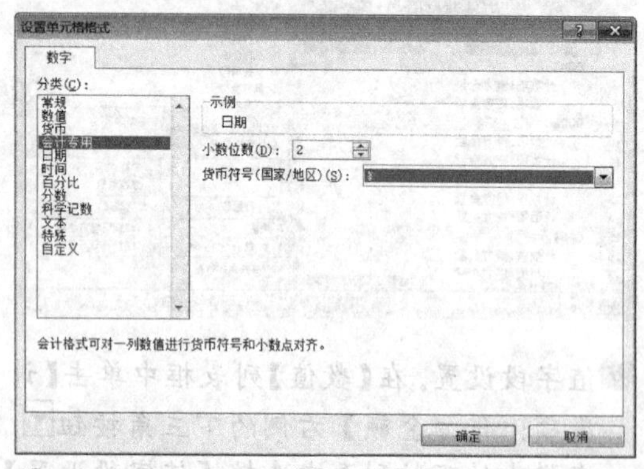

⑨设置完毕，单击 确定 按钮返回【值字段设置】对话框，再次单击 确定 按钮返回工作表，用户可以看到“借方金额”的汇总方式已经由“计数项”更改为“求和项”，数字格式也已经更改为会计专用格式。

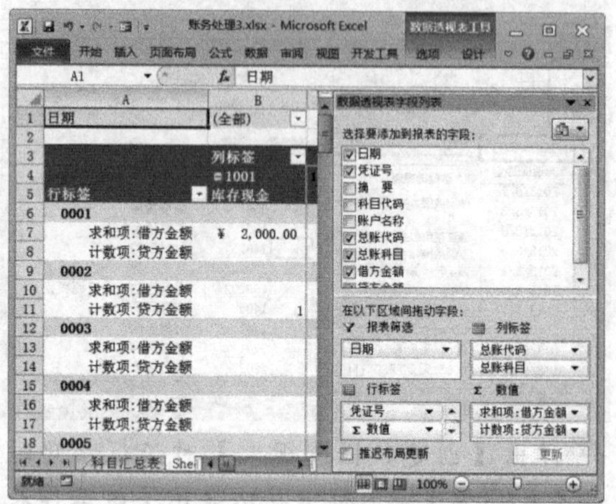

⑩用户可以按照相同的方法将“贷方金额”的汇总方式由“计数项”更改为“求和项”，并将其数字格式设置为会计专用。设置完毕，单击任务窗格的【关闭】按钮 ×，关闭任务窗格即可。

⑪更改数据透视表布局。切换到【数据透视表工具】栏的【设计】选项卡，在【布局】组中，单击【报表布局】按钮，在弹出的下拉列表中选择【以表格形式显示】选项。

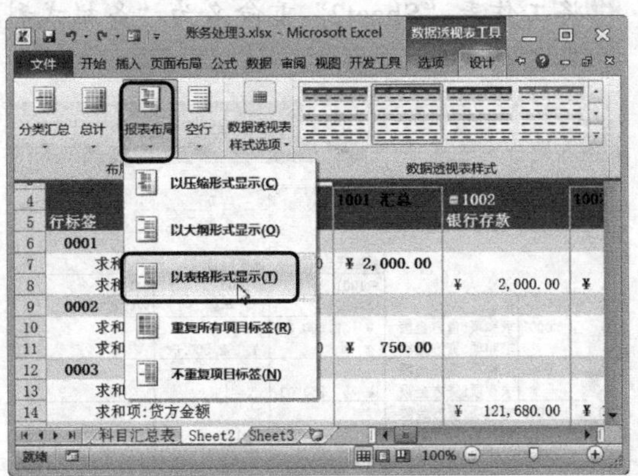

⑫随即数据透视表的布局以表格形式显示，用户可以适当地调整表格的列宽。

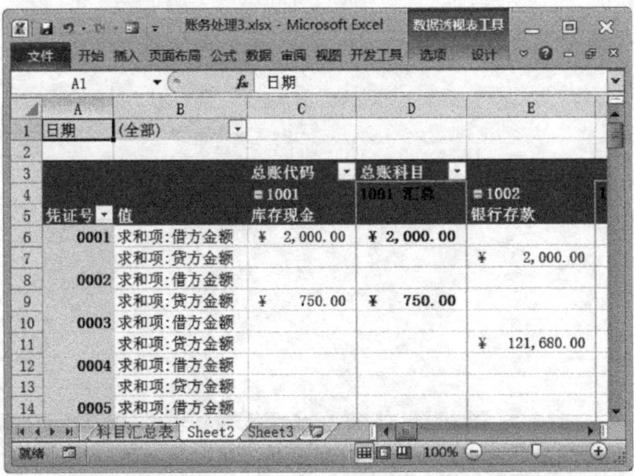

⑬清除数据透视表样式。切换到【数据透视表工具】栏的【设计】选项卡，在【数据透视表样式】组中，单击【其他】按钮。

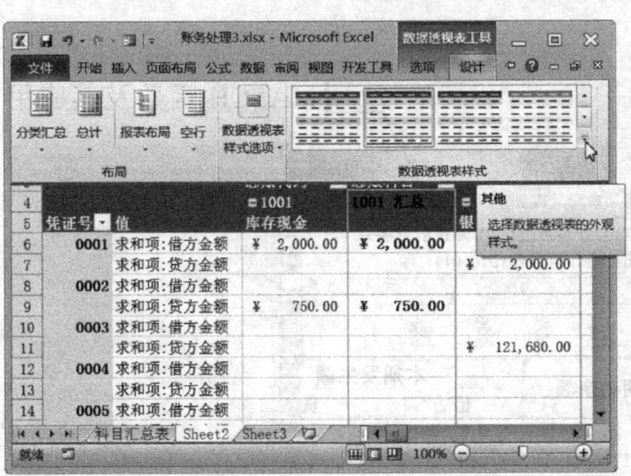

⑭在弹出的样式库中选择【无】选项。

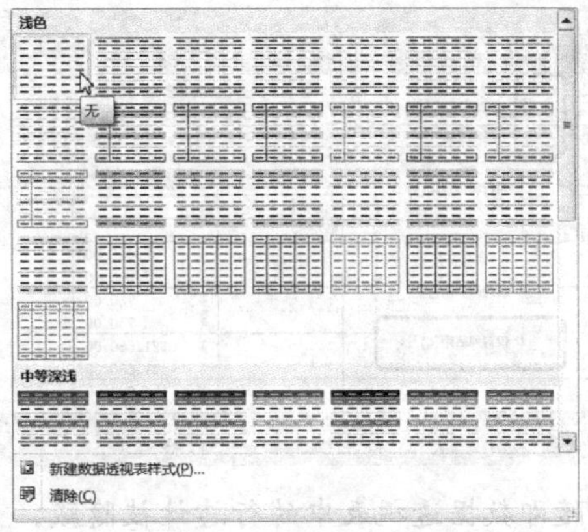

⑮取消分类汇总。切换到【数据透视表工具】栏的【设计】选项卡，在【布局】组中，单击【分类汇总】按钮，在弹出的下拉列表中选择【不显示分类汇总】选项。

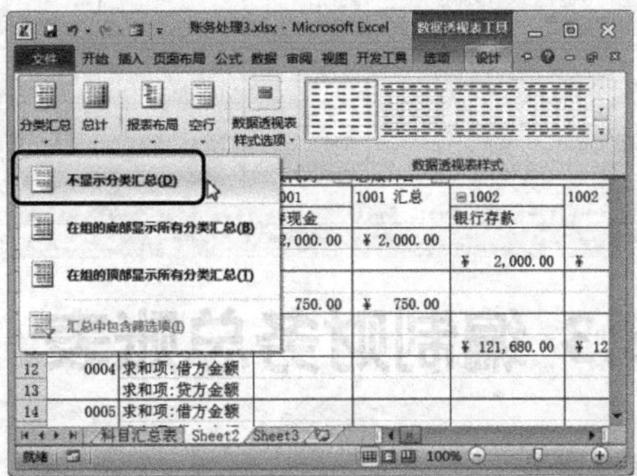

⑯随即数据透视表中的分类汇总项被隐藏。

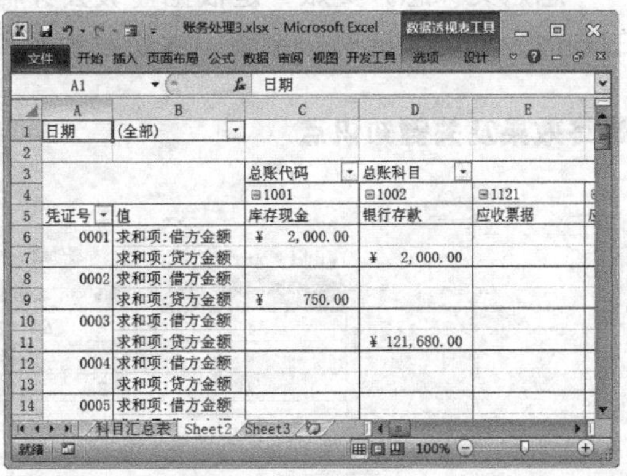

⑰隐藏行总计。切换到【数据透视表工具】栏的【设计】选项卡，在【布局】组中，单击【总计】按钮，在弹出的下拉列表中选择【仅对列启用】选项。

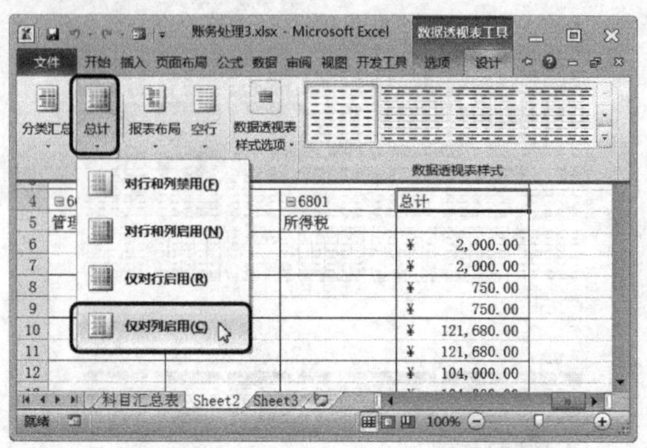

⓲随即数据透视表中的行总计被隐藏。

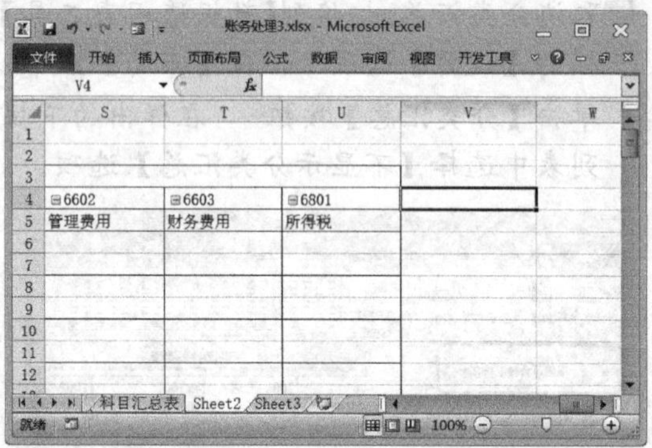

⓳将工作表“Sheet2”重命名为“多栏式科目汇总表”。

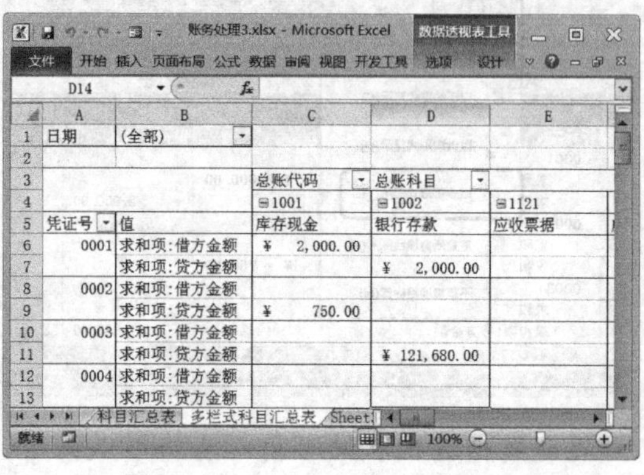

8.3 编制财务总账表

案例背景

总账又称总分类账，是根据一级会计科目设置的，总结反映全部经济业务和资金状况的账簿，主要包括期初余额、本期发生额和期末余额等内容。

最终效果及关键知识点

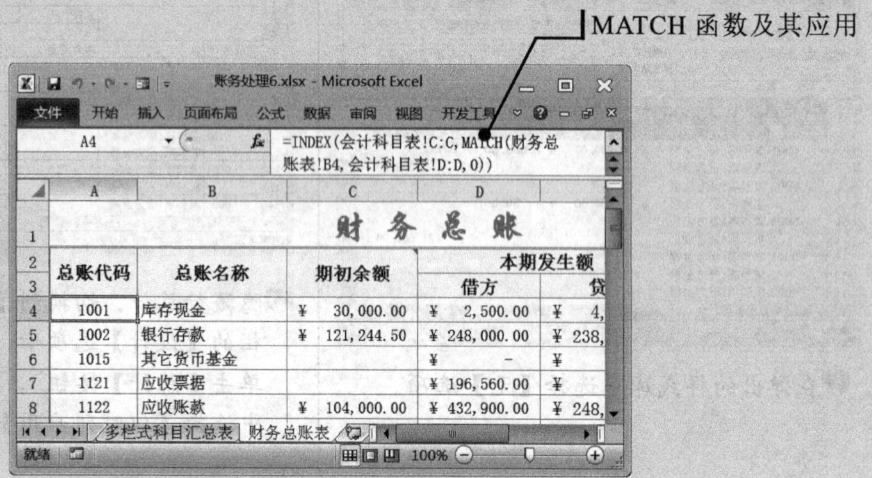

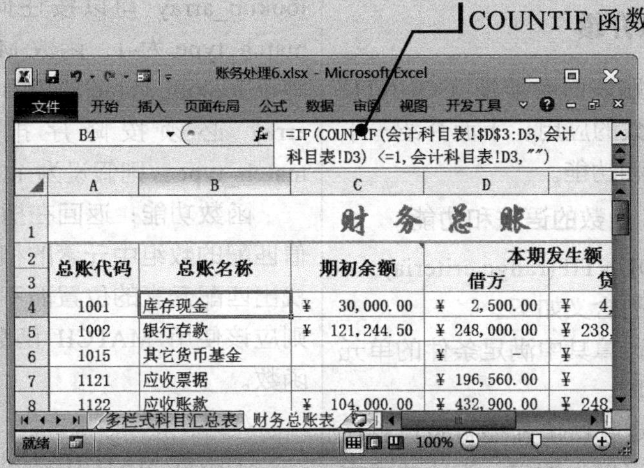
COUNTIF 函数及其应用
账务处理6.xlsx - Microsoft Excel
文件 开始 插入 页面布局 公式 数据 审阅 视图 开发工具
B4
=IF(COUNTIF(会计科目表!$D$3:D3,会计科目表!D3)<=1,会计科目表!D3,"")
财 务 总 账
总账代码 总账名称 期初余额 本期发生额 借方
1001 库存现金 ¥ 30,000.00 ¥ 2,500.00
1002 银行存款 ¥ 121,244.50 ¥ 248,000.00
1015 其它货币基金
1121 应收票据 ¥ 196,560.00
1122 应收账款 ¥ 104,000.00 ¥ 432,900.00
多栏式科目汇总表 财务总账表
就绪 100%

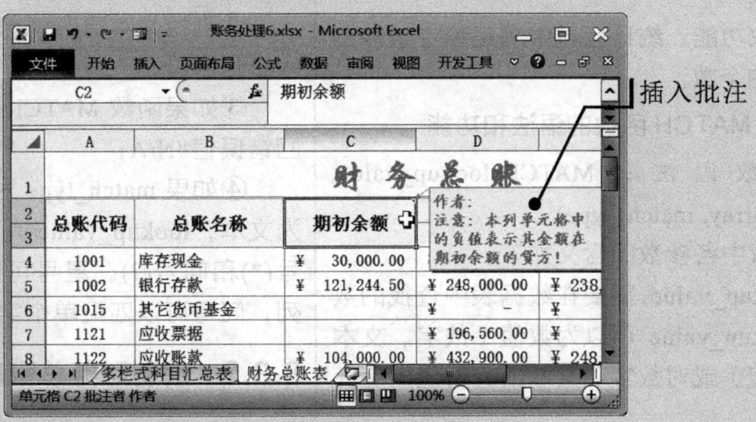
插入批注
账务处理6.xlsx - Microsoft Excel
C2
期初余额
财 务 总 账
作者:
注意:本列单元格中的负值表示其金额在期初余额的贷方!
总账代码 总账名称 期初余额
1001 库存现金 ¥ 30,000.00
1002 银行存款 ¥ 121,244.50 ¥ 248,000.00
1015 其它货币基金
1121 应收票据 ¥ 196,560.00
1122 应收账款 ¥ 104,000.00 ¥ 432,900.00
多栏式科目汇总表 财务总账表
单元格 C2 批注者 作者

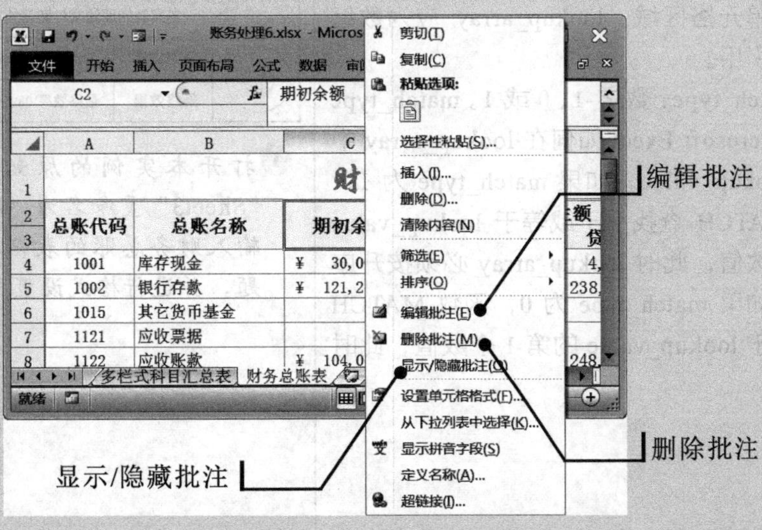
编辑批注
删除批注
显示/隐藏批注
剪切(T)
复制(C)
粘贴选项:
选择性粘贴(S)...
插入(I)...
删除(D)...
清除内容(N)
筛选(E)
排序(O)
编辑批注(E)
删除批注(M)
显示/隐藏批注(O)
设置单元格格式(F)...
从下拉列表中选择(K)...
显示拼音字段(S)
定义名称(A)...
超链接(I)...
总账代码 总账名称
1001 库存现金
1002 银行存款
1015 其它货币基金
1121 应收票据
1122 应收账款
多栏式科目汇总表 财务总账表
就绪

8.3.1 相关函数介绍

在编制财务总账表时会涉及 COUNTIF 函数和 MATCH 函数的应用，下面介绍一下这两个函数的语法和功能。

1. COUNTIF 函数的语法和功能

函数语法：COUNTIF(range,criteria)

函数中各参数的含义如下。

range：为需要计算其中满足条件的单元格数目的单元格区域。

criteria：为确定哪些单元格将被计算在内的条件，其形式可以为数字、表达式或文本。

函数功能：统计区域中满足给定条件的单元格的个数。

2. MATCH 函数的语法和功能

函数语法：MATCH(lookup_value, lookup_array, match_type)

函数中各参数的含义如下。

lookup_value：需要在数据表中查找的数值。lookup_value 可以为数值（数字、文本或逻辑值）或对数字、文本或逻辑值的单元格引用。

lookup_array：可能包含所要查找的数值的连续单元格区域。lookup_array 应为数组或数组引用。

match_type：数字-1、0 或 1。match_type 指明 Microsoft Excel 如何在 lookup_array 中查找 lookup_value。如果 match_type 为 1，函数 MATCH 查找小于或等于 lookup_value 的最大数值，此时 lookup_array 必须按升序排列；如果 match_type 为 0，函数 MATCH 查找等于 lookup_value 的第 1 个数值，此时 lookup_array 可以按任何顺序排列；如果 match_type 为-1，函数 MATCH 查找大于或等于 lookup_value 的最小数值，此时 lookup_array 必须按降序排列；如果省略 match_type，则假设为 1。

函数功能：返回在指定方式下与指定数值匹配的数组中元素的相应位置。如果需要找出匹配元素的位置而不是匹配元素本身，则应该使用 MATCH 函数而不是 LOOKUP 函数。

注意事项：

①函数 MATCH 返回 lookup_array 中目标值的位置，而不是数值本身；

②查找文本值时，函数 MATCH 不区分大小写字母；

③如果函数 MATCH 查找不成功，则返回错误值#N/A；

④如果 match_type 为 0 且 lookup_value 为文本，lookup_value 可以包含通配符、星号(*)和问号(?)。星号可以匹配任何字符序列，问号可以匹配单个字符。

8.3.2 编制财务总账表

编制财务总账表的具体步骤如下。

本实例的原始文件和最终效果所在位置如下。		
	原始文件	原始文件\08\财务处理 4.xlsx
	最终效果	最终效果\08\财务处理 4.xlsx

1 打开本实例的原始文件，将工作表“Sheet3”重命名为“财务总账表”，然后输入财务总账的表格标题和相应的列标题，并进行格式设置。

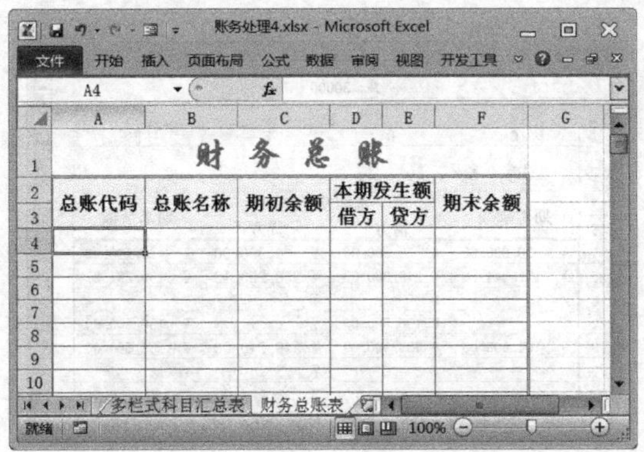

②不重复地导入"总账名称"。在单元格 B4 中输入以下公式。

=IF(COUNTIF(会计科目表!$D$3:D3,会计科目表!D3) <=1,会计科目表!D3,"")

按【Enter】键完成输入，然后将该单元格中的公式不带格式地填充到该列的其他单元格中，随即返回不重复的总账名称。

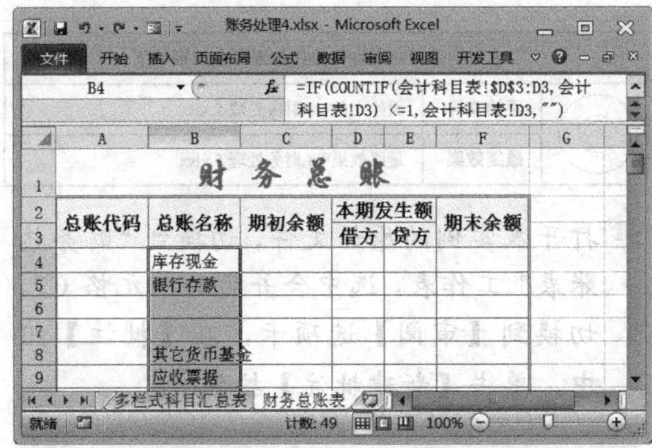

③适当地调整"总账名称"列的列宽，然后删除该列中空单元格所在的行。

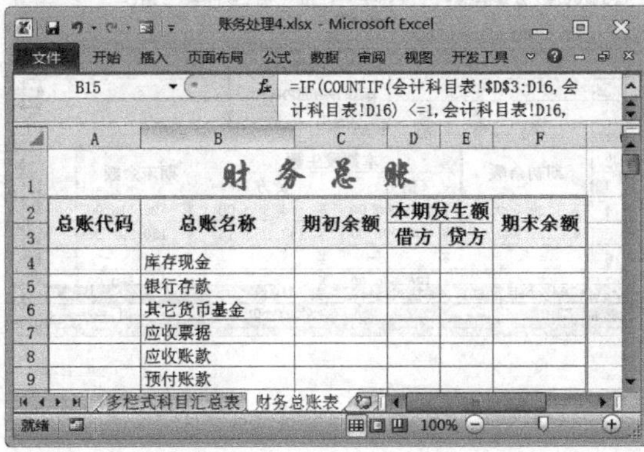

④引用"总账代码"。在单元格 A4 中输入以下公式。

=INDEX(会计科目表!C:C,MATCH(财务总账表!B4,会计科目表!D:D,0))

按【Enter】键完成输入，随即返回引用结果，然后将该单元格中的公式不带格式地填充到该列的其他单元格中，并适当地调整列宽。

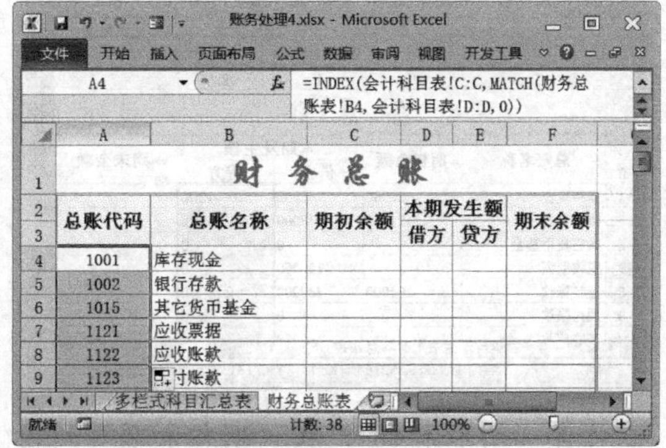

⑤计算本期发生额的借方金额。在单元格 D4 中输入以下公式。

=SUMIF(记账凭证汇总表!G:G,A4,记账凭证汇总表!I:I)

按【Enter】键完成输入，随即返回计算结果，然后将该单元格中的公式不带格式地填充到该列的其他单元格中。

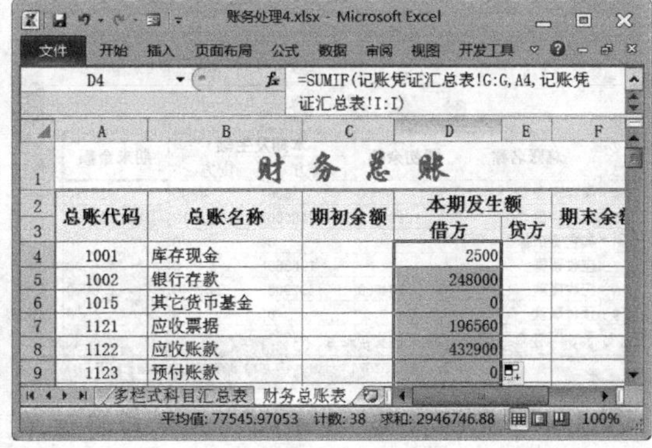

❻计算本期发生额的贷方金额。在单元格 E4 中输入以下公式。

=SUMIF(记账凭证汇总表!G:G,A4,记账凭证汇总表!J:J)

按【Enter】键完成输入，随即返回计算结果，然后将该单元格中的公式填充到该列的其他单元格中。

账务处理4.xlsx - Microsoft Excel

E4 =SUMIF(记账凭证汇总表!G:G, A4, 记账凭证汇总表!J:J)

	B	C	D	E	F
1	财务总账				
2	总账名称	期初余额	本期发生额		期末余额
3			借方	贷方	
4	库存现金	30000	2500	4390	
5	银行存款	121244.5	248000	238953.13	
6	其它货币基金		0	0	
7	应收票据		196560	0	
8	应收账款	104000	432900	248240	
9	预付账款		0	0	

多栏式科目汇总表 财务总账表

平均值: 93856.65214 计数: 14 求和: 1313993.13 100%

❼计算“期末余额”。在“期初余额”列输入各总账科目的“期初余额”，接着在单元格 F4 中输入以下公式。

=C4+D4-E4

按【Enter】键完成输入，随即返回计算结果，然后将该单元格中的公式填充到该列的其他单元格中。

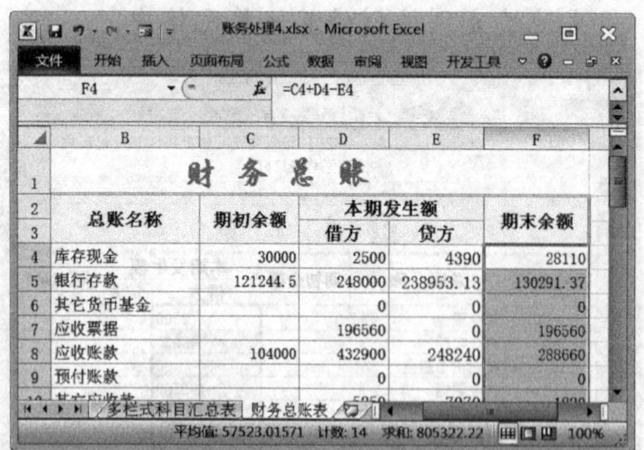

❽选中单元格区域“C4:F41”，然后将该单元格区域中的数值设置为会计专用格式，并适当地调整列宽。

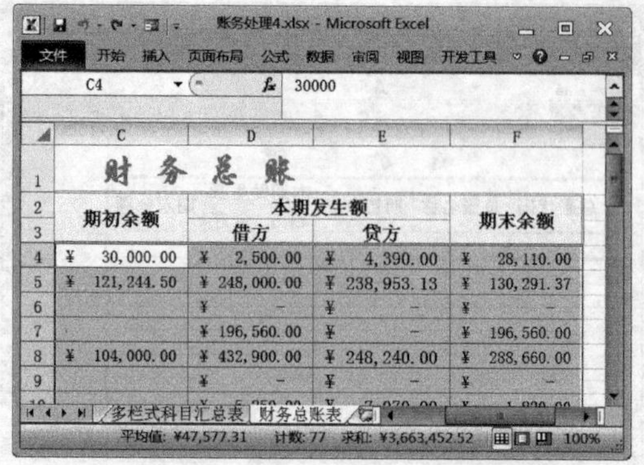

8.3.3 在财务总账表中添加批注

在“期初余额”和“期末余额”中有时会出现负值，这些负值实质上是记在贷方的金额，表示现金流出，为了强调其含义可以添加批注作为补充说明。

1. 插入批注

在单元格中插入批注的具体步骤如下。

本实例的原始文件和最终效果所在位置如下。		
	原始文件	原始文件\08\财务处理 5.xlsx
	最终效果	最终效果\08\财务处理 5.xlsx

❶打开本实例的原始文件，切换到“财务总账表”工作表，选中合并后的单元格 C2，切换到【审阅】选项卡，在【批注】组中，单击【新建批注】按钮。

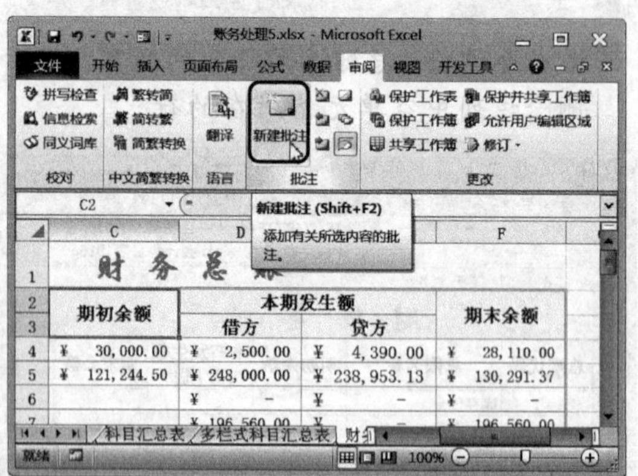

❷随即在单元格 C2 的右上角会出现一个红色的小三角，同时该单元格右侧会出现一个批注框，然后在批注框中输入批注的内容“注意：本列单元格中的负值表示其金额在期初余额的贷方！”。

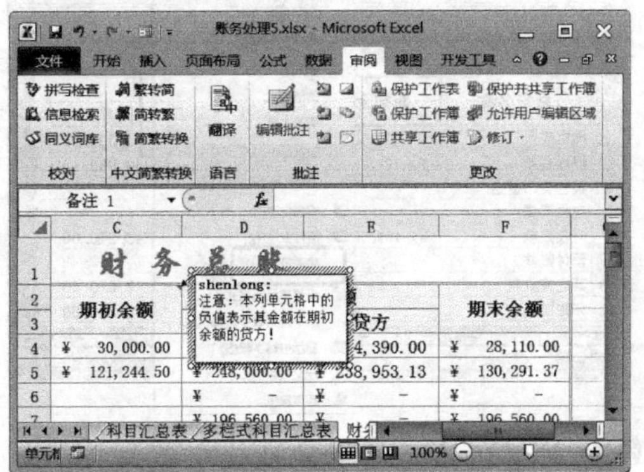

❸单击批注框外的其他区域即可完成批注内容的输入，此时批注会自动地隐藏起来。

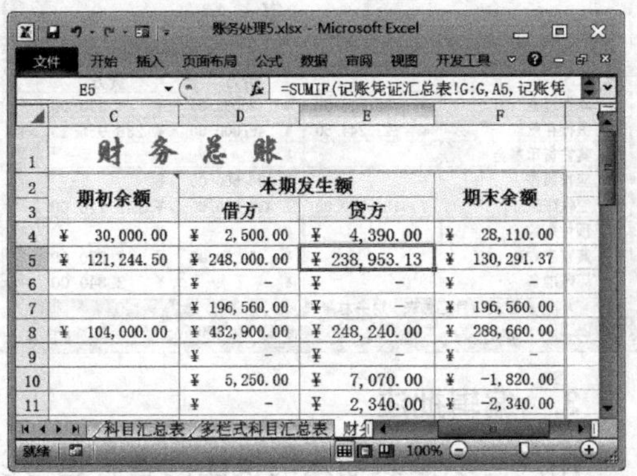

❹在单元格 F2 上单击鼠标右键，在弹出的快捷菜单中选择【插入批注】菜单项。

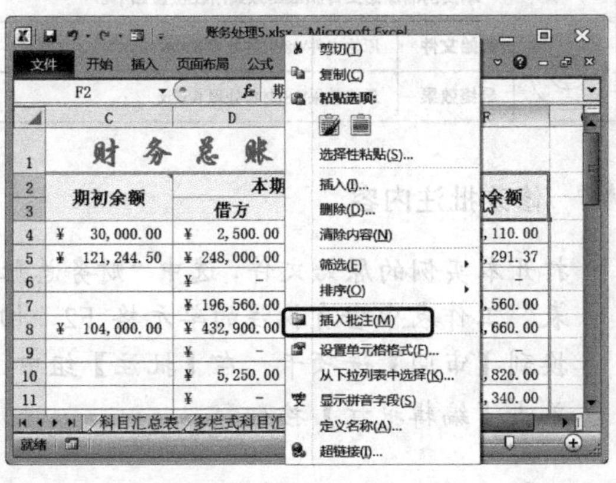

❺随即在单元格 F2 的右上角会出现一个红色的小三角，同时该单元格右侧会出现一个批注框，接着在批注框中输入批注的内容“注意：本列单元格中的负值表示其金额在期初余额的贷方！”，然后单击批注框外的其他区域即可完成批注内容的输入，同时批注会自动地隐藏起来。

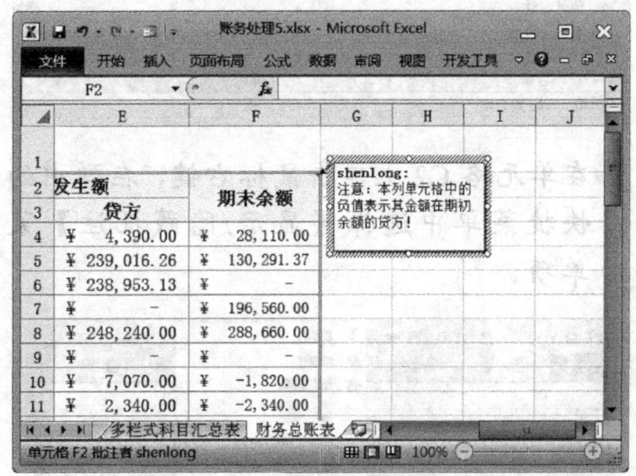

2. 显示或隐藏批注

默认情况下插入的批注是隐藏的，当鼠标指针移到批注所在的单元格时，批注的内容就会显示出来，当鼠标指针离开该单元格时，批注就会自动隐藏起来。用户也可以根据自己的需要设置批注的隐藏或者显示状态，具体的操作步骤如下。

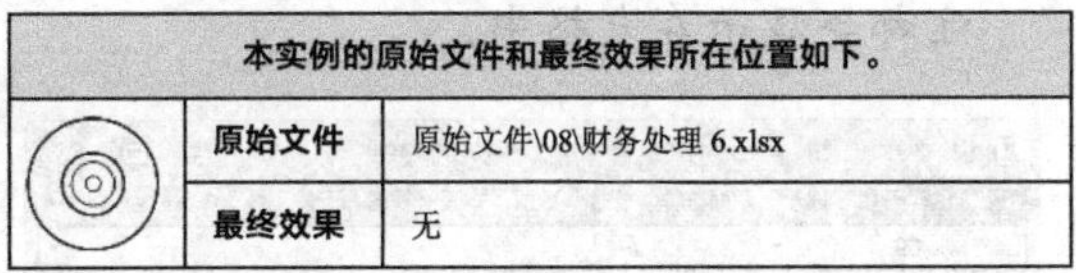

本实例的原始文件和最终效果所在位置如下。	
原始文件	原始文件\08\财务处理 6.xlsx
最终效果	无

❶打开本实例的原始文件，切换到“财务总账表”工作表，然后将鼠标指针移到单元格 C2 上，随即该单元格中的批注就会自动地显示出来。

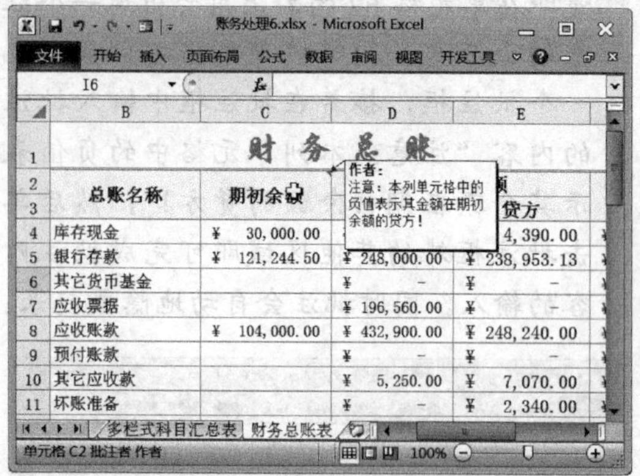

❷在单元格 C2 上单击鼠标右键，在弹出的快捷菜单中选择【显示/隐藏批注】菜单项。

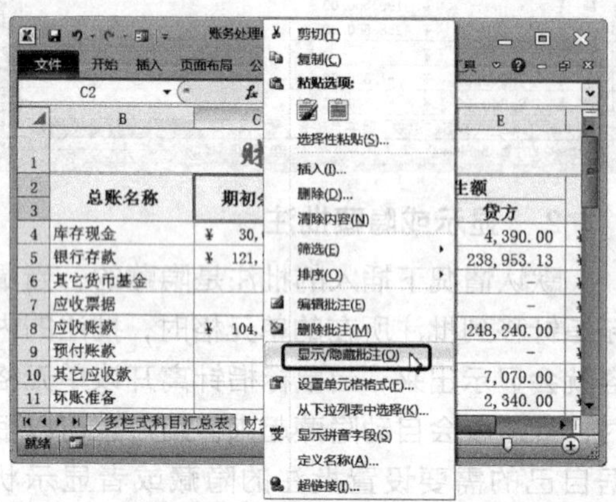

❸这样无论将鼠标指针移到哪个位置，该批注都会显示在表格中。

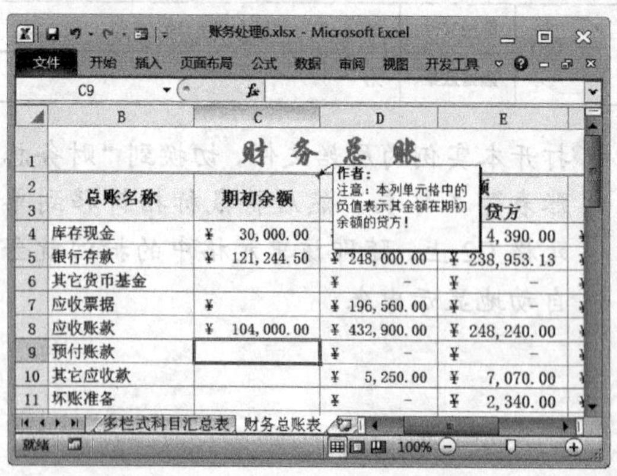

❹再次在单元格 C2 上单击鼠标右键，在弹出的快捷菜单中选择【隐藏批注】菜单项。

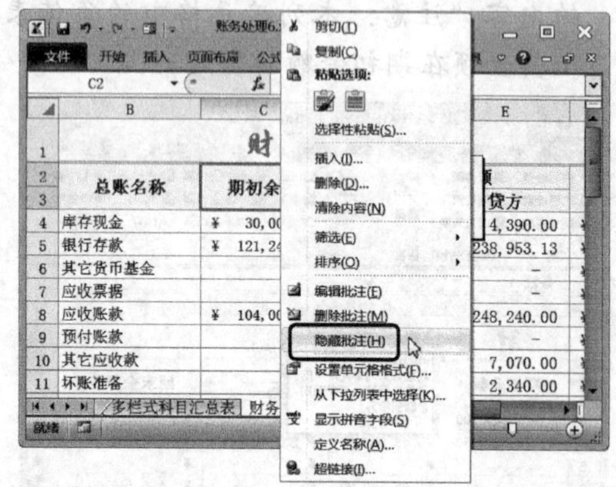

❺随即将该单元格中的批注隐藏起来。

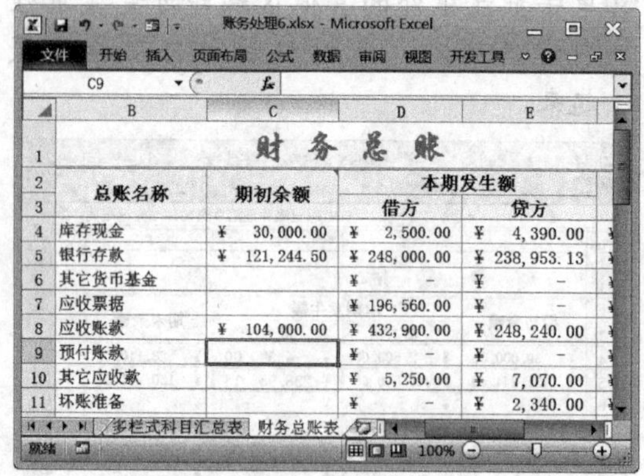

3. 编辑批注

用户可以修改输入的批注内容，也可以对批注进行格式设置

本实例的原始文件和最终效果所在位置如下。		
	原始文件	原始文件\08\财务处理 6.xlsx
	最终效果	最终效果\08\财务处理 6.xlsx

修改批注内容

❶打开本实例的原始文件，选中“财务总账表”工作表中含有批注的单元格 F2，切换到【审阅】选项卡，在【批注】组中，单击【编辑批注】按钮。

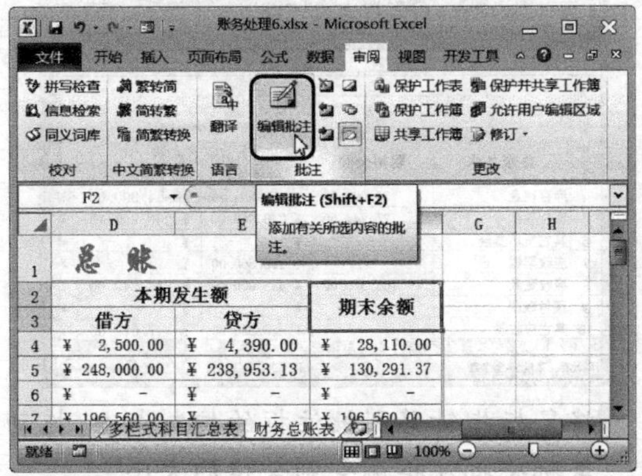

❷随即激活该单元格的批注，使其处于可编辑状态，然后将批注内容修改为“注意：本列单元格中的负值表示其金额在期末余额的贷方！”。

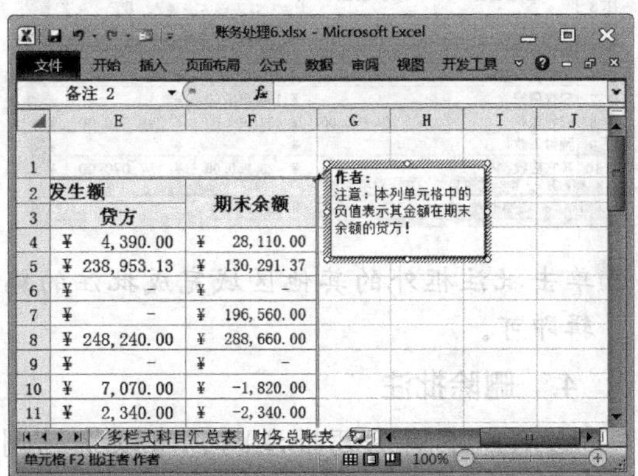

❸单击批注框外的其他区域即可完成批注内容的修改。

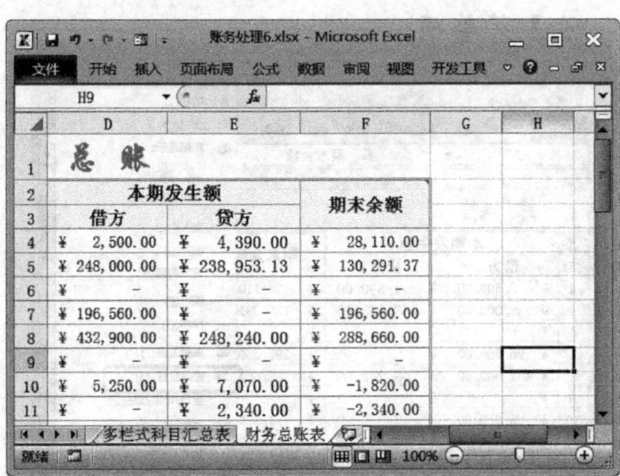

设置批注格式

❶在含有批注的单元格 C2 上单击鼠标右键，在弹出的快捷菜单中选择【编辑批注】菜单项。

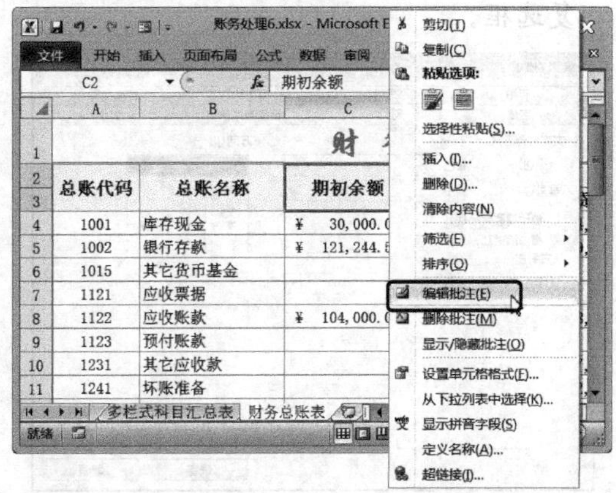

❷在批注框上单击鼠标右键，在弹出的快捷菜单中选择【设置批注格式】菜单项。

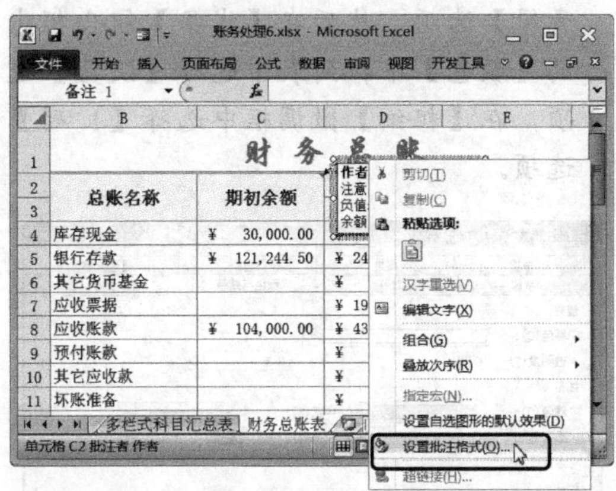

❸弹出【设置批注格式】对话框，切换到【字体】选项卡，从中设置批注的字体格式。

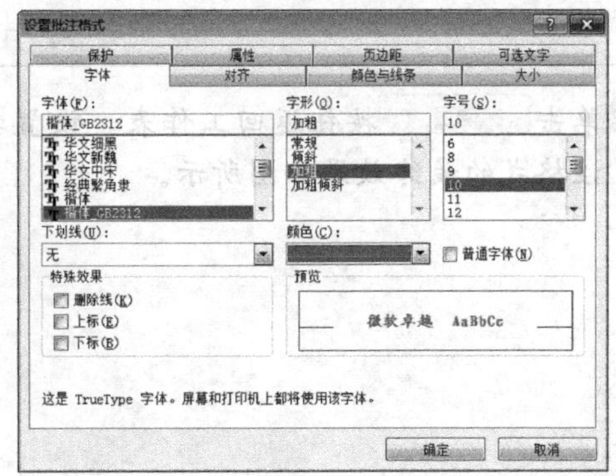

④切换到【对齐】选项卡，在【文本对齐方式】组合框中设置批注的对齐方式，这里在【水平】下拉列表中选择【靠左】选项，在【垂直】下拉列表中选择【居中】选项，然后选中【自动调整大小】复选框。

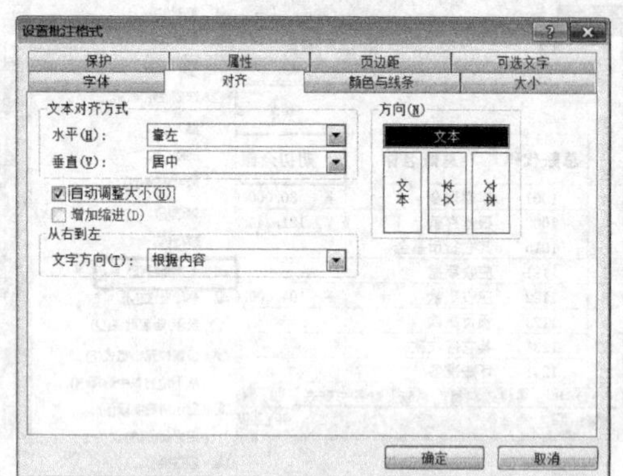

⑤切换到【颜色与线条】选项卡，在【填充】组合框中的【颜色】下拉列表中选择【浅青绿】选项，然后在【线条】组合框中的【颜色】下拉列表中选择【淡蓝】选项，在【粗细】微调框中选择【1 磅】选项。

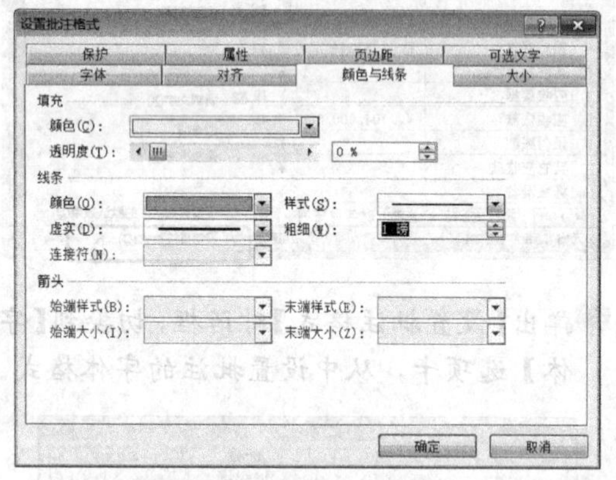

⑥单击 确定 按钮返回工作表，设置批注格式的最终效果如图所示。

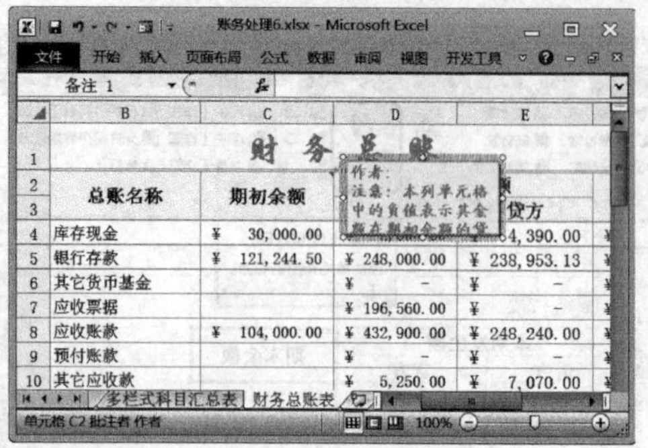

⑦将鼠标指针移到批注框的控制点上，拖动鼠标将批注框调整到合适的大小。

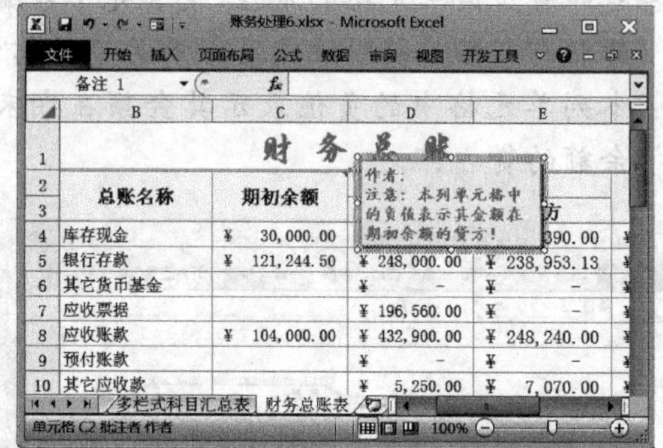

⑧单击批注框外的其他区域完成批注的编辑即可。

4. 删除批注

当用户不再需要批注时，可以将其删除，具体的操作步骤如下。

①在含有批注的单元格 F2 上单击鼠标右键，在弹出的快捷菜单中选择【删除批注】菜单项。

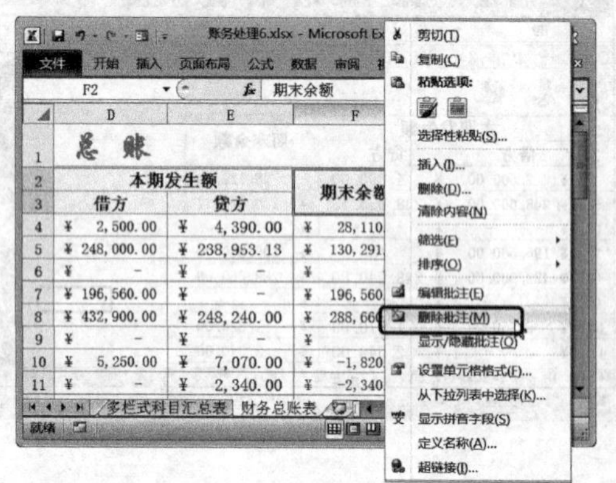

❷此时该单元格右上角的红色小三角消失了，将鼠标指针移到该单元格上，不再有批注显示出来，这表示该单元格中的批注已经被删除。

	D	E	F
1	总 账		
2	本期发生额		期末余额
3	借方	贷方	
4	¥ 2,500.00	¥ 4,390.00	¥ 28,110.00
5	¥ 248,000.00	¥ 238,953.13	¥ 130,291.37
6	¥ -	¥ -	¥ -
7	¥ 196,560.00	¥ -	¥ 196,560.00
8	¥ 432,900.00	¥ 248,240.00	¥ 288,660.00
9	¥ -	¥ -	¥ -
10	¥ 5,250.00	¥ 7,070.00	¥ -1,820.00
11	¥ -	¥ 2,340.00	¥ -2,340.00

8.4 编制财务明细账表

案例背景

明细账又称明细分类账，是根据二级科目或明细科目设置的，是详细记录某一类中某一种经济业务增减变化及其结果的账簿。明细账是对总账的补充和具体化，并受总账的控制和统御。

最终效果及关键知识点

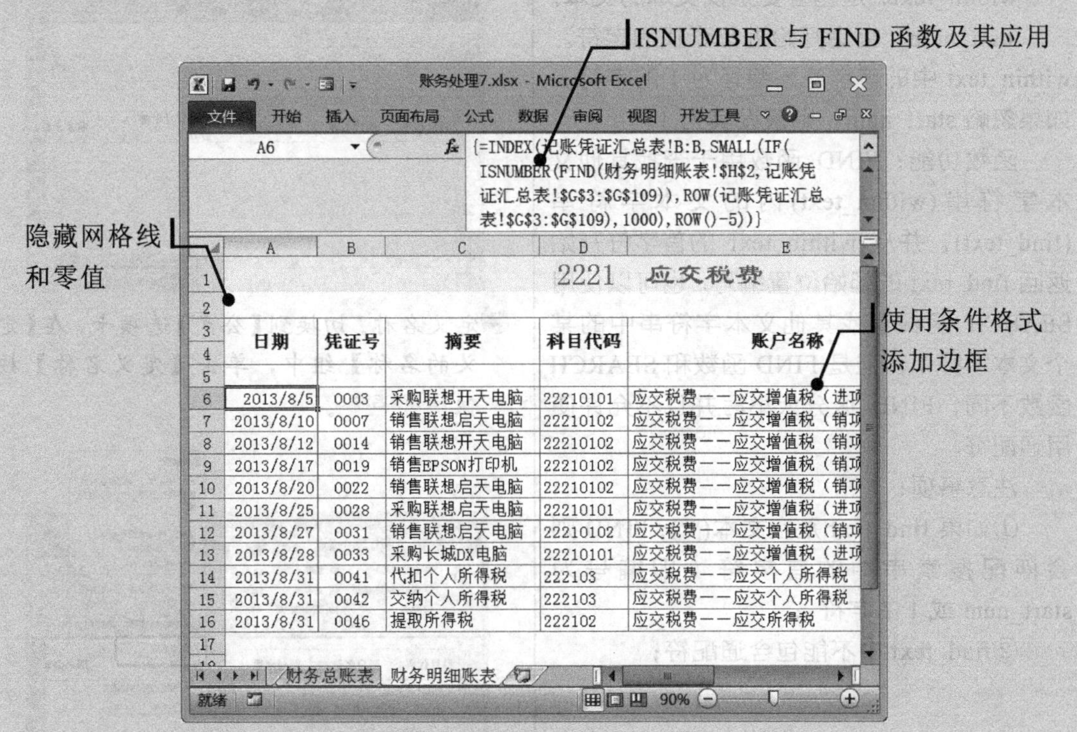

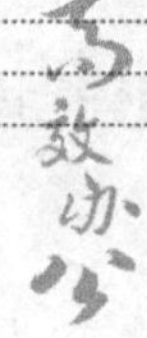

8.4.1 相关函数介绍

在编制财务明细账表时会涉及 ISNUMBER 函数和 FIND 函数，下面介绍这两个函数的语法和功能。

1. ISNUMBER 函数的语法和功能

函数语法：ISNUMBER(value)

参数 value 为需要进行检验的数值，分别为空白（空白单元格）、错误值、逻辑值、文本、数字、引用值或对于以上任意参数的名称引用。

函数功能：检验数值的类型是否为数字，返回 TRUE 或 FALSE。

2. FIND 函数的语法和功能

函数语法：FIND(find_text,within_text,start_num)

函数中各参数的含义如下。

find_text：是要查找的文本。

within_text：是包含要查找文本的文本。

start_num：指定开始进行查找的字符。within_text 中的首字符是编号为 1 的字符。如果忽略 start_num，则假设其为 1。

函数功能：FIND 函数用于查找其他文本字符串 (within_text) 内的文本字符串 (find_text)，并从 within_text 的首字符开始返回 find_text 的起始位置编号。也可以使用 SEARCH 函数查找其他文本字符串中的某个文本字符串。但是 FIND 函数和 SEARCH 函数不同，FIND 区分大小写并且不允许使用通配符。

注意事项：

①如果 find_text 是空文本("")，FIND 则会匹配搜索串中的首字符（即编号为 start_num 或 1 的字符）；

②find_text 中不能包含通配符；

③如果 within_text 中没有 find_text，则 FIND 返回错误值#VALUE!；

④如果 start_num 不大于 0，FIND 则返回错误值#VALUE!；

⑤如果 start_num 大于 within_text 的长度，则 FIND 返回错误值#VALUE!。

8.4.2 编制财务明细账表

编制财务明细账表的具体步骤如下。

本实例的原始文件和最终效果所在位置如下。		
	原始文件	原始文件\08\财务处理 7.xlsx
	最终效果	最终效果\08\财务处理 7.xlsx

1 打开本实例的原始文件，在工作表的最后插入一个工作表，并将其重命名为“财务明细账表”，然后输入财务明细账相应的项目标题，并进行格式设置，适当地调整行高和列宽。

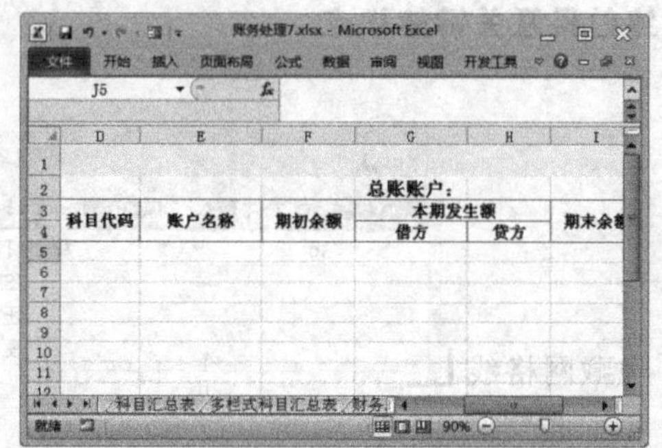

2 定义名称。切换到【公式】选项卡，在【定义的名称】组中，单击【定义名称】按钮 定义名称 。

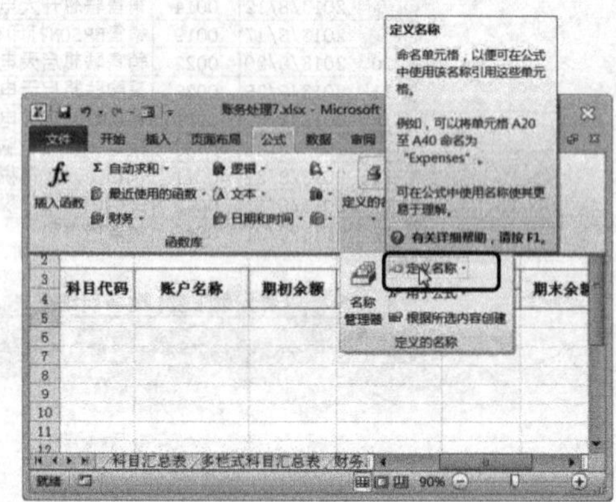

❸弹出【新建名称】对话框，在【名称】文本框中输入文本“总账账户”，然后单击【引用位置】文本框右侧的【折叠】按钮。

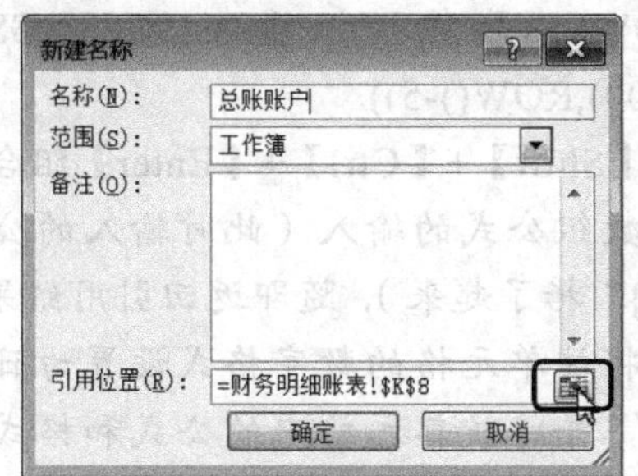

❹弹出【新建名称 - 引用位置:】对话框，切换到“财务总账表”工作表，然后选中单元格区域“B4:B41”。

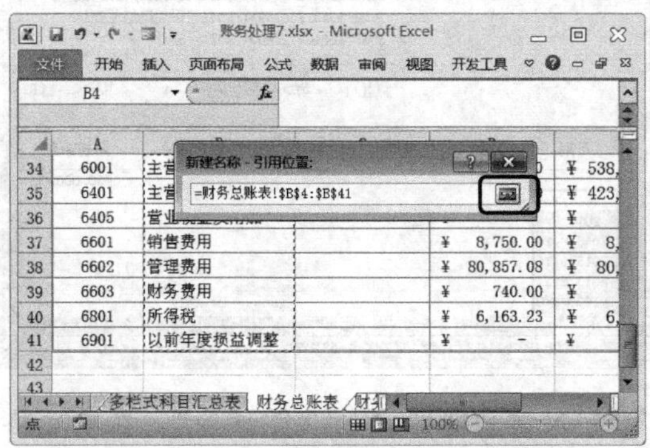

❺单击【展开】按钮返回【定义名称】对话框，单击 确定 按钮即可完成名称的定义，并关闭【定义名称】对话框。

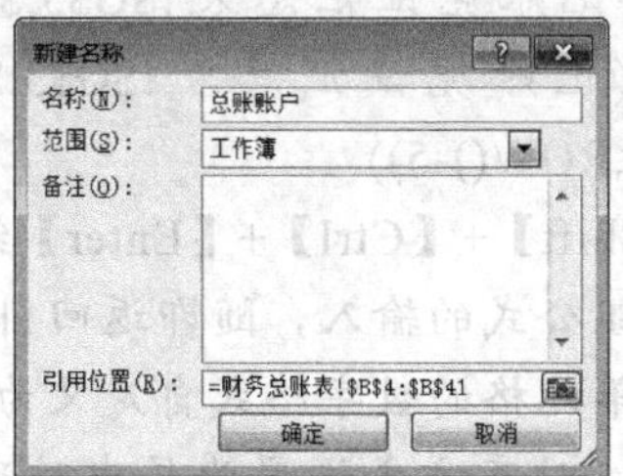

❻切换到“财务明细账表”工作表，选中单元格 I2，切换到【数据】选项卡，在【数据工具】组中，单击【数据有效性】按钮。

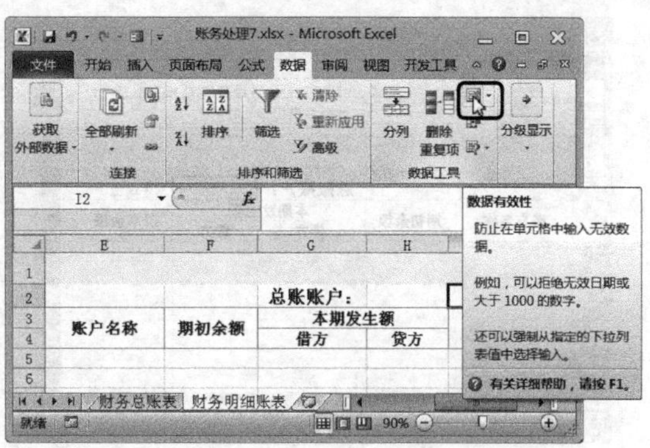

❼弹出【数据有效性】对话框，切换到【设置】选项卡，在【允许】下拉列表中选择【序列】选项，然后在【来源】文本框中输入公式“=总账账户”。

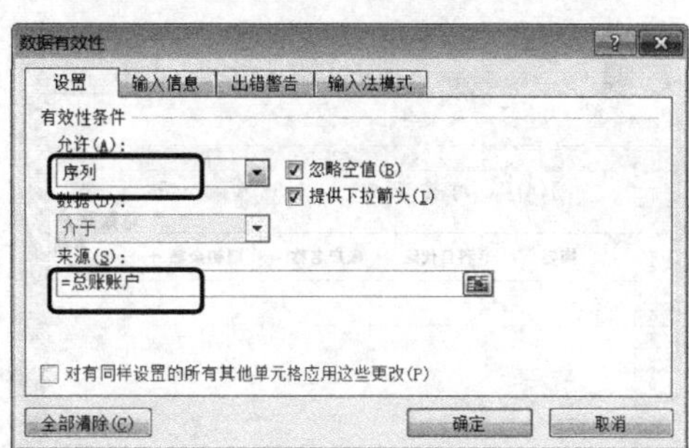

❽单击 确定 按钮返回工作表，单击单元格 I2 右侧的下箭头按钮，在弹出的下拉列表中选择【库存现金】选项。

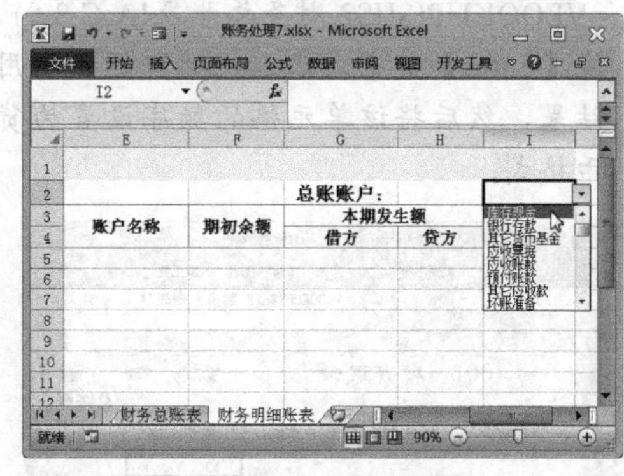

❾在单元格 H2 中输入以下公式。

=INDEX(会计科目表!C:C,MATCH(I2,会计科目表!D:D, 0))

按下【Enter】键完成输入，随即返回计算结果。

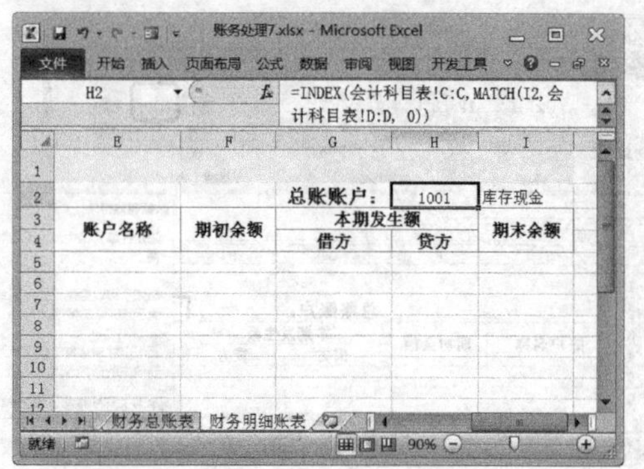

⑩在单元格A1中输入以下公式。

=H2&" "&I2&" 明 细 账"

按【Enter】键完成输入，随即返回计算结果。

⑪导入该总账账户的“期初余额”。在单元格F5中输入以下公式。

=VLOOKUP($H$2,财务总账表!A:C,3,0)

按【Enter】键完成输入，随即返回引用结果，然后将该单元格的数字设置为货币格式。

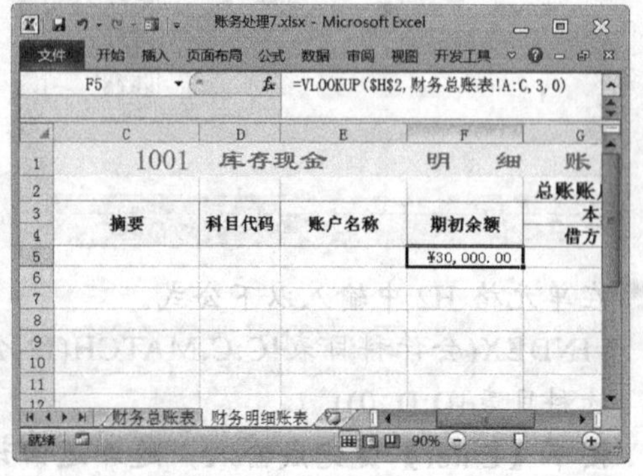

⑫导入该总账账户的记账“日期”。在单元格A6中输入以下公式。

=INDEX(记账凭证汇总表!B:B,SMALL(IF(ISNUMBER(FIND(财务明细账表!$H$2,记账凭证汇总表!$G$3:$G$109)),ROW(记账凭证汇总表!$G$3:$G$109),1000),ROW()-5))

按【Shift】+【Ctrl】+【Enter】组合键完成数组公式的输入（此时输入的公式被“{}”括了起来），随即返回引用结果，然后将该单元格的数字格式设置为日期格式，并将该单元格中的公式和格式向下填充到单元格A20中。

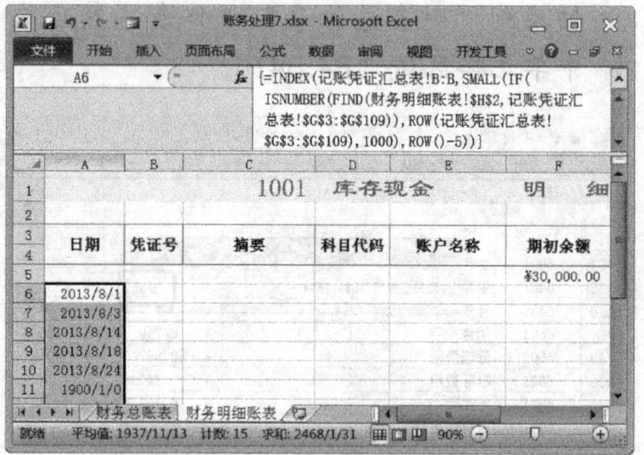

⑬导入该总账账户的“凭证号”。在单元格B6中输入以下公式。

=INDEX(记账凭证汇总表!C:C,SMALL(IF(ISNUMBER(FIND(财务明细账表!$H$2,记账凭证汇总表!$G$3:$G$109)),ROW(记账凭证汇总表!$G$3:$G$109),1000),ROW()-5))

按【Shift】+【Ctrl】+【Enter】组合键完成数组公式的输入，随即返回引用结果。将该单元格的数字格式自定义为“0000”类型，对齐方式设置为居中对齐，然后将该单元格中的公式和格式向下填充到单元格B20中。

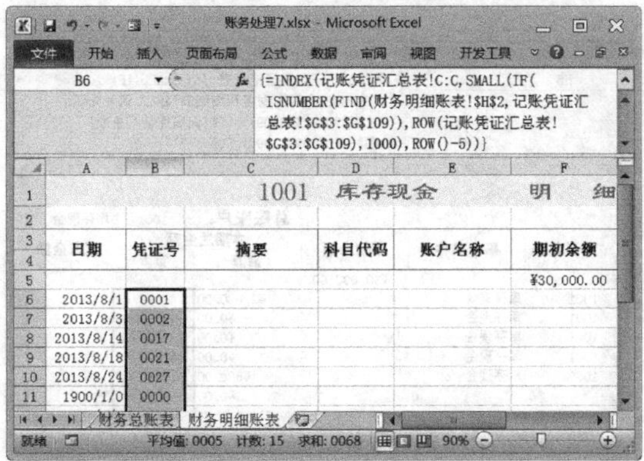

14 导入该总账账户的记账“摘要”。在单元格 C6 中输入以下公式。

=INDEX(记账凭证汇总表!D:D,SMALL(IF(ISNUMBER(FIND(财务明细账表!$H$2,记账凭证汇总表!$G$3:$G$109)),ROW(记账凭证汇总表!$G$3:$G$109),1000),ROW()-5))

按【Shift】+【Ctrl】+【Enter】组合键完成数组公式的输入，随即返回引用结果，然后将该单元格中的公式向下填充到单元格 C20 中。

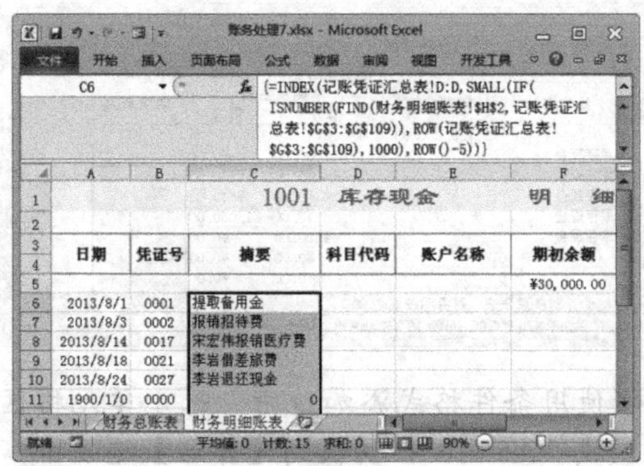

15 导入该总账账户记账时的“科目代码”(包括明细科目代码)。在单元格 D6 中输入以下公式。

=INDEX(记账凭证汇总表!E:E,SMALL(IF(ISNUMBER(FIND(财务明细账表!$H$2,记账凭证汇总表!$G$3:$G$109)),ROW(记账凭证汇总表!$G$3:$G$109),1000),ROW()-5))

按【Shift】+【Ctrl】+【Enter】组合键完成数组公式的输入，随即返回引用结果，然后将该单元格中的公式向下填充到单元格 D20 中。

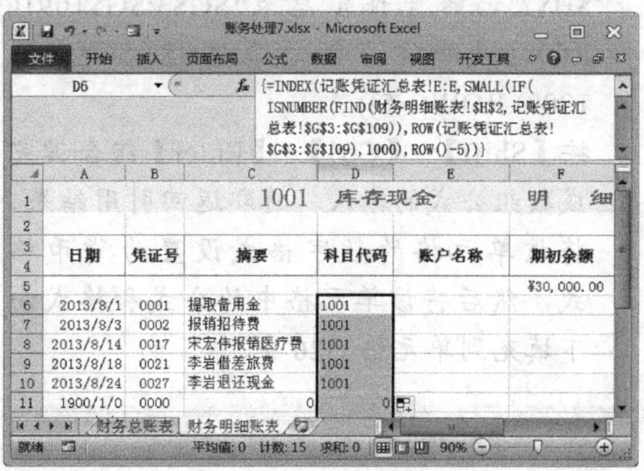

16 导入该总账账户记账时的“账户名称”(包括明细科目名称)。在单元格 E6 中输入以下公式。

=INDEX(记账凭证汇总表!F:F,SMALL(IF(ISNUMBER(FIND(财务明细账表!$H$2,记账凭证汇总表!$G$3:$G$109)),ROW(记账凭证汇总表!$G$3:$G$109),1000),ROW()-5))

按【Shift】+【Ctrl】+【Enter】组合键完成数组公式的输入，随即返回引用结果，然后将该单元格中的公式向下填充到单元格 E20 中。

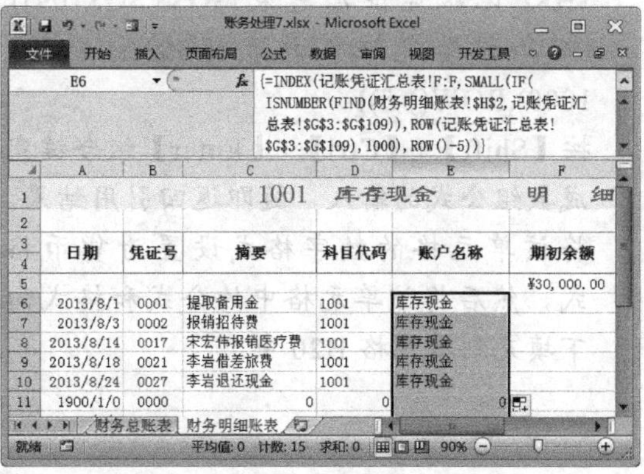

17 导入该账户本期发生额的借方金额。在单元格 G6 中输入以下公式。

=INDEX(记账凭证汇总表!I:I,SMALL(IF(ISNUMBER(FIND(财务明细账表!$H$2,记账凭证汇总表!$G$3:$G$109)),ROW(记账凭证汇总表!$G$3:$G$109),1000),ROW()-5))

按【Shift】+【Ctrl】+【Enter】组合键完成数组公式的输入，随即返回引用结果，将该单元格的数字格式设置为货币格式，然后将该单元格中的公式和格式向下填充到单元格 G20 中。

18 导入该账户本期发生额的贷方金额。在单元格 H6 中输入以下公式。

=INDEX(记账凭证汇总表!J:J,SMALL(IF(ISNUMBER(FIND(财务明细账表!$H$2,记账凭证汇总表!$G$3:$G$109)),ROW(记账凭证汇总表!$G$3:$G$109),1000),ROW()-5))

按【Shift】+【Ctrl】+【Enter】组合键完成数组公式的输入，随即返回引用结果，将该单元格的数字格式设置为货币格式，然后将该单元格中的公式和格式向下填充到单元格 H20 中。

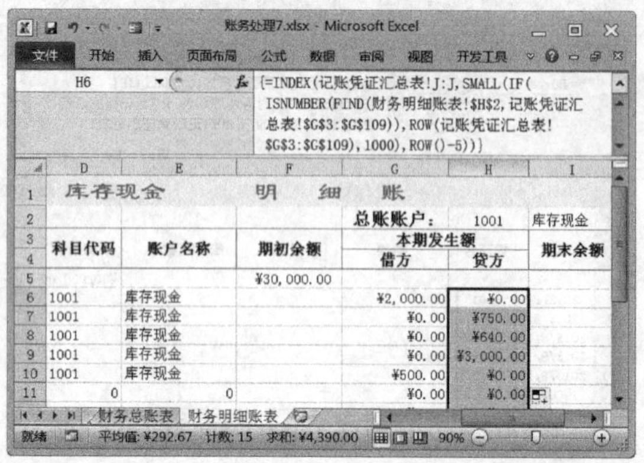

19 计算该总账账户的“期末余额”。在单元格 I7 中输入以下公式。

=IF(A7=0,IF(AND(I6="",A6<>0),$F$5+SUM($G$6:G6)-SUM($H$6:H6),""),"")

按【Enter】键完成输入，随即返回计算结果，将该单元格的数字格式设置为货币格式，然后将该单元格中的公式和格式向下填充到单元格 I21 中。

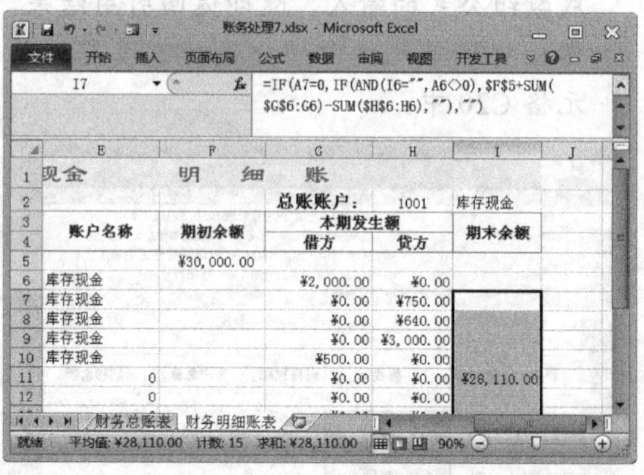

20 使用条件格式添加边框。选中单元格区域“A5:I20”，切换到【开始】选项卡，在【样式】组中，单击【条件格式】按钮，在弹出的下拉列表中选择【新建规则】选项。

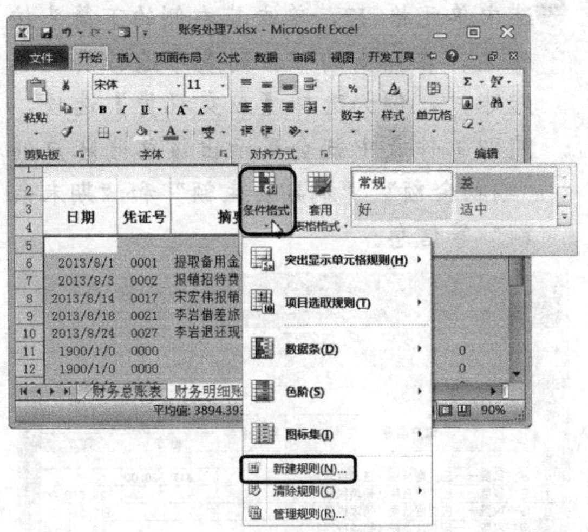

21 弹出【新建格式规则】对话框，在【选择规则】类型列表框中选择【使用公式确定要设置格式的单元格】，在【为符合此公式的值设置格式】文本框中输入以下公式。

=AND($I$5:$I5="")

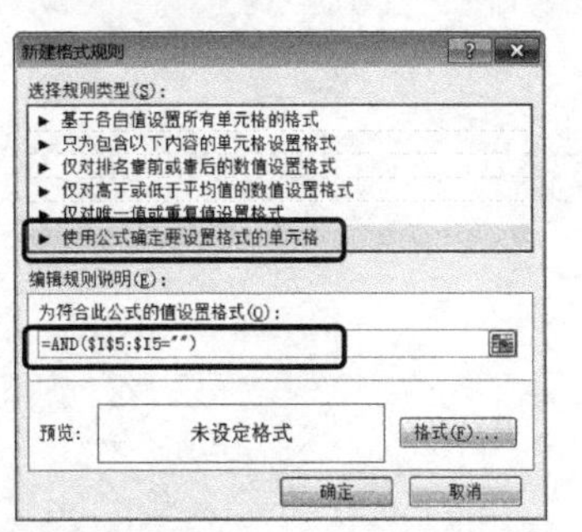

22 单击 格式(F)... 按钮，弹出【设置单元格格式】对话框，切换到【边框】选项卡，从中设置边框格式。

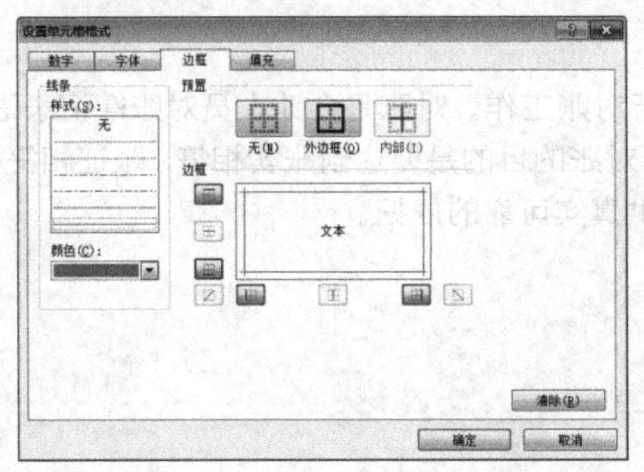

23 设置完毕，单击 确定 按钮，返回【新建格式规则】对话框，用户可以在【预览】文本框中看到边框的设置效果。

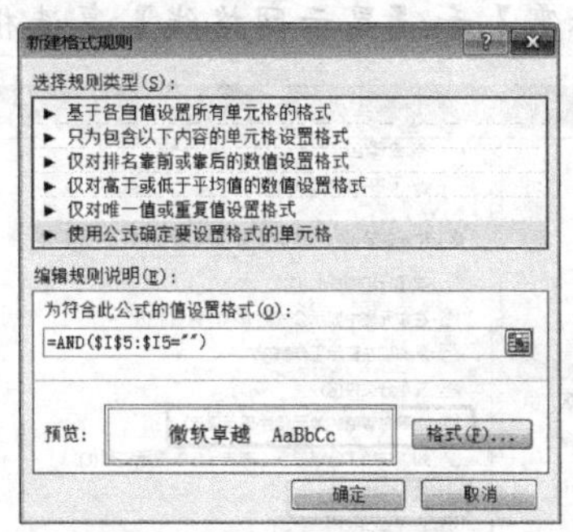

24 单击 确定 按钮返回工作表，系统将根据条件判断，自动为符合条件的单元格添加边框。使用条件格式添加边框的最终效果如图所示。

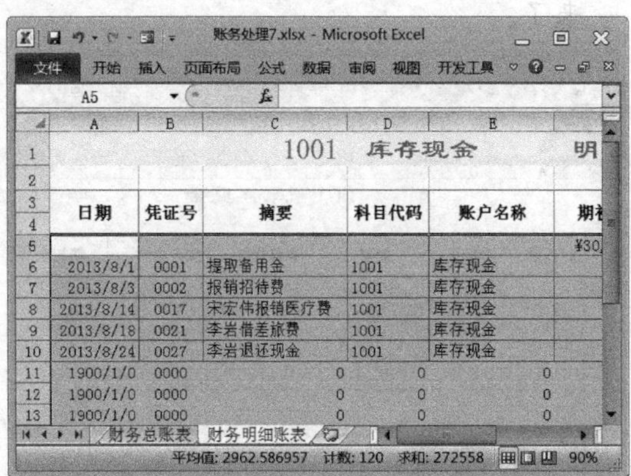

25 隐藏零值和网格线。单击 文件 按钮，在弹出的下拉菜单中选择【选项】菜单项。

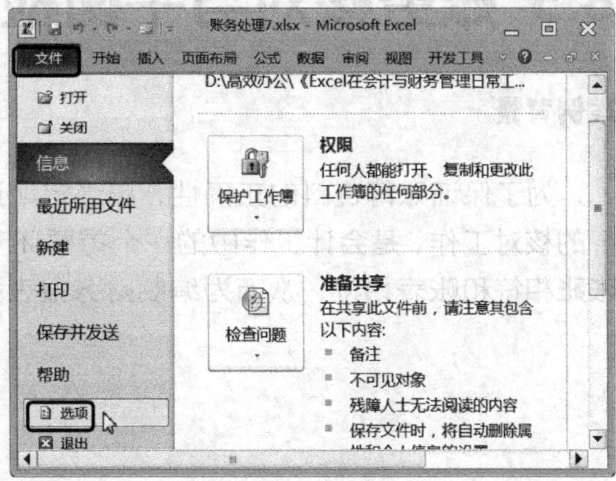

㉖弹出【Excel 选项】对话框，切换到【高级】选项卡，在【此工作表的显示选项】组合框中撤选【在具有零值的单元格中显示零】和【显示网格线】复选框。

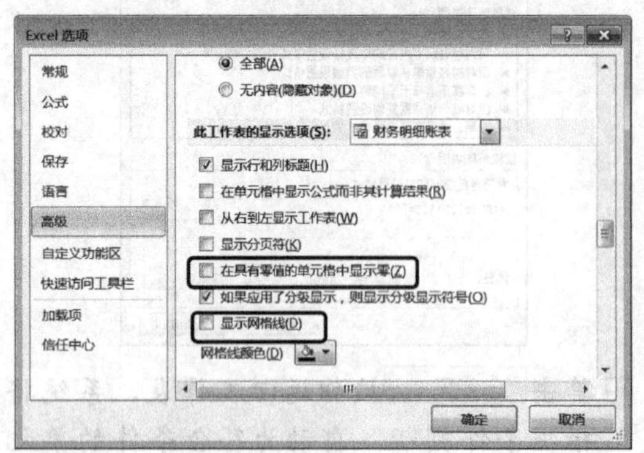

㉗单击 确定 按钮返回工作表，此时当前工作表中的零值和网格线就被隐藏起来了。

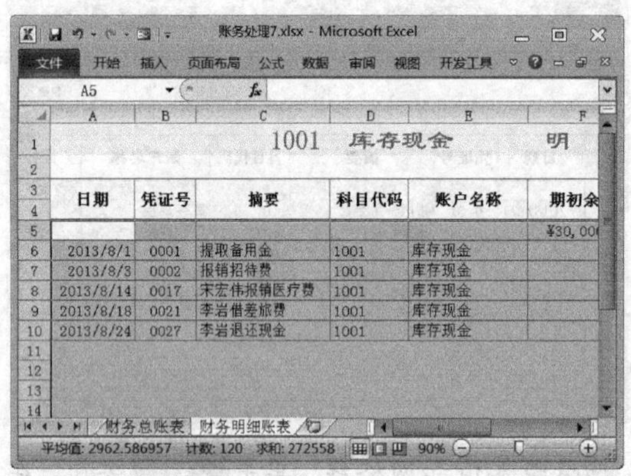

㉘选中单元格 I2，单击其右侧的下箭头按钮▼，在弹出的下拉列表中选择其他总账账户，例如选择【应交税费】选项，随即工作表中就会显示出该总账账户的"期初余额"、"本期发生额"和"期末余额"等信息。

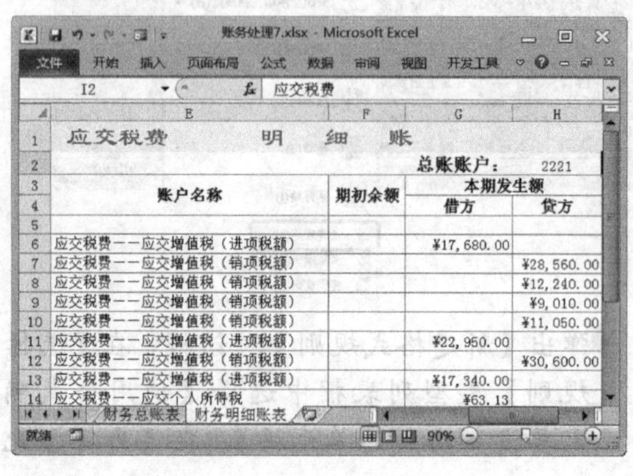

8.5 账务核对与平衡检验

案例背景

为了保证账簿资料的正确性，应当定期进行对账工作。对账是会计人员对账簿记录进行的核对工作，是会计工作中的一个重要环节。对账的目的是要达到账实相符、账证相符、账账相符和账表相符，从而为编制财务报表提供真实可靠的依据。

最终效果及关键知识点

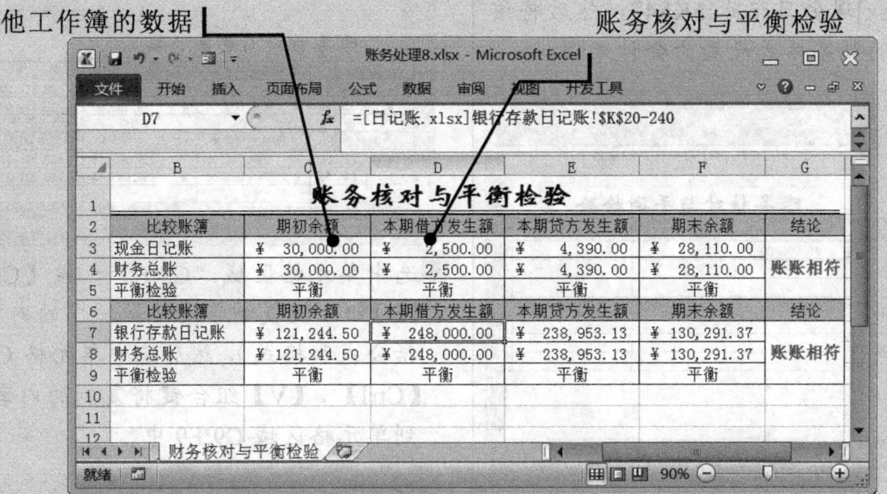

比较账簿	期初余额	本期借方发生额	本期贷方发生额	期末余额	结论
现金日记账	¥ 30,000.00	¥ 2,500.00	¥ 4,390.00	¥ 28,110.00	账账相符
财务总账	¥ 30,000.00	¥ 2,500.00	¥ 4,390.00	¥ 28,110.00	
平衡检验	平衡	平衡	平衡	平衡	
比较账簿	期初余额	本期借方发生额	本期贷方发生额	期末余额	结论
银行存款日记账	¥ 121,244.50	¥ 248,000.00	¥ 238,953.13	¥ 130,291.37	账账相符
财务总账	¥ 121,244.50	¥ 248,000.00	¥ 238,953.13	¥ 130,291.37	
平衡检验	平衡	平衡	平衡	平衡	

企业应定期将会计账簿与实物、款项以及有关资料相互核对，以保证会计账簿记录与实物及款项实有数相符、会计账簿记录与会计凭证有关内容相符、会计账簿之间相对应的记录相符、会计账簿记录与会计报表的有关内容相符。

据此，对账的内容主要包括账实核对、账证核对、账账核对和账表核对。

本节主要介绍账账核对，即日记账与财务总账的账务核对与平衡检验。具体的操作步骤如下。

本实例的素材文件、原始文件和最终效果所在位置如下。	
素材文件	素材文件\08\日记账.xlsx
原始文件	原始文件\08\财务处理 8.xlsx
最终效果	最终效果\08\财务处理 8.xlsx

1. 打开本实例的原始文件和素材文件，在工作簿“财务处理 8.xlsx”的最后插入一个新工作表，并将其重命名为“账务核对与平衡检验”，然后输入相应的表格项目，并进行格式设置，适当地调整列宽。

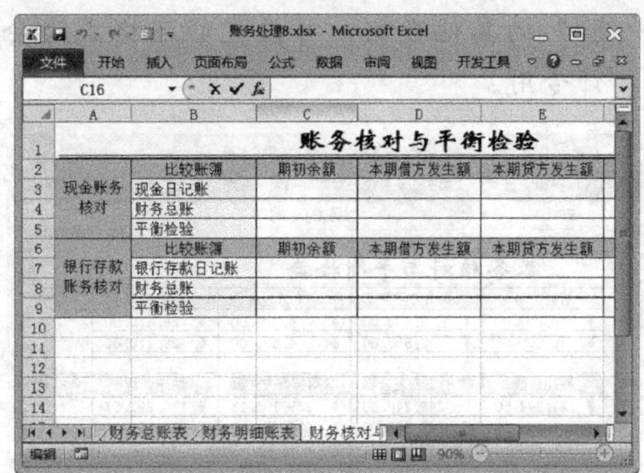

2. 导入现金日记账的“期初余额”。在单元格 C3 中输入“=”，然后激活素材文件“日记账.xlsx”，切换到“现金日记账”工作表，选中现金日记账期初余额所在的单元格 K4。

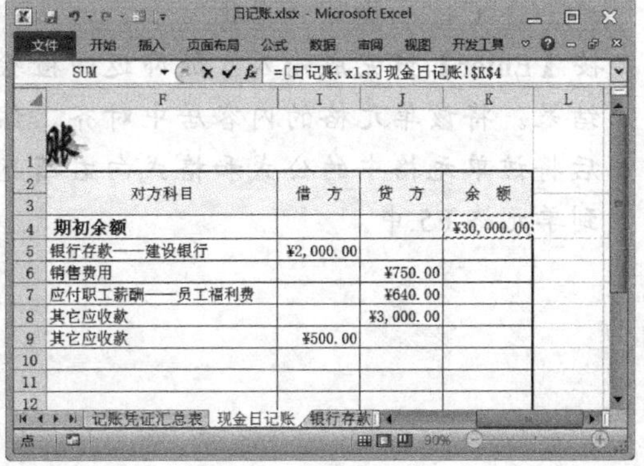

❸按【Enter】键完成输入，随即返回引用结果。此时编辑栏中显示的公式为“=[日记账.xlsx]现金日记账!$K$4”，然后将该单元格的数字格式设置为会计专用。

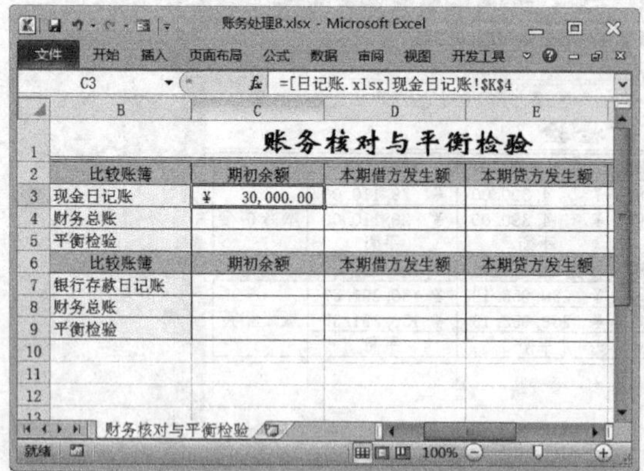

	B	C	D	E
1		账务核对与平衡检验		
2	比较账簿	期初余额	本期借方发生额	本期贷方发生额
3	现金日记账	¥ 30,000.00		
4	财务总账			
5	平衡检验			
6	比较账簿	期初余额	本期借方发生额	本期贷方发生额
7	银行存款日记账			
8	财务总账			
9	平衡检验			

❹按照同样的方法导入“账务核对与平衡检验”的其他数据，并设置数字格式为会计专用。

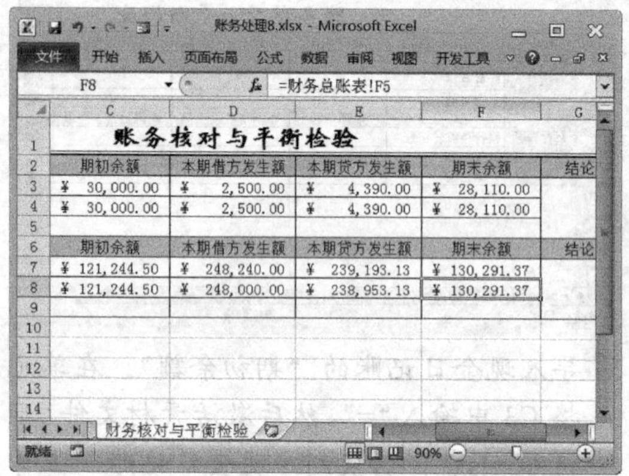

	C	D	E	F	G
1	账务核对与平衡检验				
2	期初余额	本期借方发生额	本期贷方发生额	期末余额	结论
3	¥ 30,000.00	¥ 2,500.00	¥ 4,390.00	¥ 28,110.00	
4	¥ 30,000.00	¥ 2,500.00	¥ 4,390.00	¥ 28,110.00	
5					
6	期初余额	本期借方发生额	本期贷方发生额	期末余额	结论
7	¥ 121,244.50	¥ 248,240.00	¥ 239,193.13	¥ 130,291.37	
8	¥ 121,244.50	¥ 248,000.00	¥ 238,953.13	¥ 130,291.37	

❺现金账务核对的平衡检验。在单元格C5中输入以下公式。

=IF(C3=C4,"平衡","不平衡")

按【Enter】键完成输入，随即返回检验结果。将该单元格的内容居中对齐，然后将该单元格中的公式和格式向右填充到单元格F5中。

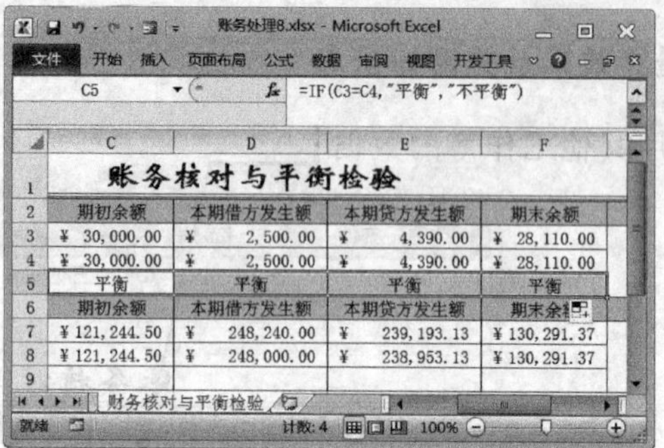

	C	D	E	F
1	账务核对与平衡检验			
2	期初余额	本期借方发生额	本期贷方发生额	期末余额
3	¥ 30,000.00	¥ 2,500.00	¥ 4,390.00	¥ 28,110.00
4	¥ 30,000.00	¥ 2,500.00	¥ 4,390.00	¥ 28,110.00
5	平衡	平衡	平衡	平衡
6	期初余额	本期借方发生额	本期贷方发生额	期末余额
7	¥ 121,244.50	¥ 248,240.00	¥ 239,193.13	¥ 130,291.37
8	¥ 121,244.50	¥ 248,000.00	¥ 238,953.13	¥ 130,291.37

❻选中单元格区域“C5:F5”，按【Ctrl】+【C】组合键复制单元格区域中的内容（包括公式和格式），然后选中单元格C9，按【Ctrl】+【V】组合键将复制的内容粘贴到单元格区域C9:F9中。

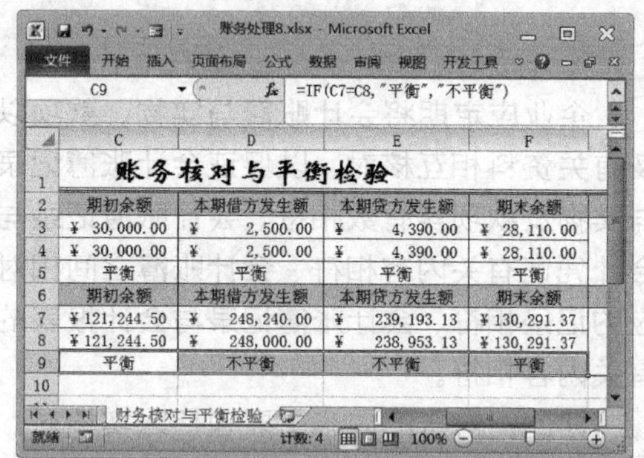

	C	D	E	F
1	账务核对与平衡检验			
2	期初余额	本期借方发生额	本期贷方发生额	期末余额
3	¥ 30,000.00	¥ 2,500.00	¥ 4,390.00	¥ 28,110.00
4	¥ 30,000.00	¥ 2,500.00	¥ 4,390.00	¥ 28,110.00
5	平衡	平衡	平衡	平衡
6	期初余额	本期借方发生额	本期贷方发生额	期末余额
7	¥ 121,244.50	¥ 248,240.00	¥ 239,193.13	¥ 130,291.37
8	¥ 121,244.50	¥ 248,000.00	¥ 238,953.13	¥ 130,291.37
9	平衡	不平衡	不平衡	平衡

❼在单元格G3中输入以下公式。

=IF(AND(C5="平衡",D5="平衡",E5="平衡",F5="平衡"),"账账相符","账账不符")

按【Enter】键完成输入，随即返回判断结果，然后对单元格内容进行字体格式设置，并将单元格内容设置为居中对齐。

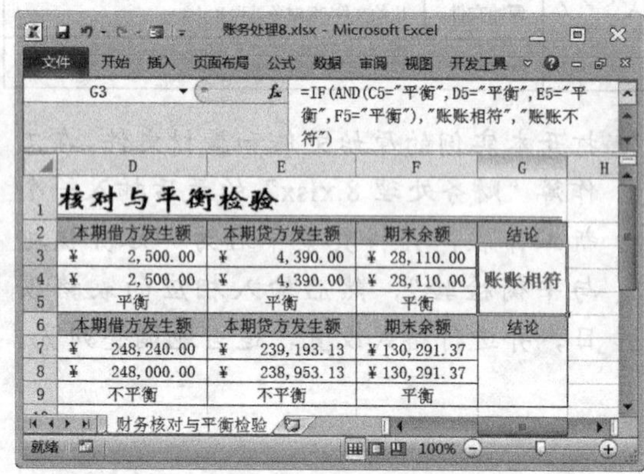

	D	E	F	G
1	核对与平衡检验			
2	本期借方发生额	本期贷方发生额	期末余额	结论
3	¥ 2,500.00	¥ 4,390.00	¥ 28,110.00	账账相符
4	¥ 2,500.00	¥ 4,390.00	¥ 28,110.00	
5	平衡	平衡	平衡	
6	本期借方发生额	本期贷方发生额	期末余额	结论
7	¥ 248,240.00	¥ 239,193.13	¥ 130,291.37	
8	¥ 248,000.00	¥ 238,953.13	¥ 130,291.37	
9	不平衡	不平衡	平衡	

8 在单元格 G7 中输入以下公式。

=IF(OR(C9="不平衡",D9="不平衡",E9="不平衡",F9="不平衡"),"账账不符","账账相符")

按【Enter】键完成输入，随即返回判断结果，然后对单元格内容进行字体格式设置，并将单元格内容设置为居中对齐。

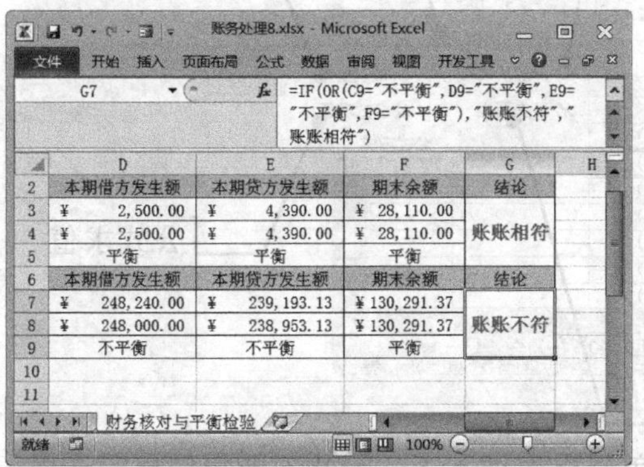

9 这里得出的结论为银行存款日记账和总账账务不符，经检查得知，凭证号为“0010”的记账信息在登记银行存款日记账时，将原一借多贷的记账凭证（借方：银行存款 23760 元，财务费用 240 元；贷方：应收账款 24000 元）拆分为两个一借一贷记账凭证（借方：银行存款 24000 元，贷方：应收账款 24000 元；借方：财务费用 240 元，贷方：银行存款 240 元）进行登记，这样该业务的总发生额不变，但是银行存款日记账中的银行存款借、贷方均多了 240 元（不属于错账）。随即将银行存款日记账的本期借方发生额和本期贷方发生额中扣去 240 元，即对单元格 D7 和 E7 中的公式进行如下更改：

D7=[日记账.xlsx]银行存款日记账!$K$20-240

E7=[日记账.xlsx]银行存款日记账!$T $20-240

按【Enter】键完成输入，随即返回计算结果，然后再进行账务核对与平衡检验，此时日记账和总账达到了账账相符。

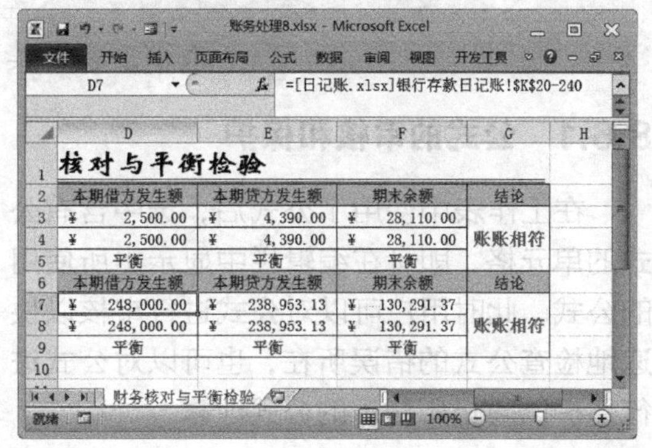

8.6 账目的保护

案例背景

财务中涉及的会计数据对任何单位来说都是非常重要的，不能随意地泄露或者丢失。因此需要对 Excel 表格中的数据加以保护，以达到对会计数据进行内部控制的目的。

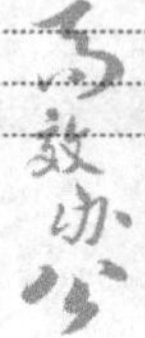

最终效果及关键知识点

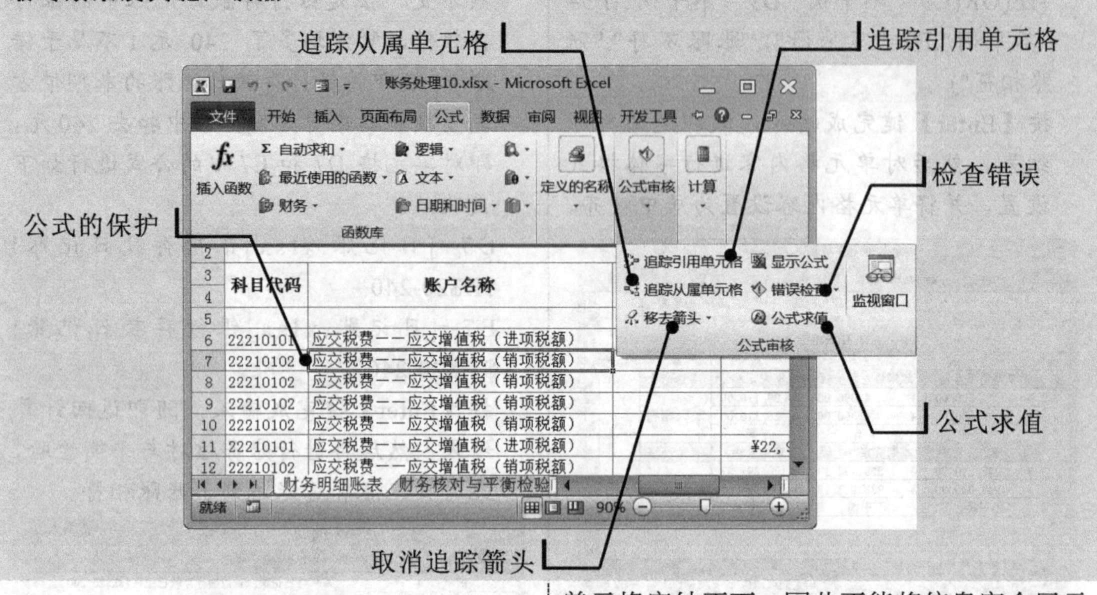

8.6.1 公式的审核和保护

在工作表中使用了公式后，选中含有公式的单元格，即可在编辑栏中显示出所使用的公式，此时用户可以对公式进行审核以快速地检查公式的错误所在，也可以对公式进行保护以防止所使用的公式泄露。

本实例的原始文件和最终效果所在位置如下。		
	原始文件	原始文件\08\财务处理 9.xlsx
	最终效果	最终效果\08\财务处理 9.xlsx

1. 公式的审核

要验证公式是否正确，可以使用 Excel 的审核公式功能。

公式中常见的错误信息

在输入公式时，经常会出现一些错误信息，这些错误值是公式不能正确地计算结果或者公式引用的单元格含有错误而导致的。常见的错误信息有以下几种。

①错误信息“####”

该错误信息表示单元格中的数据太长，单元格容纳不下，因此不能将信息完全显示出来。

解决方法就是调整列宽或者更改单元格中数据的格式，使其适应单元格的宽度。

②函数或公式引用错误“#N/A”

该错误信息表示在函数参数或者公式中没有可用数值。例如在使用 LOOKUP 函数时应该确保 lookup_value 参数值的类型正确，应该引用有数值的单元格，而不是引用空白单元格。

③无效数字“#NUM!”

该错误信息表示在需要数字参数的函数中使用了无法接受的参数，或者输入的公式产生的数字太大或太小而无法在 Excel 中表示。

④无效名称“#NAME?”

该错误信息表示公式中引用了一个无法识别的名称，可能是使用的名称不存在，在公式中没有允许使用的标志，或者函数名称拼写错误。

解决方法是对引用的单元格或单元格区域定义名称，还可以在公式中插入正确的函数名称。

⑤无效单元格引用“#REF!”

该错误信息表示公式中引用了一个无效的单元格。

解决方法是更改公式，或者在删除或粘贴单元格之后立即单击【撤消】按钮，恢复到公式输入之前的状态。

⑥错误值“#VALUE!”

该错误信息表示公式中使用了错误的参数或者运算类型。

⑦错误值“#DIV/0”

当公式中所引用的除数为 0，或者公式中的除数为空单元格时就会出现此类错误。

⑧错误值“#NULL”

如果公式中使用了不正确的区域运算或者不正确的单元引用时就会出现此类错误。

此外，在使用公式或者函数时可能会出现其他的错误信息，此时可以求助于 Microsoft Excel 2010 中的帮助功能。

检查错误

用户可以利用【公式审核】工具栏检查公式中的错误，具体的操作步骤如下。

❶打开本实例的原始文件，切换到“财务明细账表”工作表，双击单元格 E7，然后按下【Enter】键完成输入，即可将原数组公式更改为普通公式，此时该单元格显示错误值“#NUM!”。

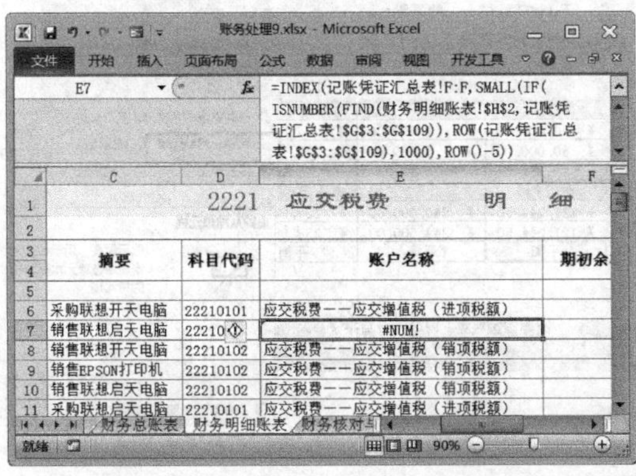

❷选中单元格 E7，切换到【公式】选项卡，在【公式审核】组中单击【错误检查】按钮 错误检查 。

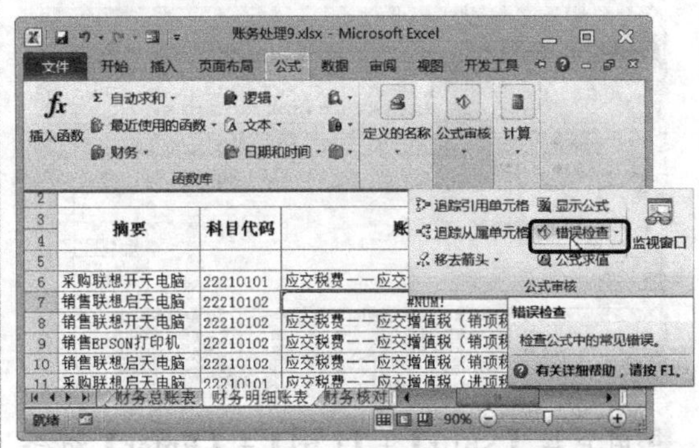

❸弹出【错误检查】对话框，该对话框中会显示出错的公式以及出错的原因。

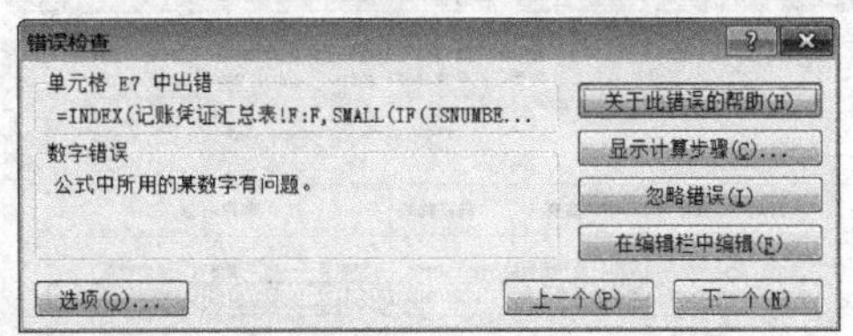

提示

【错误检查】对话框中各个按钮的作用如下。

单击 选项(O)... 按钮，可以对错误检查的选项进行设置和规划。

单击 关于此错误的帮助(H) 按钮，可以打开该错误的帮助文件，查看出现该错误的原因以及解决的方法。

单击 显示计算步骤(C)... 按钮，可以一步步查看该公式的计算过程，从中查找公式出错的具体位置。

单击 忽略错误(I) 按钮，可以忽略该单元格的错误。

单击 在编辑栏中编辑(F) 按钮，可以在编辑栏中对公式进行修改或者编辑。

❹这里单击 在编辑栏中编辑(F) 按钮，随即光标自动定位到编辑栏中，公式处于可编辑状态，此时用户可对公式进行编辑，

同时，【错误检查】对话框中的 关于此错误的帮助(H) 按钮变为 继续(E) 按钮。

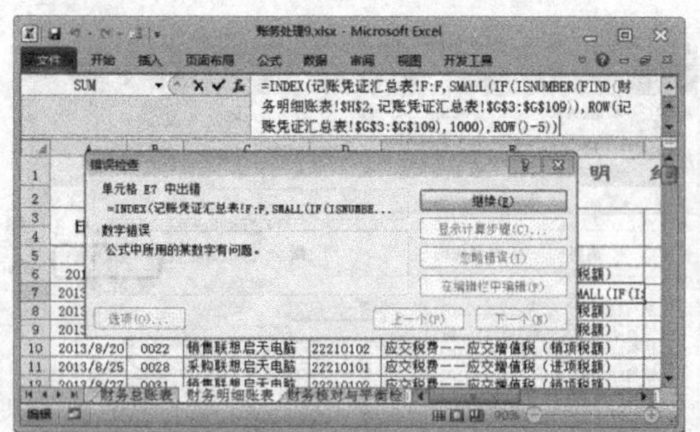

5 用户按【Shift】+【Ctrl】+【Enter】组合键完成数组公式的输入。

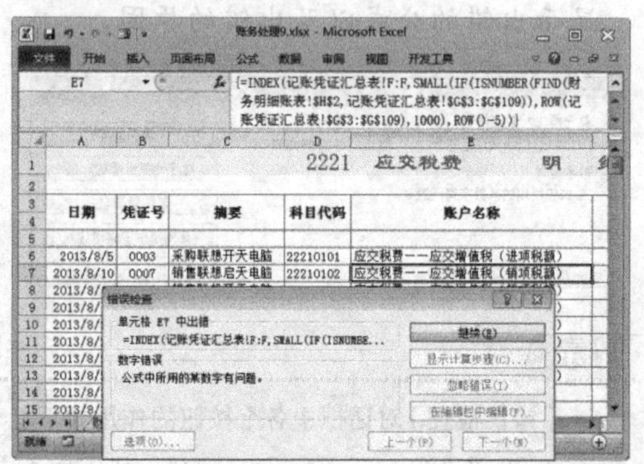

6 在【错误检查】对话框中单击 继续(E) 按钮，即可继续检查该工作表中的错误。如果该工作表中已经没有错误了，系统则会自动弹出【Microsoft Excel】对话框，提示用户“已完成对整个工作表的错误检查”，然后单击 确定 按钮即可。

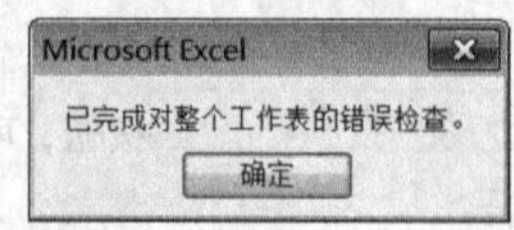

追踪单元格

1 追踪引用单元格。切换到“账务核对与平衡检验”工作表，选中单元格G3，切换到【公式】选项卡，在【公式审核】组中，单击【追踪引用单元格】按钮 追踪引用单元格。

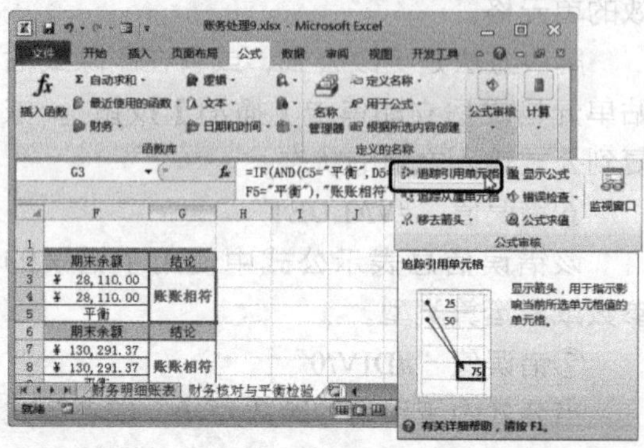

2 随即系统用蓝色箭头线指示影响当前所选单元格值的单元格。

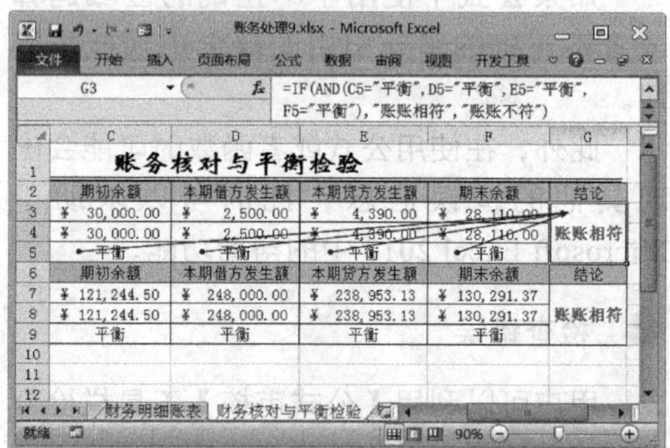

3 追踪从属单元格。选中单元格C9，切换到【公式】选项卡，在【公式审核】组中，单击【追踪从属单元格】按钮 追踪从属单元格。

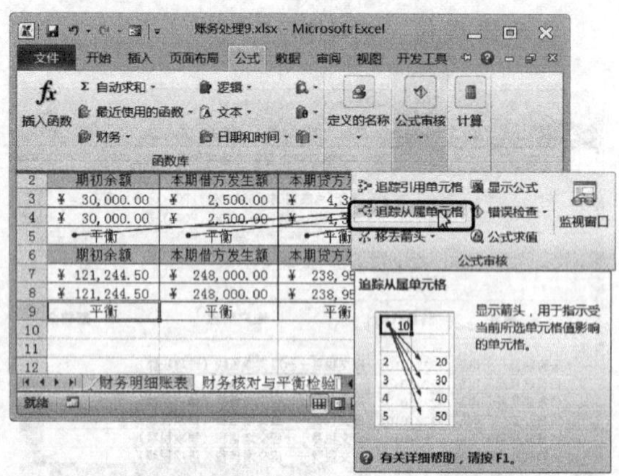

❹随即系统用蓝色箭头线指示当前所选单元格所影响的单元格。

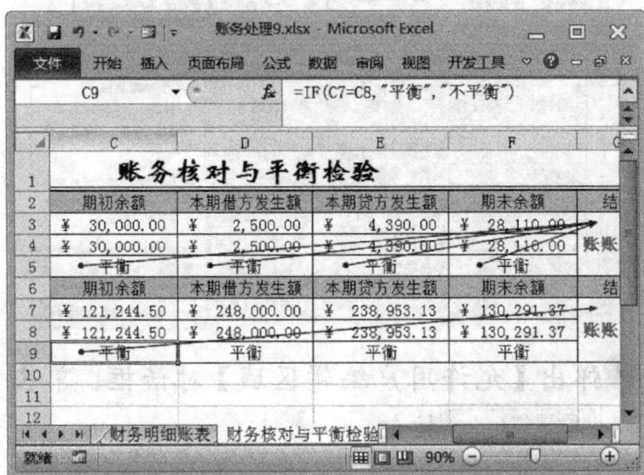

❺取消追踪箭头。如果要取消追踪箭头的显示，切换到【公式】选项卡，在【公式审核】组中，单击【移去箭头】按钮 移去箭头，随即可取消所有的追踪箭头。

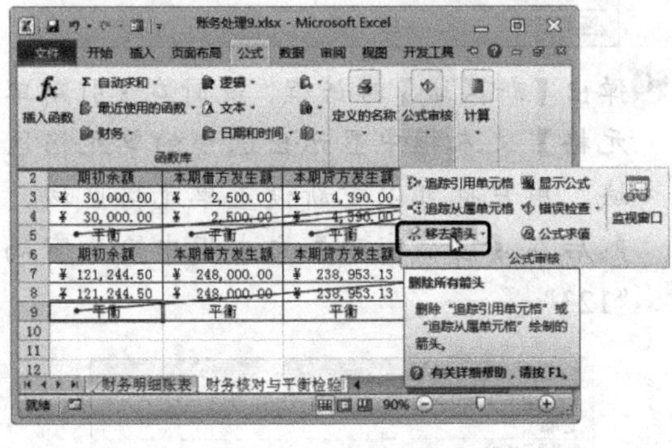

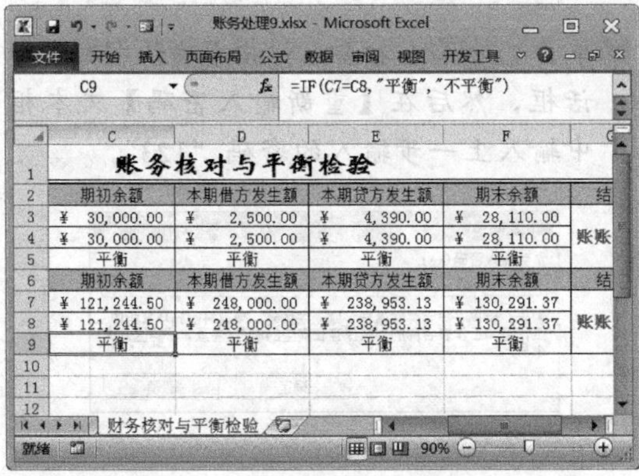

公式求值

使用公式求值功能可以跟踪公式的计算过程，看到每一步的计算结果。

❶切换到“财务明细账表”工作表，选中单元格 E6，切换到【公式】选项卡，在【公式审核】组中，单击【公式求值】按钮 公式求值。

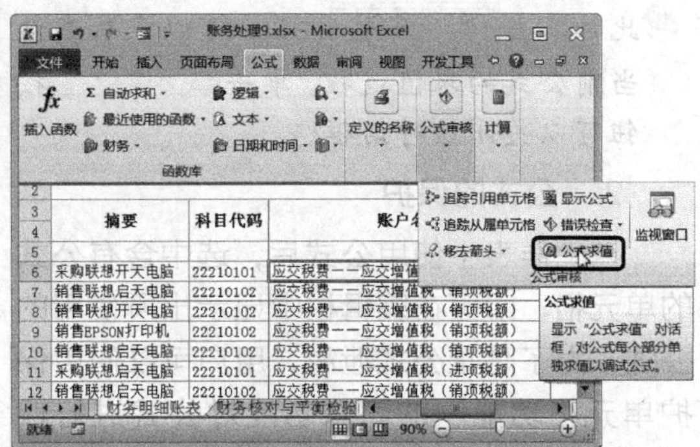

❷弹出【公式求值】对话框，公式中先计算的部分以下划线标出。

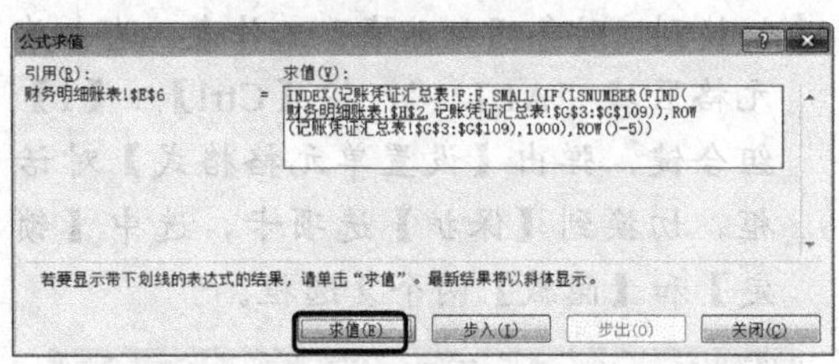

❸单击 求值(E) 按钮，即可求解下划线引用的值，计算结果以斜体显示。

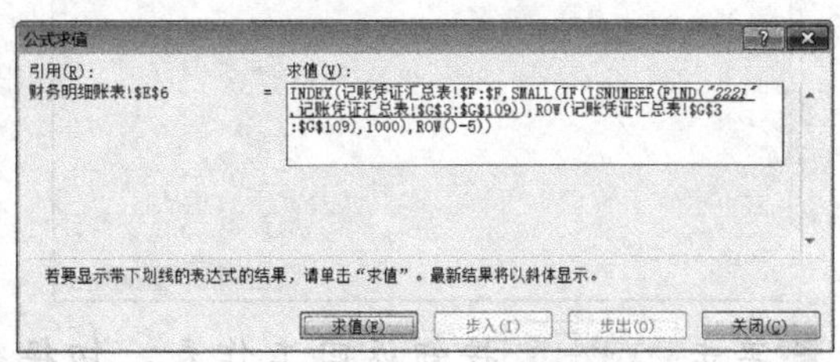

4 继续单击 求值(E) 按钮，查看每一步的计算结果直到求解完毕。

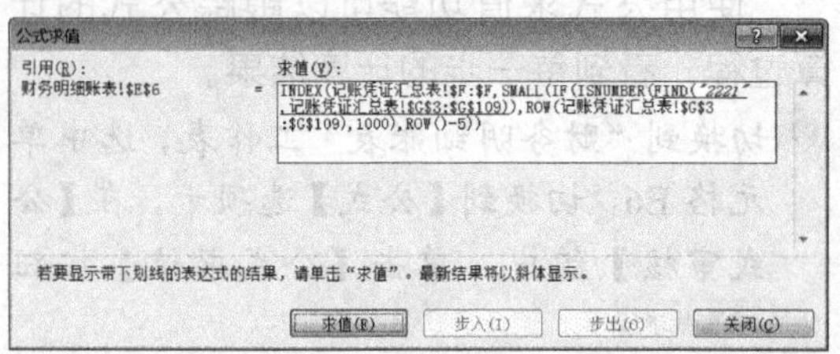

5 此时单击 重新启动(E) 按钮，可以重新查看当前公式的求值过程。单击 关闭(C) 按钮可以关闭该对话框。

2. 公式的保护

在工作表中使用公式后，选中含有公式的单元格，即可在编辑栏中显示出所使用的公式。为了防止公式泄露，用户可以使用保护单元格功能中的隐藏功能对公式进行保护，但是只有对公式所在的工作表进行保护之后，隐藏公式功能才能生效。

隐藏公式的具体步骤如下。

1 切换到“财务明细账表”工作表，选中单元格区域“A1:I21”，按【Ctrl】+【1】组合键，弹出【设置单元格格式】对话框，切换到【保护】选项卡，选中【锁定】和【隐藏】两个复选框。

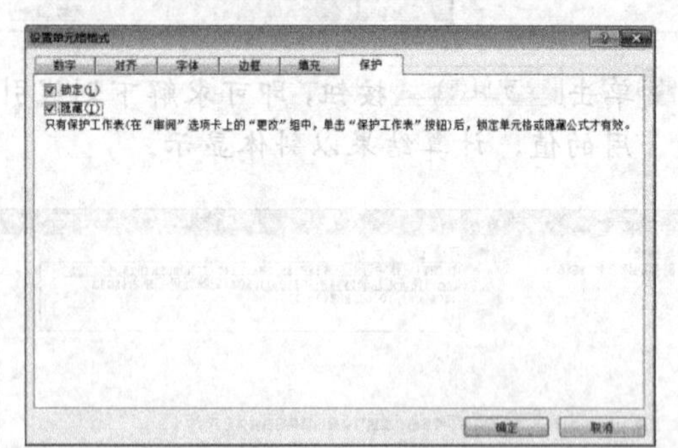

2 单击 确定 按钮返回工作表，切换到【审阅】选项卡，在【更改】组中，单击【允许用户编辑区域】 允许用户编辑区域 按钮。

3 弹出【允许用户编辑区域】对话框，单击 新建(N)... 按钮。

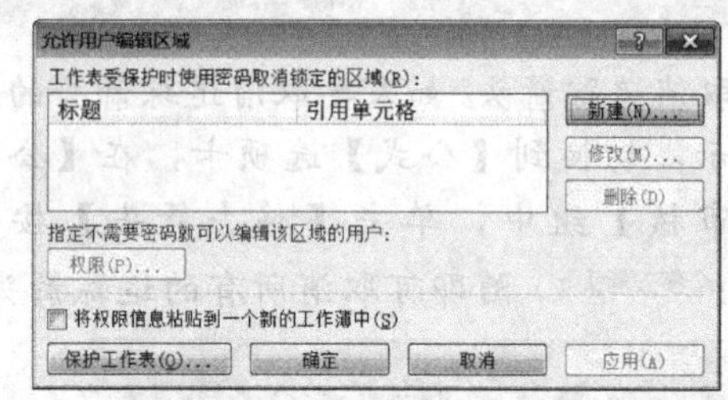

4 弹出【新区域】对话框，此时在【引用单元格】文本框中显示出选中的单元格区域，用户也可以重新设置单元格区域，然后在【区域密码】文本框中输入密码“123”。

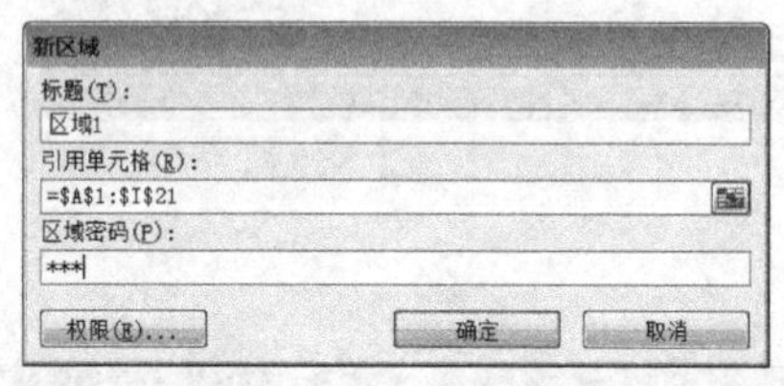

5 单击 确定 按钮，弹出【确认密码】对话框，然后在【重新输入密码】文本框中输入上一步输入的密码“123”。

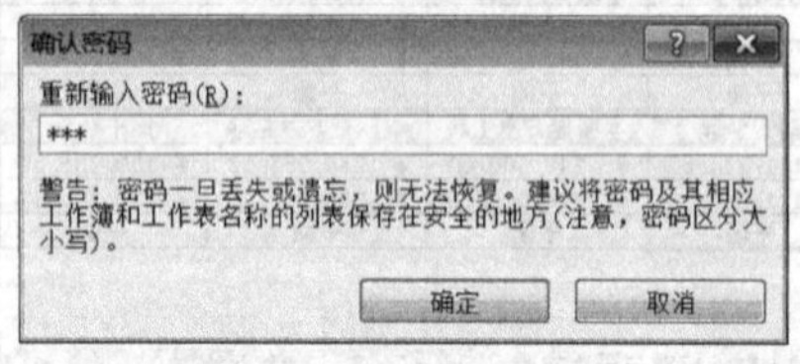

❻单击 确定 按钮，返回【允许用户编辑区域】对话框，此时在【工作表受保护时使用密码取消锁定的区域】列表框中显示出刚刚设置的区域。

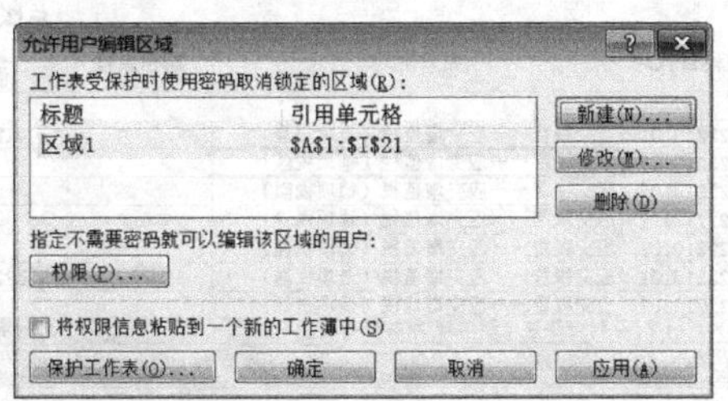

❼单击 保护工作表(O)... 按钮，弹出【保护工作表】对话框，此时可以在【取消工作表保护时使用的密码】文本框中输入另一组密码起到双重保护的作用，这里输入“123”。

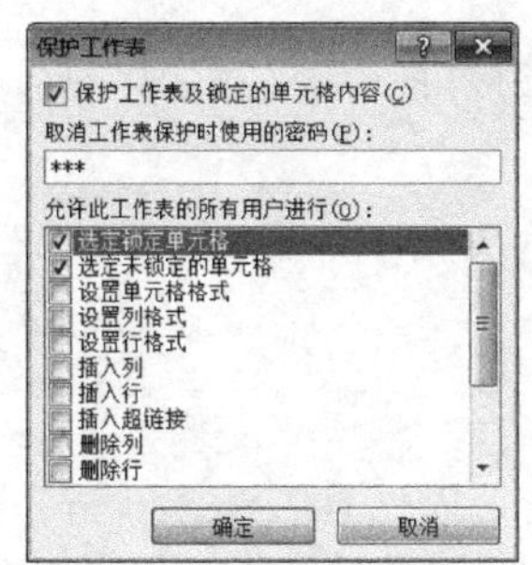

❽单击 确定 按钮，弹出【确认密码】对话框，然后在【重新输入密码】文本框中输入上一步输入的密码“123”。

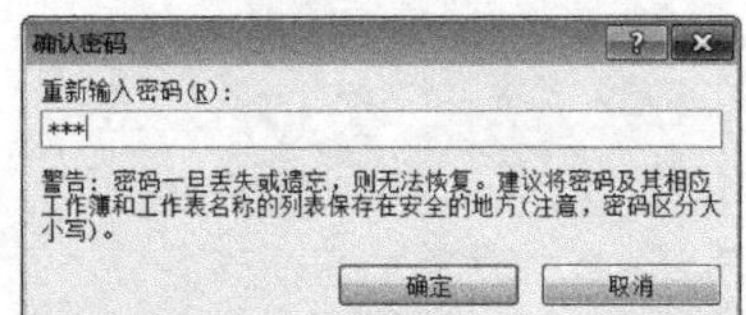

❾单击 确定 按钮返回工作表，选中设置了保护后的任一带有公式的单元格，此处我们选中单元格 E6，即可看到编辑栏中并未显示出该单元格中的公式。

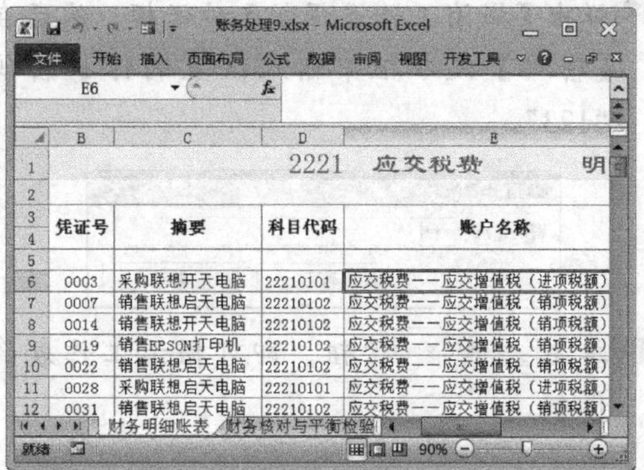

提示

如果用户要修改已被保护的单元格中的内容，系统会弹出【取消锁定区域】对话框，此时在【请输入密码以更改此单元格】文本框中输入正确的密码，然后单击 确定 按钮才可以进行修改。

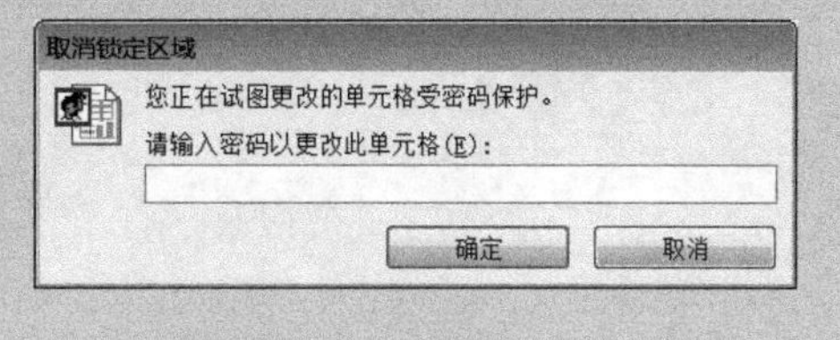

8.6.2　撤消工作表保护

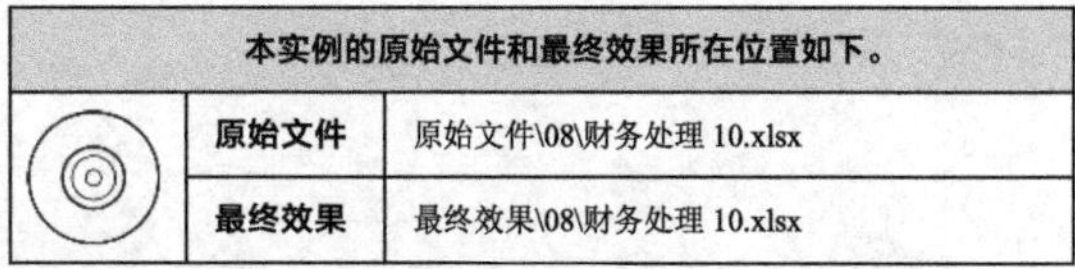

本实例的原始文件和最终效果所在位置如下。		
	原始文件	原始文件\08\财务处理 10.xlsx
	最终效果	最终效果\08\财务处理 10.xlsx

❶切换到【审阅】选项卡，在【更改】组中，单击【撤消工作表保护】按钮 撤消工作表保护。

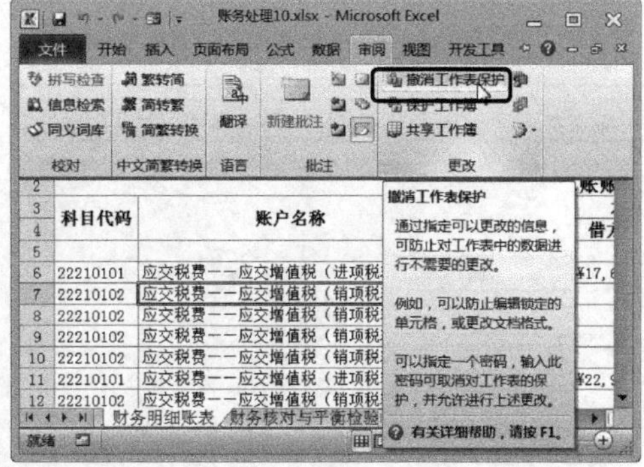

❷弹出【撤消工作表保护】对话框，然后在【密码】文本框中输入设置的保护密码"123"。

撤消工作表保护
密码(P)： ***
确定 取消

❸单击 确定 按钮，即可撤消工作表的保护。

账务处理10.xlsx - Microsoft Excel

E7 {=INDEX(记账凭证汇总表!F:F, SMALL(IF(ISNUMBER(FIND(财务明细账表!

	D	E	F	G
1	2221	应交税费 明 细 账		
2				总账账
3	科目代码	账户名称	期初余额	
4				借方
5				
6	22210101	应交税费——应交增值税（进项税额）		¥17,6
7	22210102	应交税费——应交增值税（销项税额）		
8	22210102	应交税费——应交增值税（销项税额）		
9	22210102	应交税费——应交增值税（销项税额）		
10	22210102	应交税费——应交增值税（销项税额）		
11	22210101	应交税费——应交增值税（进项税额）		¥22,9
12	22210102	应交税费——应交增值税（销项税额）		

财务明细账表 / 财务核对与平衡检验

第 9 章 会计报表

财务会计报表主要包括资产负债表、利润表和现金流量表三大报表。其中，资产负债表主要用来呈现企业在运营期间某一个期间内的财务状况，利润表用来反映企业在一定的会计期间的经营成果，而现金流量表则用来反映企业一定时期经营活动、投资活动和筹资活动产生的现金流量的动态情况。

要点导航

- 资产负债表
- 利润表
- 现金流量表

9.1 资产负债表

案例背景

资产负债表又称财务状况表，用来呈现企业在运营期间某一个期间内的财务状况，是提供财务信息的一种重要手段。它是根据资产、负债和所有者权益之间的相互关系，按照一定的分类标准和一定的顺序，把一定时期的资产、负债和所有者权益各项目进行整理和计算后编制而成的。

最终效果及关键知识点

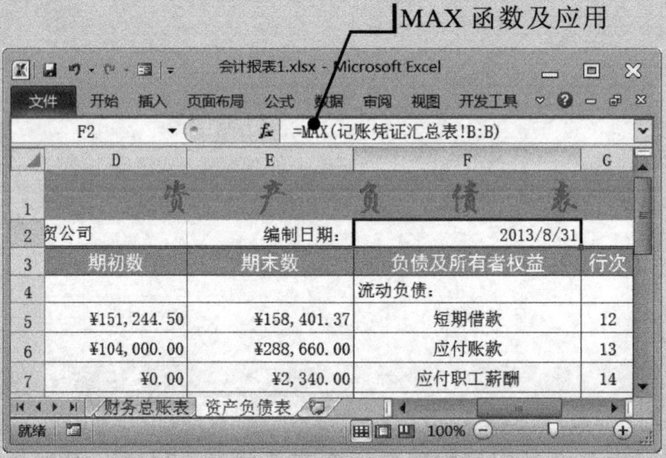

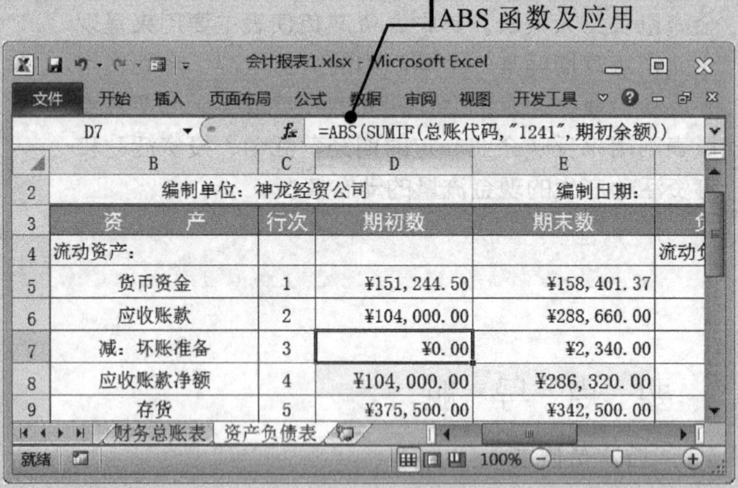

MAX 函数及应用

会计报表1.xlsx - Microsoft Excel

F2 =MAX(记账凭证汇总表!B:B)

	D	E	F	G
1	资	产	负 债	表
2	贸公司	编制日期:	2013/8/31	
3	期初数	期末数	负债及所有者权益	行次
4			流动负债:	
5	¥151,244.50	¥158,401.37	短期借款	12
6	¥104,000.00	¥288,660.00	应付账款	13
7	¥0.00	¥2,340.00	应付职工薪酬	14

财务总账表 资产负债表

ABS 函数及应用

会计报表1.xlsx - Microsoft Excel

D7 =ABS(SUMIF(总账代码,"1241",期初余额))

	B	C	D	E
2	编制单位：神龙经贸公司			编制日期:
3	资 产	行次	期初数	期末数
4	流动资产:			
5	货币资金	1	¥151,244.50	¥158,401.37
6	应收账款	2	¥104,000.00	¥288,660.00
7	减：坏账准备	3	¥0.00	¥2,340.00
8	应收账款净额	4	¥104,000.00	¥286,320.00
9	存货	5	¥375,500.00	¥342,500.00

财务总账表 资产负债表

9.1.1 相关函数介绍

在编制资产负债表时，会涉及 MAX 函数和 ABS 函数，下面简单介绍这两个函数的语法和功能。

1. MAX 函数的语法和功能

函数语法：MAX (number1,number2,…)

其中 number1，number2，…是要从中找出最大值的 1 到 30 个数字参数。

函数功能：返回一组数值中的最大值，忽略逻辑值和文本。

注意事项：

①可以将参数设置为数字、空白单元格、逻辑值或者数字的文本表达式，最多可以设置 30 个参数；

②如果参数不包含数字，MAX 函数则返回 0（零值）。如果参数为数组或者引用，则只有数组或者引用中的数字将被计算，数组或者引用中的空白单元格、逻辑值或者文本将被忽略。如果不想忽略逻辑值和文本，则可使用函数 MAXA 来代替。

2. ABS 函数的语法和功能

函数语法：ABS(number)

参数 number 是需要计算其绝对值的实数。

函数功能：返回数字的绝对值。绝对值没有符号。

9.1.2 编制资产负债表

资产负债表应按照我国会计制度的规定进行设计，其基本项目可以分为流动资产、固定资产、流动负债和所有者权益等，而且编制资产负债表必须遵循“资产＝负债＋所有者权益”这一基本的会计恒等式。编制资产负债表的具体步骤如下。

本实例的原始文件和最终效果 在位置如下。		
	原始文件	原始文件\09\会计报表 1.xlsx
	最终效果	最终效果\09\会计报表 1.xlsx

❶打开本实例的原始文件，在工作簿的最后插入一个新工作表，并将其重命名为“资产负债表”，然后输入资产负债表的基本项目，并进行格式设置，适当地调整行高和列宽。

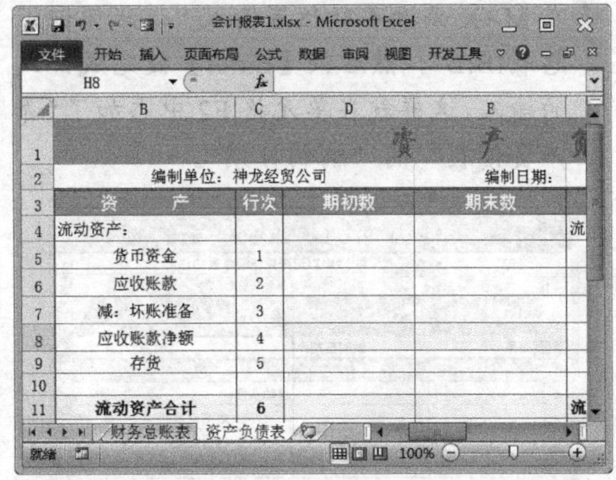

❷选中单元格 F2，切换到【公式】选项卡，在【函数库】组中单击【自动求和】按钮 Σ 自动求和 右侧的下三角按钮，在弹出的下拉列表中选择【最大值】选项。

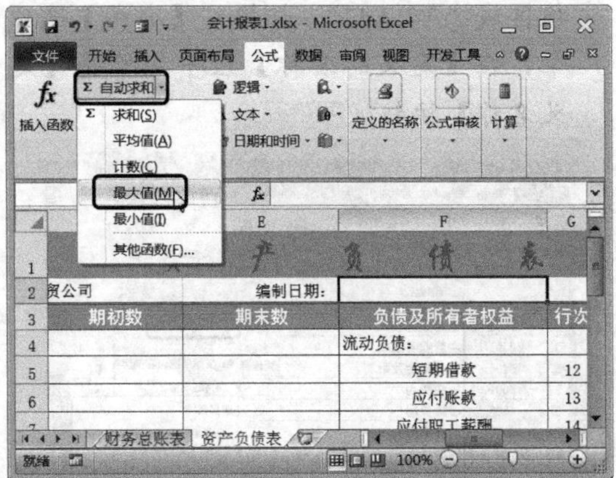

❸随即系统会自动在选中的单元格 F2 中插入公式“=MAX()”，此时鼠标指针定位在函数的参数位置处。

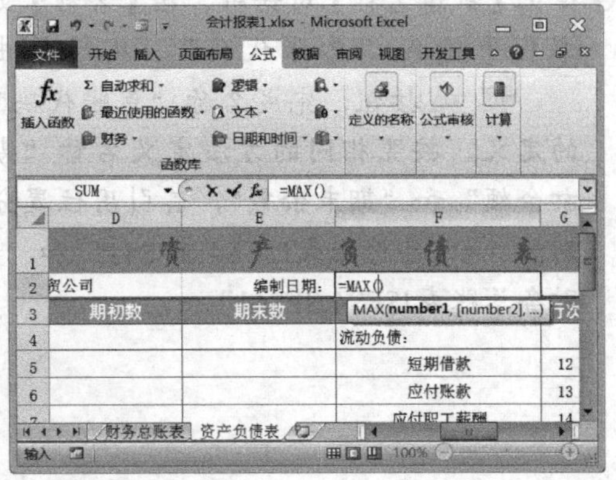

④在 MAX 函数参数位置输入"记账凭证汇总表!B:B"，然后按【Enter】键完成公式的输入，这样就在单元格 F2 中添加了"资产负债表"的"编制日期"。

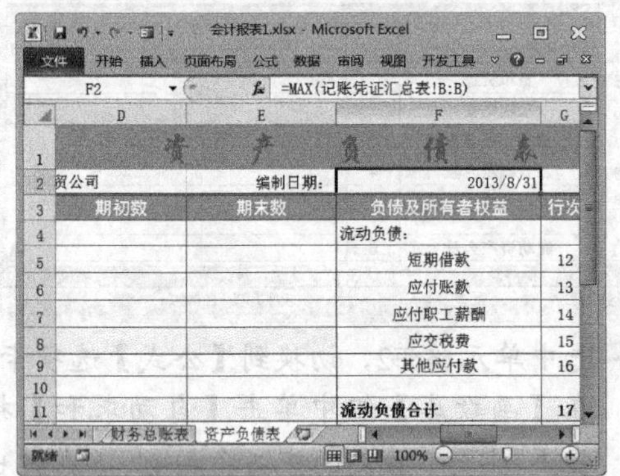

⑤切换到"财务总账表"工作表，选中单元格区域"A4:A41"，切换到【公式】选项卡，在【定义的名称】组中，单击【定义名称】按钮 定义名称。

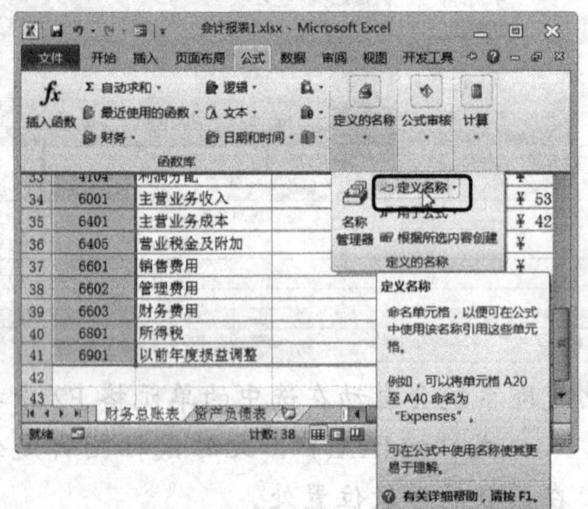

⑥弹出【新建名称】对话框，在【名称】文本框中输入"总账代码"，然后单击 确定 按钮，完成名称"总账代码"的定义。按照相同的方法定义名称"期初余额"和"期末余额"，其引用位置分别为"=财务总账表!$C$4:$C$41"和"=财务总账表!$F$4:$F$41"。

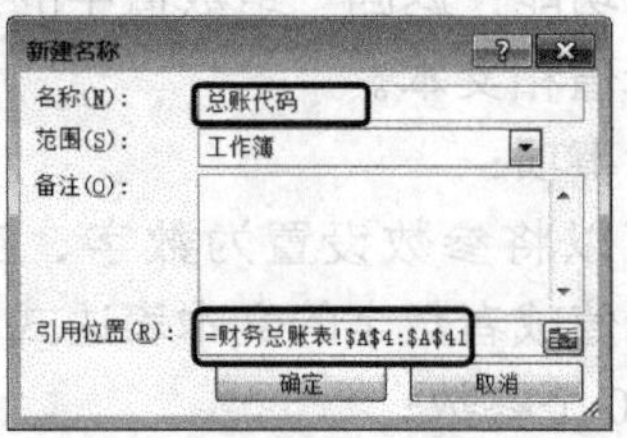

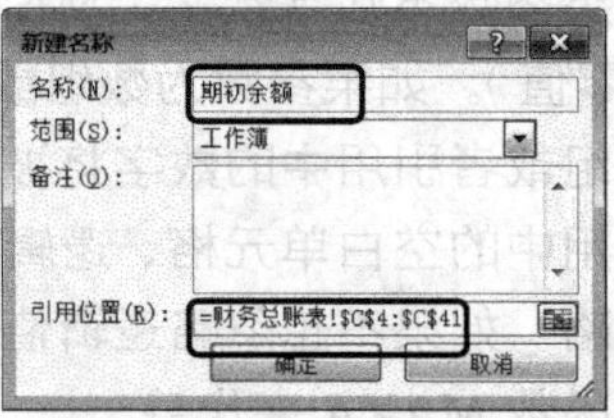

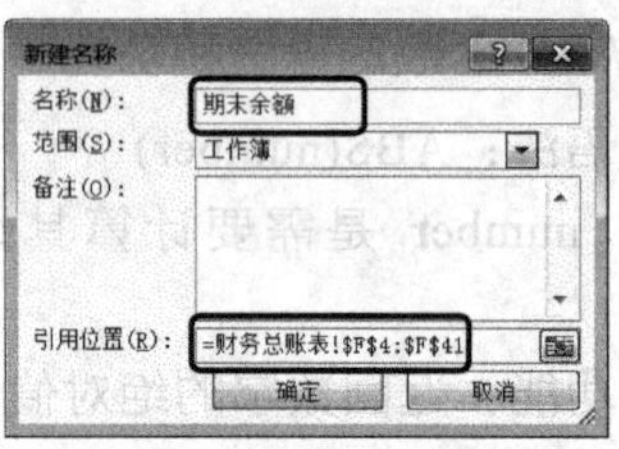

⑦根据公式"货币资金 = 库存现金 + 银行存款 + 其他货币基金"计算货币资金。切换到"资产负债表"工作表，分别在单元格 D5 和 E5 中输入以下公式。

D5=SUMIF(总账代码,"1001",期初余额)+SUMIF(总账代码,"1002",期初余额)+SUMIF(总账代码,"1015",期初余额)
E5=SUMIF(总账代码,"1001",期末余额)+SUMIF(总账代码,"1002",期末余额)+SUMIF(总账代码,"1015",期末余额)

按【Enter】键完成输入，随即返回货币资金的"期初数"和"期末数"。

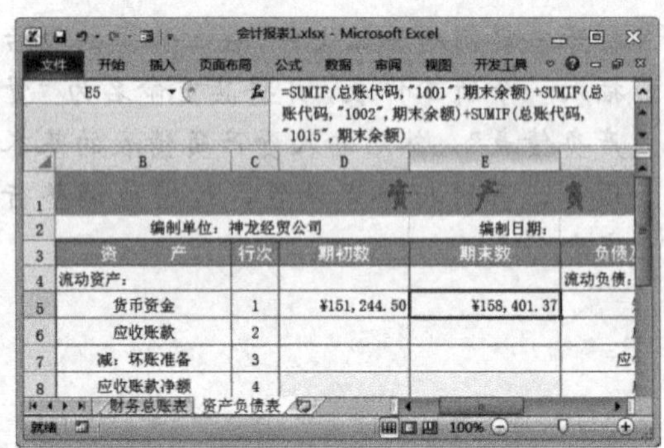

8 计算“应收账款”。分别在单元格 D6 和 E6 中输入以下公式。

D6=SUMIF(总账代码,"1122",期初余额)
E6=SUMIF(总账代码,"1122",期末余额)

按【Enter】键完成输入，随即返回“应收账款”的“期初数”和“期末数”。

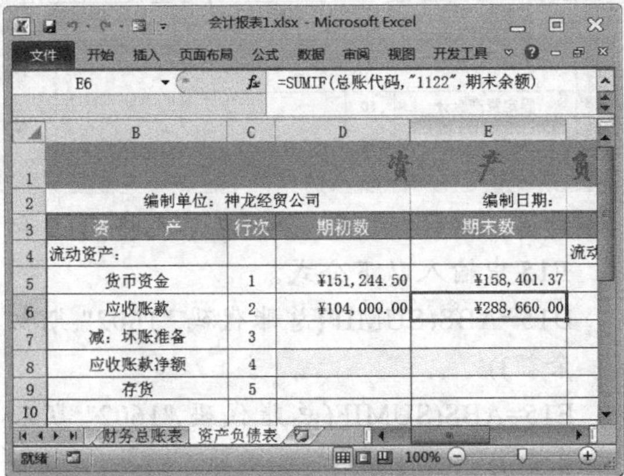

9 计算“坏账准备”。分别在单元格 D7 和 E7 中输入以下公式。

D7=ABS(SUMIF(总账代码,"1241",期初余额))
E7=ABS(SUMIF(总账代码,"1241",期末余额))

按【Enter】键完成输入，随即返回“坏账准备”的“期初数”和“期末数”。

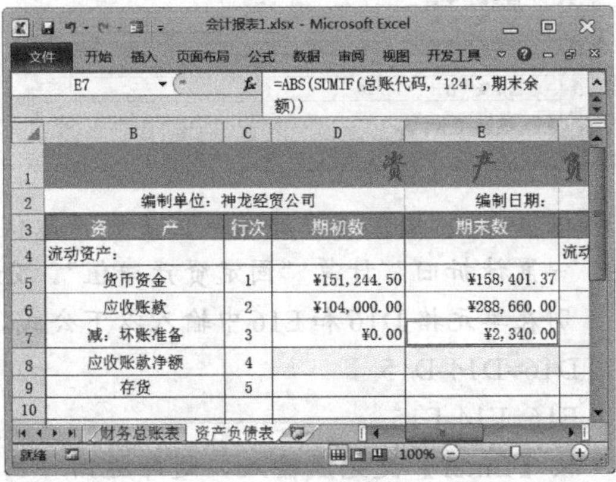

提示

在“财务总账表”工作表中，各会计科目的期末余额都是用借方余额减去贷方余额计算出来的，因此当一个会计科目在总账上表现为负值时，就表示该科目的金额在贷方。为了在“资产负债表”工作表中表现为正数，就必须在公式前面加一个负号，或者使用 ABS 函数取其绝对值。这里为了方便下一步骤的计算，使用了 ABS 函数。

10 根据公式“应收账款净额＝应收账款－坏账准备”计算应收账款净额。分别在单元格 D8 和 E8 中输入以下公式。

D8=D6-D7
E8=E6-E7

按【Enter】键完成输入，随即返回“应收账款净额”的“期初数”和“期末数”。

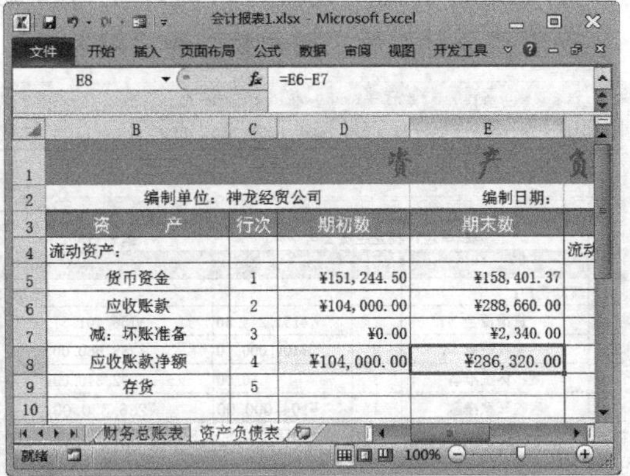

11 计算“存货”。分别在单元格 D9 和 E9 中输入以下公式。

D9=SUMIF(总账代码,"1401",期初余额)+SUMIF(总账代码,"1406",期初余额)
E9=SUMIF(总账代码,"1401",期末余额)+SUMIF(总账代码,"1406",期末余额)

按【Enter】键完成输入，随即返回“存货”的“期初数”和“期末数”。

E9 =SUMIF(总账代码,"1401",期末余额)+SUMIF(总账代码,"1406",期末余额)

	B	C	D	E
1				资 产 负
2	编制单位：神龙经贸公司			编制日期：
3	资 产	行次	期初数	期末数
4	流动资产：			
5	货币资金	1	¥151,244.50	¥158,401.37
6	应收账款	2	¥104,000.00	¥288,660.00
7	减：坏账准备	3	¥0.00	¥2,340.00
8	应收账款净额	4	¥104,000.00	¥286,320.00
9	存货	5	¥375,500.00	¥342,500.00
10				

⑫根据公式“流动资产合计＝货币资金＋应收账款净额＋存货”计算“流动资产合计”。分别在单元格 D11 和 E11 中输入以下公式。

D11=D5+D8+D9
E11=E5+E8+E9

按【Enter】键完成输入，随即返回“流动资产合计”的“期初数”和“期末数”。

E11 =E5+E8+E9

	B	C	D	E
2	编制单位：神龙经贸公司			编制日期：
3	资 产	行次	期初数	期末数
4	流动资产：			
5	货币资金	1	¥151,244.50	¥158,401.37
6	应收账款	2	¥104,000.00	¥288,660.00
7	减：坏账准备	3	¥0.00	¥2,340.00
8	应收账款净额	4	¥104,000.00	¥286,320.00
9	存货	5	¥375,500.00	¥342,500.00
10				
11	流动资产合计	6	¥630,744.50	¥787,221.37
12				

⑬计算“固定资产原值”。分别在单元格 D14 和 E14 中输入以下公式。

D14=SUMIF(总账代码,"1601",期初余额)
E14=SUMIF(总账代码,"1601",期末余额)

按【Enter】键完成输入，随即返回“固定资产原值”的“期初数”和“期末数”。

E14 =SUMIF(总账代码,"1601",期末余额)

	B	C	D	E
8	应收账款净额	4	¥104,000.00	¥286,320.00
9	存货	5	¥375,500.00	¥342,500.00
10				
11	流动资产合计	6	¥630,744.50	¥787,221.37
12				
13	固定资产：			
14	固定资产原值	7	¥105,800.00	¥105,800.00
15	减：累计折旧	8		
16	固定资产净值	9		
17				
18	固定资产合计	10		
19				

⑭计算“累计折旧”。分别在单元格 D15 和 E15 中输入以下公式。

D15=ABS(SUMIF(总账代码,"1602",期初余额))
E15=ABS(SUMIF(总账代码,"1602",期末余额))

按【Enter】键完成输入，随即返回“累计折旧”的“期初数”和“期末数”。

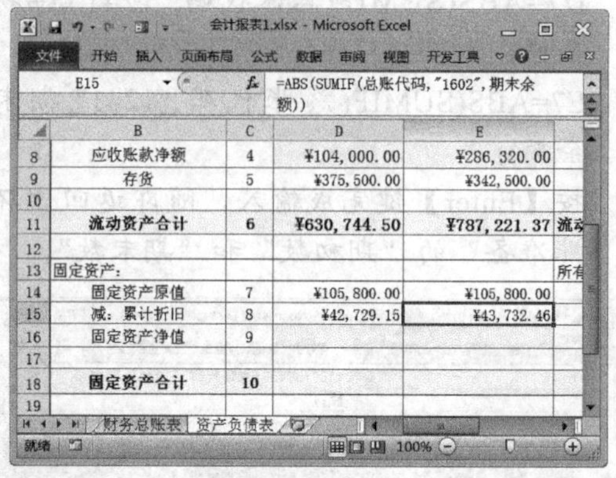

E15 =ABS(SUMIF(总账代码,"1602",期末余额))

	B	C	D	E
8	应收账款净额	4	¥104,000.00	¥286,320.00
9	存货	5	¥375,500.00	¥342,500.00
10				
11	流动资产合计	6	¥630,744.50	¥787,221.37
12				
13	固定资产：			
14	固定资产原值	7	¥105,800.00	¥105,800.00
15	减：累计折旧	8	¥42,729.15	¥43,732.46
16	固定资产净值	9		
17				
18	固定资产合计	10		
19				

⑮根据公式“固定资产净值＝固定资产原值－累计折旧”计算“固定资产净值”。分别在单元格 D16 和 E16 中输入以下公式。

D16=D14-D15
E16=E14-E15

按【Enter】键完成输入，随即返回“固定资产净值”的“期初数”和“期末数”。

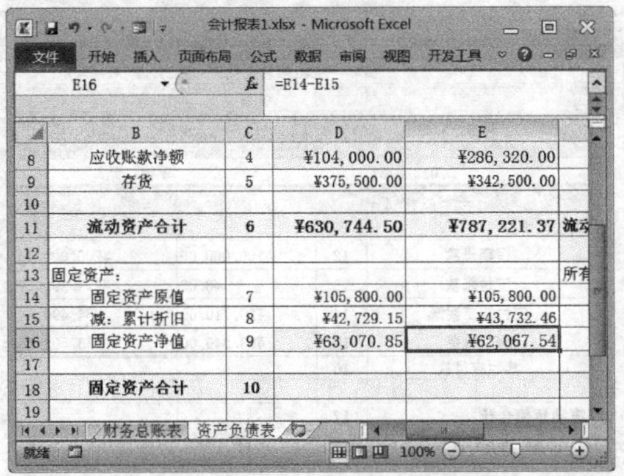

16 计算“固定资产合计”。在这里“固定资产合计”就等于“固定资产净值”，因此分别在单元格 D18 和 E18 中输入以下公式。

D18=D16

E18=E16

按【Enter】键完成输入，随即返回“固定资产合计”的“期初数”和“期末数”。

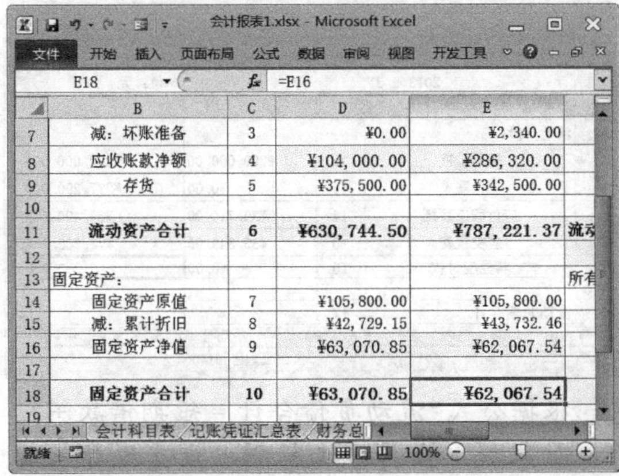

17 根据公式“资产合计 = 流动资产合计 + 固定资产合计”计算“资产合计”。分别在单元格 D20 和 E20 中输入以下公式。

D20=D11+D18

E20=E11+E18

按【Enter】键完成输入，随即返回“资产合计”的“期初数”和“期末数”，然后适当地调整列宽。

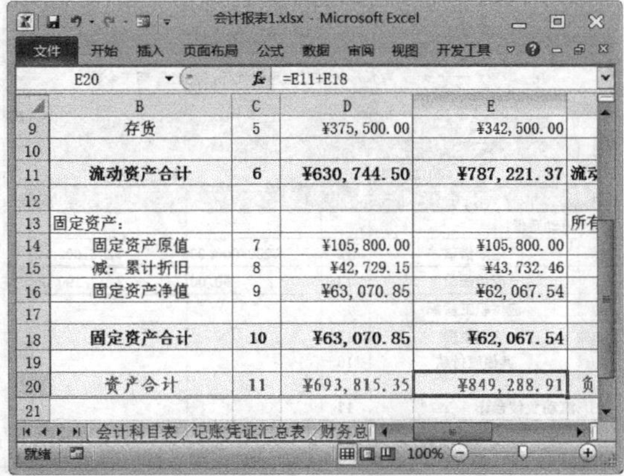

18 计算“短期借款”。分别在单元格 H5 和 I5 中输入以下公式。

H5=-SUMIF(总账代码,"2001",期初余额)

I5=-SUMIF(总账代码,"2001",期末余额)

按【Enter】键完成输入，随即返回“短期借款”的“期初数”和“期末数”。

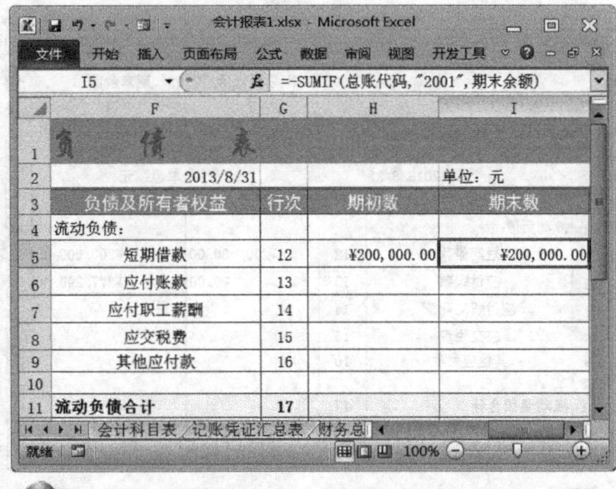

19 计算“应付账款”。分别在单元格 H6 和 I6 中输入以下公式。

H6=-SUMIF(总账代码,"2202",期初余额)

I6=-SUMIF(总账代码,"2202",期末余额)

按【Enter】键完成输入，随即返回“应付账款”的“期初数”和“期末数”。

20 计算“应付职工薪酬”。分别在单元格H7和I7中输入以下公式。

H7=-SUMIF(总账代码,"2211",期初余额)
I7=-SUMIF(总账代码,"2211",期末余额)

按【Enter】键完成输入，随即返回“应付职工薪酬”的“期初数”和“期末数”。

21 计算“应交税费”。分别在单元格H8和I8中输入以下公式。

H8=-SUMIF(总账代码,"2221",期初余额)
I8=-SUMIF(总账代码,"2221",期末余额)

按【Enter】键完成输入，随即返回“应交税费”的“期初数”和“期末数”。

22 计算“其他应付款”。分别在单元格H9和I9中输入以下公式。

H9=-SUMIF(总账代码,"2241",期初余额)
I9=-SUMIF(总账代码,"2241",期末余额)

按【Enter】键完成输入，随即返回“其他应付款”的“期初数”和“期末数”。

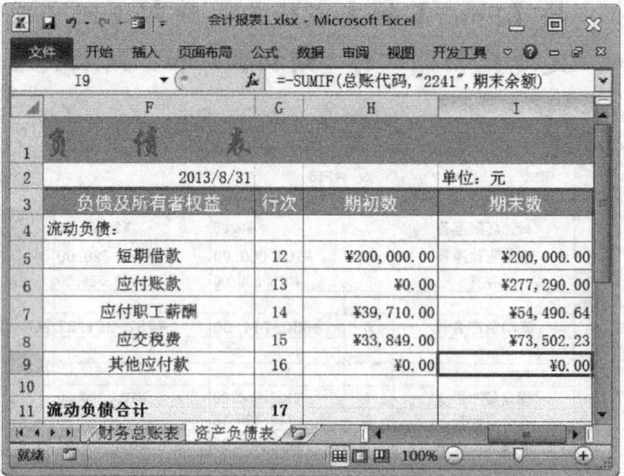

I9 =-SUMIF(总账代码,"2241",期末余额)

	F	G	H	I
1	负 债 表			
2	2013/8/31			单位：元
3	负债及所有者权益	行次	期初数	期末数
4	流动负债：			
5	短期借款	12	¥200,000.00	¥200,000.00
6	应付账款	13	¥0.00	¥277,290.00
7	应付职工薪酬	14	¥39,710.00	¥54,490.64
8	应交税费	15	¥33,849.00	¥73,502.23
9	其他应付款	16	¥0.00	¥0.00
10				
11	流动负债合计	17		

23 根据公式“流动负债合计 = 短期借款 + 应付账款 + 应付职工薪酬 + 应交税费 + 其他应付款”计算“流动负债合计”。分别在单元格H11和I11中输入以下公式。

H11=SUM(H5:H9)
I11=SUM(I5:I9)

按【Enter】键完成输入，随即返回“流动负债合计”的“期初数”和“期末数”。

24 计算“负债合计”。在这里“负债合计”就等于“流动负债合计”，因此分别在单元格H12和I12中输入以下公式。

H11=H11

I11=I11

按【Enter】键完成输入，随即返回“流动资产合计”的“期初数”和“期末数”。

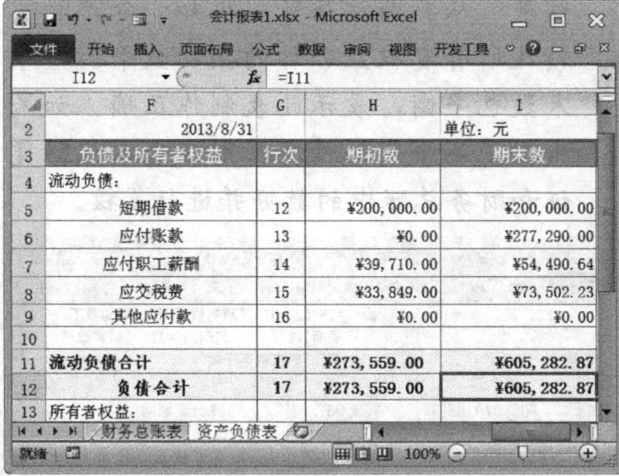

25 计算“实收资本”。分别在单元格H14和I14中输入以下公式。

H14=-SUMIF(总账代码,"4001",期初余额)

I14=-SUMIF(总账代码,"4001",期末余额)

按【Enter】键完成输入，随即返回“实收资本”的“期初数”和“期末数”。

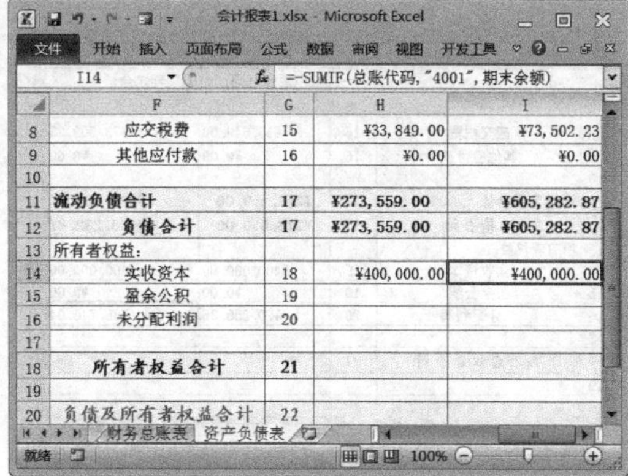

26 计算“盈余公积”。分别在单元格H15和I15中输入以下公式。

H15=-SUMIF(总账代码,"4101",期初余额)

I15=-SUMIF(总账代码,"4101",期末余额)

按【Enter】键完成输入，随即返回“盈余公积”的“期初数”和“期末数”。

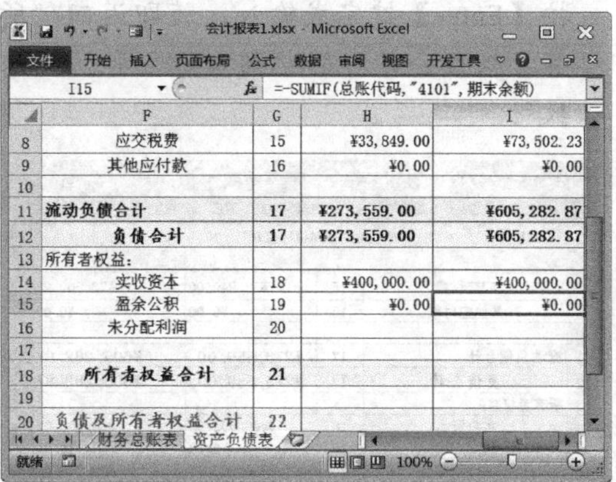

27 计算“未分配利润”。由于“本年利润”尚未进行分配，因此“未分配利润”就是“本年利润”，分别在单元格H16和I16中输入以下公式。

H16=-SUMIF(总账代码,"4103",期初余额)

I16=-SUMIF(总账代码,"4103",期末余额)

按【Enter】键完成输入，随即返回“未分配利润”的“期初数”和“期末数”。

I16 =-SUMIF(总账代码,"4103",期末余额)

	F	G	H	I
8	应交税费	15	¥33,849.00	¥73,502.23
9	其他应付款	16	¥0.00	¥0.00
10				
11	流动负债合计	17	¥273,559.00	¥605,282.87
12	负债合计	17	¥273,559.00	¥605,282.87
13	所有者权益:			
14	实收资本	18	¥400,000.00	¥400,000.00
15	盈余公积	19	¥0.00	¥0.00
16	未分配利润	20	¥20,256.35	¥38,746.04
17				
18	所有者权益合计	21		
19				
20	负债及所有者权益合计	22		

28 根据公式"所有者权益合计 = 实收资本 + 盈余公积 + 未分配利润"计算"所有者权益合计"。分别在单元格H18和I18中输入以下公式。

```
H18=SUM(H14:H16)
I18=SUM(I14:I16)
```

按【Enter】键完成输入，随即返回"所有者权益合计"的"期初数"和"期末数"。

I18 =SUM(I14:I16)

	F	G	H	I
8	应交税费	15	¥33,849.00	¥73,502.23
9	其他应付款	16	¥0.00	¥0.00
10				
11	流动负债合计	17	¥273,559.00	¥605,282.87
12	负债合计	17	¥273,559.00	¥605,282.87
13	所有者权益:			
14	实收资本	18	¥400,000.00	¥400,000.00
15	盈余公积	19	¥0.00	¥0.00
16	未分配利润	20	¥20,256.35	¥38,746.04
17				
18	所有者权益合计	21	¥420,256.35	¥438,746.04
19				
20	负债及所有者权益合计	22		

29 根据公式"负债及所有者权益合计 = 负债合计 + 所有者权益合计"计算"负债及所有者权益合计"。分别在单元格H20和I20中输入以下公式。

```
H20=H12+H18
I20=I12+I18
```

按【Enter】键完成输入，随即返回"负债及所有者权益合计"的"期初数"和"期末数"。

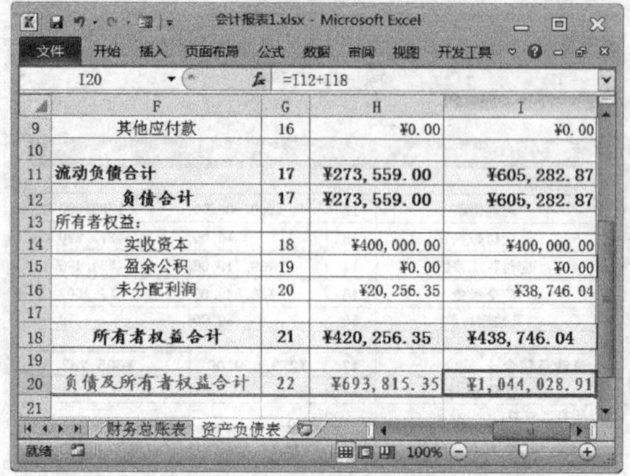

I20 =I12+I18

	F	G	H	I
9	其他应付款	16	¥0.00	¥0.00
10				
11	流动负债合计	17	¥273,559.00	¥605,282.87
12	负债合计	17	¥273,559.00	¥605,282.87
13	所有者权益:			
14	实收资本	18	¥400,000.00	¥400,000.00
15	盈余公积	19	¥0.00	¥0.00
16	未分配利润	20	¥20,256.35	¥38,746.04
17				
18	所有者权益合计	21	¥420,256.35	¥438,746.04
19				
20	负债及所有者权益合计	22	¥693,815.35	¥1,044,028.91

30 根据会计恒等式"资产 = 负债 + 所有者权益"，判断"资产负债表"是否平衡。在合并后的单元格E22中输入以下公式。

```
=IF(D20=H20,"期初数平衡","期初数不平衡")&"        "&IF(E20=I20,"期末数平衡","期末数不平衡")
```

按【Enter】键完成输入，随即返回判断结果。从判断结果可以得知：资产和负债及所有者权益合计的期初数平衡，期末数也平衡，表示此表制作正确。如果出现了不平衡的情况，则应查询记账凭证和财务总账中的数据并进行复核。

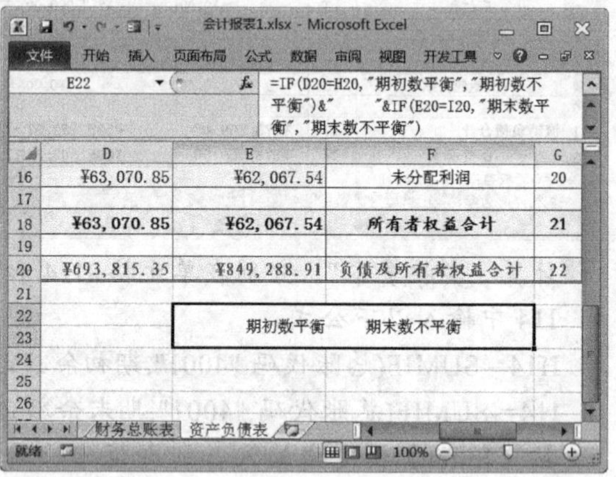

E22 =IF(D20=H20,"期初数平衡","期初数不平衡")&"   "&IF(E20=I20,"期末数平衡","期末数不平衡")

	D	E	F	G
16	¥63,070.85	¥62,067.54	未分配利润	20
17				
18	¥63,070.85	¥62,067.54	所有者权益合计	21
19				
20	¥693,815.35	¥849,288.91	负债及所有者权益合计	22
21				
22		期初数平衡　期末数不平衡		

9.2 利润表

案例背景

利润表是用来反映企业在一定的会计期间的经营成果的会计报表。利润表的每一项基本上也是由会计账簿提供的，但是其编制工作相对资产负债表而言要简单一些。

最终效果及关键知识点

编制利润表

会计报表3.xlsx - Microsoft Excel

D2 =MAX(记账凭证汇总表!B:B)

	B	C	D	E
1	利 润 表			
2	编制单位：神龙经贸公司	时间：	2013/8/31	单位：元
3	项 目	行次	本期数	本年累计数
4	一、主营业务收入	1	¥538,000.00	¥538,000.00
5	减：主营业务成本	2	¥423,000.00	¥423,000.00
6	营业税金及附加	3	¥0.00	¥0.00
7	二、主营业务利润	4	¥115,000.00	¥115,000.00
8	加：其他业务利润	5	¥0.00	¥0.00
9	减：销售费用	6	¥8,750.00	¥8,750.00
10	管理费用	7	¥80,857.08	¥80,857.08
11	财务费用	8	¥740.00	¥740.00
12	三、营业利润	9	¥24,652.92	¥24,652.92
13	加：投资收益	10	¥0.00	¥0.00

利润表 收入与费用分析

设置数据标签

设置图表区格式

设置数据系列格式

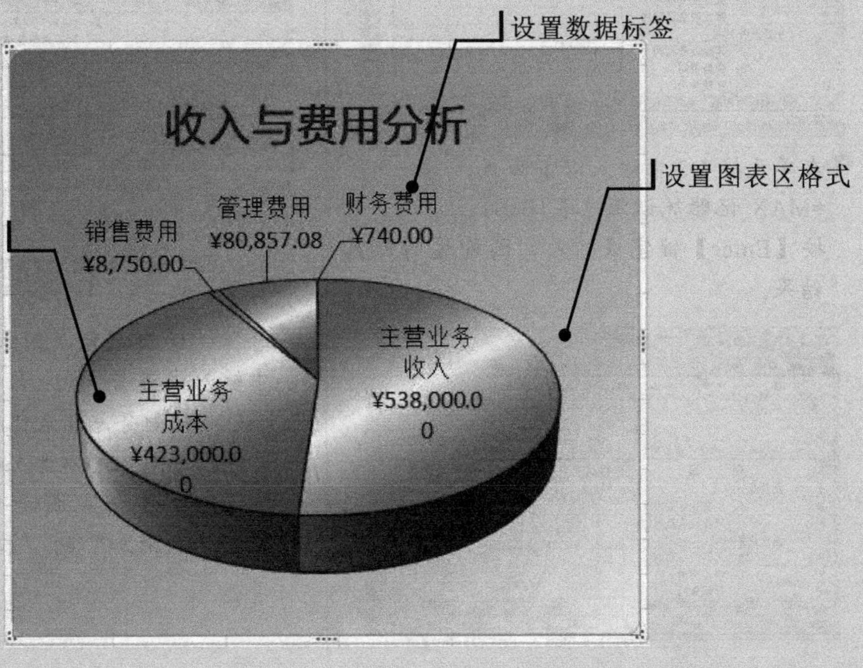

9.2.1 编制利润表

利润表主要包括主营业务收入、主营业务利润、营业利润、利润总额和净利润等 5 个基本项目。它是依据"利润 = 收入 - 费用"这一会计恒等式，按照一定的步骤计算出构成利润（或者亏损）总额的各项要素编制而成的。

编制利润表的具体步骤如下。

本实例的原始文件和最终效果所在位置如下。		
	原始文件	原始文件\09\会计报表 2.xlsx
	最终效果	最终效果\09\会计报表 2.xlsx

❶ 打开本实例的原始文件，在工作簿的最后插入一个新工作表，并将其重命名为"利润表"，然后在该工作表中输入利润表的基本项目，并进行格式设置，适当地调整行高和列宽。

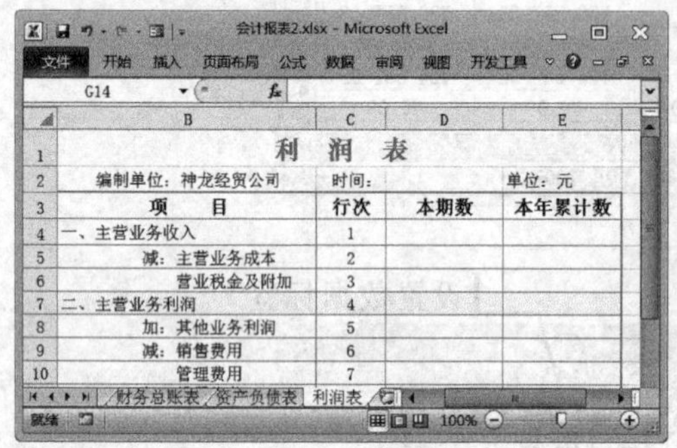

❷ 在单元格 D2 中输入以下公式。

=MAX(记账凭证汇总表!B:B)

按【Enter】键完成输入，随即返回计算结果。

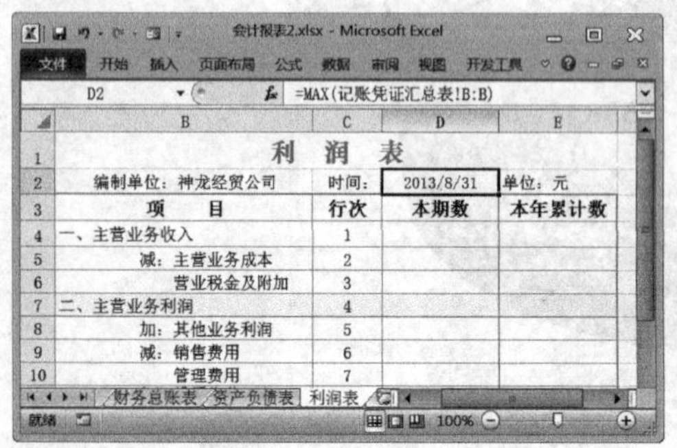

❸ 计算"主营业务收入"。在单元格 D4 中输入以下公式。

=SUMIF(财务总账表!$A$4:$A$41,"6001",财务总账表!$E$4:$E$41)

按【Enter】键完成输入，随即返回"主营业务收入"的"本期数"。

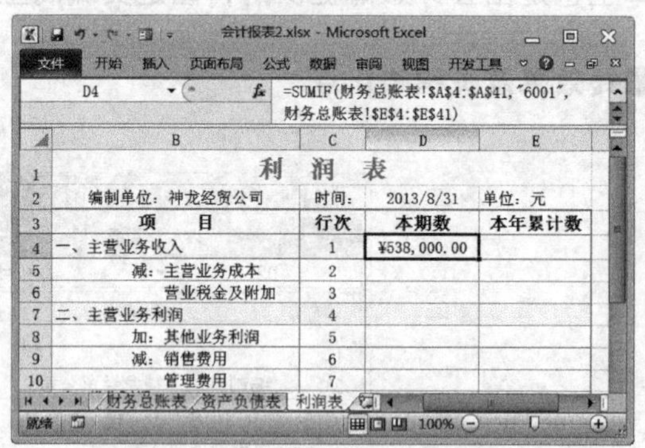

❹ 计算"主营业务成本"。在单元格 D5 中输入以下公式。

=SUMIF(财务总账表!$A$4:$A$41,"6401",财务总账表! $D$4:$D$41)

按【Enter】键完成输入，随即返回"主营业务成本"的"本期数"。

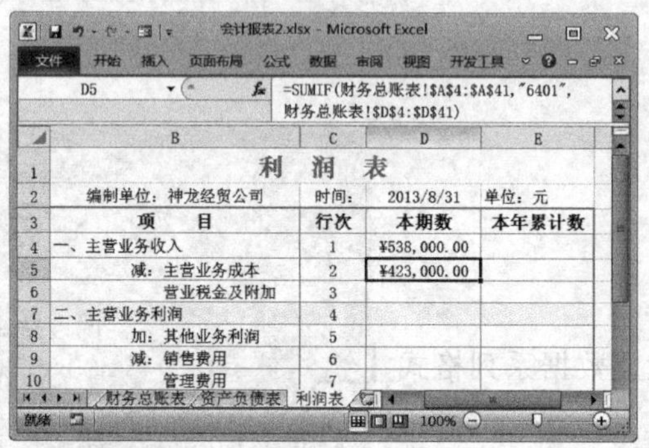

❺ 计算"营业税金及附加"。在单元格 D6 中输入以下公式。

=SUMIF(财务总账表!$A$4:$A$41,"6405",财务总账表! $D$4:$D$41)

按【Enter】键完成输入，随即返回"营业税金及附加"的"本期数"。

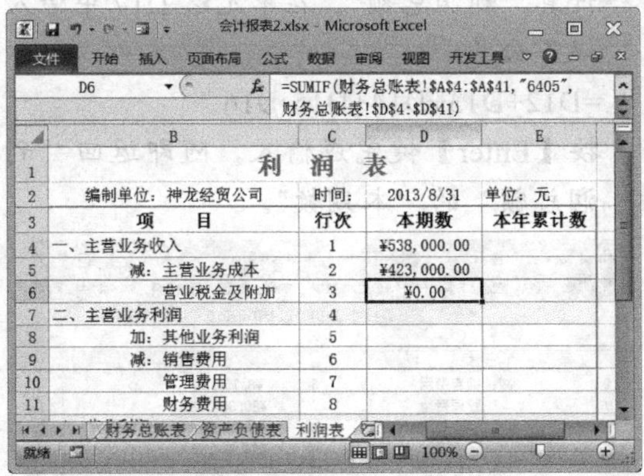

❻计算“主营业务利润”。在单元格 D7 中输入以下公式。

=D4-D5-D6

按【Enter】键完成输入，随即返回“主营业务利润”的“本期数”。

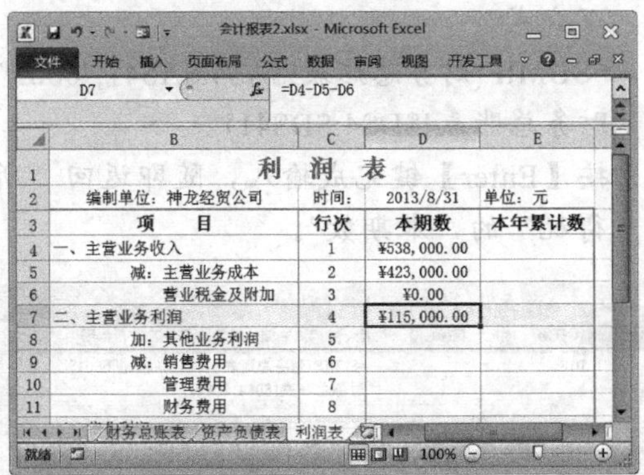

❼计算“其他业务利润”。因为本实例中未涉及“其他业务利润”，因此在单元格 D8 中输入“0”，然后按【Enter】键完成输入。

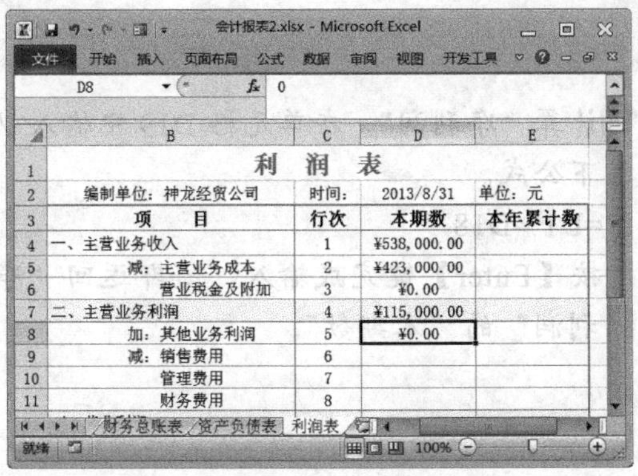

❽计算“销售费用”。在单元格 D9 中输入以下公式。

=SUMIF(财务总账表!$A$4:$A$41,"6601",财务总账表! $D$4:$D$41)

按【Enter】键完成输入，随即返回“销售费用”的“本期数”。

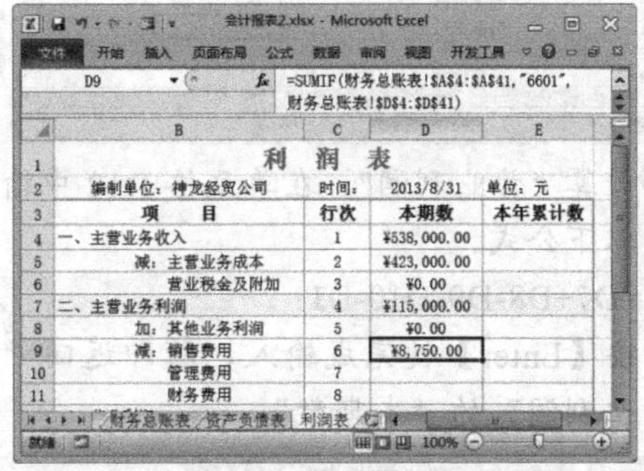

❾计算“管理费用”。在单元格 D10 中输入以下公式。

=SUMIF(财务总账表!$A$4:$A$41,"6602",财务总账表! $D$4:$D$41)

按【Enter】键完成输入，随即返回“管理费用”的“本期数”。

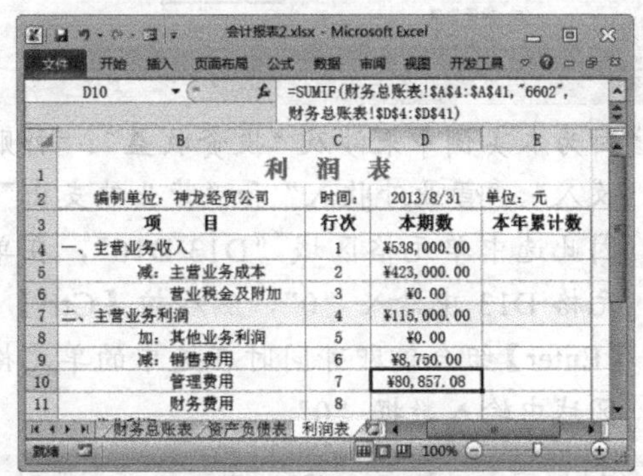

❿计算“财务费用”。在单元格 D11 中输入以下公式。

=SUMIF(财务总账表!$A$4:$A$41,"6603",财务总账表! $D$4:$D$41)

按【Enter】键完成输入，随即返回“财务费用”的“本期数”。

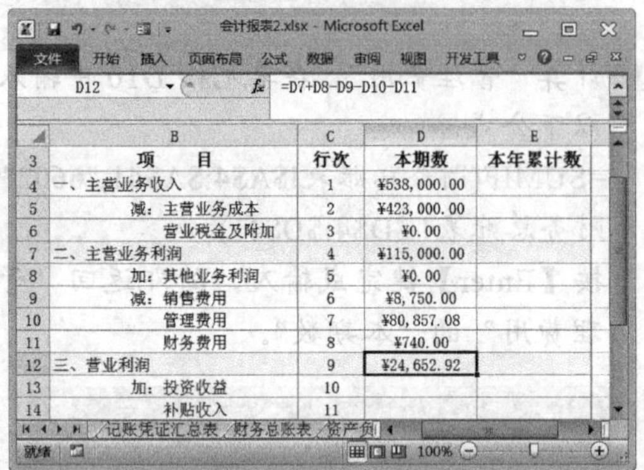

11 计算“营业利润”。在单元格 D12 中输入以下公式。

=D7+D8-D9-D10-D11

按【Enter】键完成输入，随即返回“营业利润”的“本期数”。

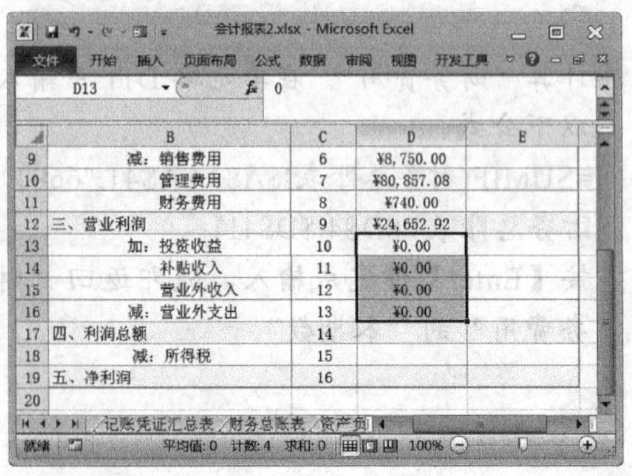

12 因为本实例中未涉及“投资收益”、“补贴收入”、“营业外收入”和“营业外支出”，因此选中单元格区域“D13:D16”，在单元格 D13 中输入“0”，然后按【Ctrl】+【Enter】组合键即可同时在选中的单元格区域中输入数据“0”。

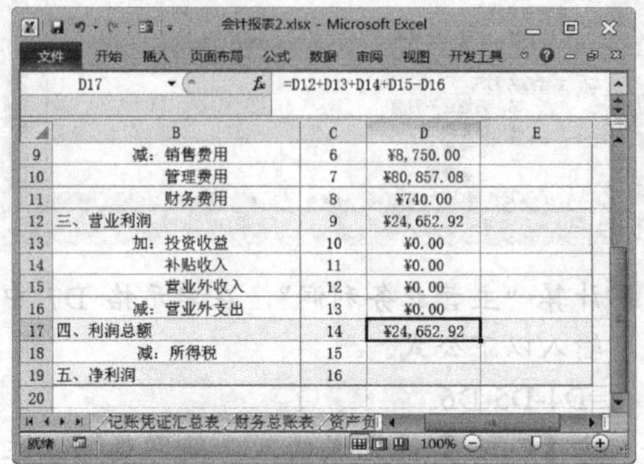

13 计算“利润总额”。在单元格 D17 中输入以下公式。

=D12+D13+D14+D15-D16

按【Enter】键完成输入，随即返回“利润总额”的“本期数”。

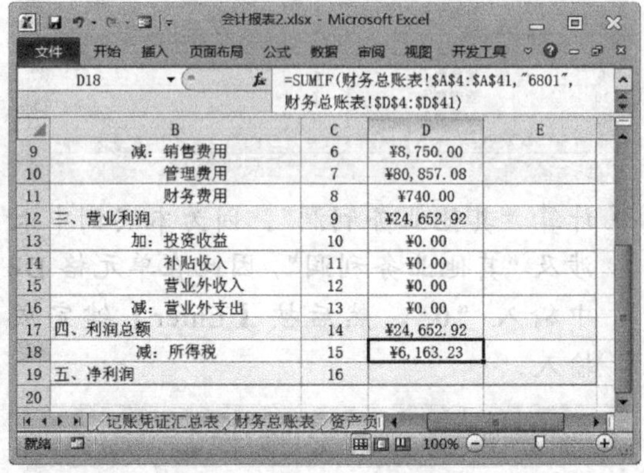

14 计算“所得税”。在单元格 D18 中输入以下公式。

=SUMIF(财务总账表!$A$4:$A$41,"6801",财务总账表!$D$4:$D$41)

按【Enter】键完成输入，随即返回“所得税”的“本期数”。

15 计算“净利润”。在单元格 D19 中输入以下公式。

=D17-D18

按【Enter】键完成输入，随即返回“净利润”的“本期数”。

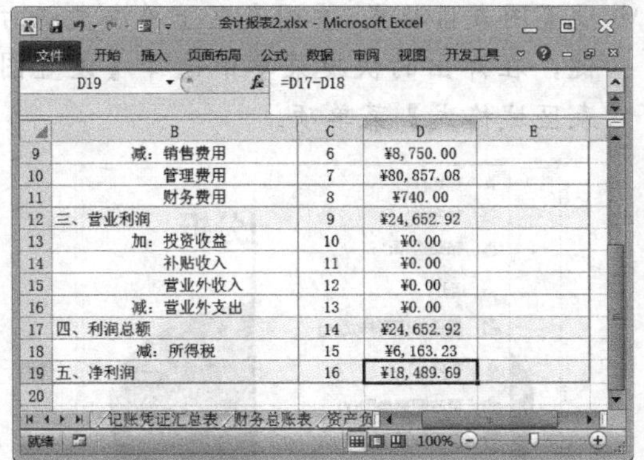

⑯计算“本年累计数”。“本年累计数”的计算公式为“本年累计数＝上一期本年累计数＋本期数”，但是该实例中未涉及上一期的“本年累计数”，因此在这里“本年累计数＝本期数”。

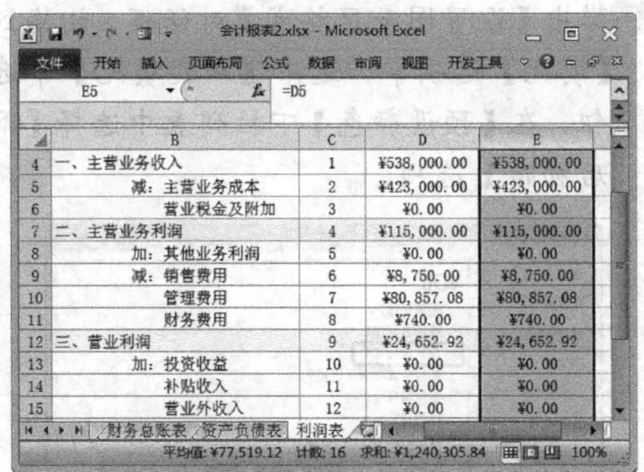

9.2.2 创建费用统计图表

为了使利润表中的收入和费用数据更加直观，能够更加清晰地反映出各数据之间的关系，一般可通过创建图表的形式来分析利润表。

将利润表中的收入与费用创建为图表形式的具体步骤如下。

本实例的原始文件和最终效果所在位置如下。		
	原始文件	原始文件\09\会计报表 3.xlsx
	最终效果	最终效果\09\会计报表 3.xlsx

①打开本实例的原始文件，在工作簿的最后插入一个新工作表，并将其重命名为“收入与费用分析”，然后从“利润表”工作表中复制收入与费用的相关数据，将其粘贴到“收入与费用分析”工作表，并对其进行格式设置。

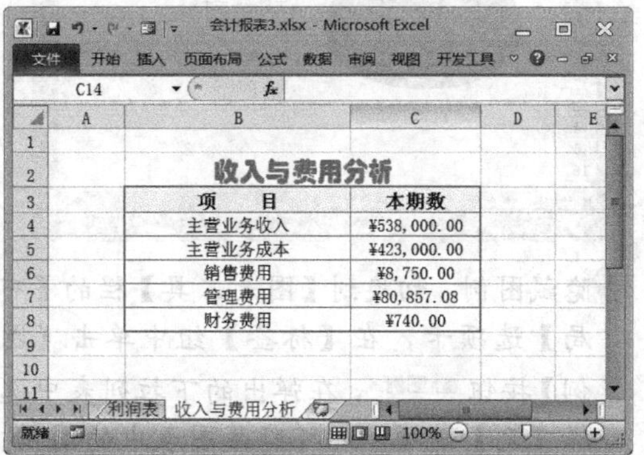

②选中数据区域中的任意一个单元格，切换到【插入】选项卡，在【图表】组中，单击【饼图】按钮，在弹出的下拉列表中选择【三维饼图】。

③随即在当前工作表中插入一个三维饼图，然后使用鼠标拖动调整图表的位置和大小。

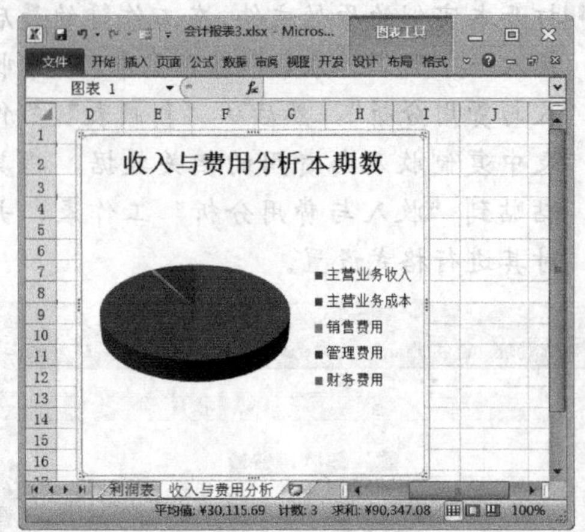

4 隐藏图例。切换到【图表工具】栏的【布局】选项卡，在【标签】组中单击【图例】按钮 图例，在弹出的下拉列表中选择【无】选项，即可隐藏图表中的图例。

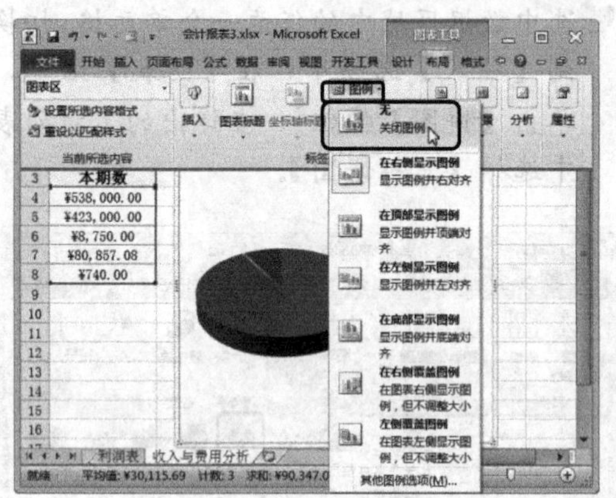

5 选中图表标题，将图表标题更改为“收入与费用分析”，并对标题的字体格式、字号等进行设置，然后适当调整图表标题的位置。

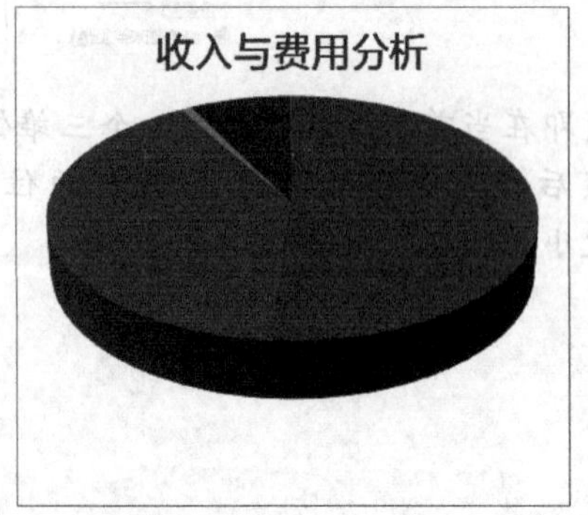

6 设置图表区格式。在图表区上单击鼠标右键，在弹出的快捷菜单中选择【设置图表区域格式】菜单项。

7 弹出【设置图表区格式】对话框，切换到【填充】选项卡，选中【渐变填充】单选钮，在【预设颜色】下拉列表中选择【雨后初晴】选项。

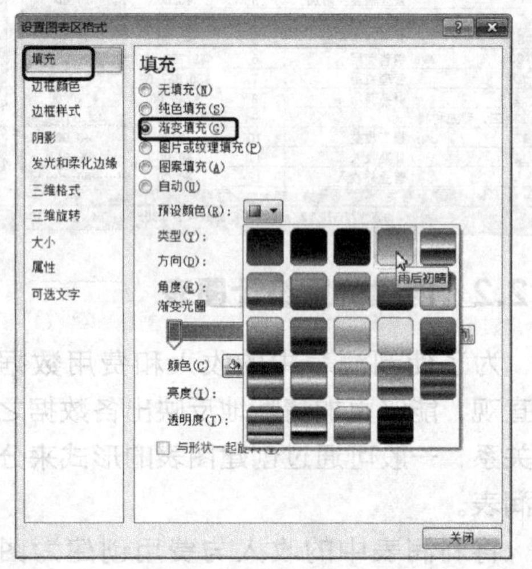

8 设置完毕，单击 关闭 按钮，返回工作表，设置图表区格式的最终效果如图所示。

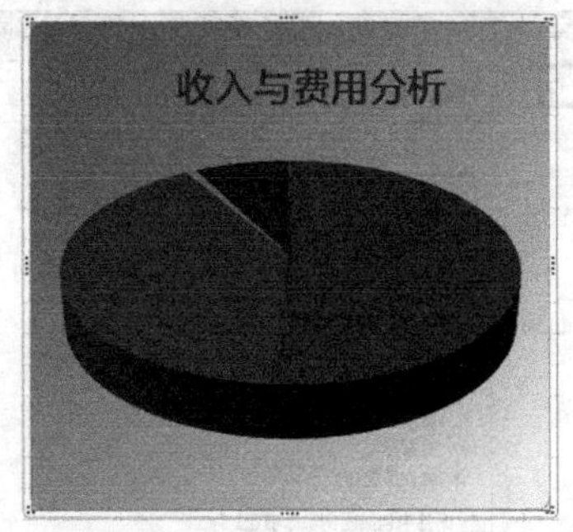

⑨选中数据系列，单击鼠标右键，在弹出的快捷菜单中选择【设置数据系列格式】菜单项。

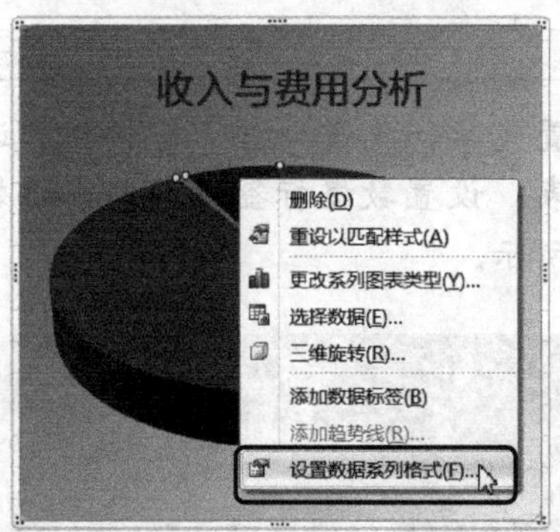

⑩弹出【设置数据系列格式】对话框，切换到【填充】选项卡，选中【渐变填充】单选钮，在【预设颜色】下拉列表中选择【彩虹出岫Ⅱ】选项。

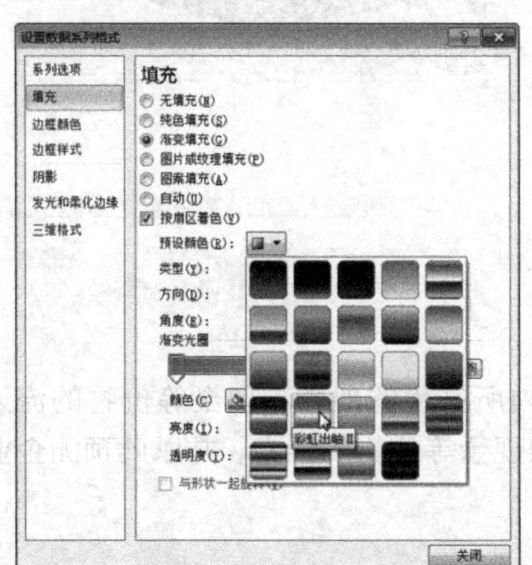

⑪切换到【边框颜色】选项卡，选中【实线】单选钮，在【颜色】下拉列表中选择一种合适的颜色。

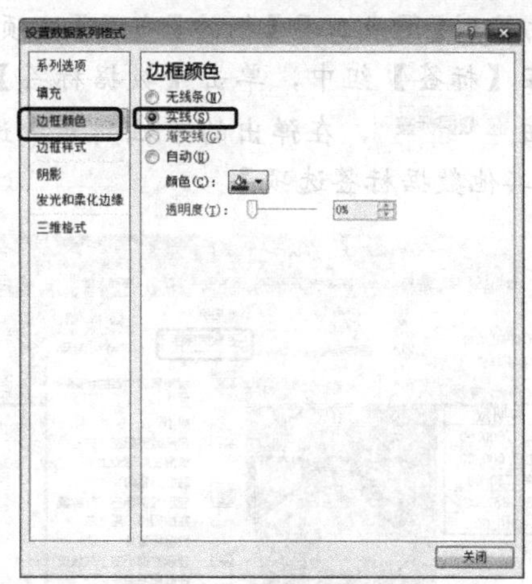

⑫切换到【边框样式】选项卡，在【宽度】微调框中输入【2 磅】。

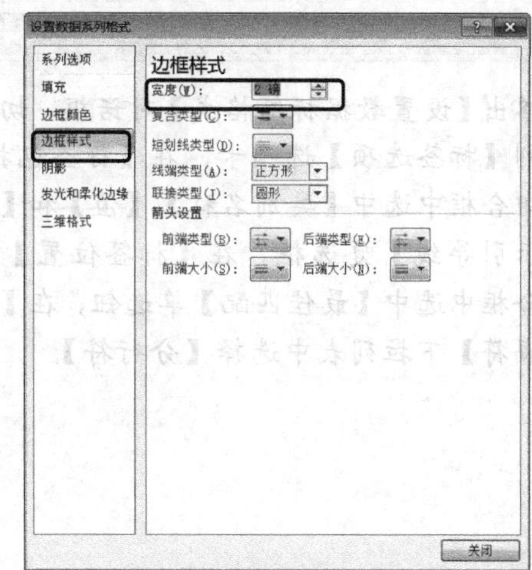

⑬设置完毕，单击 关闭 按钮，返回工作表，设置数据系列格式的最终效果如图所示。

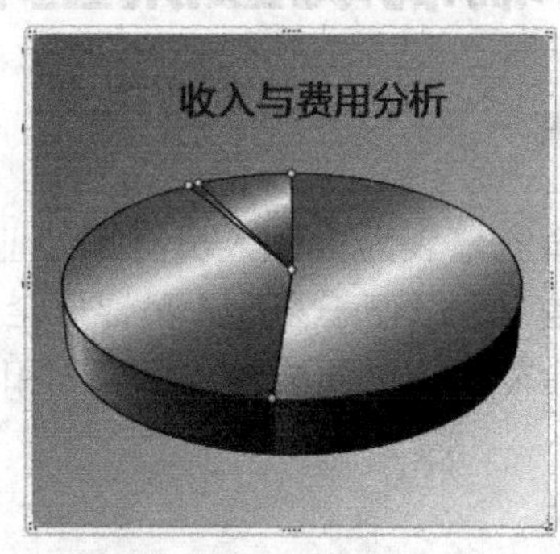

14 切换到【图表工具】栏的【布局】选项卡，在【标签】组中，单击【数据标签】按钮 数据标签，在弹出的下拉列表中选择【其他数据标签选项】。

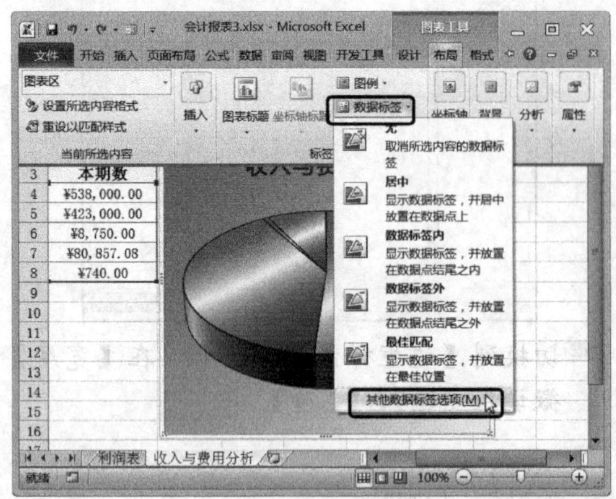

15 弹出【设置数据标签格式】对话框，切换到【标签选项】选项卡，在【标签包括】组合框中选中【类别名称】、【值】和【显示引导线】复选框，在【标签位置】组合框中选中【最佳匹配】单选钮，在【分隔符】下拉列表中选择【分行符】。

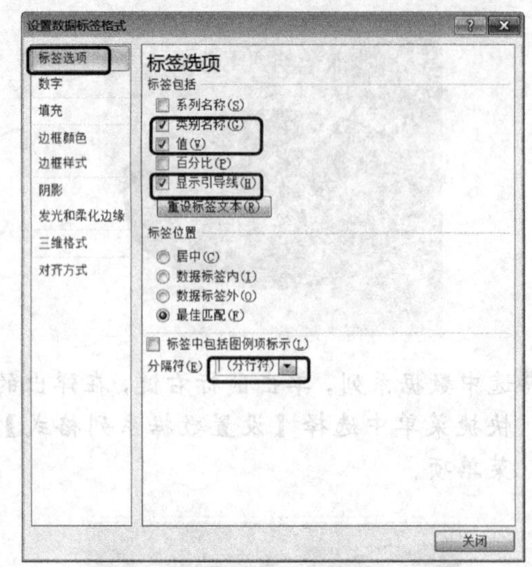

16 设置完毕，单击 关闭 按钮，返回工作表，设置数据标签格式的最终效果如图所示。

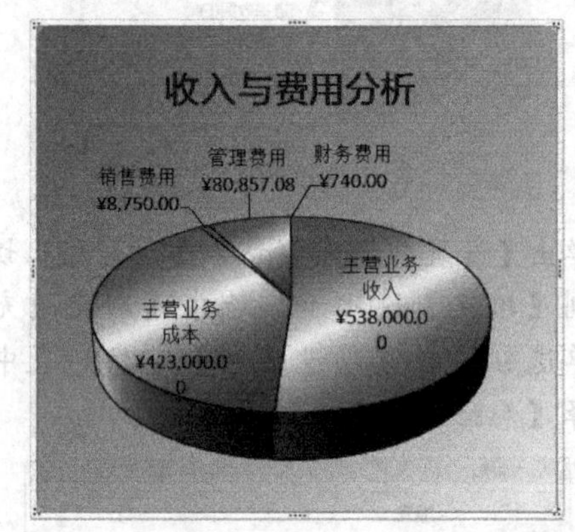

9.3 编制现金流量表

案例背景

现金流量表为会计人员提供企业在一定时期内所产生的现金和现金等价物的流入和流出的信息，以便于会计人员评价企业获取现金和现金等价物的能力，并以此预测企业未来的现金需求，以便能够及早规划和调节资金。

最终效果及关键知识点

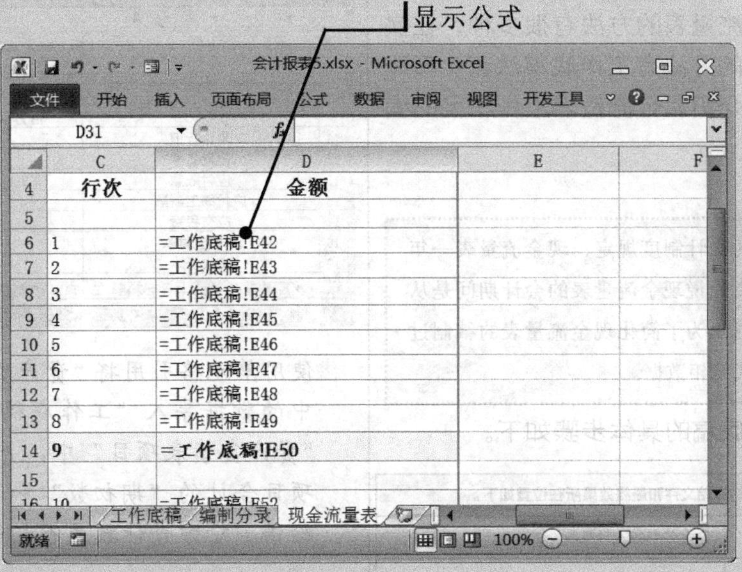

显示公式
会计报表5.xlsx - Microsoft Excel
文件 开始 插入 页面布局 公式 数据 审阅 视图 开发工具
D31
行次
金额
=工作底稿!E42
=工作底稿!E43
=工作底稿!E44
=工作底稿!E45
=工作底稿!E46
=工作底稿!E47
=工作底稿!E48
=工作底稿!E49
=工作底稿!E50
工作底稿 编制分录 现金流量表
就绪 100%

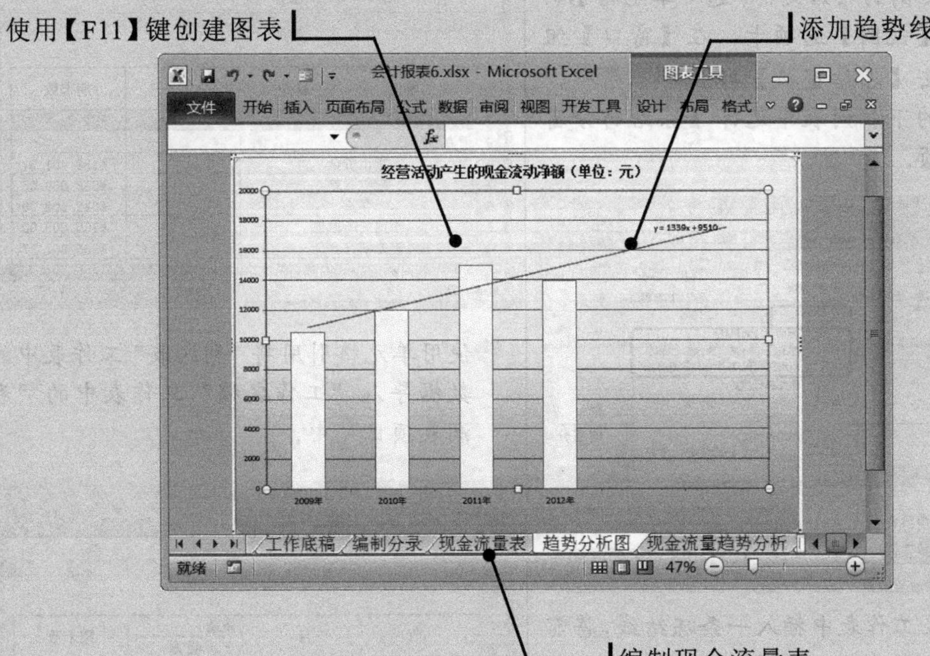

使用【F11】键创建图表
添加趋势线
会计报表6.xlsx - Microsoft Excel
图表工具
文件 开始 插入 页面布局 公式 数据 审阅 视图 开发工具 设计 布局 格式
经营活动产生的现金流动净额（单位：元）
2009年
2010年
2011年
2012年
工作底稿 编制分录 现金流量表 趋势分析图 现金流量趋势分析
就绪 47%
编制现金流量表

9.3.1 编制工作底稿

编制现金流量表的方法有很多种，在实际工作中常用的方法有工作底稿法和T形账户法，本小节介绍现金流量表工作底稿的编制方法。

提示

我国现行的会计制度规定，现金流量表一年编制一次，也就是说现金流量表的会计期间是从年初到年末，这里为了简化现金流量表的编制过程，以月数据代替年数据。

编制工作底稿的具体步骤如下。

本实例的原始文件和最终效果所在位置如下。		
	原始文件	原始文件\09\会计报表 4.xlsx
	最终效果	最终效果\09\会计报表 4.xlsx

1. 打开本实例的原始文件，选中单元格 B4，切换到【视图】选项卡，在【窗口】组中，单击【冻结窗格】按钮 冻结窗格，在弹出的下拉列表中选择【冻结拆分窗格】选项。

2. 随即可在工作表中插入一条冻结线，将前 3 行和 A 列冻结。

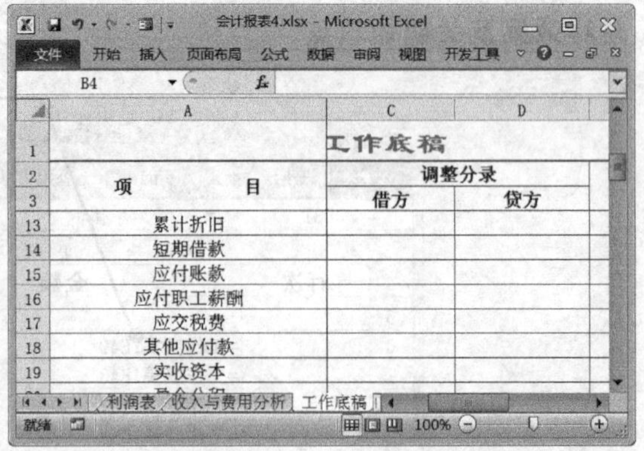

3. 使用单元格引用将“资产负债表”工作表中的数据导入“工作底稿”工作表中的“资产负债表项目”中，并计算借、贷方项目合计的“期初数”和“期末数”，检验借、贷方合计数是否相等。

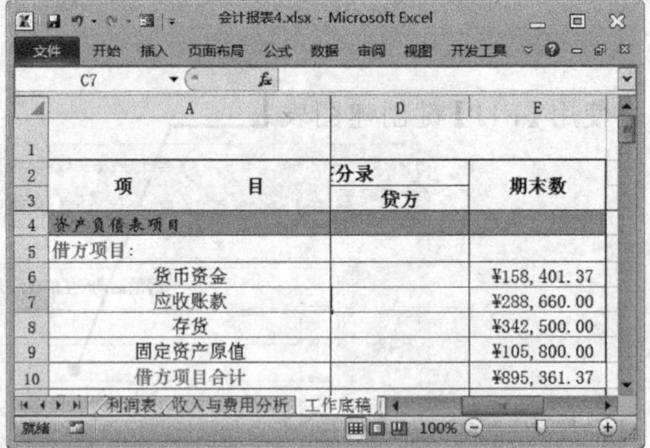

4. 使用单元格引用将“利润表”工作表中的数据导入“工作底稿”工作表中的“利润表项目”中。

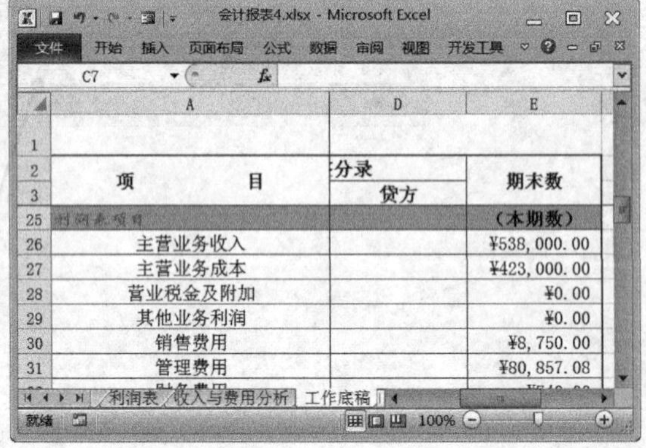

❺对“资产负债表项目”的发生额和“利润表项目”的发生额进行分析，并参考财务明细账表在“编制分录”工作表中编制调整分录。

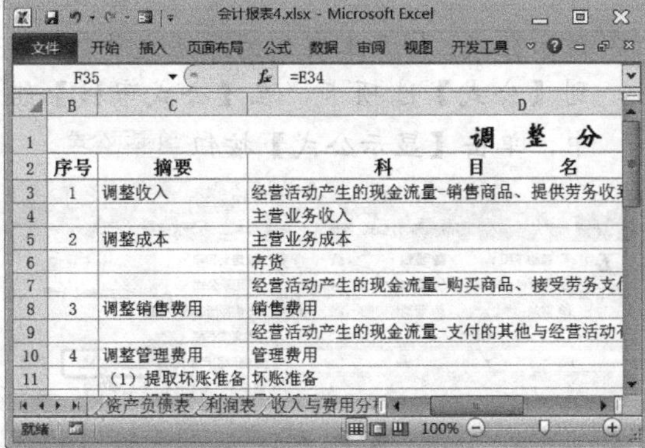

序号	摘要	科目名
1	调整收入	经营活动产生的现金流量-销售商品、提供劳务收
		主营业务收入
2	调整成本	主营业务成本
		存货
		经营活动产生的现金流量-购买商品、接受劳务支
3	调整销售费用	销售费用
		经营活动产生的现金流量-支付的其他与经营活动有
4	调整管理费用	管理费用
	（1）提取坏账准备	坏账准备

❻设置“资产负债表项目”和“利润表项目”。根据调整分录中的借、贷方金额，编制“工作底稿”中“资产负债表项目”和“利润表项目”中各个项目调整后的借、贷方金额。

工作底稿

项目	调整分录 借方	调整分录 贷方
利润表项目		
主营业务收入		¥538,000.00
主营业务成本	¥423,000.00	
营业税金及附加		
其他业务利润		
销售费用	¥8,750.00	
管理费用	¥80,857.08	
财务费用	¥740.00	

❼工作底稿的横向平衡检验。将调整分录中的借、贷方金额导入工作底稿后，需要对资产负债表项目和利润表项目进行横向平衡检验。此处，检验后横向平衡。

提示

横向平衡对资产负债表项目来说，就是各项目期初数加减调整分录借方和贷方要等于期末数，即借方项目的期初数 + 调整分录借方金额 − 调整分录贷方金额 = 借方项目的期末数；贷方项目的期初数 − 调整分录借方金额 + 调整分录贷方金额 = 贷方项目的期末数。

横向平衡对利润表项目来说，收入项目的本期数 = 贷方调整数，成本/费用项目的本期数 = 借方调整数。

❽设置“现金流量表项目”。根据调整分录中的借、贷方金额，编制“工作底稿”中“现金流量表项目”中各个项目调整后的借、贷方金额。

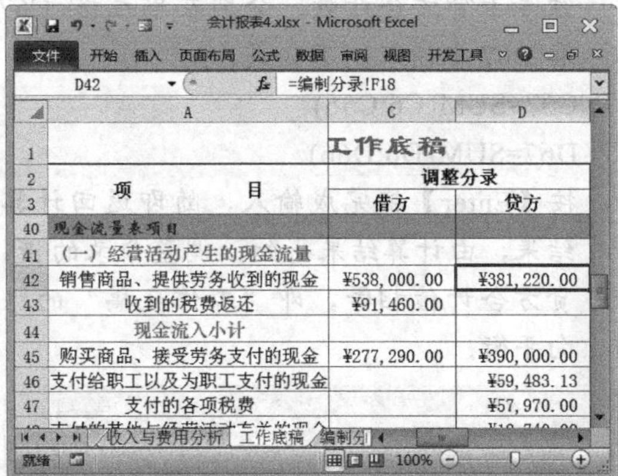

工作底稿

项目	调整分录 借方	调整分录 贷方
现金流量表项目		
（一）经营活动产生的现金流量		
销售商品、提供劳务收到的现金	¥538,000.00	¥381,220.00
收到的税费返还	¥91,460.00	
现金流入小计		
购买商品、接受劳务支付的现金	¥277,290.00	¥390,000.00
支付给职工以及为职工支付的现金		¥59,483.13
支付的各项税费		¥57,970.00

❾计算“现金流量表项目”中的各个项目的“期末数”，具体的公式如下。

现金流入项的期末数 = 借方调整数 − 贷方调整数

现金流出项的期末数 = 贷方调整数 − 借方调整数

现金流动净额 = 现金流入小计 − 现金流出小计

现金及现金等价物增加额 = 经营活动产生的现金流动净额 + 投资活动产生的现金流动净额 + 筹资活动产生的现金流动净额

根据上述公式引用单元格计算“现金流量表项目”的“期末数”。

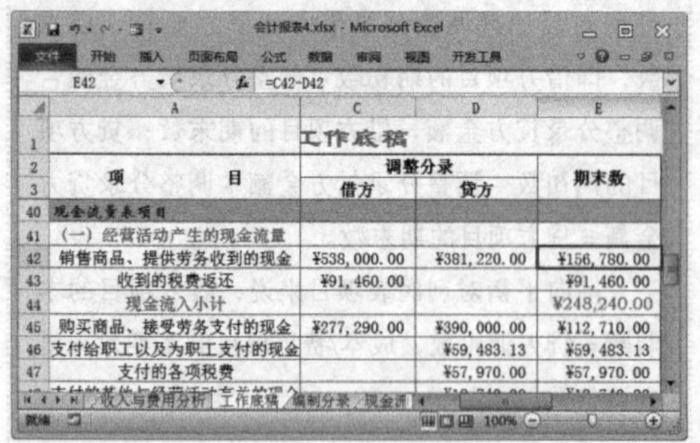

	项目	调整分录 借方	调整分录 贷方	期末数
40	现金流量表项目			
41	（一）经营活动产生的现金流量			
42	销售商品、提供劳务收到的现金	¥538,000.00	¥381,220.00	¥156,780.00
43	收到的税费返还	¥91,460.00		¥91,460.00
44	现金流入小计			¥248,240.00
45	购买商品、接受劳务支付的现金	¥277,290.00	¥390,000.00	¥112,710.00
46	支付给职工以及为职工支付的现金		¥59,483.13	¥59,483.13
47	支付的各项税费		¥57,970.00	¥57,970.00

⑩工作底稿的纵向平衡检验。为了保证“现金流量表”编制的正确性，填制“工作底稿”时还需要做到纵向平衡。所谓纵向平衡就是调整分录栏的借方合计数必须等于贷方合计数。分别在单元格 C67 和 D67 中输入以下公式。

C67=SUM(C6:C66)

D67=SUM(D6:D66)

按【Enter】键完成输入，随即返回计算结果，由计算结果得知，调整分录的借、贷方合计值相等，即“工作底稿”的纵向平衡。

	项目	调整分录 借方	调整分录 贷方	期
60	取得借款收到的现金			
61	现金流入小计			
62	偿还债务支付的现金			
63	偿付利息支付的现金			
64	现金流出小计			
65	筹资活动产生的现金流量净额			
66	（四）现金及现金等价物增加额		¥7,156.87	¥5
67	调整分录借贷合计	¥1,953,353.45	¥1,953,353.45	

9.3.2 编制现金流量表

“现金流量表”的“工作底稿”编制完成，接下来可以根据“工作底稿”中的“现金流量表项目”的数据编制正式的“现金流量表”。

编制“现金流量表”的具体步骤如下。

本实例的原始文件和最终效果所在位置如下。	
原始文件	原始文件\09\会计报表 5.xlsx
最终效果	最终效果\09\会计报表 5.xlsx

①显示公式。打开本实例的原始文件，切换到【公式】选项卡，在【公式审核】组中，单击【显示公式】按钮 显示公式。

②随即【显示公式】按钮 显示公式 呈高亮显示。

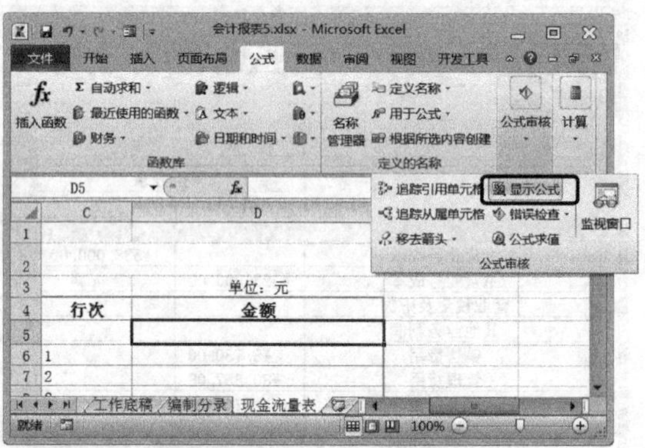

③使用单元格引用将“工作底稿”工作表中的“现金流量表项目”的“期末数”导入“现金流量表”工作表的相应位置，由于前面设置了【显示公式】功能，所以此时各单元格中显示的是计算公式，而不是计算结果。

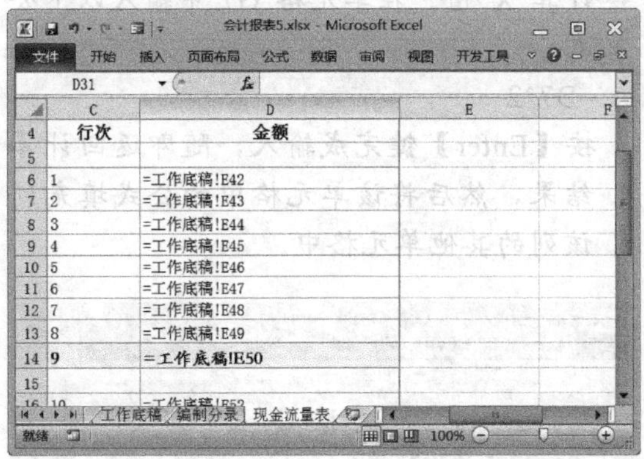

4 再次切换到【公式】选项卡，在【公式审核】组中，单击【显示公式】按钮 显示公式 。

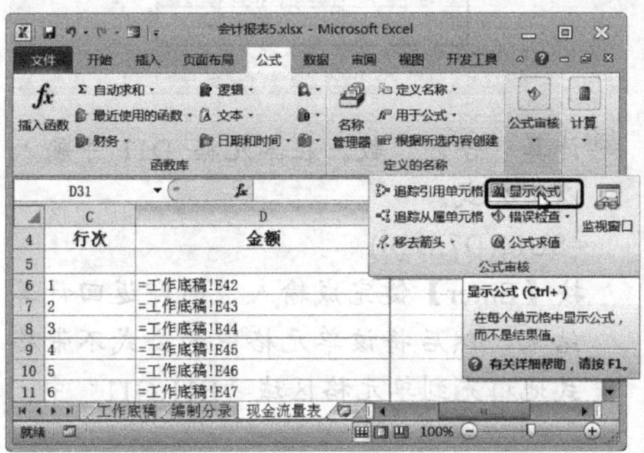

5 返回工作表，此时各单元格中只显示计算结果，同时系统自动还原各列的列宽。

9.3.3　现金流量趋势分析

现金流量趋势分析根据连续阶段的现金流量的增减变动情况，判断其发展趋势，从而预测未来可能出现的结果。

使用 Excel 2010 进行现金流量趋势分析有两种方法：一种是利用 Excel 的计算功能创建趋势分析方程进行趋势预测，另一种是利用 Excel 的图表功能创建趋势分析图表进行趋势预测。

本实例的原始文件和最终效果所在位置如下。		
	原始文件	原始文件\09\会计报表 6.xlsx
	最终效果	最终效果\09\会计报表 6.xlsx

使用趋势分析方程进行预测

用于分析预测的方程有很多，这里简单介绍一下趋势线性方程。

趋势线性方程公式可以显示为：Y = m + nX

其中 m 和 n 是常数，$m = \sum Y/a$（a 表示时期数的个数），$n = \sum XY/\sum X^2$。

X 表示时期系统的值，且 $\Delta X = 0$，而且时期数为偶数或者奇数时，X 的值是不同的。

当时期数为偶数时，X 的值如表所示。

	第 1 年	第 2 年	第 3 年	第 4 年
X=	-3	-1	1	3

当时期数为奇数时，X 的值如表所示。

	第 1 年	第 2 年	第 3 年	第 4 年
X=	-2	-1	0	1

创建趋势分析方程对“现金流量表”进行趋势分析的具体步骤如下。

1 打开本实例的原始文件，在工作簿的最后插入一个新工作表，并将其重命名为“现金流量趋势分析”，然后在该工作表中输入趋势“预测条件”和“趋势预测分析表”项目，并对其进行格式设置。

❷输入 2009 年到 2012 年度的经营活动产生的现金流动净额数据的 X 和 Y。因为时期数为偶数，因此 X 的值分别为-3、-1、1、3，Y 值直接引用预测条件中的数据。

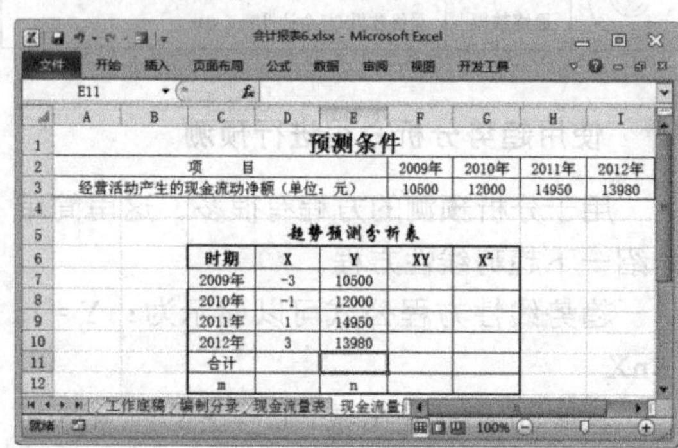

❸计算 XY 值。在单元格 F7 中输入以下公式。

=D7*E7

按【Enter】键完成输入，随即返回计算结果，然后将该单元格中的公式填充到该列的其他单元格中。

❹计算 X^2 值。在单元格 G7 中输入以下公式。

=D7^2

按【Enter】键完成输入，随即返回计算结果，然后将该单元格中的公式填充到该列的其他单元格中。

❺计算“合计”数。在单元格 D11 中输入以下公式。

=SUM(D7:D10)

按【Enter】键完成输入，随即返回计算结果，然后将该单元格中的公式不带格式地填充到单元格区域“E11:G11”中。

❻计算 m 和 n。分别在单元格 D12 和 F12 中输入以下公式。

D12=E11/4

F12=F11/G11

按【Enter】键完成输入，随即返回计算结果。

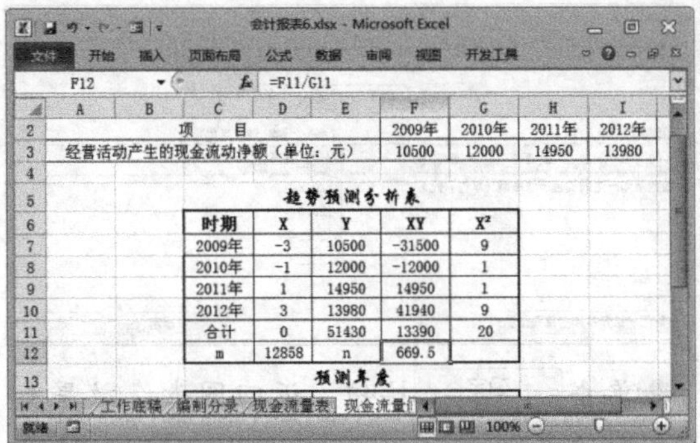

7 预测2013年和2014年的经营活动产生的现金流动净额。分别在单元格D14和D15中输入“5”和“7”，然后分别在单元格E14和E15中输入以下公式。

E14=$D$12+$F$12*D14

E15=$D$12+$F$12*D15

按【Enter】键完成输入，随即返回2013年和2014年的经营活动产生的现金流动净额的预测值。

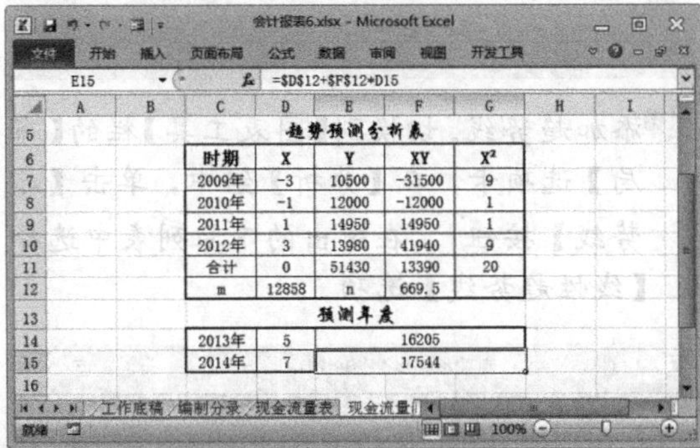

使用趋势分析图表进行预测

创建趋势分析图表对“现金流量表”进行趋势分析的具体步骤如下。

1 选中单元格区域“A2:I3”，按【F11】键，随即在当前工作簿中插入一个图表工作表，将其重命名为“趋势分析图”。

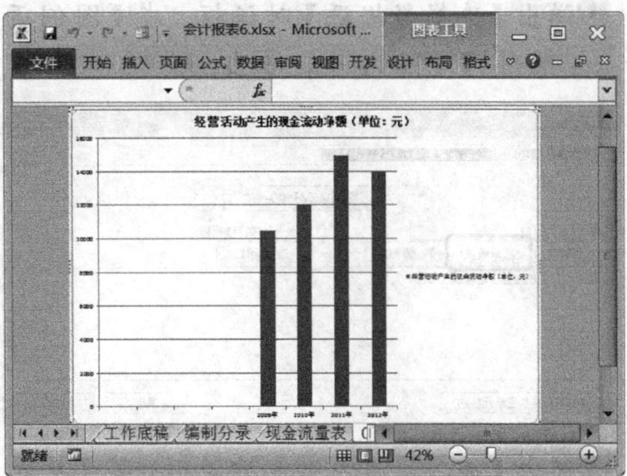

2 删除图例。在图例上单击鼠标右键，在弹出的快捷菜单中选择【删除】菜单项，即可清除图例。

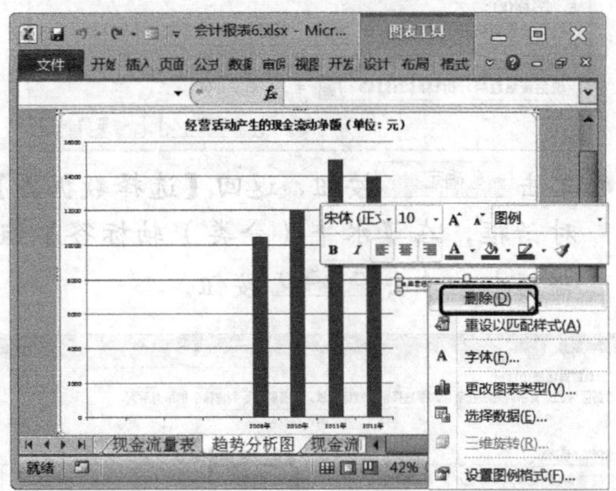

3 切换到【图表工具】栏的【设计】选项卡，在【数据】组中，单击【选择数据】按钮。

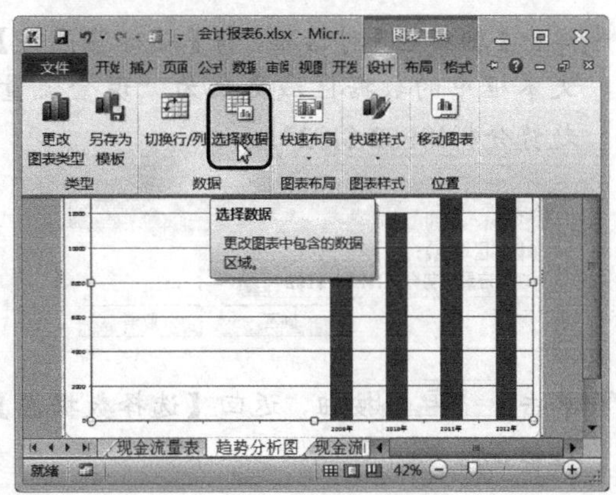

❹弹出【选择数据源】对话框，在【图例项（系列）】组合框中，单击 编辑(T) 按钮。

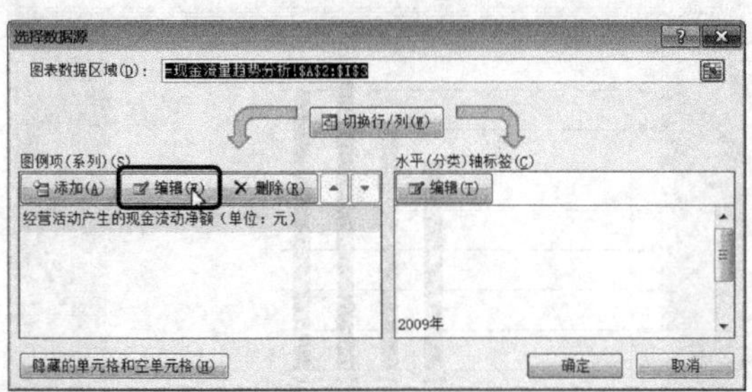

❺弹出【编辑数据系列】对话框，将【系列值】文本框中的数据区域更改为“现金流量趋势分析!$F$3:$I$3”。

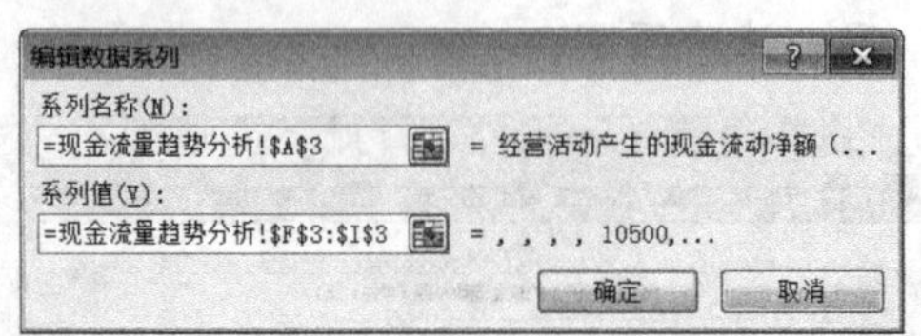

❻单击 确定 按钮，返回【选择数据源】对话框，在【水平（分类）轴标签】组合框中，单击 编辑(T) 按钮。

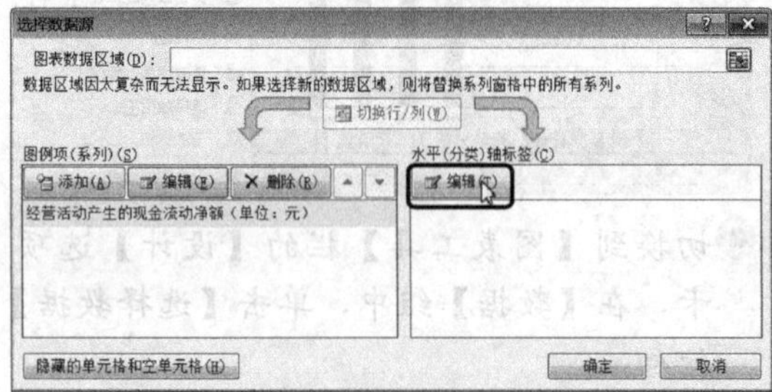

❼弹出【轴标签】对话框，将【轴标签区域】文本框中的数据区域更改为“现金流量趋势分析!$F$2:$I$2”。

❽单击 确定 按钮，返回【选择数据源】对话框。

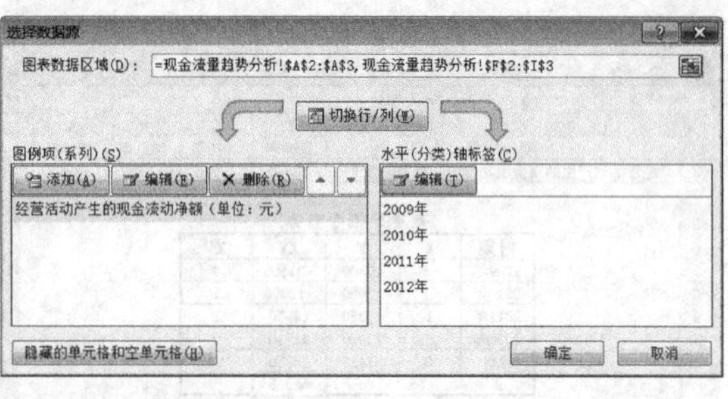

❾单击 确定 按钮，返回图表，效果如图所示。

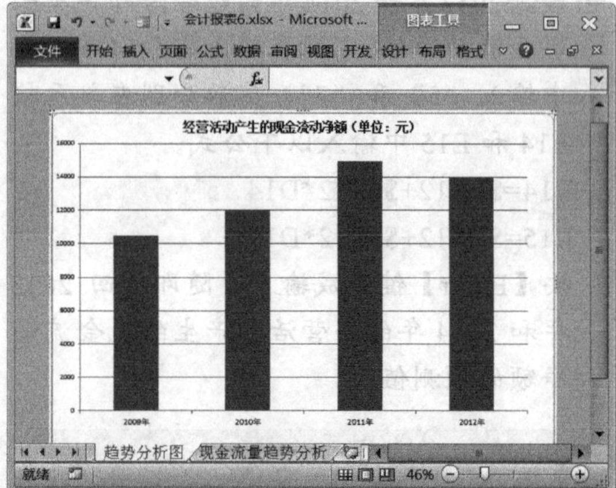

❿添加趋势线。切换到【图表工具】栏的【布局】选项卡，在【分析】组中，单击【趋势线】按钮，在弹出的下拉列表中选择【线性趋势线】选项。

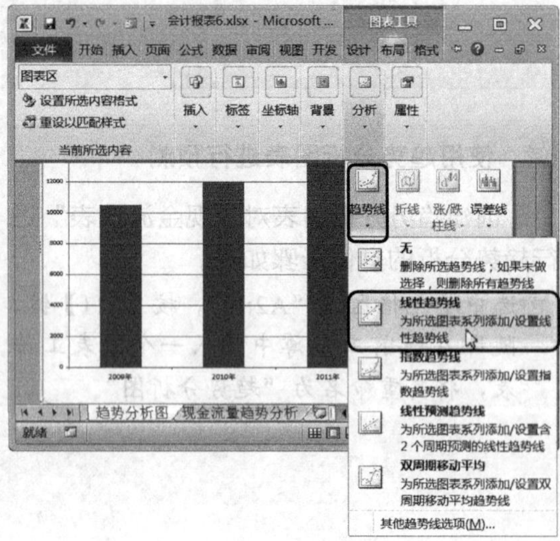

11 随即在图表中添加了一条趋势线。在趋势线上单击鼠标右键，在弹出的快捷菜单中选择【设置趋势线格式】菜单项。

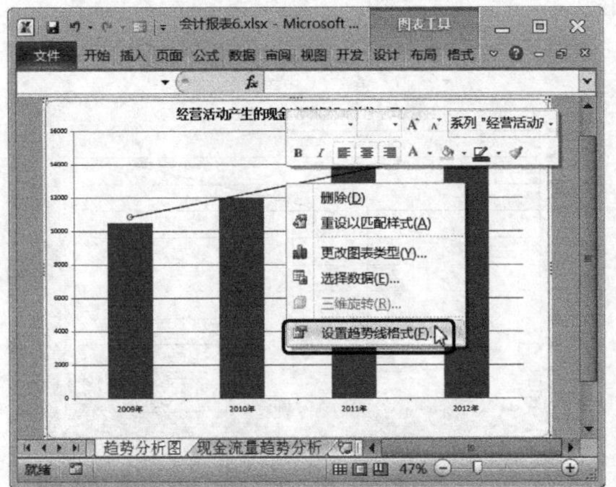

12 弹出【设置趋势线格式】对话框，切换到【趋势线选项】选项卡，在【趋势线名称】组合框中选中【自定义】单选钮，并在其右侧的文本框中输入"线性（经营活动产生的现金流动净额）"，在【趋势预测】组合框中的【前推】微调框中输入"2.0"，然后选中【显示公式】复选框。

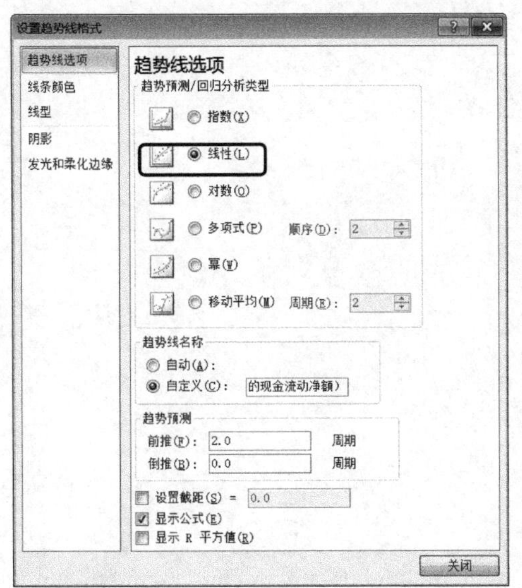

13 切换到【线条颜色】选项卡，选中【实线】单选钮，在【颜色】下拉列表中选择一种合适的颜色。

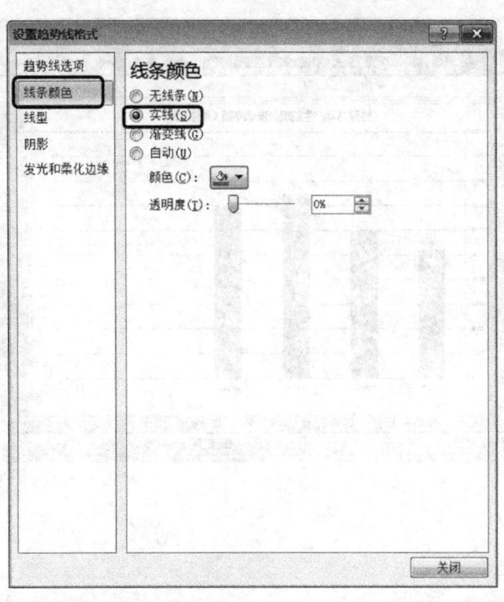

14 切换到【线型】选项卡，在【宽度】微调框中输入【1.5 磅】。

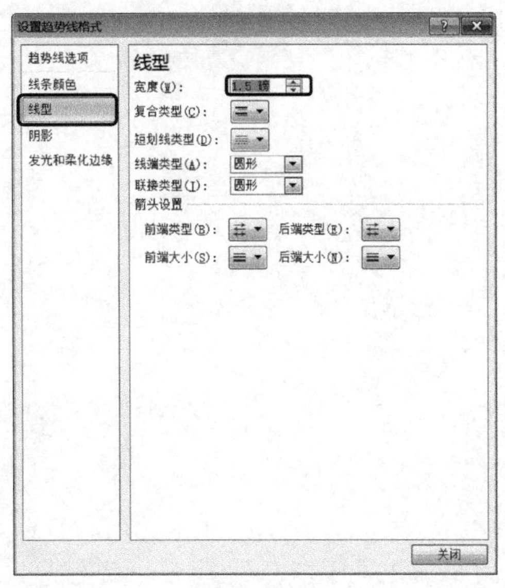

15 设置完毕，单击 关闭 按钮，返回图表，效果如图所示。

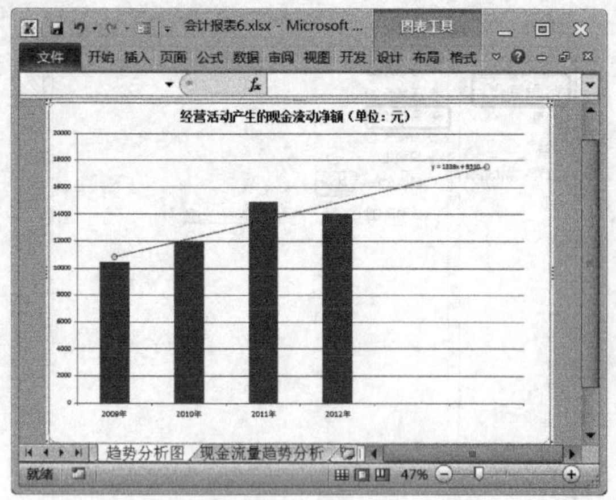

16 至此，趋势分析图就制作完成了，用户可以按照前面章节介绍的方法，对图表进行美化。

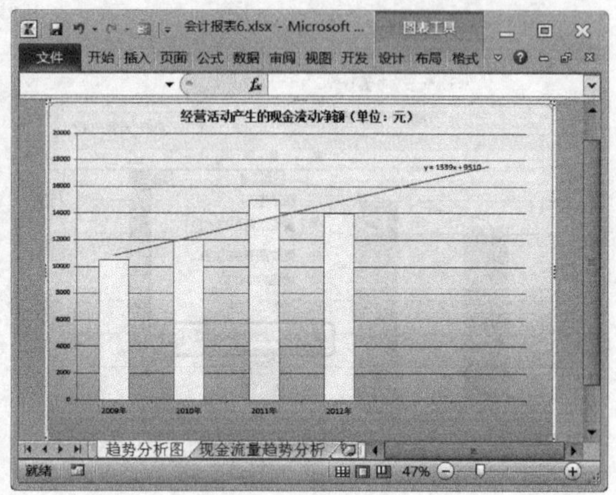

第 10 章 财务分析

财务分析是以企业的财务报表和其他资料为依据和起点的，对企业的财务状况和经营成果、财务信用和财务风险、财务总体情况和未来发展趋势等进行的分析和评价。财务分析，可为企业的投资者、债权人、经营者及其他关心企业的组织或者个人提供准确的信息或者依据，以便于他们了解企业的过去、评价企业的现状、预测企业的未来，从而作出正确的决策。

要 点 导 航

- 财务比率分析
- 财务比较分析
- 财务趋势分析
- 杜邦分析

10.1 财务比率分析

案例背景

财务比率分析是对财务报表中的有关项目进行对比而得出的一系列的财务比率，以便从中发现和据以评价企业的财务现状和经营中存在的问题。

最终效果及关键知识点

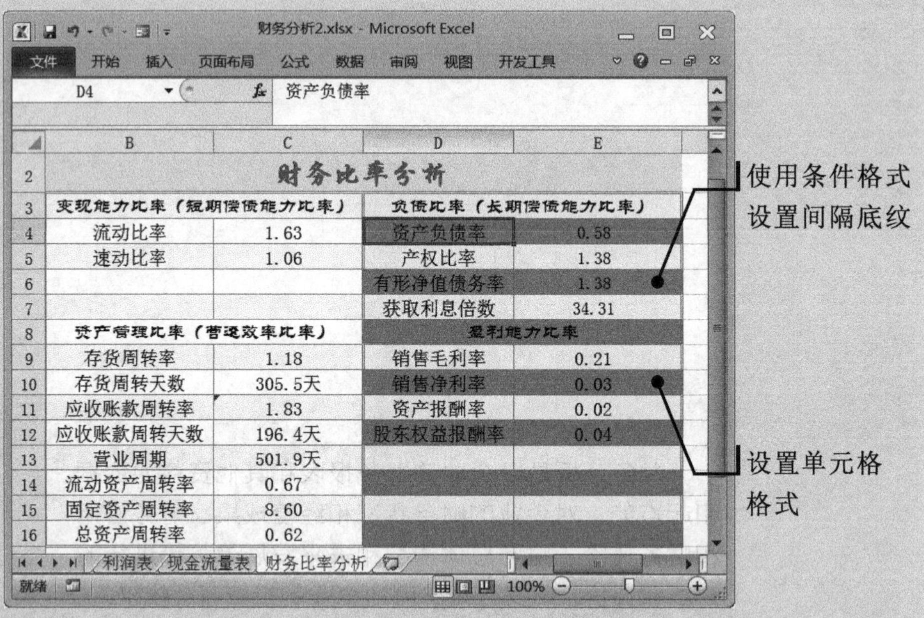

10.1.1 创建比率分析表

财务比率分析表主要包括变现能力比率、资产管理比率、负债比率和盈利能力比率等 4 种指标项目。

创建比率分析表的具体步骤如下。

本实例的原始文件和最终效果所在位置如下。		
	原始文件	原始文件\10\财务分析 1.xlsx
	最终效果	最终效果\10\财务分析 1.xlsx

❶打开本实例的原始文件，在工作簿的最后插入一个新工作表，并将其重命名为“财务比率分析”，然后在工作表中输入财务比率分析的各个指标项目，并进行格式设置。

❷选中单元格区域“B3:C16”，切换到【开始】选项卡，在【样式】组中，单击【条件格式】按钮，在弹出的下拉列表中选择【新建规则】选项。

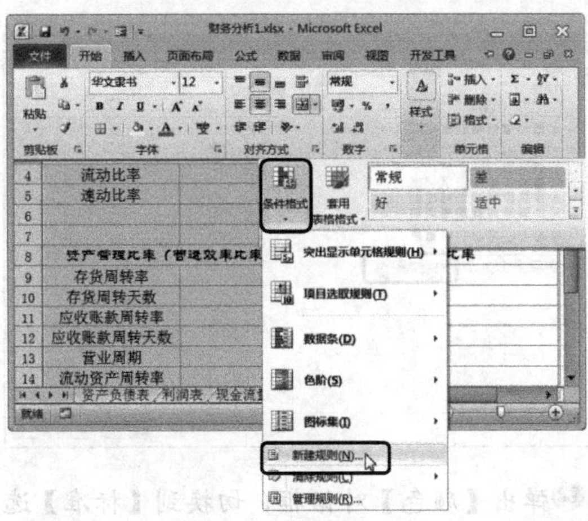

❸弹出【新建格式规则】对话框，在【选择规则类型】列表框中选择【使用公式确定要设置格式的单元格】选项，然后在【为符合此公式的值设置格式】文本框中输入以下公式。

=MOD(ROW(),2)

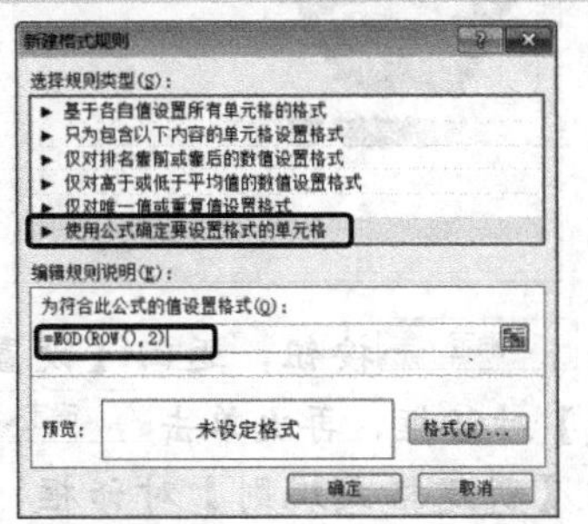

❹单击 格式(F)... 按钮，弹出【设置单元格格式】对话框，切换到【填充】选项卡，然后在【背景色】组合框中单击 其他颜色(M)... 按钮。

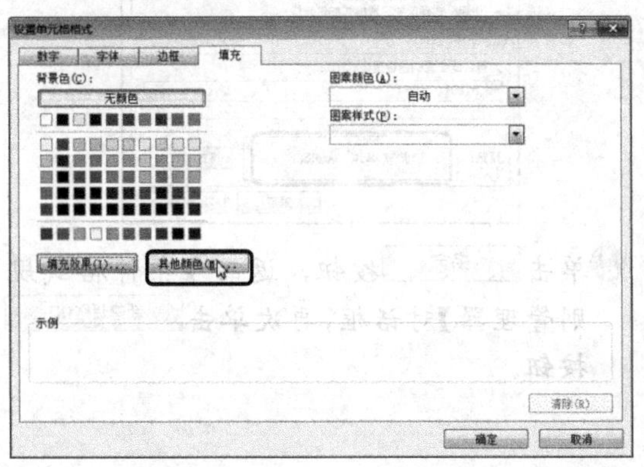

❺弹出【颜色】对话框，切换到【标准】选项卡，在【颜色】库中选择一种合适的颜色。

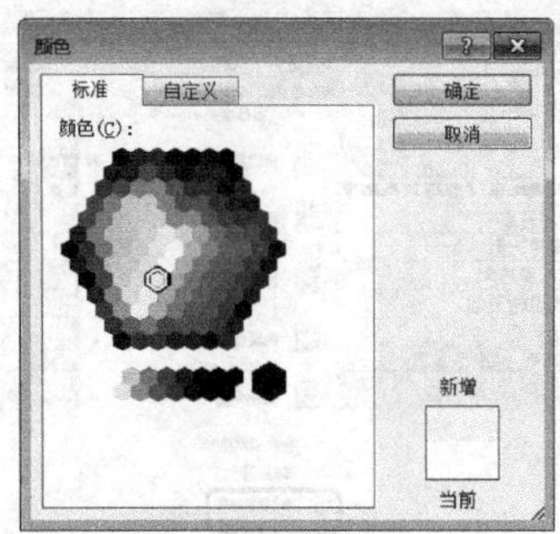

❻单击 确定 按钮，返回【设置单元格格式】对话框，再次单击 确定 按钮，返回【新建格式规则】对话框，此时在该对话框中即可预览设置的效果。

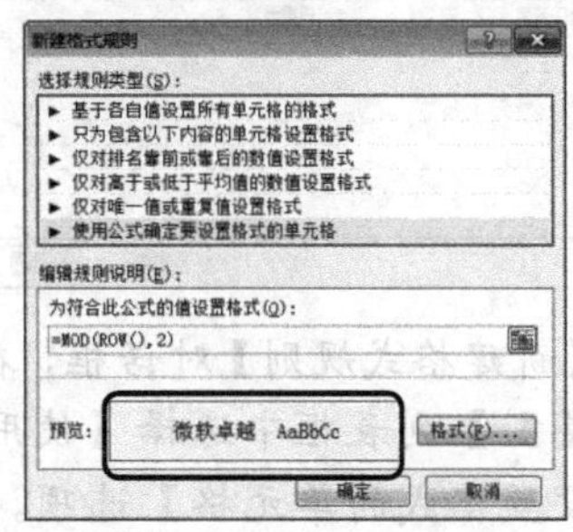

❼单击 确定 按钮返回工作表，此时选中的单元格区域中的奇数行就被设置了底纹。

❽选中单元格区域“D3:E16”，切换到【开始】选项卡，在【样式】组中，单击【条件格式】按钮，在弹出的下拉列表中选择【管理规则】选项。

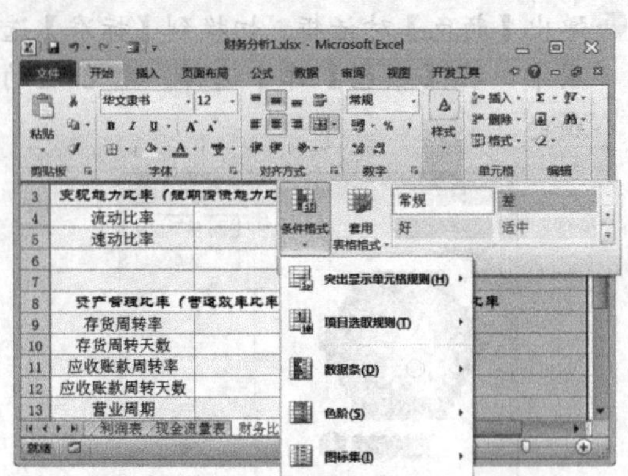

9 弹出【条件格式规则管理器】对话框，单击 新建规则(N)... 按钮。

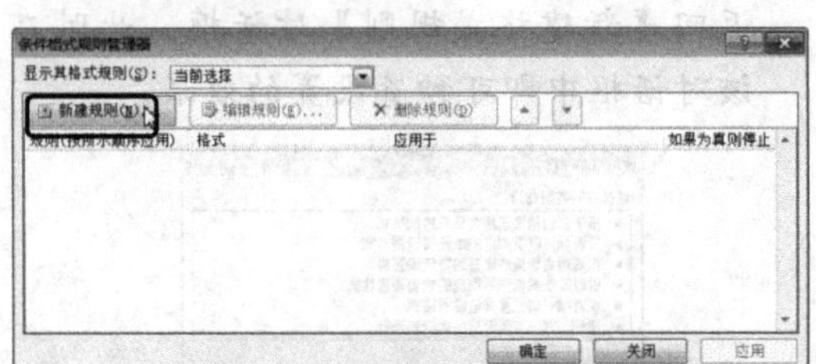

10 弹出【新建格式规则】对话框，在【选择规则类型】列表框中选择【使用公式确定要设置格式的单元格】选项，然后在【为符合此公式的值设置格式】文本框中输入以下公式。

=MOD(ROW(),2)=1

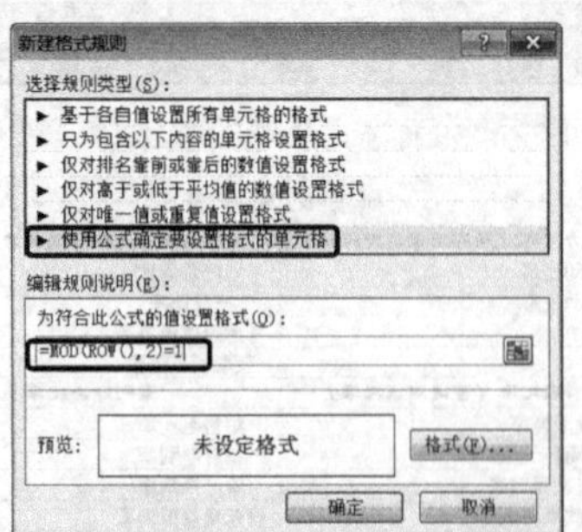

11 单击 格式(F)... 按钮，弹出【设置单元格格式】对话框，切换到【填充】选项卡，然后在【背景色】组合框中单击 其他颜色(M)... 按钮。

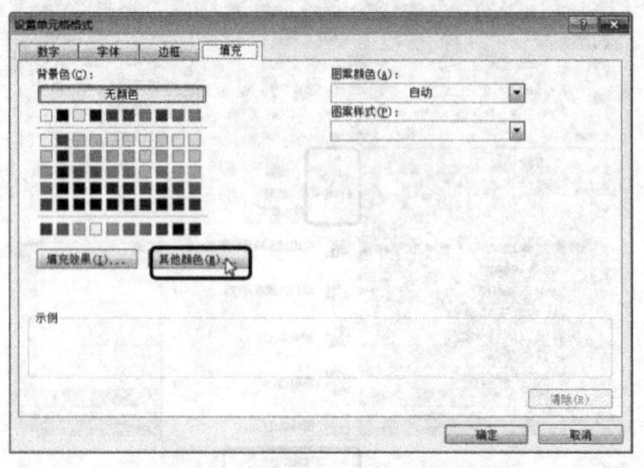

12 弹出【颜色】对话框，切换到【标准】选项卡，在【颜色】库中选择一种合适的颜色。

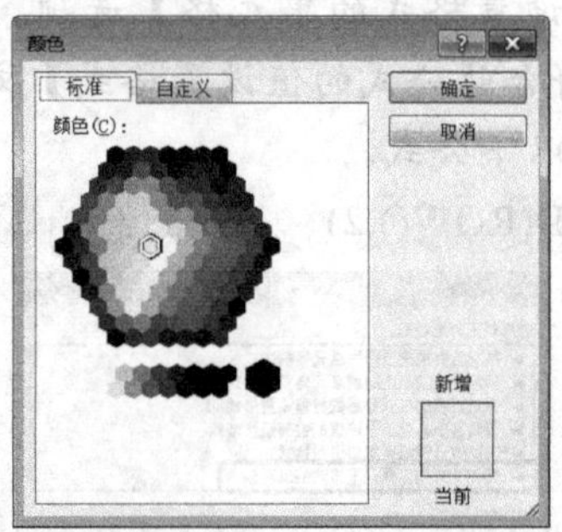

13 单击 确定 按钮，返回【设置单元格格式】对话框，再次单击 确定 按钮，返回【新建格式规则】对话框，此时在该对话框中即可预览设置的效果。

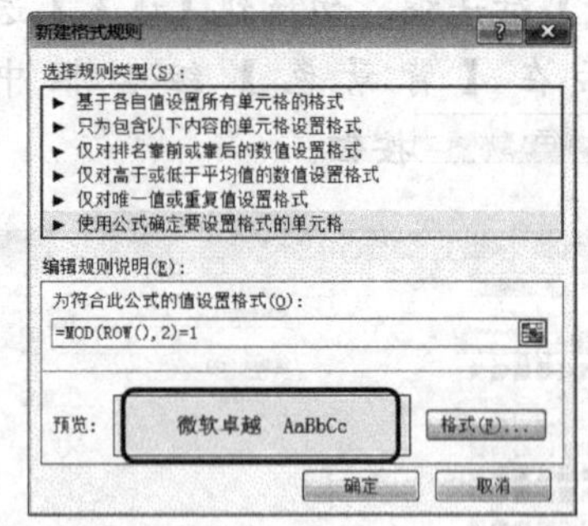

14 单击 确定 按钮，返回【条件格式规则管理器】对话框，再次单击 新建规则(N)... 按钮。

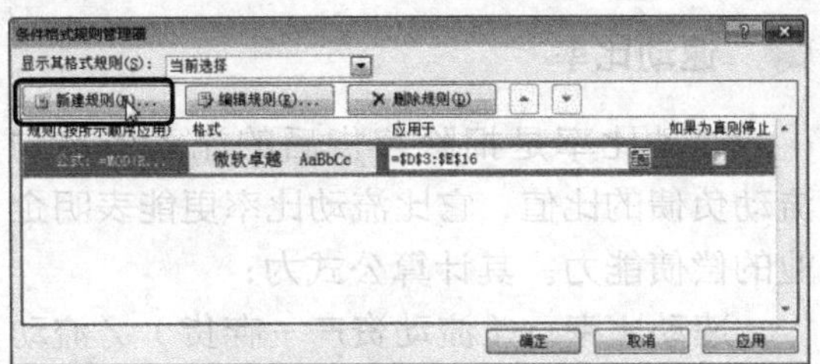

⑮弹出【新建格式规则】对话框，在【选择规则类型】列表框中选择【使用公式确定要设置格式的单元格】选项，然后在【为符合此公式的值设置格式】文本框中输入以下公式。

```
=MOD(ROW(),2)=0
```

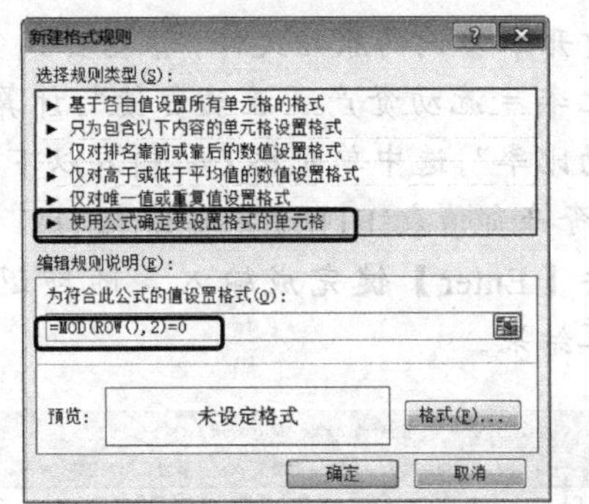

⑯单击 格式(F)... 按钮，弹出【设置单元格格式】对话框，切换到【填充】选项卡，然后在【背景色】组合框中单击 其他颜色(M)... 按钮。

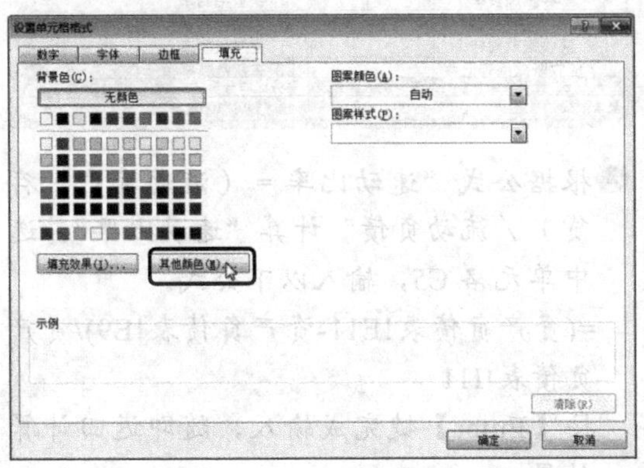

⑰弹出【颜色】对话框，切换到【标准】选项卡，在【颜色】库中选择一种合适的颜色。

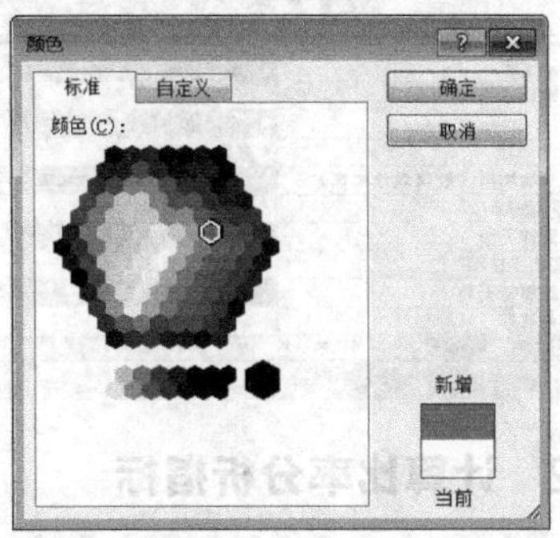

⑱单击 确定 按钮，返回【设置单元格格式】对话框，再次单击 确定 按钮，返回【新建格式规则】对话框，此时在该对话框中即可预览设置的效果。

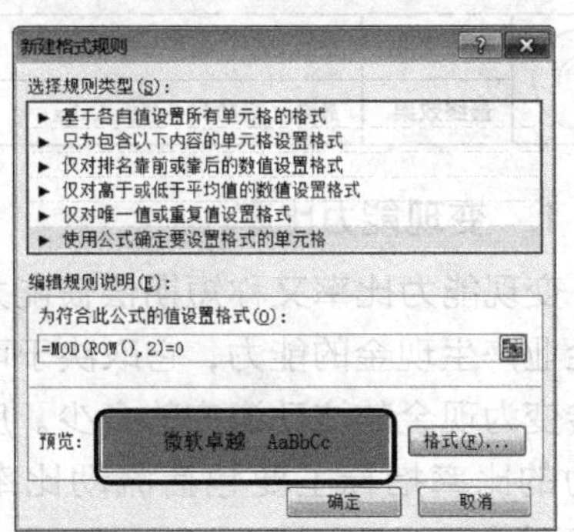

⑲单击 确定 按钮，返回【条件格式规则管理器】对话框，即可看到新建的两个规则。

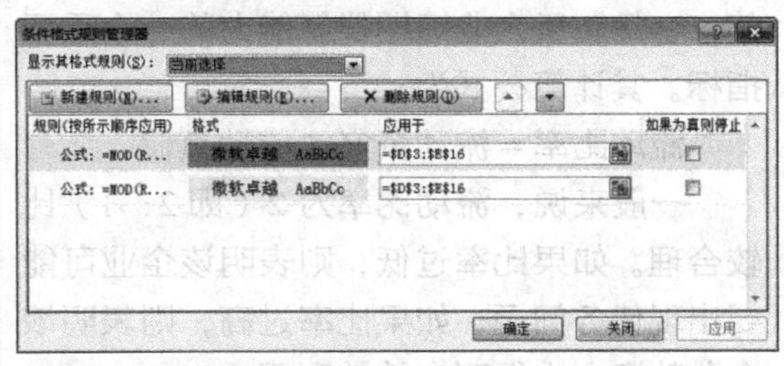

⑳单击 确定 按钮，返回工作表，此时选中的单元格区域中的奇偶行就被设置了不同的底纹。

	B	C	D	E
1				
2	财务比率分析			
3	变现能力比率（短期偿债能力比率）		负债比率（长期偿债能力比率）	
4	流动比率		资产负债率	
5	速动比率		产权比率	
6			有形净值债务率	
7			获取利息倍数	
8	资产管理比率（营运效率比率）		盈利能力比率	
9	存货周转率		销售毛利率	
10	存货周转天数		销售净利率	
11	应收账款周转率		资产报酬率	
12	应收账款周转天数		股东权益报酬率	
13	营业周期			

10.1.2 计算比率分析指标

根据资产负债表和利润表中的相应数据，分别计算变现能力比率、资产管理比率、负债比率和盈利能力比率等 4 种指标项目。

本实例的原始文件和最终效果所在位置如下。		
	原始文件	原始文件\10\财务分析 2.xlsx
	最终效果	最终效果\10\财务分析 2.xlsx

1. 变现能力比率

变现能力比率又称短期偿债能力比率，是企业产生现金的能力，它取决于可以在近期转变为现金的流动资产的多少。反映变现能力的比率指标主要包括流动比率和速动比率两种。

流动比率

流动比率是流动资产与流动负债的比值，它是衡量企业短期偿债能力的一个重要指标。其计算公式为：

流动比率 = 流动资产 / 流动负债

一般来说，流动比率为 2（即 2：1）比较合理。如果比率过低，则表明该企业可能要出现债务问题；如果比率过高，则表明该企业的资金未得到有效的利用。

速动比率

速动比率是扣除存货后的流动资产与流动负债的比值，它比流动比率更能表明企业的偿债能力。其计算公式为：

速动比率 =（流动资产 − 存货）/ 流动负债

一般来说，速动比率为 1（即 1：1）比较合理。如果比率过低，则表明该企业的偿债能力偏低；如果比率过高，则表明该企业的资金未得到有效的利用。

计算变现能力比率指标的具体步骤如下。

1. 打开本实例的原始文件，根据公式“流动比率 = 流动资产 / 流动负债”计算“流动比率”。选中单元格 C4，输入以下公式。

=资产负债表!E11/资产负债表!I11

按【Enter】键完成输入，随即返回计算结果。

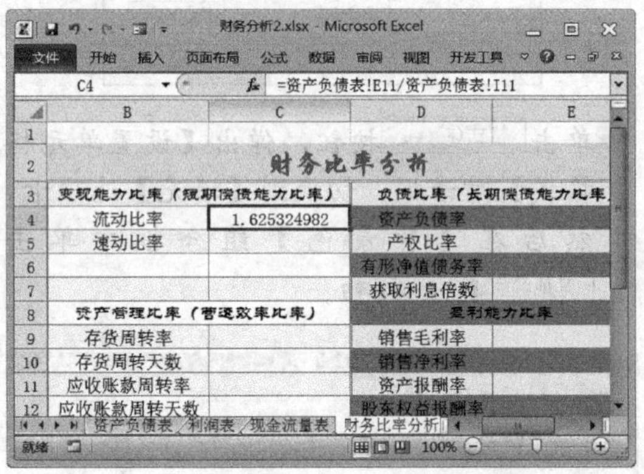

	B	C	D	E
1				
2	财务比率分析			
3	变现能力比率（短期偿债能力比率）		负债比率（长期偿债能力比率）	
4	流动比率	1.625324982	资产负债率	
5	速动比率		产权比率	
6			有形净值债务率	
7			获取利息倍数	
8	资产管理比率（营运效率比率）		盈利能力比率	
9	存货周转率		销售毛利率	
10	存货周转天数		销售净利率	
11	应收账款周转率		资产报酬率	
12	应收账款周转天数		股东权益报酬率	

2. 根据公式“速动比率 =（流动资产 − 存货）/ 流动负债”计算“速动比率”。选中单元格 C5，输入以下公式。

=(资产负债表!E11-资产负债表!E9)/资产负债表!I11

按【Enter】键完成输入，随即返回计算结果。

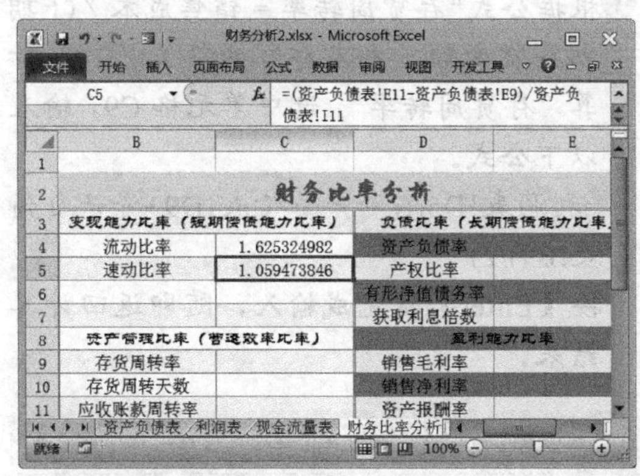

2. 资产管理比率

资产管理比率又称营运效率比率，是用来衡量企业在资产管理方面的效率的财务比率。资产管理比率指标主要包括存货周转率、存货周转天数、应收账款周转率、应收账款周转天数、营业周期、流动资产周转率、固定资产周转率和总资产周转率等。

存货周转率

存货周转率又称存货周转次数，是衡量和评价企业购入存货、投入生产以及销售收回货款等各个环节管理状况的综合性指标，它可以反映企业的销售效率和存货使用效率。其计算公式为：

存货周转率＝销售成本／平均存货

平均存货＝（期初存货余额＋期末存货余额）／2

一般情况下，企业存货周转率越高说明存货周转的速度越快，企业的销售能力越强。

存货周转天数

存货周转天数就是用时间表示的存货周转率，它表示存货周转一次所需要的时间。其计算公式为：

存货周转天数＝360／存货周转率＝360×平均存货／销售成本

存货周转天数越短说明存货周转的速度越快。

应收账款周转率

应收账款周转率是指年度内应收账款转变为现金的平均次数，它可以反映企业应收账款的变现速度和管理的效率。其计算公式为：

应收账款周转率＝销售收入／平均应收账款

平均应收账款＝（期初应收账款净额＋期末应收账款净额）／2

一般情况下，应收账款周转率越高说明企业催收应收账款的速度越快；如果应收账款周转率过低则说明企业催收应收账款的效率太低，这样会影响企业资金的利用率和现金的正常周转。

应收账款周转天数

应收账款周转天数又称平均收现期，是用时间表示的应收账款周转率，它表示应收账款周转一次所需要的天数。其计算公式为：

应收账款周转天数＝360／应收账款周转率＝360×平均应收账款／销售收入

应收账款周转天数越短说明应收账款周转的速度越快。

营业周期

营业周期是指从取得存货开始到销售存货并收回现金为止的这段时间，其长短取决于存货周转天数和应收账款周转天数。其计算公式为：

营业周期＝存货周转天数＋应收账款周转天数

一般情况下，营业周期短说明资金周转的速度快，营业周期长说明资金周转的速度慢。

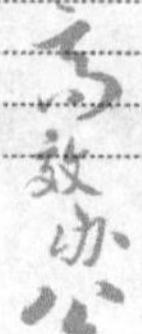

流动资产周转率

流动资产周转率是企业销售收入与流动资产平均余额的比值，它反映了企业在一个会计年度内流动资产周转的速度。其计算公式为：

流动资产周转率 = 销售收入 / 平均流动资产

平均流动资产 =（流动资产期初余额 + 流动资产期末余额）/ 2

流动资产周转率越高，说明企业流动资产的利用率越高。

固定资产周转率

固定资产周转率是企业销售收入与固定资产平均净值的比值，它主要用于分析厂房、设备等固定资产的利用效率。其计算公式为：

固定资产周转率 = 销售收入 / 固定资产平均净值

固定资产平均净值 =（固定资产期初净值 + 固定资产期末净值）/ 2

固定资产周转率越高说明固定资产的利用率越高，管理水平越高。

总资产周转率

总资产周转率是企业销售收入与平均资产总额的比值，它用来分析企业全部资产的使用效率。

其计算公式为：

总资产周转率 = 销售收入 / 平均资产总额

平均资产总额 =（期初资产总额 + 期末资产总额）/ 2

如果总资产周转率较低，说明企业利用其资产进行经营的效率较差，这样会降低企业的获利能力。

计算资产管理比率指标的具体步骤如下。

1. 根据公式“存货周转率 = 销售成本 /（（期初存货余额 + 期末存货余额）/ 2）”计算“存货周转率”。选中单元格 C9，输入以下公式。

=利润表!D5/((资产负债表!D9+资产负债表!E9)/2)

按【Enter】键完成输入，随即返回计算结果。

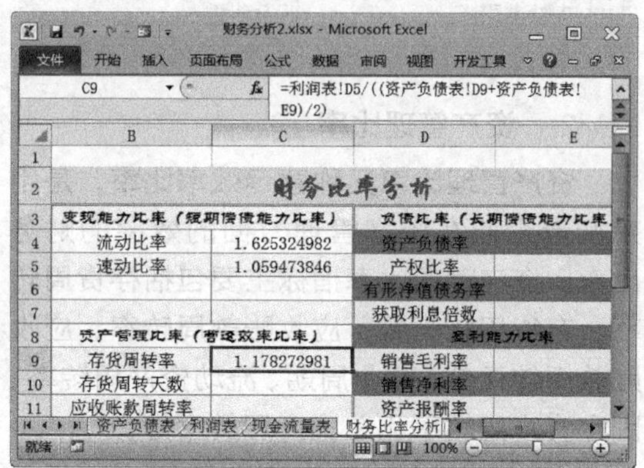

2. 根据公式“存货周转天数 = 360 / 存货周转率”计算“存货周转天数”。选中单元格 C10，输入以下公式。

=360/C9

按【Enter】键完成输入，随即返回计算结果。

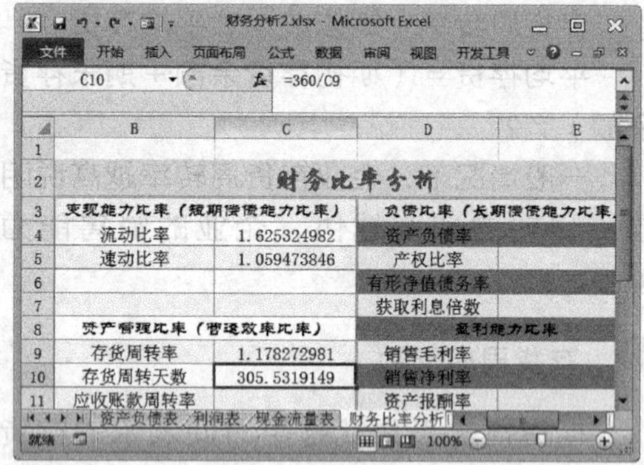

3. 根据公式“应收账款周转率 = 销售收入 /（（期初应收账款净额 + 期末应收账款净额）/ 2）”计算“应收账款周转率”。选中单元格 C11，输入以下公式。

=利润表!D4/((资产负债表!D8+资产负债表!E8)/2)

按【Enter】键完成输入，随即返回计算结果。

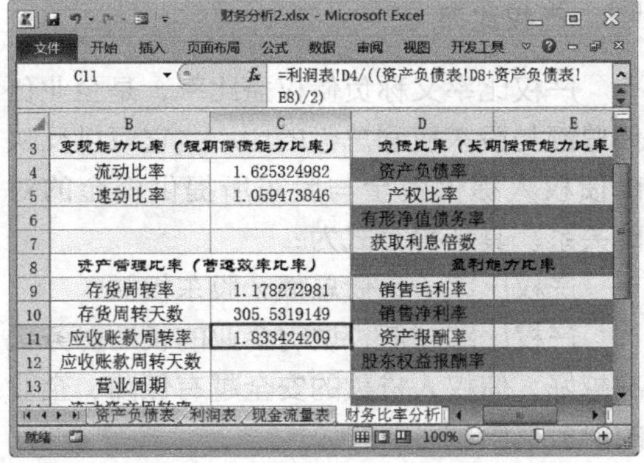

4 根据公式“应收账款周转天数 = 360 / 应收账款周转率”计算“应收账款周转天数”。选中单元格C12，输入以下公式。

=360/C11

按【Enter】键完成输入，随即返回计算结果。

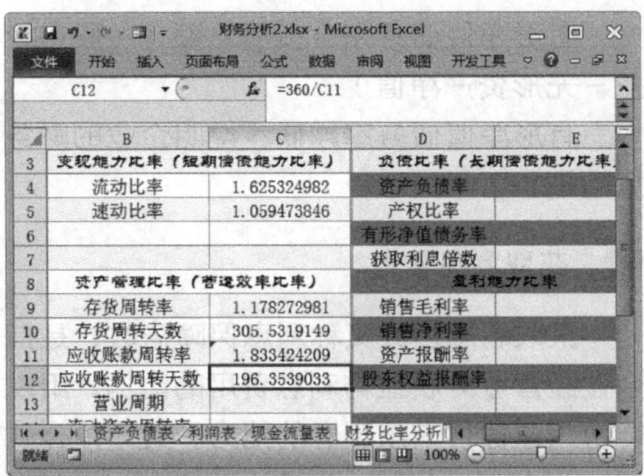

5 根据公式“营业周期 = 存货周转天数 + 应收账款周转天数”计算“营业周期”。选中单元格C13，输入以下公式。

=C10+C12

按【Enter】键完成输入，随即返回计算结果。

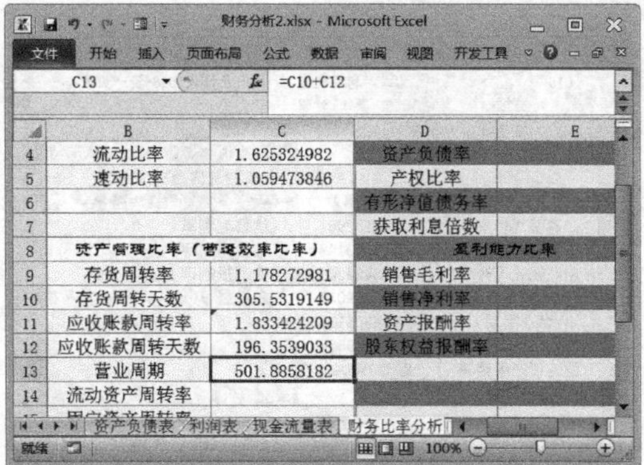

6 根据公式“流动资产周转率 = 销售收入 / ((流动资产期初余额 + 流动资产期末余额) / 2)”计算“流动资产周转率”。选中单元格C14，输入以下公式。

=利润表!D4/((资产负债表!D11+资产负债表!E11)/2)

按【Enter】键完成输入，随即返回计算结果。

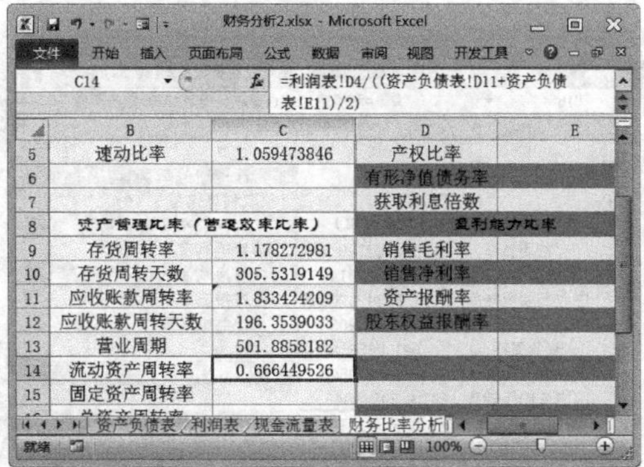

7 根据公式“固定资产周转率 = 销售收入 / ((固定资产期初净值 + 固定资产期末净值) / 2)”计算“固定资产周转率”。选中单元格C15，输入以下公式。

=利润表!D4/((资产负债表!D18+资产负债表!E18)/2)

按【Enter】键完成输入，随即返回计算结果。

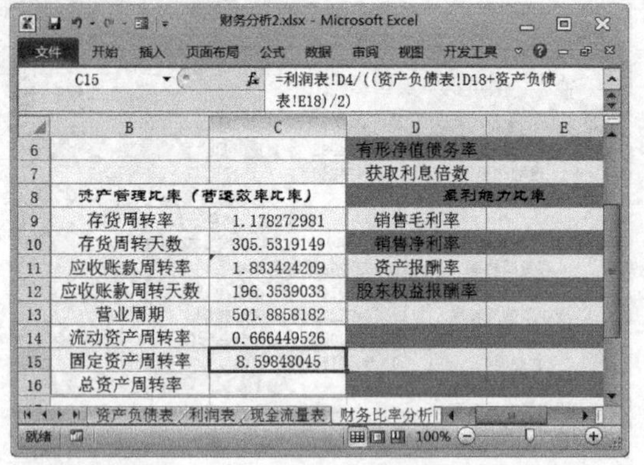

	B	C	D	E
6			有形净值债务率	
7			获取利息倍数	
8	资产管理比率（营运效率比率）		盈利能力比率	
9	存货周转率	1.178272981	销售毛利率	
10	存货周转天数	305.5319149	销售净利率	
11	应收账款周转率	1.833424209	资产报酬率	
12	应收账款周转天数	196.3539033	股东权益报酬率	
13	营业周期	501.8858182		
14	流动资产周转率	0.666449526		
15	固定资产周转率	8.59848045		
16	总资产周转率			

❽根据公式“总资产周转率＝销售收入/((期初资产总额＋期末资产总额）/2)”计算“总资产周转率”。选中单元格 C16，输入以下公式。

=利润表!D4/((资产负债表!D20+资产负债表!E20)/2)

按【Enter】键完成输入，随即返回计算结果。

财务分析2.xlsx - Microsoft Excel

C16 =利润表!D4/((资产负债表!D20+资产负债表!E20)/2)

	B	C	D	E
6			有形净值债务率	
7			获取利息倍数	
8	资产管理比率（营运效率比率）		盈利能力比率	
9	存货周转率	1.178272981	销售毛利率	
10	存货周转天数	305.5319149	销售净利率	
11	应收账款周转率	1.833424209	资产报酬率	
12	应收账款周转天数	196.3539033	股东权益报酬率	
13	营业周期	501.8858182		
14	流动资产周转率	0.666449526		
15	固定资产周转率	8.59848045		
16	总资产周转率	0.618510149		

3. 负债比率

负债比率又称长期偿债能力比率，是指债务和资产、净资产的关系，可以反映企业偿付到期长期债务的能力。负债比率指标主要包括资产负债率、产权比率、有形净值债务率和获取利息倍数等。

资产负债率

资产负债率是企业负债总额与资产总额的比率，它可以反映企业偿还债务的综合能力。其计算公式为：

资产负债率＝负债总额／资产总额

资产负债率越高，表明企业的偿还能力越差，反之则表明偿还能力越强。

产权比率

产权比率又称负债权益比率，是企业负债总额与股东权利总额的比率，它可以反映出债权人提供资金与股东所提供资金的对比关系。其计算公式为：

产权比率＝负债总额／股东权益

产权比率越低，说明企业的长期财务状况越好，债权人贷款的安全越有保障，企业的财务风险越小。

有形净值债务率

有形净值债务率实际上是产权比率的延伸，是企业负债总额与有形净值的百分比。有形净值是股东权益减去无形资产后的净值，及股东具有所有权的有形资产的净值。其计算公式为：

有形净值债务率＝负债总额／（股东权益－无形资产净值）

有形净值债务率越低，说明企业的财务风险越小。

获取利息倍数

获取利息倍数又称利息保障倍数，是指企业经营业务收益与利息费用的比例，用以衡量企业偿付借款利息的能力。其计算公式为：

获取利息倍数＝息税前利润／利息费用

一般来说，企业的获取利息倍数至少要大于 1，否则难以偿还债务及利息。

计算负债比率指标的具体步骤如下。

❶根据公式"资产负债率 = 负债总额 / 资产总额"计算"资产负债率"。选中单元格E4，输入以下公式。

=资产负债表!I12/资产负债表!E20

按【Enter】键完成输入，随即返回计算结果。

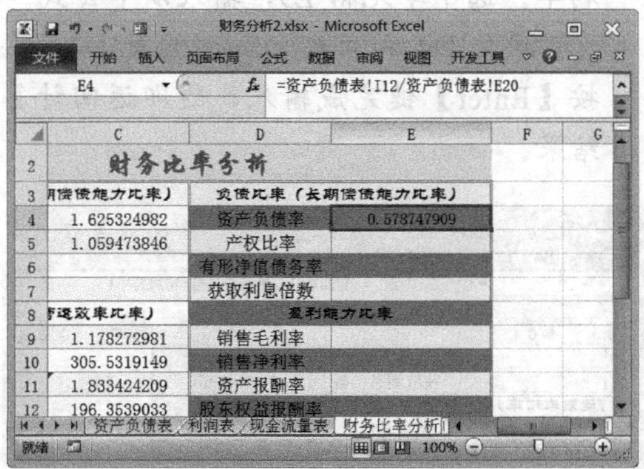

❷根据公式"产权比率 = 负债总额 / 股东权益"计算"产权比率"。选中单元格E5，输入以下公式。

=资产负债表!I12/资产负债表!I18

按【Enter】键完成输入，随即返回计算结果。

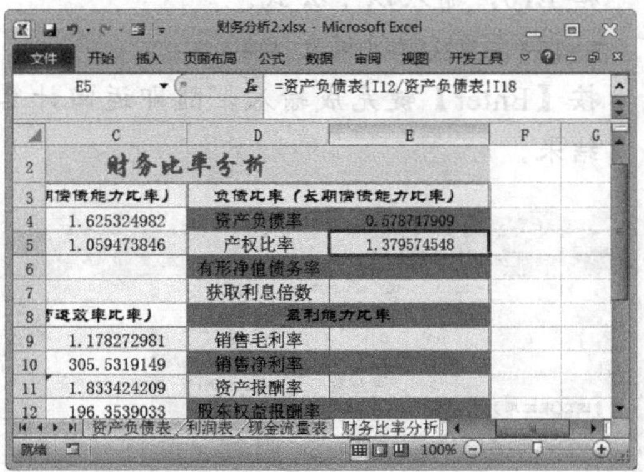

❸根据公式"有形净值债务率 = 负债总额 / (股东权益 - 无形资产净值)"计算"有形净值债务率"。选中单元格E6，输入以下公式。

=资产负债表!I12/(资产负债表!I18-0)

按【Enter】键完成输入，随即返回计算结果。

提示

由于资产负债表中未涉及无形资产的发生额，因此在单元格 E6 中输入公式"=资产负债表!I12/(资产负债表!I18-0)"，计算出"有形净值债务率"的值。

❹根据公式"获取利息倍数 = 息税前利润 / 利息费用"计算"获取利息倍数"。选中单元格E7，输入以下公式。

=(利润表!D17+利润表!D11)/利润表!D11

按【Enter】键完成输入，随即返回计算结果。

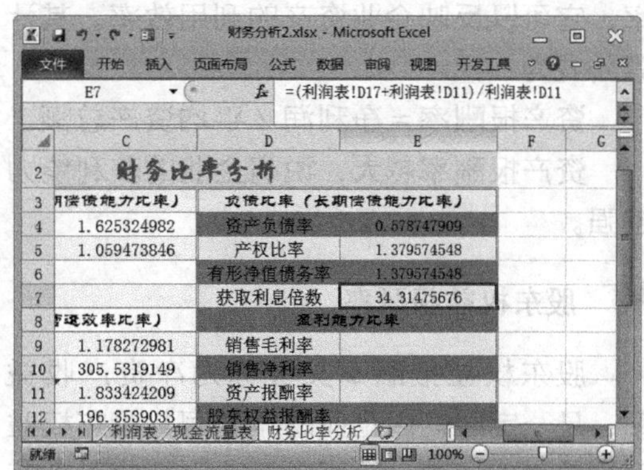

4. 盈利能力比率

盈利能力比率是指企业赚取利润的能力。盈利能力比率指标主要包括销售毛利率、销售净利率、资产报酬率和股东权益报酬率等。

销售毛利率

销售毛利率又称毛利率，是企业的销售毛利与销售收入净额的比率。其计算公式为：

销售毛利率=销售毛利/销售收入净额

销售毛利=销售收入–销售成本

销售毛利率越大，说明销售收入净额中销售成本所占的比重越小，企业通过销售获取利润的能力越强。

销售净利率

销售净利率是企业的净利润与销售收入净额的比率，它可以反映企业赚取利润的能力。其计算公式为：

销售净利率=净利润/销售收入净额

销售净利率越大，企业通过扩大销售获取收益的能力越强。

资产报酬率

资产报酬率又称投资报酬率，是企业在一定时期内的净利润与平均资产总额的比率，它可以反映企业资产的利用效率。其计算公式为：

资产报酬率=净利润/平均资产总额

资产报酬率越大，说明企业的获利能力越强。

股东权益报酬率

股东权益报酬率又被称为净资产收益率，是一定时期内企业的净利润与股东权益平均总额的比率，它可以反映出企业股东获取投资报酬的高低。其计算公式为：

股东权益报酬率=净利润/股东权益平均总额

股东权益平均总额=（期初股东权益+期末股东权益）/2

股东权益报酬率越大，说明企业的获利能力越强。

计算盈利能力比率指标的具体步骤如下。

1 根据公式“销售毛利率=（销售收入–销售成本）/销售收入净额”计算销售毛利率。选中单元格E9，输入以下公式。

=(利润表!D4-利润表!D5)/利润表!D4

按【Enter】键完成输入，随即返回计算结果。

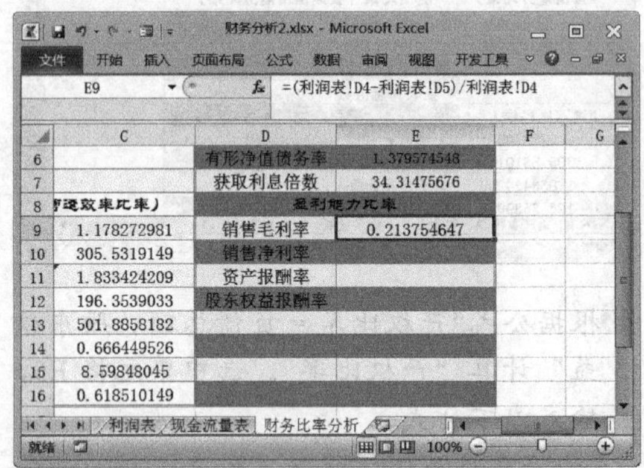

2 根据公式“销售净利率=净利润/销售收入净额”计算“销售净利率”。选中单元格E10，输入以下公式。

=利润表!D19/利润表!D4

按【Enter】键完成输入，随即返回计算结果。

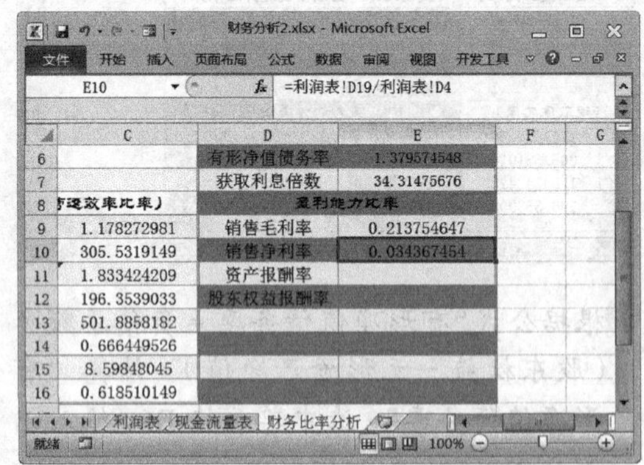

3 根据公式“资产报酬率 = 净利润 / 平均资产总额”计算“资产报酬率”。选中单元格 E11，输入以下公式。

=利润表!D19/((资产负债表!D20+资产负债表!E20)/2)

按【Enter】键完成输入，随即返回计算结果。

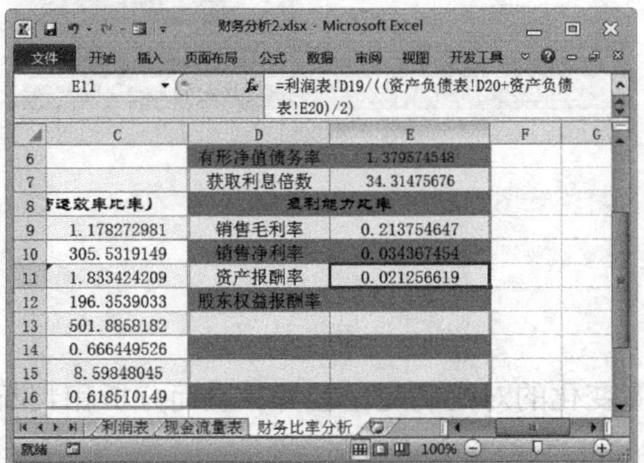

4 根据公式“股东权益报酬率 = 净利润 / ((期初股东权益 + 期末股东权益) / 2)”计算“股东权益报酬率”。选中单元格 E12，输入以下公式。

=利润表!D19/((资产负债表!H18+资产负债表!I18)/2)

按【Enter】键完成输入，随即返回计算结果。

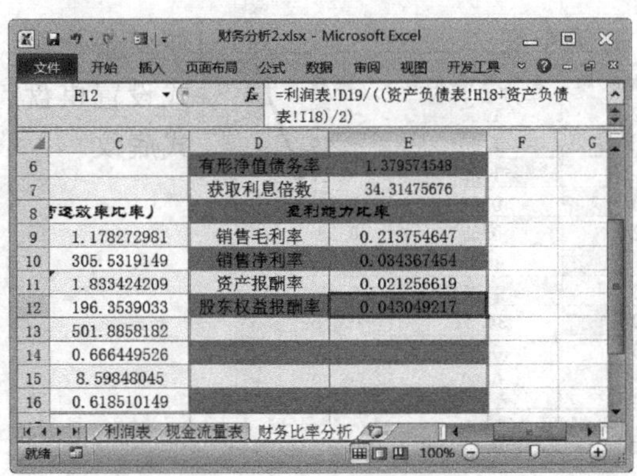

5 选中单元格 C9 和 C11 以及单元格区域“C4:C5”、“C14:C16”、“E4:E7”、“E9:E12”，按下【Ctrl】+【1】组合键，弹出【设置单元格格式】对话框，切换到【数字】选项卡，在【分类】列表框中选择【数值】，在【小数位数】微调框中输入【2】。

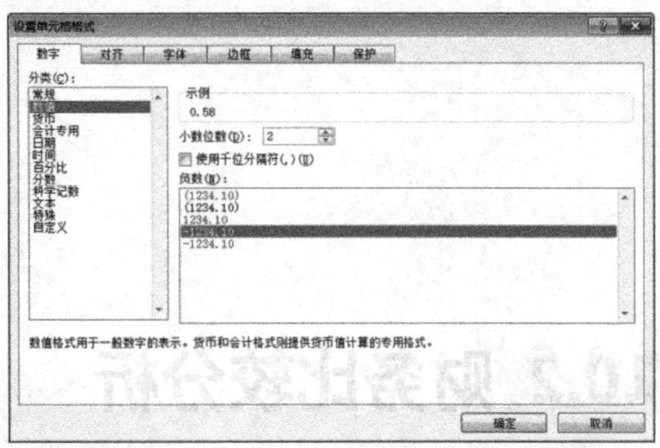

6 设置完毕，单击 确定 按钮，返回工作表，效果如图所示。

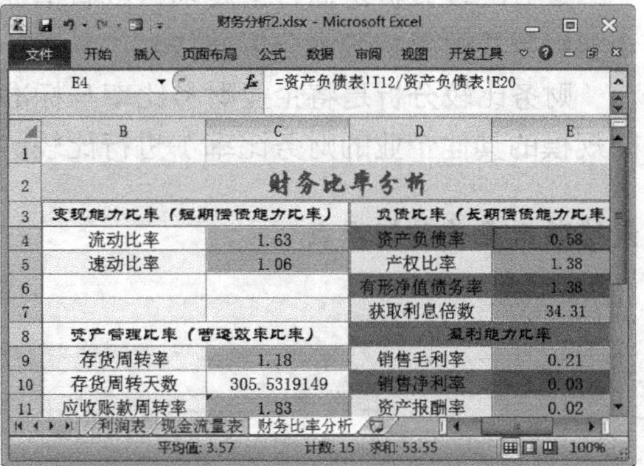

7 选中单元格 C10、C12、C13，按下【Ctrl】+【1】组合键，弹出【设置单元格格式】对话框，切换到【自定义】选项卡，在【类型】文本框中输入【0.0 天】。

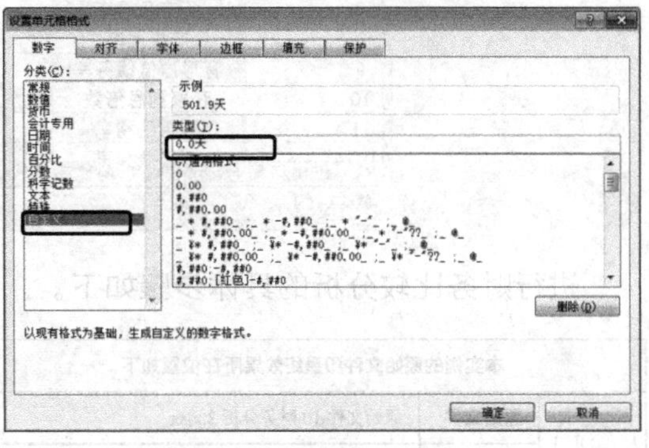

❽设置完毕，单击 确定 按钮，返回工作表，效果如图所示。

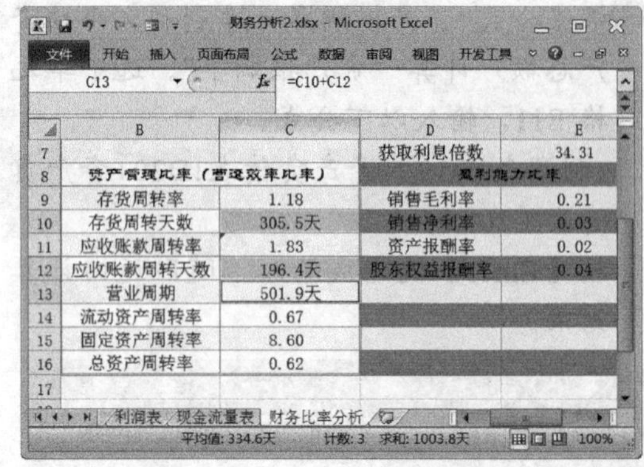

	B	C	D	E
7			获取利息倍数	34.31
8	资产管理比率（营运效率比率）		盈利能力比率	
9	存货周转率	1.18	销售毛利率	0.21
10	存货周转天数	305.5天	销售净利率	0.03
11	应收账款周转率	1.83	资产报酬率	0.02
12	应收账款周转天数	196.4天	股东权益报酬率	0.04
13	营业周期	501.9天		
14	流动资产周转率	0.67		
15	固定资产周转率	8.60		
16	总资产周转率	0.62		
17				

10.2 财务比较分析

案例背景

财务比较分析是通过主要项目或者指标数值变化的对比确定出差异，从而分析和判断企业经营及财务状况的分析方法。

财务比较分析是将企业财务比率与标准财务比率（企业历年的财务比率，或者同行业、同规模的其他企业的财务比率）进行比较，从中发现差距，从而为查找差距提供线索。

最终效果及关键知识点

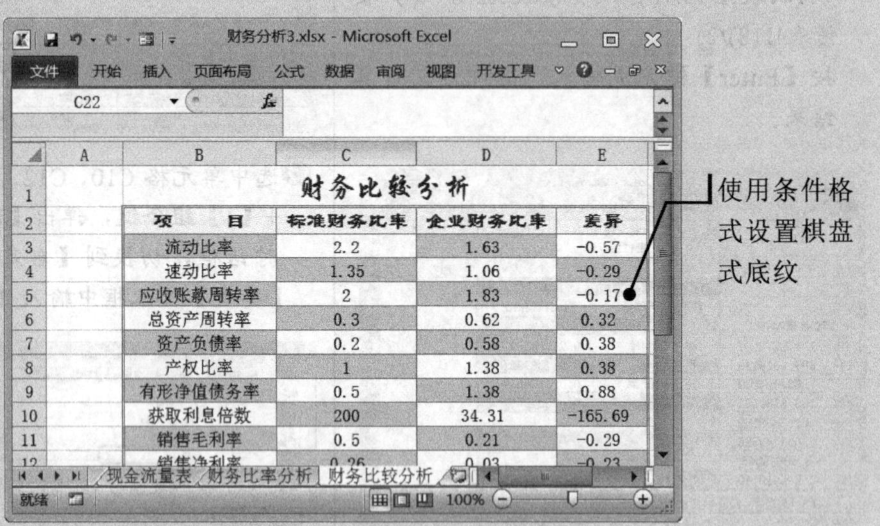

	A	B	C	D	E
1		财务比较分析			
2		项　目	标准财务比率	企业财务比率	差异
3		流动比率	2.2	1.63	-0.57
4		速动比率	1.35	1.06	-0.29
5		应收账款周转率	2	1.83	-0.17
6		总资产周转率	0.3	0.62	0.32
7		资产负债率	0.2	0.58	0.38
8		产权比率	1	1.38	0.38
9		有形净值债务率	0.5	1.38	0.88
10		获取利息倍数	200	34.31	-165.69
11		销售毛利率	0.5	0.21	-0.29
12		销售净利率	0.26	0.03	-0.23

进行财务比较分析的具体步骤如下。

本实例的原始文件和最终效果所在位置如下。		
	原始文件	原始文件\10\财务分析 3.xlsx
	最终效果	最终效果\10\财务分析 3.xlsx

❶打开本实例的原始文件，在工作簿的最后插入一个新工作表，并将其重命名为“财务比较分析”，然后在该工作表中输入财务比较分析的相关项目，并对整个表格进行格式设置。

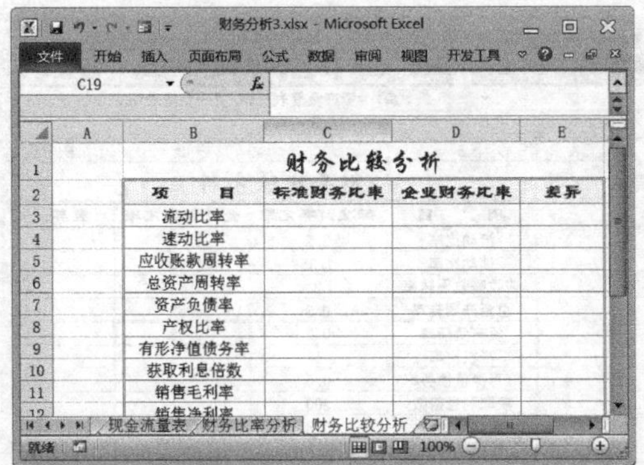

财务分析3.xlsx - Microsoft Excel

C19

项 目	标准财务比率	企业财务比率	差异
流动比率			
速动比率			
应收账款周转率			
总资产周转率			
资产负债率			
产权比率			
有形净值债务率			
获取利息倍数			
销售毛利率			
销售净利率			

❷在单元格区域“C3:C14”中分别输入“标准财务比率”的数值。

财务分析3.xlsx - Microsoft Excel

C3 2.2

财务比较分析

项 目	标准财务比率	企业财务比率	差异
流动比率	2.2		
速动比率	1.35		
应收账款周转率	2		
总资产周转率	0.3		
资产负债率	0.2		
产权比率	1		
有形净值债务率	0.5		
获取利息倍数	200		
销售毛利率	0.5		
销售净利率	0.26		

提示

目前只有一些发达国家的某些机构或者金融企业定期公布各个行业的财务统计指标，在我国尚未有专门的刊物或机构从事该项工作。用户可以参考各种统计年鉴或类似《中国证券报》等相关报刊所提供的某些有代表性的上市公司的财务比率，将其作为财务比较分析中的标准财务比率。

❸根据公式“流动比率 = 流动资产 / 流动负债”计算“流动比率”。选中单元格D3，输入以下公式。

=资产负债表!E11/资产负债表!I11

按【Enter】键完成输入，随即返回计算结果。

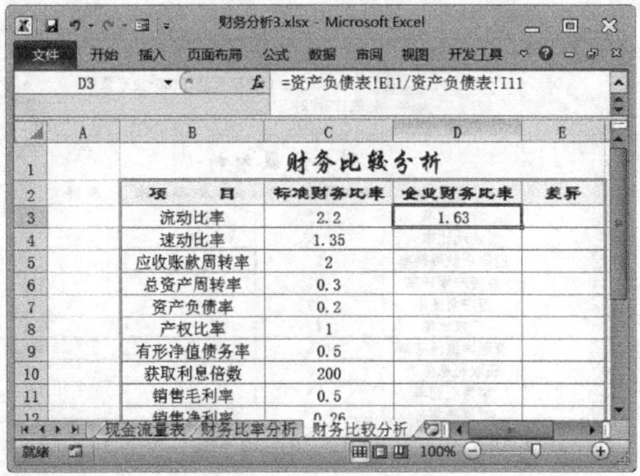

D3 =资产负债表!E11/资产负债表!I11

财务比较分析

项 目	标准财务比率	企业财务比率	差异
流动比率	2.2	1.63	
速动比率	1.35		
应收账款周转率	2		
总资产周转率	0.3		
资产负债率	0.2		
产权比率	1		
有形净值债务率	0.5		
获取利息倍数	200		
销售毛利率	0.5		
销售净利率	0.26		

❹根据公式“速动比率 =（流动资产 - 存货）/ 流动负债”计算“速动比率”。选中单元格D4，输入以下公式。

=(资产负债表!E11-资产负债表!E9)/资产负债表!I11

按【Enter】键完成输入，随即返回计算结果。

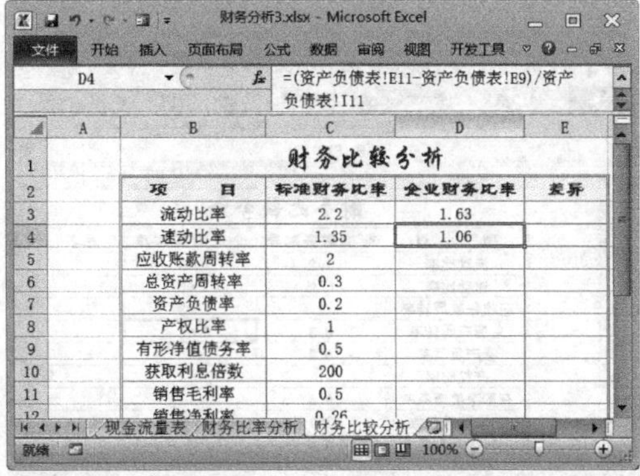

D4 =(资产负债表!E11-资产负债表!E9)/资产负债表!I11

财务比较分析

项 目	标准财务比率	企业财务比率	差异
流动比率	2.2	1.63	
速动比率	1.35	1.06	
应收账款周转率	2		
总资产周转率	0.3		
资产负债率	0.2		
产权比率	1		
有形净值债务率	0.5		
获取利息倍数	200		
销售毛利率	0.5		
销售净利率	0.26		

❺根据公式“应收账款周转率 = 销售收入 /((期初应收账款净额 + 期末应收账款净额）/ 2)”计算“应收账款周转率”。选中单元格D5，输入以下公式。

=利润表!D4/((资产负债表!D8+资产负债表!E8)/2)

按【Enter】键完成输入，随即返回计算结果。

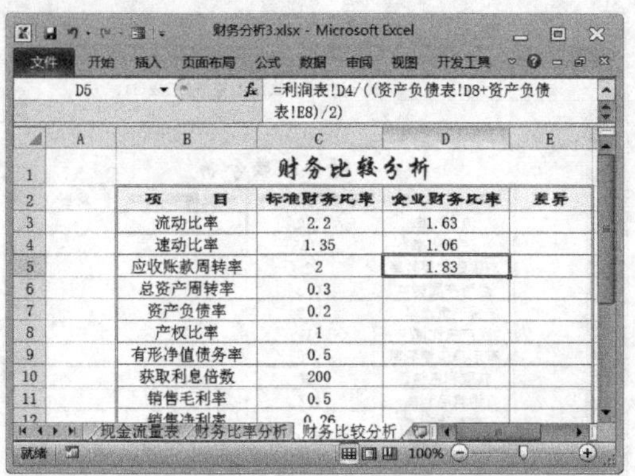

项　　目	标准财务比率	企业财务比率	差异
流动比率	2.2	1.63	
速动比率	1.35	1.06	
应收账款周转率	2	1.83	
总资产周转率	0.3		
资产负债率	0.2		
产权比率	1		
有形净值债务率	0.5		
获取利息倍数	200		
销售毛利率	0.5		

6 根据公式“总资产周转率 = 销售收入 / ((期初资产总额 + 期末资产总额) / 2)”计算“总资产周转率”。选中单元格 D6，输入以下公式。

=利润表!D4/((资产负债表!D20+资产负债表!E20)/2)

按【Enter】键完成输入，随即返回计算结果。

项　　目	标准财务比率	企业财务比率	差异
流动比率	2.2	1.63	
速动比率	1.35	1.06	
应收账款周转率	2	1.83	
总资产周转率	0.3	0.62	
资产负债率	0.2		
产权比率	1		
有形净值债务率	0.5		
获取利息倍数	200		
销售毛利率	0.5		

7 根据公式“资产负债率 = 负债总额 / 资产总额”计算“资产负债率”。选中单元格 D7，输入以下公式。

=资产负债表!I12/资产负债表!E20

按【Enter】键完成输入，随即返回计算结果。

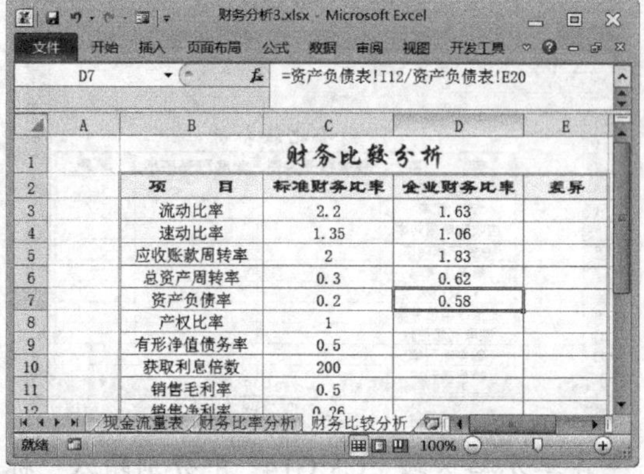

项　　目	标准财务比率	企业财务比率	差异
流动比率	2.2	1.63	
速动比率	1.35	1.06	
应收账款周转率	2	1.83	
总资产周转率	0.3	0.62	
资产负债率	0.2	0.58	
产权比率	1		
有形净值债务率	0.5		
获取利息倍数	200		
销售毛利率	0.5		

8 根据公式“产权比率 = 负债总额 / 股东权益”计算“产权比率”。选中单元格 D8，输入以下公式。

=资产负债表!I12/资产负债表!I18

按【Enter】键完成输入，随即返回计算结果。

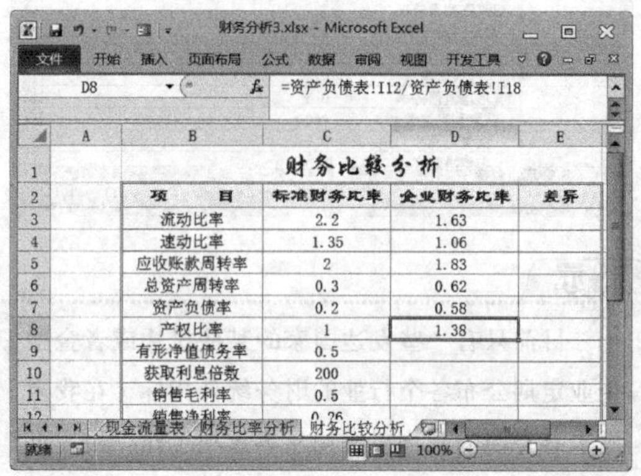

项　　目	标准财务比率	企业财务比率	差异
流动比率	2.2	1.63	
速动比率	1.35	1.06	
应收账款周转率	2	1.83	
总资产周转率	0.3	0.62	
资产负债率	0.2	0.58	
产权比率	1	1.38	
有形净值债务率	0.5		
获取利息倍数	200		
销售毛利率	0.5		

9 根据公式“有形净值债务率 = 负债总额 / (股东权益 - 无形资产净值)”计算“有形净值债务率”。选中单元格 D9，输入以下公式。

=资产负债表!I12/(资产负债表!I18-0)

按【Enter】键完成输入，随即返回计算结果。

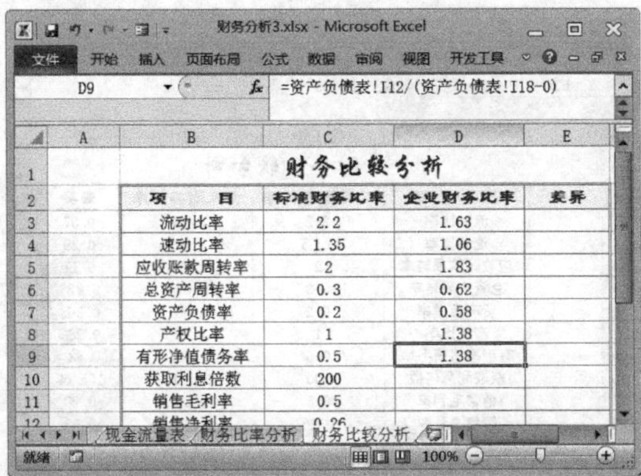

D9 =资产负债表!I12/(资产负债表!I18-0)

财务比较分析

项　目	标准财务比率	企业财务比率	差异
流动比率	2.2	1.63	
速动比率	1.35	1.06	
应收账款周转率	2	1.83	
总资产周转率	0.3	0.62	
资产负债率	0.2	0.58	
产权比率	1	1.38	
有形净值债务率	0.5	1.38	
获取利息倍数	200		
销售毛利率	0.5		
销售净利率	0.26		

⑩根据公式"获取利息倍数＝息税前利润／利息费用"计算"获取利息倍数"。选中单元格D10，输入以下公式。

=(利润表!D17+利润表!D11)/利润表!D11

按【Enter】键完成输入，随即返回计算结果。

D10 =(利润表!D17+利润表!D11)/利润表!D11

财务比较分析

项　目	标准财务比率	企业财务比率	差异
流动比率	2.2	1.63	
速动比率	1.35	1.06	
应收账款周转率	2	1.83	
总资产周转率	0.3	0.62	
资产负债率	0.2	0.58	
产权比率	1	1.38	
有形净值债务率	0.5	1.38	
获取利息倍数	200	34.31	
销售毛利率	0.5		
销售净利率	0.26		

⑪根据公式"销售毛利率＝（销售收入－销售成本）／销售收入净额"计算"销售毛利率"。选中单元格D11，输入以下公式。

=(利润表!D4-利润表!D5)/利润表!D4

按【Enter】键完成输入，随即返回计算结果。

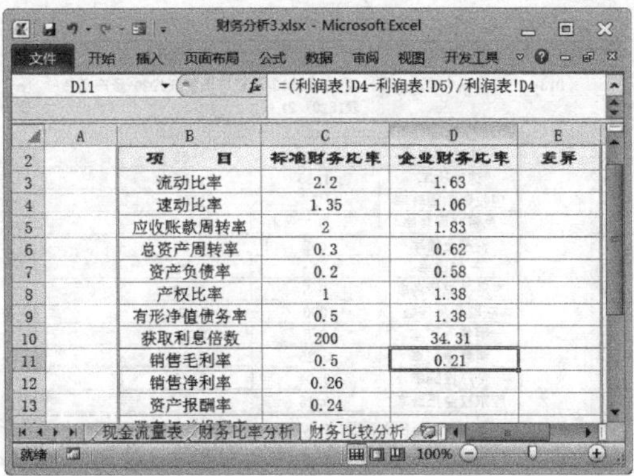

D11 =(利润表!D4-利润表!D5)/利润表!D4

项　目	标准财务比率	企业财务比率	差异
流动比率	2.2	1.63	
速动比率	1.35	1.06	
应收账款周转率	2	1.83	
总资产周转率	0.3	0.62	
资产负债率	0.2	0.58	
产权比率	1	1.38	
有形净值债务率	0.5	1.38	
获取利息倍数	200	34.31	
销售毛利率	0.5	0.21	
销售净利率	0.26		
资产报酬率	0.24		

⑫根据公式"销售净利率＝净利润／销售收入净额"计算"销售净利率"。选中单元格D12，输入以下公式。

=利润表!D19/利润表!D4

按【Enter】键完成输入，随即返回计算结果。

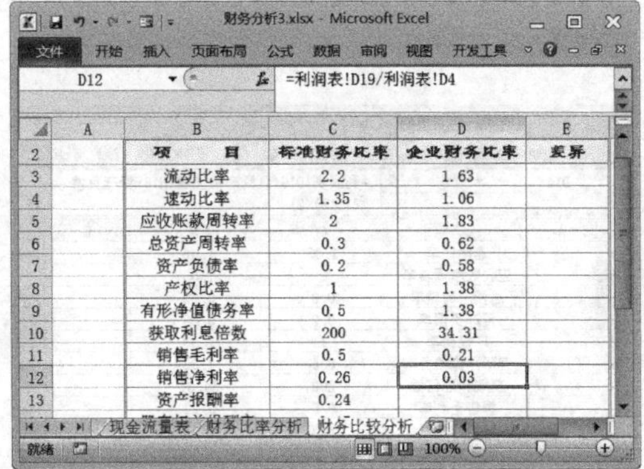

D12 =利润表!D19/利润表!D4

项　目	标准财务比率	企业财务比率	差异
流动比率	2.2	1.63	
速动比率	1.35	1.06	
应收账款周转率	2	1.83	
总资产周转率	0.3	0.62	
资产负债率	0.2	0.58	
产权比率	1	1.38	
有形净值债务率	0.5	1.38	
获取利息倍数	200	34.31	
销售毛利率	0.5	0.21	
销售净利率	0.26	0.03	
资产报酬率	0.24		

⑬根据公式"资产报酬率＝净利润／平均资产总额"计算"资产报酬率"。选中单元格D13，输入以下公式。

=利润表!D19/((资产负债表!D20+资产负债表!E20)/2)

按【Enter】键完成输入，随即返回计算结果。

财务分析3.xlsx - Microsoft Excel

D13 =利润表!D19/((资产负债表!D20+资产负债表!E20)/2)

	A	B	C	D	E
3		流动比率	2.2	1.63	
4		速动比率	1.35	1.06	
5		应收账款周转率	2	1.83	
6		总资产周转率	0.3	0.62	
7		资产负债率	0.2	0.58	
8		产权比率	1	1.38	
9		有形净值债务率	0.5	1.38	
10		获取利息倍数	200	34.31	
11		销售毛利率	0.5	0.21	
12		销售净利率	0.26	0.03	
13		资产报酬率	0.24	0.02	
14		股东权益报酬率	0.15		

14 根据公式“股东权益报酬率 = 净利润 /((期初股东权益 + 期末股东权益) / 2)”计算“股东权益报酬率”。选中单元格D14，输入以下公式。

=利润表!D19/((资产负债表!H18+资产负债表!I18)/2)

按【Enter】键完成输入，随即返回计算结果。

财务分析3.xlsx - Microsoft Excel

D14 =利润表!D19/((资产负债表!H18+资产负债表!I18)/2)

	A	B	C	D	E
4		速动比率	1.35	1.06	
5		应收账款周转率	2	1.83	
6		总资产周转率	0.3	0.62	
7		资产负债率	0.2	0.58	
8		产权比率	1	1.38	
9		有形净值债务率	0.5	1.38	
10		获取利息倍数	200	34.31	
11		销售毛利率	0.5	0.21	
12		销售净利率	0.26	0.03	
13		资产报酬率	0.24	0.02	
14		股东权益报酬率	0.15	0.04	
15					

15 计算“企业财务比率”与“标准财务比率”的“差异”。选中单元格E3，输入以下公式。

=D3-C3

按【Enter】键完成输入，随即返回计算结果，然后将该公式不带格式地填充到该列的其他单元格中。

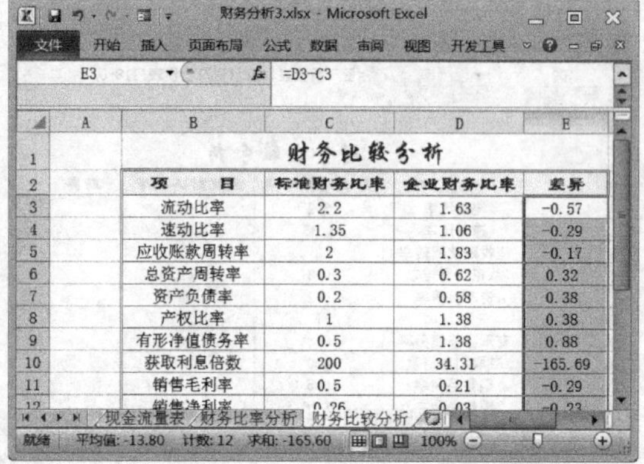

E3 =D3-C3

	A	B	C	D	E
1		财务比较分析			
2		项目	标准财务比率	企业财务比率	差异
3		流动比率	2.2	1.63	-0.57
4		速动比率	1.35	1.06	-0.29
5		应收账款周转率	2	1.83	-0.17
6		总资产周转率	0.3	0.62	0.32
7		资产负债率	0.2	0.58	0.38
8		产权比率	1	1.38	0.38
9		有形净值债务率	0.5	1.38	0.88
10		获取利息倍数	200	34.31	-165.69
11		销售毛利率	0.5	0.21	-0.29

16 选中单元格区域“C3:E14”，切换到【开始】选项卡，在【样式】组中，单击【条件格式】按钮，在弹出的下拉列表中选择【新建规则】选项。

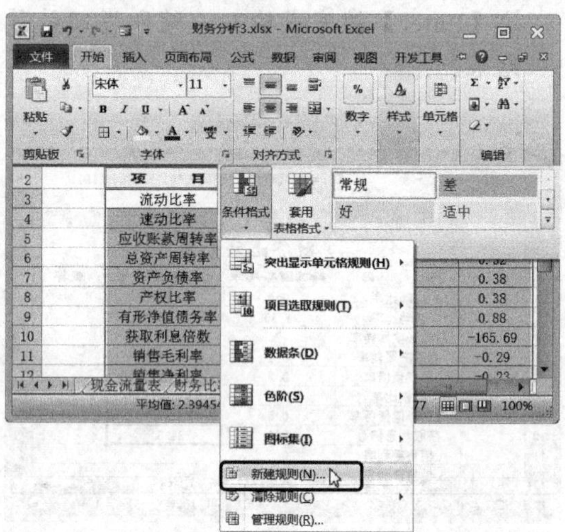

17 弹出【新建格式规则】对话框，在【选择规则类型】列表框中选择【使用公式确定要设置格式的单元格】选项，然后在【为符合此公式的值设置格式】文本框中输入以下公式。

=MOD(ROW()+COLUMN(),2)

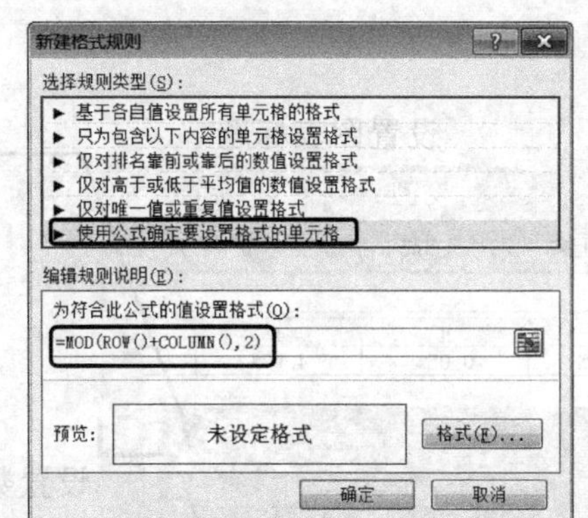

18 单击 格式(F)... 按钮，弹出【设置单元格格式】对话框，切换到【填充】选项卡，然后在【背景色】颜色库中选择一种合适的颜色。

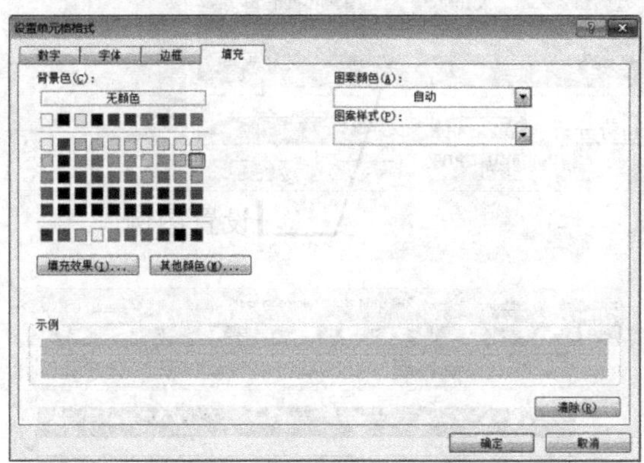

19 单击 确定 按钮返回【新建格式规则】对话框，此时即可预览设置的效果。

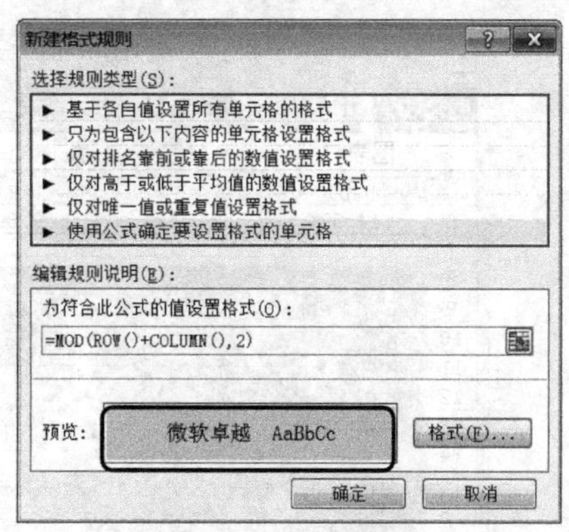

20 单击 确定 按钮返回工作表，此时选中的单元格区域中就被设置了棋盘式底纹。

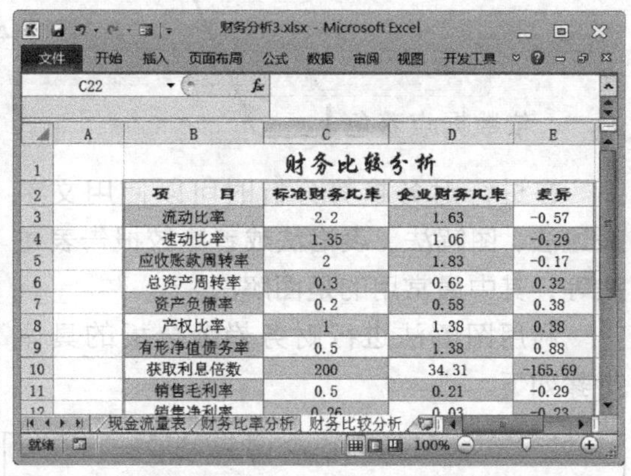

项目	标准财务比率	企业财务比率	差异
流动比率	2.2	1.63	-0.57
速动比率	1.35	1.06	-0.29
应收账款周转率	2	1.83	-0.17
总资产周转率	0.3	0.62	0.32
资产负债率	0.2	0.58	0.38
产权比率	1	1.38	0.38
有形净值债务率	0.5	1.38	0.88
获取利息倍数	200	34.31	-165.69
销售毛利率	0.5	0.21	-0.29

10.3 财务趋势分析

案例背景

财务趋势分析是根据连续数期的财务报表进行相关指标的比较，以第1期或者某一期为基期，计算每一期的项目指标相对于基期的同一项目指标的趋势比，以形成的一系列具有可比性的百分数来说明企业经营活动和财务状况的变化过程及发展趋势。

最终效果及关键知识点

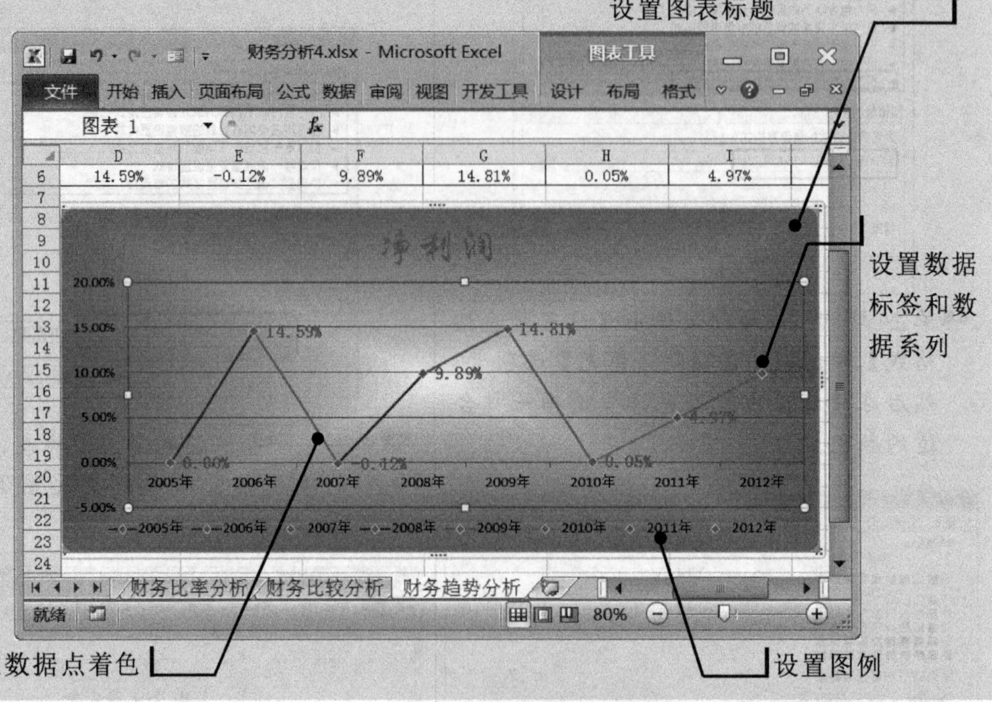

在进行财务趋势分析时可以使用文字表述法、图解法、表格法或者比较报告表述法等，其中最常用的是图解法。

利用图解法进行财务趋势分析的具体步骤如下。

本实例的原始文件和最终效果所在位置如下。		
	原始文件	原始文件\10\财务分析 4.xlsx
	最终效果	最终效果\10\财务分析 4.xlsx

1 打开本实例的原始文件，在工作簿的最后插入一个新工作表，并将其重命名为“财务趋势分析”，然后在该工作表中输入财务趋势分析的相关数据，并进行格式设置。

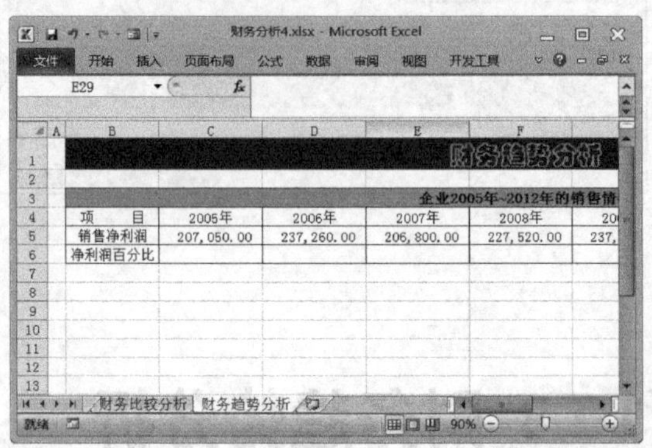

2 这里选择2005年为基期，所以在单元格C6中输入以下公式。

=(C5-$C$5)/$C$5

按下【Enter】键完成输入，随即返回计算结果。将该单元格的数字格式设置为保留两位小数的百分比格式，然后将该单元格中的公式和格式横向填充到该行的其他单元格中。

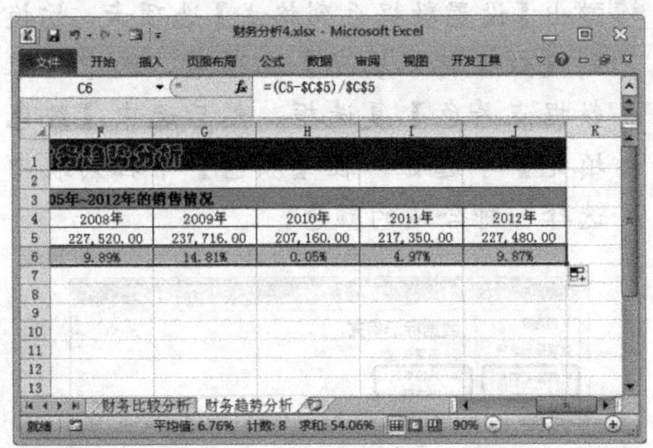

❸同时选中单元格区域“B4:J4”和“B6:J6”，切换到【插入】选项卡，在【图表】组中，单击【折线图】按钮，在弹出的下拉列表中选择【带数据标记的折线图】。

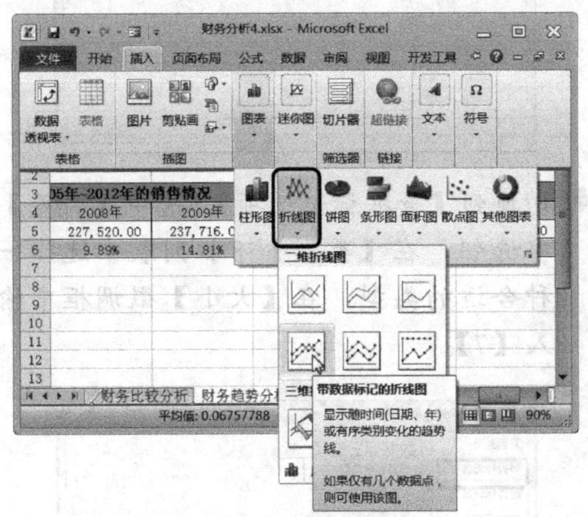

❹随即可在工作表“财务趋势分析”中创建一个带数据标记的折线图，用户可以调整其大小和位置。

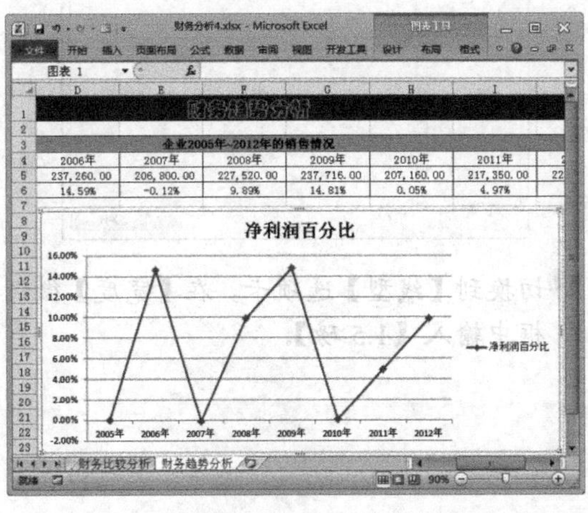

❺修改图表标题。选中图表标题，将图表标题更改为“净利润”，并将其字体设置为华文行楷，28磅，红色。

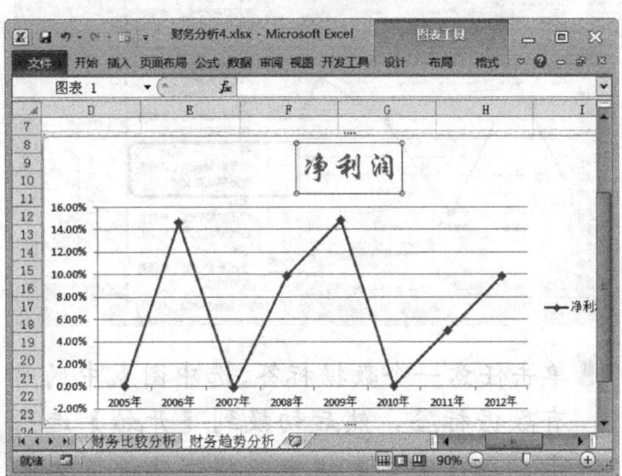

❻设置图例。切换到【图表工具】栏的【布局】选项卡，在【标签】组中，单击【图例】按钮 图例 ，在弹出的快捷菜单中选择【在底部显示图例】选项，随即图例在图表底部显示。

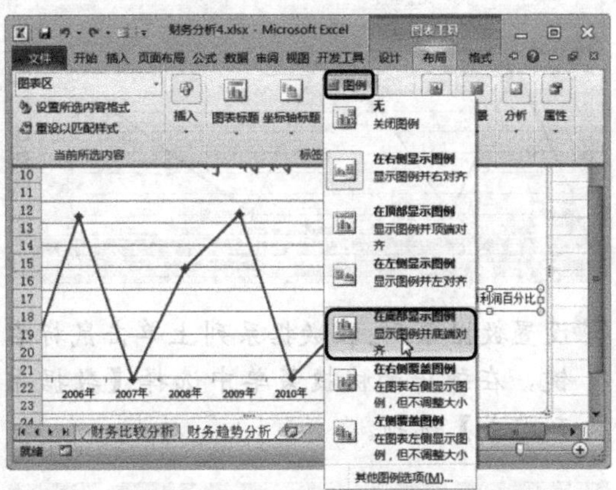

❼设置数据标签。在【标签】组中，单击【数据标签】按钮 数据标签 ，在弹出的快捷菜单中选择【右】选项，即可为图表添加数据标签。

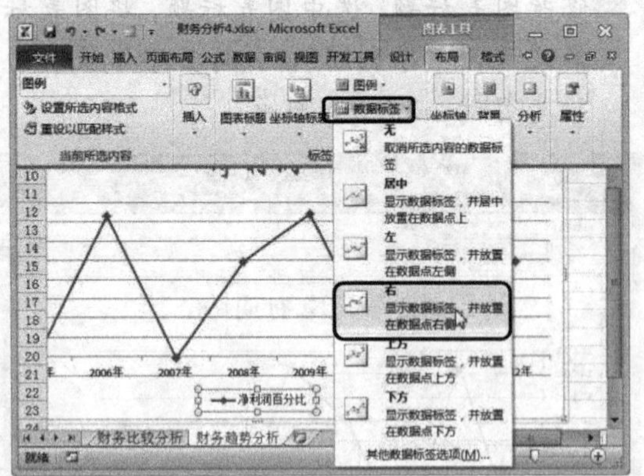

8 单击任意一个数据标签，选中图表中的所有数据标签，然后切换到【开始】选项卡，在【字体】组中，将字体设置为宋体，12磅，红色，加粗。

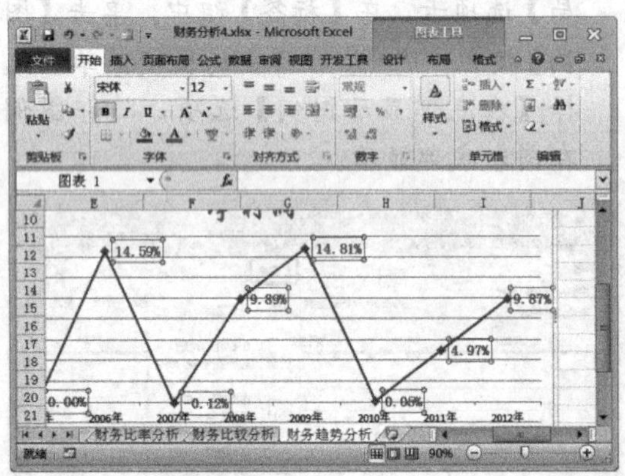

9 设置数据系列。在数据系列上单击鼠标右键，在弹出的快捷菜单中选择【数据系列格式】选项。

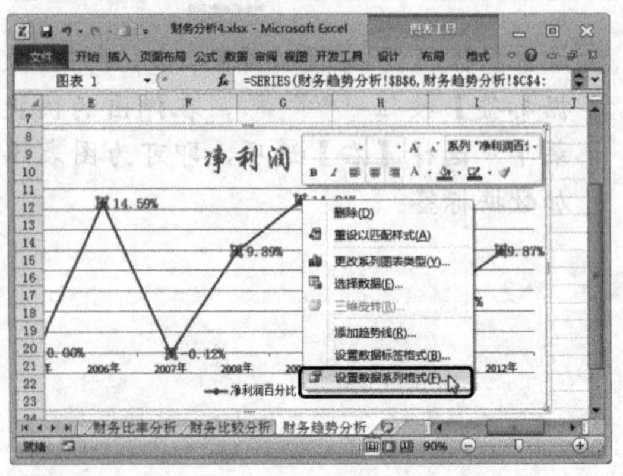

10 弹出【设置数据系列格式】选项卡，切换到【数据标记填充】选项卡，选中【依数据点着色】复选框，然后选中【纯色填充】单选钮，在【颜色】下拉列表中选择一种合适的颜色。

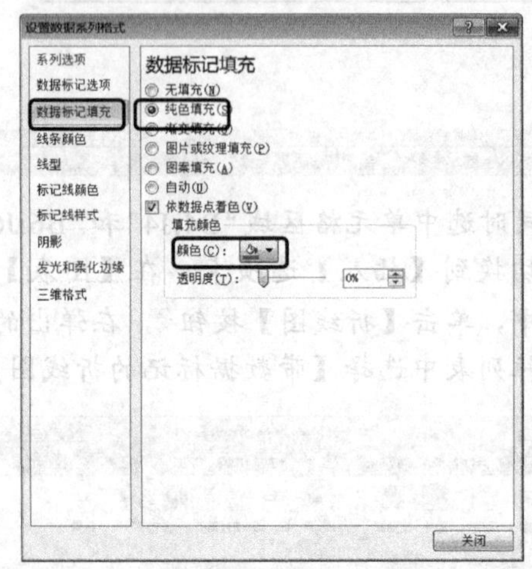

11 切换到【数据标记选项】，选中【内置】单选钮，在【类型】下拉列表中选择一种合适的类型，在【大小】微调框中输入【7】。

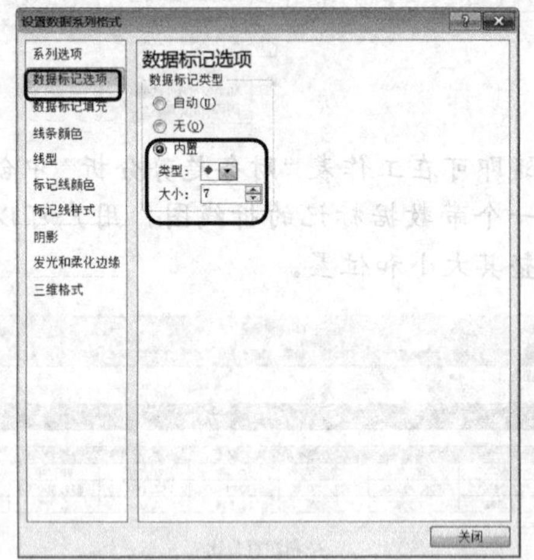

12 切换到【线型】选项卡，在【宽度】微调框中输入【1.5磅】。

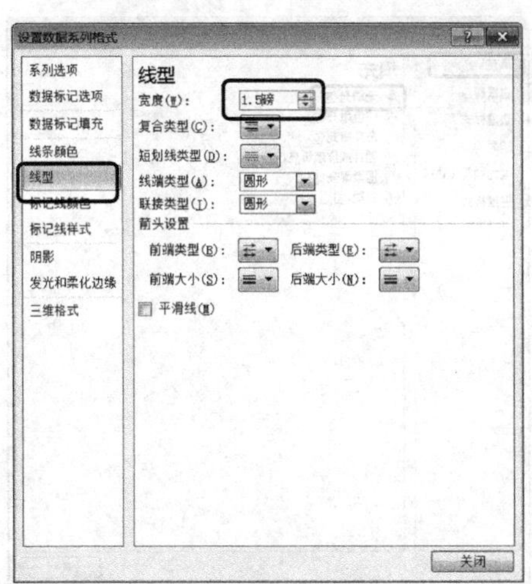

⑬切换到【标记线颜色】选项卡，选中【实线】单选钮，在【颜色】下拉列表中选择一种合适的颜色。

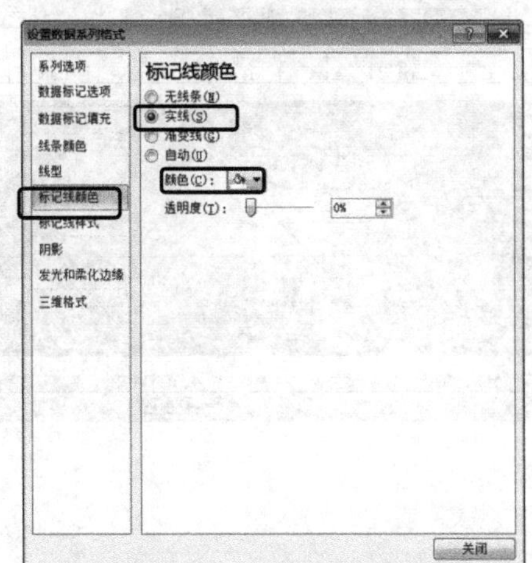

⑭设置完毕，单击 关闭 按钮返回图表即可。

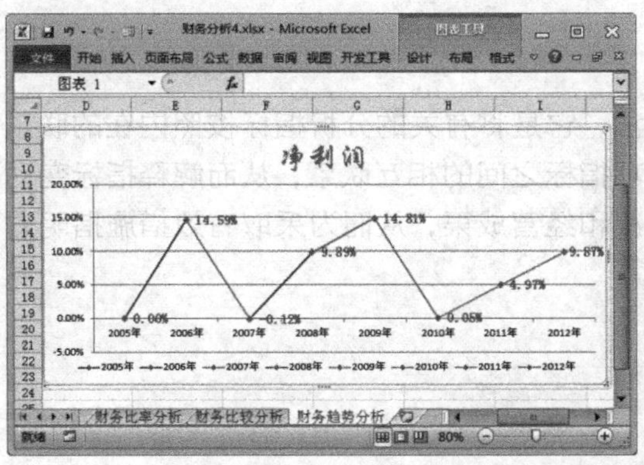

⑮设置图表区格式。在图表区单击鼠标右键，在弹出的快捷菜单中选择【设置图表区域格式】菜单项。

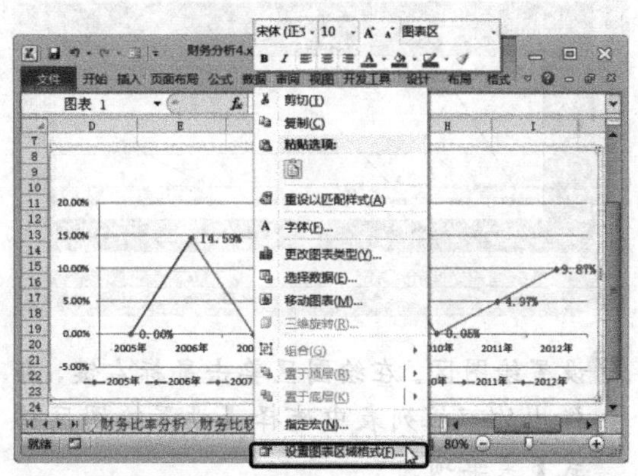

⑯弹出【设置图表区格式】对话框，切换到【填充】选项卡，选中【渐变填充】单选钮，在【预设颜色】下拉列表中选择【雨后初晴】，在【类型】下拉列表中选择【矩形】，在【方向】下拉列表中选择【中心辐射】，然后使用鼠标拖动，调整4个渐变光圈的位置。

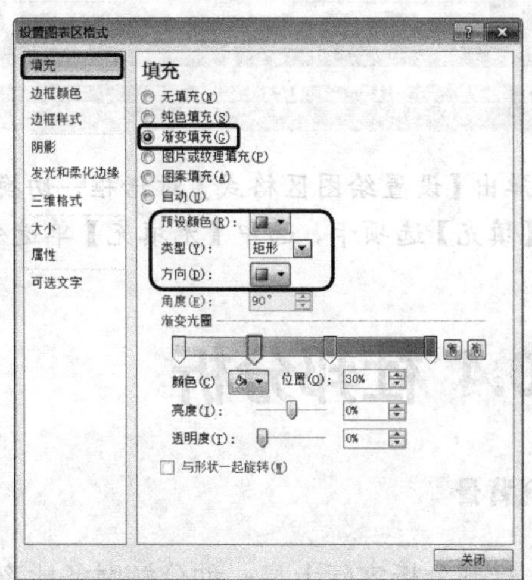

⑰设置完毕，单击 关闭 按钮返回图表，效果如图所示。

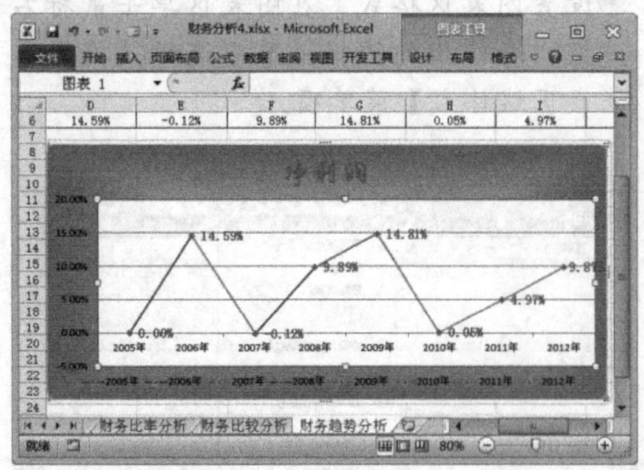

18 设置绘图区。在绘图区单击鼠标右键，在弹出的下拉列表中选择【设置绘图区格式】菜单项。

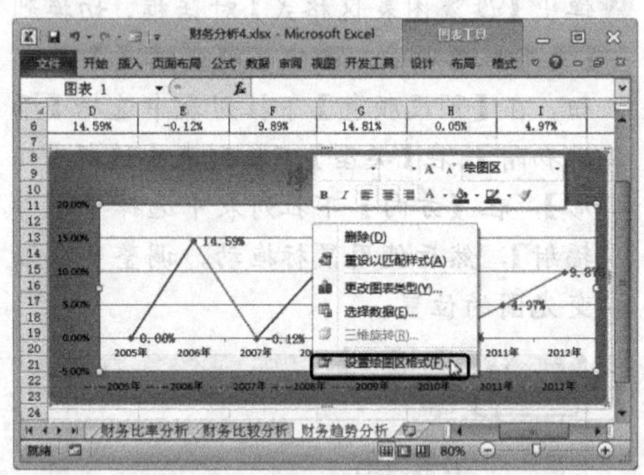

19 弹出【设置绘图区格式】对话框，切换到【填充】选项卡，选中【无填充】单选钮。

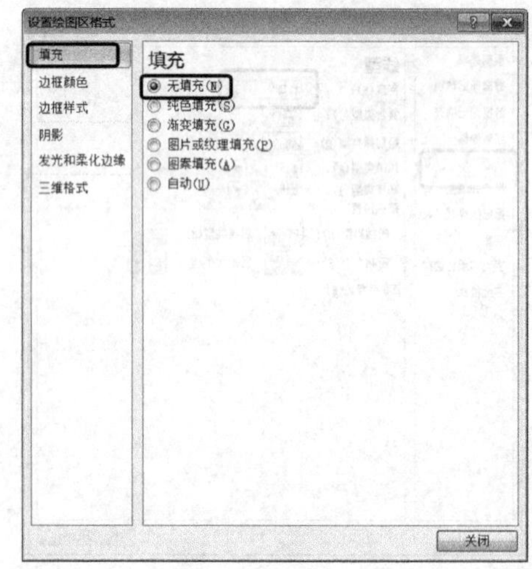

20 设置完毕，单击 关闭 按钮返回图表，效果如图所示。

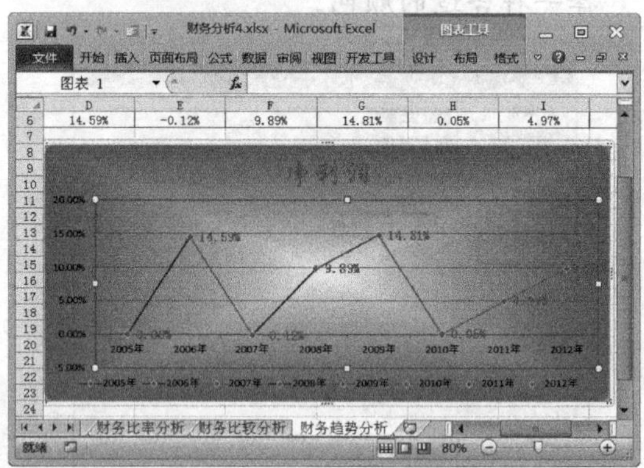

10.4 杜邦分析

案例背景

杜邦分析实际上是一种分解财务比率的方法，它是将有关的分析指标按照内在的联系排列起来，有效地反映影响企业获利能力的各项指标之间的相互联系，从而解释指标变动的原因及变动趋势，合理地分析企业的财务状况和经营成果，从而为采取有效措施指明方向。

最终效果及关键知识点

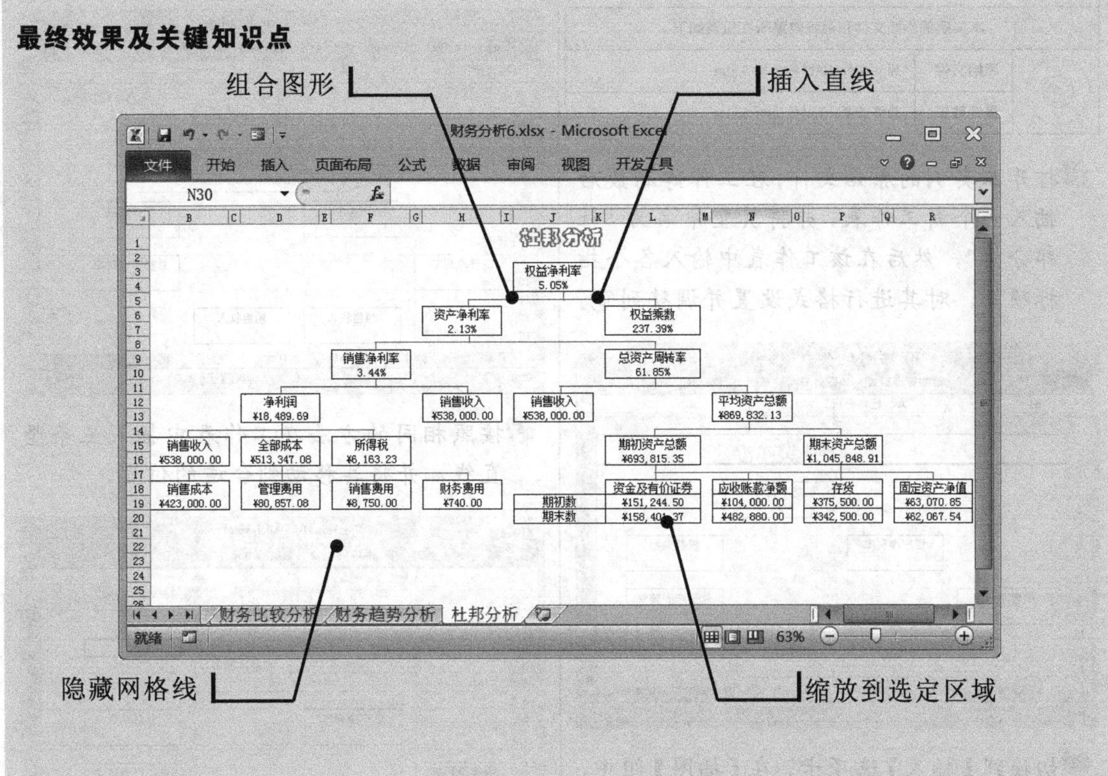

10.4.1 杜邦分析指标

杜邦分析是对企业的财务状况进行的综合分析，它通过几种主要的财务指标之间的关系反映企业的财务状况。

1. 资产净利率

资产净利率是销售净利率与总资产周转率的乘积。其计算公式为：

资产净利率＝销售净利率×总资产周转率

2. 权益乘数

权益乘数表示企业的负债程度，权益乘数越大，企业的负债程度就越高。其计算公式为：

权益乘数＝1／（1－资产负债率）

权益乘数主要受资产负债率的影响，负债比率越大，权益乘数越高，说明企业有较高的负债程度，能给企业带来较大的杠杆利益，同时也会给企业带来较大的风险。

3. 权益净利率

权益净利率是杜邦分析的核心，是所有财务比率中综合性最强、最具有代表性的一个指标。其计算公式为：

权益净利率＝资产净利率×权益乘数

权益净利率可以反映出所有者投入资金的获利能力，可以反映出权益筹资和投资等各种经营活动的效率。

10.4.2 创建杜邦分析模型

了解了常用的杜邦分析指标后，下面介绍创建杜邦分析模型的方法。

创建杜邦分析模型的具体步骤如下。

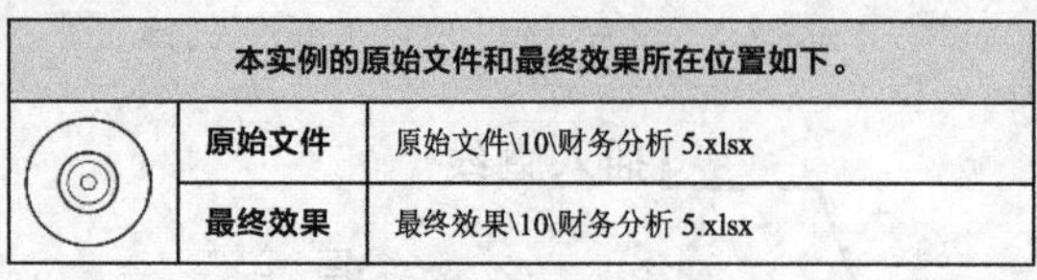

本实例的原始文件和最终效果所在位置如下。		
	原始文件	原始文件\10\财务分析 5.xlsx
	最终效果	最终效果\10\财务分析 5.xlsx

1 打开本实例的原始文件，在工作簿的最后插入一个新工作表，并将其重命名为“杜邦分析”，然后在该工作表中输入各个指标项目，对其进行格式设置并调整列宽。

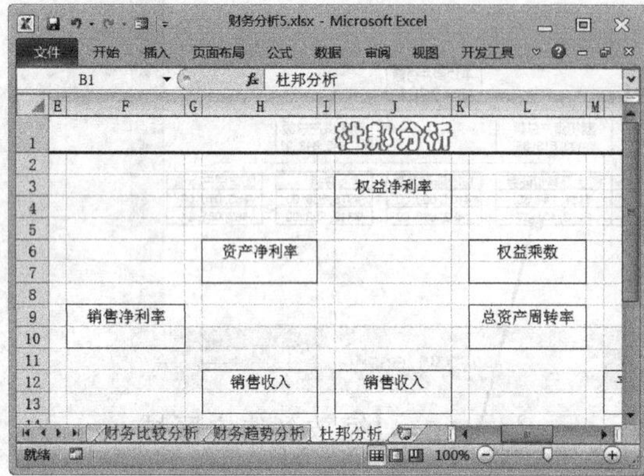

2 切换到【插入】选项卡，在【插图】组中，单击【形状】按钮，在弹出的下拉列表中选择【直线】。

3 随即鼠标指针变为十字形状，此时用户即可在合适的位置绘制一条直线。

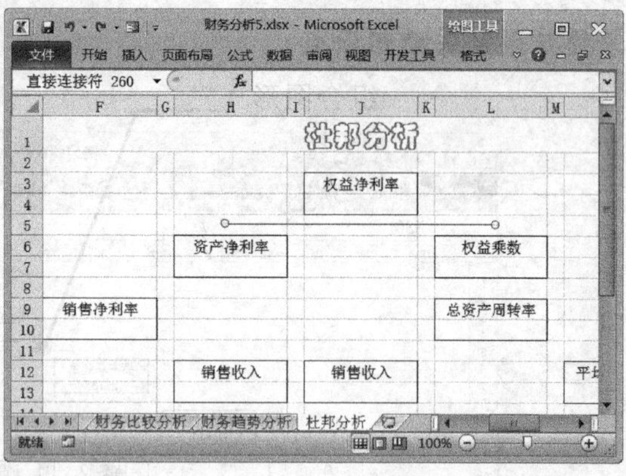

4 按照相同的方法在工作表中插入三条竖直线，并将其移动到合适的位置。

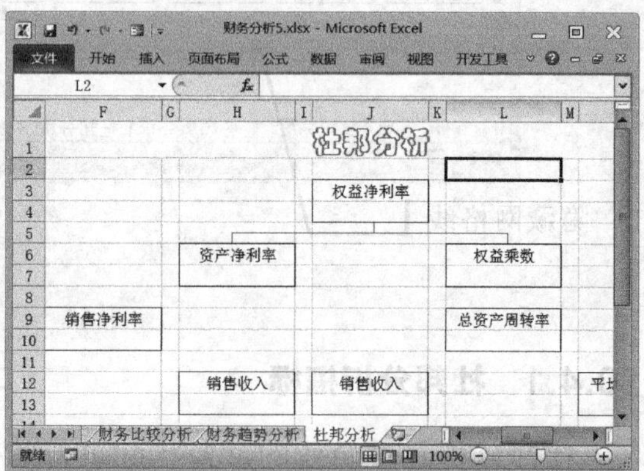

5 按住【Ctrl】键同时选中插入的直线，然后单击鼠标右键，在弹出的快捷菜单中选择【组合】➤【组合】菜单项。

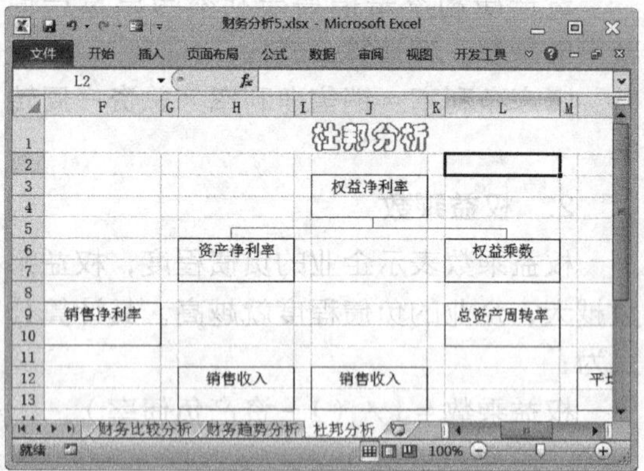

❻随即可将几条直线组合成一个图形。

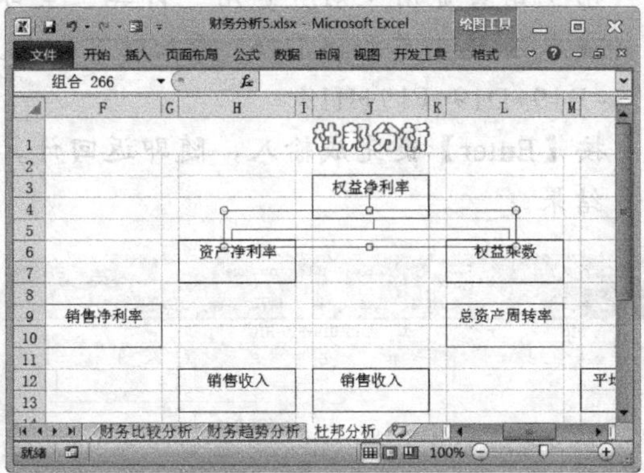

❼参照上述步骤插入直线，完成各指标之间的关系图的建立。

❽按住【Ctrl】键同时选中各指标之间的关系图，然后单击鼠标右键，在弹出的快捷菜单中选择【组合】➤【组合】菜单项，随即可将选中的图形组合成一个大的图形。

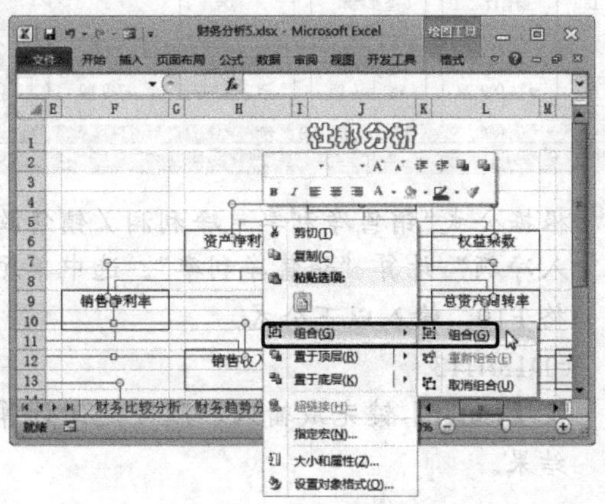

❾选中组合后的图形，单击鼠标右键，在弹出的快捷菜单中选择【设置形状格式】菜单项。

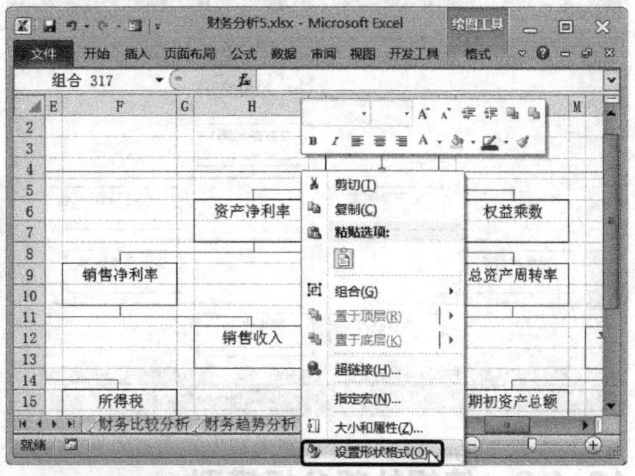

❿弹出【设置形状格式】对话框，切换到【线条颜色】选项卡，选中【实线】单选钮，在【颜色】下拉列表中选择【红色】。

⓫切换到【线型】选项卡，在【宽度】微调框中输入【1 磅】。

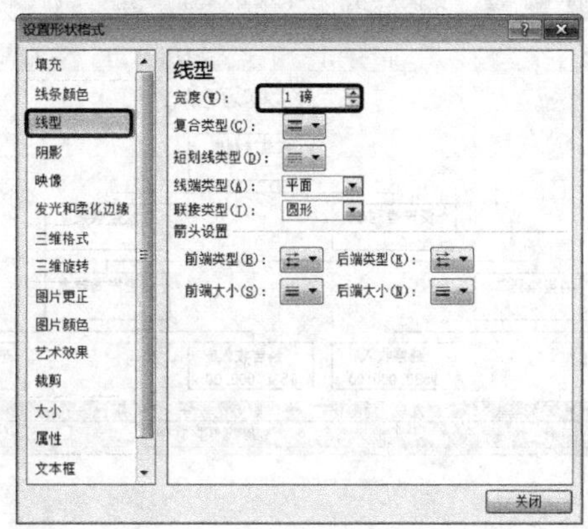

⑫设置完毕，单击 关闭 按钮，返回工作表，效果如图所示。

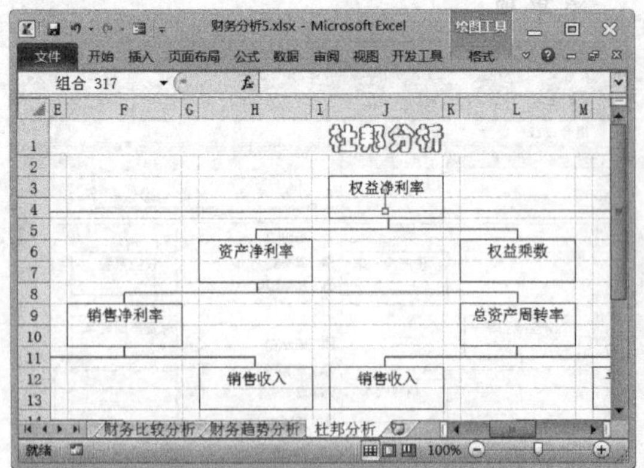

10.4.3 编辑杜邦分析模型

杜邦分析模型创建完成，接下来需要对杜邦分析模型进行编辑，计算各财务比率，从而合理地分析企业的财务状况和经营成果。

编辑杜邦分析模型的具体步骤如下。

本实例的原始文件和最终效果所在位置如下。		
	原始文件	原始文件\10\财务分析 6.xlsx
	最终效果	最终效果\10\财务分析 6.xlsx

①打开本实例的原始文件，切换到“杜邦分析”工作表，然后使用单元格引用功能将“资产负债表”和“利润表”中的数据导入该工作表中。

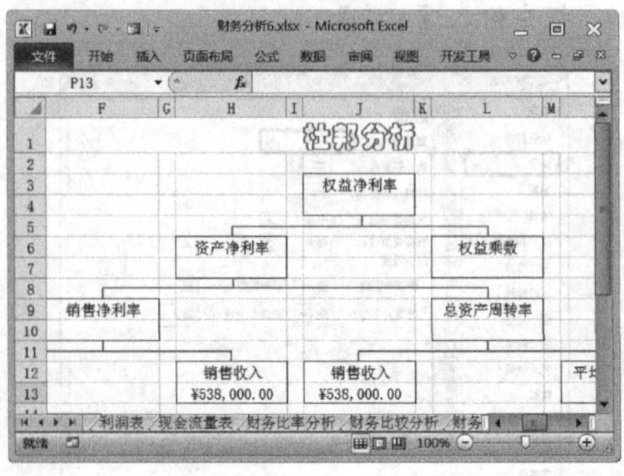

②根据公式“全部成本＝销售成本＋管理费用＋销售费用＋财务费用”计算“全部成本”。选中单元格 D16，输入以下公式。

=B19+D19+F19+H19

按【Enter】键完成输入，随即返回计算结果。

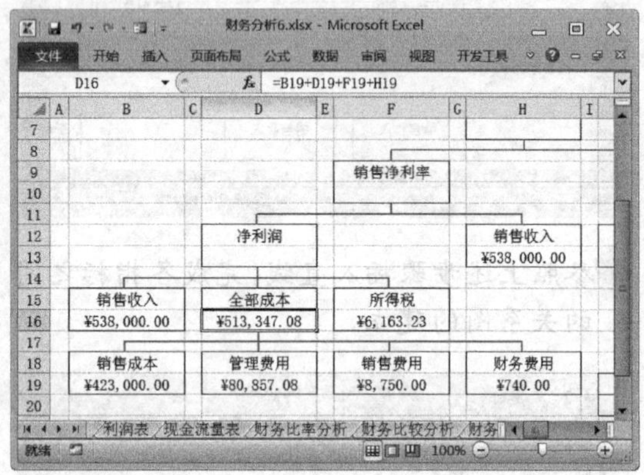

③根据公式“净利润＝销售收入－全部成本－所得税”计算“净利润”。选中单元格 D13，输入以下公式。

=B16-D16-F16

按【Enter】键完成输入，随即返回计算结果。

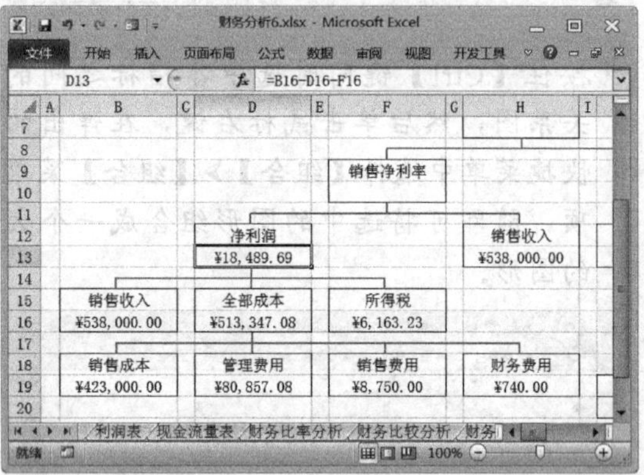

④根据公式“销售净利率＝净利润／销售收入净额”计算“销售净利率”。选中单元格 F10，输入以下公式。

=D13/H13

按【Enter】键完成输入，随即返回计算结果。

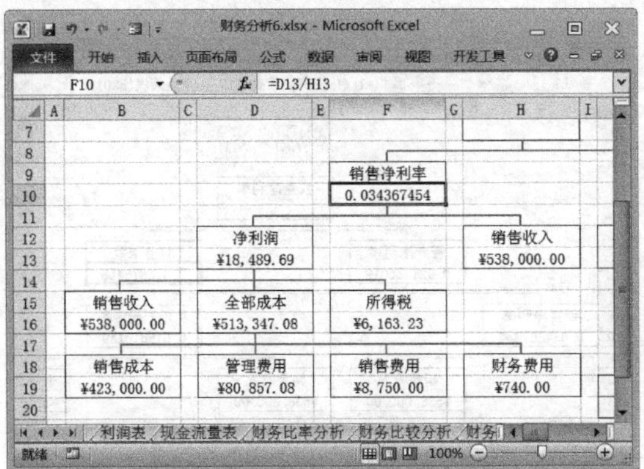

5 根据公式“期初资产总额 = 资金及有价证券的期初数 + 应收账款净额的期初数 + 存货的期初数 + 固定资产净值的期初数”计算“期初资产总额”。选中单元格L16，输入以下公式。

=L19+N19+P19+R19

按【Enter】键完成输入，随即返回计算结果。

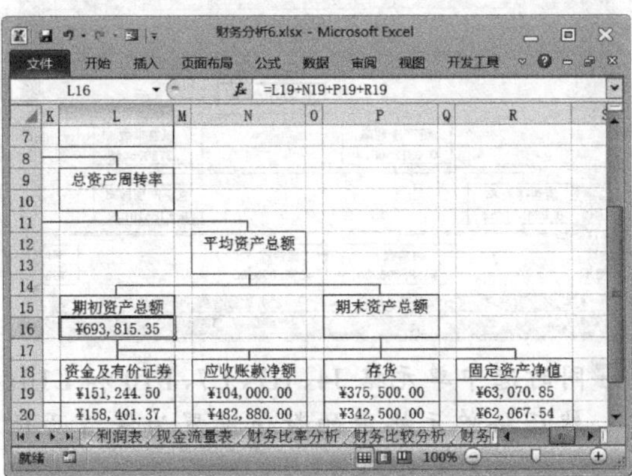

6 根据公式“期末资产总额 = 资金及有价证券的期末数 + 应收账款净额的期末数 + 存货的期末数 + 固定资产净值的期末数”计算“期末资产总额”。选中单元格P16，输入以下公式。

=L20+N20+P20+R20

按【Enter】键完成输入，随即返回计算结果。

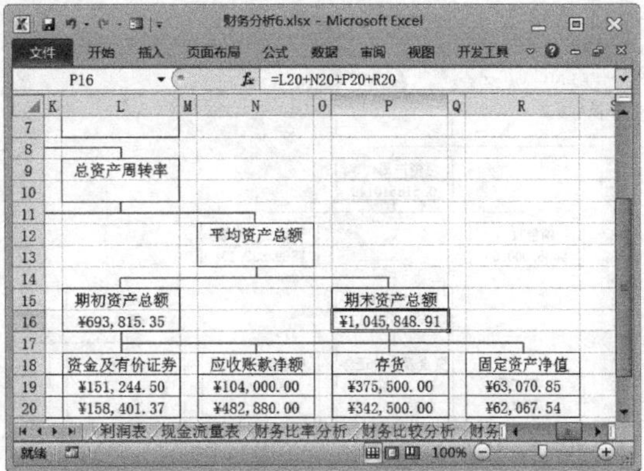

7 根据公式“平均资产总额 =（期初资产总额 + 期末资产总额）/2”计算“平均资产总额”。选中单元格N13，输入以下公式。

=(L16+P16)/2

按【Enter】键完成输入，随即返回计算结果。

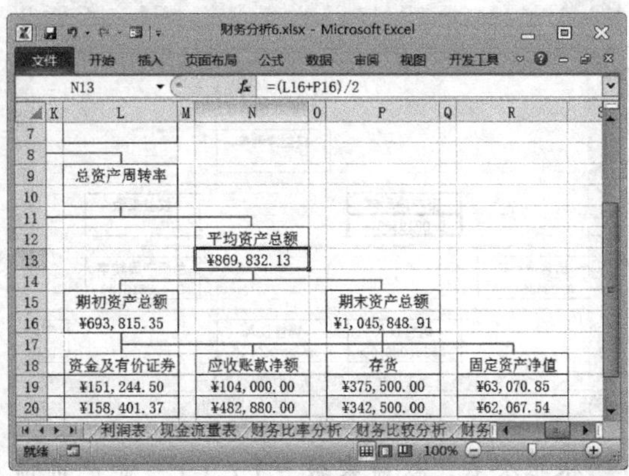

8 根据公式“总资产周转率 = 销售收入 / 平均资产总额”计算“总资产周转率”。选中单元格L10，输入以下公式。

=J13/N13

按【Enter】键完成输入，随即返回计算结果。

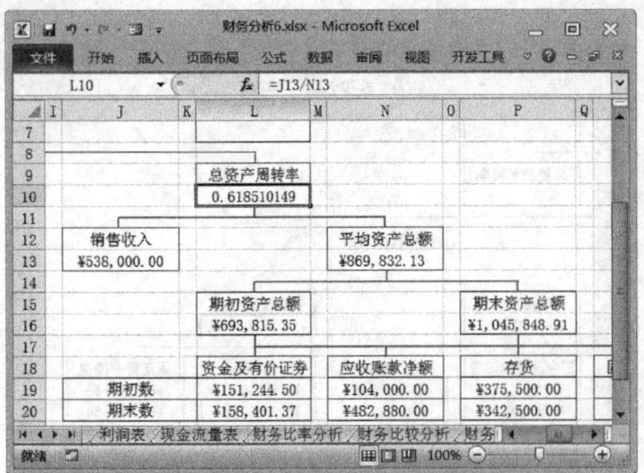

9 根据公式“资产净利率 = 销售净利率 × 总资产周转率”计算“资产净利率”。选中单元格 H7，输入以下公式。

=F10*L10

按【Enter】键完成输入，随即返回计算结果。

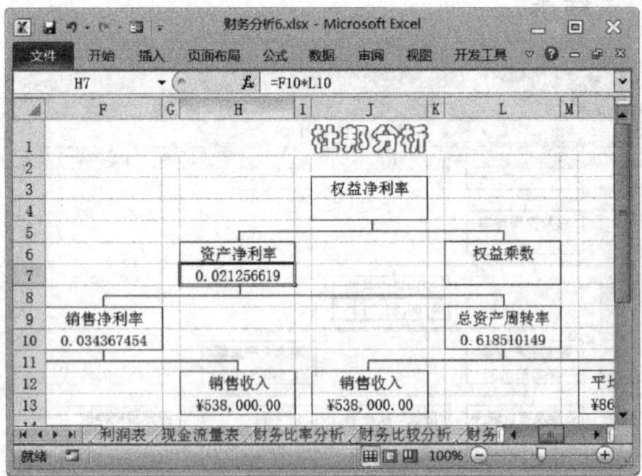

10 根据公式“权益乘数 = 1 /（1 − 资产负债率）”计算“权益乘数”。选中单元格 L7，输入以下公式。

=1/(1-资产负债表!I12/资产负债表!E20)

按【Enter】键完成输入，随即返回计算结果。

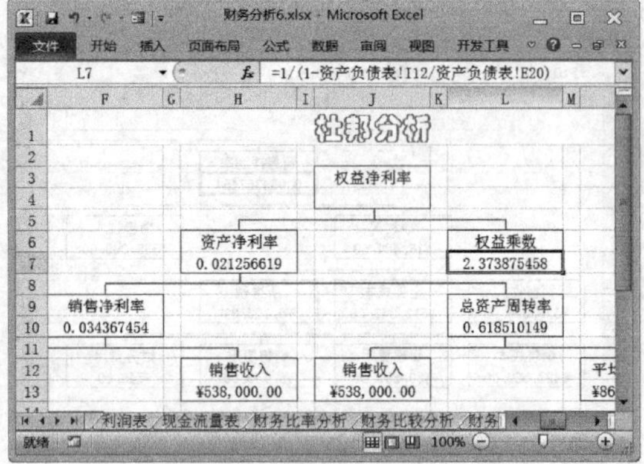

11 根据公式“权益净利率 = 资产净利率 × 权益乘数”计算“权益净利率”。选中单元格 J4，输入以下公式。

=H7*L7

按【Enter】键完成输入，随即返回计算结果。

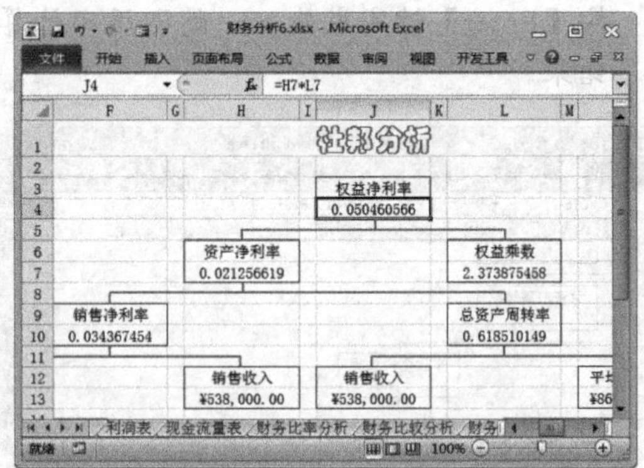

12 同时选中单元格 J4、H7、L7、F10 和 L10，然后将单元格中的数值设置为保留两位小数的百分比格式。

13 隐藏网格线。切换到【视图】选项卡，在【显示】组中，撤选【网格线】复选框。

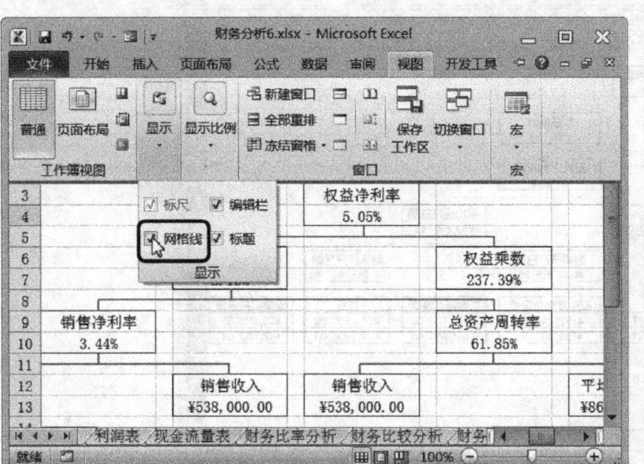

14 随即工作表中的网格线就被隐藏起来了。

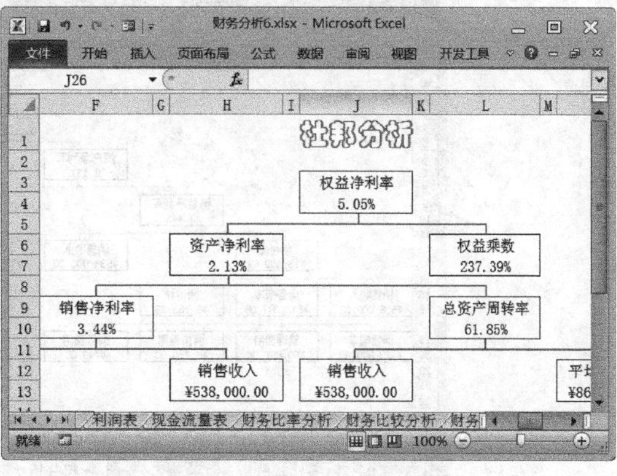

15 选中单元格区域“B1:R20”，切换到【视图】选项卡，在【显示比例】组中，单击【显示比例】按钮。

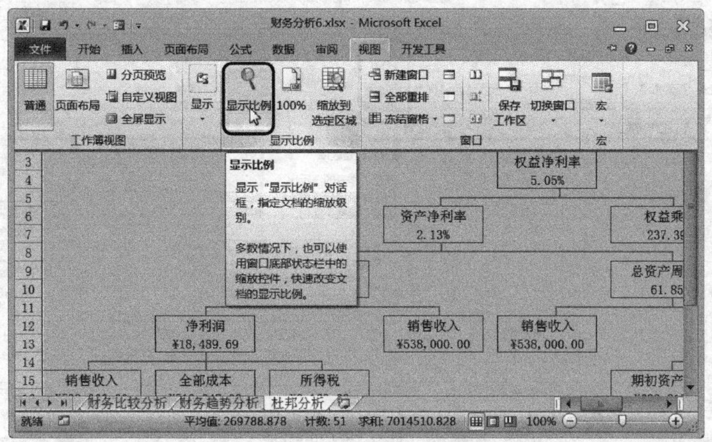

16 弹出【显示比例】对话框，在【缩放】组合框中选中【恰好容纳选定区域】单选钮。

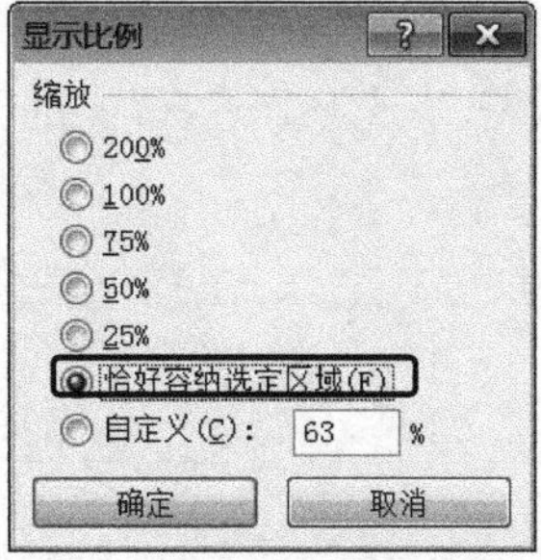

17 单击 确定 按钮，返回工作表，此时，系统就会以适当的显示比例使工作表中的内容恰好全部显示在当前页面中。

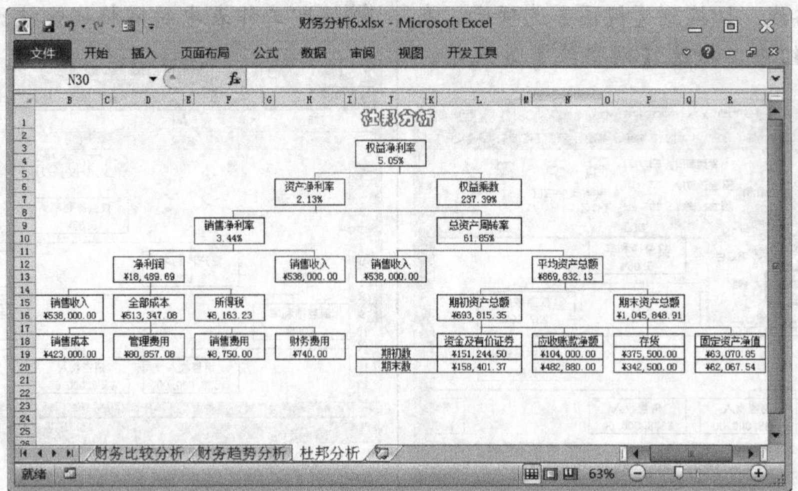

18 在【显示比例】组中，单击【缩放到选定区域】按钮，系统也会以适当的显示比例使工作表中的内容恰好全部显示在当前页面中。

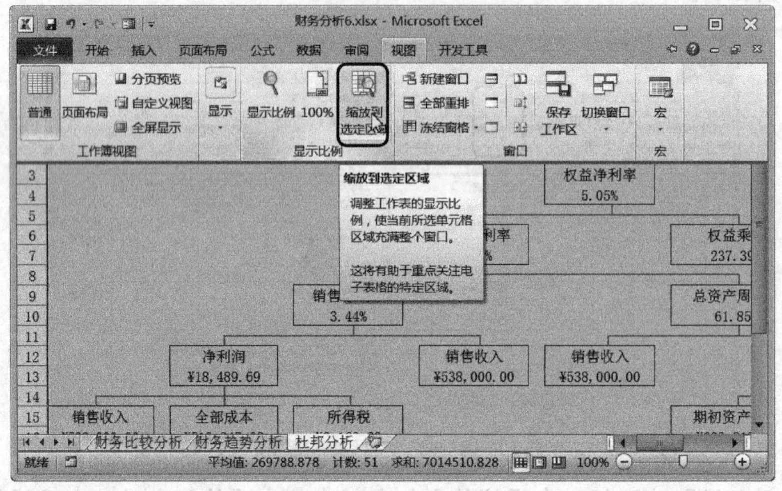

第 11 章 打印工作表表单

在实际工作中，对编制完成的工作表表单还需要将其打印出来存档，或者作为参考资料。本章介绍如何设置要打印的表单，以使打印出来的表格能达到满意的效果。

要 点 导 航

- 打印会计凭证
- 打印工资条
- 打印会计报表

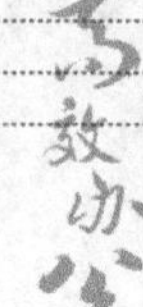

11.1 打印会计凭证

案例背景

会计人员经常需要打印会计凭证，将其作为记账依据的书面说明进行存档，并定期将会计凭证装订成册，严格按照会计制度的有关规定进行保管。

最终效果及关键知识点

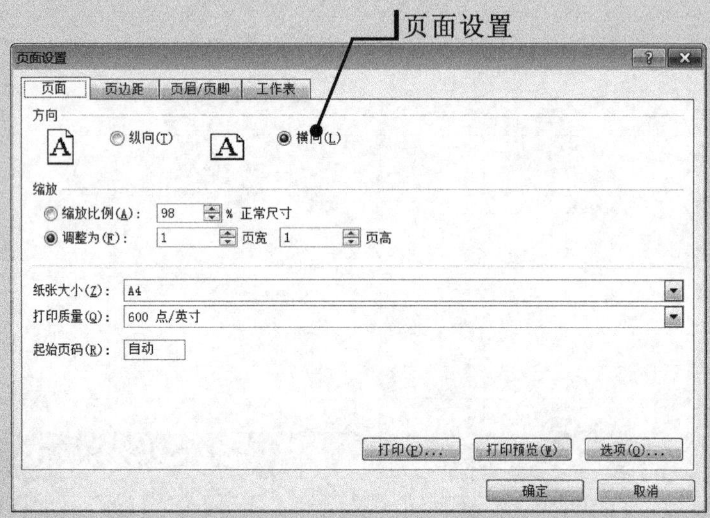

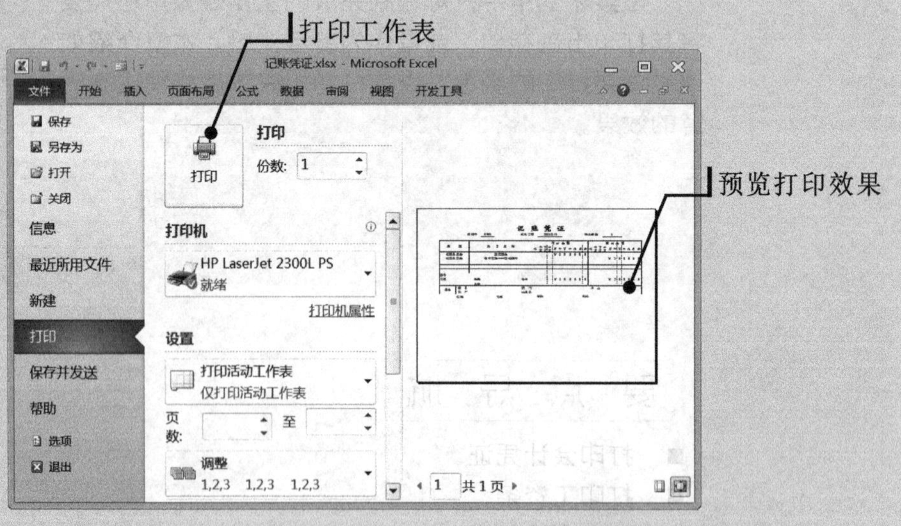

11.1.1 会计凭证的页面设置

在打印会计凭证前首先要对其进行页面设置，具体的操作步骤如下。

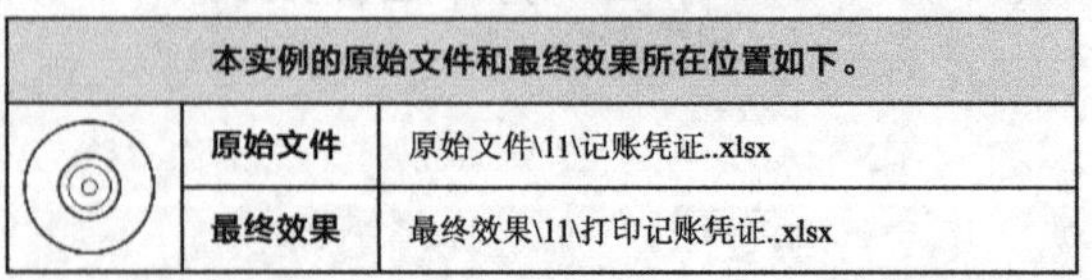

本实例的原始文件和最终效果所在位置如下。		
	原始文件	原始文件\11\记账凭证..xlsx
	最终效果	最终效果\11\打印记账凭证..xlsx

❶打开本实例的原始文件，切换到“记账凭证（打印格式）”工作表，切换到【页面布局】选项卡，单击【页面设置】组右下角的【对话框启动器】按钮。

❷弹出【页面设置】对话框，切换到【页面】选项卡，在【方向】组合框中选中【横向】单选钮，其他选项保持默认设置。

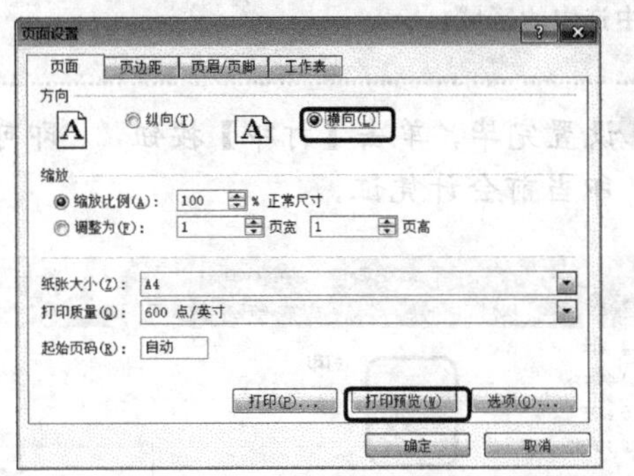

❸预览打印效果。单击打印预览(W)按钮，即可在弹出的窗口中预览打印效果，此时可以看到记账凭证未能在1页中完整地显示出来。

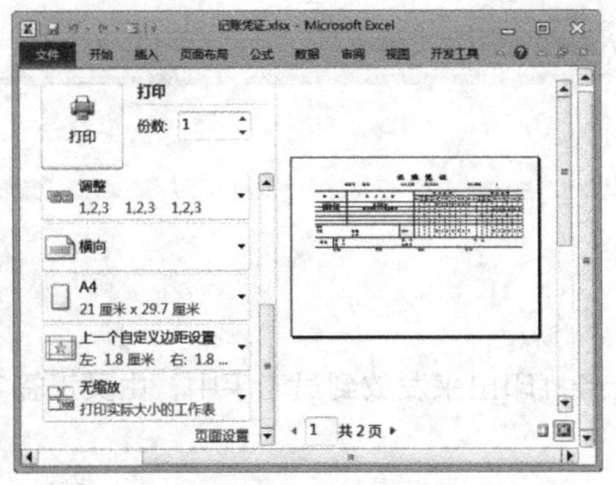

❹单击页面设置按钮，弹出【页面设置】对话框，切换到【页面】选项卡，然后在【缩放】组合框中选中【调整为】单选钮，在其右侧的微调框中均选择【1】选项，即调整为“1”页宽、“1”页高。

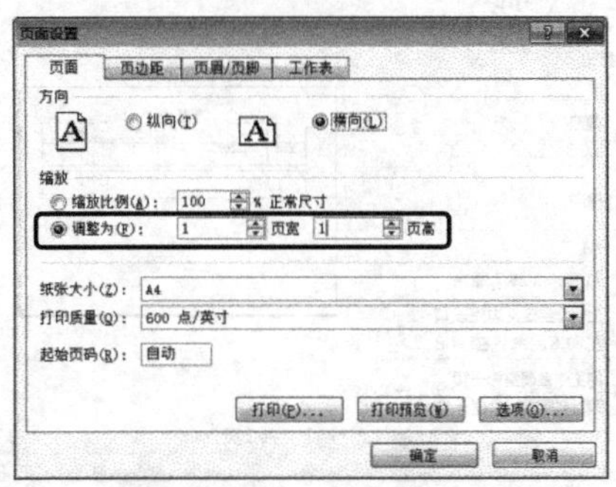

❺单击确定按钮返回打印预览窗口，此时系统会自动地对“记账凭证”进行调整，使其在1页中完整地显示出来。

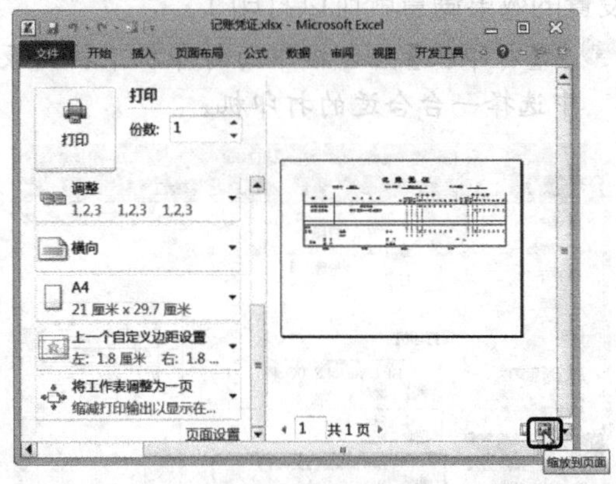

❻单击【缩放到页面】按钮，可以调整打印预览的比例，此时是放大预览比例。

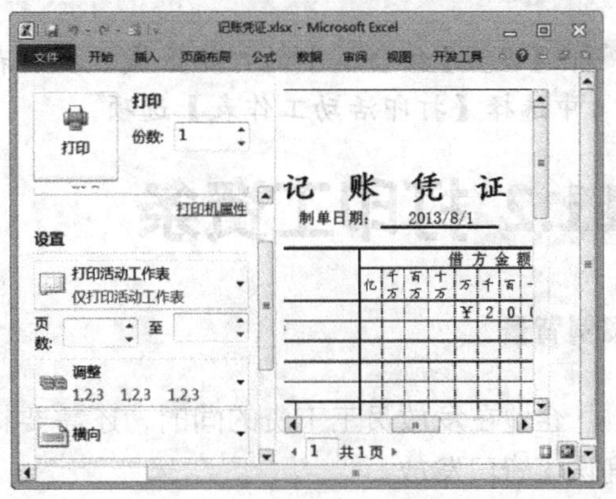

7 再次单击【缩放到页面】按钮，即可将打印预览的比例缩小到放大前的比例。

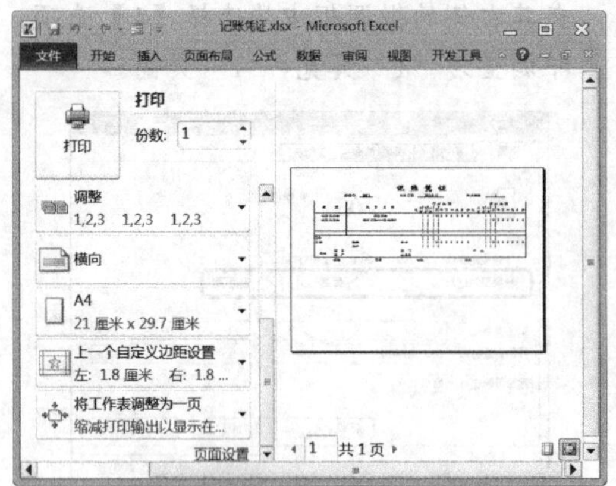

11.1.2 打印会计凭证

设置会计凭证的页面并预览后，如果对设置的效果满意就可以打印了。

1 在【打印机】组合框中的打印机下拉列表中选择一台合适的打印机。

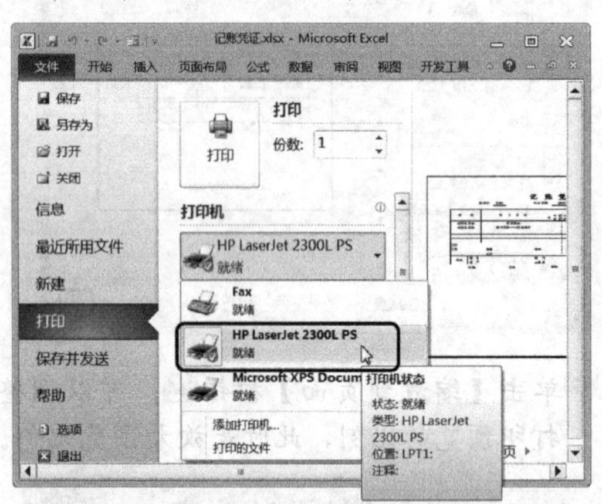

2 在【设置】组合框中的打印区域下拉列表中选择【打印活动工作表】选项。

提示

【打印活动工作表】是打印当前活动工作表中的所有内容。

【打印整个工作簿】是打印当前工作簿中所有工作表中的内容。

【打印选定区域】是只打印当前活动工作表中选中的区域。

3 设置完毕，单击【打印】按钮，即可打印当前会计凭证。

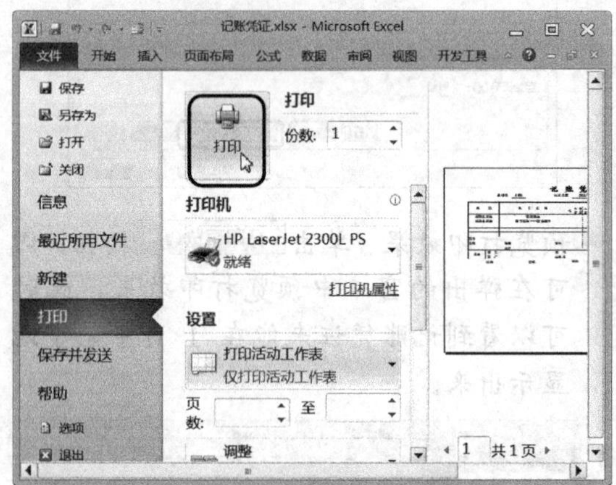

11.2 打印工资条

案例背景

企业在发放员工工资的同时，还需要将工资条打印出来发放到员工手中，由员工签字确认工资已发放。

最终效果及关键知识点

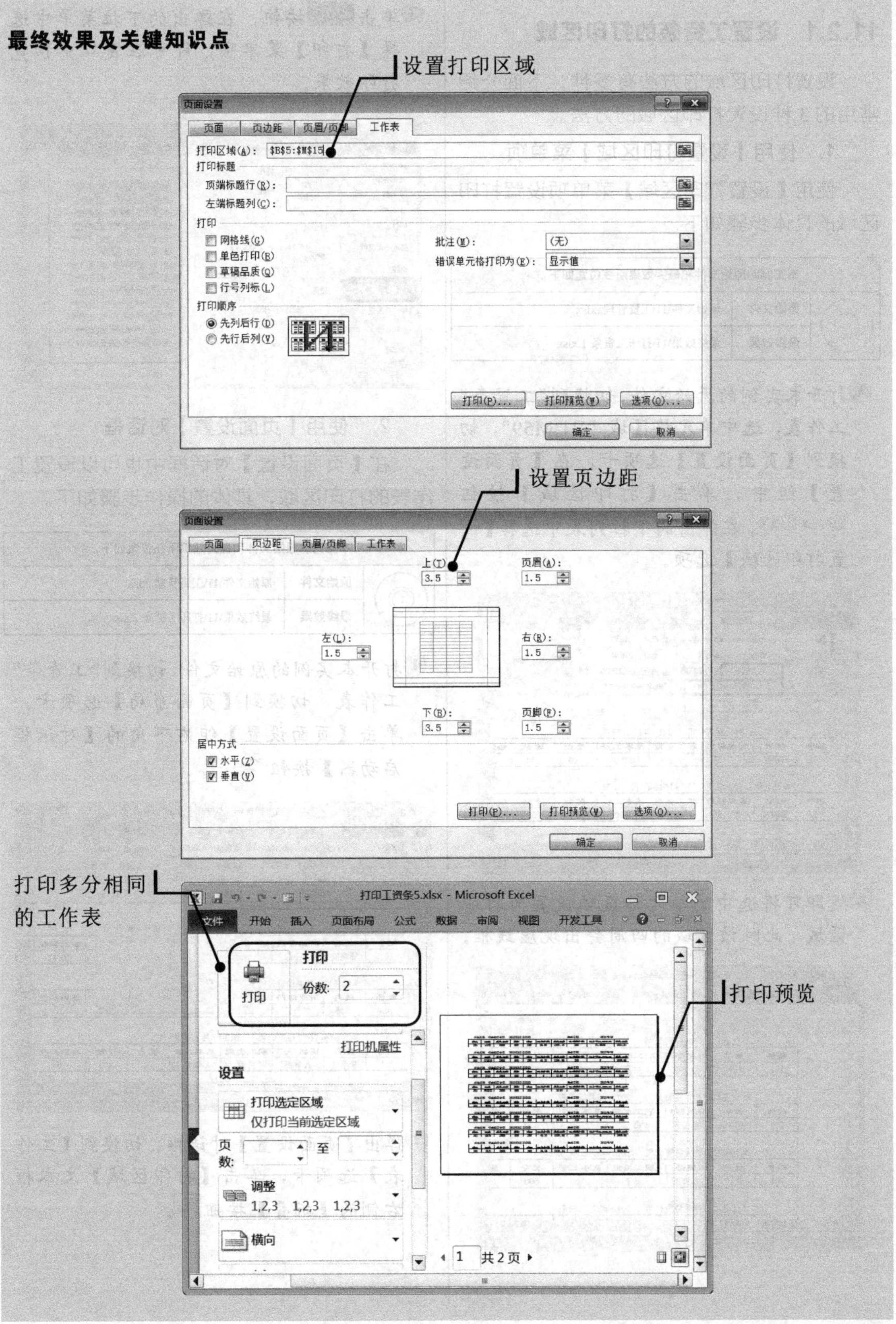
设置打印区域
页面设置
页面 页边距 页眉/页脚 工作表
打印区域(A): $B$5:$M$15
打印标题
顶端标题行(R):
左端标题列(C):
打印
网格线(G)
单色打印(B)
草稿品质(Q)
行号列标(L)
批注(M): (无)
错误单元格打印为(E): 显示值
打印顺序
先列后行(D)
先行后列(V)
打印(P)... 打印预览(W) 选项(O)...
确定 取消
设置页边距
上(T): 3.5
页眉(A): 1.5
左(L): 1.5
右(R): 1.5
下(B): 3.5
页脚(F): 1.5
居中方式
水平(Z)
垂直(V)
打印多分相同的工作表
打印工资条5.xlsx - Microsoft Excel
文件 开始 插入 页面布局 公式 数据 审阅 视图 开发工具
打印
份数: 2
打印机属性
设置
打印选定区域
仅打印当前选定区域
页数: 至
调整
1,2,3 1,2,3 1,2,3
横向
打印预览
1 共2页

11.2.1 设置工资条的打印区域

设置打印区域的方法有多种，下面介绍常用的 3 种设置打印区域的方法。

1. 使用【设置打印区域】菜单项

使用【设置打印区域】菜单项设置打印区域的具体步骤如下。

本实例的原始文件和最终效果所在位置如下。		
	原始文件	原始文件\11\工资管理..xlsx
	最终效果	最终效果\11\打印工资条 1.xlsx

❶打开本实例的原始文件，切换到“工资条”工作表，选中单元格区域“B1:M59”，切换到【页面设置】选项卡，在【页面设置】组中，单击【打印区域】按钮 打印区域，在弹出的下拉列表中选择【设置打印区域】选项。

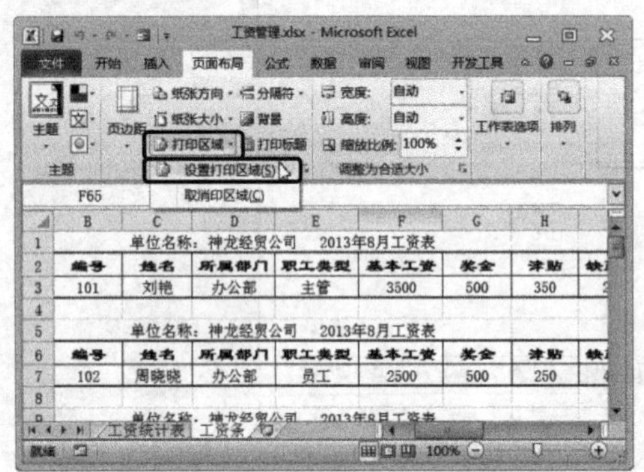

❷随即可将选中的单元格区域设置为打印区域，此时该区域的四周会出现虚线框。

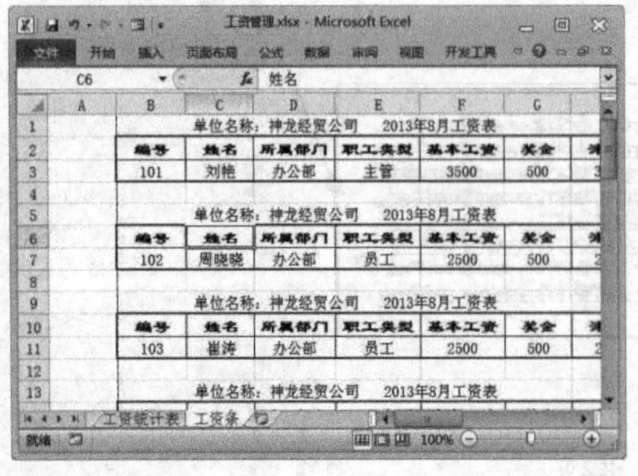

❸单击 文件 按钮，在弹出的下拉菜单中选择【打印】菜单项，即可在窗口中预览打印效果。

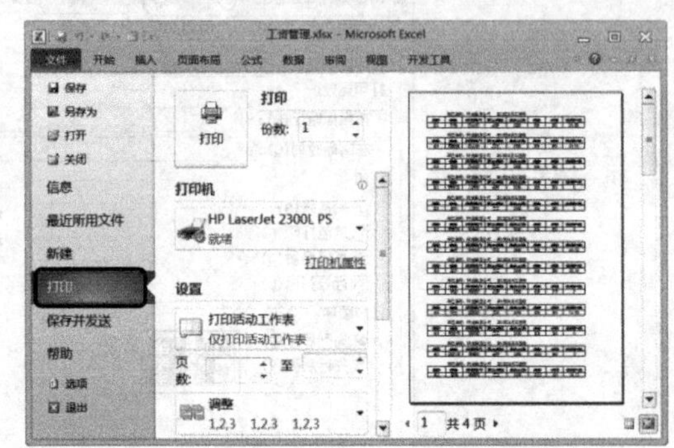

2. 使用【页面设置】对话框

在【页面设置】对话框中也可以设置工作表的打印区域，具体的操作步骤如下。

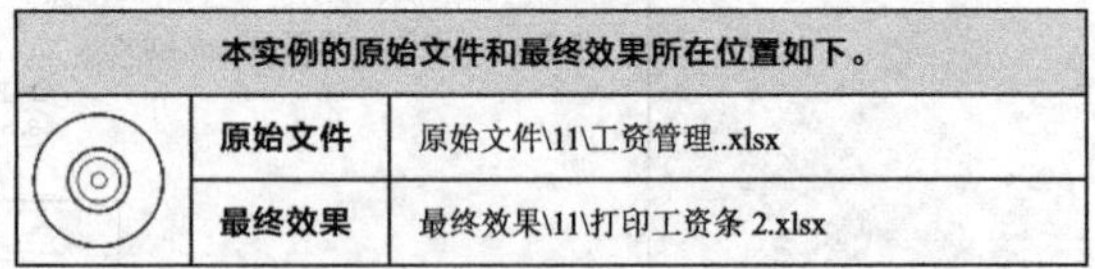

本实例的原始文件和最终效果所在位置如下。		
	原始文件	原始文件\11\工资管理..xlsx
	最终效果	最终效果\11\打印工资条 2.xlsx

❶打开本实例的原始文件，切换到“工资条”工作表，切换到【页面布局】选项卡，单击【页面设置】组右下角的【对话框启动器】按钮。

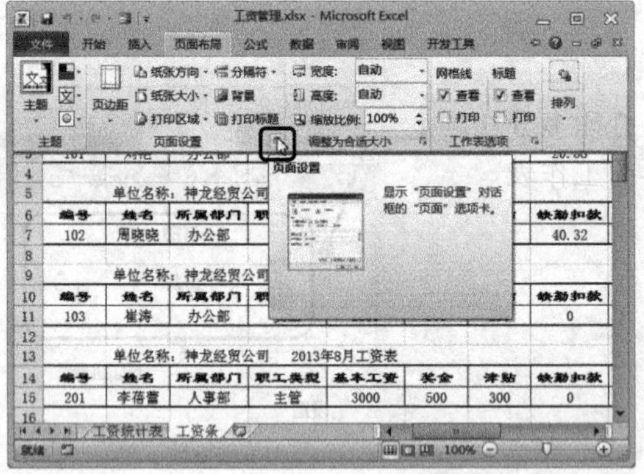

❷弹出【页面设置】对话框，切换到【工作表】选项卡，单击【打印区域】文本框右侧的【折叠】按钮。

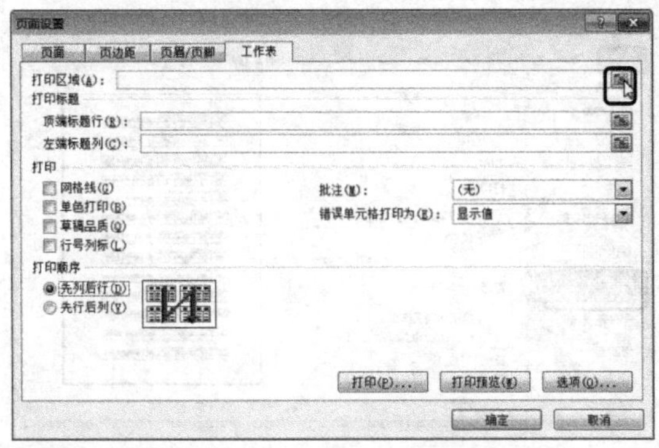

❸弹出【页面设置 - 打印区域:】对话框，然后选中单元格区域“B5:M15”。

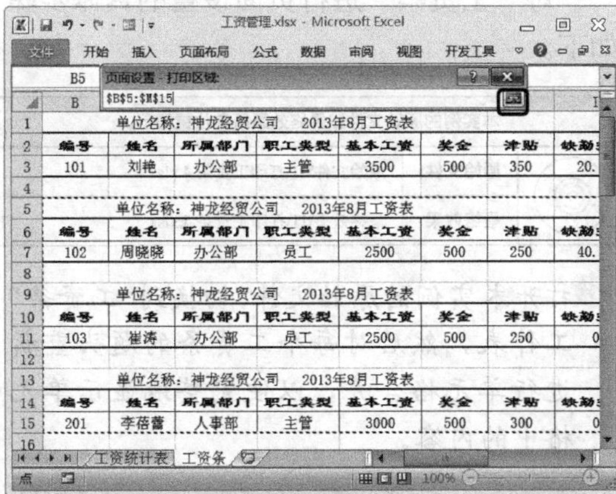

❹单击【展开】按钮返回【页面设置】对话框，此时【打印区域】文本框中显示出用户选中的单元格区域。

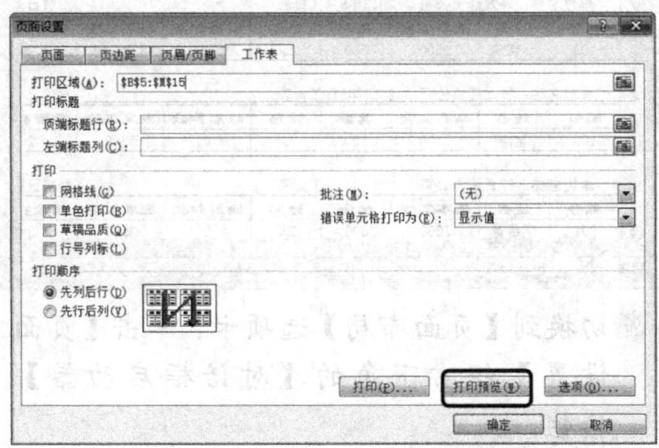

提示

在使用鼠标选择打印区域时按住【Ctrl】键选择多个区域，或者在【打印区域】文本框中输入多个单元格区域（每个单元格区域之间用逗号隔开），就可以设置多个打印区域，但是打印时每个区域都是单独打印的。

❺单击 打印预览(W) 按钮，即可在弹出的窗口中预览打印效果，此时预览的打印内容就是用户设置的打印区域。

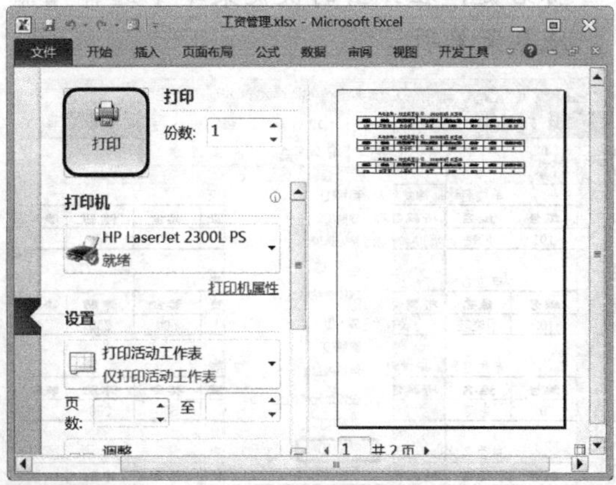

提示

对上述两种方法设置的打印区域，可以切换到【页面布局】选项卡，在【页面设置】组中，单击【打印区域】按钮 打印区域，在弹出的下拉列表中选择【取消印区域】选项，来取消设置的打印区域。

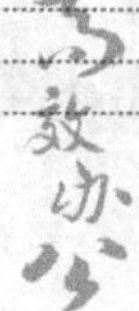

3. 隐藏非打印区域

如果将工作表中的部分数据隐藏起来，剩余部分就是用户要打印的区域。

本实例的原始文件和最终效果所在位置如下。	
原始文件	原始文件\11\工资管理.xlsx
最终效果	最终效果\11\打印工资条 3.xlsx

❶打开本实例的原始文件，切换到“工资条”工作表，同时选中 D 列和 E 列，单击鼠标右键，在弹出的快捷菜单中选择【隐藏】菜单项。

❷随即可将选中的 D 列和 E 列隐藏起来。

❸单击 文件 按钮，在弹出的下拉菜单中选择【打印】菜单项，即可在窗口中预览打印效果，此时可以看到被隐藏的数据没有显示在打印预览窗口中。

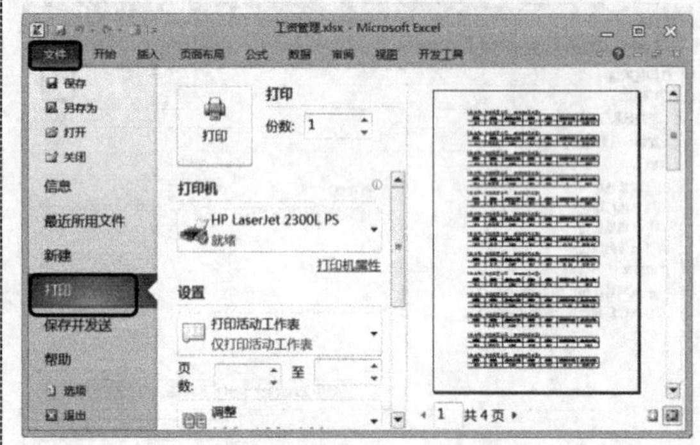

11.2.2 工资条的页面设置

对“工资条”进行页面设置的具体步骤如下。

本实例的原始文件和最终效果所在位置如下。	
原始文件	原始文件\11\打印工资条 4.xlsx
最终效果	最终效果\11\打印工资条 4.xlsx

❶打开本实例的原始文件，切换到“工资条”工作表，然后对每个工资条的题头重新进行单元格合并，以便完整地显示单元格中的内容。

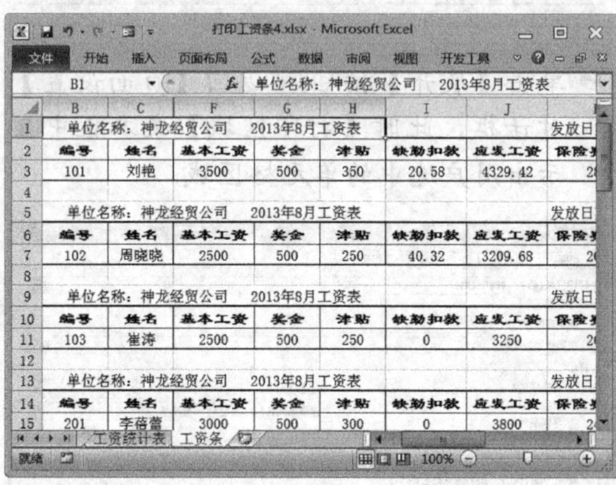

❷切换到【页面布局】选项卡，单击【页面设置】组右下角的【对话框启动器】按钮。

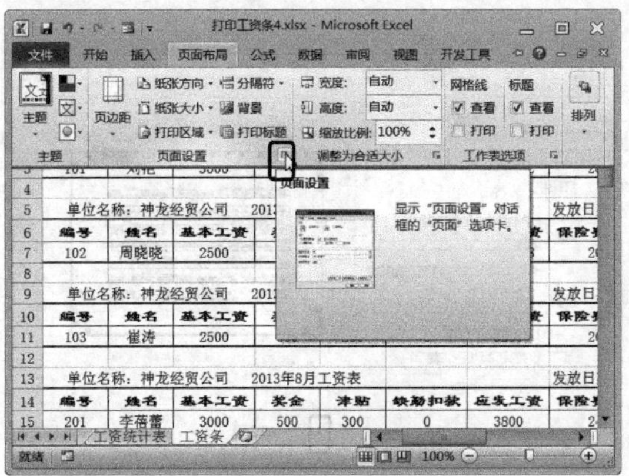

❸弹出【页面设置】对话框，切换到【页面】选项卡，然后在【方向】组合框中选中【横向】单选钮。

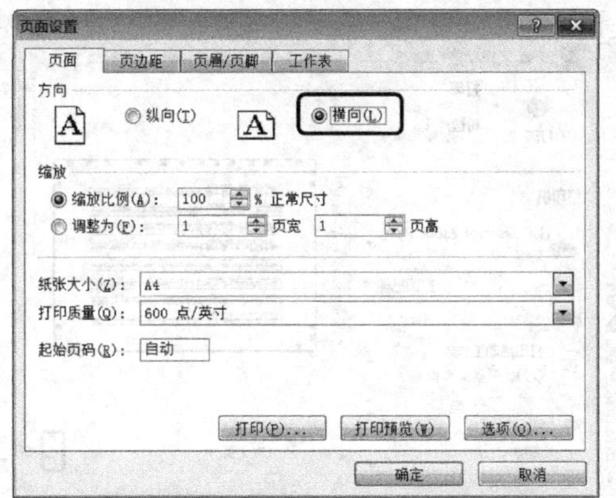

❹切换到【页边距】选项卡，在【上】、【下】、【左】和【右】等微调框中分别输入“3.5”、“3.5”、“1.5”和“1.5”，在【页眉】和【页脚】微调框中分别输入“1.5”和“1.5”，然后在【居中方式】组合框中选中【水平】和【垂直】两个复选框。

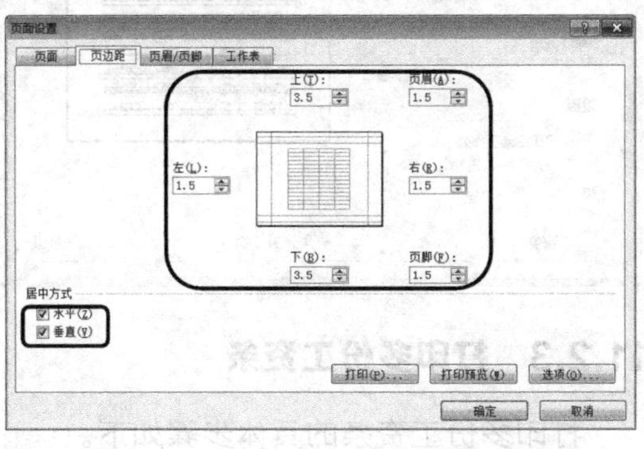

❺切换到【工作表】选项卡，在【打印区域】文本框中输入“B1:M59”。

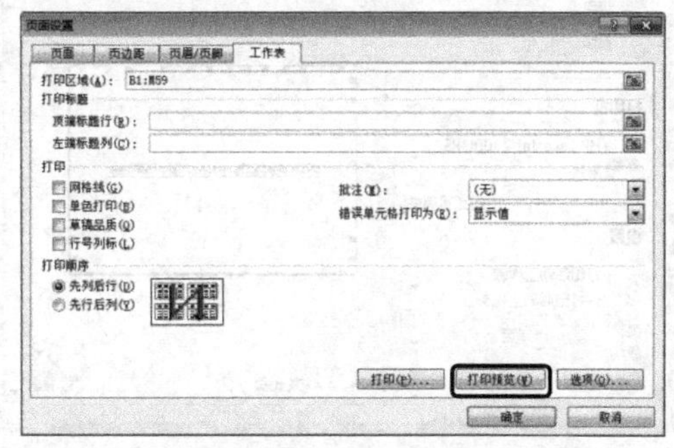

❻单击 打印预览(W) 按钮，即可在弹出的窗口中预览打印效果。

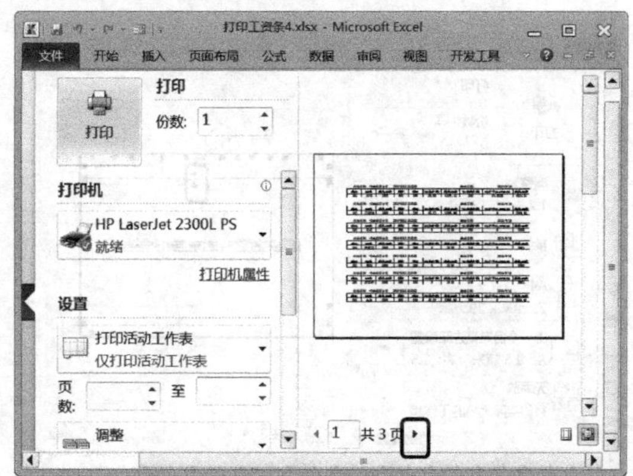

❼单击【下一页】按钮▸，可以预览其他页面的打印效果，此时第 3 页中只有 1 条记录。

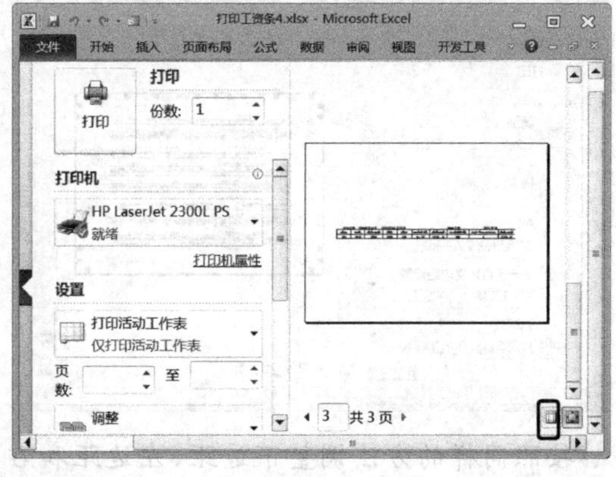

❽单击【显示边距】按钮，此时预览窗口的四周出现了多条虚线。

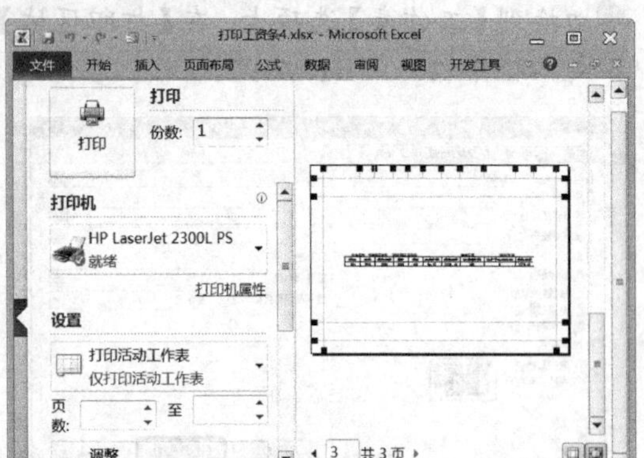

❾将鼠标指针移到上边距的虚线上，当指针变成 ✢ 形状时按住不放向上拖曳。

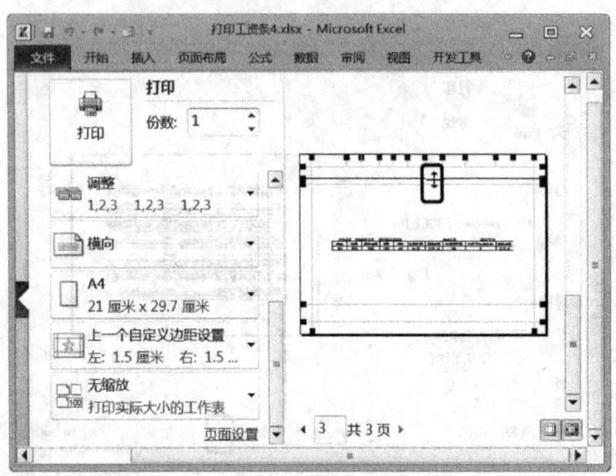

❿拖曳到合适的位置后释放，即可将上边距调整到当前位置。

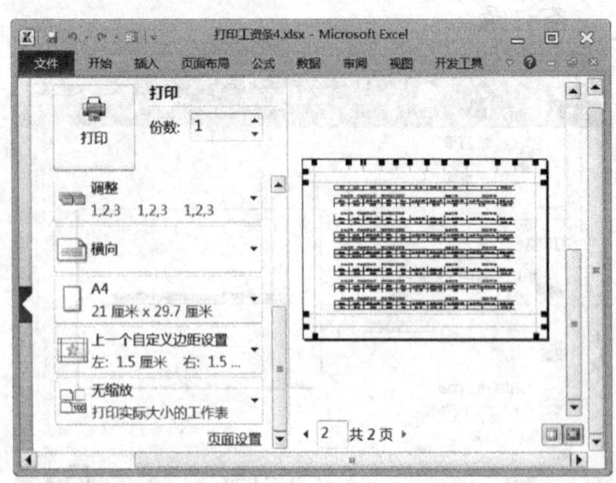

⓫按照同样的方法调整下边距、左边距和右边距的位置。

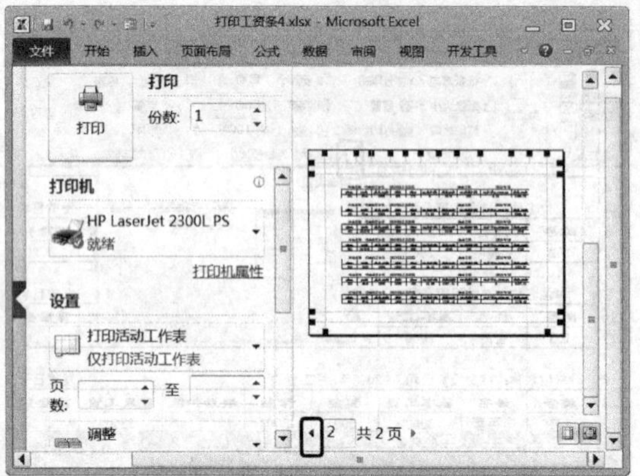

⓬当前预览的是第 2 页的内容，单击【上一页】按钮 ◀，即可预览上一页（即第 1 页）的内容。

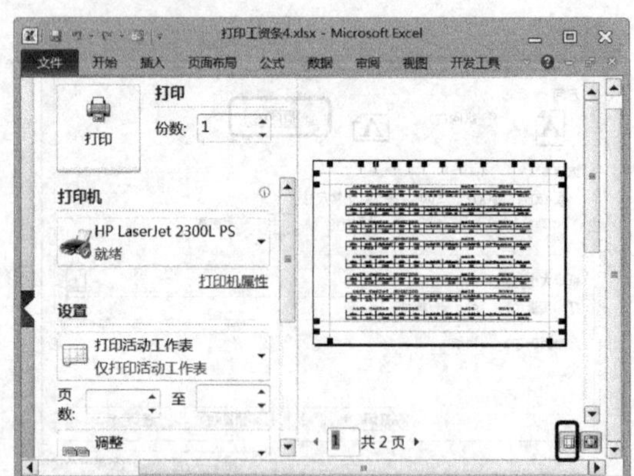

⓭再次单击【显示边距】按钮 ▢，即可隐藏预览窗口四周的虚线。

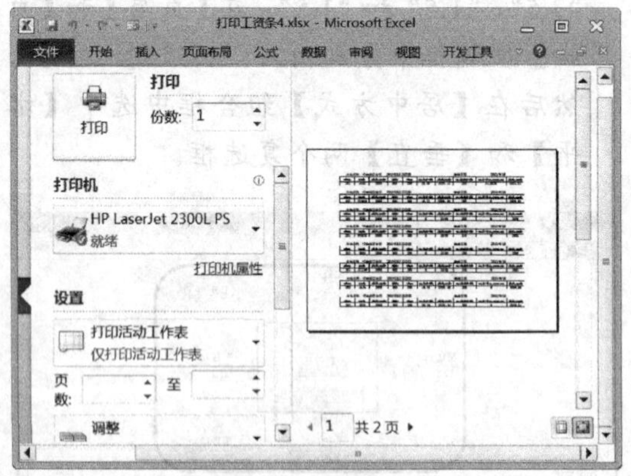

11.2.3 打印多份工资条

打印多份工资条的具体步骤如下。

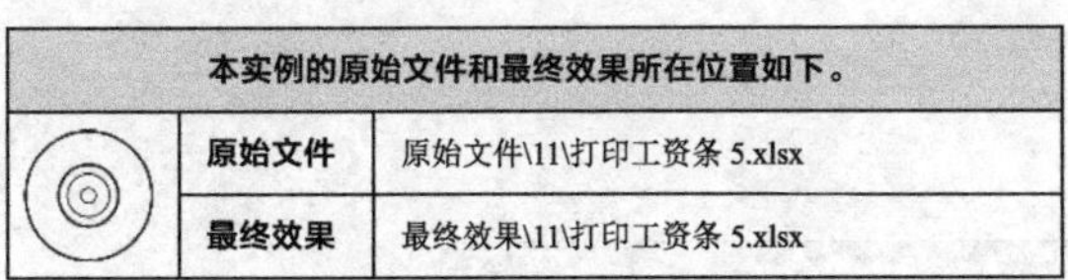

本实例的原始文件和最终效果所在位置如下。		
	原始文件	原始文件\11\打印工资条 5.xlsx
	最终效果	最终效果\11\打印工资条 5.xlsx

❶打开本实例的原始文件，切换到“工资条”工作表，选中单元格区域“B1:M59”，然后单击 文件 按钮，在弹出的下拉菜单中选择【打印】菜单项。

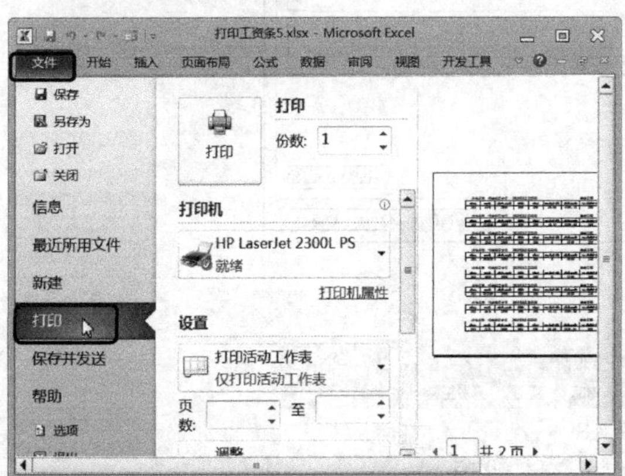

❷在【打印机】组合框中的打印机下拉列表中选择一台合适的打印机。

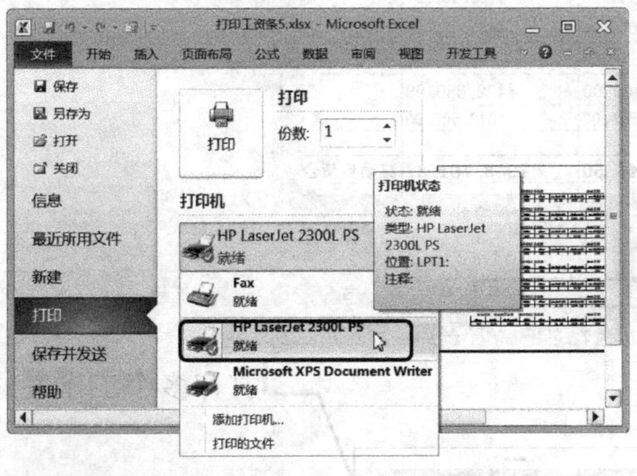

❸在【设置】组合框中的打印区域下拉列表中选择【打印选定区域】选项。

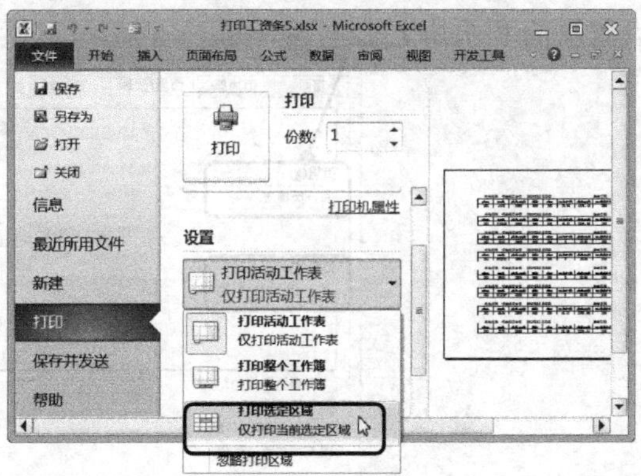

❹在【打印份数】微调框中输入【2】，其他值保持不变，用户可以在右侧的预览框中看到预览效果，如果用户对预览效果比较满意，就可以单击【打印】按钮 开始打印了。

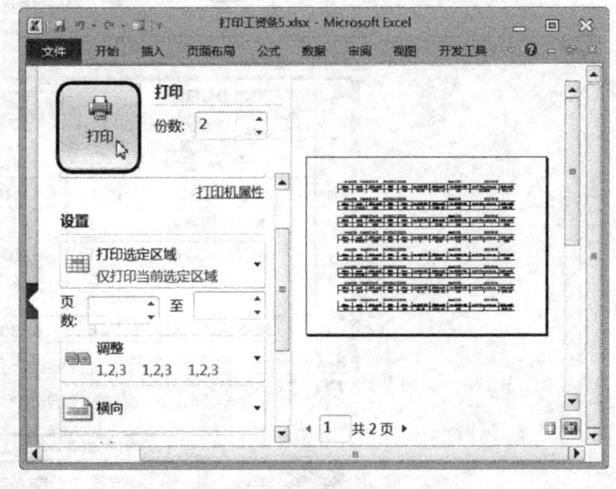

11.3 打印会计报表

案例背景

每年年底，无论是企业的投资者、债权人、管理人员，还是财税部门人员，都要求企业提供会计报表，因此会计人员需要将会计报表打印出来提交给相关人员。

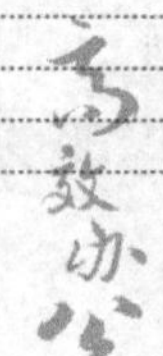

最终效果及关键知识点

设置页眉和页脚

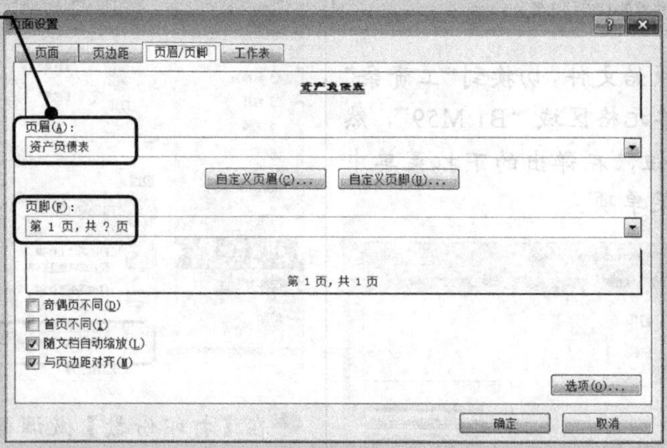

分页预览

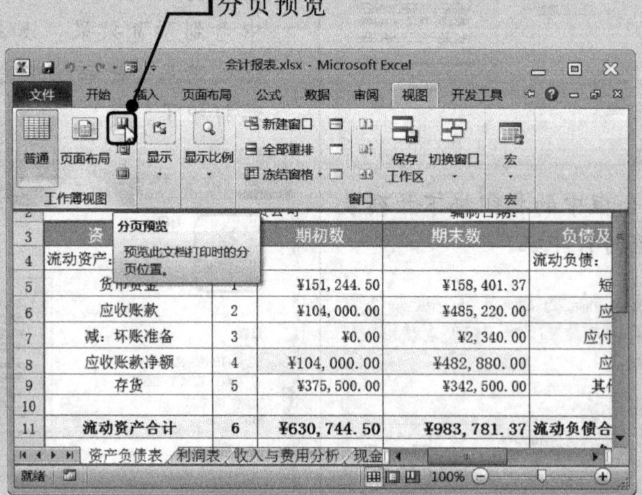

打印多个工作表

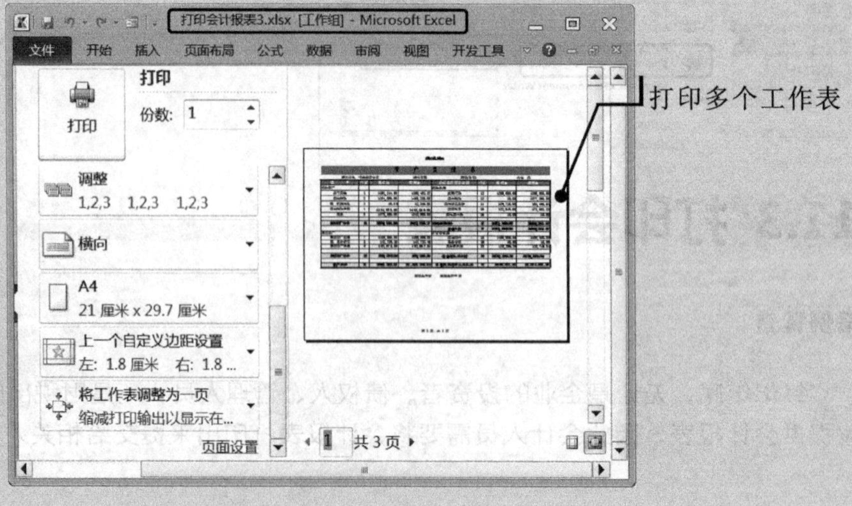

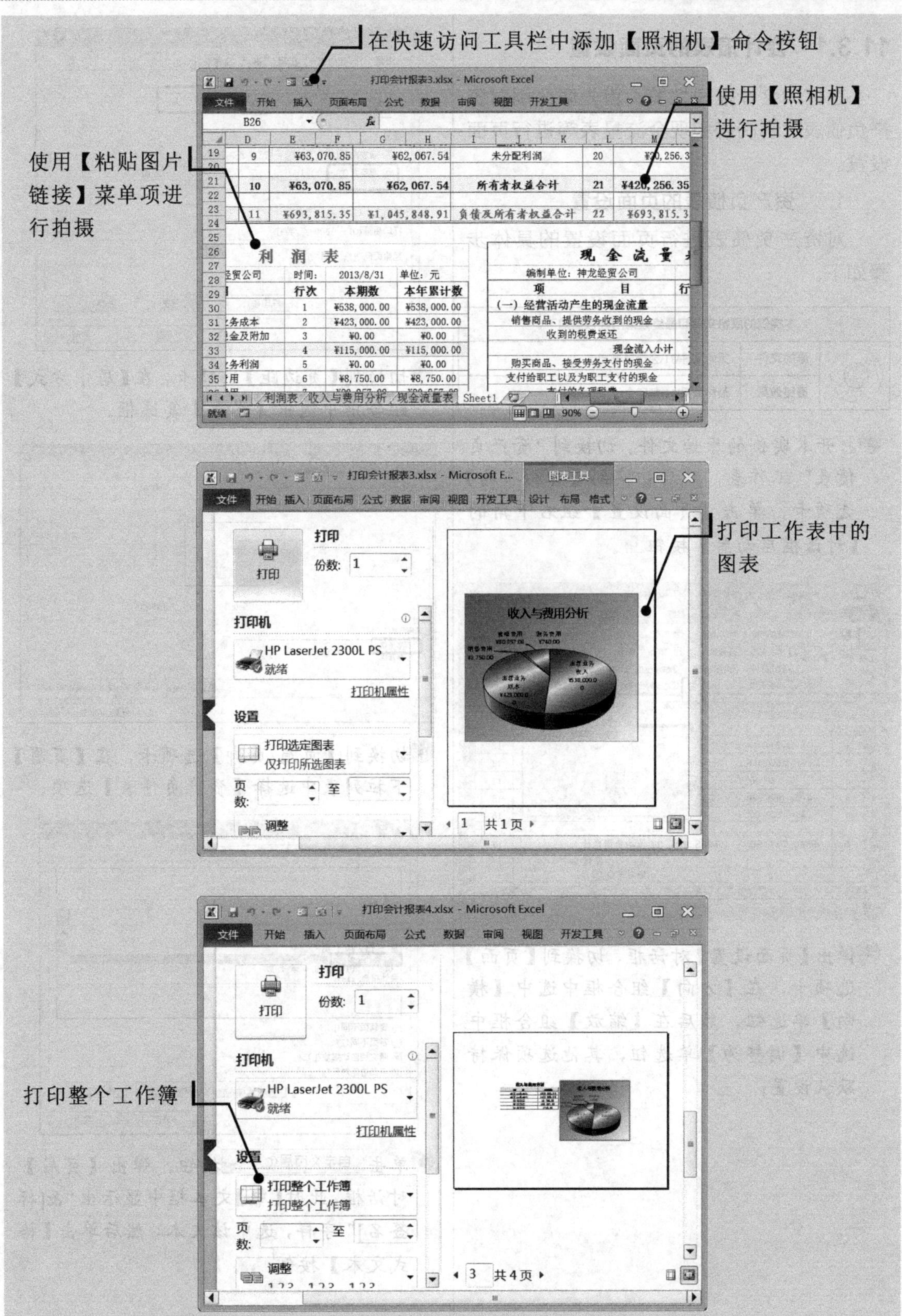
在快速访问工具栏中添加【照相机】命令按钮
使用【照相机】进行拍摄
使用【粘贴图片链接】菜单项进行拍摄
打印工作表中的图表
打印整个工作簿

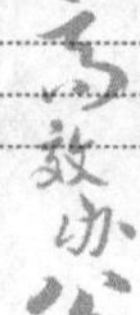

11.3.1 会计报表的页面设置

在打印会计报表之前，首先要分别对资产负债表、利润表和现金流量表等进行页面设置。

1. 资产负债表的页面设置

对资产负债表进行页面设置的具体步骤如下。

本实例的原始文件和最终效果所在位置如下。		
	原始文件	原始文件\11\会计报表.xlsx
	最终效果	最终效果\11\打印会计报表.xlsx

❶打开本实例的原始文件，切换到“资产负债表”工作表，然后切换到【页面布局】选项卡，单击【页面设置】组右下角的【对话框启动器】按钮。

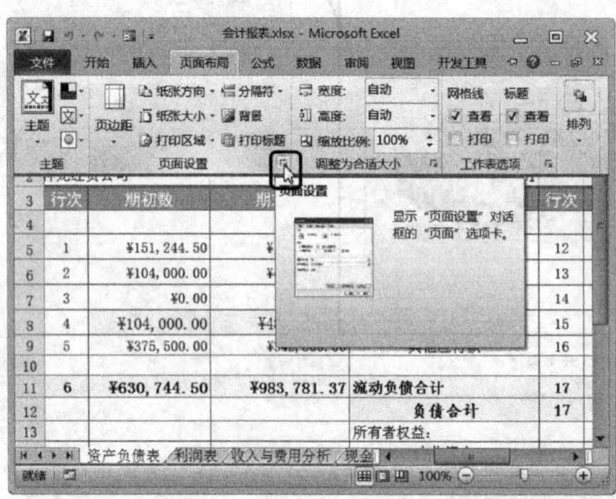

❷弹出【页面设置】对话框，切换到【页面】选项卡，在【方向】组合框中选中【横向】单选钮，然后在【缩放】组合框中选中【调整为】单选钮，其他选项保持默认设置。

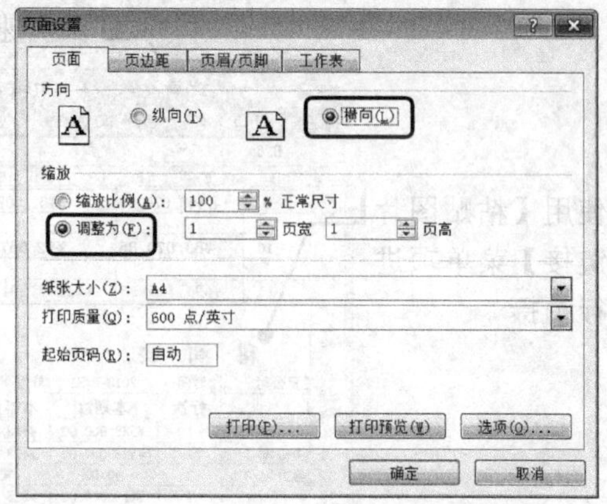

❸切换到【页边距】选项卡，在【居中方式】组合框中选中【水平】复选框。

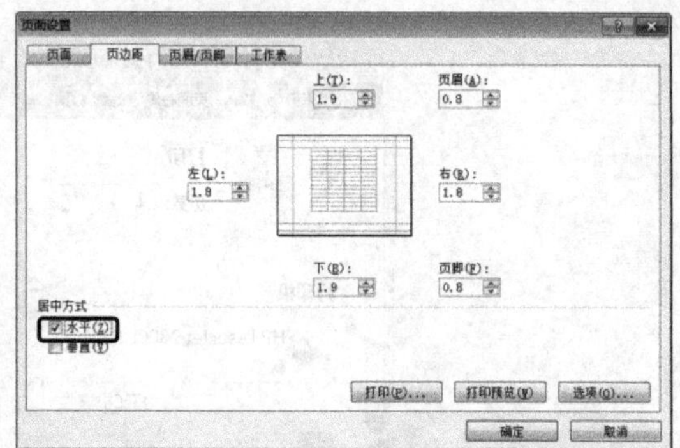

❹切换到【页眉/页脚】选项卡，在【页眉】下拉列表中选择【资产负债表】选项。

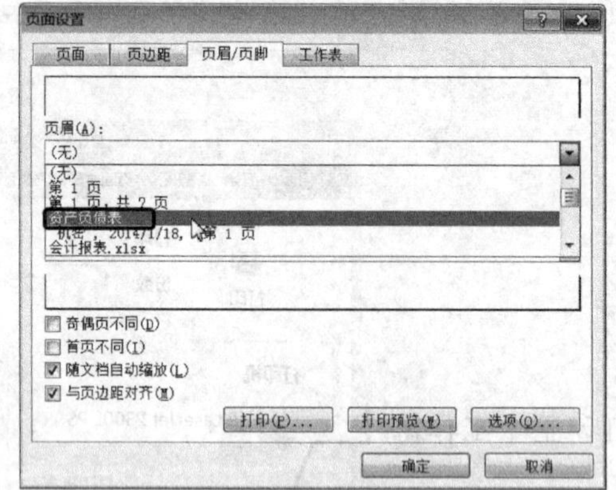

❺单击 自定义页眉(C)... 按钮，弹出【页眉】对话框，此时【中】文本框中显示出“&[标签名]”字样，选中该文本，然后单击【格式文本】按钮。

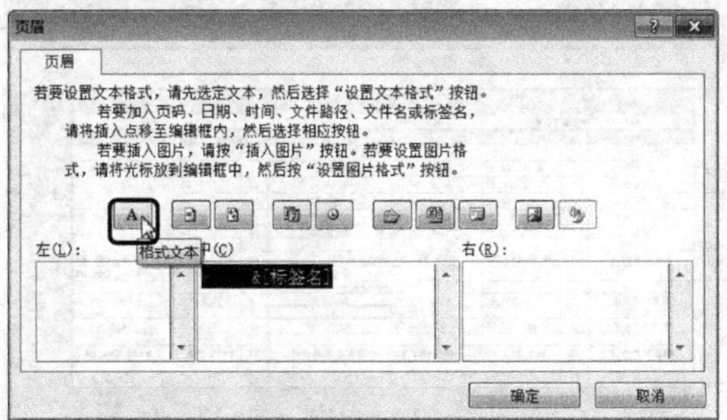

❻随即弹出【字体】对话框，从中设置字体格式。

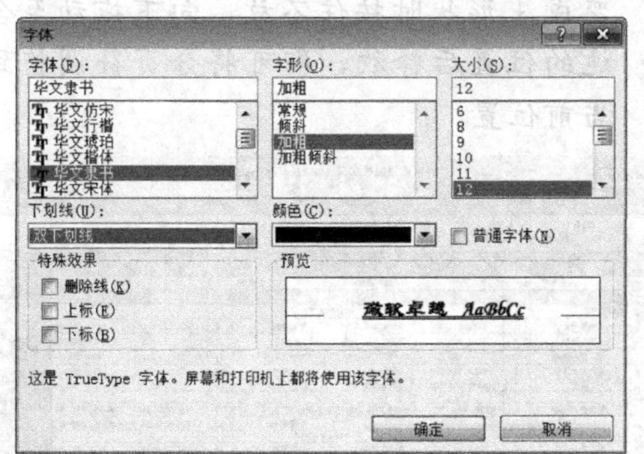

❼单击 确定 按钮，返回【页眉】对话框，此时【中】文本框中文本的字体已经发生了变化。

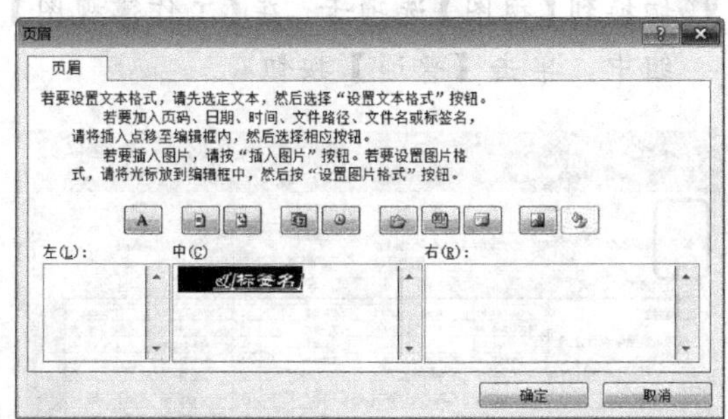

❽单击 确定 按钮，返回【页面设置】对话框，此时即可在页眉预览框中预览页眉的设置效果。

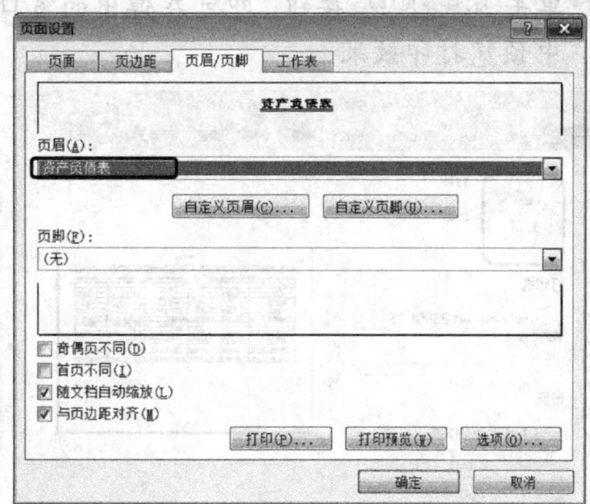

❾在【页脚】下拉列表中选择【第 1 页，共 ? 页】选项，随即页脚预览框中显示出设置的页脚效果。

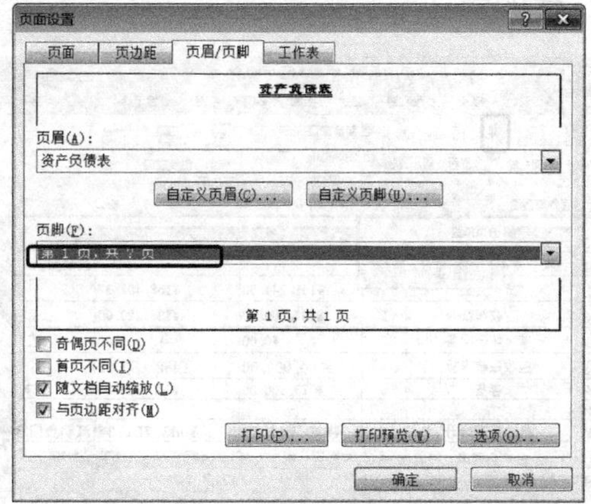

❿切换到【工作表】选项卡，在【打印区域】文本框中输入“B1:I20”。

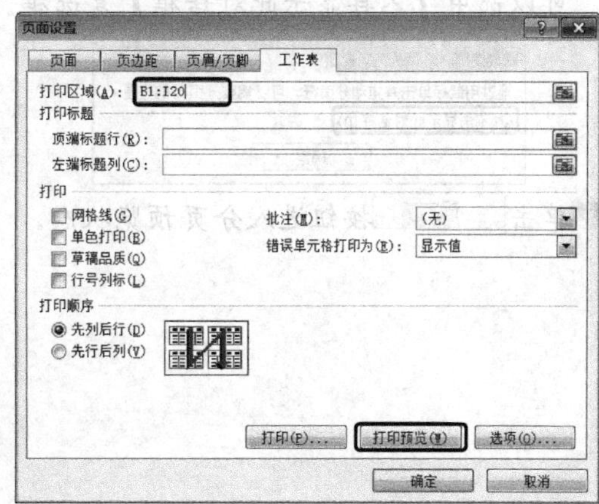

11 单击 打印预览(W) 按钮，即可在弹出的窗口中预览打印效果。

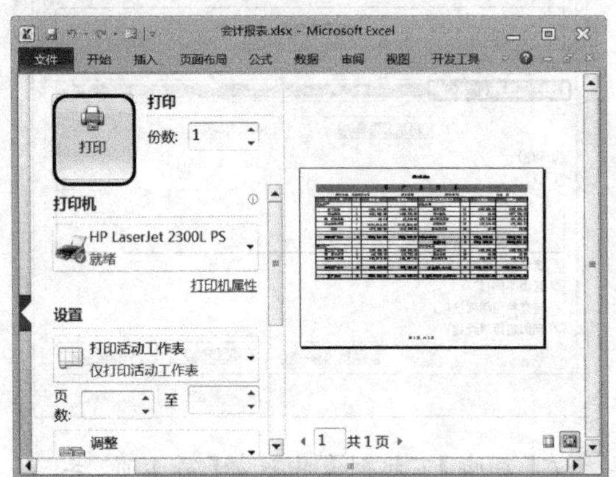

12 分页预览。切换到【视图】选项卡，在【工作簿视图】组中，单击【分页预览】按钮。

13 弹出【欢迎使用“分页预览”视图】对话框，如果以后不需要再显示该对话框，可以选中【不再显示此对话框】复选框。

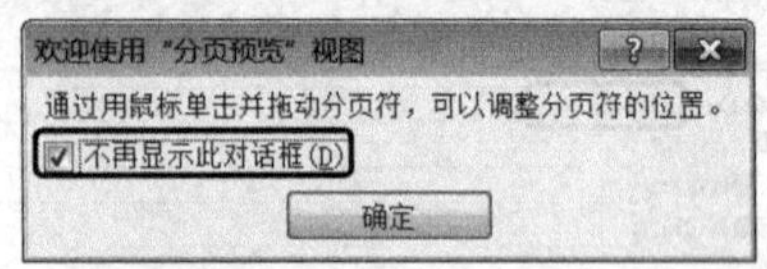

14 单击 确定 按钮进入分页预览状态。

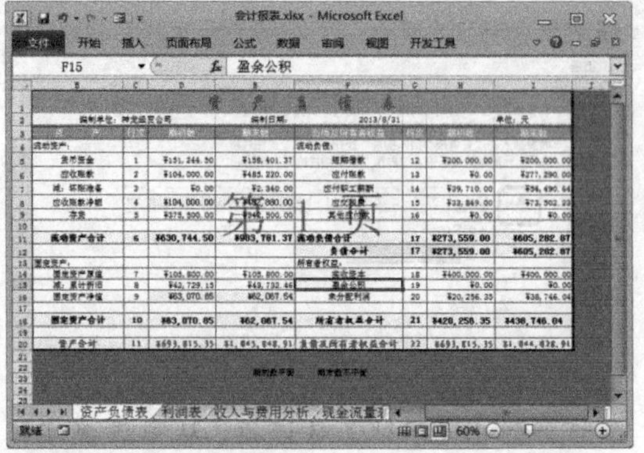

15 将鼠标指针移到表格的下边框上，当指针变成↕形状时按住不放，向下拖动至合适的位置后释放，即可将分页符调整到当前位置。

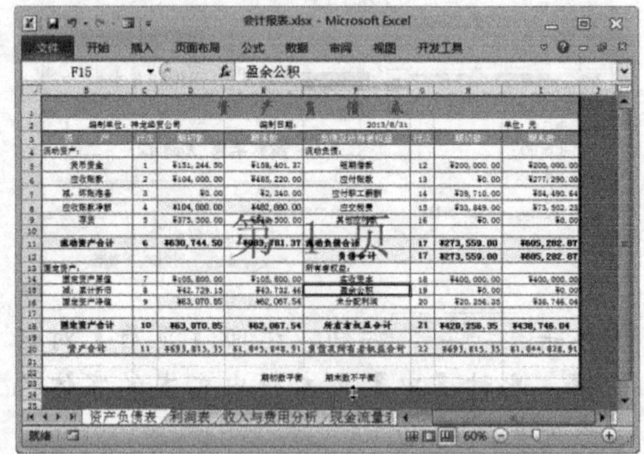

16 切换到【视图】选项卡，在【工作簿视图】组中，单击【普通】按钮。

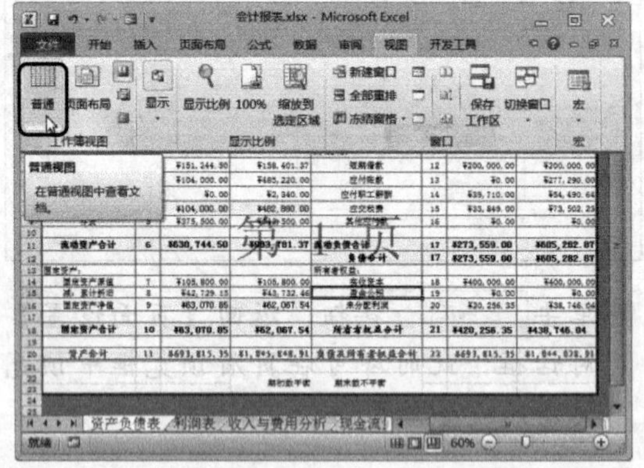

⑰即可退出分页预览状态，恢复到普通视图状态。

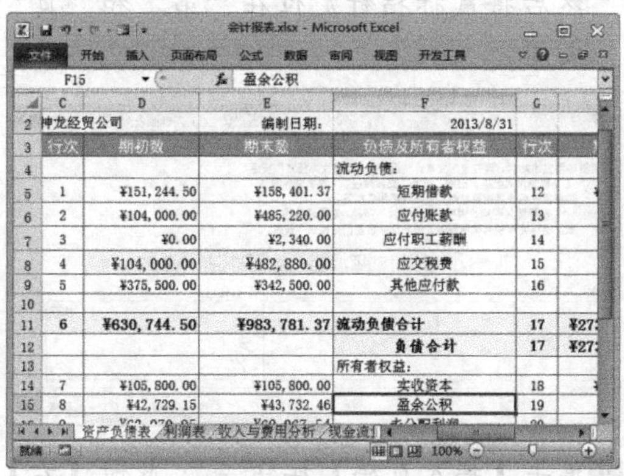

2. 利润表的页面设置

对利润表进行页面设置的具体步骤如下。

本实例的原始文件和最终效果所在位置如下。		
	原始文件	原始文件\11\打印会计报表 1.xlsx
	最终效果	最终效果\11\打印会计报表 1.xlsx

①打开本实例的原始文件，切换到“利润表”工作表，选中单元格区域“B1:E19”，切换到【页面布局】选项卡，在【页面设置】组中，单击【打印区域】按钮 打印区域，在弹出的下拉列表中选择【设置打印区域】选项。

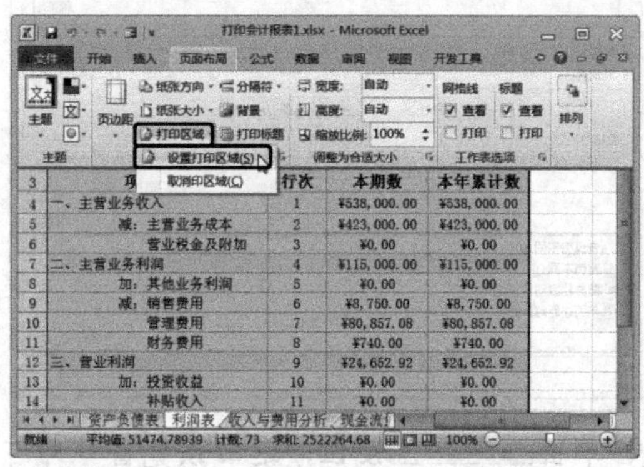

②随即可将选中的单元格区域设置为打印区域，此时该区域的四周会出现虚线框。

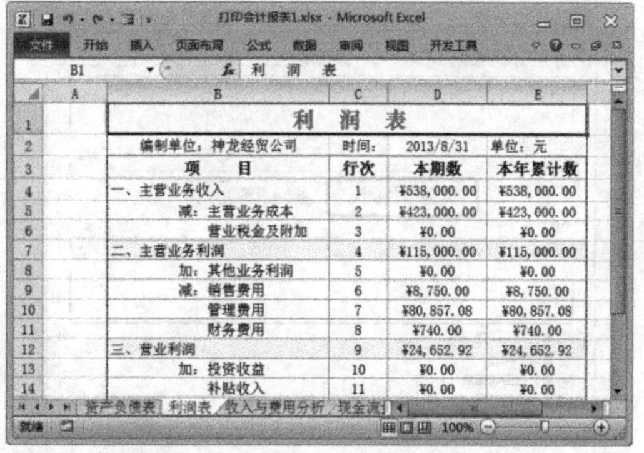

③单击 文件 按钮，在弹出的下拉菜单中选择【打印】菜单项，即可在窗口中预览打印效果。

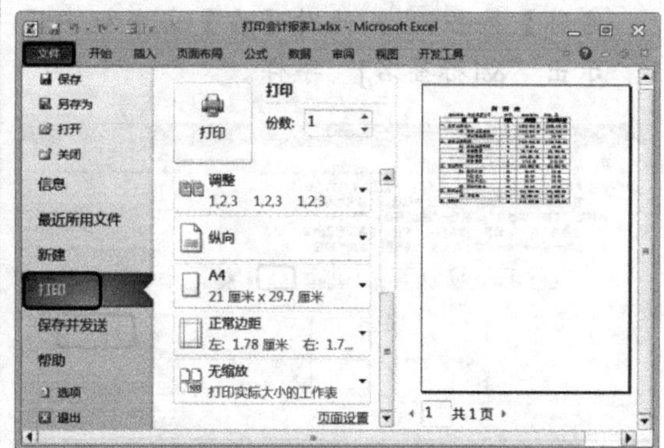

④单击 页面设置 按钮，弹出【页面设置】对话框，切换到【页边距】选项卡，在【上】和【下】微调框中均输入“3”，然后在【居中方式】组合框中选中【水平】复选框。

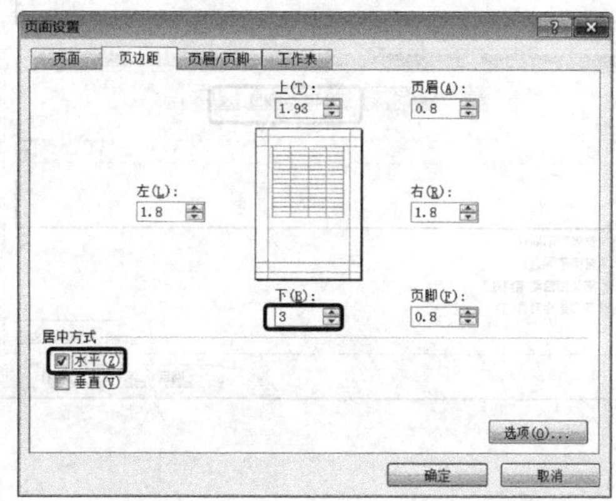

5 切换到【页眉/页脚】选项卡，单击 自定义页眉(C)... 按钮。

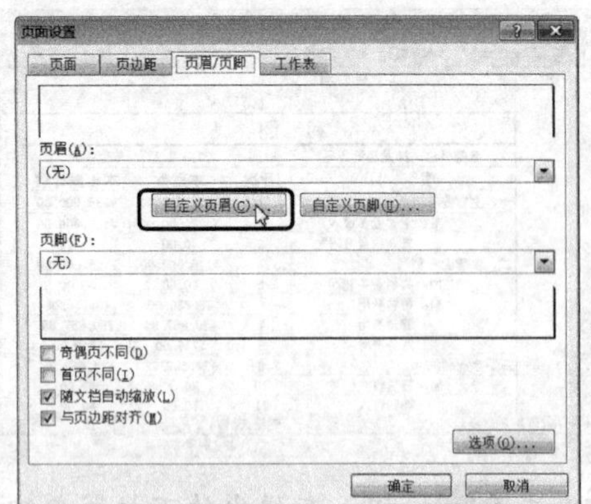

6 弹出【页眉】对话框，将鼠标指针定位在【右】文本框中，然后单击【插入数据表名称】按钮，此时【右】文本框中显示出“&[标签名]”字样。

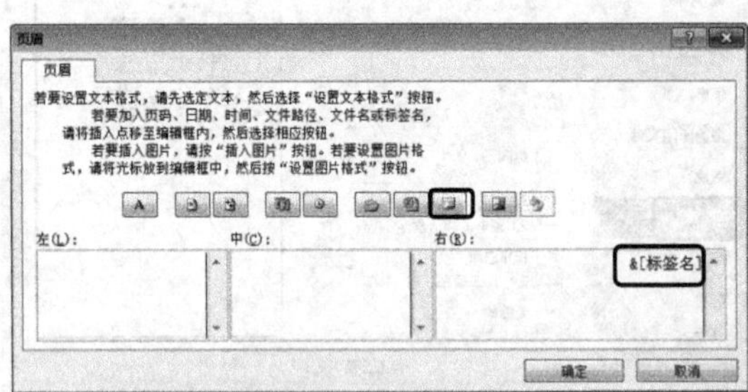

7 单击 确定 按钮，返回【页面设置】对话框，此时即可在页眉预览框中预览页眉的设置效果。

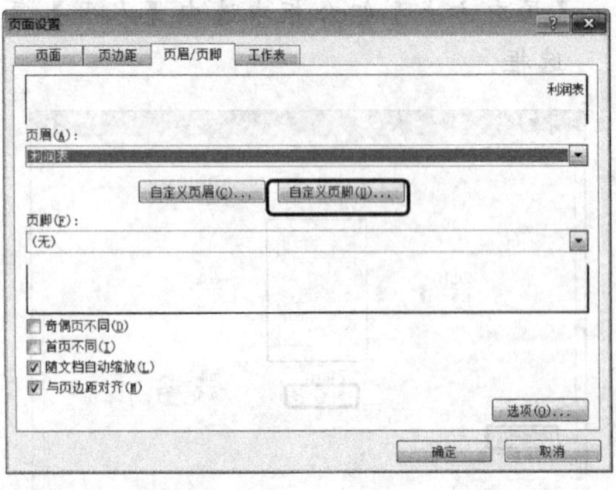

8 单击 自定义页脚(U)... 按钮，弹出【页脚】对话框，在【右】文本框中输入“第页”，然后将鼠标指针定位在“第”和“页”之间。

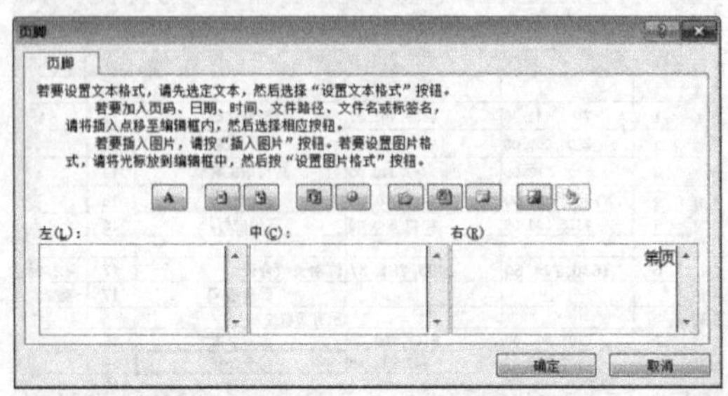

9 单击【插入页码】按钮，此时【右】文本框中显示出“第&[页码]页”字样。

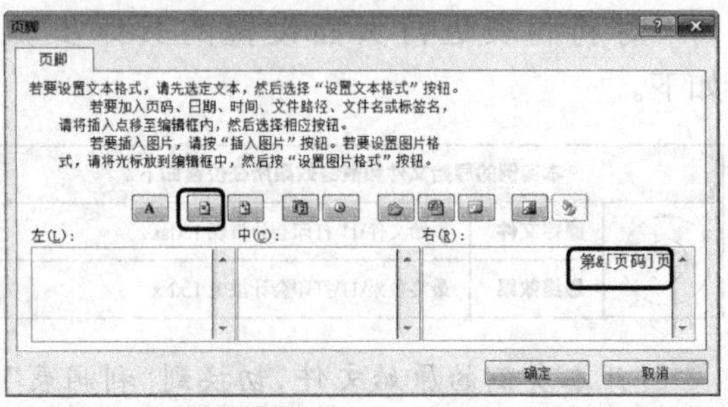

10 单击 确定 按钮，返回【页面设置】对话框，此时即可在页脚预览框中预览页脚的设置效果。

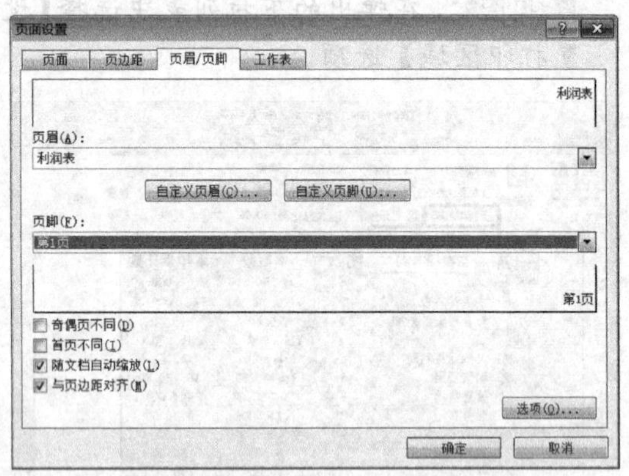

11 单击 确定 按钮，返回预览窗口即可预览打印效果。

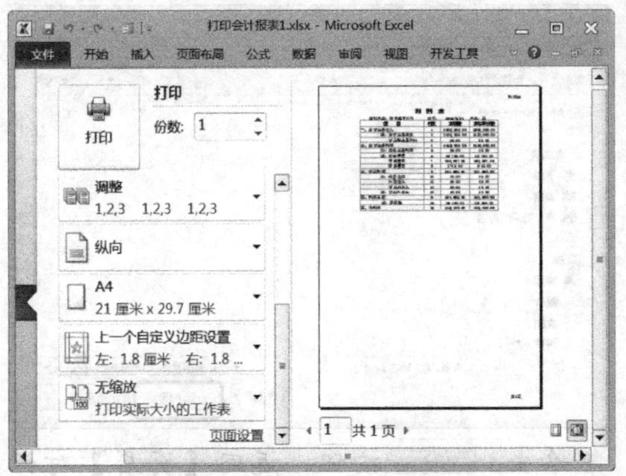

3. 现金流量表的页面设置

对现金流量表进行页面设置的具体步骤如下。

本实例的原始文件和最终效果所在位置如下。	
素材文件	素材文件\11\标志.png
原始文件	原始文件\11\打印会计报表 2.xlsx
最终效果	最终效果\11\打印会计报表 2.xlsx

1 打开本实例的原始文件，切换到“现金流量表”工作表，切换到【视图】选项卡，在【工作簿视图】组中，单击【分页预览】按钮。

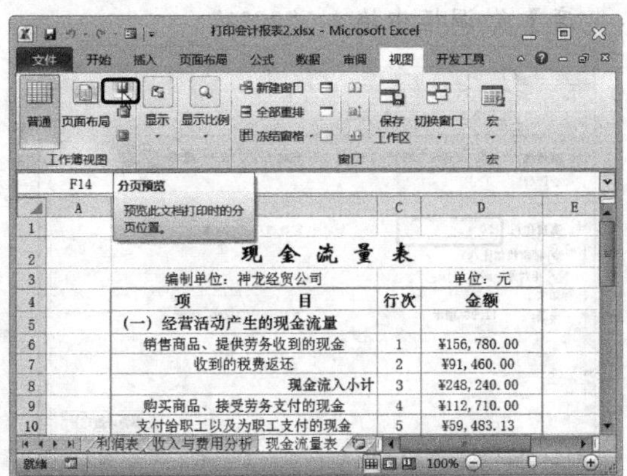

2 随即进入分页预览状态。

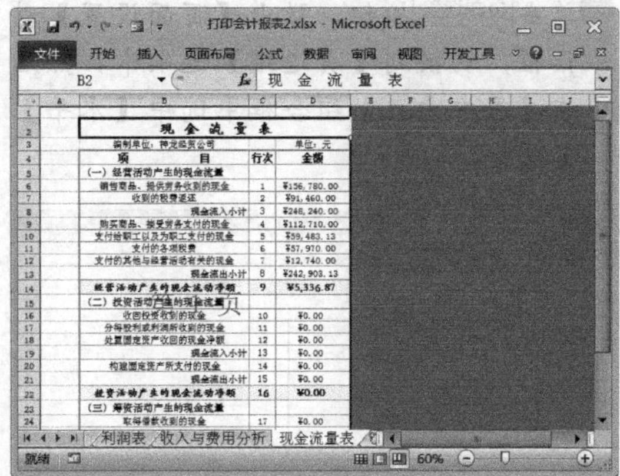

3 将鼠标指针移到表格的左侧边框上，当指针变成↔形状时按住不放，向右拖动至合适的位置后释放，即可将分页符调整到当前位置。

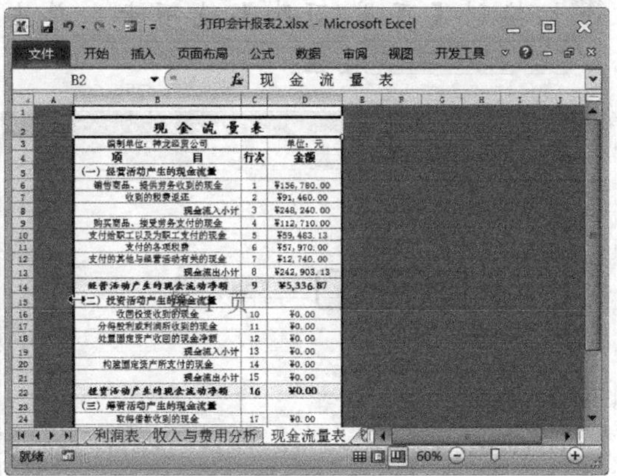

4 按下【Ctrl】+【P】组合键，打开打印窗口，即可在预览窗口中预览打印效果。

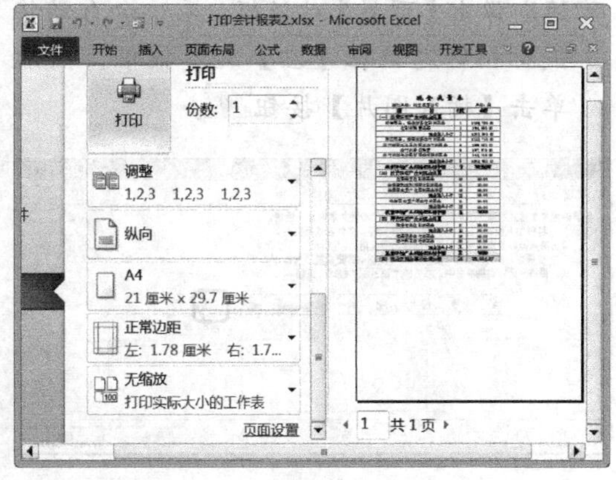

❺单击 页面设置 按钮，弹出【页面设置】对话框，切换到【页边距】选项卡，然后在【居中方式】组合框中选中【水平】复选框。

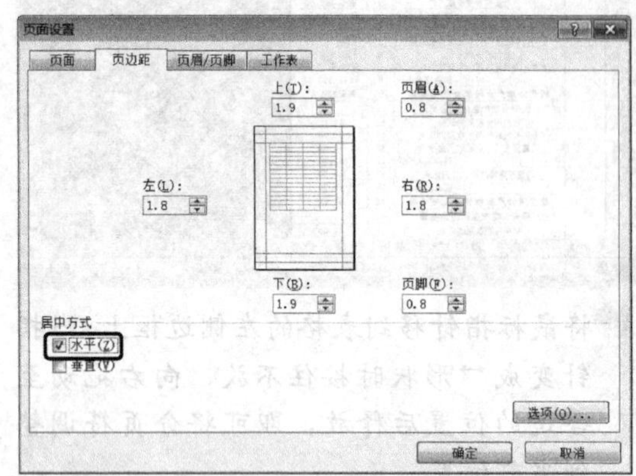

❻切换到【页眉/页脚】选项卡，单击 自定义页眉(C)... 按钮。

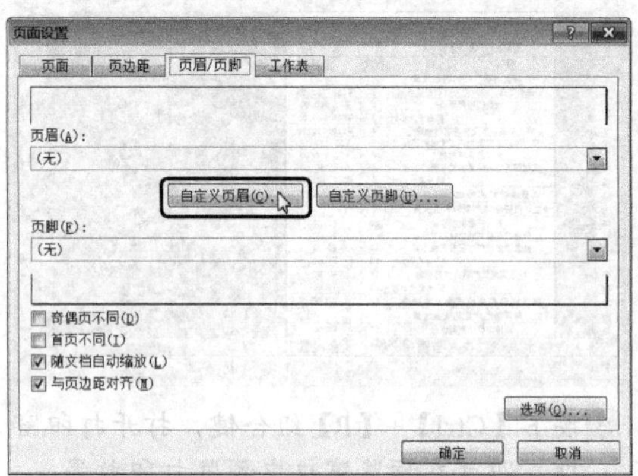

❼随即弹出【页眉】对话框，系统会自动将鼠标指针定位在【左】文本框中，然后单击【插入图片】按钮。

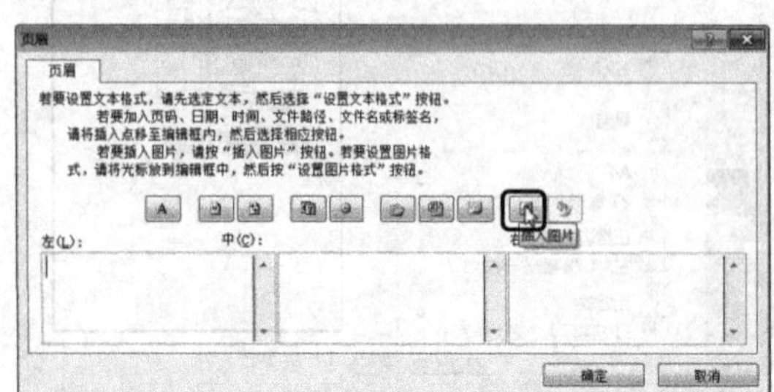

❽随即弹出【插入图片】对话框，从中选择要插入的素材图片“标志.png”。

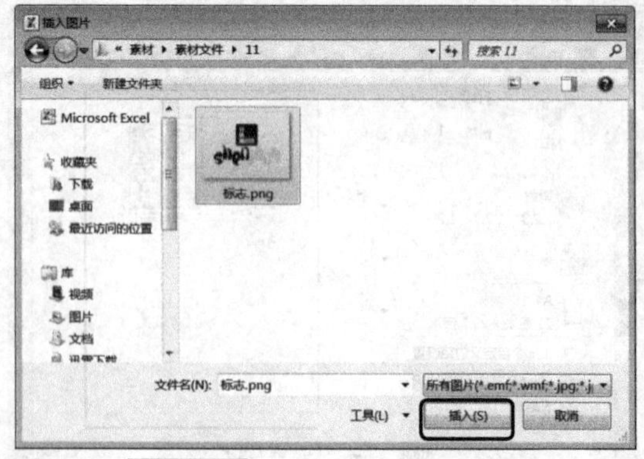

❾单击 插入(S) 按钮，返回【页眉】对话框，此时【左】文本框中显示“&[图片]”字样。

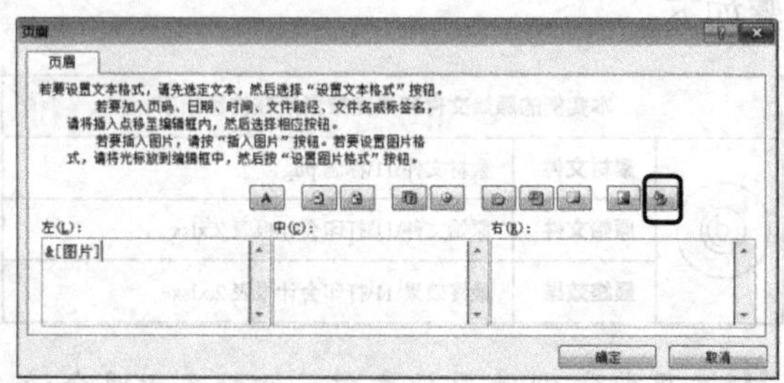

❿单击【设置图片格式】按钮，弹出【设置图片格式】对话框，切换到【大小】选项卡，然后在【比例】组合框中的【高度】微调框中输入“20%”。

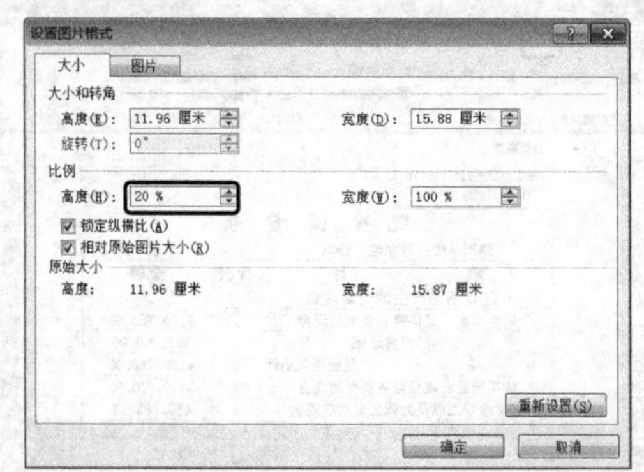

⓫单击 确定 按钮，返回【页眉】对话框，然后单击 确定 按钮返回【页面设置】对话框，此时即可在页眉预览框中预览页眉的设置效果。

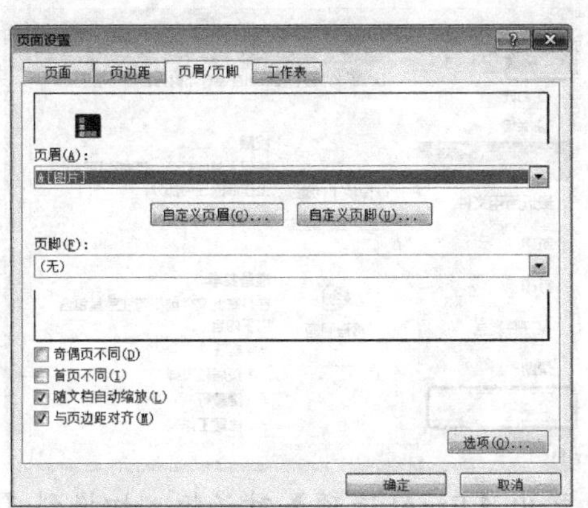

⑫单击 确定 按钮返回预览窗口，预览打印效果。

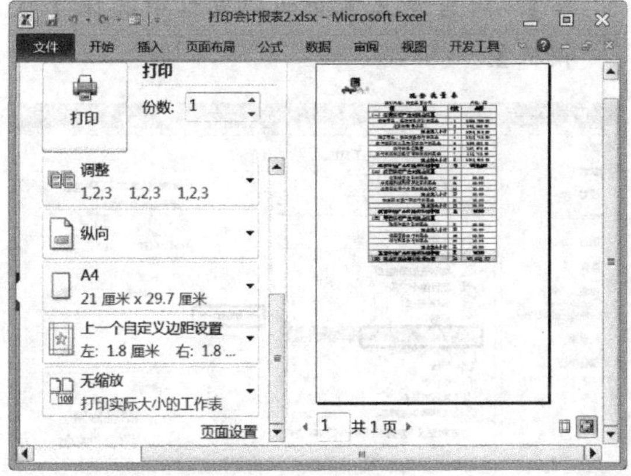

11.3.2 打印会计报表

由于资产负债表、利润表和现金流量表分别位于不同的工作表中，因此用户可以按照前面介绍的方法分别打印这 3 个工作表，除此之外还可以一起打印这 3 个工作表。

1. 打印多个工作表

如果用户要打印工作簿中的多个工作表，可以同时选中多个工作表后再打印，此时多个工作表可分别打印在单独的页面上。

打印会计报表的具体步骤如下。

本实例的原始文件和最终效果所在位置如下。		
	原始文件	原始文件\11\打印会计报表 3.xlsx
	最终效果	无

①打开本实例的原始文件，切换到"资产负债表"工作表，按住【Ctrl】键不放依次单击工作表标签"利润表"和"现金流量表"。

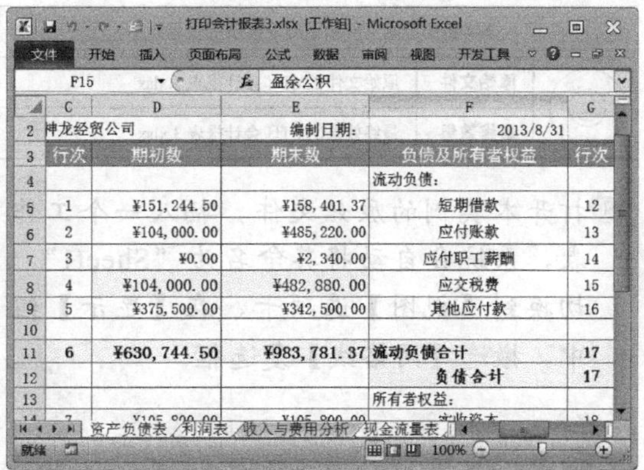

②按下【Ctrl】+【P】组合键，打开打印页面，用户可以通过单击【下一页】按钮，在预览窗口中预览三个工作表的打印效果。

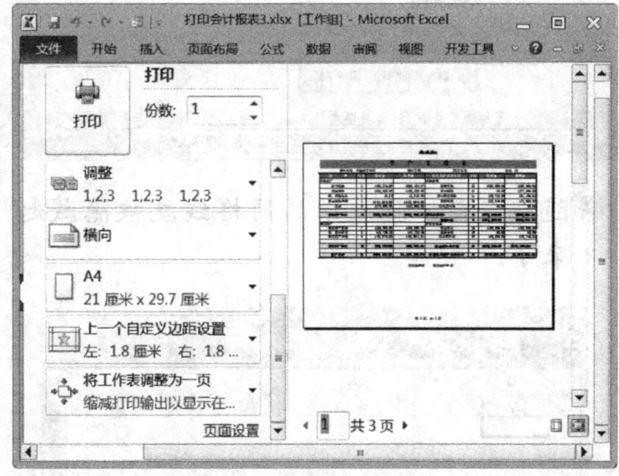

③如果用户对预览的打印效果比较满意，就可以单击【打印】按钮开始打印了。

2. 使用 Excel 的拍摄功能在同一页上打印 3 个会计报表

使用 Excel 的拍摄功能，将不同工作表（甚至不同工作簿）中的内容"拍摄"下来，排列在一个工作表中，然后再打印这张工作表，即可将不同工作表中的内容打印在同一页上。

使用 Excel 的拍摄功能打印会计报表的具体步骤如下。

本实例的原始文件和最终效果所在位置如下。		
	原始文件	原始文件\11\打印会计报表 3.xlsx
	最终效果	最终效果\11\打印会计报表 3.xlsx

1 打开本实例的原始文件，插入一个工作表，系统会自动将其命名为“Sheet1”，切换到【视图】选项卡，在【显示】组中，撤选【网格线】复选框。

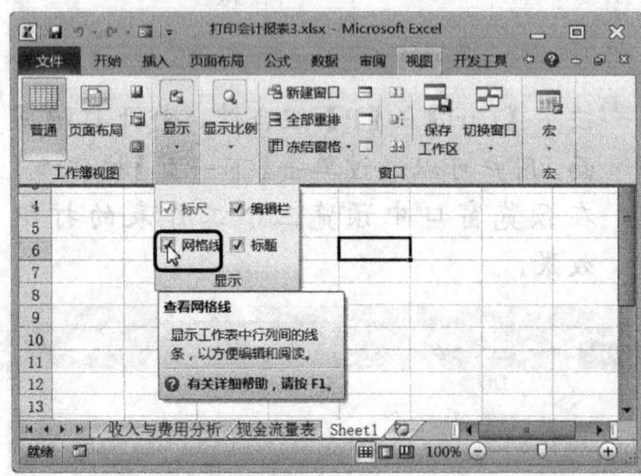

2 随即当前工作表中的网格线就被隐藏起来了。

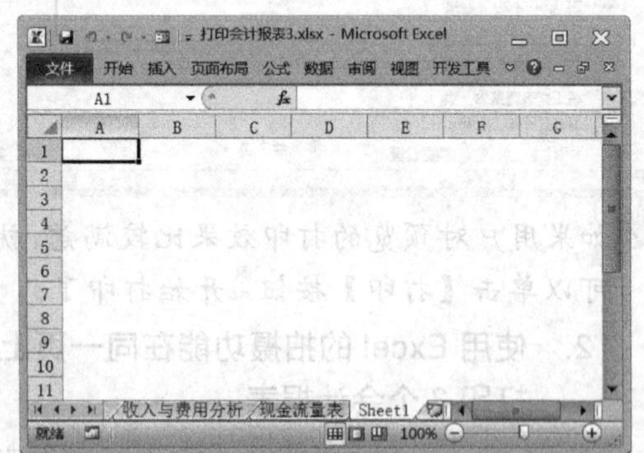

3 在快速访问工具栏中添加【照相机】命令按钮。单击 文件 按钮，在弹出的下拉菜单中选择【选项】菜单项。

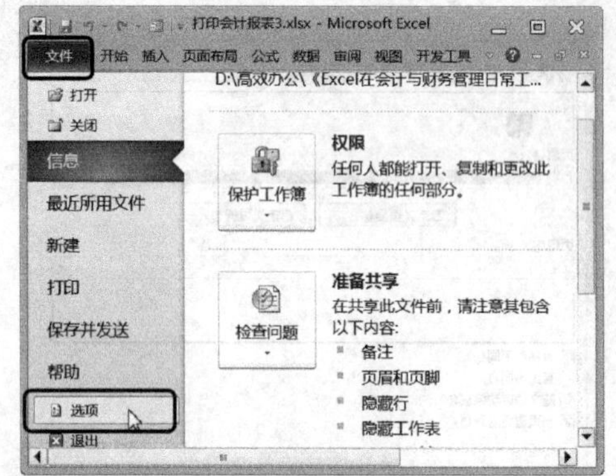

4 弹出【Excel 选项】对话框，切换到【快速访问工具栏】选项卡，在【从下列位置选择命令】下拉列表中选择【所有命令】，然后在其下面的列表框中选择【照相机】。

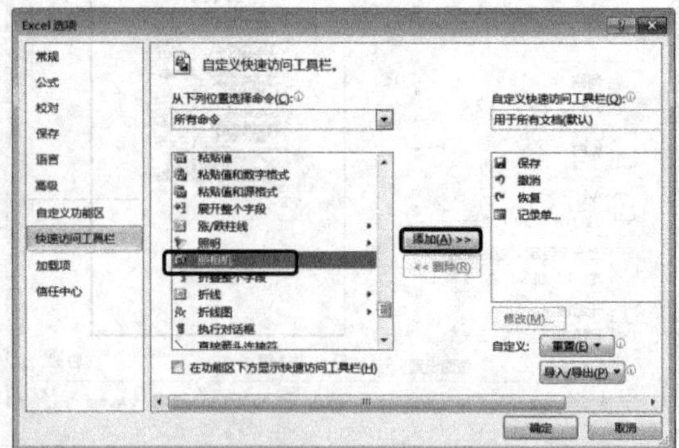

5 单击 添加(A) >> 按钮，即可将【照相机】添加到【自定义快速访问工具栏】列表框中。

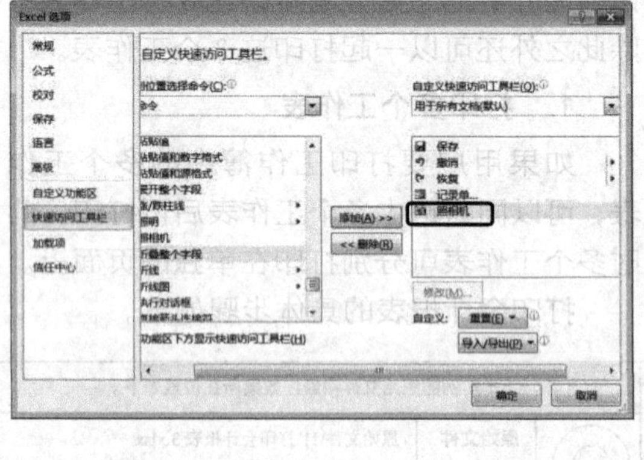

❻单击 确定 按钮返回工作表，即可看到【照相机】功能已经添加到快速访问工具栏中。

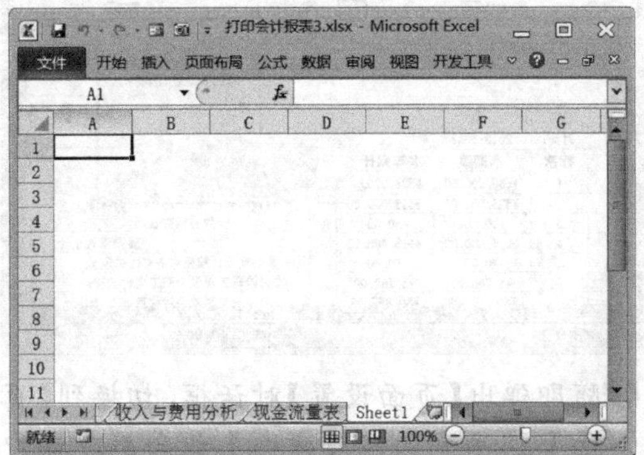

❼使用【照相机】进行拍摄。切换到“资产负债表”工作表，选中单元格区域“B1:I20”，然后单击【照相机】按钮。此时选中的单元格区域“B1:I20”的四周会出现闪烁的虚线框。

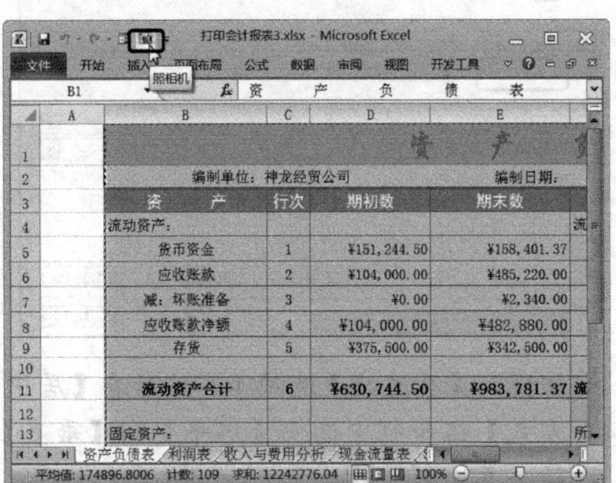

❽切换到工作表 Sheet1，然后单击目标区域单元格，即可将拍摄的图片粘贴到目标位置，同时拍摄的图片与原始区域保持同步变化，即原始区域发生任何变动（无论是内容还是格式），拍摄的图片都会随之变动。

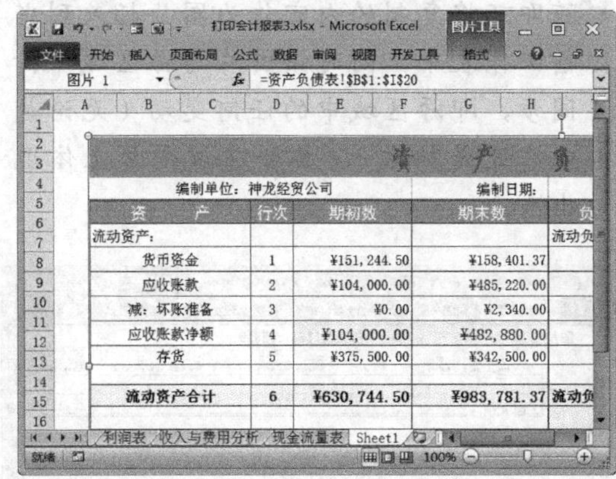

❾使用【粘贴图片链接】菜单项进行拍摄。切换到“利润表”工作表，选中单元格区域“B1:E19”，然后按下【Ctrl】+【C】组合键复制。

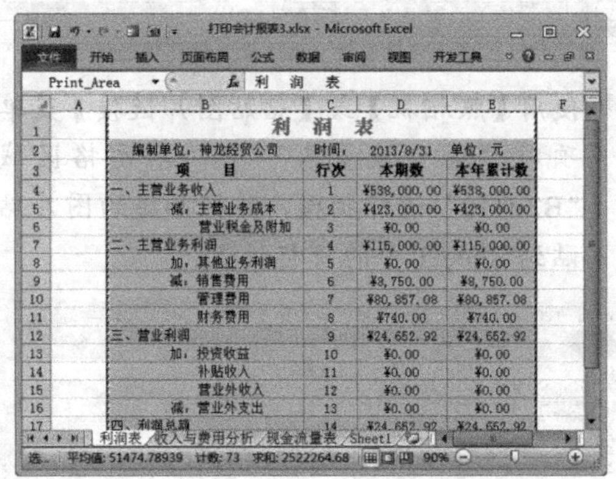

❿切换到工作表 Sheet1，选中目标区域单元格，切换到【开始】选项卡，在【剪贴板】组中，单击【粘贴】按钮，在弹出的下拉列表中选择【链接的图片】选项。

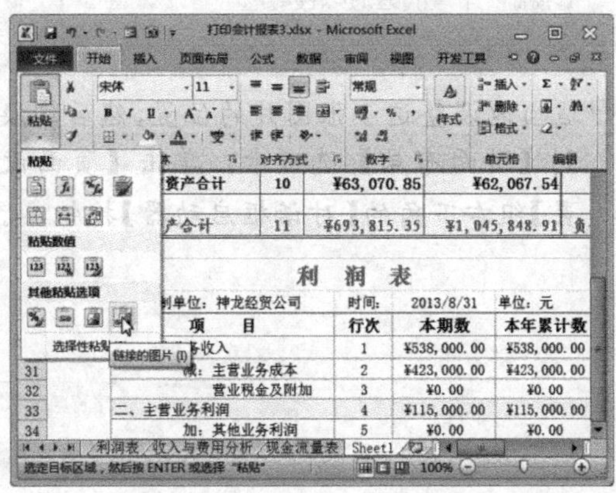

11 随即可将复制的内容作为图片插入到当前工作表中，同时该图片与源区域保持同步，即源区域中的任何变动（无论是内容还是格式），都会在该图片上体现出来。

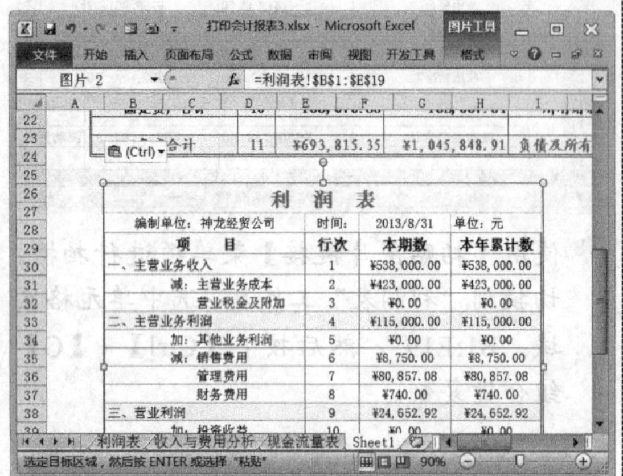

12 使用【照相机】或【粘贴图片链接】菜单项对“现金流量表”中的单元格区域“B2:D30”进行拍摄，并将拍摄的图片粘贴到 Sheet1 中的目标位置。

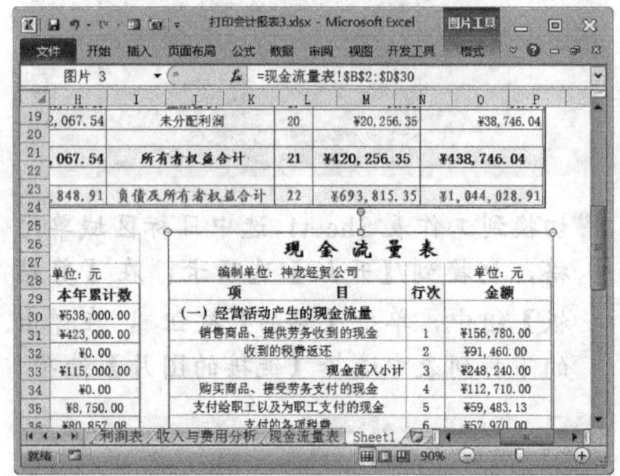

13 适当地调整这 3 张图片的位置，然后切换到【页面布局】选项卡，单击【页面设置】组右下角的【对话框启动器】按钮。

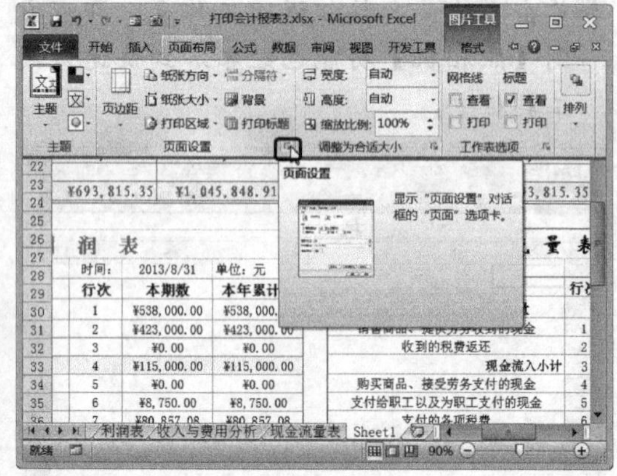

14 随即弹出【页面设置】对话框，切换到【页面】选项卡，在【方向】组合框中选中【横向】单选钮，然后在【缩放】组合框中选中【调整为】单选钮。

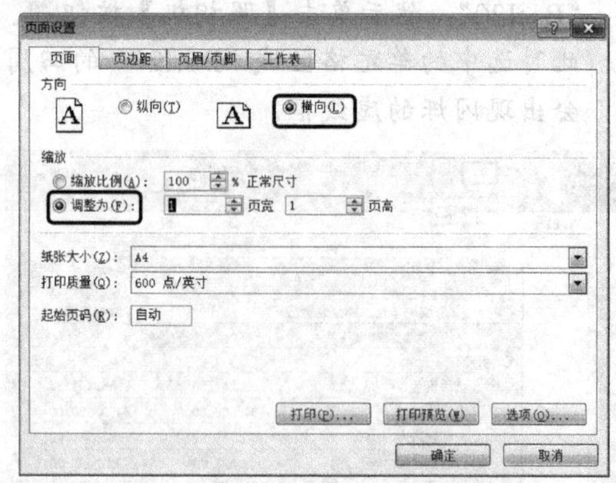

15 切换到【页边距】选项卡，然后在【居中方式】组合框中选中【水平】和【垂直】两个复选框。

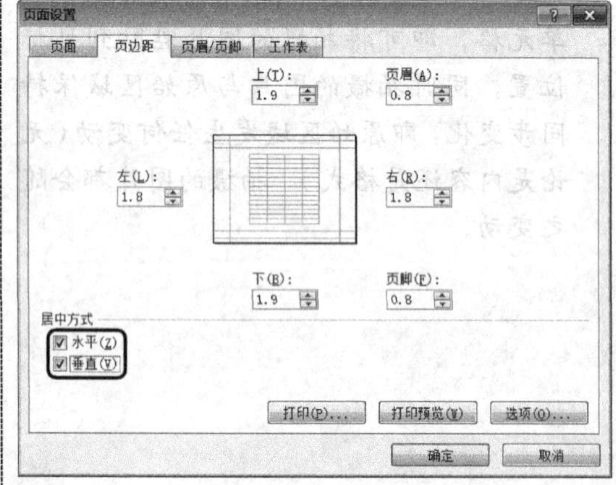

⑯单击 打印(P)... 按钮，弹出【打印】选项卡，用户可以预览打印效果，如果用户对打印效果比较满意，就可以单击【打印】按钮开始打印了。

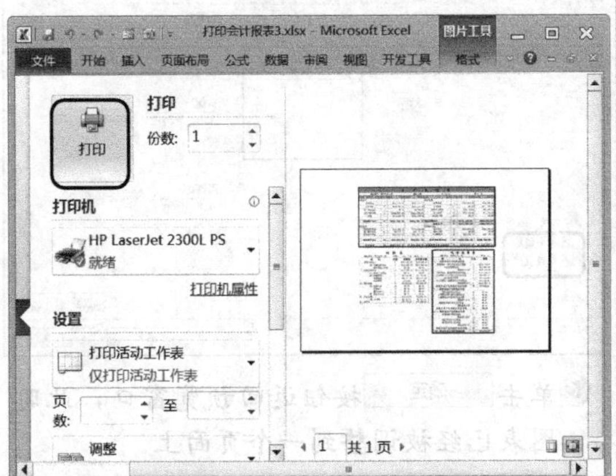

11.3.3 打印收入与费用分析图表

打印收入与费用分析图表的具体步骤如下。

本实例的原始文件和最终效果所在位置如下。		
	原始文件	原始文件\11\打印会计报表 3.xlsx
	最终效果	无

❶打开本实例的原始文件，选中收入与费用分析图表，按下【Ctrl】+【P】组合键。

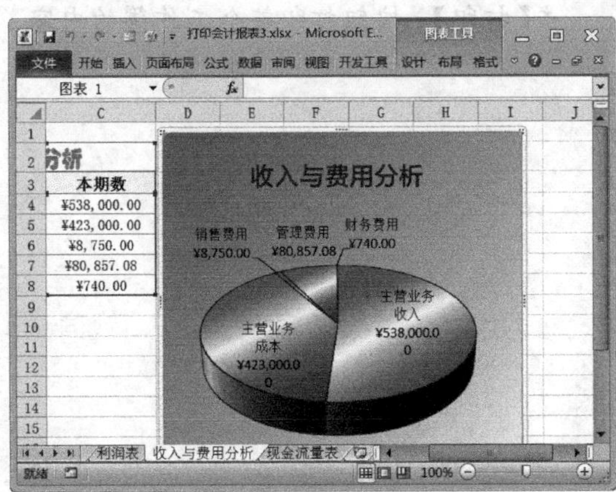

❷随即弹出打印窗口，用户可以在预览框中预览打印效果，此时，单击【打印】按钮即可只打印选定的图表。

11.3.4 打印整个工作簿

打印整个工作簿的具体步骤如下。

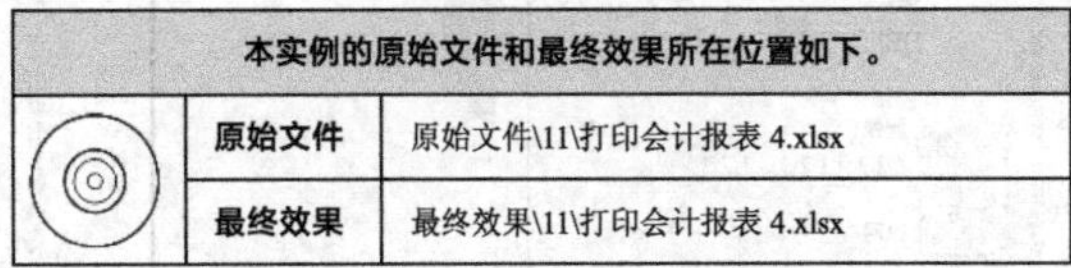

本实例的原始文件和最终效果所在位置如下。		
	原始文件	原始文件\11\打印会计报表 4.xlsx
	最终效果	最终效果\11\打印会计报表 4.xlsx

❶打开本实例的原始文件，按下【Ctrl】+【P】组合键，随即弹出打印窗口，在【设置】组合框中的打印区域下拉列表中选择【打印整个工作簿】选项。

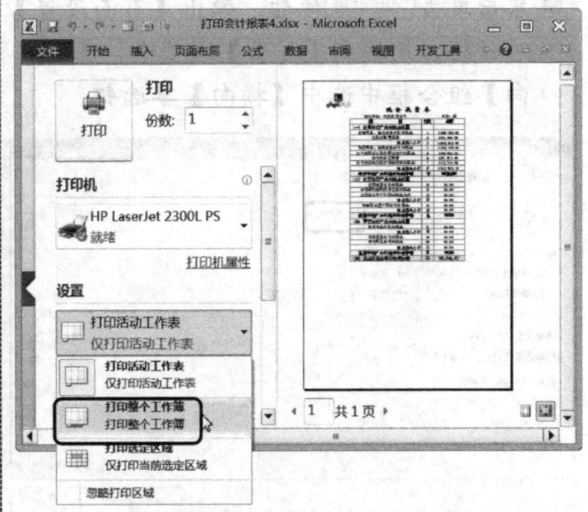

❷用户可以在右侧的预览窗口中预览整个工作表，用户在预览第 3 页和第 4 页的打印内容时，发现图表被分别打印在了两页上。

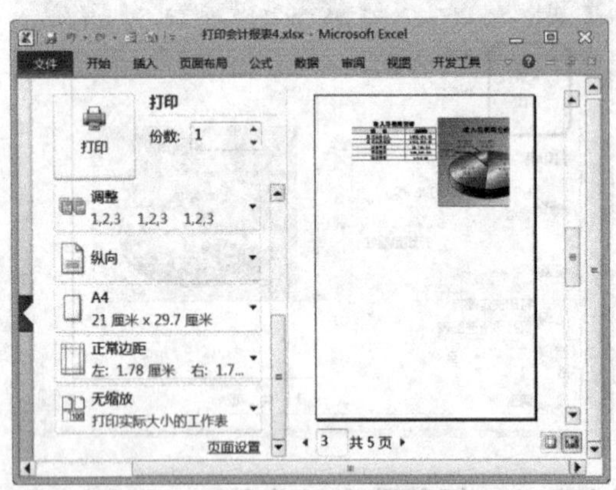

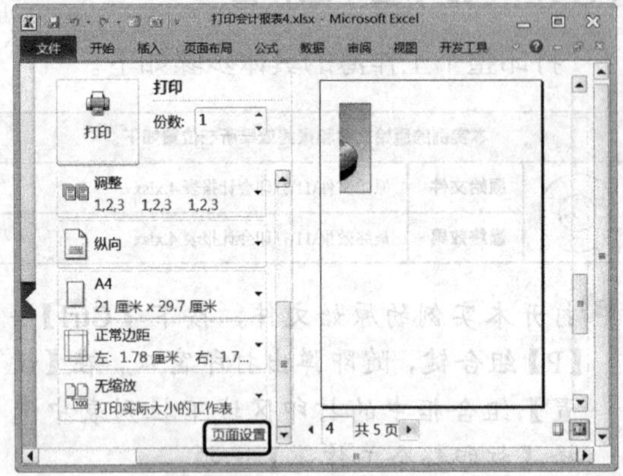

❸然后单击页面设置按钮，弹出【页面设置】对话框，切换到【页面】选项卡，在【方向】组合框中选中【横向】单选钮。

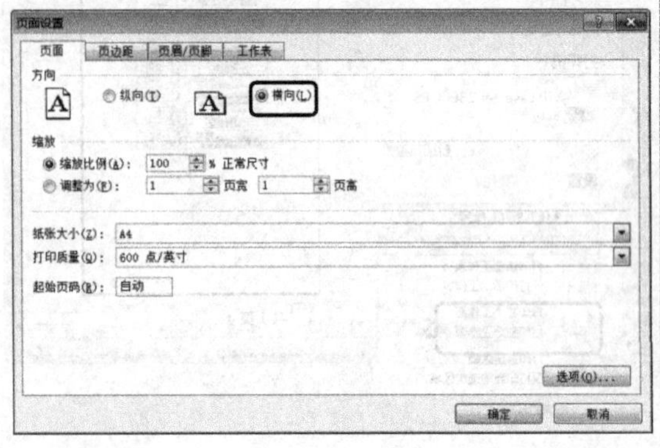

❹切换到【页边距】选项卡，然后在【居中方式】组合框中选中【水平】和【垂直】两个复选框。

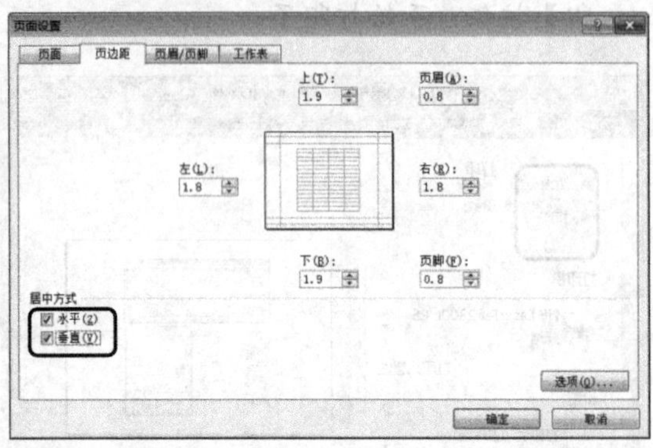

❺单击 确定 按钮返回预览窗口，此时图表已经被调整到一个页面上。

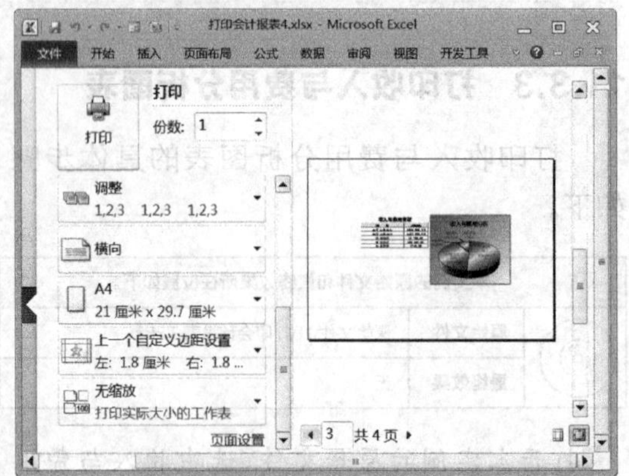

❻用户若对预览的效果比较满意，就可以单击【打印】按钮打印整个工作簿的内容。

延伸阅读…… Office 2010中文版从入门到精通

全书共分26章，分别介绍初识Office 2010中文版，Word 2010基本操作、初级排版、图文混排、表格应用、高级排版，Excel 2010基本操作、数据管理与分析、图表、公式与函数、简易宏与VBA、PowerPoint 2010演示文稿的制作及放映、Access数据库创建与管理以及Office 2010组件之间协作等内容。

ISBN 978-7-115-27386-4

定价：59元

简要目录